《中国航天题材邮品鉴

（2008.10—2018.3）

编委会

中国航天题材
邮品鉴赏

（2008.10—2018.3）

中国航天集邮协会◎编

中国宇航出版社
·北京·

图书在版编目（CIP）数据

中国航天题材邮品鉴赏 : 2008.10—2018.3 / 中国航天集邮协会编. -- 北京 : 中国宇航出版社, 2018.7
ISBN 978-7-5159-1484-8

Ⅰ. ①中… Ⅱ. ①中… Ⅲ. ①邮票—鉴赏—中国 Ⅳ. ①G262.2

中国版本图书馆CIP数据核字（2018）第136333号

责任编辑　黄　莘
责任校对　王　妍　　　封面设计　李彦生

出版发行　中国宇航出版社
社　址　北京市阜成路8号　　邮　编　100830
(010)60286808　　(010)68768548
网　址　www.caphbook.com
经　销　新华书店
发行部　(010)60286888　　(010)68371900
(010)60286887　　(010)60286804（传真）
零售店　读者服务部
(010)68371105
承　印　河北画中画印刷科技有限公司
版　次　2018年7月第1版　　2018年7月第1次印刷
规　格　880×1230　　开　本　1/32
印　张　9.25　　字　数　266千字
书　号　ISBN 978-7-5159-1484-8
定　价　58.00元

序

习近平总书记在首个“中国航天日”时指出，我国航天事业创造了以“两弹一星”、载人航天、月球探测为代表的辉煌成就，走出了一条自力更生、自主创新的发展道路，积淀了深厚博大的航天精神。

在党中央、国务院、中央军委的亲切关怀和英明领导下，在全国各行各业和各族人民的大力支持和密切协同下，一代又一代航天科技工作者肩负着党和人民的信任重托，满怀为国争光的雄心壮志，团结一心、顽强拼搏、勇于创新、无私奉献，走出了一条具有中国特色的创新发展道路。六十多年来，中国航天事业从一个胜利走向又一个胜利，是中国人自信自立、自强不息、实现中华民族伟大复兴的生动体现。中国航天事业发展的瞩目成就，为航天集邮提供了广阔空间和丰富资源。

2008年，中国航天集邮协会编辑出版了《中国航天题材邮品鉴赏》，收录了自中国航天集邮协会1991年成立之初至2008年9月发行的每一个发射纪念封，记录了我国每一次航天发射的壮举，特别是经过神舟飞船和返回式卫星搭载到太空遨游后回收的纪念封，更为弥足珍贵。此次编辑出版《中国航天题材邮品鉴赏》

第二辑，展示了 2008 年 10 月至 2018 年 3 月近十年间中国航天集邮协会策划发行的百枚发射纪念封、珍贵的航天搭载邮品及航天题材邮票等，反映了十年来中国航天重大工程建设所取得的辉煌成就，是中国航天腾飞和崛起的缩影。通过出版这本书籍，向为人类探索太空的伟大事业作出杰出贡献的航天科技先贤表达我们由衷的敬意，同时也通过这些方寸邮品记录中国航天事业走过的不平凡的历程，展示中国航天人半个多世纪以来取得的开拓性的巨大进步。

2018 年 3 月

前言

中国航天事业自创建以来，取得了令人瞩目的伟大成就。弘扬航天精神，追寻先驱印记，探索浩瀚宇宙，发展航天事业，建设航天强国是我们不懈的追求。航天事业的飞速发展也为航天集邮提供了丰富的集邮素材和广阔的研究空间。

航天集邮是国际集邮联合会世界和国际集邮展览中正式设立的竞赛类别，至今已 33 年，拥有众多会员和集藏者，产生了多部优秀的航天集邮展品，既丰富了航天集邮文化，也展示并记录了人类航天科技发展的历程和成果。中国航天集邮协会作为中华全国集邮联合会的团体会员，引领航天集邮爱好者与时俱进，开展多种形式的集邮活动，举办了全国航天题材（网络）邮展、北京中华全国航天（微信）邮展、北京中俄航天题材（双边）邮展等；选送了多部展品参加世界和国际邮展，获得了金奖等优异成绩，为中国航天集邮争得荣誉，为促进中国和世界航天集邮发展作出了贡献。为了宣传中国航天，记录其发展历程，编辑出版了《中国航天题材集邮精粹》《中国航天题材邮品鉴赏》。本次编辑出版《中国航天题材邮品鉴赏》第二辑，主要收录整理了近十年间，中国航天集邮协会为中国航天历次发射任务设计印制的纪念封、个性化邮票、纪念大铜章等，同时还收录了国家邮政主管部门发行的邮票及纪念邮品，以及国家金融主管部门发行的航天题材纪念币、纪念钞。该书为系统收集中国航天集邮协会制发的航天邮品提供了依据和方便，也为航天集邮提供了实用的素材和翔实的资料。

我作为中国航天集邮协会顾问，衷心祝愿中国的航天事业更加灿烂辉煌！中国的航天集邮更加发展壮大！

2018 年 3 月

目录
CONTENTS

中国航天集邮协会发行的纪念封、个性化邮票

（一）发射纪念封系列

（二）特种纪念封系列

（三）搭载纪念封系列

（四）个性化邮票

（一）发射纪念封系列

HT-F95 2008-110 长征四号乙遥二十二运载火箭发射实践六号 03 组 A/B 星纪念

技术参数

规格：176mm × 125mm
印量：6000 枚
参考价：10.00 元

背景介绍

2008 年 10 月 25 日，在太原卫星发射中心，长征四号乙遥二十二运载火箭发射实践六号 03 组 A/B 星。卫星进入预定太阳同步轨道，发射圆满成功。实践六号 03 组 A 星和 B 星分别由中国航天科技集团公司所属上海航天技术研究院和东方红卫星公司研制生产，卫星上的空间环境探测系统以中国电子科技集团公司为主研制。设计寿命均为 2 年以上，主要替代 2006 年 10 月 24 日发射升空的实践六号 02 组卫星，进行空间环境探测、空间辐射环境及其效应探测、空间物理环境参数探测，以及其他相关的空间科学试验。

HT-F96　2008-111 长征三号乙遥十二运载火箭发射委内瑞拉星纪念

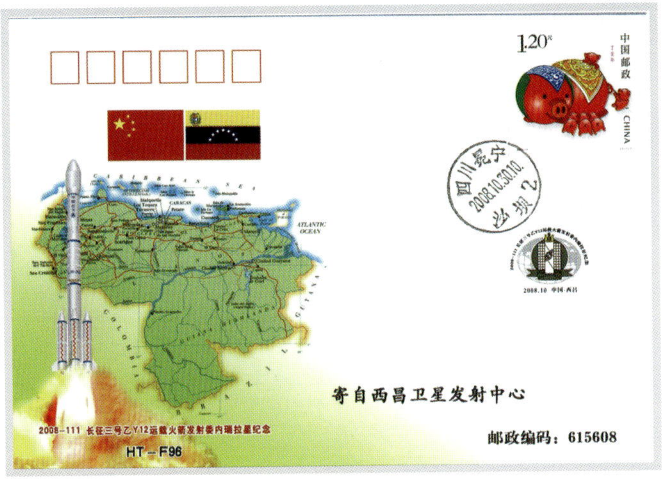

技术参数

规格：176mm × 125mm

印量：6000 枚

参考价：10.00 元

背景介绍

2008 年 10 月 30 日，在西昌卫星发射中心，长征三号乙遥十二运载火箭发射委内瑞拉星。卫星进入超同步转移轨道，发射圆满成功。委内瑞拉通信卫星一号采用中国航天科技集团公司所属中国空间技术研究院的东方红四号卫星平台研制，设计寿命 15 年。卫星起飞质量 5100 千克，星上装有 14 个 C 波段、12 个 KU 波段、2 个 Ka 波段共 3 个频段 28 个转发器，并载有 4 副通信天线，输出功率 7.75 千瓦。该星最终定点于西经 78 度赤道上空，覆盖南美大部分地区及加勒比海部分地区，主要用于委内瑞拉国内社会及政府机构等通信与广播服务、远程教育、远程医疗等方面。

HT-F97　2008-112 长征二号丁遥十二运载火箭发射创新一号 02 星 / 试验卫星三号纪念

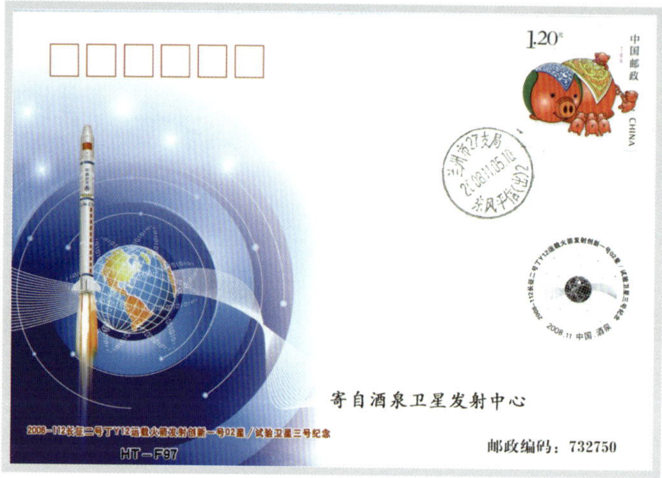

技术参数

规格：176mm × 125mm

印量：6000 枚

参考价：10.00 元

背景介绍

2008 年 11 月 5 日，在酒泉卫星发射中心，长征二号丁遥十二运载火箭发射创新一号 02 星 / 试验卫星三号。卫星进入预定轨道，发射圆满成功。创新一号 02 星是一颗小型数据采集传输实验卫星，由中国科学院研制，主要用于水利、水文、气象、电力及减灾等领域各类监测站点的数据采集和传输任务。试验卫星三号是中国第三颗技术试验卫星，由哈尔滨工业大学抓总研制，主要用于空间大气环境探测新技术试验。

HT-F98　2008-113 长征二号丁遥九运载火箭发射遥感卫星四号纪念

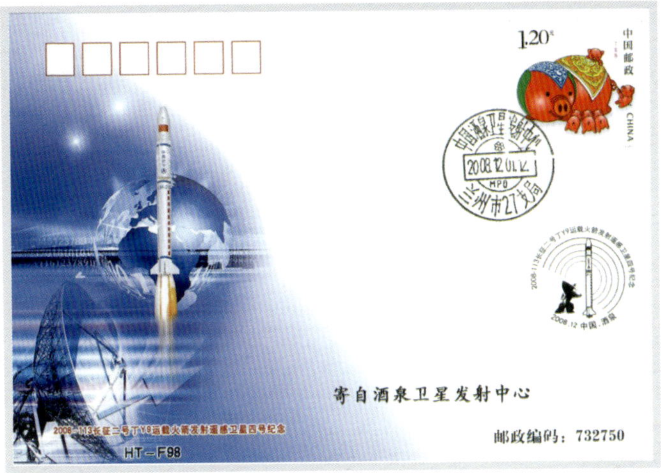

技术参数

规格：176mm × 125mm

印量：6000 枚

参考价：10.00 元

背景介绍

2008 年 12 月 1 日，在酒泉卫星发射中心，长征二号丁遥九运载火箭发射遥感卫星四号。卫星进入预定轨道，发射圆满成功。遥感卫星四号由中国航天科技集团公司所属中国空间技术研究院东方红卫星公司研制。该星主要用于科学试验、国土资源普查、农作物估产和防灾减灾等领域，在中国国民经济发展中发挥积极作用。

HT-F99　2008-114 长征四号乙遥二十运载火箭发射遥感卫星五号纪念

技术参数

规格：176mm × 125mm
印量：6000 枚
参考价：10.00 元

背景介绍

2008 年 12 月 15 日，在太原卫星发射中心，长征四号乙遥二十运载火箭发射遥感卫星五号。卫星进入预定轨道，发射圆满成功。遥感卫星五号由中国航天科技集团公司研制，主要用于国土资源勘查、环境监测与保护、城市规划、农作物估产、防灾减灾和空间科学试验等领域的数据采集和传输任务。

HT-F100 2008-115 长征三号甲遥二十运载火箭发射风云二号06星纪念

技术参数

规格：176mm × 125mm

印量：6000枚

参考价：10.00元

背景介绍

2008年12月23日，在西昌卫星发射中心，长征三号甲遥二十运载火箭发射风云二号06星。卫星进入预定轨道，发射圆满成功。风云二号06星是我国风云二号气象卫星02批中的第三颗业务应用星，是风云二号C星和D星的后续星。该星入轨后定点于东经123.5度，并命名为风云二号06星。经过在轨测试和试运行后，06星对观测资料进行在轨备份，并择机飘移接替已超期服役的风云二号C星。该星主要用于天气预报、自然灾害和生态环境监测等领域。

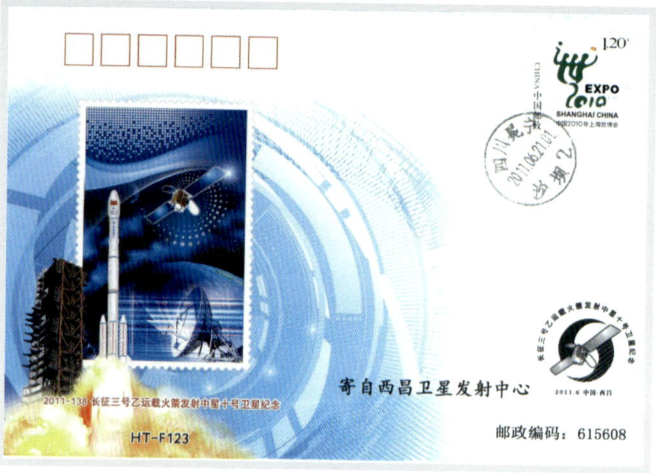

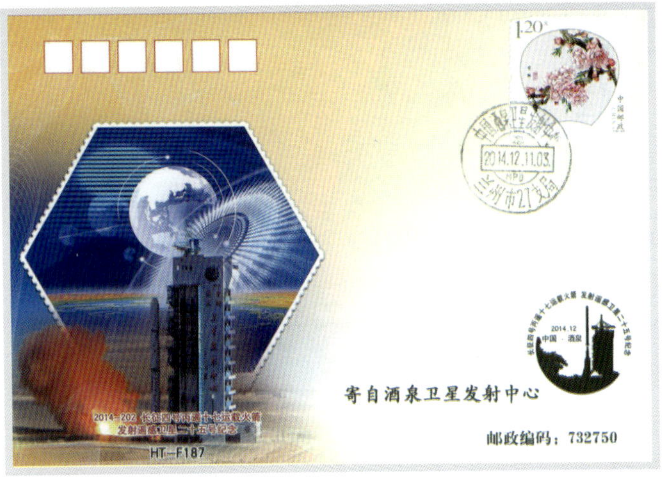

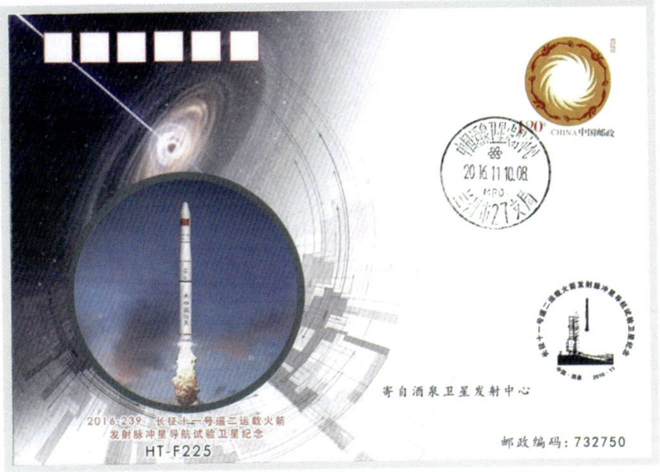

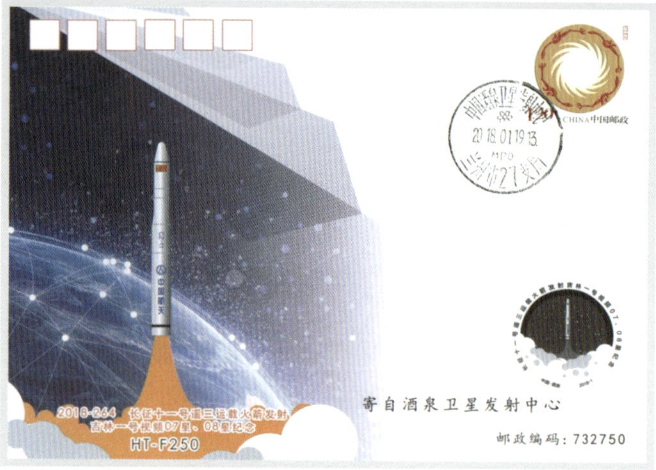

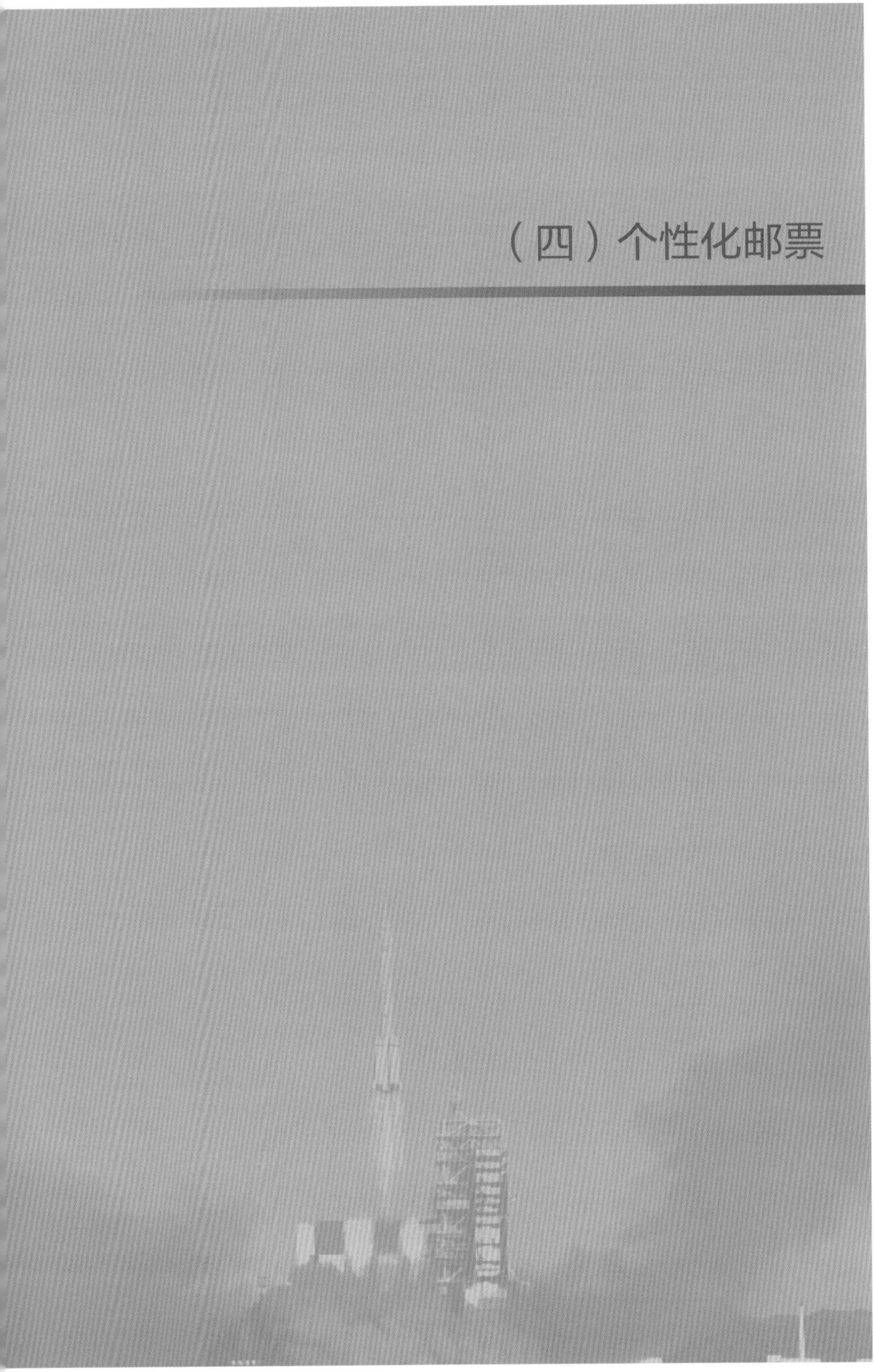

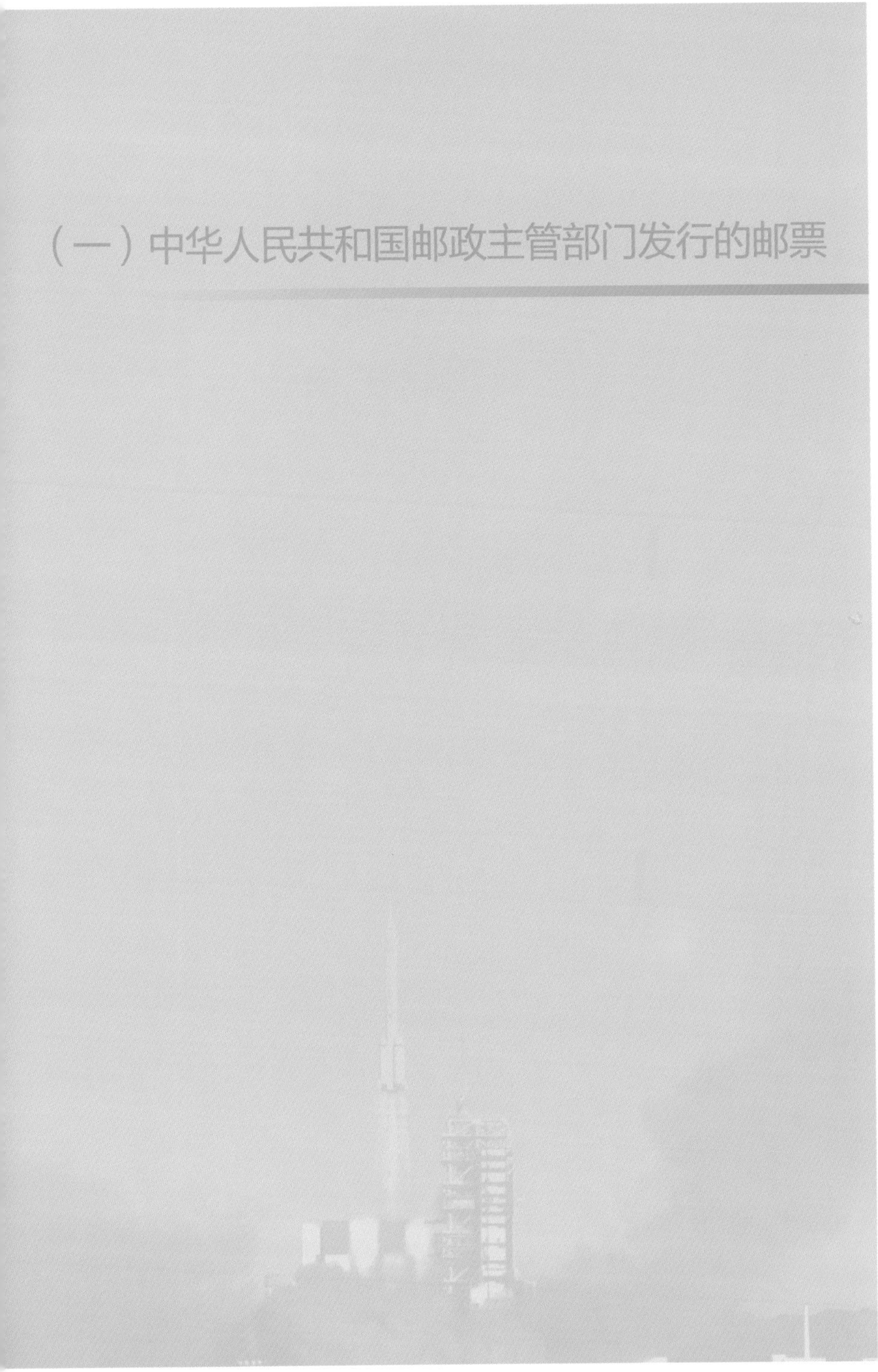

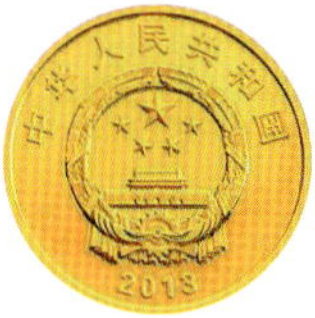

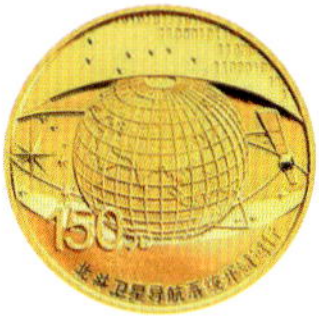

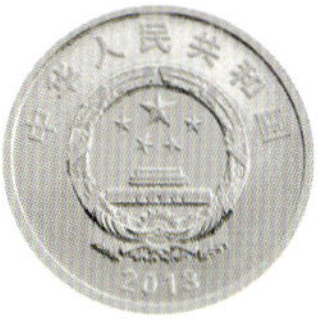

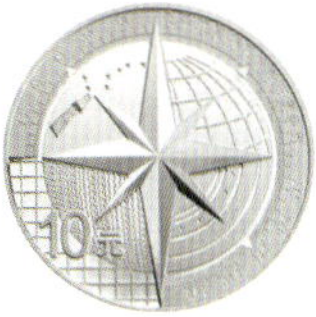

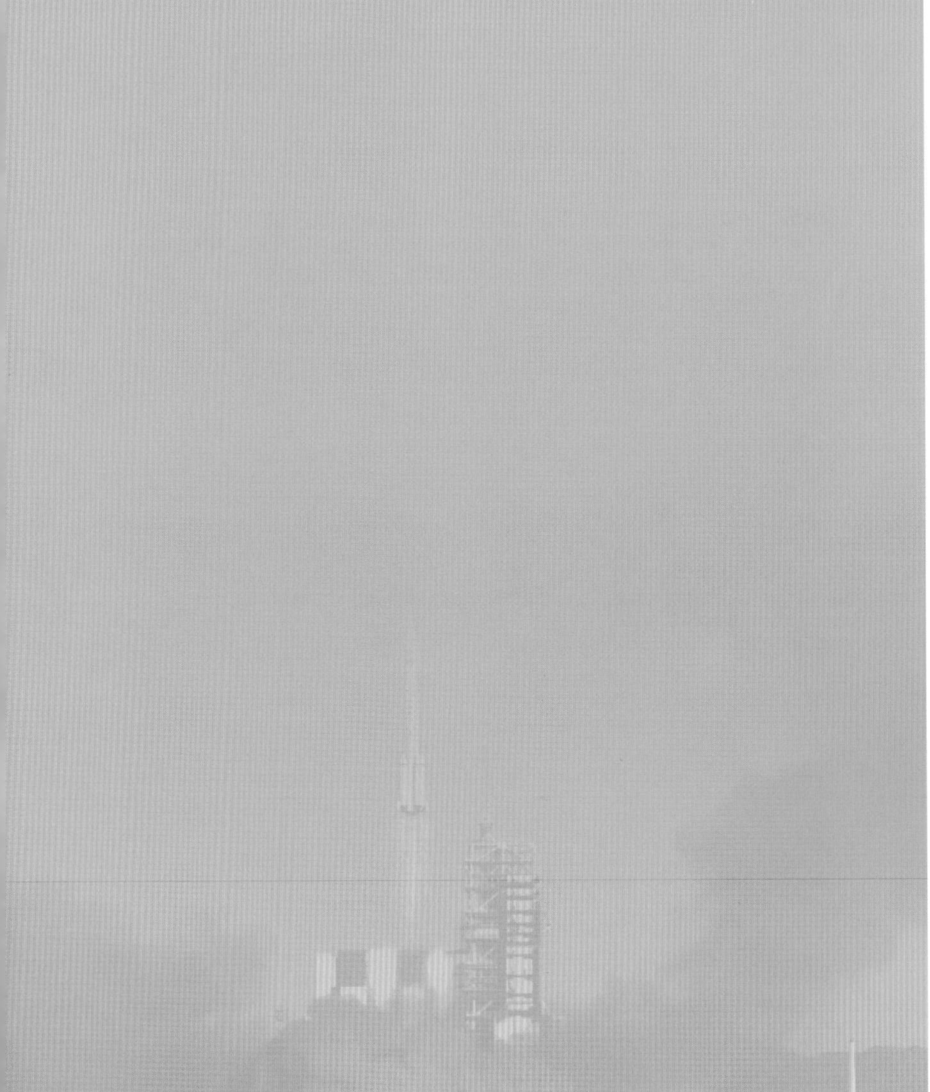

航天科学家的故事丛书

U0956049

黄纬禄的故事

黄道群　张铁钧　著

中国宇航出版社

·北京·

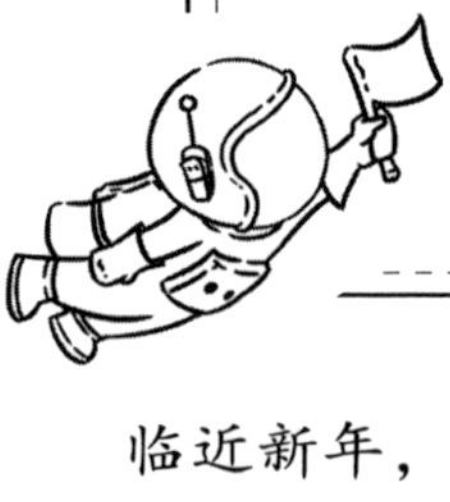

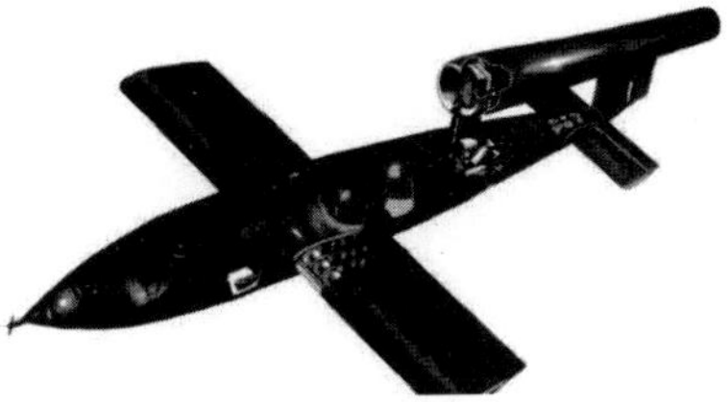

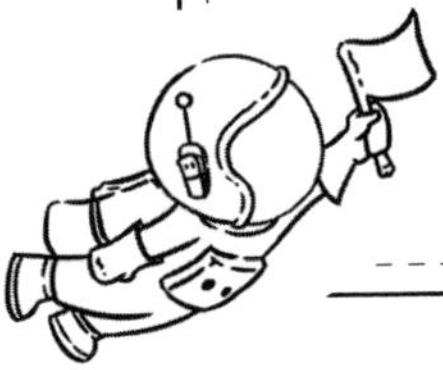

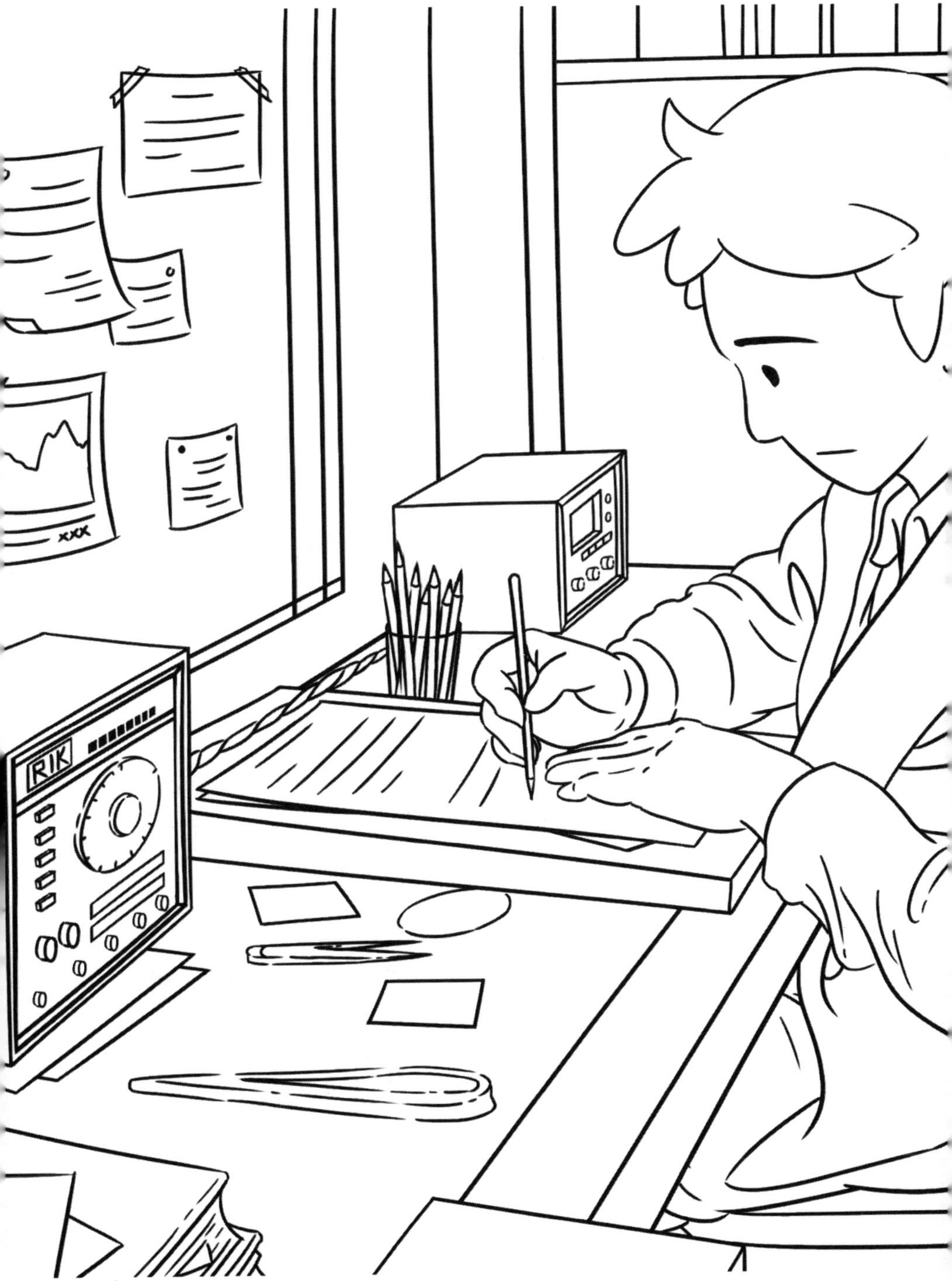
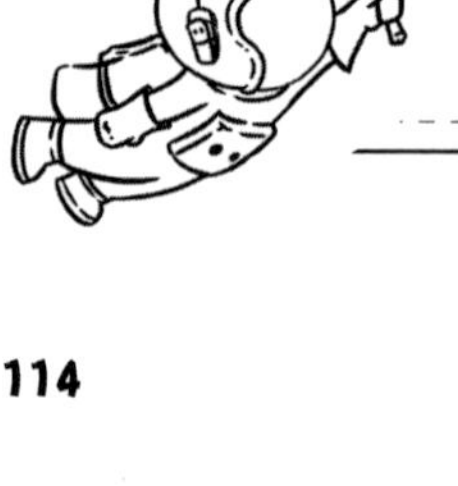

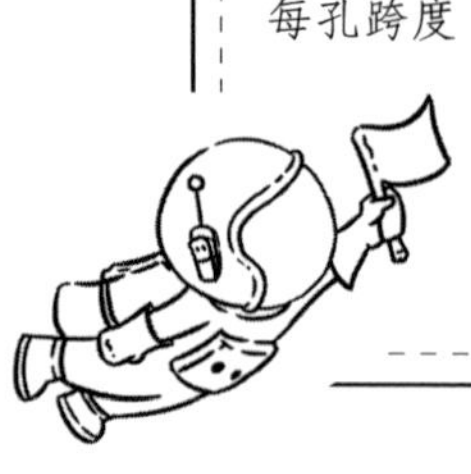

南华大学组织的“两弹一星”红色夏令营来到北京，要采访“两弹一星”功勋奖章获得者。不巧的是，之前约定的几位获奖者，均无法按计划接受学生们的采访，这让活动组织者感到十分为难。若见不到“两弹一星”功勋奖章获得者，此次夏令营的意义就会落空。不得已，他们联系到了黄纬禄。黄纬禄在推辞的过程中了解到组织者的难处，便不顾自身病重，毅然同意接受采访。在家人的帮助下，黄纬禄硬挺着坐在客厅沙发上，等待学生们的到来。采访时间严格控制在 10 分钟之内，当学生们采访完，刚一出门，黄纬禄已疲惫地歪倒在沙发上了。极度虚弱的黄纬禄，因视力极差和手臂不可控制地抖动，基本无法写字，但为了满足师生们的愿望，他还是拿起了笔为大家写下题词，他所写的每一个字，都是由女儿握住他的手，把笔尖移动到可以写字的位置上，很艰难地完成的。这幅题词，成为了黄纬禄留下的绝笔。

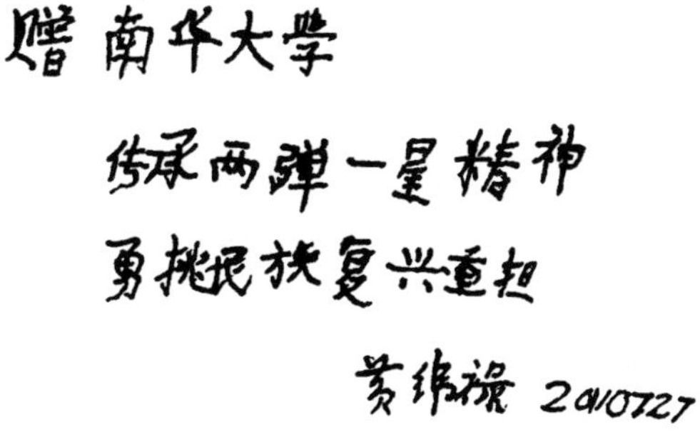
赠南华大学
传承两弹一星精神
勇挑民族复兴重担
黄纬禄 20110727

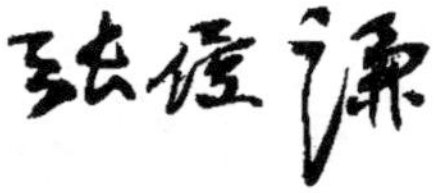

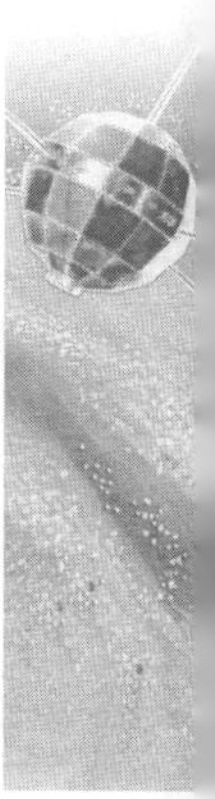

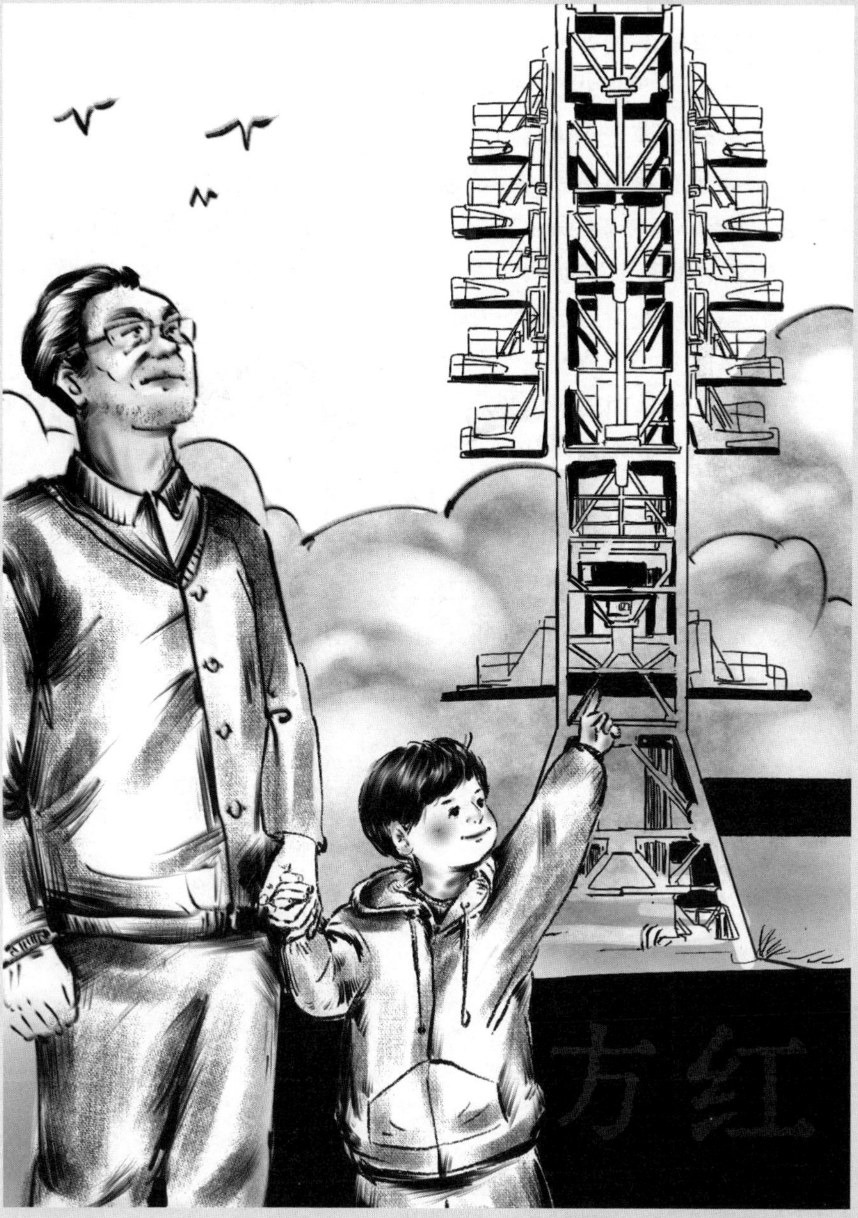

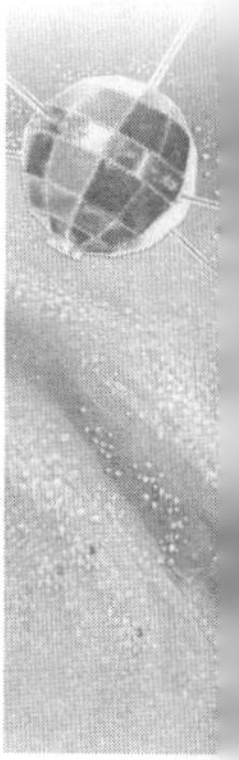

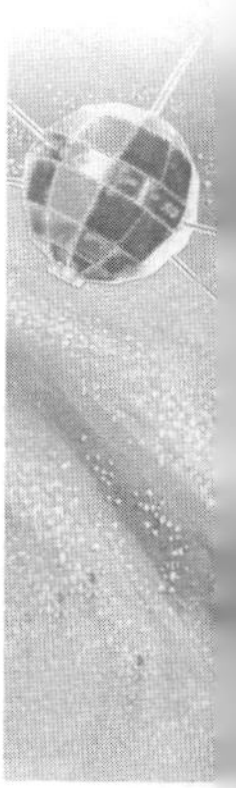

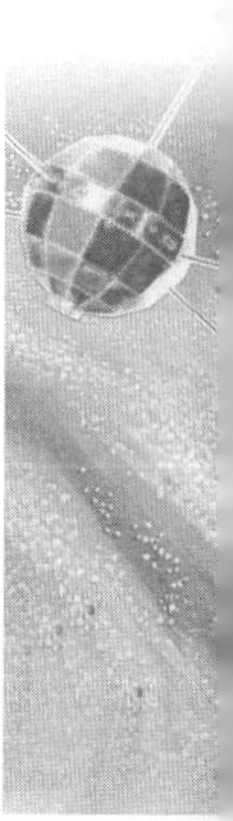

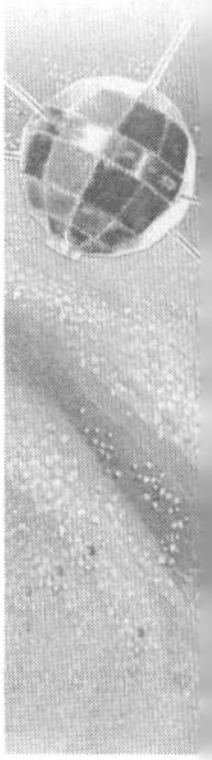

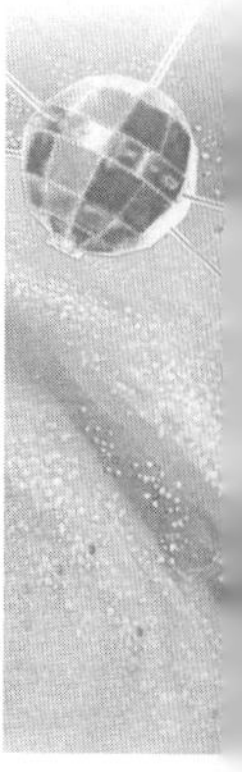

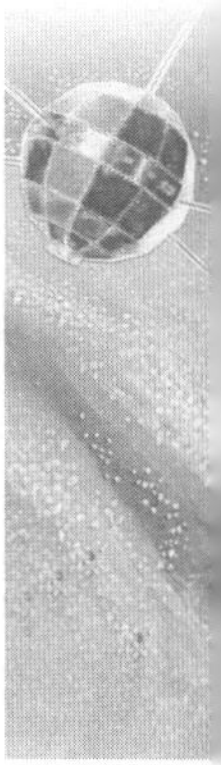

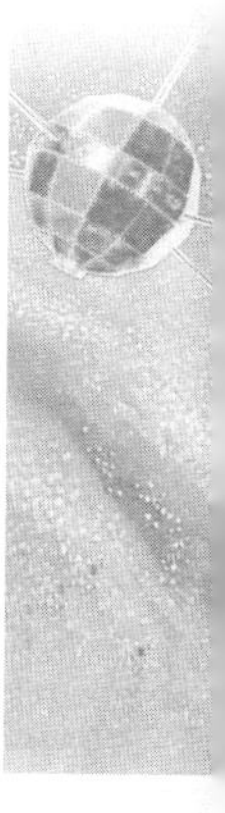

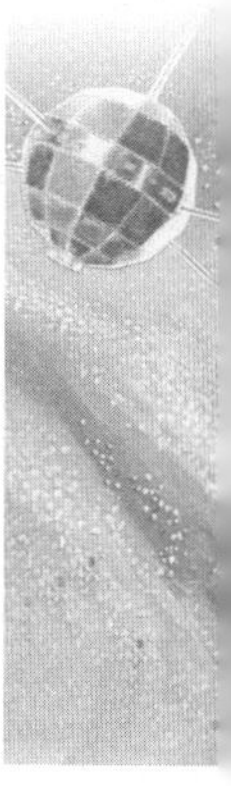

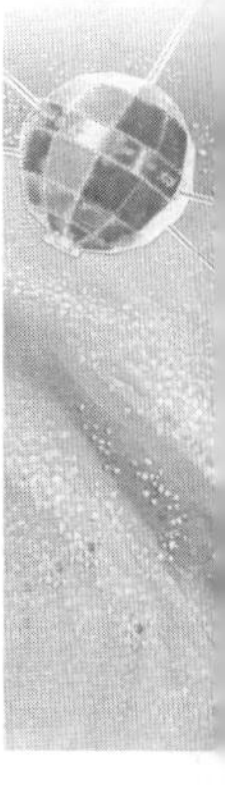

HT-F101 2009-116 长征三号丙遥三运载火箭发射北斗卫星导航系统第一颗地球静止轨道卫星 COMPASS-G2 纪念

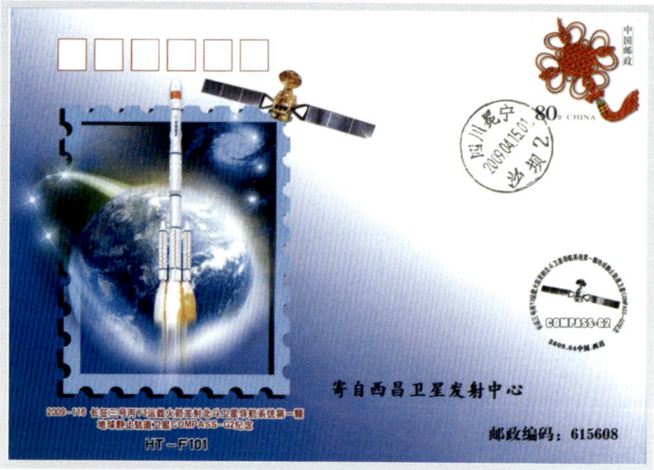

技术参数

规格：176mm × 125mm

印量：6000 枚

参考价：10.00 元

背景介绍

2009 年 4 月 15 日，在西昌卫星发射中心，长征三号丙遥三运载火箭发射北斗卫星导航系统第一颗地球静止轨道卫星 COMPASS-G2。卫星进入预定轨道，发射圆满成功。该星是我国第二代北斗卫星导航系统卫星。

HT-F102 2009-117 长征二号丙遥十九运载火箭发射遥感卫星六号纪念

技术参数

规格：176mm×125mm

印量：6000 枚

参考价：10.00 元

背景介绍

2009 年 4 月 22 日，在太原卫星发射中心，长征二号丙遥十九运载火箭发射遥感卫星六号。卫星进入预定轨道，发射圆满成功。遥感卫星六号由中国航天科技集团公司所属上海航天技术研究院研制。该星主要用于国土资源勘查、环境监测与保护、城市规划、农作物估产、防灾减灾和空间科学试验等领域，在中国国民经济发展中发挥积极作用。

HT-F103　2009-118 长征三号乙遥八运载火箭发射印尼 PALAPA-D 星纪念

技术参数

规格：176mm × 125mm

印量：6000 枚

参考价：10.00 元

背景介绍

2009 年 8 月 31 日，在西昌卫星发射中心，长征三号乙遥八运载火箭发射印尼 PALAPA-D 星。PALAPA-D 星是印度尼西亚卫星通信公司向法国泰雷兹阿莱尼亚宇航公司订购的，为印尼、东盟各国及亚洲其他地区提供卫星通信和广播传输等服务。本次发射部分成功，火箭一、二级飞行正常，三级二次点火后推力不足，未能将卫星送入预定轨道。卫星最终通过三次变轨成功进入地球静止轨道。本次发射记录为长征系列运载火箭自 1996 年以来 13 年内的第一次失败。

HT-F104 2009-119 长征二号丙遥二十一运载火箭发射实践十一号卫星纪念

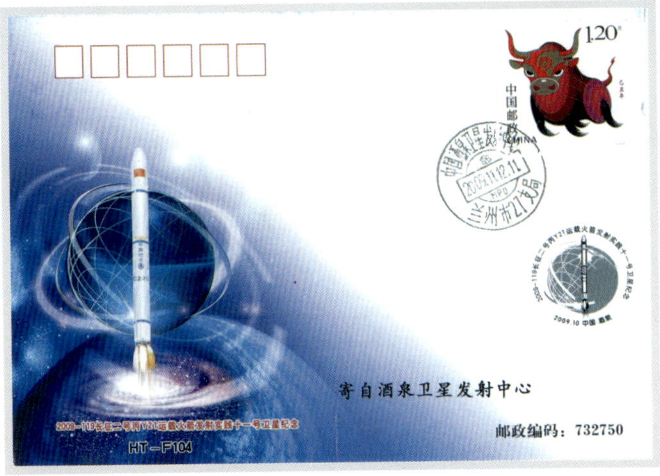

技术参数

规格：176mm × 125mm

印量：6000 枚

参考价：10.00 元

背景介绍

2009 年 11 月 12 日，在酒泉卫星发射中心，长征二号丙遥二十一运载火箭发射实践十一号卫星。卫星进入预定轨道，发射圆满成功。实践十一号卫星由中国航天科技集团公司所属东方红卫星公司研制。该星主要用于开展空间科学研究与技术试验。

HT-F105　2009-120 长征二号丁遥十运载火箭发射遥感卫星七号纪念

技术参数

规格：176mm × 125mm
印量：6000 枚
参考价：10.00 元

背景介绍

2009 年 12 月 9 日，在酒泉卫星发射中心，长征二号丁遥十运载火箭发射遥感卫星七号。卫星进入预定轨道，发射圆满成功。遥感卫星七号由中国航天科技集团公司所属中国空间技术研究院为主研制。该星主要用于科学试验、国土资源普查、农作物估产和防灾减灾等领域，在中国国民经济建设中发挥积极作用。

HT-F106 2009-121 长征四号丙遥四运载火箭发射遥感卫星八号纪念

技术参数

规格：176mm × 125mm
印量：6000 枚
参考价：10.00 元

背景介绍

2009 年 12 月 15 日，在太原卫星发射中心，长征四号丙遥四运载火箭发射遥感卫星八号。卫星进入预定轨道，发射圆满成功。遥感卫星八号主要用于空间科学试验、国土资源勘查、农作物估产及防灾减灾等领域，在中国国民经济发展中发挥积极作用。遥感卫星八号是中国航天科技集团公司所属中国空间技术研究院东方红卫星公司专门为广大青少年研制的第一颗科普公益小卫星。

HT-F107 2010-122 长征三号丙遥二运载火箭发射北斗卫星导航系统第三颗组网卫星纪念

技术参数

规格：176mm×125mm
印量：6000 枚
参考价：10.00 元

背景介绍

2010 年 1 月 17 日，在西昌卫星发射中心，长征三号丙遥二运载火箭发射北斗卫星导航系统第三颗组网卫星。卫星进入预定轨道，发射圆满成功。北斗卫星导航系统作为重要的空间基础设施，可提供高精度的定位、测速和授时服务，广泛应用于经济社会的各个领域。

HT-F108 2010-123 长征四号丙遥五运载火箭发射遥感卫星九号纪念

技术参数

规格：176mm × 125mm
印量：6000 枚
参考价：10.00 元

背景介绍

2010 年 3 月 5 日，在酒泉卫星发射中心，长征四号丙遥五运载火箭发射遥感卫星九号。卫星进入预定轨道，发射圆满成功。该星主要用于科学试验、国土资源普查、农作物估产及防灾减灾等领域。

HT-F109 2010-124 长征三号丙遥四运载火箭发射北斗卫星导航系统第四颗组网卫星纪念

技术参数

规格：176mm × 125mm

印量：6000 枚

参考价：10.00 元

背景介绍

2010 年 6 月 2 日，在西昌卫星发射中心，长征三号丙遥四运载火箭发射北斗卫星导航系统第四颗组网卫星。卫星进入预定轨道，发射圆满成功。

HT-F110 2010-125 长征二号丁遥十五运载火箭发射实践十二号卫星纪念

技术参数

规格：176mm × 125mm
印量：6000 枚
参考价：10.00 元

背景介绍

2010 年 6 月 15 日，在酒泉卫星发射中心，长征二号丁遥十五运载火箭发射实践十二号卫星。卫星进入预定轨道，发射圆满成功。实践十二号卫星由中国航天科技集团公司所属上海航天技术研究院为主研制。该星主要用于开展空间环境探测、星间测量和通信等科学与技术实验。

HT-F111 2010-126 长征三号甲遥十六运载火箭发射北斗卫星导航系统第五颗组网卫星纪念

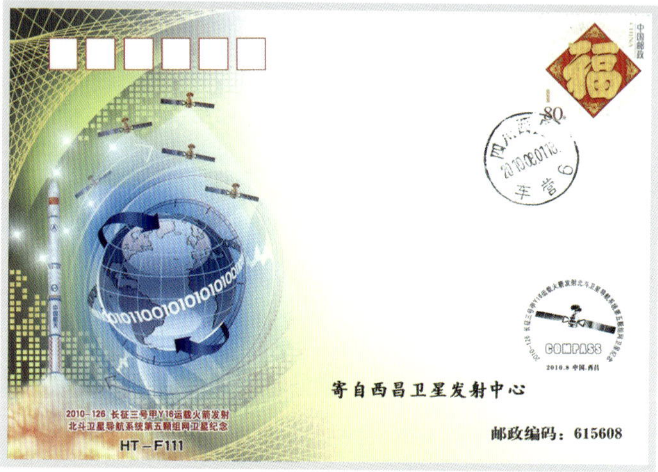

技术参数

规格：176mm × 125mm

印量：6000 枚

参考价：10.00 元

背景介绍

2010 年 8 月 1 日，在西昌卫星发射中心，长征三号甲遥十六运载火箭发射北斗卫星导航系统第五颗组网卫星。卫星进入预定轨道，发射圆满成功。该星属于倾斜地球同步轨道卫星。

HT-F112 2010-127 长征四号丙遥六运载火箭发射遥感卫星十号纪念

技术参数

规格：176mm × 125mm
印量：6000 枚
参考价：10.00 元

背景介绍

2010 年 8 月 10 日，在太原卫星发射中心，长征四号丙遥六运载火箭发射遥感卫星十号。卫星进入预定轨道，发射圆满成功。遥感卫星十号主要用于科学实验、国土资源普查、农作物估产及防灾减灾等领域，对中国国民经济发展发挥积极作用。

HT-F113 2010-128 长征二号丁遥十四运载火箭发射天绘一号卫星纪念

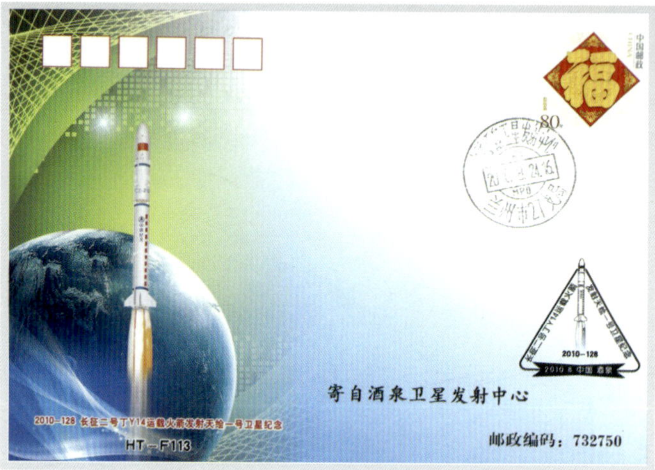

技术参数

规格：176mm × 125mm
印量：6000 枚
参考价：10.00 元

背景介绍

2010 年 8 月 24 日，在酒泉卫星发射中心，长征二号丁遥十四运载火箭发射天绘一号卫星。天绘一号卫星是中国第一代传输型立体测绘卫星，主要用于科学研究、国土资源普查、地图测绘等领域的科学试验任务。该星采用 CAST 2000 卫星平台，一体化集成了三线阵 CCD 相机、2m 高分辨率全色相机和多光谱相机等 3 类 5 个相机载荷，是当时中国有效载荷比最高的高分辨率遥感卫星。天绘一号卫星实现了中国测绘卫星从返回式胶片型到 CCD 传输型的跨越式发展，在中国首次实现了影像数据经过地面系统处理，无地面控制点条件下，与美国 SRTM 相对精度 12m/6m（平面 / 高程 1 σ）同等技术水平。

HT-F114 2010-129 长征三号乙遥十三运载火箭发射鑫诺六号卫星纪念

技术参数

规格：176mm × 125mm
印量：6000 枚
参考价：10.00 元

背景介绍

2010 年 9 月 5 日，在西昌卫星发射中心，长征三号乙遥十三运载火箭发射鑫诺六号卫星。鑫诺六号卫星由中国航天科技集团公司所属中国空间技术研究院为主研制，用户为中国卫星通信集团有限公司。该星采用东方红四号卫星平台，有效载荷装载 24 路 C 频段转发器、8 路 Ku 频段转发器和 S 频段移动通信转发器，覆盖我国大陆及港、澳、台地区，为广大用户提供高效、优质的通信和广播业务服务。该星设计寿命 15 年，具有大容量、高可靠、长寿命等技术特点，主要用于开展广播电视直播传输业务。

HT-F115 2010-130 长征二号丁遥十一运载火箭发射遥感卫星十一号纪念

技术参数

规格：176mm × 125mm
印量：6000 枚
参考价：10.00 元

背景介绍

2010 年 9 月 22 日，在酒泉卫星发射中心，长征二号丁遥十一运载火箭发射遥感卫星十一号。卫星进入预定轨道，发射圆满成功。遥感卫星十一号由中国航天科技集团公司所属中国空间技术研究院为主研制。该星主要用于科学试验、国土资源普查、农作物估产及防灾减灾等领域，对我国国民经济发展发挥积极作用。此次发射还搭载了浙江大学研制的两颗皮卫星。皮星一号 A 卫星是千克级重量的微小卫星，主要进行技术验证实验。

HT-F116（2-1） 2010-131 长征三号丙遥七运载火箭发射“嫦娥二号”月球探测卫星纪念

HT-F116（2-2） 2010-131 长征三号丙遥七运载火箭发射“嫦娥二号”月球探测卫星纪念

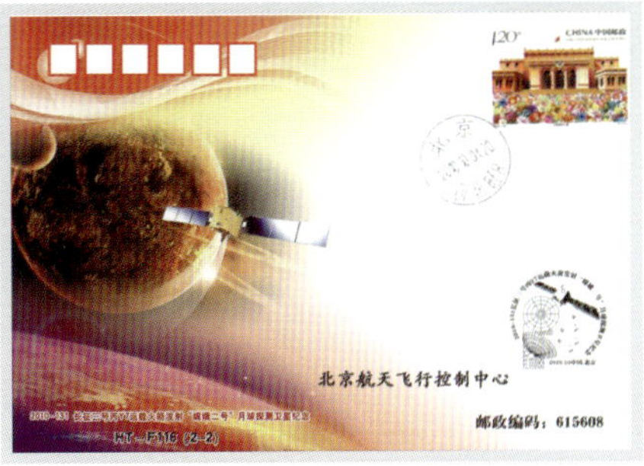

技术参数

规格：176mm × 125mm
印量：6000 枚
参考价：10.00 元

背景介绍

2010 年 10 月 1 日，在西昌卫星发射中心，长征三号丙遥七运载火箭发射“嫦娥二号”月球探测卫星。卫星进入预定轨道，发射圆满成功。“嫦娥二号”是中国第二颗绕月人造卫星。该星基于探月工程一期“嫦娥一号”备份星进行技术改进，作为探月工程二期的先导星，其目的在于验证“嫦娥三号”任务的部分关键技术，为“嫦娥三号 / 四号”探测器实现成功落月积累经验，同时深化月球科学探测。

HT-F117 2010-132 长征四号乙遥二十三运载火箭发射实践六号 04 组卫星纪念

技术参数

规格：176mm × 125mm
印量：6000 枚
参考价：10.00 元

背景介绍

2010 年 10 月 6 日，在太原卫星发射中心，长征四号乙遥二十三运载火箭发射实践六号 04 组卫星。卫星进入预定轨道，发射圆满成功。实践六号 04 组 A 星和 B 星分别由中国航天科技集团公司所属上海航天技术研究院和东方红卫星公司研制生产，卫星上的空间环境探测系统由中国电子科技集团公司为主研制。两颗卫星设计寿命均为 2 年以上，主要进行空间环境探测、空间辐射环境及其效应探测、空间物理环境参数探测，以及其他相关的空间科学试验。

HT-F118 2010-133 长征三号丙遥五运载火箭发射第六颗北斗导航卫星纪念

技术参数

规格：176mm × 125mm
印量：6000 枚
参考价：10.00 元

背景介绍

2010 年 11 月 1 日，在西昌卫星发射中心，长征三号丙遥五运载火箭发射第六颗北斗导航卫星。卫星进入预定轨道，发射圆满成功。该星属于地球同步轨道卫星。

HT-F119 2010-134 长征四号丙遥七运载火箭发射风云三号 02 星纪念

技术参数

规格：176mm × 125mm
印量：6000 枚
参考价：10.00 元

背景介绍

2010 年 11 月 5 日，在太原卫星发射中心，长征四号丙遥七运载火箭发射风云三号 02 星。卫星进入预定轨道，发射圆满成功。风云三号 02 星是中国自主研制的新一代太阳同步轨道气象卫星，设计寿命 3 年。该星是实现全球、全天候、定量遥感的我国第二代极轨气象卫星的第二颗卫星，其发射成功后与 2008 年发射的风云三号 A 星一起，首次实现了中国极轨气象卫星上午星和下午星的双星组网观测，实现了对火情、大雾、沙尘等灾害以及全球热带风暴的加密监测服务，在重大活动气象保障、气象灾害监测预报、环境和生态监测、积极应对气候变化等方面，发挥了重要作用。

HT-F120 2010-135 长征三号甲遥二十一运载火箭发射中星-20A号卫星纪念

技术参数

规格：176mm×125mm

印量：6000枚

参考价：10.00元

背景介绍

2010年11月25日，在西昌卫星发射中心，长征三号甲遥二十一运载火箭发射中星-20A号卫星。卫星进入预定轨道，发射圆满成功。中星-20A号卫星是中国卫星通信集团有限公司的一颗通信广播卫星，主要用于传输话音、数据和广播电视等任务。该星的成功发射，为我国卫星通信与广播电视提供更好的服务。

HT-F121 2010-136 长征三号甲遥十八运载火箭发射第七颗北斗导航卫星纪念

技术参数

规格：176mm × 125mm
印量：6000 枚
参考价：10.00 元

背景介绍

2010 年 12 月 18 日，在西昌卫星发射中心，长征三号甲遥十八运载火箭发射第七颗北斗导航卫星。卫星进入预定轨道，发射圆满成功。该星属于倾斜地球同步轨道卫星。

HT-F122 2011-137 长征三号甲遥十九运载火箭发射第八颗北斗导航卫星纪念

技术参数

规格：176mm×125mm

印量：6000 枚

参考价：10.00 元

背景介绍

2011 年 4 月 10 日，在西昌卫星发射中心，长征三号甲遥十九运载火箭发射第八颗北斗导航卫星。卫星进入预定轨道，发射圆满成功。北斗卫星导航系统作为重要的空间基础设施，可提供高精度的定位、测速和授时服务，广泛应用于经济社会的各个领域。

HT-F123 2011-138 长征三号乙运载火箭发射中星十号卫星纪念

技术参数

规格：176mm × 125mm

印量：6000 枚

参考价：10.00 元

背景介绍

2011 年 6 月 21 日，在西昌卫星发射中心，长征三号乙运载火箭发射中星十号卫星。卫星进入预定轨道，发射圆满成功。中星十号卫星是用于广播和通信的地球静止轨道通信卫星，由中国航天科技集团公司所属中国空间技术研究院研制，在我国自主研发的东方红四号卫星平台基础上研制，设计寿命 15 年。它也是集团所属中国卫星通信集团有限公司运营管理的第十颗卫星。中星十号卫星具有大容量、广覆盖、高可靠、长寿命等技术特点，满足我国及亚太地区用户的通信、广播电视、数据传输、数字宽带多媒体等业务的应用需求。

HT-F124 2011-139 长征二号丙遥二十五运载火箭发射实践十一号 03 卫星纪念

技术参数

规格：176mm × 125mm
印量：6000 枚
参考价：10.00 元

背景介绍

2011 年 7 月 6 日，在酒泉卫星发射中心，长征二号丙遥二十五运载火箭发射实践十一号 03 卫星。卫星进入预定轨道，发射圆满成功。该星由中国航天科技集团公司所属东方红卫星公司负责研制，主要用于开展空间科学与技术试验。

HT-F125 2011-140 长征三号丙遥八运载火箭发射天链一号 02 星纪念

技术参数

规格：176mm × 125mm
印量：6000 枚
参考价：10.00 元

背景介绍

2011 年 7 月 11 日，在西昌卫星发射中心，长征三号丙遥八运载火箭发射天链一号 02 星。卫星进入预定轨道，发射圆满成功。天链一号 02 星是我国第二颗地球同步轨道数据中继卫星，由中国航天科技集团公司所属中国空间技术研究院为主研制。它与 2008 年成功发射的天链一号 01 星组网运行，为中国神舟飞船以及未来空间实验室、空间站建设，提供数据中继和测控服务，支持空间交会对接任务；同时为我国中、低轨道资源卫星提供数据中继服务，为航天器发射提供测控支持。卫星主要用户为中国载人航天工程办公室。

HT-F126 2011-141 长征三号甲遥十七运载火箭发射第九颗北斗导航卫星纪念

技术参数

规格：176mm × 125mm

印量：6000 枚

参考价：10.00 元

背景介绍

2011 年 7 月 27 日，在西昌卫星发射中心，长征三号甲遥十七运载火箭发射第九颗北斗导航卫星。卫星进入预定轨道，发射圆满成功。北斗卫星导航系统作为重要的空间基础设施，可提供高精度的定位、测速和授时服务，广泛应用于经济社会的各个领域。

HT-F127　2011-142 长征二号丙遥二十四运载火箭发射实践十一号 02 卫星纪念

技术参数

规格：176mm × 125mm

印量：6000 枚

参考价：10.00 元

背景介绍

2011 年 7 月 29 日，在酒泉卫星发射中心，长征二号丙遥二十四运载火箭发射实践十一号 02 卫星。卫星进入预定轨道，发射圆满成功。实践十一号 02 卫星由中国航天科技集团公司所属东方红卫星公司负责研制，主要用于开展空间科学与技术试验。

HT-F128 2011-143 长征三号乙遥十九运载火箭发射巴基斯坦 1R 通信卫星纪念

技术参数

规格：176mm × 125mm

印量：6000 枚

参考价：10.00 元

背景介绍

2011 年 8 月 12 日，在西昌卫星发射中心，长征三号乙遥十九运载火箭发射巴基斯坦 1R 通信卫星。卫星进入预定轨道，发射圆满成功。巴基斯坦 1R 通信卫星采用东方红四号卫星平台，星上装载有 2 个频段 30 路转发器和 3 副天线，卫星波束覆盖南亚、中东、东部非洲地区以及欧洲部分城市和地区，主要用以满足巴基斯坦在电信、广播、宽带多媒体服务等领域的通信需求。该星取代即将到达使用期限的 SAT-1 卫星，在巴基斯坦独立日前夕送入轨道，作为中巴友谊的象征。

HT-F129 2011-144 长征四号乙遥十四运载火箭发射海洋二号卫星纪念

技术参数

规格：176mm × 125mm
印量：6000 枚
参考价：10.00 元

背景介绍

2011 年 8 月 16 日，在太原卫星发射中心，长征四号乙遥十四运载火箭发射海洋二号卫星。卫星进入预定轨道，发射圆满成功。海洋二号卫星是由中国航天科技集团公司所属中国空间技术研究院研制的一颗遥感卫星，是第一颗海洋动力环境监测卫星，主要用于监测和调查海洋环境，是海洋防灾减灾的重要监测手段，可直接为灾害性海况预警报和国民经济建设服务，并为海洋科学研究、海洋环境预报和全球气候变化研究提供卫星遥感信息。卫星用户为国家海洋局。

HT-F130　2011-145 长征二号丙遥二十六运载火箭发射实践十一号 04 卫星纪念

技术参数

规格：176mm × 125mm

印量：6000 枚

参考价：10.00 元

背景介绍

2011 年 8 月 18 日，在酒泉卫星发射中心，长征二号丙遥二十六运载火箭发射实践十一号 04 卫星。实践十一号 04 卫星主要用于科学研究和技术试验，由于长征二号丙遥二十六运载火箭在飞行过程中发生故障，火箭二级游机Ⅲ分机与伺服机构连接部位失效，导致火箭二级姿态失稳，卫星未能进入预定轨道。

HT-F131 2011-146 长征三号乙运载火箭发射“中星 1A”卫星纪念

技术参数

规格：176mm × 125mm
印量：6000 枚
参考价：10.00 元

背景介绍

2011 年 9 月 19 日，在西昌卫星发射中心，长征三号乙运载火箭发射“中星 1A”卫星。卫星进入预定轨道，发射圆满成功。“中星 1A”卫星是中国卫星通信集团有限公司所属的一颗通信广播卫星，由中国航天科技集团公司所属中国空间技术研究院研制。该星可为用户提供高质量的话音、数据、广播电视传输业务，为我国通信广播事业提供更好的服务。

HT-F132-1 2011-147 长征二号 F T1 运载火箭发射天宫一号目标飞行器纪念

技术参数

规格：176mm × 125mm
印量：6000 枚
参考价：10.00 元

背景介绍

2011 年 9 月 29 日，在酒泉卫星发射中心，长征二号 F T1 运载火箭发射天宫一号目标飞行器。天宫一号目标飞行器进入预定轨道，待命与后续载人飞船实施交会对接。

HT-F132-2 2011-147 中国天宫一号目标飞行器飞行纪念

技术参数

规格：176mm × 125mm
印量：6000 枚
参考价：10.00 元

背景介绍

天宫一号目标飞行器是中国空间实验室的雏形。2011 年 11 月 3 日，天宫一号目标飞行器与神舟八号无人飞船对接成功，2012 年 6 月 18 日、2013 年 6 月 18 日，天宫一号目标飞行器与神舟九号、神舟十号载人飞船完成对接，用以验证和掌握空间交会对接技术，使中国成为世界第三个掌握空间交会对接技术的国家。

HT-F133 2011-148 长征三号乙运载火箭发射 W3C 卫星纪念

技术参数

规格：176mm × 125mm

印量：6000 枚

参考价：10.00 元

背景介绍

2011 年 10 月 7 日，在西昌卫星发射中心，长征三号乙运载火箭发射 W3C 卫星。卫星进入预定轨道，发射圆满成功。W3C 卫星是法国泰雷兹阿莱尼亚宇航公司为欧洲通信卫星公司研制的大功率广播通信卫星，质量 5400 千克，装载 Ku、Ka 波段转发器，设计寿命 15 年，可提供电视广播、宽带、视频、数据传输、互联网等服务。这是中国首次为欧洲卫星运营商提供发射服务。

HT-F134-1 2011-149 长征二号 F 运载火箭发射神舟八号飞船纪念

技术参数

规格：176mm × 125mm

印量：6000 枚

参考价：10.00 元

背景介绍

2011 年 11 月 1 日，在酒泉卫星发射中心，长征二号 F 运载火箭发射神舟八号飞船。飞船进入预定轨道，待命与天宫一号目标飞行器实施交会对接。神舟八号飞船是中国第八艘神舟飞船，属于为中国的空间站作对接准备的无人飞行器。

HT-F134-2 2011-149 神舟八号飞船与天宫一号对接、回收纪念

技术参数

规格：176mm × 125mm
印量：6000 枚
参考价：10.00 元

背景介绍

2011 年 11 月 17 日，在内蒙古自治区四子王旗，神舟八号飞船返回舱安全着陆回收。11 月 3 日凌晨，神舟八号飞船与天宫一号自动对接，组成一个小型的空间实验室。12 天后，神舟八号飞船与天宫一号分离，进行第二次交会对接，最后与天宫一号分离，返回舱返回地球。

HT-F135 2011-150 长征四号乙遥二十一运载火箭发射遥感卫星十二号纪念

技术参数

规格：176mm × 125mm
印量：6000 枚
参考价：10.00 元

背景介绍

2011 年 11 月 9 日，在太原卫星发射中心，长征四号乙遥二十一运载火箭发射遥感卫星十二号。卫星进入预定轨道，发射圆满成功。遥感卫星十二号由中国航天科技集团公司所属中国空间技术研究院负责研制，主要用于科学试验、国土资源普查、农作物估产及防灾减灾等领域。

HT-F136 2011-151 长征二号丁遥十九运载火箭发射创新一号03星/试验卫星四号纪念

技术参数

规格：176mm × 125mm
印量：6000 枚
参考价：10.00 元

背景介绍

2011 年 11 月 20 日，在酒泉卫星发射中心，长征二号丁遥十九运载火箭发射创新一号 03 星/试验卫星四号。卫星进入预定轨道，发射圆满成功。创新一号 03 星是一颗小型数据采集传输实验卫星，由中国科学院研制，主要用于水利、水文、气象、电力及减灾等领域各类监测站点的数据采集和传输任务，为国民经济建设服务。试验卫星四号是我国第四颗技术试验卫星，由中国空间技术研究院抓总研制，主要用于开展空间技术试验和环境探测。

HT-F137 2011-152 长征二号丙遥二十运载火箭发射遥感卫星十三号纪念

技术参数

规格：176mm × 125mm

印量：6000 枚

参考价：10.00 元

背景介绍

2011 年 11 月 30 日，在太原卫星发射中心，长征二号丙遥二十运载火箭发射遥感卫星十三号。卫星进入预定轨道，发射圆满成功。遥感卫星十三号由中国航天科技集团公司所属上海航天技术研究院负责研制，主要用于科学试验、国土资源普查、农作物估产及防灾减灾等领域，对中国国民经济发展发挥积极作用。

HT-F138 2011-153 中国首枚火星探测器——"萤火一号"发射纪念

技术参数

规格：176mm × 125mm
印量：6000 枚
参考价：10.00 元

背景介绍

2011 年 11 月 9 日，中国首枚火星探测器——"萤火一号"在拜科努尔航天中心搭乘俄罗斯"天顶号"运载火箭，与俄罗斯"福布斯－土壤"火星探测器一并进入太空。同日，俄方宣布搭载有"萤火一号"的"福布斯－土壤"火星探测器变轨失败。

HT-F139 2011-154 长征三号甲遥二十三运载火箭发射第十颗北斗导航卫星纪念

技术参数

规格：176mm×125mm
印量：6000 枚
参考价：10.00 元

背景介绍

2011 年 12 月 2 日，在西昌卫星发射中心，长征三号甲遥二十三运载火箭发射第十颗北斗导航卫星。卫星进入预定轨道，发射圆满成功。北斗卫星导航系统作为重要的空间基础设施，可提供高精度的定位、测速和授时服务，广泛应用于经济社会的各个领域。

HT-F140 2011-155 长征三号乙遥二十一运载火箭发射尼星 1R 纪念

技术参数

规格：176mm × 125mm

印量：6000 枚

参考价：10.00 元

背景介绍

2011 年 12 月 20 日，在西昌卫星发射中心，长征三号乙遥二十一运载火箭发射尼星 1R。卫星进入预定轨道，发射圆满成功。尼日利亚通信卫星一号 R 由中国航天科技集团公司所属中国空间技术研究院研制，卫星采用东方红四号卫星平台，其波束覆盖非洲中西部及南部地区、欧洲中东部地区和中亚部分地区，主要用于通信、广播、互联网接入、远程教育、宽带多媒体和导航服务。该星用于替换 2007 年 5 月 14 日发射的因太阳翼故障电能耗尽的尼日利亚通信卫星一号。

HT-F141　2011-156 长征四号乙遥十五运载火箭发射资源一号 02C 卫星纪念

技术参数

规格：176mm × 125mm

印量：6000 枚

参考价：10.00 元

背景介绍

2011 年 12 月 22 日，在太原卫星发射中心，长征四号乙遥十五运载火箭发射资源一号 02C 卫星。卫星进入预定轨道，发射圆满成功。资源一号 02C 卫星是填补中国国内高分辨率遥感数据空白的卫星，质量重约 2100 千克，设计寿命 3 年，可广泛应用于国土资源调查与监测、防灾减灾、农林水利、生态环境、国家重大工程等领域，推动资源一号卫星应用业务发展。

HT-F142 2012-157 长征四号乙遥二十六运载火箭发射资源三号卫星纪念

技术参数

规格：176mm × 125mm

印量：6000 枚

参考价：10.00 元

背景介绍

2012 年 1 月 9 日，在太原卫星发射中心，长征四号乙遥二十六运载火箭发射资源三号卫星。卫星进入预定轨道，发射圆满成功。资源三号卫星是我国首颗高精度民用立体测绘卫星，质量重约 2650 千克，设计寿命约 5 年。卫星的主要任务是长期、连续、稳定、快速地获取覆盖全国的高分辨率立体影像和多光谱影像，为国土资源调查与监测、防灾减灾、农林水利、生态环境、城市规划与建设、交通、国家重大工程等领域的应用提供服务。卫星用户为国家测绘地理信息局。此次发射同时搭载了一颗卢森堡海洋交通运输跟踪测量 2 号小卫星。

HT-F143 2012-158 长征三号甲遥二十二运载火箭发射风云二号 07 星纪念

技术参数

规格：176mm × 125mm

印量：6000 枚

参考价：10.00 元

背景介绍

2012 年 1 月 13 日，在西昌卫星发射中心，长征三号甲遥二十二运载火箭发射风云二号 07 星。卫星进入预定轨道，发射圆满成功。风云二号 07 星是一颗地球静止轨道气象卫星，也是风云二号 03 批卫星工程的首发星。风云二号 03 批卫星共有 3 颗，是在 02 批基础上进一步改进的业务应用卫星，设计寿命由 3 年提高到 4 年，汛期观测间隔由 30 分钟缩短至 15 分钟，空间环境监测性能也成倍提升。风云二号 07 星择机接替目前在轨超期服役的同类卫星，全天候对地球进行连续气象监视，收集并转发气象、海洋和水文等环境监测数据，监测空间环境。

HT-F144 2012-159 长征三号丙遥六运载火箭发射第十一颗北斗导航卫星纪念

技术参数

规格：176mm × 125mm

印量：6000 枚

参考价：10.00 元

背景介绍

2012 年 2 月 25 日，在西昌卫星发射中心，长征三号丙遥六运载火箭发射第十一颗北斗导航卫星。卫星进入预定轨道，发射圆满成功。北斗卫星导航系统作为重要的空间基础设施，可提供高精度的定位、测速和授时服务，广泛应用于经济社会的各个领域。

HT-F145 2012-160 长征三号乙遥二十二运载火箭发射亚太 7 号卫星纪念

技术参数

规格：176mm × 125mm

印量：6000 枚

参考价：10.00 元

背景介绍

2012 年 3 月 31 日，在西昌卫星发射中心，长征三号乙遥二十二运载火箭发射亚太 7 号卫星。卫星进入预定轨道，发射圆满成功。亚太 7 号卫星是法国泰雷兹阿莱尼亚宇航公司为香港亚太通信卫星有限公司研制的大功率广播通信卫星，卫星载有 C 波段和 Ku 波段转发器各 28 路，总功率 11.4 千瓦，设计寿命超过 16 年。亚太 7 号卫星接替在轨运行的亚太 2R 卫星，定点于东经 76.5 度赤道上空，可为亚洲、中东、非洲、澳大利亚、欧洲等提供电视传输和卫星通信服务，Ku 频段可为中国、中东、中亚、非洲等提供 DTH、VSAT 等跨洲际通信广播服务。

HT-F146 2012-161 长征三号乙遥十四运载火箭发射第十二颗和第十三颗北斗导航卫星纪念

技术参数

规格：176mm × 125mm
印量：6000 枚
参考价：10.00 元

背景介绍

2012 年 4 月 30 日，在西昌卫星发射中心，长征三号乙遥十四运载火箭发射第十二颗和第十三颗北斗导航卫星。卫星进入预定轨道，发射圆满成功。北斗卫星导航系统作为重要的空间基础设施，可提供高精度的定位、测速和授时服务，广泛应用于经济社会的各个领域。

HT-F147 2012-162 长征二号丁遥十七运载火箭发射天绘一号02星纪念

技术参数

规格：176mm × 125mm
印量：6000 枚
参考价：10.00 元

背景介绍

2012 年 5 月 6 日，在西昌卫星发射中心，长征二号丁遥十七运载火箭发射天绘一号 02 星。卫星进入预定轨道，发射圆满成功。天绘一号 02 星主要用于科学研究、国土资源普查、地图测绘等领域的科学试验任务。

HT-F148 2012-163 长征四号乙遥十二运载火箭发射遥感卫星十四号纪念

技术参数

规格：176mm × 125mm
印量：6000 枚
参考价：10.00 元

背景介绍

2012 年 5 月 10 日，在太原卫星发射中心，长征四号乙遥十二运载火箭发射遥感卫星十四号。卫星进入预定轨道，发射圆满成功。遥感卫星十四号由中国航天科技集团公司所属中国空间技术研究院负责研制，主要用于科学试验、国土资源普查、农作物估产及防灾减灾等领域，对我国国民经济发展发挥积极作用。

HT-F149 2012-164 长征三号乙遥十七运载火箭发射中星2A卫星纪念

技术参数

规格：176mm × 125mm
印量：6000 枚
参考价：10.00 元

背景介绍

2012 年 5 月 26 日，在西昌卫星发射中心，长征三号乙遥十七运载火箭发射中星 2A 卫星。卫星进入预定轨道，发射圆满成功。中星 2A 卫星可为全国广播电台、电视台、无线发射台和有线电视网等机构提供广播电视及宽带多媒体等传输业务。

HT-F150 2012-165 长征四号丙遥十运载火箭发射遥感卫星十五号纪念

技术参数

规格：176mm × 125mm
印量：6000 枚
参考价：10.00 元

背景介绍

2012 年 5 月 29 日，在太原卫星发射中心，长征四号丙遥十运载火箭发射遥感卫星十五号。卫星进入预定轨道，发射圆满成功。遥感卫星十五号主要用于科学试验、国土资源普查、农作物估产及防灾减灾等领域，对我国国民经济发展发挥积极作用。

HT-F151-1 2012-166 长征二号 F 遥九运载火箭发射神舟九号载人飞船纪念

技术参数

规格：176mm × 125mm
印量：6000 枚
参考价：10.00 元

背景介绍

2012 年 6 月 16 日，在酒泉卫星发射中心，长征二号 F 遥九运载火箭发射神舟九号载人飞船。飞船承载着景海鹏、刘旺、刘洋（中国第一位女航天员）三名航天员顺利进入预定轨道，待命执行与天宫一号目标飞行器实施首次载人交会对接。

HT-F151-2 2012-166 神舟九号载人飞船返回纪念

技术参数

规格：176mm × 125mm
印量：6000 枚
参考价：10.00 元

背景介绍

2012 年 6 月 29 日，在内蒙古自治区四子王旗指定区域，神舟九号载人飞船圆满完成各项试验任务，返回舱搭载三名航天员安全着陆，标志着我国首次载人交会对接任务取得圆满成功。

HT-F152　2012-167 长征三号丙遥九运载火箭发射天链一号 03 星纪念

技术参数

规格：176mm × 125mm

印量：6000 枚

参考价：10.00 元

背景介绍

2012 年 7 月 25 日，在西昌卫星发射中心，长征三号丙遥九运载火箭发射天链一号 03 星。卫星进入预定轨道，发射圆满成功。天链一号 03 星是我国发射的第三颗地球同步轨道数据中继卫星，其成功发射后，将实现“天链一号”卫星全球组网运行，为我国神舟飞船、空间实验室、空间站提供中继和测控服务，支持空间交会对接任务；同时为我国中、低轨道资源卫星提供数据中继服务，为航天器发射提供测控支持，标志着中国第一代中继卫星系统正式建成。

HT-F153 2012-168 长征三号乙遥十五运载火箭发射第十四颗和第十五颗北斗导航卫星纪念

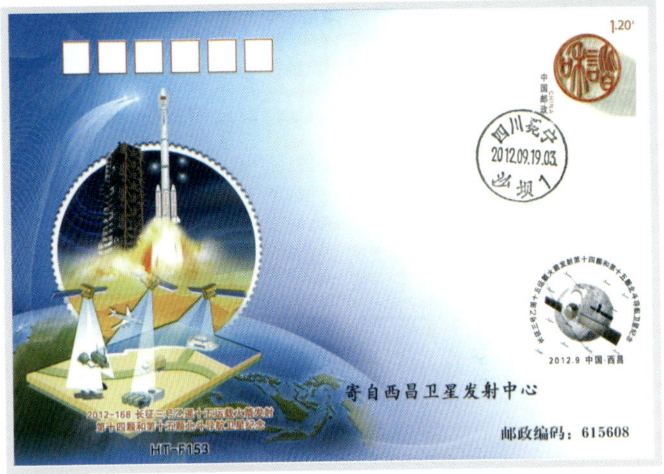

技术参数

规格：176mm × 125mm

印量：6000 枚

参考价：10.00 元

背景介绍

2012 年 9 月 19 日，在西昌卫星发射中心，长征三号乙遥十五运载火箭发射第十四颗和第十五颗北斗导航卫星。卫星进入预定轨道，发射圆满成功。北斗卫星导航系统作为重要的空间基础设施，可提供高精度的定位、测速和授时服务，广泛应用于经济社会的各个领域。

HT-F154 2012-169 长征二号丁遥十六运载火箭发射委内瑞拉遥感卫星纪念

技术参数

规格：176mm × 125mm

印量：6000 枚

参考价：10.00 元

背景介绍

2012 年 9 月 29 日，在酒泉卫星发射中心，长征二号丁遥十六运载火箭发射委内瑞拉遥感卫星。卫星进入预定轨道，发射圆满成功。委内瑞拉遥感卫星采用中国航天科技集团公司所属中国空间技术研究院东方红卫星公司 CAST2000 卫星平台研制，共装载 4 台全色、多光谱和宽幅相机。委内瑞拉遥感卫星是中国长城工业集团有限公司与委内瑞拉签署的第二个在轨交付卫星，也是委内瑞拉拥有的第一颗遥感卫星，主要用于委内瑞拉国土资源普查、环境保护、灾害检测和管理、农作物估产和城市规划等。

HT-F155 2012-170 长征二号丙 SMA 遥二运载火箭发射实践九号 A/B 卫星纪念

技术参数

规格：176mm × 125mm
印量：6000 枚
参考价：10.00 元

背景介绍

2012 年 10 月 14 日，在太原卫星发射中心，长征二号丙 SMA 遥二运载火箭发射实践九号 A/B 星。卫星进入预定轨道，发射圆满成功。实践九号 A/B 星主要用于开展空间技术试验和环境探测，开展卫星长寿命高可靠、高精度高性能、国产核心元器件和卫星编队及星间测量与链路等试验，以此提升中国航天产品国产化能力。实践九号卫星在轨验证我国卫星发展急需的新原理、新技术、新设备和新材料，对提高我国卫星基础能力研制，推进卫星技术水平快速提升，具有重要意义。

HT-F156 2012-171 长征三号丙遥十运载火箭发射第十六颗北斗导航卫星纪念

技术参数

规格：176mm × 125mm
印量：6000 枚
参考价：10.00 元

背景介绍

2012 年 10 月 25 日，在西昌卫星发射中心，长征三号丙遥十运载火箭发射第十六颗北斗导航卫星。卫星进入预定轨道，发射圆满成功。北斗卫星导航系统作为重要的空间基础设施，可提供高精度的定位、测速和授时服务，广泛应用于经济社会的各个领域。

HT-F157 2012-172 长征二号丙遥十七运载火箭发射环境一号C星和新技术验证卫星纪念

技术参数

规格：176mm×125mm
印量：6000 枚
参考价：10.00 元

背景介绍

2012 年 11 月 19 日，在太原卫星发射中心，长征二号丙遥十七运载火箭发射环境一号 C 星和新技术验证卫星。卫星进入预定轨道，发射圆满成功。环境一号 C 星由中国航天科技集团公司所属中国空间技术研究院东方红卫星公司牵头研制，用户为国家减灾委和环保部，主要用于提高我国综合减灾和环境监测能力，实现大范围、全天候、全天时、动态的环境和灾害监测。此次发射任务还搭载了新技术验证卫星，主要用于开展空间技术试验。

HT-F158 2012-173 长征三号乙遥二十四运载火箭发射中星 12 号卫星纪念

技术参数

规格：176mm × 125mm
印量：6000 枚
参考价：10.00 元

背景介绍

2012 年 11 月 27 日，在西昌卫星发射中心，长征三号乙遥二十四运载火箭发射中星 12 号卫星。卫星进入预定轨道，发射圆满成功。中星 12 号卫星由法国泰雷兹阿莱尼亚宇航公司制造，可为亚洲、中东、非洲、澳大利亚和欧洲等地区提供电视传输和卫星通信服务。

HT-F159 2012-174 长征四号丙遥九运载火箭发射遥感卫星十六号纪念

技术参数

规格：176mm × 125mm
印量：6000 枚
参考价：10.00 元

背景介绍

2012 年 11 月 25 日，在酒泉卫星发射中心，长征四号丙遥九运载火箭发射遥感卫星十六号。卫星进入预定轨道，发射圆满成功。遥感卫星十六号由中国航天科技集团公司所属中国空间技术研究院为主研制，主要用于科学试验、国土资源普查、农作物估产及防灾减灾等领域，对我国国民经济发展发挥积极作用。

HT-F160 2012-175 长征二号丁遥二十二运载火箭发射土耳其 GK-2 小卫星纪念

技术参数

规格：176mm × 125mm
印量：6000 枚
参考价：10.00 元

背景介绍

2012 年 12 月 19 日，在酒泉卫星发射中心，长征二号丁遥二十二运载火箭发射土耳其 GK-2 小卫星。卫星进入预定轨道，发射圆满成功。土耳其 GK-2 小卫星由土耳其空间技术研究所与土耳其宇航工业公司联合研制，主要用于土耳其的环境保护、国土矿物资源探测普查、城市规划和灾害监测与管理等。

HT-F161 2013-176 长征二号丁遥十八运载火箭发射高分一号卫星纪念

技术参数

规格：176mm × 125mm
印量：6000 枚
参考价：10.00 元

背景介绍

2013 年 4 月 26 日，在酒泉卫星发射中心，长征二号丁遥十八运载火箭发射高分一号卫星。卫星进入预定轨道，发射圆满成功。高分一号卫星是我国重大科技专项高分辨率对地观测系统的首发星，主要用于国土资源普查、环境监测与保护、农业等领域应用示范及业务化应用。本次还成功搭载发射了荷兰 ISIS 公司两个小卫星分配器，阿根廷国家应用研究公司、厄瓜多尔航天局研制的主要应用于科学研究和技术验证的 3 颗小卫星。

HT-F162 2013-177 长征三号乙遥二十五运载火箭发射中星十一号卫星纪念

技术参数

规格：176mm × 125mm
印量：6000 枚
参考价：10.00 元

背景介绍

2013 年 5 月 2 日，在西昌卫星发射中心，长征三号乙遥二十五运载火箭发射中星十一号卫星。卫星进入预定轨道，发射圆满成功。中星十一号卫星采用中国自主研发的东方红四号卫星平台，由中国航天科技集团公司所属中国空间技术研究院研制，卫星装载 C 频段和 Ku 频段共 45 路转发器，主要用于为亚太地区等区域用户提供商业通信服务，可为全国广播电台、电视台、无线发射台和有线电视网等机构提供广播电视及多媒体等传输业务。

HT-F163-1 2013-178 长征二号F遥十运载火箭发射神舟十号飞船纪念

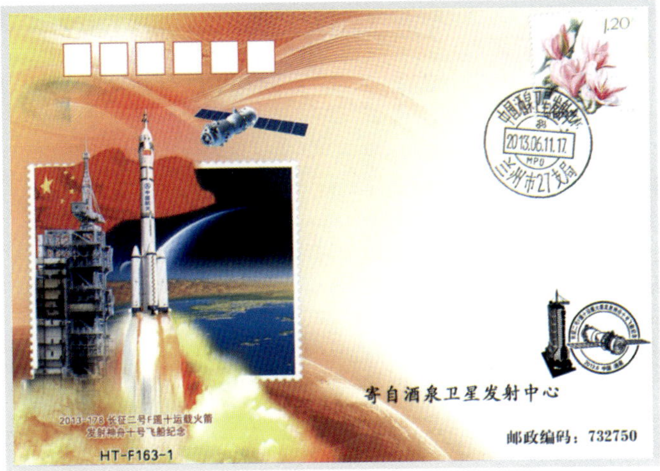

技术参数

规格：176mm × 125mm

印量：6000 枚

参考价：10.00 元

背景介绍

2013 年 6 月 11 日，在酒泉卫星发射中心，长征二号 F 遥十运载火箭发射神舟十号飞船。神舟十号飞船是中国载人航天的第五次任务，搭乘聂海胜（指令长）、张晓光、王亚平（中国第二位女航天员）三名航天员。神舟十号飞船与天宫一号目标飞行器执行交会对接任务，是神舟飞船与天宫一号最后的一次对接任务。飞行中，航天员王亚平进行了中国第一次太空授课。神舟十号飞船在轨飞行约 15 天，其中驻留天宫一号 12 天。

HT-F163-2 2013-178 神舟十号飞船返回纪念

技术参数

规格：176mm × 125mm
印量：6000 枚
参考价：10.00 元

背景介绍

2013 年 6 月 26 日，在内蒙古自治区四子王旗指定区域，神舟十号飞船圆满完成各项预定试验任务后，返回舱搭载三名航天员成功安全着陆，标志着我国载人航天交会对接任务取得圆满成功。

HT-F164 2013-179 长征二号丙遥二十三运载火箭发射实践十一号 05 卫星纪念

技术参数

规格：176mm × 125mm
印量：6000 枚
参考价：10.00 元

背景介绍

2013 年 7 月 15 日，在酒泉卫星发射中心，长征二号丙遥二十三运载火箭发射实践十一号 05 卫星。卫星进入预定轨道，发射圆满成功。该星主要用于开展空间科学与技术试验。

HT-F165 2013-180 长征四号丙遥十一运载火箭发射创新三号、试验七号、实践十五号卫星纪念

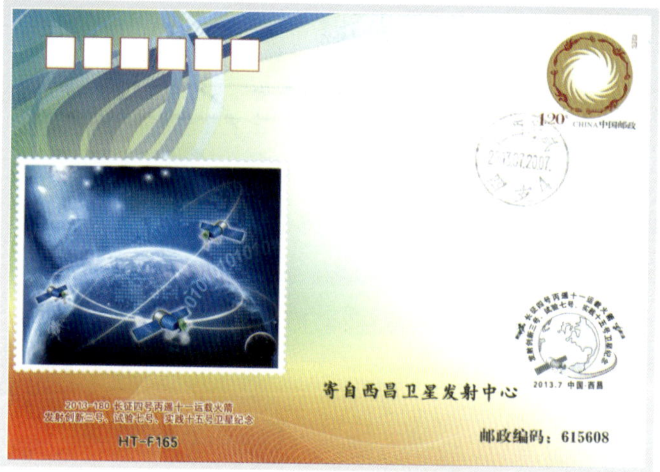

技术参数

规格：176mm × 125mm

印量：6000 枚

参考价：10.00 元

背景介绍

2013 年 7 月 20 日，在西昌卫星发射中心，长征四号丙遥十一运载火箭发射创新三号、试验七号、实践十五号卫星。卫星进入预定轨道，发射圆满成功。3 颗卫星主要用于开展空间碎片观测和空间机械臂操作等空间维护技术科学试验。

HT-F166 2013-181 长征四号丙遥十三运载火箭发射遥感卫星十七号纪念

技术参数

规格：176mm × 125mm
印量：6000 枚
参考价：10.00 元

背景介绍

2013 年 9 月 2 日，在酒泉卫星发射中心，长征四号丙遥十三运载火箭发射遥感卫星十七号。卫星进入预定轨道，发射圆满成功。该星主要用于科学试验、国土资源普查、农作物估产及防灾减灾等领域。

HT-F167 2013-182 长征四号丙遥十二运载火箭发射风云三号 03 卫星纪念

技术参数

规格：176mm × 125mm

印量：6000 枚

参考价：10.00 元

背景介绍

2013 年 9 月 23 日，在太原卫星发射中心，长征四号丙遥十二运载火箭发射风云三号 03 卫星。卫星进入预定轨道，发射圆满成功。风云三号气象卫星是中国第二代极轨气象卫星，可在全球范围内实施全天候、多光谱、三维、定量探测，主要为中期数值天气预报提供气象参数，并监测大范围自然灾害和生态环境，同时为研究全球环境变化、探索全球气候变化规律以及航空、航海等提供气象信息。

HT-F168 2013-183 长征四号乙遥二十五运载火箭发射实践十六号卫星纪念

技术参数

规格：176mm × 125mm
印量：6000 枚
参考价：10.00 元

背景介绍

2013 年 10 月 25 日，在酒泉卫星发射中心，长征四号乙遥二十五运载火箭发射实践十六号卫星。卫星进入预定轨道，发射圆满成功。该星主要用于开展空间环境探测和技术试验。

HT-F169 2013-184 长征二号丙遥二十八运载火箭发射遥感卫星十八号纪念

技术参数

规格：176mm×125mm
印量：6000 枚
参考价：10.00 元

背景介绍

2013 年 10 月 29 日，在太原卫星发射中心，长征二号丙遥二十八运载火箭发射遥感卫星十八号。卫星进入预定轨道，发射圆满成功。该星主要用于科学试验、国土资源普查、农作物估产及防灾减灾等领域。

HT-F170 2013-185 长征二号丁遥二十三运载火箭发射试验卫星五号纪念

技术参数

规格：176mm×125mm
印量：6000 枚
参考价：10.00 元

背景介绍

2013 年 11 月 25 日，在酒泉卫星发射中心，长征二号丁遥二十三运载火箭发射试验卫星五号。卫星进入预定轨道，发射圆满成功。该星主要用于开展空间技术试验和环境探测。

HT-F171　2013-186 长征四号丙遥十四运载火箭发射遥感卫星十九号纪念

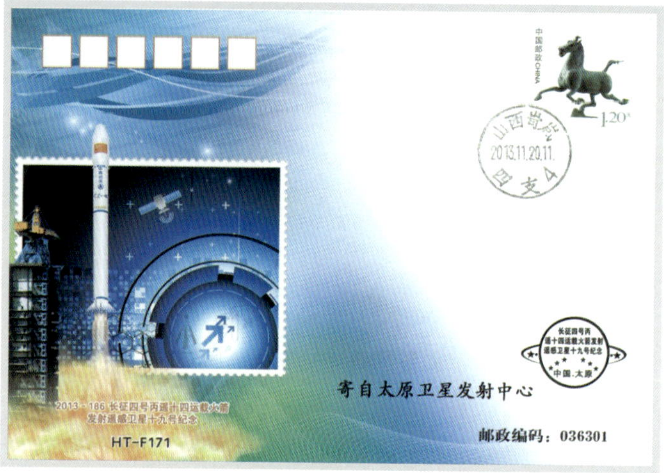

技术参数

规格：176mm × 125mm
印量：6000 枚
参考价：10.00 元

背景介绍

2013 年 11 月 20 日，在太原卫星发射中心，长征四号丙遥十四运载火箭发射遥感卫星十九号。卫星进入预定轨道，发射圆满成功。该星主要用于科学试验、国土资源普查、农作物估产及防灾减灾等领域。

HT-F172（3-1） 2013-187 长征三号乙遥二十三运载火箭发射“嫦娥三号”月球探测器纪念

技术参数

规格：176mm × 125mm
印量：6000 枚
参考价：10.00 元

背景介绍

2013 年 12 月 2 日，在西昌卫星发射中心，长征三号乙遥二十三运载火箭发射“嫦娥三号”月球探测器。“嫦娥三号”月球探测器是我国嫦娥工程二期中的一个探测器、我国第一个实现月球软着陆的无人登月探测器，也是自 1976 年 37 年来人类第一个软着陆月球探测器。“嫦娥三号”月球探测器由月球软着陆探测器（简称着陆器）和月面巡视探测器（简称巡视器，又称玉兔号月球车）组成。

HT-F172（3-2） 2013-187 中国首颗月球着陆器工作纪念

技术参数

规格：176mm×125mm

印量：6000 枚

参考价：10.00 元

背景介绍

2013 年 12 月 14 日，“嫦娥三号”月球探测器于 21 时 11 分成功登陆月球表面，并成功释放“玉兔号”月球探测车。

HT-F172（3-3） 2013-187 中国首颗月球巡视器工作纪念

技术参数

规格：176mm × 125mm
印量：6000 枚
参考价：10.00 元

背景介绍

2013 年 12 月 15 日，中国首颗月球巡视器开始首次月面探测工作，利用携带的全景相机、探月雷达、红外成像光谱仪和粒子激发 X 射线光谱仪进行巡视勘察；月夜期间，断电休眠，依靠同位素热源、两相流体回路等设备保持整器温度；月夜后，通过光照进行自主唤醒，继续实施探测任务。该巡视器还可通过桅杆及安装在桅杆上的导航相机实施路径规划和月面行走过程中障碍的规避。这是中国月球车第一次在月球上留下足迹。

HT-F173 2013-188 长征四号乙遥十运载火箭发射资源一号 03 卫星纪念

技术参数

规格：176mm × 125mm

印量：6000 枚

参考价：10.00 元

背景介绍

2013 年 12 月 9 日，在太原卫星发射中心，长征四号乙遥十运载火箭发射资源一号 03 卫星。资源一号 03 卫星由中国和巴西联合研制。此次发射失败，火箭三级发动机管道堵塞，发动机提前 11 秒关机，关机时飞行速度仅有 7.1 千米 / 秒，没有达到第一级宇宙速度 7.9 千米 / 秒，；卫星未能进入 770 千米的圆轨道，而是注入了近地点为负值的亚轨道。

HT-F174 2013-189 长征三号乙遥二十七运载火箭发射玻利维亚通信卫星纪念

技术参数

规格：176mm × 125mm
印量：6000 枚
参考价：10.00 元

背景介绍

2013 年 12 月 21 日，在西昌卫星发射中心，长征三号乙遥二十七运载火箭发射玻利维亚通信卫星。卫星进入预定轨道，发射圆满成功。玻利维亚通信卫星是玻利维亚首颗通信卫星，以该国民族英雄图帕克·卡特里命名卫星，用于玻利维亚及周边地区的广播通信服务，还服务于远程教育、远程医疗等民生工程。玻利维亚通信卫星系统对于改善玻利维亚国家基础设施，造福边远地区民众，提高人民生活水平，促进社会进步和经济繁荣具有积极意义。

HT-F175 2014-192 长征四号乙遥二十七运载火箭发射高分二号卫星纪念

技术参数

规格：176mm × 125mm

印量：6000 枚

参考价：10.00 元

背景介绍

2014 年 8 月 19 日，在太原卫星发射中心，长征四号乙遥运载火箭发射高分二号卫星。卫星进入预定轨道，发射圆满成功。高分二号是中国分辨率最高的光学对地观测卫星，中国国产光学遥感卫星空间分辨率首次精确到 1 米，主要用于国土资源普查、城乡规划管理、交通运输管理、林业等诸多领域应用示范及业务化应用。此次任务同时搭载波兰科学院空间研究中心（SRC）研制的、主要用于科学实验与研究的一颗小卫星。

HT-F176 2014-190 长征二号丙遥二十七运载火箭发射实践十一号 06 卫星纪念

技术参数

规格：176mm × 125mm
印量：6000 枚
参考价：10.00 元

背景介绍

2014 年 3 月 31 日，在酒泉卫星发射中心，长征二号丙遥二十七运载火箭发射实践十一号 06 卫星。卫星进入预定轨道，发射圆满成功。该星由中国航天科技集团公司所属中国空间技术研究院东方红卫星公司负责研制，主要用于开展空间科学与技术试验。

HT-F177 2014-191 长征四号丙遥十五运载火箭发射遥感卫星二十号纪念

技术参数

规格：176mm × 125mm
印量：6000 枚
参考价：10.00 元

背景介绍

2014 年 8 月 9 日，在酒泉卫星发射中心，长征四号丙遥十五运载火箭发射遥感卫星二十号。卫星进入预定轨道，发射圆满成功。该星主要用于科学试验、国土资源普查、农作物估产及防灾减灾等领域。

HT-F178 2014-193 长征二号丁遥二十五运载火箭发射创新一号04星纪念

技术参数

规格：176mm×125mm
印量：6000枚
参考价：10.00元

背景介绍

2014年9月4日，在酒泉卫星发射中心，长征二号丁遥二十五运载火箭发射北斗导航卫星第三颗组网卫星。卫星进入预定轨道，发射圆满成功。创新一号04星由中国科学院研制，主要用于水利、水文、气象、电力及减灾等领域各类监测站点的数据采集和传输任务，为国民经济建设服务。其搭载发射的灵巧通信试验卫星主要用于开展卫星多媒体通信试验。

HT-F179 2014-194 长征四号乙遥二十八运载火箭发射遥感卫星二十一号纪念

技术参数

规格：176mm × 125mm
印量：6000 枚
参考价：10.00 元

背景介绍

2014 年 9 月 8 日，在太原卫星发射中心，长征四号乙遥二十八运载火箭发射遥感卫星二十一号。卫星进入预定轨道，发射圆满成功。此次任务还同时搭载了国防科技大学研制的天拓二号卫星。遥感卫星二十一号主要用于科学试验、国土资源普查、农作物估产及防灾减灾等领域。天拓二号卫星主要用于小卫星技术试验。

HT-F180 2014-195 长征二号丙遥三十一运载火箭发射实践十一号 07 卫星纪念

技术参数

规格：176mm×125mm

印量：6000 枚

参考价：10.00 元

背景介绍

2014 年 9 月 28 日，在酒泉卫星发射中心，长征二号丙遥二十一运载火箭发射实践十一号 07 卫星。卫星进入预定轨道，发射圆满成功。实践十一号 07 卫星由中国航天科技集团公司所属中国空间技术研究院东方红卫星公司负责生产，主要用于开展空间科学与技术试验。

HT-F181　2014-196 长征四号丙遥十六运载火箭发射遥感卫星二十二号纪念

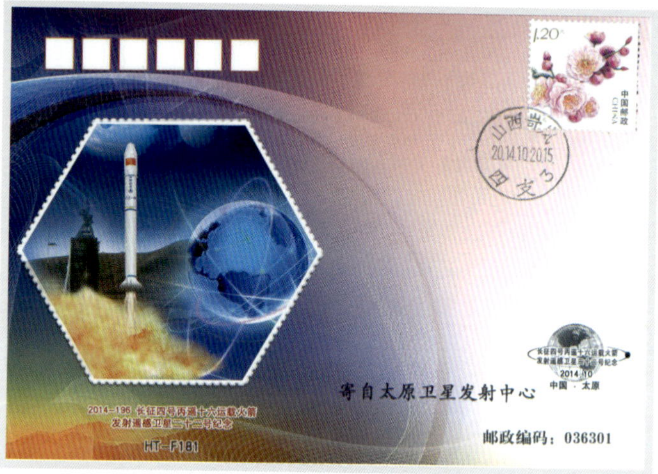

技术参数

规格：176mm × 125mm
印量：6000 枚
参考价：10.00 元

背景介绍

2014 年 10 月 20 日，在太原卫星发射中心，长征四号丙遥十六运载火箭发射遥感卫星二十二号。卫星进入预定轨道，发射圆满成功。遥感卫星二十二号主要用于科学试验、国土资源普查、农作物估产及防灾减灾等领域。

HT-F182（2-1） 2014-197 长征三号丙改二遥十二运载火箭发射“嫦娥五号”再入返回飞行试验器纪念

技术参数

规格：176mm × 125mm
印量：6000 枚
参考价：10.00 元

背景介绍

2014 年 10 月 24 日，在西昌卫星发射中心，长征三号丙改二遥十二运载火箭发射“嫦娥五号”再入返回飞行试验器。“嫦娥五号”再入返回飞行试验器是中国探月工程第三阶段月球探测器“嫦娥五号”发射前用于技术工程试验的一颗探路星，主要承担探月工程三期绕月高速返回地球技术的实践验证等任务。

HT-F182（2-2） 2014-197 “嫦娥五号”再入返回飞行试验器着陆回收纪念

技术参数

规格：176mm × 125mm
印量：6000 枚
参考价：10.00 元

背景介绍

2014 年 11 月 1 日，在内蒙古自治区四子王旗指定区域，“嫦娥五号”再入返回飞行试验器在此着陆回收。“嫦娥五号”再入返回飞行试验器在测控与回收系统支持下，经火箭发射、地月转移、月球近旁转向、月底转移、再入返回和着陆等过程返回地面，验证了探月工程三期半弹道跳跃式再入返回等关键技术。

HT-F183 2014-198 长征二号丙遥三十二运载火箭发射实践十一号 08 卫星纪念

技术参数

规格：176mm × 125mm

印量：6000 枚

参考价：10.00 元

背景介绍

2014 年 10 月 27 日，在酒泉卫星发射中心，长征二号丙遥三十二运载火箭发射实践十一号 08 卫星。卫星进入预定轨道，发射圆满成功。该星主要用于开展空间科学与技术试验。

HT-F184　2014-199 长征二号丙遥三十五运载火箭发射遥感卫星二十三号纪念

技术参数

规格：176mm × 125mm

印量：6000 枚

参考价：10.00 元

背景介绍

2014 年 11 月 15 日，在太原卫星发射中心，长征二号丙遥三十五运载火箭发射遥感卫星二十三号。卫星进入预定轨道，发射圆满成功。该星主要用于科学实验、国土资源普查、农作物估产及防灾减灾等领域。

HT-F185　2014-200 长征二号丁遥二十四运载火箭发射遥感卫星二十四号纪念

技术参数

规格：176mm × 125mm

印量：6000 枚

参考价：10.00 元

背景介绍

2014 年 11 月 20 日，在酒泉卫星发射中心，长征二号丁遥二十四运载火箭发射遥感卫星二十四号。卫星进入预定轨道，发射圆满成功。该星主要用于科学试验、国土资源普查、农作物估产及防灾减灾等领域。

HT-F186 2014-201 长征四号乙遥三十二运载火箭发射资源一号 04 卫星纪念

技术参数

规格：176mm × 125mm

印量：6000 枚

参考价：10.00 元

背景介绍

2014 年 12 月 7 日，在太原卫星发射中心，长征四号乙遥三十二运载火箭发射资源一号 04 卫星。卫星进入预定轨道，发射圆满成功。资源一号 04 卫星是中国和巴西政府间开展的合作项目，由中国航天科技集团公司和巴西空间研究院联合研制，主要应用于国土、林业、水利、农情、环境保护等领域的监测、规划和管理，为中国和巴西提供连续稳定的对地观测服务，并为扩大遥感数据在国内外的应用起到重要作用。

HT-F187 2014-202 长征四号丙遥十七运载火箭发射遥感卫星二十五号纪念

技术参数

规格：176mm × 125mm

印量：6000 枚

参考价：10.00 元

背景介绍

2014 年 12 月 11 日，在酒泉卫星发射中心，长征四号丙遥十七运载火箭发射遥感卫星二十五号。卫星进入预定轨道，发射圆满成功。该星主要用于科学实验、国土资源普查、农作物估产及防灾减灾等领域。

HT-F188 2014-203 长征四号乙遥二十九运载火箭发射遥感卫星二十六号纪念

技术参数

规格：176mm × 125mm

印量：6000 枚

参考价：10.00 元

背景介绍

2014 年 12 月 27 日，在太原卫星发射中心，长征四号乙遥二十九运载火箭发射遥感卫星二十六号。卫星进入预定轨道，发射圆满成功。该星主要用于科学试验、国土资源普查、农作物估产及防灾减灾等领域。

HT-F189 2014-204 长征三号甲遥二十四运载火箭发射风云二号 08 星纪念

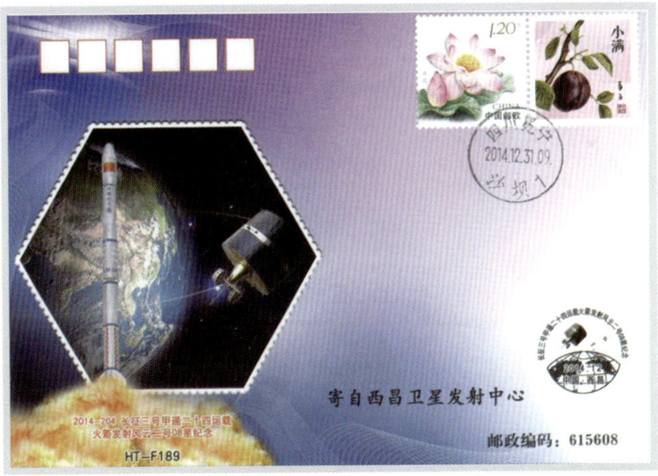

技术参数

规格：176mm × 125mm

印量：6000 枚

参考价：10.00 元

背景介绍

2014 年 12 月 31 日，在西昌卫星发射中心，长征三号甲遥二十四运载火箭发射风云二号 08 星。卫星进入预定轨道，发射圆满成功。风云二号系列卫星主要用于获取可见光、红外云图和水汽分布图，收集气象、海洋、水文监测数据，进行展宽数字云图转发及信息传输，是我国开展气象预报和环境监测的重要天基平台。

HT-F190 2015-205 长征三号丙 / 远征一号遥十一运载火箭发射北斗卫星导航系统第十七颗卫星纪念

技术参数

规格：176mm × 125mm

印量：6000 枚

参考价：10.00 元

背景介绍

2015 年 3 月 30 日，在西昌卫星发射中心，长征三号丙 / 远征一号遥十一运载火箭发射北斗卫星导航系统第十七颗卫星。卫星进入预定轨道，发射圆满成功。这是我国发射的第十七颗北斗导航卫星，该星属于新一代北斗导航卫星，卫星入轨后开展新型导航信号体制、星间链路等试验验证工作，标志着我国北斗卫星导航系统由区域运行向全球拓展的启动实施。这是我国远征一号上面级火箭的第一次飞行。

HT-F191　2015-206 长征四号乙遥三十运载火箭发射高分八号卫星纪念

技术参数

规格：176mm × 125mm
印量：6000 枚
参考价：10.00 元

背景介绍

2015 年 6 月 26 日，在太原卫星发射中心，长征四号乙遥三十运载火箭发射高分八号卫星。卫星进入预定轨道，发射圆满成功。高分八号卫星是高分辨率对地观测系统国家科技重大专项安排的光学遥感卫星，地面像元分辨率最高可达亚米级，主要应用于国土普查、城市规划、土地确权、路网设计、农作物估产和防灾减灾等领域，可为“一带一路”战略实施等提供信息保障。

HT-F194 2015-209 长征三号乙遥三十二运载火箭发射通信技术试验卫星一号纪念

技术参数

规格：176mm × 125mm

印量：6000 枚

参考价：10.00 元

背景介绍

2015 年 9 月 12 日，在西昌卫星发射中心，长征三号乙遥三十二运载火箭发射通信技术试验卫星一号。卫星进入预定轨道，发射圆满成功。该星是我国通信技术试验系列卫星的首颗卫星，主要用于开展 Ka 频段宽带通信技术试验。

HT-F195 2015-210 长征二号丁遥二十一运载火箭发射高分九号卫星纪念

技术参数

规格：176mm × 125mm
印量：6000 枚
参考价：10.00 元

背景介绍

2015 年 9 月 14 日，在酒泉卫星发射中心，长征二号丁遥二十一运载火箭发射高分九号卫星。卫星进入预定轨道，发射圆满成功。高分九号卫星是国家高分辨率对地观测系统科技重大专项安排的一颗光学遥感卫星，地面像元分辨率最高可达亚米级，主要应用于国土普查、城市规划、土地确权、路网设计、农作物估产和防灾减灾等领域，可为“一带一路”等国家重大战略实施和国防现代化建设提供信息保障。

HT-F196 2015-211 长征六号遥一运载火箭发射二十星纪念

技术参数

规格：176mm × 125mm
印量：6000 枚
参考价：10.00 元

背景介绍

2015 年 9 月 20 日，在太原卫星发射中心，长征六号遥一运载火箭发射二十星。卫星进入预定轨道，发射圆满成功。本次飞行是采用无毒、无污染推进剂的新一代运载火箭首次飞行。此次发射共搭载了国防科技大学、清华大学、浙江大学等研制的开拓一号、天拓三号等 20 颗微小卫星并将它们送入太空预定轨道，创造了亚洲一次火箭发射卫星数量最多的记录。

HT-F197 2015-212 长征十一号遥一运载火箭发射四星纪念

技术参数

规格：176mm × 125mm

印量：6000 枚

参考价：10.00 元

背景介绍

2015 年 9 月 25 日，在酒泉卫星发射中心，长征十一号遥一运载火箭发射四星。卫星进入预定轨道，发射圆满成功。这是长征十一号运载火箭的首次发射，搭载了上海航天技术研究院研制的浦江一号卫星和中国科学院上海微小卫星工程中心研制的上科大二号卫星等 4 颗微小卫星，主要用于开展航天新技术、新体制、新产品等空间试验。

HT-F198 2015-213 长征三号乙遥三十三运载火箭发射北斗导航系统第二十颗卫星纪念

技术参数

规格：176mm × 125mm
印量：6000 枚
参考价：10.00 元

背景介绍

2015 年 9 月 30 日，在西昌卫星发射中心，长征三号乙遥三十三运载火箭发射北斗导航系统第二十颗卫星。卫星进入预定轨道，发射圆满成功。该星属于新一代北斗导航卫星，星上首次搭载氢原子钟，卫星入轨后，开展星载氢原子钟、星间链路、新型导航信号体制等试验验证工作，并适时入网提供服务。

HT-F199 2015-214 长征二号丁遥三十七运载火箭发射吉林一号光学 A 星及搭载星纪念

技术参数

规格：176mm × 125mm

印量：6000 枚

参考价：10.00 元

背景介绍

2015 年 10 月 7 日，在酒泉卫星发射中心，长征二号丁遥三十七运载火箭发射吉林一号光学 A 星及搭载星。卫星进入预定轨道，发射圆满成功。吉林一号卫星由 4 颗卫星组成，包括一颗光学遥感主星、两颗灵巧成像视频星、一颗灵巧成像验证星，主要为国民经济建设等领域提供遥感数据支持，并开展技术实验验证，工作轨道均为高约 650 千米的太阳同步轨道，是我国自主研发的第一个商用遥感卫星星座，开创了我国商业卫星应用的先河。

HT-F200　2015-215 长征三号乙遥三十六运载火箭发射亚太九号卫星纪念

技术参数

规格：176mm × 125mm
印量：6000 枚
参考价：10.00 元

背景介绍

2015 年 10 月 17 日，在西昌卫星发射中心，长征三号乙遥三十六运载火箭发射亚太九号卫星。卫星进入预定轨道，发射圆满成功。亚太九号卫星是我国为亚太公司研制的通信卫星，卫星采用东方红四号卫星平台，设计寿命 15 年。该星是香港亚太通信卫星有限公司购买的我国第一颗商业通信卫星，是目前我国研制的民用商业卫星中转发器数量最多的卫星。它将与亚太公司在轨运行的其他卫星共同为亚洲、欧洲、非洲、澳大利亚等全球约 75% 人口的地区，提供优质的一站式卫星转发器服务以及广播、卫星通信、电信港和数据中心服务。

HT-F201 2015-216 长征二号丁遥二十六运载火箭发射天绘一号 03 星纪念

技术参数

规格：176mm × 125mm
印量：6000 枚
参考价：10.00 元

背景介绍

2015 年 10 月 26 日，在酒泉卫星发射中心，长征二号丁遥二十六运载火箭发射天绘一号 03 星。卫星进入预定轨道，发射圆满成功。天绘一号 03 星由中国航天科技集团公司所属中国空间技术研究院东方红卫星公司研制，主要用于科学试验、国土资源普查、地图测绘、农作物估产及防灾减灾等领域，对我国科学研究和国民经济建设发挥积极作用。

HT-F202 2015-217 长征三号乙遥三十四运载火箭发射中星 2C 纪念

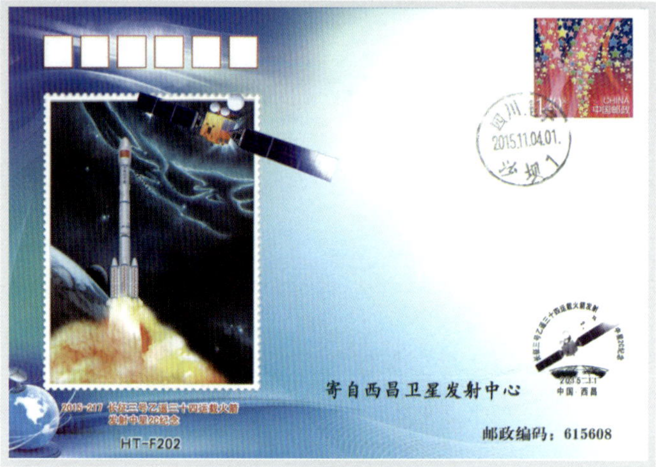

技术参数

规格：176mm × 125mm

印量：6000 枚

参考价：10.00 元

背景介绍

2015 年 11 月 4 日，在西昌卫星发射中心，长征三号乙遥三十四运载火箭发射中星 2C。卫星进入预定轨道，发射圆满成功。中星 2C 是中国卫星通信集团有限公司所属的一颗通信广播卫星，由中国空间技术研究院研制。该星可为我国广播电台、电视台、无线发射台和有线电视网等机构提供广播电视及宽带多媒体等传输业务，为我国通信广播事业提供更好的服务。

HT-F203 2015-218 长征四号乙遥二十四运载火箭发射遥感卫星二十八号纪念

技术参数

规格：176mm × 125mm

印量：6000 枚

参考价：10.00 元

背景介绍

2015 年 11 月 8 日，在太原卫星发射中心，长征四号乙遥二十四运载火箭发射遥感卫星二十八号。卫星进入预定轨道，发射圆满成功。遥感卫星二十八号由中国空间技术研究院研制，主要用于科学试验、国土资源普查、农作物估产及防灾减灾等领域。

HT-F204　2015-219 长征三号乙遥三十八运载火箭发射老挝一号通信卫星纪念

技术参数

规格：176mm × 125mm

印量：6000 枚

参考价：10.00 元

背景介绍

2015 年 11 月 21 日，在西昌卫星发射中心，长征三号乙遥三十八运载火箭发射老挝一号通信卫星。卫星进入预定轨道，发射圆满成功。老挝一号通信卫星由中国空间技术研究院研制，基于东方红 4S 卫星平台，设计寿命 15 年。卫星运用综合电子技术、锂离子电池技术等国际先进技术，星上软件具有自主故障诊断和恢复功能。卫星有效载荷包含 22 路转发器以及 2 副天线，可同时播出 60—80 套电视节目，为老挝及东南亚等区域用户提供卫星电视直播、通信和数据传输等服务，是老挝国家的第一颗卫星。

HT-F205 2015-220 长征四号丙遥八运载火箭发射遥感卫星二十九号纪念

技术参数

规格：176mm × 125mm

印量：6000 枚

参考价：10.00 元

背景介绍

2015 年 11 月 27 日，在太原卫星发射中心，长征四号丙遥八运载火箭发射遥感卫星二十九号。卫星进入预定轨道，发射圆满成功。遥感卫星二十九号主要用于科学试验、国土资源普查、农作物估产及防灾减灾等领域。

HT-F206 2015-221 长征三号乙遥三十一运载火箭发射中星 1C 卫星纪念

技术参数

规格：176mm × 125mm

印量：6000 枚

参考价：10.00 元

背景介绍

2015 年 12 月 10 日，在西昌卫星发射中心，长征三号乙遥三十一运载火箭发射中星 1C 卫星。卫星进入预定轨道，发射圆满成功。中星 1C 卫星是中国卫星通信集团有限公司所属的一颗通信广播卫星，由中国空间技术研究院研制。该星可提供高质量的话音、数据、广播电视传输业务，为我国通信广播事业提供更好的服务。

HT-F207 2015-222 长征二号丁遥三十一运载火箭发射暗物质粒子探测卫星

技术参数

规格：176mm × 125mm

印量：6000 枚

参考价：10.00 元

背景介绍

2015 年 12 月 17 日，在酒泉卫星发射中心，长征二号丁遥三十一运载火箭发射暗物质粒子探测卫星。卫星进入预定轨道，发射圆满成功。暗物质粒子探测卫星“悟空”拥有“火眼金睛”，是迄今为止观测能段范围最宽、能量分辨率最优的空间探测器，利用空间高分辨率、宽波段手段观测高能电子和伽马射线，来寻找和研究暗物质粒子，超过国际上其他同类探测器，其性能优越，期待在暗物质研究这一前沿科学领域取得突破。

HT-F208 2015-223 长征三号乙遥三十七运载火箭发射高分四号卫星纪念

技术参数

规格：176mm × 125mm

印量：6000 枚

参考价：10.00 元

背景介绍

2015 年 12 月 29 日，在西昌卫星发射中心，长征三号乙遥三十七运载火箭发射高分四号卫星。卫星进入预定轨道，发射圆满成功。高分四号卫星，即 5 米分辨率地球同步轨道光学卫星，是我国第一颗地球同步轨道遥感卫星，整星质量 4600 千克，配置一台可见光 - 红外共口径大面阵凝视相机，采用面阵凝视方式成像，具备可见光、多光谱和红外成像能力，可见光和多光谱分辨率优于 50 米，红外谱段分辨率优于 400 米，幅宽 400 千米，设计寿命 8 年，定点于东经 105.6° 赤道上空，通过指向控制，实现对中国及周边地区高时间分辨率的观测，为减灾、林业、地震、气象以及其他行业业务系统应用提供支持。

HT-F209 2016-224 长征三号乙遥二十九运载火箭发射白俄罗斯一号通信卫星纪念

技术参数

规格：176mm × 125mm

印量：6000 枚

参考价：10.00 元

背景介绍

2016 年 1 月 16 日，在西昌卫星发射中心，长征三号乙遥二十九运载火箭发射白俄罗斯一号通信卫星。白俄罗斯一号通信卫星向白俄罗斯境内、欧洲、亚洲和非洲等地区的广播和通信客户提供优质的一站式卫星转发器服务以及广播、卫星通信、电信港和数据中心服务。

HT-F210 2016-225 长征三号丙遥十四 / 远征一号遥三运载火箭发射北斗导航系统第二十一颗卫星纪念

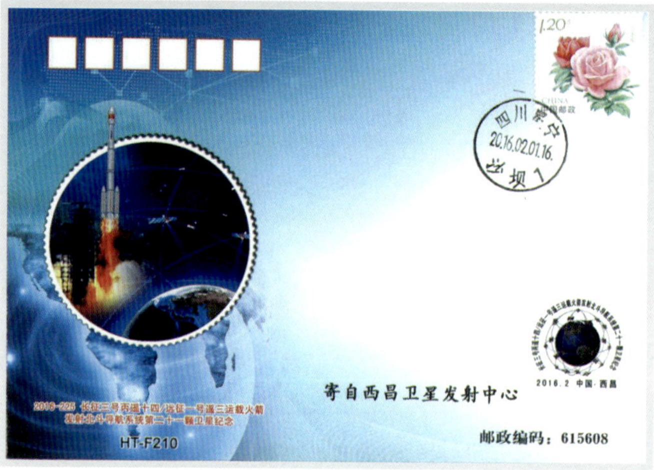

技术参数

规格：176mm × 125mm
印量：6000 枚
参考价：10.00 元

背景介绍

2016 年 2 月 1 日，在西昌卫星发射中心，长征三号丙遥十四 / 远征一号遥三运载火箭发射北斗导航系统第二十一颗卫星。卫星进入预定轨道，发射圆满成功。该星属于新一代北斗导航卫星，卫星入轨后将开展新型导航信号体制、星间链路等试验验证工作。

HT-F211 2016-225 长征三号甲遥二十六运载火箭发射北斗卫星导航系统第二十二颗卫星纪念

技术参数

规格：176mm × 125mm

印量：6000 枚

参考价：10.00 元

背景介绍

2016 年 3 月 30 日，在西昌卫星发射中心，长征三号甲遥二十六运载火箭发射北斗卫星导航系统第二十二颗卫星。卫星进入预定轨道，发射圆满成功。该星属于倾斜地球同步轨道卫星，卫星入轨并完成在轨测试后，与其他在轨卫星共同提供服务，将进一步增强系统星座稳健性，强化系统服务能力，为系统服务从区域向全球拓展奠定坚实基础。

HT-F212 2016-226 长征二号丁遥三十六运载火箭发射实践十号返回式科学实验卫星纪念

技术参数

规格：176mm × 125mm

印量：6000 枚

参考价：10.00 元

背景介绍

2016 年 4 月 6 日，在酒泉卫星发射中心，长征二号丁遥三十六运载火箭发射实践十号返回式科学实验卫星。卫星进入预定轨道，发射圆满成功。实践十号返回式科学实验卫星是空间科学先导专项首批科学实验卫星中唯一的返回式卫星，其主要科学目标是利用太空中微重力等特殊环境，开展涉及微重力流体物理、微重力燃烧、空间材料科学、空间辐射效应、重力生物效应、空间生物技术六大领域 19 项科学实验，主要研究、揭示微重力条件和空间辐射条件下物质运动及生命活动的规律，设计寿命 15 天，利用我国成熟的返回式卫星技术按预定程序返回地球。

HT-F213 2016-227 长征二号丁遥二十七运载火箭发射遥感卫星三十号纪念

技术参数

规格：176mm × 125mm

印量：6000 枚

参考价：10.00 元

背景介绍

2016 年 5 月 15 日，在酒泉卫星发射中心，长征二号丁遥二十七运载火箭发射遥感卫星三十号。卫星进入预定轨道，发射圆满成功。遥感卫星三十号主要用于科学试验、国土资源普查、农作物估产及防灾减灾等领域。

HT-F214 2016-228 长征四号乙遥三十三运载火箭发射资源三号卫星 02 星纪念

技术参数

规格：176mm × 125mm

印量：6000 枚

参考价：10.00 元

背景介绍

2016 年 5 月 30 日，在太原卫星发射中心，长征四号乙遥三十三运载火箭发射资源三号卫星 02 星。卫星进入预定轨道，发射圆满成功。资源三号卫星 02 星质量约 2.6 吨，是我国民用高分辨率立体测绘卫星，主要任务是获取高分辨率立体影像和多光谱影像，为国土测绘、资源调查和监测、防灾减灾、农林水利、生态环境、城市规划与建设、交通、国家重大工程等领域提供服务。此次任务同时搭载发射 Satellogic 公司的两颗 NewSat 小卫星，是 Satellogic 公司拟建立的对地观测低成本小卫星星座的首批卫星。

HT-F215　2016-229 长征三号丙遥十五运载火箭发射北斗卫星导航系统第二十三颗卫星纪念

技术参数

规格：176mm × 125mm

印量：6000 枚

参考价：10.00 元

背景介绍

2016 年 6 月 12 日，在西昌卫星发射中心，长征三号丙遥十五运载火箭发射北斗卫星导航系统第二十三颗卫星。卫星进入预定轨道，发射圆满成功。北斗卫星导航系统第二十三颗卫星由中国航天科技集团公司所属中国空间技术研究院抓总研制，该星属于地球静止轨道卫星，卫星入轨并完成在轨测试后，与其他在轨卫星共同提供服务，将进一步增强系统稳健性，强化系统服务能力，为系统服务从区域向全球拓展奠定坚实基础。

HT-F216 2016-230 长征七号遥一运载火箭首次飞行纪念

技术参数

规格：176mm × 125mm

印量：6000 枚

参考价：10.00 元

背景介绍

2016 年 6 月 25 日，在文昌卫星发射中心，长征七号遥一运载火箭首次飞行。长征七号遥一运载火箭搭载载荷组合体，将其送入预定轨道后，与组合体分离，完成长征七号运载火箭首次飞行任务目标。载荷组合体由远征 1A 上面级、多用途飞船缩比返回舱、遨龙一号空间碎片主动清理飞行器、两个天鸽飞行器、在轨加注实验装置和翱翔之星等 6 类 7 项载荷组成。这些载荷均为首次发射，由远征 1A 作为演示平台，开展 19 项科学验证。这是长征七号运载火箭的首次发射，也是海南文昌卫星发射中心的首次发射。

HT-F217 2016-231 长征四号乙遥三十五运载火箭发射实践十六号02星纪念

技术参数

规格：176mm × 125mm
印量：6000 枚
参考价：10.00 元

背景介绍

2016 年 6 月 29 日，在酒泉卫星发射中心，长征四号乙遥三十五运载火箭发射实践十六号 02 星。卫星进入预定轨道，发射圆满成功。实践十六号 02 星主要用于开展空间环境探测及技术试验。

HT-F218 2016-232 长征三号乙遥三十五运载火箭发射天通一号 01 卫星纪念

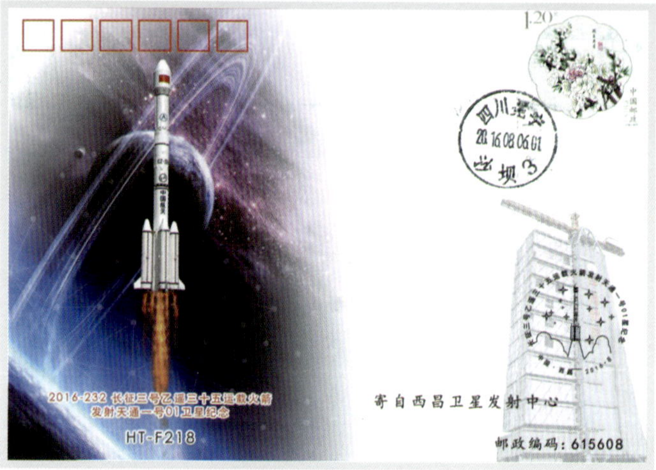

技术参数

规格：176mm × 125mm
印量：6000 枚
参考价：10.00 元

背景介绍

2016 年 8 月 6 日，在西昌卫星发射中心，长征三号乙遥三十五运载火箭发射天通一号 01 卫星。卫星进入预定轨道，发射圆满成功。天通一号 01 卫星移动通信系统是我国自主研制建设的卫星移动通信系统，也是我国空间信息基础设施的重要组成部分。该星系中国卫通集团有限公司所属，由中国航天科技集团公司所属中国空间技术研究院为主研制，地面业务由中国电信集团公司负责运营，与地面移动通信系统共同构成移动通信网络，为中国及周边、中东、非洲等相关地区，以及太平洋、印度洋大部分海域的用户提供全天候、全天时、稳定可靠移动通信服务，支持话音、短信息和数据业务。

HT-F219 2016-233 长征四号丙遥十九运载火箭发射高分三号卫星纪念

技术参数

规格：176mm×125mm

印量：6000 枚

参考价：10.00 元

背景介绍

2016 年 8 月 10 日，在太原卫星发射中心，长征四号丙遥十九运载火箭发射高分三号卫星。卫星进入预定轨道，发射圆满成功。高分三号卫星是我国首颗分辨率达到 1 米的 C 频段多极化合成孔径雷达（SAR）卫星，将显著提升我国对地遥感观测能力，是高分专项工程实现时空协调、全天候、全天时对地观测目标的重要基础，主要用于对全球高空间分辨率的雷达图像获取，为海洋、减灾、水利、气象以及其他行业业务应用提供支持。此外，该星还是我国首颗设计使用寿命 8 年的低轨遥感卫星，能为用户提供长时间稳定的数据支撑服务，大幅提升了卫星系统效能。

HT-F220 2016-234 长征二号丁遥三十二运载火箭发射量子科学实验卫星纪念

技术参数

规格：176mm × 125mm

印量：6000 枚

参考价：10.00 元

背景介绍

2016 年 8 月 16 日，在酒泉卫星发射中心，长征二号丁遥三十二运载火箭发射量子科学试验卫星。卫星进入预定轨道，发射圆满成功。量子科学实验卫星是中国科学院空间科学先导专项首批科学实验卫星之一，其主要科学目标一是进行星地高速量子密钥分发实验，并在此基础上进行广域量子密钥网络实验，以期在空间量子通信实用化方面取得重大突破；二是在空间尺度进行量子纠缠分发和量子隐形传态实验，在空间尺度验证量子力学理论。本次任务还搭载发射了中科院研制的稀薄大气科学实验卫星和西班牙科学实验小卫星。量子卫星发射入轨后进行 3 个月左右的在轨测试，然后转入在轨运行阶段。

HT-F221 2016-235 长征四号丙遥二十二运载火箭发射高分十号卫星纪念

技术参数

规格：176mm × 125mm

印量：6000 枚

参考价：10.00 元

背景介绍

2016 年 9 月 1 日，在太原卫星发射中心，长征四号丙遥二十二运载火箭发射高分十号卫星。由于长征四号丙遥二十二运载火箭三级火箭工作不正常，推力不足，使卫星入轨速度不够，重返大气层烧毁。

HT-F222（2-1） 2016-236 长征二号 F T2 运载火箭发射天宫二号空间实验室纪念

技术参数

规格：176mm × 125mm

印量：6000 枚

参考价：10.00 元

背景介绍

2016 年 9 月 15 日，在酒泉卫星发射中心，长征二号 FT2 运载火箭发射天宫二号空间实验室，中国载人航天工程正向着“三步走”的最终目标——空间站建设快速迈进。

HT-F222（2-2）2016-236 长征二号 F T2 运载火箭发射天宫二号空间实验室纪念

技术参数

规格：176mm × 125mm
印量：6000 枚
参考价：10.00 元

背景介绍

2016 年 9 月 15 日，在酒泉卫星发射中心，长征二号 FT2 运载火箭发射天宫二号空间实验室。天宫二号空间实验室是在天宫一号目标飞行器备份产品的基础上改进研制的，其外形与天宫一号基本一致。天宫二号空间实验室全长 10.4 米，最大直径 3.35 米，太阳翼展宽约 18.4 米，重 8.6 吨，采用实验舱和资源舱两舱构型，设计在轨寿命不小于 2 年，主要任务是接受载人飞船和货运飞船访问，开展空间科学实验和相关技术试验，验证空间站建造和运营相关关键技术。天宫二号空间实验室开展在轨测试并建立自主运行模式，做好迎接神舟十一号载人飞船访问的准备。

HT-F223（2-1） 2016-237 长征二号F遥十一运载火箭发射神舟十一号载人飞船纪念

技术参数

规格：176mm × 125mm

印量：6000 枚

参考价：10.00 元

背景介绍

2016 年 10 月 17 日，在酒泉卫星发射中心，长征二号 F 遥十一运载火箭发射神舟十一号载人飞船。两名航天员指令长景海鹏、陈冬搭乘神舟十一号飞船进入太空。神舟十一号飞船为天宫二号空间实验室在轨运营提供人员和物资往返运输服务，此次搭乘的两名航天员执行在轨中期驻留任务，与天宫二号空间实验室对接后停靠飞行 30 天，总飞行时间 33 天，是我国迄今为止时间最长的一次载人飞行。期间，两名航天员按照飞行手册、操作指南和地面指令进行工作和生活，按计划开展有关科学实验。

HT-F223（2-2）2016-237 神舟十一号载人飞船返回纪念

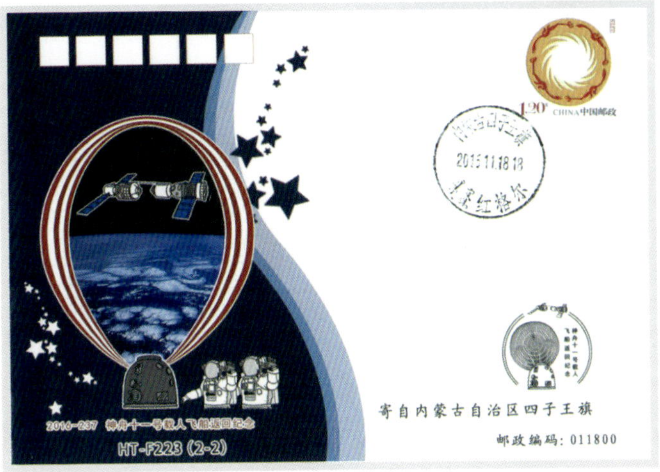

技术参数

规格：176mm × 125mm

印量：6000 枚

参考价：10.00 元

背景介绍

2016 年 11 月 18 日，在内蒙古自治区四子王旗指定区域，神舟十一号载人飞船圆满完成各项预定试验任务后，返回舱搭载两名航天员成功安全着陆。

HT-F224　2016-238 长征五号运载火箭首飞纪念

技术参数

规格：176mm × 125mm

印量：6000 枚

参考价：10.00 元

背景介绍

2016 年 11 月 3 日，在文昌卫星发射中心，长征五号运载火箭首次发射，成功地将远征二号上面级及其搭载的实践十七号卫星送入预定轨道。长征五号运载火箭是我国新一代大型运载火箭，大幅提高我国进入空间的能力，是我国由航天大国迈向航天强国的重要支持和显著标志。实践十七号卫星是由中国航天科技集团公司所属中国空间技术研究院抓总研制的地球同步轨道新技术验证卫星。卫星入轨后，中国卫通集团有限公司将开展地球同步轨道通信广播业务，并择机开展空间碎片观测、新型电源、电推进等多项新技术验证工作。

HT-F225 2016-239 长征十一号遥二运载火箭发射脉冲星导航试验卫星纪念

技术参数

规格：176mm×125mm
印量：6000 枚
参考价：10.00 元

背景介绍

2016 年 11 月 10 日，在酒泉卫星发射中心，长征十一号遥二运载火箭发射脉冲星导航试验卫星。卫星进入预定轨道，发射圆满成功。脉冲星导航试验卫星属于太阳同步轨道卫星，卫星入轨后，开展在轨技术试验，利用自主研制的探测器，首次进行 X 射线脉冲星探测，验证星载脉冲星探测器性能指标和空间环境适应性，积累在轨实测脉冲星数据，为脉冲星探测及技术体制验证奠定技术基础。本次发射还搭载了潇湘一号、丽水 -1、丰台少年一号等 4 颗微纳卫星。

HT-F226　2016-240 长征二号丁遥三十四运载火箭发射云海一号 01 星纪念

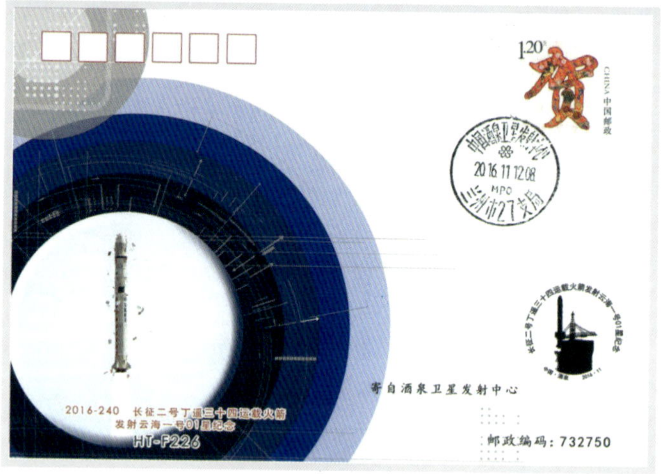

技术参数

规格：176mm × 125mm
印量：6000 枚
参考价：10.00 元

背景介绍

2016 年 11 月 12 日，在酒泉卫星发射中心，长征二号丁遥三十四运载火箭发射云海一号 01 星。卫星进入预定轨道，发射圆满成功。云海一号 01 星主要用于大气海洋环境要素探测、空间环境探测、防灾减灾和科学试验等领域。

HT-F227 2016-241 长征三号丙遥十三运载火箭发射天链一号04星纪念

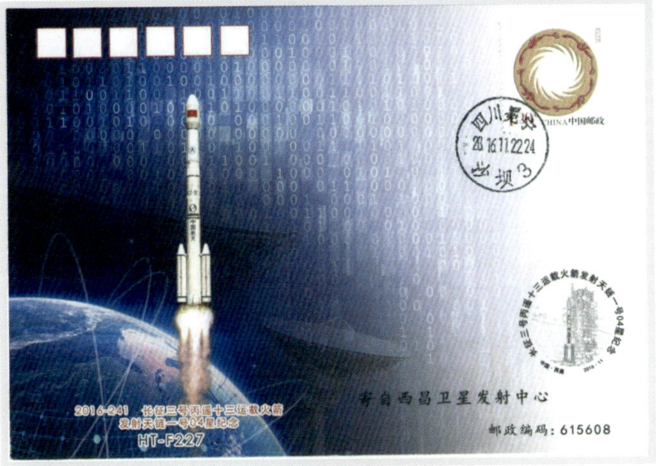

技术参数

规格：176mm×125mm
印量：6000 枚
参考价：10.00 元

背景介绍

2016 年 11 月 22 日，在西昌卫星发射中心，长征三号丙遥十三运载火箭发射天链一号 04 星。卫星进入预定轨道，发射圆满成功。天链一号 04 星是我国第四颗地球同步轨道数据中继卫星，将接替我国首颗中继卫星天链一号 01 星，实现我国中继卫星系统的更新换代。天链一号 01 星的设计寿命为 6 年，目前已在轨超期服役两年多。天链一号 04 星确保中继卫星系统由第一代向第二代平稳过渡。由于天链一号 01 星在轨运行良好，天链一号 04 星进入预定轨道后，将维持一段时间的四星共轨局面。

HT-F228 2016-242 长征三号乙遥四十二运载火箭发射风云四号卫星纪念

技术参数

规格：176mm × 125mm

印量：6000 枚

参考价：10.00 元

背景介绍

2016 年 12 月 11 日，在西昌卫星发射中心，长征三号乙遥四十二运载火箭发射风云四号卫星。卫星进入预定轨道，发射圆满成功。风云四号卫星使用全新研制的 SAST5000 平台，设计寿命 7 年，成功突破了代表国际前沿的高精度图像定位与配准、微振动测量与抑制等 20 余项核心关键技术，装载 4 种先进有效载荷，整体性能达到国际先进水平。该星是我国静止轨道气象卫星从第一代（风云二号）向第二代跨越的首发星，也是我国首颗地球同步轨道三轴稳定定量遥感卫星，实现了我国静止轨道气象卫星升级换代和技术跨越，大幅提高天气预报和气候预测能力。

HT-F229 2016-243 长征二号丁遥三十三运载火箭发射全球二氧化碳监测科学实验卫星纪念

技术参数

规格：176mm × 125mm

印量：6000 枚

参考价：10.00 元

背景介绍

2016 年 12 月 22 日，在酒泉卫星发射中心，长征二号丁遥三十三运载火箭发射全球二氧化碳监测科学实验卫星。卫星进入预定轨道，发射圆满成功。全球二氧化碳监测科学实验卫星是我国首颗用于监测全球大气二氧化碳含量的科学实验卫星，可对全国各个省份的碳排放情况进行监测和分析，并使我国初步具备大气二氧化碳浓度监测能力，为全球气候变化研究提供依据。本次任务还搭载发射中科院微小卫星创新研究院自主安排研制的一颗高分辨率微纳卫星和两颗高光谱微纳卫星。

HT-F232 2017-246 长征三号乙遥四十三运载火箭发射实践十三号卫星纪念

技术参数

规格：176mm × 125mm

印量：10000 枚

参考价：10.00 元

背景介绍

2017 年 4 月 12 日，在西昌卫星发射中心，长征三号乙遥四十三运载火箭发射实践十三号卫星。卫星进入预定轨道,发射圆满成功。实践十三号卫星（中星十六号）是东方红三号 B 平台全配置首发星，也是我国首颗高通量通信卫星，主要用于电推进等平台先进技术、Ka 频段多波束宽带通信和高轨激光星地通信等新技术的在轨验证，由中国航天科技集团公司所属中国空间技术研究院抓总研制，设计寿命 15 年，对促进我国通信卫星技术及产业的跨越发展，具有重要里程碑意义。

HT-F233 2017-247 长征七号遥二运载火箭发射天舟一号货运飞船纪念

技术参数

规格：176mm × 125mm

印量：10000 枚

参考价：10.00 元

背景介绍

2017 年 4 月 20 日，在文昌卫星发射中心，长征七号遥二运载火箭发射天舟一号货运飞船。天舟一号货运飞船为新研制航天器，是我国自主研制的首艘货运飞船，由货物舱和推进舱两舱组成。4 月 22 日，天舟一号货运飞船与天宫二号空间实验室顺利完成交会对接，实施推进剂在轨补加，突破和掌握推进剂在轨补加等关键技术，全面考核货运飞船功能和性能。天舟一号货运飞船还搭载了非牛顿引力实验等 10 余项应用载荷，在轨开展空间科学及技术实（试）验。

HT-F234 2017-248 长征四号乙遥三十一运载火箭发射硬X射线调制望远镜卫星纪念

技术参数

规格：176mm×125mm

印量：10000 枚

参考价：10.00 元

背景介绍

2017 年 6 月 15 日，在酒泉卫星发射中心，长征四号乙遥三十一运载火箭发射硬 X 射线调制望远镜卫星。卫星进入预定轨道，发射圆满成功。硬 X 射线调制望远镜卫星是我国自主研制的首颗 X 射线天文卫星，是继中欧合作地球空间探测双星、“悟空”号暗物质粒子探测卫星和“墨子”号量子科学实验卫星之后，我国又一颗重要的空间科学卫星。该星用于对黑洞、中星子等高能天体进行观测研究，使我国天文学实现从地面观测到天地联合观测的跨越式发展。本次任务同时搭载发射 Satellogic 公司 NewSat-3 卫星和欧比特公司 OVS-1A、OVS-1B 两颗微纳卫星。

HT-F235 2017-249 长征三号乙遥二十八运载火箭发射中星 9A 卫星纪念

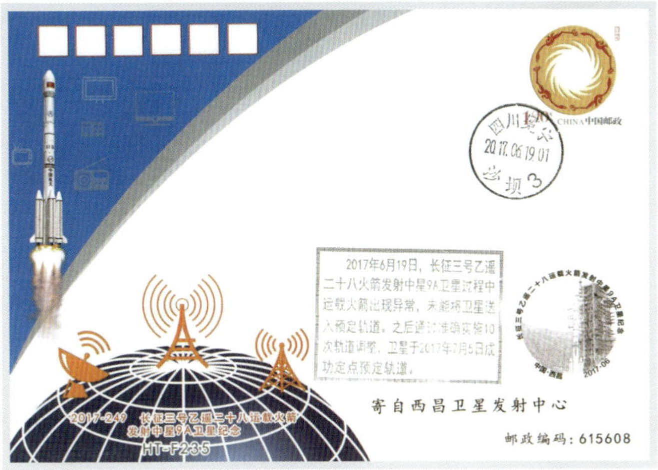

技术参数

规格：176mm × 125mm

印量：10000 枚

参考价：10.00 元

背景介绍

2017 年 6 月 19 日，在西昌卫星发射中心，长征三号乙遥二十八运载火箭发射中星 9A 卫星。发射过程中，火箭三级工作异常，卫星未能进入预定轨道。目前卫星太阳帆板和天线已展开，卫星系统工况正常。中星 9A 卫星是我国首颗国产广播电视直播卫星，采用东方红四号平台，提供 Ku BSS 规划频段转发器直播服务。卫星定点于东经 101.4 度，星上设计的 24 个 Ku BSS 频段转发器，覆盖中国（含港、澳、台地区），专门设计了南海波束，将彻底解决南海海域、岛礁的政府、军队、人民群众收看广播电视节目的难题，确保了中国主权地区的直播卫星覆盖。

HT-F236 2017-250 长征五号遥二运载火箭发射实践十八号卫星纪念

技术参数

规格：176mm × 125mm
印量：10000 枚
参考价：10.00 元

背景介绍

2017 年 7 月 2 日，在文昌卫星发射中心实施长征五号遥二运载火箭发射实践十八号卫星任务。火箭飞行出现异常，发射任务失利。

HT-F237 2017-251 长征二号丙遥二十九运载火箭发射遥感三十号 01 组卫星纪念

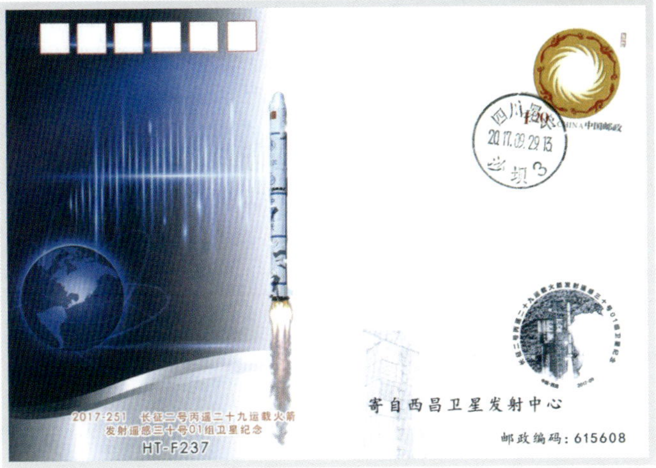

技术参数

规格：176mm × 125mm

印量：10000 枚

参考价：10.00 元

背景介绍

2017 年 9 月 29 日，在西昌卫星发射中心，长征二号丙遥二十九运载火箭发射遥感三十号 01 组卫星。卫星进入预定轨道，发射圆满成功。遥感三十号 01 组卫星由中科院微小卫星创新研究院抓总研制，采用多星组网模式，主要用于开展电磁环境探测及相关技术试验。

HT-F238 2017-252 长征二号丁遥三十运载火箭发射委内瑞拉遥感卫星二号纪念

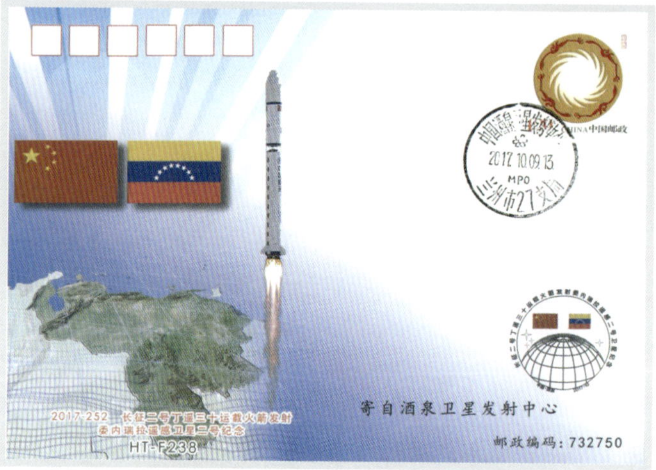

技术参数

规格：176mm × 125mm

印量：10000 枚

参考价：10.00 元

背景介绍

2017 年 10 月 9 日，在酒泉卫星发射中心，长征二号丁遥三十运载火箭发射委内瑞拉遥感卫星二号。卫星进入预定轨道，发射圆满成功。委内瑞拉遥感卫星二号由中国航天科技集团公司所属中国空间技术研究院东方红卫星公司研制，该星采用中国空间技术研究院自主开发的 CAST2000 小卫星平台，数传分系统采用高分辨率遥感卫星通用的第三代高速数传系统，技术状态及产品成熟。委内瑞拉遥感卫星二号是中国航天与国际用户签署的第一个高分辨率遥感卫星合作，也是继 2008 年委内瑞拉通信卫星一号和 2012 年委内瑞拉遥感卫星一号交付后，中、委两国在航天领域的再度合作。

HT-F239 2017-253 长征三号乙遥四十六 / 远征一号遥四运载火箭发射北斗卫星导航系统第二十四、二十五颗卫星纪念

技术参数

规格：176mm × 125mm

印量：10000 枚

参考价：10.00 元

背景介绍

2017 年 11 月 5 日，在西昌卫星发射中心，长征三号乙遥四十六 / 远征一号遥四运载火箭发射北斗卫星导航系统第二十四、二十五颗卫星。卫星进入预定轨道，发射圆满成功。这两颗卫星属于中圆地球轨道卫星，是北斗全球卫星导航系统的首次发射，开启了北斗卫星导航系统全球组网的新时代。卫星入轨后，经测试及入网验证，可对外提供服务。

HT-F240 2017-254 长征四号丙遥二十一运载火箭发射风云三号卫星纪念

技术参数

规格：176mm × 125mm
印量：10000 枚
参考价：10.00 元

背景介绍

2017 年 11 月 15 日，在太原卫星发射中心，长征四号丙遥二十一运载火箭发射风云三号卫星。卫星进入预定轨道，发射圆满成功。风云三号卫星主要任务是为中期数值天气预报提供全球均匀分辨的气象参数；研究全球变化规律，为气候预测提供各种气象及地球物理参数；监测大范围自然灾害和地表生态环境；为各种专业活动（航空、航海等）提供全球任一地区的气象信息，可实现全球、全天候、多光谱、三维、定量的对地气象与环境综合探测。

HT-F241 2017-255 长征六号遥二运载火箭发射吉林一号视频04至06星纪念

技术参数

规格：176mm×125mm

印量：10000枚

参考价：10.00元

背景介绍

2017年11月21日，在太原卫星发射中心，长征六号遥二运载火箭发射吉林一号视频04至06星。卫星进入预定轨道，发射圆满成功。吉林一号视频04至06星由长光卫星技术有限公司研制，其使命是获取高空间分辨率对地观测动态彩色视频和静态多光谱影像，为我国国土资源监测、矿产资源开发、智慧城市建设、林业资源普查、生态环境监测、公共应急卫生等领域提供遥感数据服务。

HT-F242　2017-256 长征二号丙遥三十三运载火箭发射遥感三十号 02 组卫星纪念

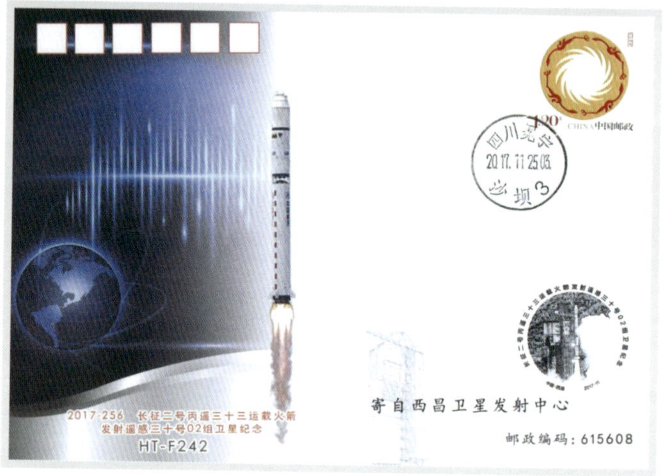

技术参数

规格：176mm × 125mm
印量：10000 枚
参考价：10.00 元

背景介绍

2017 年 11 月 25 日，在西昌卫星发射中心，长征二号丙遥三十三运载火箭发射遥感三十号 02 组卫星。卫星进入预定轨道，发射圆满成功。遥感三十号 02 组卫星由中科院微小卫星创新研究院抓总研制，采用多星组网模式，用于开展电磁环境探测及相关技术试验。长征二号丙运载火箭由中国航天科技集团公司所属中国运载火箭技术研究院抓总研制。

HT-F243 2017-257 长征二号丁遥四十七运载火箭发射陆地勘察卫星一号纪念

技术参数

规格：176mm × 125mm

印量：10000 枚

参考价：10.00 元

背景介绍

2017 年 12 月 3 日，在酒泉卫星发射中心，长征二号丁遥四十七运载火箭发射陆地勘察卫星一号。卫星进入预定轨道，发射圆满成功。陆地勘察卫星一号由中国航天科技集团公司所属中国空间技术研究院东方红卫星公司抓总研制，主要用于开展陆地资源遥感勘查。

HT-F246 2017-260 长征二号丙遥三十四运载火箭发射遥感三十号03组卫星纪念

技术参数

规格：176mm×125mm

印量：10000枚

参考价：10.00元

背景介绍

2017年12月26日，在西昌卫星发射中心，长征二号丙遥三十四运载火箭发射遥感三十号03组卫星。卫星进入预定轨道，发射圆满成功。遥感三十号03组卫星采用多星组网模式，主要用于开展电磁环境探测及相关技术试验。

HT-F247 2018-261 长征二号丁遥四十运载火箭发射高景一号 03、04 星纪念

技术参数

规格：176mm × 125mm
印量：10000 枚
参考价：10.00 元

背景介绍

2018 年 1 月 9 日，在太原卫星发射中心，长征二号丁遥四十运载火箭发射高景一号 03、04 星。卫星进入预定轨道，发射圆满成功。高景一号 03、04 星具有较敏捷机动能力，可实现连续条带、多条带拼接、立体成像、多目标成像等多种成像模式，除兼顾区域普查、详查等常规任务外，也可满足对重点目标快速、精确成像，对突发事件、灾害应急监测等广泛应用。

HT-F248 2018-262 长征三号乙遥四十五/远征一号遥五运载火箭发射北斗卫星导航系统第二十六、二十七颗卫星纪念

技术参数

规格：176mm×125mm
印量：10000枚
参考价：10.00元

背景介绍

2018年1月12日，在西昌卫星发射中心，长征三号乙遥四十五/远征一号遥五运载火箭发射北斗卫星导航系统第二十六、二十七颗卫星。卫星进入预定轨道，发射圆满成功。这两颗卫星由中国科学院微小卫星创新研究院抓总研制，也是北斗全球卫星导航系统第三、四颗卫星。

HT-F249 2018-263 长征二号丁遥四十九运载火箭发射陆地勘查卫星三号纪念

技术参数

规格：176mm × 125mm
印量：10000 枚
参考价：10.00 元

背景介绍

2018 年 1 月 13 日，在酒泉卫星发射中心，长征二号丁遥四十九运载火箭发射陆地勘查卫星三号。卫星进入预定轨道，发射圆满成功。该星主要用于陆地资源遥感勘查。

HT-F250 2018-264 长征十一号遥三运载火箭发射吉林一号视频 07 星、08 星纪念

技术参数

规格：176mm × 125mm

印量：10000 枚

参考价：10.00 元

背景介绍

2018 年 1 月 19 日，在酒泉卫星发射中心，长征十一号遥三运载火箭发射吉林一号视频 07 星、08 星。卫星进入预定轨道，发射圆满成功。吉林一号视频 07 星、08 星主要用于开展陆地资源遥感勘查。

HT-F251 2018-265 长征二号丙遥三十六运载火箭发射遥感三十号 04 组卫星纪念

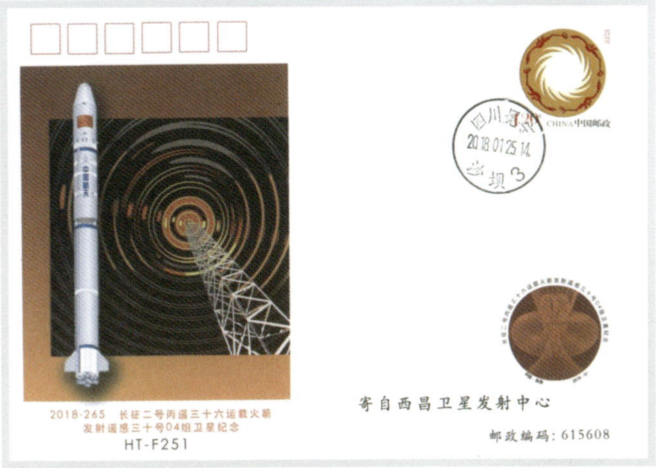

技术参数

规格：176mm × 125mm

印量：10000 枚

参考价：10.00 元

背景介绍

2018 年 1 月 25 日，在西昌卫星发射中心，长征二号丙遥三十六运载火箭发射遥感三十号 04 组卫星。卫星进入预定轨道，发射圆满成功。遥感三十号 04 组卫星由中国科学院微小卫星创新研究院抓总研制，采用多星组网模式，主要用于开展电磁环境探测和相关技术试验。

HT-F252　2018-266 长征二号丁遥十三运载火箭发射电磁监测试验卫星（张衡一号）纪念

技术参数

规格：176mm × 125mm

印量：10000 枚

参考价：10.00 元

背景介绍

2018 年 2 月 2 日，在酒泉卫星发射中心，长征二号丁遥十三运载火箭发射电磁监测试验卫星（张衡一号）。卫星进入预定轨道，发射圆满成功。该星是我国地震监测体系的首个天基平台，地球物理场探测卫星计划首发星，用于获取地球磁场、空间电磁波场、电离层等离子体原位和结构参数及其变化信息。本次任务搭载发射 6 颗小卫星。

HT-F253 2018-267 长征三号乙遥四十七/远征一号遥六运载火箭发射北斗卫星导航系统第二十八、二十九颗卫星纪念

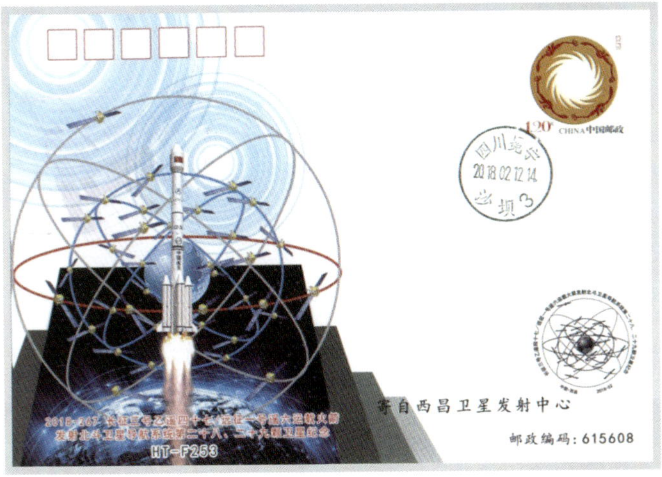

技术参数

规格：176mm × 125mm

印量：10000 枚

参考价：10.00 元

背景介绍

2018 年 2 月 12 日，在西昌卫星发射中心，长征三号乙遥四十七 / 远征一号遥六运载火箭发射北斗卫星导航系统第二十八、二十九颗卫星。卫星进入预定轨道，发射圆满成功。这两颗卫星是北斗全球卫星导航系统第五、六颗卫星。

HT-F254 2018-268 长征二号丁遥五十运载火箭发射陆地勘查卫星四号纪念

技术参数

规格：176mm × 125mm
印量：10000 枚
参考价：10.00 元

背景介绍

2018 年 3 月 17 日，在酒泉卫星发射中心，长征二号丁遥五十运载火箭发射陆地勘查卫星四号。卫星进入预定轨道，发射圆满成功。该星主要用于陆地资源遥感勘查。

HT-F255 2018-269 长征三号乙遥四十八/远征一号遥七运载火箭发射北斗卫星导航系统第三十、三十一颗卫星纪念

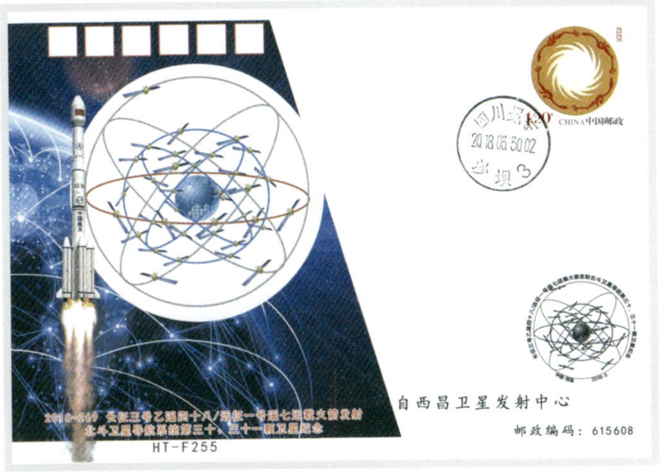

技术参数

规格：176mm × 125mm

印量：10000 枚

参考价：10.00 元

背景介绍

2018 年 3 月 30 日，在西昌卫星发射中心，长征三号乙遥四十八/远征一号遥七运载火箭发射北斗卫星导航系统第三十、三十一颗卫星。卫星进入预定轨道，发射圆满成功。这两颗卫星是北斗全球卫星导航系统第七、八颗卫星。

HT-F256 2018-270 长征四号丙遥二十六运载火箭发射高分一号 02/03/04 卫星纪念

技术参数

规格：176mm × 125mm

印量：10000 枚

参考价：10.00 元

背景介绍

2018 年 3 月 31 日，在太原卫星发射中心，长征四号丙遥二十六运载火箭发射高分一号 02/03/04 卫星。卫星进入预定轨道，发射圆满成功。该星主要用于国土资源调查、监测、监管与应急等主体业务，并可服务于减灾、环保、住建交通、农业、林业、海洋、测绘等行业，提供社会化应用。

（二）特种纪念封系列

HT-F 特 12　中国航天员首次太空出舱活动展示国旗纪念

技术参数

规格：176mm × 125mm

印量：6000 枚

参考价：10.00 元

背景介绍

2008 年 9 月 25 日，长征二号 F 遥七运载火箭将载有中国航天员翟志刚、刘伯明、景海鹏的神舟七号飞船准确送入预定轨道。9 月 27 日 16 时 41 分，翟志刚首次实施太空出舱活动，茫茫太空第一次留下中国人的足迹。，翟志刚首次太空出舱活动展示的国旗大小为 45 厘米 ×30 厘米，由神舟七号载人航天飞行任务总指挥部委托中国航天科技集团公司研制人员具体组织实施，工程七大系统参试人员代表共同参与，采用“十字绣”工艺手工绣制而成。

HT-F 特 13　长征三号丙遥三运载火箭发射北斗卫星导航系统第一颗地球静止轨道卫星 COMPASS-G2 纪念

技术参数

规格：176mm × 125mm

印量：7000 枚

参考价：10.00 元

背景介绍

2009 年 4 月 15 日，中国航天科技集团公司为纪念长征三号丙遥三运载火箭发射北斗卫星导航系统第一颗地球静止轨道卫星 COMPASS-G2，制作 HT-F 特 13 纪念封一枚。

HT-F 特 14　2009 全国航天题材网络集邮展览纪念

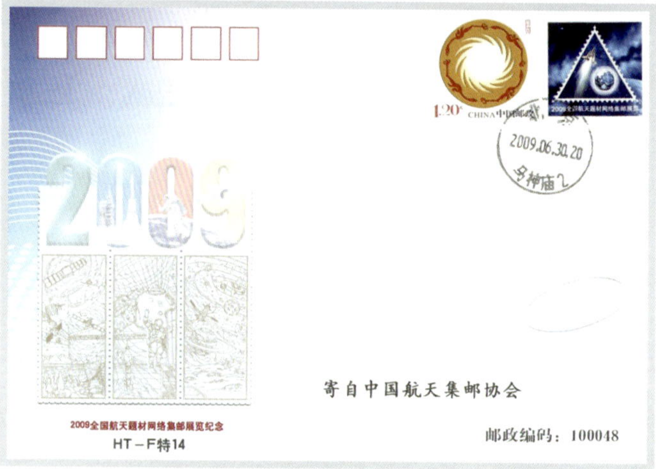

技术参数

规格：176mm × 125mm
印量：4000 枚
参考价：10.00 元

背景介绍

2009 年 6 月 30 日，全国航天题材网络集邮展览在北京开幕。为迎接中华人民共和国成立 60 周年，丰富和活跃航天职工精神文化生活，并有效利用网络资源弘扬航天传统精神、“两弹一星”精神和载人航天精神，中国航天集邮协会以“方寸导航、邮网巡天”为理念，于 2009 年 6 月至 10 月举办“2009 全国航天题材网络集邮展览”，以此调动广大集邮爱好者的积极性，进行航天知识科普的宣传，展现人类航天文明，促进集邮事业发展。

HT-F 特 15　中国航天科技集团公司成立 10 周年纪念

技术参数

规格：176mm × 125mm
印量：4000 枚
参考价：10.00 元

背景介绍

2009 年 7 月 1 日是中国航天科技集团公司成立 10 周年纪念日。10 年来，中国航天科技集团公司取得了以载人航天和月球探测工程为代表的辉煌成就，确立了建设国际一流大型航天企业集团的宏伟目标，已发展成为我国在战略高技术领域拥有自主知识产权的国有特大型高科技企业，是中国航天的主导力量，为国防现代化建设、国民经济建设、社会发展和科技进步作出了卓越贡献。

F特16　世界月球会议纪念

技术参数

规格：176mm × 125mm
印量：6000 枚
参考价：10.00 元

背景介绍

2010 年 5 月 31 日，经中国科协批准，由国际宇航联和中国宇航学会联合主办、中国航天科技集团公司等支持的世界月球会议胜利召开，活动持续到6月3日结束。

F 特 17　中俄航天集邮文化周纪念

技术参数

规格：176mm × 125mm
印量：6000 枚
参考价：10.00 元

背景介绍

1961 年 4 月 12 日莫斯科时间上午 9 时零 7 分，加加林乘坐东方一号宇宙飞船从拜科努尔发射场起航，完成了世界上首次载人航天飞行。2003 年 10 月 15 日，神舟五号飞船将中国第一位航天员杨利伟送入太空，标志着中国成为世界上第三个能独立自主进行载人航天飞行的国家。2011 年 3 月 24 日，为纪念中国航天事业发展 55 周年及人类进入太空 50 周年，中俄航天集邮文化周活动在中国北京举办，旨在展现人类航天文明，促进中俄两国航天文化交流。

F 特 18　中国航天事业创建 55 周年纪念

技术参数

规格：176mm × 125mm
印量：6000 枚
参考价：10.00 元

背景介绍

1956 年 10 月 8 日至 2011 年 10 月 8 日，中国航天事业历经 55 年的风风雨雨，走过漫漫征程，从无到有、从小到大，取得了以载人航天和月球探测工程为标志的辉煌成就，形成了航天传统精神、“两弹一星”精神和载人航天精神。

F特19　人民科学家钱学森同志诞辰一百周年纪念

技术参数

规格：176mm × 125mm
印量：6000 枚
参考价：10.00 元

背景介绍

2011 年 12 月 11 日，是人民科学家钱学森同志诞辰一百周年纪念日。钱学森是中国航天事业的奠基人，为中国航天事业的创建、发展、壮大，跻身世界先进行列，贡献了自己的全部智慧和心血，写下了不朽的灿烂篇章，在我国现代科技史上竖起一座永远的丰碑。他一生科学求实、治学严谨，严于律己、淡泊名利，学术作风民主、善于团结同志，是我国享有崇高威望的人民科学家。

F特20　天宫一号与神舟八号交会对接纪念

技术参数

规格：176mm × 125mm
印量：6000 枚
参考价：10.00 元

背景介绍

2011 年 11 月 3 日，我国天宫一号目标飞行器和神舟八号飞船首次在太空实现交会对接，标志着我国已经初步掌握了空间飞行器交会对接技术。

F 特 21　首次航天员手控交会对接纪念

技术参数

规格：176mm × 125mm
印量：6000 枚
参考价：10.00 元

背景介绍

2012 年 6 月 24 日，神舟九号载人飞船与天宫一号目标飞行器首次由航天员手动控制完成交会对接。任务期间，中国首位女航天员刘洋乘坐飞船进入太空，首次进行航天员访问目标飞行器，并在轨飞行 13 天，开展一系列科学实验和技术试验。

HT- 特 22 天宫一号目标飞行器与神舟十号飞船对接纪念

技术参数

规格：176mm × 125mm

印量：6000 枚

参考价：10.00 元

背景介绍

2013 年 6 月 13 日，天宫一号目标飞行器与神舟十号飞船实施了第三轮交会对接试验任务，同时开展了神舟飞船绕飞试验，为后续空间站任务奠定技术基础。

F 特 23　第 64 届国际宇航大会在北京召开纪念

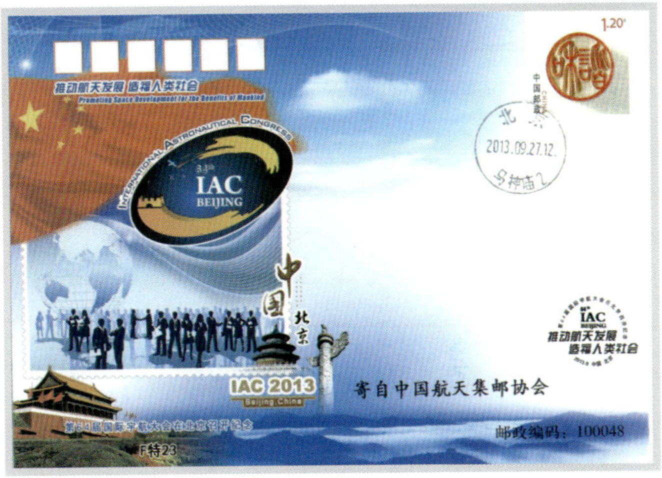

技术参数

规格：176mm × 125mm
印量：6000 枚
参考价：10.00 元

背景介绍

2013 年 9 月 27 日，第 64 届国际宇航大会在北京召开。大会由国际宇航联合会（IAF）、中国宇航学会（CS）、国际宇航科学院（IAA）、国际空间法学会（IISL）共同主办。本届大会的主题是“推动航天发展，造福人类社会”。

HT-特24 首个中国航天日纪念

技术参数

规格：176mm × 125mm
印量：6000 枚
参考价：10.00 元

背景介绍

1970 年 4 月 24 日，中国第一颗人造卫星“东方红一号”成功发射升空，标志着中国成为世界上第五个用自制火箭发射国产卫星的国家。2016 年经国务院批复同意，将每年 4 月 24 日设立为“中国航天日”。设立“中国航天日”，旨在大力弘扬“发展航天事业、建设航天强国”的主旋律，凝聚实现中国梦、航天梦的强大力量。

HT-F 特 25 中国航天事业创建六十周年纪念

技术参数

规格：176mm × 125mm

印量：6000 枚

参考价：10.00 元

背景介绍

1956 年 10 月 8 日，我国第一个导弹研究机构——国防部第五研究院正式成立，开启了我国航天事业的伟大征程。60 年来，我国航天事业取得了以载人航天和月球探测工程为标志的辉煌成就，为国家富强、人民幸福奠定了强大的安全基石，为国家赢得了尊严和世界性的赞誉。

HT-F 特 26 天宫二号空间实验室与神舟十一号载人飞船交会对接成功纪念

技术参数

规格：176mm × 125mm

印量：6000 枚

参考价：10.00 元

背景介绍

2016 年 10 月 19 日，神舟十一号载人飞船与天宫二号空间实验室成功实现交会对接。随后，两个航天器连接形成组合体飞行。两名航天员入驻天宫二号空间实验室，开启为期 30 天的太空驻留生活。

无编号　　纪念中国第一颗人造地球卫星发射成功 40 周年

技术参数

规格：176mm × 125mm
印量：4000 枚
参考价：10.00 元

背景介绍

2010 年 4 月 24 日，我国第一颗人造地球卫星“东方红一号”成功发射 40 周年。1970 年 4 月 24 日，我国在酒泉卫星发射中心成功地将东方红一号卫星送入太空，实现了“上得去、抓得住、听得见”的要求。卫星乐音装置和短波发射机在太空连续工作 28 天，获得了大量的工程遥测数据，开启了中国空间技术发展的新纪元。

中国航天三大里程碑纪念

中国航天三大里程碑：人造地球卫星

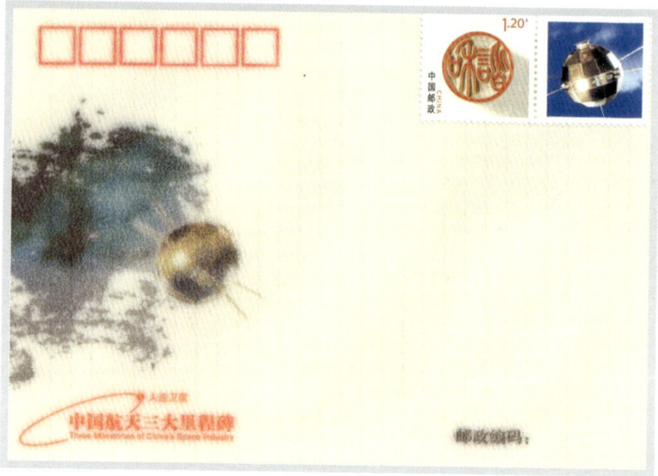

技术参数

规格：176mm × 125mm

印量：1000 枚

参考价：30.00 元

背景介绍

1970 年 4 月 24 日，我国第一颗人造地球卫星——“东方红一号”发射成功，标志着我国成为世界上第五个独立研制和发射卫星的国家，在中国航天史上具有划时代的意义。

中国航天三大里程碑纪念

中国航天三大里程碑：载人航天

技术参数

规格：176mm × 125mm

印量：1000 枚

参考价：30.00 元

背景介绍

2003 年 10 月 15 日，我国自行研制的神舟五号载人飞船发射升空，10 月 16 日，飞船安全返回，标志着我国成为世界上第三个独立掌握载人航天技术的国家。2005 年 10 月 12 日，成功发射神舟六号载人飞船，标志着我国跨入真正意义上有人参与的空间试验阶段。2008 年 9 月 25 日，神舟七号载人飞船成功发射，9 月 27 日，航天员翟志刚首次进行出舱活动，中国成为世界上第三个掌握空间出舱活动技术的国家。

中国航天事业创建六十周年纪念
宇航领域——月球探测工程纪念封（6-2）

技术参数

规格：176mm × 125mm
印量：300 枚
参考价：15.00 元

背景介绍

2004 年，我国正式启动月球探测工程。月球探测工程是我国航天事业继人造地球卫星、载人航天之后的第三个重要里程碑。2007 年 10 月 24 日，嫦娥一号卫星的成功发射，拉开了我国探月工程的大幕。

中国航天事业创建六十周年纪念

宇航领域——北斗卫星导航系统纪念封（6-3）

技术参数

规格：176mm × 125mm

印量：300 枚

参考价：15.00 元

背景介绍

2004 年，我国正式启动北斗卫星导航系统建设。2007—2012 年，我国共发射 15 颗北斗导航卫星。2012 年，随着第十六颗北斗导航卫星的发射成功，北斗区域卫星导航系统正式建成。2015 年 3 月，我国成功发射首颗新一代北斗导航卫星，标志着北斗卫星导航系统由区域运行向全球拓展的启动实施。

中国航天事业创建六十周年纪念

宇航领域——新一代运载火箭纪念封（6-4）

技术参数

规格：176mm × 125mm
印量：300 枚
参考价：15.00 元

背景介绍

我国新一代运载火箭运载能力将全面覆盖我国航天器发射任务要求，具有无毒无污染、周期短、成本低、可靠性高等特点。2015 年，新一代运载火箭长征六号、长征十一号首飞成功；2016 年，长征七号、长征五号运载火箭相继成功首飞。

中国航天事业创建六十周年纪念
武器装备纪念封（6-5）

技术参数

规格：176mm × 125mm
印量：300 枚
参考价：15.00 元

背景介绍

中国航天科技集团公司始终铭记“富国强军”的使命，研制交付的战略战术导弹武器技术水平、装备数量和实战能力逐年大幅提升，装备涉及舰空导弹、地空导弹、常规导弹、核常兼备导弹、核导弹以及无人机等领域，涵盖各军兵种。

中国航天事业创建六十周年纪念
航天技术应用纪念封（6-6）

技术参数

规格：176mm × 125mm
印量：300 枚
参考价：15.00 元

背景介绍

中国航天科技集团公司发挥航天技术优势，大力发展航天技术应用产业，在卫星应用、特种装备、节能环保装备、先进材料及应用、电子信息技术等重点领域形成了军民融合的发展格局，向市场提供了卫星地面设备制造、卫星运营、空间环境应用等一批具有较高知名度和行业美誉度的产品。

（三）搭载纪念封系列

HT-F 搭 3 中国“神舟八号”飞船搭载纪念封

技术参数

规格：165mm × 90mm

搭载量：120 枚

背景介绍

2011 年 11 月 1 日，在酒泉卫星发射中心，长征二号 F 运载火箭发射神舟八号飞船。飞船进入预定轨道，待命与天宫一号目标飞行器实施交会对接。神舟八号飞船是中国第八艘神舟飞船，属于为中国空间站作对接准备的无人目标飞行器。

HT-F 搭 4 中国“天宫一号”目标飞行器搭载纪念封

技术参数

规格：165mm × 90mm

搭载量：93 枚

背景介绍

搭载纪念封于 2011 年 7 月 28 日被装入天宫一号目标飞行器。9 月 29 日 21 时 16 分，天宫一号目标飞行器在酒泉卫星发射中心发射升空，2013 年 6 月 11 日，神舟十号飞船在酒泉卫星发射中心由长征二号 F 运载火箭发射升空，并与在轨运行的天宫一号进行空间交会对接；执行飞行任务的航天员将搭载于天宫一号内的搭载物取出，放入神舟十号飞船返回舱。经过 15 天飞行，神舟十号飞船返回舱于 6 月 26 日在内蒙古自治区中部主着陆场预定区域回收着陆。6 月 27 日，返回舱被运至中国空间技术研究院，6 月 28 日，在中国空间技术研究院进行了返回舱开舱，将搭载物从返回舱中取出。

HT-F 搭 5 中国“神舟九号”载人飞船搭载纪念封

技术参数

规格：176mm × 125mm
搭载量：100 枚

背景介绍

2012 年 6 月 16 日，在酒泉卫星发射中心，长征二号 F 运载火箭发射神舟九号载人飞船。飞船上承载着景海鹏、刘旺、刘洋（中国第一位女航天员）三名航天员顺利进入预定轨道，待命执行与天宫一号目标飞行器实施首次载人交会对接。神舟九号载人飞船返回舱于 2012 年 6 月 29 日在内蒙古自治区中部主着陆场预定区域回收着陆。

HT-F 搭 6 天宫一号与神舟十号载人飞船交会对接搭载纪念封

技术参数

规格：176mm × 125mm

搭载量：20 枚

背景介绍

搭载纪念封于 2013 年 6 月 1 日在中国酒泉卫星发射中心被装入神舟十号载人飞船返回舱。6 月 11 日，神舟十号载人飞船在酒泉卫星发射中心由长征二号 F 运载火箭发射升空，并与在轨运行的天宫一号目标飞行器进行空间交会对接。经过 15 天飞行，神舟十号飞船返回舱于 6 月 26 日在内蒙古自治区中部主着陆场预定区域回收着陆，6 月 27 日，返回舱被运至中国空间技术研究院。6 月 28 日，在中国空间技术研究院进行返回舱开舱，将搭载物从返回舱中取出。

HT-F 搭 7 嫦娥五号飞行试验器搭载纪念

技术参数

规格：165mm × 90mm

搭载量：50 枚

参考价：6000 元

背景介绍

2014 年 9 月 1 日，嫦娥五号飞行试验器搭载纪念封被装入嫦娥五号飞行试验器返回舱中。10 月 24 日，长征三号丙运载火箭在西昌卫星发射中心发射升空。经过 8 天飞行，嫦娥五号再入返回舱在内蒙古自治区中部地区主着陆场预定区域回收着陆。11 月 2 日，在中国空间技术研究院会展中心举行“探月工程三期再入返回飞行试验搭载开舱仪式”，将搭载物从返回舱中取出。

HT-F 搭 7 嫦娥五号飞行试验器搭载纪念

技术参数

规格：165mm × 90mm

搭载量：50 枚

参考价：6000 元

背景介绍

批次搭载纪念封因送入搭载的渠道不同，于同种编号为 001–050 的搭载纪念封被装入相同返回舱内，为证明此批搭载封的真实性，特由中国航天科技集团公司宇航部探月工程处处长赵立军和中国空间技术研究院嫦娥五号再入返回飞行试验器总体主任设计师张正峰在每枚搭载纪念封上签名。每枚搭载封正面盖有纪念钢印，背面盖有中国航天集邮协会印章。

长征七号运载火箭海南发射场首飞搭载纪念封

技术参数

规格：165mm × 90mm
搭载量：120 枚
参考价：5000 元

背景介绍

2016 年 5 月 24 日，在海南文昌卫星发射中心 801-5002 房间，对长征七号运载火箭首飞任务搭载的新型多用途飞船缩比返回舱搭载纪念封进行清点。6 月 25 日，新型多用途飞船缩比返回舱在海南文昌卫星发射中心由长征七号运载火箭发射升空。6 月 26 日，返回舱在巴丹吉林沙漠腹地的东风着陆场着陆回收。7 月 18 日，在中国空间技术研究院进行返回舱开舱，将搭载物从返回舱中取出。

天宫二号空间实验室搭载纪念封

技术参数

规格：165mm × 90mm

搭载量：460 枚

参考价：5000 元

背景介绍

2016 年 8 月 16 日，搭载封装入天宫二号空间实验室。9 月 15 日，在酒泉卫星发射中心，长征二号 F 运载火箭发射天宫二号空间实验室。10 月 17 日，神舟十一号飞船在酒泉卫星发射中心由长征二号 F 运载火箭发射升空，与在轨运行的天宫二号进行空间交会对接。11 月 18 日，神舟十一号飞船返回舱在内蒙古自治区中部主着陆场预定区域回收着陆。11 月 22 日，在中国空间技术研究院进行返回舱开舱，将搭载物从返回舱中取出。

神舟十一号载人飞船搭载纪念封

技术参数

规格：165mm × 90mm
搭载量：490 枚
参考价：5000 元

背景介绍

2016 年 8 月 16 日，在酒泉卫星发射中心东风宾馆西三楼 1112 房间，对搭载封进行清点、封装。10 月 10 日，搭载封装入神舟十一号载人飞船返回舱。10 月 17 日，在酒泉卫星发射中心，长征二号 F 运载火箭发射神舟十一号载人飞船。11 月 18 日，神舟十一号载人飞船返回舱在内蒙古自治区中部主着陆场预定区域回收着陆，11 月 22 日，在中国空间技术研究院进行返回舱开舱，将搭载物从返回舱中取出。

（四）个性化邮票

中国航天三大里程碑

技术参数

版式特征：12 枚主票，12 枚附票
全张规格：210mm × 150mm
名称面值：《和谐》1.20 元
邮票规格：30mm × 30mm
附票规格：30mm × 30mm

背景介绍

为纪念中国航天历程中人造地球卫星、载人航天和月球探测三大里程碑事件，2009 年 6 月 28 日，中国集邮总公司联合中国航天集邮协会共同发行《来自太空的问候》创意珍藏邮品，其中包括中国航天三大里程碑个性化邮票一版，邮品限量发行 1000 套。

中俄航天集邮文化周

技术参数

版式特征：16 枚主票，16 枚附票
全张规格：190mm × 265mm
名称面值：《喜上眉梢》1.20 元
邮票规格：30mm × 30mm
附票规格：30mm × 25mm

背景介绍

1961 年 4 月 12 日，加加林乘坐东方一号宇宙飞船从拜科努尔发射场起航，完成了世界上首次载人航天飞行。2003 年 10 月 15 日，神舟五号飞船将航天员杨利伟送入太空，标志着中国成为世界上第三个有能力独自将人送上太空的国家。

从 1961 年到 2011 年，人类有能力进入太空整整 50 年，同时 2011 年是中国航天事业创建 55 周年。为纪念中国航天和人类历史上具有里程碑意义的重大事件，3 月 24 日，“中俄航天集邮文化周”系列活动在北京隆重开幕，以邮品为载体促进中俄航天文化交流，特制作中俄航天集邮文化周个性化邮票一版。

长征运载火箭发射 200 次纪念

技术参数

版式特征：12 枚主票，12 枚附票
全张规格：265mm × 190mm
名称面值：《国旗》1.20 元
邮票规格：36mm × 36mm
附票规格：36mm × 36mm

背景介绍

为纪念中国航天长征运载火箭发射 200 次，中国集邮总公司联合中国航天集邮协会发行《长征运载火箭发射 200 次纪念珍藏》邮册一套，内含长征运载火箭发射 200 次个性化邮票一版，邮品限量发行 1000 套。

中国航天事业创建 60 周年纪念

技术参数

版式特征：12 枚主票，12 枚附票
全张规格：265mm × 190mm
名称面值：《航天》1.20 元
邮票规格：30mm × 30mm
附票规格：30mm × 30mm

背景介绍

1956 年 10 月 8 日，我国第一个导弹研究机构国防部第五研究院正式成立，开启了我国航天事业的伟大征程。60 年来，我国航天事业从无到有、从小到大、从弱到强，创造了以人造地球卫星、载人航天、月球探测工程为三大里程碑的辉煌成就，在太空中树起一座座丰碑。

为纪念中国航天事业创建 60 周年这一重要的历史节点，反映中国航天科技集团公司在实现“航天梦，中国梦”的征程中对国防建设和国民经济作出的重要贡献，特别策划发行纪念邮册一套，含中国航天事业创建 60 周年纪念个性化邮票一版。

我国邮政部门发行的航天题材邮票

（一）中华人民共和国邮政主管部门发行的邮票

（二）中华人民共和国澳门特别行政区发行的邮票

（三）个性化邮票

（一）中华人民共和国邮政主管部门发行的邮票

2008-23　中国科学技术大学建校五十周年（J）

（1-1）中国科学技术大学建校五十周年
（1958-2008）

技术参数

发行日期：2008 年 9 月 20 日
齿度：12 × 11.5
规格：40mm × 30mm
版式：12（4 × 3）
发行量：1199.77 万枚
设计者：史渊

背景介绍

2008 年 9 月 20 日，中国科学技术大学迎来 50 周年校庆。经中国科学院国家天文台提请，国际天文学联合会小天体命名委员会将一颗小行星正式命名为“中国科大星”。国家邮政局正式发行“中国科学技术大学建校五十周年”纪念邮票，1 套 1 枚，面值 120 分。

2011-14 中国现代科学家（五）（J）

（4-2）应用力学、航天与系统工程学家
——钱学森（1911-2009）

技术参数

发行日期：2011 年 5 月 25 日
齿度：13
规格：40mm × 30mm
版式：20（5 × 4）
发行量：892.48 万枚
设计者：陈景异

背景介绍

新中国成立以来，党和政府极为重视科技工作，培养了一大批科学家，他们为国家的经济建设和民族的科技振兴，作出了卓越贡献。为展现他们的辉煌业绩和伟大精神，中国邮政定于 2011 年 5 月 25 日发行《中国现代科学家（五）》纪念邮票 1 套 4 枚。

钱学森（1911.12.11—2009.10.31），世界著名科学家，空气动力学家，中国载人航天奠基人。1991 年获“国家杰出贡献科学家”荣誉称号，1994 年被选聘为中国工程院院士，1999 年获“两弹一星”功勋奖章。

2012-26 中国共产党第十八次全国代表大会（J）

（2-1）科学发展

技术参数

发行日期：2012 年 11 月 8 日

齿度：13.5

规格：30mm × 50mm

设计者：许开强 饶鉴

背景介绍

党的十八大的胜利召开，再次激发了中国人的梦想。中国梦是民族的梦，也是每个中国人的梦。伟大的民族当有伟大的梦想，伟大的梦想引领伟大的事业。从“两弹一星”、载人航天、月球探测等一系列辉煌业绩里，广大国人看到了中华民族伟大复兴的灿烂前景，航天事业承载着民族的希望和梦想，飞天梦作为华夏儿女几千年的不断追逐，已经成为中国梦不可分割的部分。中国梦正激励国人奋发图强，为实现中华民族伟大复兴而努力。

特 9—2014 中国首次落月成功纪念

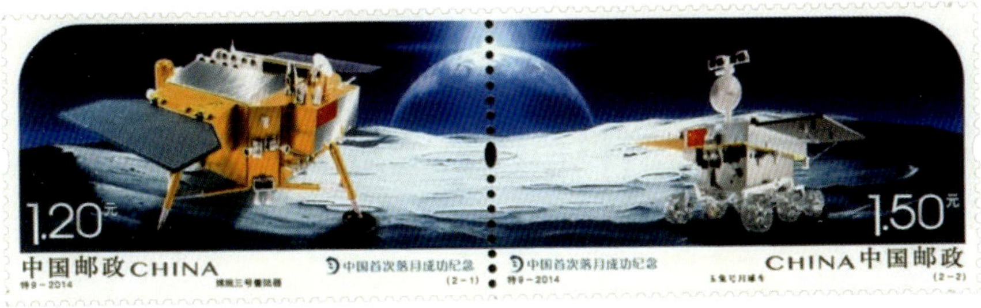

（2–1）嫦娥三号着陆器　（2–2）玉兔号月球车

技术参数

发行日期：2014 年 1 月 1 日
齿度：13
规格：50mm × 30mm
版式：16（4 × 4）二枚连印
设计者：史渊

背景介绍

嫦娥三号成功落月，举国欢庆。为纪念我国航天事业这一新的里程碑，2014 年 1 月 1 日，中国邮政特别发行中国首次落月成功纪念邮票 1 套 2 枚，内容分别为嫦娥三号着陆器和玉兔号月球车。

2014-25　中国现代科学家（六）（J）

（6-1）王淦昌

（6-4）邓稼先

（6-5）朱光亚

技术参数

发行日期：2014 年 10 月 16 日
齿度：13.5
规格：30mm×50mm
版式：16（4×4）
设计者：毕建勋

背景介绍

新中国成立以来，党和政府极为重视科技工作，培养了一大批科学家，他们为国家的经济建设和民族的科技振兴，作出了卓越贡献。为展现他们的辉煌业绩和伟大精神，中国邮政定于 2014 年 10 月 16 日发行《中国现代科学家（六）》纪念邮票 1 套 6 枚。

王淦昌 (1907—1998)，中国核物理、宇宙线和粒子物理研究奠基人之一，1955 年当选为中国科学院院士。

邓稼先 (1924—1986)，中国科学院院士，著名核物理学家，中国核武器研制工作的开拓者和奠基者，为我国核武器、原子武器的研发，作出了重要贡献。

朱光亚（1924—2011)，我国核科学事业的主要开拓者之一，中国科学院、中国工程院资深院士，中国科学技术协会名誉主席，中国工程院原院长、党组书记。

2014-27　第十届中国国际航空航天博览会（J）

（2-1）鹰击长空

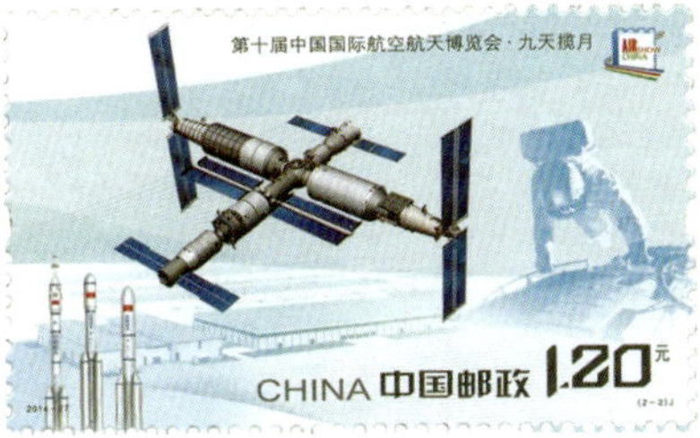

（2-2）九天揽月

技术参数

发行日期：2014 年 11 月 11 日
齿度：13
规格：50mm × 30mm
版式：16（4 × 4）
设计者：王虎鸣

背景介绍

中国邮政集团于 2014 年 11 月 11 日发行纪念邮票《第十届中国国际航空航天博览会》，全套 2 枚。中国国际航空航天博览会是唯一由中央政府批准、由广东省人民政府主办，以实物展示贸易洽谈、学术交谈和飞行表演为主要特征的国际性专业航空航天展览。“九天揽月”，表现航天领域，涵盖了“空间站”“神舟飞船”以及“长征系列火箭”等内容。

2015-9　世界计量日（J）

（1-1）世界计量日

技术参数

发行日期：2015 年 5 月 20 日
齿度：13
规格：60mm × 30mm
版式：15 枚（5 × 3）
设计者：陈绍华

背景介绍

计量，古称度量衡，是保证单位制统一、量值准确可靠的活动，是国家经济、科技、社会发展的重要基础。计量历史悠久，关系国计民生。公元前 221 年秦朝建立，秦始皇统一度量衡，是中国古代统一计量制度的里程碑。1875 年 5 月 20 日《米制公约》的签署，开辟了全球范围内推行国际单位制 (SI) 的近代计量新纪元。以量子物理为基础的现代计量科学技术的研究与应用，为人类文明发展、探索自然提供了更加精准的现代计量技术保障。1999 年第 21 届国际计量大会决定：自 2000 年起，每年 5 月 20 日为“世界计量日”。2015 年世界计量日的主题是“计量与光”。

2015-10 中国船舶工业（T）

（4-1）航天测量船

技术参数

发行日期：2015 年 6 月 3 日
齿度：13
规格：50mm × 30mm
版式：16（4 × 4）
发行量：1359.75 万枚
设计者：史渊

背景介绍

中国邮政定于 2015 年 6 月 3 日发行《中国船舶工业》特种邮票 1 套 4 枚，第一枚为航天测量船。航天测量船的主要任务是跟踪和遥测各种中、远程导弹，卫星和飞船，精确测定其落点，回收弹头锥体、卫星仪器数据舱和飞船座舱等。航天测量船的活动范围大，工作时间长，所以吨位都在万吨级。当前只有中、美、俄、法等国建造了航天测量船。我国航天远洋测量船的建成，将为航天事业的发展提供有力的海上测控支持服务。

2015-19　黄河

（9-8）中州水韵　古天文台

技术参数

发行日期：2015 年 8 月 23 日
齿度：13
规格：60mm × 30mm
版式：9（3 × 3）
设计者：袁加

背景介绍

黄河，中国第二大河，中华文明最主要的发源地之一，被称为中华民族的“母亲河”。黄河发源于巴颜喀拉山北麓约古宗列盆地，全长约 5464 千米，流域面积约 75.24 万平方千米。黄河流域不仅拥有雄伟壮丽的山河景观，也孕育出了灿烂悠久的华夏文明，以其厚重深邃的特色与长江流域不同的文化形态共同构筑了辉耀世界的中华文明。《黄河》特种邮票以九图连票形式，全景呈现黄河流域的自然生态和历史人文景观，展示出黄河的宏伟气势和深厚底蕴，将所流经的昆仑山脉、黄河第一湾、老牛湾、壶口瀑布、泰山等自然景观以及黄帝陵、龙门石窟、少林寺、孔府孔林等人文景观浓缩于方寸之间。

2016-8　全民阅读

（1-1）全民阅读

技术参数

发行日期：2016 年 4 月 23 日
齿度：13.5
规格：30mm × 40mm
全套枚数：10 全
设计者：宋鉴

背景介绍

每年 4 月 23 日是世界读书日。2016 年适逢中宣部、国家新闻出版广电总局等部门倡导和开展全民阅读十周年。十年来，全民阅读活动不断深入，社会影响日益深远，各类阅读活动蓬勃开展，全民阅读率明显提高，阅读已逐渐成为一种社会风尚。《全民阅读》邮票采用特殊工艺印制：书籍左面围绕阶梯微缩印制了《三字经》的部分内容；邮票画面中印有“全民阅读”四字盲文，展现了“阅读无障碍，一个不能少”的理念；紫外灯下可见敞开的窗户中透出夜读的灯光。

2016-23　月圆中秋

（1-1）月圆中秋

技术参数

发行日期：2016 年 8 月 28 日
齿度：13.5
规格：30mm × 50mm
设计者：崔景哲　李云中

背景介绍

中秋节，又称仲秋节，时在每年的农历八月十五日，因在三秋之半而得名。中秋节是有着悠久历史的中国传统节日，是仅次于春节的重要节日。中秋节，起源于原始社会对月亮的崇拜。唐代已经有“中秋节”一词。到了南宋，中秋节成为全民欢庆的重要节日，赏月、吃月饼、观潮、团聚宴饮，这些庆祝方式一直延续到今天。月圆中秋，情满中秋。那一轮中秋圆月，亘古如斯未曾改变。不曾改变的，是对真情的珍惜、对传统的礼敬、对节日的喜爱。

2016-27 第 39 届国际标准化组织大会（J）

（1-1）第 39 届国际标准化组织大会

技术参数

发行日期：2016 年 9 月 11 日
齿度：13.5
规格：30mm × 40mm
整张枚数：20 枚
设计者：于秋艳

背景介绍

第 39 届国际标准化组织 (ISO) 大会于 2016 年 9 月 10 日至 14 日在北京召开。国际标准化组织成立于 1947 年，是目前世界上最大、最权威的国际标准化机构，其主要任务是协调世界范围内的标准化工作，制定、发布和推广国际标准。国际标准化组织大会是其规模最大、最重要的会议。继 1999 年后，国际标准化组织大会第二次在中国举办。本届大会主题为“标准促进世界互联互通”，旨在通过加强国际标准化合作，充分发挥标准在全球治理中的协同、规范、引领作用，促进世界互联互通，推进经济、社会、环境繁荣和谐发展。

2017-18　中国人民解放军建军九十周年（J）

（6-4）火箭军

（6-5）战略支援部队

技术参数

发行日期：2017 年 8 月 1 日
齿度：13.5
规格：30mm × 40mm
版式：16（4 × 4）
发行量：1359.75 万枚
设计者：李翔 李晨 仓亭亭 刘伟 沈璐

背景介绍

2017 年 8 月 1 日是中国人民解放军建军 90 周年纪念日。为展现中国人民解放军的飒爽英姿和中国军事作战装备的硬件实力，中国邮政定于 8 月 1 日发行《中国人民解放军建军九十周年》纪念邮票 1 套 6 枚，小型张 1 枚。图案内容分别为：陆军、海军、空军、火箭军、战略支援部队等部队，小型张内容为听党指挥。

2017-18 中国人民解放军建军九十周年 M（J）

听党指挥

技术参数

发行日期：2017 年 8 月 1 日
齿度：13.5
规格：81mm × 56mm
外形规格：16（4 × 4）
发行量：1359.75 万枚
设计者：李翔 李晨 仓亭亭 刘伟 沈璐（摄影：查春明）

背景介绍

2017 年 8 月 1 日是中国人民解放军建军 90 周年纪念日。90 年来，人民军队在中国共产党领导下，始终恪守性质宗旨本色，全面履行根本职能使命，建立了不可磨灭的历史功勋。90 年来，人民军队紧紧地同全国各族人民站在一起，全心全意为人民服务，为民族复兴、人民解放和国家富强不懈奋斗，为维护世界和平、促进人类进步事业作出重大贡献，从胜利不断走向新的胜利。庆祝建军 90 周年，展示人民军队的英姿风采，旨在激励鼓舞全党全军全国各族人民弘扬光荣传统，传承红色基因，为实现中国梦、强军梦而努力奋斗。

2017-23 科技创新（J）

（5-1）500 米口径球面射电望远镜

（5-2）“墨子号”量子科学实验卫星

技术参数

发行日期：2017 年 9 月 17 日
齿度：13
规格：40mm × 30mm
版式：20（5 × 4）
设计者：杜钰凯

背景介绍

科技创新纪念邮票 1 套 5 枚，其中第一枚是 500 米口径球面射电望远镜，第二枚是“墨子号”量子科学实验卫星。

科技兴则民族兴，科技强则国家强。党的十八大作出了实施创新驱动发展战略的重要部署，科技发展进入了快车道。我国科技发展迎来了新一轮高峰。本套邮票展现了我国在科技领域取得的一批国际领先的重大成果，展示了近年来中国以创新驱动发展为主，多个科学领域的探索与成就，科技创新这一发展新引擎，必将汇聚更强劲的动力源，铸就更多的“中国奇迹”。

2017-26　中国共产党第十九次全国代表大会（J）

（2-2）继续前进

技术参数

发行日期：2017 年 10 月 18 日
齿度：13
规格：40mm × 30mm
版式：20（5 × 4）
设计者：马立航

背景介绍

本套邮票包括 2 枚邮票和 1 枚小型张。邮票内容分别为不忘初心和继续前进，小型张内容为筑梦。

中国共产党第十九次全国代表大会于 2017 年 10 月 18 日在北京召开。这是在我国全面建成小康社会决胜阶段、中国特色社会主义进入新时代的关键时期召开的一次十分重要的大会，对于全党全国各族人民在以习近平同志为核心的党中央坚强领导下，高举中国特色社会主义伟大旗帜，深入贯彻落实习近平新时代中国特色社会主义思想，牢固树立中国特色社会主义道路自信、理论自信、制度自信、文化自信，决胜全面建成小康社会，夺取新时代中国特色社会主义伟大胜利，实现中华民族伟大复兴的中国梦具有重大而深远的意义。

2017-27　记者节（J）

（1-1）记者节

技术参数

发行日期：2017 年 11 月 8 日
齿度：13.5
规格：30mm × 40mm
版式：20（5 × 4）
设计者：韩秉华

背景介绍

2017 年 11 月 8 日是第 18 个记者节。1937 年 11 月 8 日是中华全国新闻工作者协会（简称“中国记协”）的前身“中国青年新闻记者学会”成立的日子。1999 年，中国记协建议将这个日子定为每年的“记者节”，并于次年 8 月 1 日获国务院批复同意。从此，中国新闻工作者们有了自己的节日。党和政府一贯重视新闻事业的发展，特别是党的十八大以来，习近平总书记多次发表重要讲话，支持和鼓励新闻事业健康发展，为中国新闻媒体和新闻记者创造了积极健康、充满活力的发展环境。

（二）中华人民共和国澳门特别行政区发行的邮票

中国人民解放军建军九十周年

技术参数

发行日期：2017 年 8 月 1 日
齿度：13
规格：40mm × 30mm
版式：16（4 × 4）
发行量：35 万枚
设计者：区坤健

背景介绍

1927 年 8 月 1 日，中国共产党发动了震惊中外的南昌起义。“八一”这个光荣的日子，成为人民解放军的盛大节日。90 年来，人民军队前仆后继、英勇奋战，为中国革命、建设和改革事业，为维护世界和平与安宁，建立了彪炳千秋的伟大功勋。

（三）个性化邮票

个性化邮票 -24　航天

技术参数

发行日期：2012 年 6 月 25 日
齿度：12
规格：30mm × 30mm　　附票规格：30mm × 30mm
版式：15（3 × 5）
设计者：呼振源　李群　马立航

背景介绍

为纪念天宫一号与神舟九号飞船成功实现手动对接，中国邮政于 2012 年 6 月 25 日发行《航天》个性化服务专用邮票 1 枚。中国集邮总公司配合该枚邮票的发行，发行首日封及《天宫赞歌》珍藏册等邮品，将珍贵的历史瞬间铭记在精美的邮品之上，用以记录我国航天事业发展的辉煌历程。以邮品记录天宫一号与神舟九号飞船交会对接的每个精彩瞬间和整个任务的圆满完成，成为记载中国航天事业取得辉煌成绩的重要载体。

个性化邮票 -41　中国探月

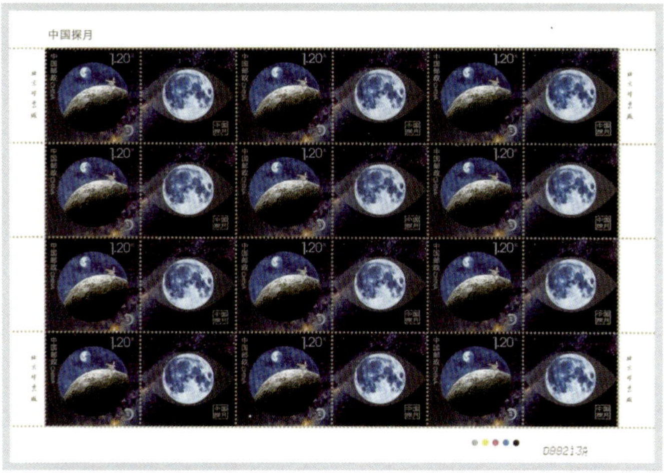

技术参数

发行日期：2015 年 8 月 20 日
齿度：13.5
规格：36mm × 36mm　附票规格：36mm × 36mm
版式：12（3 × 4）
设计者：朱哗　梅雪娇

背景介绍

《中国探月》个性化服务邮票主图以“月地”照片呈现，茫茫宇宙星空、远方蓝色地球、银灰色月球表面以及嫦娥三号月球车，在画面里显得既和谐又统一，同时，圆弧型的构图处理、月亮与地球连成一线，又使人仿佛置身于宇宙的穹顶之下，营造出神秘太空的全新视觉体验，使人感觉既神秘又亲切；主票与蔚蓝色地球图案附票的设计形式，使邮票整个画面更加宏大、壮观。

个性化邮票 -42　飞天

技术参数

发行日期：2015 年 9 月 9 日
齿度：12.5
规格：半径：15mm　　附票规格：36mm × 36mm
版式：12（3 × 4）
设计者：郝旭东　唐云云

背景介绍

《飞天》个性化服务邮票是中国邮政集团公司第一次以贵州茅台为主题发行的邮票。该邮票采取“天圆地方”双齿孔设计，邮票主图设计来源于茅台“飞天仙女临河赐酒”的美丽传说，面额 1.20 元，副图为篆书“飞天”圆形印章图案。中国邮政集团公司将《飞天》邮票特别补充纳入 2015 年下半年邮票发行计划。

附录一

（一）国家金融主管部门发行的航天题材纪念币、纪念钞

（二）航天系统发行的纪念章

（一）国家金融主管部门发行的航天题材纪念币、纪念钞

中国探月首飞成功纪念

正面

背面

正面

背面

技术参数

全套：2 枚
直径：23mm（金币） 40mm（银币）
成色：99.9%
含纯量：1/3 盎司（金币） 1 盎司（银币）
面额：150 元（金币） 10 元（银币）
发行量：20000 枚（金币） 40000 枚（银币）
发行时间：2007 年

背景介绍

月球探测工程是我国航天领域重要的标志性工程，是继人造地球卫星、载人航天飞行取得成功之后，我国航天事业发展的又一座里程碑。我国首次月球探测工程的圆满成功，是我国科技自主创新取得的标志性成果，是中华民族在攀登科技高峰征程上实现的又一重大跨越，对于进一步推动我国航天事业发展，增强我国的科技实力、综合国力和民族凝聚力，激励全党全国各族人民更加满怀信心地建设创新型国家、推进改革开放和社会主义现代化建设的伟大事业，具有十分重要的现实意义和深远的历史意义。

为纪念我国首次月球探测工程的圆满成功，中国人民银行定于 2007 年 11 月 28 日发行中国探月首飞成功金、银纪念币一套。该套纪念币共 2 枚，其中金币 1 枚，银币 1 枚。

北斗卫星导航系统开通运行纪念

正面　背面　正面　背面

技术参数

全套：2 枚
直径：23mm（金币） 40mm（银币）
成色：99.9%
含纯量：1/3 盎司（金币） 1 盎司（银币）
面额：150 元（金币） 10 元（银币）
发行量：30000 枚（金币） 60000 枚（银币）
发行时间：2013 年

背景介绍

北斗卫星导航系统是中国自主研发的区域性有源三维卫星定位与通信系统，是继美国 GPS、俄罗斯格洛纳斯、欧洲伽利略之后全球第四大卫星导航系统。北斗卫星导航系统 2012 年已覆盖亚太区域，2020 年将形成由 30 多颗卫星组网具有覆盖全球的能力。北斗卫星导航系统已初步具备区域导航、定位和授时能力，广泛应用于经济社会的各个领域。

2012 年 12 月 27 日，北斗系统空间信号接口控制文件正式版正式公布北斗导航业务正式对亚太地区提供无源定位、导航、授时服务。为纪念北斗卫星导航系统的开通运行，中国人民银行定于 2013 年 1 月发行北斗卫星导航系统开通运行金、银纪念币一套。该套纪念币共 2 枚，其中金币 1 枚，银币 1 枚。

中国探月首次落月成功纪念

正面

背面

正面

背面

技术参数

全套：2 枚
直径：22mm（金币） 40mm（银币）
成色：99.9%
含纯量：1/4 盎司（金币） 1 盎司（银币）
面额：100 元（金币） 10 元（银币）
发行量：10000 枚（金币） 20000 枚（银币）
发行时间：2014 年

背景介绍

探月工程按照“绕、落、回”三步走的发展战略，分三期实施，嫦娥三号任务实现的“落”是承前启后的关键一步。

2013 年 12 月 2 日，“嫦娥三号”月球探测器从西昌卫星发射中心成功发射，并于 12 月 14 日 21 时 11 分在月球表面成功降落，首次实现中国航天器在地外天体软着陆。为纪念中国航天器首次成功落月这一中国航天史上的重大事件，中国人民银行于 2014 年 1 月 22 日发行中国探月首次落月成功金、银纪念币一套。该套纪念币共 2 枚，其中金币 1 枚，银币 1 枚。

中国航天钞

正面

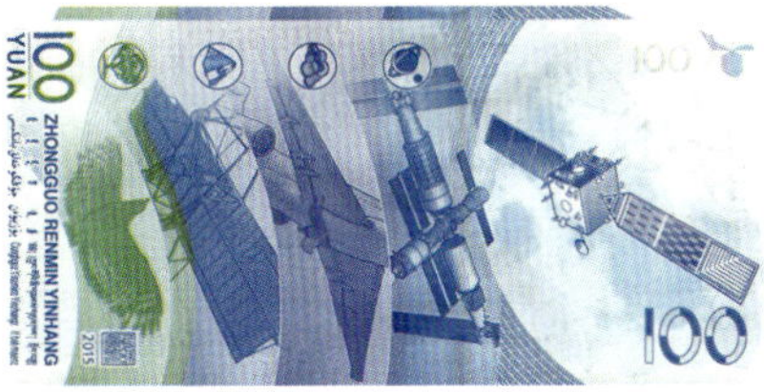

背面

技术参数

中文名：中国航天纪念钞

外文名：China Aerospace Commemorative Banknote

发行日期：2015 年 11 月 26 日

面额：壹佰圆

发行数量：3 亿张　票面长为 155mm　票面宽为 77mm

发行机构：中国人民银行

地位：中国人民银行发行的第四张纪念钞

背景介绍

中国航天纪念钞，是中国人民银行定于 2015 年 11 月 26 日发行的以航天为主题的纪念钞，面额 100 元，发行数量 3 亿张，该纪念钞与现行流通人民币职能相同，与同面额人民币等值流通。

中国航天纪念钞主色调为蓝色。正面主景图案是神舟九号飞船与天宫一号目标飞行器交会。背面主景图案由右至左依次为嫦娥一号卫星、2020 年中国空间站“天宫”、喷气式客机、冯如 2 号双翼螺旋桨飞机、飞禽海东青。纪念钞兑换期为 11 月 26 日至 12 月 16 日，兑换数量每人不超过 10 张。中国航天纪念钞是新中国成立以来发行的第四张纪念钞，也是首张以航天为题材的纪念钞，因此备受关注。

中国航天普通纪念币

正面

背面

技术参数

发行机构：中国人民银行
发行日期：2015 年 11 月 26 日
发行量：1 亿枚
直径：27mm（圆形）
面额：10 元
材质：双色铜合金

背景介绍

中国人民银行定于 2015 年 11 月 26 日发行航天主题纪念币，面值 10 元，直径 27mm，材质双色铜合金。发行数量 1 亿枚。与现行流通人民币职能相同，与同面额人民币等值流通。

正面主景图案为国徽图案，其上方刊“中华人民共和国”国名，下方刊年号“2015”。背面主景图案为神舟九号飞船近轨对接航天器图案，背景外环上方自右起分别为东方红一号卫星、神舟五号飞船、嫦娥一号卫星、探月月球车、代表中国古代飞天梦的民间图腾图案，左下方为抽象的地球和长征二号 F 运载火箭图案，右下方为由和平鸽演变成的五角星和星星图案。

（二）航天系统发行的纪念章

纪念中国第一颗人造地球卫星发射成功四十周年

正面

背面

技术参数

形状：圆形
直径：80mm
发行量：1000 枚（黄铜 500 枚 紫铜 500 枚）
发行时间：2010 年

背景介绍

2010 年 4 月 24 日是我国第一颗人造地球卫星“东方红一号”成功发射 40 周年。1970 年 4 月 24 日，我国东方红一号卫星在酒泉卫星发射中心，由长征一号运载火箭成功送入太空。东方红一号卫星的乐音装置和短波发射机在太空连续工作了 28 天，获得大量工程遥测数据，开创了中国航天的新纪元。在中国第一颗人造地球卫星发射成功 40 周年之际，中国航天集邮协会特发行纪念大铜章 1 枚。

纪念嫦娥二号卫星成功发射

正面

背面

技术参数

形状：圆形
直径：80mm
发行量：800 枚（黄铜 400 枚 紫铜 400 枚）
发行时间：2010 年

背景介绍

2010 年 10 月 1 日，在西昌卫星发射中心，长征三号丙运载火箭发射嫦娥二号月球探测卫星。卫星进入预定轨道，发射圆满成功。“嫦娥二号”是中国第二颗绕月人造卫星，它是建基于探月工程一期的嫦娥一号备份星进行技术改进，作为探月工程二期的先导星，其目的在于验证“嫦娥三号”任务的部分关键技术，为嫦娥三号/四号探测器实现成功落月积累经验，同时深化月球科学探测。为纪念嫦娥二号卫星发射成功，中国航天集邮协会特发行纪念大铜章 1 枚。

首次空间交会对接任务取得圆满成功

正面

背面

正面

背面

技术参数

全套：2 枚
形状：圆形
直径：80mm
发行量：1000 套（黄铜 500 套 紫铜 500 套）
发行时间：2011 年

背景介绍

2011 年 9 月 29 日，天宫一号目标飞行器在酒泉卫星发射中心发射升空，11 月 1 日，神舟八号飞船由改进型长征二号 F 运载火箭送入预定轨道。11 月 3 日和 11 月 14 日，天宫一号目标飞行器和神舟八号飞船在太空进行了两次空间交会对接试验，均取得了圆满成功。

神舟八号飞船入轨后，于 2011 年 11 月 3 日凌晨，与天宫一号目标飞行器成功实施了首次交会对接，形成了组合体。组合体飞行 12 天后，神舟八号飞船与天宫一号目标飞行器分离，并于 11 月 14 日成功实施了第二次交会对接。

为纪念首次空间交会对接任务取得圆满成功，中国航天集邮协会特发行纪念大铜章 1 套。

纪念天宫一号与神舟九号载人交会对接任务取得圆满成功

正面

背面

技术参数

形状：圆形
直径：80mm
发行量：776 枚（黄铜 388 枚 紫铜 388 枚）
发行时间：2012 年

背景介绍

2012 年 6 月 18 日 14 时 14 分，神舟九号飞船飞抵距天宫一号目标飞行器 30 米停泊点，北京航天飞行控制中心对对接准备状态进行最终确认。随后，神舟九号飞船以每秒约 0.2 米的相对速度向天宫一号目标飞行器缓缓靠拢。经过捕获、缓冲与校正、拉回、锁紧等技术动作，神舟九号飞船与天宫一号目标飞行器建立刚性连接，形成组合体。搭载着 3 位航天员的神舟九号飞船与在轨运行的天宫一号目标飞行器首次载人自动交会对接成功。

天宫一号目标飞行器与神舟九号飞船载人交会对接任务的圆满成功，实现了我国空间交会对接技术的又一重大突破，标志着我国载人航天工程第二步战略目标取得了具有决定性意义的重要进展。

为纪念天宫一号目标飞行器与神舟九号飞船载人交会对接任务取得圆满成功，中国航天集邮协会特发行纪念大铜章 1 枚。

附录二

中国长征系列运载火箭发射记录一览表

中国航天集邮协会纪念封一览表

中华人民共和国航天题材邮票、个性化邮票一览表

中国航天集邮协会第三届理事会名单

中国航天集邮协会第四届理事会名单

续 表

序号	发射 / 返回时间	火箭型号	卫星（飞船）型号	发射 / 回收场	结果
57	2012.07.25	CZ–3C	天链一号 03 星	西昌	成功
58	2012.09.19	CZ–3B	第十四颗和第十五颗北斗导航卫星	西昌	成功
59	2012.09.29	CZ–2D	委内瑞拉遥感卫星	酒泉	成功
60	2012.10.14	CZ–2C/SMA	实践九号 A/B 卫星	太原	成功
61	2012.10.25	CZ–3C	第十六颗北斗导航卫星	西昌	成功
62	2012.11.19	CZ–2C	环境一号 C 星和新技术验证卫星	太原	成功
63	2012.11.25	CZ–4C	遥感卫星十六号	酒泉	成功
64	2012.11.27	CZ–3B	中星 12 号卫星	西昌	成功
65	2012.12.19	CZ–2D	土耳其 GK–2 小卫星	酒泉	成功
66	2013.04.26	CZ–2D	高分一号卫星	酒泉	成功
67	2013.05.02	CZ–3B	中星十一号卫星	西昌	成功
68	2013.06.11	CZ–2F	神舟十号飞船	酒泉	成功
/	2013.06.26	CZ–2F	神舟十号飞船返回	内蒙古四子王旗	成功
69	2013.07.15	CZ–2C	实践十一号 05 卫星	酒泉	成功
70	2013.07.20	CZ–4C	创新三号、试验七号、实践十五号卫星	西昌	成功
71	2013.09.02	CZ–4C	遥感卫星十七号	酒泉	成功
72	2013.09.23	CZ–4C	风云三号 03 卫星	太原	成功
73	2013.10.25	CZ–4B	实践十六号卫星	酒泉	成功
74	2013.10.29	CZ–2C	遥感卫星十八号	太原	成功
75	2013.11.20	CZ–4C	遥感卫星十九号	太原	成功

续 表

序号	发射 / 返回时间	火箭型号	卫星（飞船）型号	发射 / 回收场	结果
76	2013.11.25	CZ–2D	试验卫星五号	酒泉	成功
77	2013.12.02	CZ–3B	嫦娥三号月球探测器	西昌	成功
/	2013.12.14		中国首颗月球着陆器工作		
/	2013.12.15		中国首颗月球巡视器工作		
78	2013.12.09	CZ–4B	资源一号 03 卫星	太原	失败
79	2013.12.21	CZ–3B	玻利维亚通信卫星	西昌	成功
80	2014.03.31	CZ–2C	实践十一号 06 卫星	酒泉	成功
81	2014.08.09	CZ–4C	遥感卫星二十号	酒泉	成功
82	2014.08.19	CZ–4B	高分二号卫星	太原	成功
83	2014.09.04	CZ–2D	创新一号 04 星	酒泉	成功
84	2014.09.08	CZ–4B	遥感卫星二十一号	太原	成功
85	2014.09.28	CZ–2C	实践十一号 07 卫星	酒泉	成功
86	2014.10.20	CZ–4C	遥感卫星二十二号	太原	成功
87	2014.10.24	CZ–3C	“嫦娥五号”再入返回飞行试验器	西昌	成功
/	2014.11.1	CZ–3C	“嫦娥五号”再入返回飞行试验器着陆回收	内蒙古四子王旗	成功
88	2014.10.27	CZ–2C	实践十一号 08 卫星	酒泉	成功
89	2014.11.15	CZ–2C	遥感卫星二十三号	太原	成功
90	2014.11.20	CZ–2D	遥感卫星二十四号	酒泉	成功
91	2014.12.07	CZ–4B	资源一号 04 卫星	太原	成功
92	2014.12.11	CZ–4C	遥感卫星二十五号	酒泉	成功
93	2014.12.27	CZ–4B	遥感卫星二十六号	太原	成功

续 表

序号	发射 / 返回时间	火箭型号	卫星（飞船）型号	发射 / 回收场	结果
94	2014.12.31	CZ-3A	风云二号 08 星	西昌	成功
95	2015.03.30	CZ-3C	第十七颗北斗导航卫星	西昌	成功
96	2015.06.26	CZ-4B	高分八号卫星	太原	成功
97	2015.07.25	CZ-3B	第十八、十九颗北斗导航卫星	西昌	成功
98	2015.08.27	CZ-4C	遥感卫星二十七号	太原	成功
99	2015.09.12	CZ-3B	通信技术试验卫星一号	西昌	成功
100	2015.09.14	CZ-2D	高分九号卫星	酒泉	成功
101	2015.09.20	CZ-6	二十星	太原	成功
102	2015.09.25	CZ-11	四星	酒泉	成功
103	2015.09.30	CZ-3B	第二十颗北斗导航卫星	西昌	成功
104	2015.10.07	CZ-2D	吉林一号光学 A 星及搭载星	酒泉	成功
105	2015.10.17	CZ-3B	亚太九号卫星	西昌	成功
106	2015.10.26	CZ-2D	天绘一号 03 星	酒泉	成功
107	2015.11.04	CZ-3B	中星 2C	西昌	成功
108	2015.11.08	CZ-4B	遥感卫星二十八号	太原	成功
109	2015.11.21	CZ-3B	老挝一号通信卫星	西昌	成功
110	2015.11.27	CZ-4C	遥感卫星二十九号	太原	成功
111	2015.12.10	CZ-3B	中星 1C 卫星	西昌	成功
112	2015.12.17	CZ-2D	暗物质粒子探测卫星	酒泉	成功
113	2015.12.29	CZ-3B	高分四号卫星	西昌	成功
114	2016.01.16	CZ-3B	白俄罗斯一号通信卫星	西昌	成功

续 表

序号	发射 / 返回时间	火箭型号	卫星（飞船）型号	发射 / 回收场	结果
115	2016.02.01	CZ-3C	第二十一颗北斗导航卫星	西昌	成功
116	2016.03.30	CZ-3A	第二十二颗北斗导航卫星	西昌	成功
117	2016.04.06	CZ-2D	实践十号返回式科学实验卫星	酒泉	成功
118	2016.05.15	CZ-2D	遥感卫星三十号	酒泉	成功
119	2016.05.30	CZ-4B	资源三号卫星 02 星	太原	成功
120	2016.06.12	CZ-3C	第二十三颗北斗导航卫星	西昌	成功
121	2016.06.25	CZ-7	长征七号遥一运载火箭首次飞行	文昌	成功
122	2016.06.29	CZ-4B	实践十六号 02 星	酒泉	成功
123	2016.08.06	CZ-3B	天通一号 01 卫星	西昌	成功
124	2016.08.10	CZ-4C	高分三号卫星	太原	成功
125	2016.08.16	CZ-2D	量子科学实验卫星	酒泉	成功
126	2016.09.01	CZ-4C	高分十号卫星	太原	成功
127	2016.09.15	CZ-2F T2	天宫二号空间实验室	酒泉	成功
/	2016.09.15		天宫二号空间实验室	酒泉	成功
128	2016.10.17	CZ-2F T2	神舟十一号载人飞船	酒泉	成功
/	2016.10.18	CZ-2F T2	神舟十一号载人飞船返回	内蒙古四子王旗	成功
129	2016.11.03	CZ-5	长征五号运载火箭首飞纪念	文昌	成功
130	2016.11.10	CZ-11	脉冲星导航试验卫星	酒泉	成功
131	2016.11.12	CZ-2D	云海一号 01 星	酒泉	成功
132	2016.11.22	CZ-3C	天链一号 04 星	西昌	成功

续 表

序号	发射 / 返回时间	火箭型号	卫星（飞船）型号	发射 / 回收场	结果
133	2016.12.11	CZ-3B	风云四号卫星	西昌	成功
134	2016.12.22	CZ-2D	全球二氧化碳监测科学实验卫星	酒泉	成功
135	2016.12.28	CZ-2D	高景一号 01、02 卫星	太原	成功
136	2017.01.05	CZ-3B	通信技术试验卫星二号	西昌	成功
137	2017.04.12	CZ-3B	实践十三号卫星	西昌	成功
138	2017.04.20	CZ-7	天舟一号货运飞船	文昌	成功
139	2017.06.15	CZ-4B	硬 X 射线调制望远镜卫星	酒泉	成功
140	2017.06.19	CZ-3B	中星 9A 卫星	西昌	成功
141	2017.07.02	CZ-5	实践十八号卫星	文昌	失败
142	2017.09.29	CZ-2C	遥感三十号 01 组卫星	西昌	成功
143	2017.10.09	CZ-2D	委内瑞拉遥感卫星二号	酒泉	成功
144	2017.11.05	CZ-3B	第二十四、二十五颗北斗导航卫星	西昌	成功
145	2017.11.15	CZ-4C	风云三号卫星	太原	成功
146	2017.11.21	CZ-6	吉林一号视频 04 至 06 星	太原	成功
147	2017.11.25	CZ-2C	遥感三十号 02 组卫星	西昌	成功
148	2017.12.03	CZ-2D	陆地勘察卫星一号	酒泉	成功
149	2017.12.11	CZ-3B	阿尔及利亚通信卫星一号	西昌	成功
150	2017.12.23	CZ-2D	陆地勘察卫星二号	酒泉	成功
151	2017.12.26	CZ-2C	遥感三十号 03 组卫星	西昌	成功
152	2018.01.09	CZ-2D	高景一号 03、04 星	太原	成功
153	2018.01.12	CZ-3B	第二十六、二十七颗北斗导航卫星	西昌	成功

续 表

序号	发射 / 返回时间	火箭型号	卫星（飞船）型号	发射 / 回收场	结果
154	2018.01.13	CZ–2D	陆地勘查卫星三号	酒泉	成功
155	2018.01.19	CZ–11	吉林一号视频 07 星、08 星	酒泉	成功
156	2018.01.25	CZ–2C	遥感三十号 04 组卫星	西昌	成功
157	2018.02.02	CZ–2D	电磁监测试验卫星（张衡一号）	酒泉	成功
158	2018.02.12	CZ–3B	第二十八、二十九颗北斗导航卫星	西昌	成功
159	2018.03.17	CZ–2D	陆地勘察卫星四号	酒泉	成功
160	2018.03.30	CZ–3B	第三十、三十一颗北斗导航卫星	西昌	成功
161	2018.03.31	CZ–4C	高分一号 02、03、04 卫星	太原	成功

中国航天集邮协会纪念封一览表

发行编号	邮戳日期	发射纪念封名称	发射次数	页码
HT-F95	2008.10.25	长征四号乙遥二十二运载火箭发射 实践六号 03 组 A/B 星纪念	第 110 次	4
HT-F96	2008.10.30	长征三号乙遥十二运载火箭发射 委内瑞拉星纪念	第 111 次	5
HT-F97	2008.11.05	长征二号丁遥十二运载火箭发射 创新一号 02 星 / 试验卫星三号纪念	第 112 次	6
HT-F98	2008.12.01	长征二号丁遥九运载火箭发射 遥感卫星四号纪念	第 113 次	7
HT-F99	2008.12.15	长征四号乙遥二十运载火箭发射 遥感卫星五号纪念	第 114 次	8
HT-F100	2008.12.23	长征三号甲遥二十运载火箭发射 风云二号 06 星纪念	第 115 次	9
HT-F101	2009.04.15	长征三号丙遥三运载火箭发射北斗卫星 导航系统第一颗地球静止轨道卫星 COMPASS-G2 纪念	第 116 次	10
HT-F102	2009.04.22	长征二号丙遥十九运载火箭发射 遥感卫星六号纪念	第 117 次	11
HT-F103	2009.08.31	长征三号乙遥八运载火箭发射 印尼 PALAPA-D 星纪念	第 118 次	12
HT-F104	2009.11.12	长征二号丙遥二十一运载火箭发射 实践十一号卫星纪念	第 119 次	13
HT-F105	2009.12.09	长征二号丁遥十运载火箭发射 遥感卫星七号纪念	第 120 次	14
HT-F106	2009.12.15	长征四号丙遥四运载火箭发射 遥感卫星八号纪念	第 121 次	15
HT-F107	2010.01.17	长征三号丙遥二运载火箭发射 北斗导航卫星第三颗组网卫星纪念	第 122 次	16
HT-F108	2010.03.05	长征四号丙遥五运载火箭发射 遥感卫星九号纪念	第 123 次	17

续 表

发行编号	邮戳日期	发射纪念封名称	发射次数	页码
HT–F109	2010.06.02	长征三号丙遥四运载火箭发射 北斗卫星导航系统第四颗组网卫星纪念	第 124 次	18
HT–F110	2010.06.15	长征二号丁遥十五运载火箭发射 实践十二号卫星纪念	第 125 次	19
HT–F111	2010.08.01	长征三号甲遥十六运载火箭发射 北斗卫星导航系统第五颗组网卫星纪念	第 126 次	20
HT–F112	2010.08.10	长征四号丙遥六运载火箭发射 遥感卫星十号纪念	第 127 次	21
HT–F113	2010.08.24	长征二号丁遥十四运载火箭发射 天绘一号卫星纪念	第 128 次	22
HT–F114	2010.09.05	长征三号乙遥十三运载火箭发射 鑫诺六号卫星纪念	第 129 次	23
HT–F115	2010.09.22	长征二号丁遥十一运载火箭发射 遥感卫星十一号纪念	第 130 次	24
HT–F116 (2–1)	2010.10.01	长征三号丙遥七运载火箭发射 “嫦娥二号”月球探测卫星纪念	第 131 次	25
HT–F116 (2–2)	2010.10.04	长征三号丙遥七运载火箭发射 “嫦娥二号”月球探测卫星纪念	/	25
HT–F117	2010.10.06	长征四号乙遥二十三运载火箭发射 实践六号 04 组卫星纪念	第 132 次	26
HT–F118	2010.11.01	长征三号丙遥五运载火箭发射 第六颗北斗导航卫星纪念	第 133 次	27
HT–F119	2010.11.05	长征四号丙遥七运载火箭发射 风云三号 02 星纪念	第 134 次	28
HT–F120	2010.11.25	长征三号甲遥二十一运载火箭发射 中星 –20A 号卫星纪念	第 135 次	29
HT–F121	2010.12.18	长征三号甲遥十八运载火箭发射 第七颗北斗导航卫星纪念	第 136 次	30
HT–F122	2011.04.10	长征三号甲遥十九运载火箭发射 北斗卫星导航系统第八颗卫星纪念	第 137 次	31

续 表

发行编号	邮戳日期	发射纪念封名称	发射次数	页码
HT-F123	2011.06.21	长征三号乙运载火箭发射中星十号卫星纪念	第 138 次	32
HT-F124	2011.07.06	长征二号丙遥二十五运载火箭发射实践十一号 03 卫星纪念	第 139 次	33
HT-F125	2011.07.11	长征三号丙遥八运载火箭发射天链一号 02 星纪念	第 140 次	34
HT-F126	2011.07.27	长征三号甲遥十七运载火箭发射第九颗北斗导航卫星纪念	第 141 次	35
HT-F127	2011.07.29	长征二号丙遥二十四运载火箭发射实践十一号 02 卫星纪念	第 142 次	36
HT-F128	2011.08.12	长征三号乙遥十九运载火箭发射巴基斯坦 1R 通信卫星纪念	第 143 次	37
HT-F129	2011.08.16	长征四号乙遥十四运载火箭发射海洋二号卫星纪念	第 144 次	38
HT-F130	2011.08.18	长征二号丙遥二十六运载火箭发射实践十一号 04 卫星纪念	第 145 次	39
HT-F131	2011.09.19	长征三号乙运载火箭发射“中星 1A”卫星纪念	第 146 次	40
HT-F132-1	2011.09.29	长征二号 F T1 运载火箭发射天宫一号目标飞行器纪念	第 147 次	41
HT-F132-2	2011.09.30	中国天宫一号目标飞行器飞行纪念	/	42
HT-F133	2011.10.07	长征三号乙运载火箭发射 W3C 卫星纪念	第 148 次	43
HT-F134-1	2011.11.01	长征二号 F 运载火箭发射神舟八号飞船纪念	第 149 次	44
HT-F134-2	2011.11.17	神舟八号飞船与天宫一号对接、回收纪念	/	45
HT-F135	2011.11.09	长征四号乙遥二十一运载火箭发射遥感卫星十二号纪念	第 150 次	46
HT-F136	2011.11.20	长征二号丁遥十九运载火箭发射创新一号 03 星 / 试验卫星四号纪念	第 151 次	47

续 表

发行编号	邮戳日期	发射纪念封名称	发射次数	页码
HT-F137	2011.11.30	长征二号丙遥二十运载火箭发射 遥感卫星十三号纪念	第 152 次	48
HT-F138	2011.11.09	中国首枚火星探测器—— “萤火一号”发射纪念	/	49
HT-F139	2011.12.02	长征三号甲遥二十三运载火箭发射 第十颗北斗导航卫星纪念	第 153 次	50
HT-F140	2011.12.20	长征三号乙遥二十一运载火箭发射 尼星 1R 纪念	第 154 次	51
HT-F141	2011.12.22	长征四号乙遥十五运载火箭发射 资源一号 02C 卫星纪念	第 155 次	52
HT-F142	2012.01.09	长征四号乙遥二十六运载火箭发射 资源三号卫星纪念	第 156 次	53
HT-F143	2012.01.13	长征三号甲遥二十二运载火箭发射 风云二号 07 星纪念	第 157 次	54
HT-F144	2012.02.25	长征三号丙遥六运载火箭发射 第十一颗北斗导航卫星纪念	第 158 次	55
HT-F145	2012.03.31	长征三号乙遥二十二运载火箭发射 亚太 7 号卫星纪念	第 159 次	56
HT-F146	2012.04.30	长征三号乙遥十四运载火箭发射 第十二颗和第十三颗北斗导航卫星纪念	第 160 次	57
HT-F147	2012.05.06	长征二号丁遥十七运载火箭发射 天绘一号 02 星纪念	第 161 次	58
HT-F148	2012.05.10	长征四号乙遥十二运载火箭发射 遥感卫星十四号纪念	第 162 次	59
HT-F149	2012.05.26	长征三号乙遥十七运载火箭发射 中星 2A 卫星纪念	第 163 次	60
HT-F150	2012.05.29	长征四号丙遥十运载火箭发射 遥感卫星十五号纪念	第 164 次	61
HT-F151-1	2012.06.16	长征二号 F 遥九运载火箭发射 神舟九号载人飞船纪念	第 165 次	62

续 表

发行编号	邮戳日期	发射纪念封名称	发射次数	页码
HT-F151-2	2012.06.29	神舟九号载人飞船返回纪念	/	63
HT-F152	2012.07.25	长征三号丙遥九运载火箭发射 天链一号 03 星纪念	第 166 次	64
HT-F153	2012.09.19	长征三号乙遥十五运载火箭发射 第十四颗和第十五颗北斗导航卫星纪念	第 167 次	65
HT-F154	2012.09.29	长征二号丁遥十六运载火箭发射 委内瑞拉遥感卫星纪念	第 168 次	66
HT-F155	2012.10.14	长征二号丙 SMA 遥二运载火箭发射 实践九号 A/B 星纪念	第 169 次	67
HT-F156	2012.10.25	长征三号丙遥十运载火箭发射 第十六颗北斗导航卫星纪念	第 170 次	68
HT-F157	2012.11.19	长征二号丙遥十七运载火箭发射 环境一号 C 星和新技术验证卫星纪念	第 171 次	69
HT-F159	2012.11.25	长征四号丙遥九运载火箭发射 遥感卫星十六号纪念	第 172 次	71
HT-F158	2012.11.27	长征三号乙遥二十四运载火箭发射 中星 12 号卫星纪念	第 173 次	70
HT-F160	2012.12.19	长征二号丁遥二十二运载火箭发射 土耳其 GK-2 小卫星纪念	第 174 次	72
HT-F161	2013.04.26	长征二号丁遥十八运载火箭发射 高分一号卫星纪念	第 175 次	73
HT-F162	2013.05.02	长征三号乙遥二十五运载火箭发射 中星十一号卫星纪念	第 176 次	74
HT-F163-1	2013.06.11	长征二号 F 遥十运载火箭发射 神舟十号飞船纪念	第 177 次	75
HT-F163-2	2013.06.26	神舟十号飞船返回纪念	/	76
HT-F164	2013.07.15	长征二号丙遥二十三运载火箭发射 实践十一号 05 卫星纪念	第 178 次	77
HT-F165	2013.07.20	长征四号丙遥十一运载火箭发射创新三号、 试验七号、实践十五号卫星纪念	第 179 次	78

续 表

发行编号	邮戳日期	发射纪念封名称	发射次数	页码
HT-F166	2013.09.02	长征四号丙遥十三运载火箭发射 遥感卫星十七号纪念	第 180 次	79
HT-F167	2013.09.23	长征四号丙遥十二运载火箭发射 风云三号 03 卫星纪念	第 181 次	80
HT-F168	2013.10.25	长征四号乙遥二十五运载火箭发射 实践十六号卫星纪念	第 182 次	81
HT-F169	2013.10.29	长征二号丙遥二十八运载火箭发射 遥感卫星十八号纪念	第 183 次	82
HT-F171	2013.11.20	长征四号丙遥十四运载火箭发射 遥感卫星十九号纪念	第 184 次	84
HT-F170	2013.11.25	长征二号丁遥二十三运载火箭发射 试验卫星五号纪念	第 185 次	83
HT-F172（3-1）	2013.12.02	长征三号乙遥二十三运载火箭发射 “嫦娥三号”月球探测器纪念	第 186 次	85
HT-F172（3-2）	2013.12.14	中国首颗月球着陆器工作纪念	/	86
HT-F172（3-3）	2013.12.15	中国首颗月球巡视器工作纪念	/	87
HT-F173	2013.12.09	长征四号乙遥十运载火箭发射 资源一号 03 卫星纪念	第 187 次	88
HT-F174	2013.12.21	长征三号乙遥二十七运载火箭发射 玻利维亚通信卫星纪念	第 188 次	89
HT-F176	2014.03.31	长征二号丙遥二十七运载火箭发射 实践十一号 06 卫星纪念	第 189 次	91
HT-F177	2014.08.09	长征四号丙遥十五运载火箭发射 遥感卫星二十号纪念	第 190 次	92
HT-F175	2014.08.19	长征四号乙遥二十七运载火箭发射 高分二号卫星纪念	第 191 次	90
HT-F178	2014.09.04	长征二号丁遥二十五运载火箭发射 创新一号 04 星纪念	第 192 次	93

续 表

发行编号	邮戳日期	发射纪念封名称	发射次数	页码
HT-F179	2014.09.08	长征四号乙遥二十八运载火箭发射 遥感卫星二十一号纪念	第 193 次	94
HT-F180	2014.09.28	长征二号丙遥三十一运载火箭发射 实践十一号 07 卫星纪念	第 194 次	95
HT-F181	2014.10.20	长征四号丙遥十六运载火箭发射 遥感卫星二十二号纪念	第 195 次	96
HT-F182 （2-1）	2014.10.24	长征三号丙改二遥十二运载火箭发射 “嫦娥五号”再入返回飞行试验器纪念	第 196 次	97
HT-F182 （2-2）	2014.11.01	“嫦娥五号”再入返回飞行试验器 着陆回收纪念	/	98
HT-F183	2014.10.27	长征二号丙遥三十二运载火箭发射 实践十一号 08 卫星纪念	第 197 次	99
HT-F184	2014.11.15	长征二号丙遥三十五运载火箭发射 遥感卫星二十三号纪念	第 198 次	100
HT-F185	2014.11.20	长征二号丁遥二十四运载火箭发射 遥感卫星二十四号纪念	第 199 次	101
HT-F186	2014.12.07	长征四号乙遥三十二运载火箭发射 资源一号 04 卫星纪念	第 200 次	102
HT-F187	2014.12.11	长征四号丙遥十七运载火箭发射 遥感卫星二十五号纪念	第 201 次	103
HT-F188	2014.12.27	长征四号乙遥二十九运载火箭发射 遥感卫星二十六号纪念	第 202 次	104
HT-F189	2014.12.31	长征三号甲遥二十四运载火箭发射 风云二号 08 星纪念	第 203 次	105
HT-F190	2015.03.30	长征三号丙 / 远征一号遥十一运载火箭发射 北斗卫星导航系统第十七颗卫星纪念	第 204 次	106
HT-F191	2015.06.26	长征四号乙遥三十运载火箭发射 高分八号卫星纪念	第 205 次	107
HT-F192	2015.07.25	长征三号乙遥二十六 / 远征一号遥二 运载火箭发射北斗导航系统第十八、 十九颗卫星纪念	第 206 次	108

续 表

发行编号	邮戳日期	发射纪念封名称	发射次数	页码
HT-F193	2015.08.27	长征四号丙遥十八运载火箭发射 遥感卫星二十七号纪念	第 207 次	109
HT-F194	2015.09.12	长征三号乙遥三十二运载火箭发射 通信技术试验卫星一号纪念	第 208 次	110
HT-F195	2015.09.14	长征二号丁遥二十一运载火箭发射 高分九号卫星纪念	第 209 次	111
HT-F196	2015.09.20	长征六号遥一运载火箭发射二十星纪念	第 210 次	112
HT-F197	2015.09.25	长征十一号遥一运载火箭发射四星纪念	第 211 次	113
HT-F198	2015.09.30	长征三号乙遥三十三运载火箭发射 北斗导航系统第二十颗卫星纪念	第 212 次	114
HT-F199	2015.10.07	长征二号丁遥三十七运载火箭发射 吉林一号光学 A 星及搭载星纪念	第 213 次	115
HT-F200	2015.10.17	长征三号乙遥三十六运载火箭发射 亚太九号卫星纪念	第 214 次	116
HT-F201	2015.10.26	长征二号丁遥二十六运载火箭发射 天绘一号 03 星纪念	第 215 次	117
HT-F202	2015.11.04	长征三号乙遥三十四运载火箭发射 中星 2C 纪念	第 216 次	118
HT-F203	2015.11.08	长征四号乙遥二十四运载火箭发射 遥感卫星二十八号纪念	第 217 次	119
HT-F204	2015.11.21	长征三号乙遥三十八运载火箭发射 老挝一号通信卫星纪念	第 218 次	120
HT-F205	2015.11.27	长征四号丙遥八运载火箭发射 遥感卫星二十九号纪念	第 219 次	121
HT-F206	2015.12.10	长征三号乙遥三十一运载火箭发射 中星 1C 卫星纪念	第 220 次	122
HT-F207	2015.12.17	长征二号丁遥三十一运载火箭发射 暗物质粒子探测卫星	第 221 次	123
HT-F208	2015.12.29	长征三号乙遥三十七运载火箭发射 高分四号卫星纪念	第 222 次	124

续 表

发行编号	邮戳日期	发射纪念封名称	发射次数	页码
HT-F209	2016.01.16	长征三号乙遥二十九运载火箭发射 白俄罗斯一号通信卫星纪念	第 223 次	125
HT-F210	2016.02.01	长征三号丙遥十四 / 远征一号遥三运载火箭 发射北斗导航系统第二十一颗卫星纪念	第 224 次	126
HT-F211	2016.03.30	长征三号甲遥二十六运载火箭发射 北斗卫星导航系统第二十二颗卫星纪念	第 225 次	127
HT-F212	2016.04.06	长征二号丁遥三十六运载火箭发射 实践十号返回式科学实验卫星纪念	第 226 次	128
HT-F213	2016.05.15	长征二号丁遥二十七运载火箭发射 遥感卫星三十号纪念	第 227 次	129
HT-F214	2016.05.30	长征四号乙遥三十三运载火箭发射 资源三号卫星 02 星纪念	第 228 次	130
HT-F215	2016.06.12	长征三号丙遥十五运载火箭发射 北斗卫星导航系统第二十三颗卫星纪念	第 229 次	131
HT-F216	2016.06.25	长征七号遥一运载火箭首次飞行纪念	第 230 次	132
HT-F217	2016.06.29	长征四号乙遥三十五运载火箭发射 实践十六号 02 星纪念	第 231 次	133
HT-F218	2016.08.06	长征三号乙遥三十五运载火箭发射 天通一号 01 卫星纪念	第 232 次	134
HT-F219	2016.08.10	长征四号丙遥十九运载火箭发射 高分三号卫星纪念	第 233 次	135
HT-F220	2016.08.16	长征二号丁遥三十二运载火箭发射 量子科学实验卫星纪念	第 234 次	136
HT-F221	2016.09.01	长征四号丙遥二十二运载火箭发射 高分十号卫星纪念	第 235 次	137
HT-F222（2-1）	2016.09.15	长征二号 F T2 运载火箭发射 天宫二号空间实验室纪念	第 236 次	138
HT-F222（2-2）	2016.09.15	长征二号 F T2 运载火箭发射 天宫二号空间实验室纪念	/	139

续 表

发行编号	邮戳日期	发射纪念封名称	发射次数	页码
HT–F223（2–1）	2016.10.17	长征二号 F 遥十一运载火箭发射 神舟十一号载人飞船纪念	第 237 次	140
HT–F223（2–2）	2016.11.18	神舟十一号载人飞船返回纪念	/	141
HT–F224	2016.11.03	长征五号运载火箭首飞纪念	第 238 次	142
HT–F225	2016.11.10	长征十一号遥二运载火箭发射 脉冲星导航试验卫星纪念	第 239 次	143
HT–F226	2016.11.12	长征二号丁遥三十四运载火箭发射 云海一号 01 星纪念	第 240 次	144
HT–F227	2016.11.22	长征三号丙遥十三运载火箭发射 天链一号 04 星纪念	第 241 次	145
HT–F228	2016.12.11	长征三号乙遥四十二运载火箭发射 风云四号卫星纪念	第 242 次	146
HT–F229	2016.12.22	长征二号丁遥三十三运载火箭发射 全球二氧化碳监测科学实验卫星纪念	第 243 次	147
HT–F230	2016.12.28	长征二号丁遥三十九运载火箭发射 高景一号 01、02 卫星纪念	第 244 次	148
HT–F231	2017.01.05	长征三号乙遥三十九运载火箭发射 通信技术试验卫星二号纪念	第 245 次	149
HT–F232	2017.04.12	长征三号乙遥四十三运载火箭发射 实践十三号卫星纪念	第 246 次	150
HT–F233	2017.04.20	长征七号遥二运载火箭发射 天舟一号货运飞船纪念	第 247 次	151
HT–F234	2017.06.15	长征四号乙遥三十一运载火箭发射 硬 X 射线调制望远镜卫星纪念	第 248 次	152
HT–F235	2017.06.19	长征三号乙遥二十八运载火箭发射 中星 9A 卫星纪念	第 29 次	153
HT–F236	2017.07.02	长征五号遥二运载火箭发射 实践十八号卫星纪念	第 250 次	154

续 表

发行编号	邮戳日期	发射纪念封名称	发射次数	页码
HT-F237	2017.09.29	长征二号丙遥二十九运载火箭发射遥感三十号 01 组卫星纪念	第 251 次	155
HT-F238	2017.10.09	长征二号丁遥三十运载火箭发射委内瑞拉遥感卫星二号纪念	第 252 次	156
HT-F239	2017.11.05	长征三号乙遥四十六 / 远征一号遥四运载火箭发射北斗卫星导航系统第二十四、二十五颗卫星纪念	第 253 次	157
HT-F240	2017.11.15	长征四号丙遥二十一运载火箭发射风云三号卫星纪念	第 254 次	158
HT-F241	2017.11.21	长征六号遥二运载火箭发射吉林一号视频 04 至 06 星纪念	第 255 次	159
HT-F242	2017.11.25	长征二号丙遥三十三运载火箭发射遥感三十号 02 组卫星纪念	第 256 次	160
HT-F243	2017.12.03	长征二号丁遥四十七运载火箭发射陆地勘察卫星一号纪念	第 257 次	161
HT-F244	2017.12.11	长征三号乙遥四十运载火箭发射阿尔及利亚通信卫星一号纪念	第 258 次	162
HT-F245	2017.12.23	长征二号丁遥四十八运载火箭发射陆地勘察卫星二号纪念	第 259 次	163
HT-F246	2017.12.26	长征二号丙遥三十四运载火箭发射遥感三十号 03 组卫星纪念	第 260 次	164
HT-F247	2018.01.09	长征二号丁遥四十运载火箭发射高景一号 03、04 星纪念	第 261 次	165
HT-F248	2018.01.12	长征三号乙遥四十五 / 远征一号遥五运载火箭发射北斗卫星导航系统第二十六、二十七颗卫星纪念	第 262 次	166
HT-F249	2018.01.13	长征二号丁遥四十九运载火箭发射陆地勘查卫星三号纪念	第 263 次	167
HT-F250	2018.01.19	长征十一号遥三运载火箭发射吉林一号视频 07 星、08 星纪念	第 264 次	168

续 表

发行编号	邮戳日期	发射纪念封名称	发射次数	页码
HT-F251	2018.01.25	长征二号丙遥三十六运载火箭发射 遥感三十号 04 组卫星纪念	第 265 次	169
HT-F252	2018.02.02	长征二号丁遥十三运载火箭发射 电磁监测试验卫星（张衡一号）纪念	第 266 次	170
HT-F253	2018.02.12	长征三号乙遥四十七 / 远征一号遥六 运载火箭发射北斗卫星导航系统第二十八、 二十九颗卫星纪念	第 267 次	171
HT-F254	2018.03.17	长征二号丁遥五十运载火箭发射 陆地勘查卫星四号纪念	第 268 次	172
HT-F255	2018.03.30	长征三号乙遥四十八 / 远征一号遥七 运载火箭发射北斗卫星导航系统第三十、 三十一颗卫星纪念	第 269 次	173
HT-F256	2018.03.31	长征四号丙遥二十六运载火箭发射 高分一号 02、03、04 卫星纪念	第 270 次	174
HT-F 特 12	2008.09.27	中国航天员首次太空出舱活动展示国旗纪念	/	176
HT-F 特 13	2009.04.15	长征三号丙遥三运载火箭发射北斗卫星 导航系统第一颗地球静止轨道卫星 COMPASS-G2 纪念	/	177
HT-F 特 14	2009.06.30	2009 全国航天题材网络集邮展览纪念	/	178
HT-F 特 15	2009.07.01	中国航天科技集团公司成立 10 周年纪念	/	179
F 特 16	2010.05.31	世界月球会议纪念	/	180
F 特 17	2011.03.24	中俄航天集邮文化周纪念	/	181
F 特 18	2011.10.08	中国航天事业创建 55 周年纪念	/	182
F 特 19	2011.12.11	人民科学家钱学森同志诞辰一百周年纪念	/	183
F 特 20	2011.11.03	天宫一号与神舟八号交会对接纪念	/	184
F 特 21	2012.06.24	首次航天员手控交会对接纪念	/	185
HT- 特 22	2013.06.13	天宫一号目标飞行器与神舟十号飞船对接纪念	/	186

续 表

发行编号	邮戳日期	发射纪念封名称	发射次数	页码
F 特 23	2013.09.27	第 64 届国际宇航大会在北京召开纪念	/	187
HT 特 24	2016.04.24	首个中国航天日纪念	/	188
HT-F 特 25	2016.10.08	中国航天事业创建六十周年纪念	/	189
HT-F 特 26	2016.10.19	天宫二号空间实验室与神舟十一号载人飞船交会对接成功纪念	/	190
无编号	2010.04.24	纪念中国第一颗人造地球卫星发射成功 40 周年	/	191
无编号	1970.04.24	中国航天三大里程碑纪念——中国航天三大里程碑：人造地球卫星	/	192
无编号	2003.10.15	中国航天三大里程碑纪念——中国航天三大里程碑：载人航天	/	193
无编号	2007.10.24	中国航天三大里程碑纪念——中国航天三大里程碑：月球探测	/	194
无编号	2016.10.08	中国航天事业创建六十周年纪念宇航领域——载人航天工程（6–1）	/	195
无编号	2016.10.08	中国航天事业创建六十周年纪念宇航领域——月球探测工程纪念封（6–2）	/	196
无编号	2016.10.08	中国航天事业创建六十周年纪念宇航领域——北斗卫星导航系统纪念封（6–3）	/	197
无编号	2016.10.08	中国航天事业创建六十周年纪念宇航领域——新一代运载火箭纪念封（6–4）	/	198
无编号	2016.10.08	中国航天事业创建六十周年纪念武器装备纪念封（6–5）	/	199
无编号	2016.10.08	中国航天事业创建六十周年纪念航天技术应用纪念封（6–6）	/	200
发行编号	**邮戳日期**	**搭载纪念封名称**	**发射次数**	**页码**
HT-F 搭 3	2011.10.02	中国“神舟八号”飞船搭载纪念封	/	202
HT-F 搭 4	2011.07.28	中国“天宫一号”目标飞行器搭载纪念封	/	203

续 表

发行编号	邮戳日期	搭载纪念封名称	发射次数	页码
HT-F 搭 5	2012.06.06	中国“神舟九号”载人飞船搭载纪念封	/	204
HT-F 搭 6	2013.06.01	天宫一号与神舟十号载人飞船交会对接搭载纪念封	/	205
HT-F 搭 7	2014.09.01	嫦娥五号飞行试验器搭载纪念	/	206/207
无编号	2016.05.24	长征七号运载火箭海南发射场首飞搭载纪念封	/	208
无编号	2016.08.16	天宫二号空间实验室搭载纪念封	/	209
无编号	2016.10.10	神舟十一号载人飞船搭载纪念封	/	210

中华人民共和国航天题材邮票、个性化邮票一览表

发行时间	编号	邮票名称	页码
2009.06.28	无编号	中国航天三大里程碑	212
2011.03.24	无编号	中俄航天集邮文化周	213
2014.12	无编号	长征运载火箭发射 200 次纪念	214
2016.10	无编号	中国航天事业创建 60 周年纪念	215
2008.09.20	2008-23	中国科学技术大学建校五十周年（J）	220
2011.05.25	2011-14	中国现代科学家（五）（J）	221
2012.11.08	2012-26	中国共产党第十八次全国代表大会（J）	222
2014.01.01	特 9-2014	中国首次落月成功纪念	223
2014.10.16	2014-25	中国现代科学家（六）（J）	224
2014.11.11	2014-27	第十届中国国际航空航天博览会（J）	225
2015.05.20	2015-9	世界计量日（J）	226
2015.06.03	2015-10	中国船舶工业（T）	227
2015.08.23	2015-19	黄河	228
2016.04.23	2016-8	全民阅读	229
2016.08.28	2016-23	月圆中秋	230
2016.09.11	2016-27	第 39 届国际标准化组织大会（J）	231
2017.08.01	2017-18	中国人民解放军建军九十周年（J）	232
2017.08.01	2017-18	中国人民解放军建军九十周年 M（J）	233
2017.09.17	2017-23	科技创新（J）	234
2017.10.18	2017-26	中国共产党第十九次全国代表大会（J）	235
2017.11.08	2017-27	记者节（J）	236

续 表

发行时间	编号	邮票名称	页码
2012.06.25	个性化票 -24	航天	240
2015.08.20	个性化票 -41	中国探月	241
2015.09.09	个性化票 -42	飞天	242

中国航天集邮协会第三届理事会名单

（2011 年 3 月 30 日选举产生）

名誉会长　刘纪原
会　　长　芮晓武
常务副会长　贾　可
副 会 长　王朝晖　牟相军
秘 书 长　李梅宇
副秘书长　甄智
常务理事　（23 名）

芮晓武　贾　可　王朝晖　李梅宇　梁小虹
王晓君　王中阳　尹宝宜　张兴敏　吴海中
王占臣　高明君　牟相军　王献雨　管素娟
甄　智　朱德芳　于永新　陈亚军　窦生刚
杨尔康　刘　翔　王　军

中国航天集邮协会第四届理事会名单

（2016年12月13日）

会　　长　袁　洁
常务副会长　贾　可
副 会 长　胡子云　周　菁
秘 书 长　李梅宇
副秘书长　甄　智
常务理事　（25名）

袁　洁　贾　可　胡子云　李梅宇　梁小虹　魏　超
王中阳　吉钢铁　张兴敏　李　昕　赵学严　高明君
张　豪　朱海河　周岫彬　周　菁　管素娟　甄　智
朱德芳　于永新　陈亚军　窦生刚　杨尔康　刘　翔
王　军

理　　事　（64名）

袁　洁　贾　可　胡子云　李梅宇　梁小虹　李　勇
魏　超　任　皓　王中阳　傅　钢　吉钢铁　廖向峰
张兴敏　贾伟民　李　昕　赵海燕　赵学严　李　磊
高明君　张　豪　朱海河　林小平　刘文军　孙申甫
王笑妍　李　莹　马　骏　袁　丽　李月玲　莫年春
周岫彬　方　强　刘　直　周　菁　管素娟　甄　智
范升远　朱德芳　吴国庆　于永新　刘治安　陈亚军
史国峰　窦生刚　李秀芬　杨尔康　龙盛锋　刘　翔
田江权　陈东平　王　军　宋卫武　肖雅君　杨炳建
李宝军　赵红石　孙　岩　王小红　水佑裕　黄越平
王　冰　王振辉　毛春雷　张明蓉

航天科学家的故事丛书

黄纬禄的故事

黄道群　张铁钧　著

中国宇航出版社
· 北京 ·

图书在版编目（CIP）数据

黄纬禄的故事 / 黄道群，张铁钧著 . -- 北京：中国宇航出版社，2022.1

（航天科学家的故事丛书）

ISBN 978-7-5159-1952-2

Ⅰ. ①黄… Ⅱ. ①黄… ②张… Ⅲ. ①黄纬禄－生平事迹 Ⅳ. ①K826.16

中国版本图书馆 CIP 数据核字（2021）第 140873 号

责任编辑　徐春梅　　　　**封面设计**　宇星文化

出　版 发　行	中国宇航出版社		
社　址	北京市阜成路 8 号 (010)60286808	**邮　编**	100830 (010)68768548
网　址	www.caphbook.com		
经　销	新华书店		
发行部	(010)60286888 (010)60286887		(010)68371900 (010)60286804(传真)
零售店	读者服务部 (010)68371105		
承　印	北京中科印刷有限公司		
版　次	2022 年 1 月第 1 版		2022 年 1 月第 1 次印刷
规　格	880×1230	**开　本**	1/32
印　张	7.5	**字　数**	131 千字
书　号	ISBN 978-7-5159-1952-2		
定　价	32.00 元		

本书如有印装质量问题，可与发行部联系调换

目录

CONTENTS

第一章

童年时光

被父母忽视的孩子

1916年12月18日，黄纬禄出生在安徽芜湖①的一个大户人家。在他之前，爸爸妈妈已经有了三个儿子、两个女儿，他们个个皮肤白晰、相貌俊美、礼数周到，爸爸妈妈很是喜欢。

①芜湖，简称“芜”，别称江城，位于安徽省东南部，地处长江下游，自古享有“江东名邑”“吴楚名区”之美誉。芜湖是国家历史文化名城，明代中后期是著名的浆染业中心，近代为“江南四大米市”之首。芜湖港是长江水运第五大港，安徽省最大的货运、外贸、集装箱中转港。

临近新年，黄家又迎来一个小男孩，起名黄纬禄，全家上下欢天喜地，对他疼爱有加。

但是，随着时间的流逝，父母对他的态度在不知不觉中发生了变化。

黄纬禄皮肤黝黑，相貌平平，两三岁了，还不会说话。每当他张开双臂、步履蹒跚地扑向父母时，等待他的常常不是拥抱与亲吻，而是“大人们有事，自己去玩儿吧”。语气虽然平和，但在黄纬禄幼小的心灵里，却留下了一层阴影，他只能悻悻离去。

渐渐地，他总是一个人站在远远的地方，望着哥哥姐姐们簇拥在父母身边，有说有笑。亲朋好友夸奖哥哥姐姐时，父母脸上露出的笑容，深深地印在了小纬禄的心中。

在黄纬禄幼小的心灵中，没有一丝对父母的不满和对哥哥姐姐的嫉妒，只有一种懵懂的、不服输的想法：“等我长大了，也要像哥哥姐姐一样好好念书，让爸爸妈妈也喜欢我！”

黄纬禄是一个性格安静、寡言少语的孩子，又是一个对一切都充满好奇心的孩子，除了喜欢仔细观察自然界的各种现象，还常在心里问自己各式各样的问题：为什么天是蓝的、树是绿的？为什么鸟会飞、虫会爬？为什么木炭会浮在水面、铜钱却沉到水底？……虽然没有找到答案，但他却在仔细琢磨这些问题。

幼年的黄纬禄，在常常被父母忽视的环境中悄悄长大了。这种忽视，无形中使他形成了不张扬、不诉苦、隐忍平和、坚韧好强但外柔内刚的性格。这种性格，不仅铸就了黄纬禄以后特殊的人格魅力，也奠定了他对事业执著追求、锐意进取的精神基础。

令人厌倦的私塾教育

父亲虽然对这个寡言少语的儿子关注不够，但对他的教育却很重视。黄纬禄六岁时，父亲把他送进了私塾。

入学那天，黄纬禄穿着一身棉布褂儿，跟着父亲来到了私塾。按照私塾的规矩，黄纬禄先向孔子的画像三跪九叩，又向先生行拜师之礼。

私塾先生是父亲的昔日同窗。父亲叮嘱教书先生：“学兄不必顾及纬禄乃我之子，定要严加管教，方可使他成才！”然后又告诫儿子：“好好跟先生学习，切不可顽皮！”黄纬禄从此开始了他的求学之路。

《三字经》《百家姓》《千字文》……先生手拿戒尺，在课桌间边走边念，学生们则一遍遍跟着先生的节拍复诵。先生很快发现，黄纬禄虽然口中大声念着课文，眼睛却常常盯着窗外，脸上一副走神的表情。可每当先生的戒尺敲在桌上，想通过罚他背书给他一些惩戒时，黄纬禄却不给先生一点机会，把长篇课文背得滚瓜烂熟。这倒使先生发现了黄纬禄的聪慧。

这段启蒙教育对黄纬禄来说，是日复一日地读书、背书却不懂书，先生呆板的教学方式让他心生厌倦。机灵的黄纬禄便瞅准机会，央求母亲：“我肚子疼，今天别让我去学堂了，行吗？”母亲虽然能看穿儿子的心机，但毕竟心慈，有时便答应他，让他放松一天。

私塾先生也曾找过父亲：“纬禄是个很聪明的孩子，但看得出，他对所读的文章并无兴趣，怕是将来在诗词歌赋方面，永远都没有你这般造诣，还是早做打算吧！免得误了他的前程。”

丰富多彩的小学课程

8 岁的黄纬禄被父亲送进了芜关小学。

初小设有国文、算术、手工、修身、图画、唱歌、体操七门课程；到了高小，又增设了历史、地理、理科、英语、农业等课程，算得上德智体美全面教育。

芜关小学的教学方式比私塾灵活了许多，课程繁多，内容丰富，引起了黄纬禄的兴趣。

国文课，虽然还有文言文，但白话文却占了相当大的比例。最重要的是，老师不再要求学生一味在背书上下功夫，而是要求学生注重理解课文的意思，这对黄纬禄养成善思重行的习惯产生了很大影响。

手工课也是黄纬禄很感兴趣的，这对从小就喜欢自己动手做点什么的他来说，无疑提高了他动脑动手的能力。

修身课上，老师用较为通俗的语言，教给孩子们做人的道理，或是通过一些小故事来启迪学生。黄纬禄逐渐知道了业精于勤荒于嬉，孝顺长辈、善待他人，举止得体、知书达理，己所不欲、勿施于人，先天下之忧而忧、后天下之乐而乐，天下兴亡、匹夫有责等道理，随着年龄的增长，这些道理不仅让黄纬禄懂得了怎样做人，更可贵的是，使他奠定了坚实的爱国主义思想基础。

痴迷于算术的聪慧少年

黄纬禄最爱上的是算术课，有时竟达到了痴迷的程度。

教算术的程老师，眉宇间透着智慧与活力，镜片后的一双大眼睛总含着微笑。黄纬禄初次见到程老师，便觉得他和蔼可亲。他虽然也拿着尺子讲课，但从不用它打学生的手心。

在程老师的算术课上，许多知识是通过有趣的故事和游戏来讲授的。不爱数学的同学都能被他吸引，爱数学的同学更不必说了。在程老师的算术课上，黄纬禄最不愿意听到的就是下课铃声。

程老师讲授乘法，是通过对一个相同的数字连续相加引伸出来的，利用乘法口诀，迅速得出计算结果。这让不满十岁的黄纬禄感到新奇、羡慕，从那时起，他开始树立起人生第一个理想：长大了，要像程老师一样，当个算术老师。

黄纬禄学习很刻苦。他喜欢一个人躲在角落里，一坐就是好几个小时。有一次，居然还闹了一场虚惊。保姆喊他去吃晚饭，他不但没有回应，嘴里还在不停地念叨着什么。保姆慌忙回去报告："不好了，这孩子怕是有毛病了，喊他都听不见，只管自己跟自己讲话呢！"父亲听后，心头一惊，连忙起身，其他人也随即站起来，一起来看个究竟。

父亲走到黄纬禄身后，只见他坐在一个小板凳上，头埋得低低的，两个食指堵着耳朵，嘴里"叽叽咕咕"地在背乘法口诀。父亲舒了一口气，轻轻拍了拍儿子的肩膀。黄纬禄以为父亲又要教训他，站起身来不敢吭声，可他却意外地听到了父亲和蔼的声音："饿了吧，先去吃饭。"他抬起头来，从父亲的眼神中看到了慈祥和赞许的目光。

那时候，芜湖有个习俗，每年放寒假时，老师和同学们会敲锣打鼓地前往成绩最好的同学家祝贺。大家聚集在门口，热闹非凡，也常惹得路人驻足观看，不时夸奖几句。黄纬禄年年获此殊荣，父母也觉得脸上有光，特别欣慰。

能飞的“炸弹”

时间过得很快，转眼到了高小阶段。黄纬禄爱动脑筋的特点，也越发显现出来。

“竹蜻蜓”[①]是小孩子爱玩儿的一种玩具，别的孩子在玩儿竹蜻蜓时，只是比试谁的竹蜻蜓飞得最高、飞得最

①竹蜻蜓是中国古老的玩具，外形呈T字形，横的一片像螺旋桨，中间有一个小孔，孔中插一根小竹棍，用两手搓转这一根竹棍，竹蜻蜓便会旋转着飞上天，当升力减弱时才落到地面。

你知道吗？世界上第一架飞机的发明人莱特兄弟小的时候，父亲就给他们买了一个能飞的竹蜻蜓，兄弟俩十分喜欢，并开始仿制不同尺寸的竹蜻蜓，从此，兄弟俩的一生与飞行结下了不解之缘。

远，可爱动脑筋的黄纬禄却不然，他对着飞来飞去的竹蜻蜓突发奇想，能不能用竹蜻蜓做一个能飞的“炸弹”？

他设想：把多个竹蜻蜓有序地连在一起，用橡皮筋作动力，让它们联合工作，各司其职。顶上装几个竹蜻蜓，让它向上飞；前面装几个竹蜻蜓，让它向前飞。下面挂一个炸弹，在引线上绑一根香，计算好飞行时间和香的长度，然后将香点燃，使之正好在飞到敌人上方时引爆炸弹，这样不就成了一个能飞的“炸弹”了吗？

不知道这是否寓意着，黄纬禄后来以毕生的心血，铸就了自己的导弹人生！

善于思考的初中生

黄纬禄的初中生活是在芜湖芜关中学度过的。除了数学是他的长项，物理课也在悄悄打开黄纬禄的眼界。杠杆原理、液压传动知识学了没多久，他便萌发了想设计点什么的冲动。

一天放学回家，完成学校的作业后，黄纬禄便着手勾勒起他有生以来的第一张“设计草图”，正在凝神思考时，有人扯他的衣角：“四叔叔，带我们玩儿一会儿吧。”黄纬禄从来不愿让侄子们失望，再忙，也会停下手中的事来陪他们，哪怕只玩儿几分钟。他随手从桌上拿了张纸，走到院子里，从水缸旁捡起一粒小石子。侄子们诧异地望着他的举动，只见他先将小石子丢进了水缸，又把纸小心翼翼地放在水面上。就在侄子们都不知道他要做什么时，黄纬禄笑道：“谁能告诉我，为什么

石头会沉下去，纸会浮在上面？不管你们去问谁，只要把答案说出来，就有奖励！”侄子们先是面面相觑，紧接着一哄而散，去寻找答案。奖励，永远对幼童有着不小的诱惑力。黄纬禄总是变着法儿地和侄子们玩儿，并有意识地让他们在玩耍中学一些知识，他也自然成了侄子们心目中既亲近、又崇拜的偶像。

数度寒暑，安徽省毕业会考就在眼前，老师和同学们都铆足了劲。数学老师根据自己多年的教学经验，把具有代表性的题目整理出来，让同学们练习。刻蜡板[①]、印卷子的差事，就交给数学成绩一向很好、写字又工整的黄纬禄。在同学们眼中，这也是受到老师器重的小小殊荣。黄纬禄边刻蜡板，边在心里进行演算，偶然间发现老师所出题目中有些错误，就赶紧去请教老师是否需要改正，常常不仅得到了老师的肯定，也得到了老师的赞扬。

少年黄纬禄立志考上一所优秀的高中，为自己将来能踏入顶尖大学创造条件。

①刻印是一种简便的印刷方法，在现代打印机、复印机、小型印刷机出现以前，印资料、考卷、传单、小报，都是靠这种刻印的办法。刻印包括“刻”和“印”，“刻”就是刻蜡板，用一种薄薄的专用蜡纸，放在专门的磨砂钢板上，用专用的铁笔在上面刻画出文字或图案；“印”就是油印，把刻上字的蜡纸贴到油印机的网罩上，蜡纸经过刻写后，刻了文字、图案的部位，蜡会被抹去，可以透过油墨。在网罩下铺上纸，用蘸满油墨的橡皮滚在网罩上一滚，透过蜡纸的油墨，就把字印在了纸上。

考入扬州中学

与安徽省毗邻的江苏省，教育办得有声有色，如常州、苏州、南京、扬州等城市的中学，在全国享有很高的名气。其中，当属扬州中学声誉卓著、首屈一指，远道慕名而来的学生特别多。但是，想考入扬州中学，并非易事。

1933 年夏天，少年有志的黄纬禄与另外两名同学结伴前往扬州，参加扬州中学的入学考试。

扬中的校园真大呀！映入眼帘的“树人堂”，令学生们感到不同凡响。干净整洁的校园，宽敞明亮的教室，连被命名为“自省楼”的学生宿舍，都让年轻的考生们羡慕不已，恨不得立即成为扬州中学的一员！

考场内严肃而安静，只听见写字时笔落在卷面上的“沙沙”声，监考老师不时从身旁走过。此刻，黄纬禄的心“怦怦”直跳，他深吸一口气，又慢慢吐出来，强迫自己尽快从紧张的情绪中解脱出来。当他把注意力完全转移到答题上时，便不知不觉地放松了下来。数学，原本就是他的强项，首场考试下来，黄纬禄自我感觉良好，考入扬州中学的信心更强了。

同来的一位同学感到题目太难，考得不好，眼见录取无望，放弃了后面的考试。

第二场考试是物理和化学，又是黄纬禄喜欢的科目，题目做得很顺利，越发觉得胜券在握。

遗憾的是，另一位同学由于紧张，竟然漏答了两页试卷，也就此放弃了考试。

同行三人，只剩下黄纬禄孤军奋战。“既然来了，就要考到底！”黄纬禄下定决心，沉着应战，继续考下去。

两位同学先行返回芜湖，引起黄纬禄父母心中的不安。当黄纬禄出现在父母面前时，他们异口同声地问：“考得怎么样？”“我自己感觉还可以。”黄纬禄平静地回答。

接下来的日子，黄纬禄是在期盼和忐忑的心情中度过的。终于有一天，父亲满面笑容地出现在黄纬禄面前：“孩子，你被扬州中学录取了！”这个好消息，很快传遍了芜关中学。“我们学校有人考上扬中了！”芜关中

学的老师们不但将黄纬禄着实夸赞了一番，更为有这样的学生备感骄傲和自豪！要知道，这可是芜关中学有史以来的第一次呢！祝贺的人络绎不绝，黄纬禄父母的脸上也笑容不断。

面对老师们的夸赞、乡亲们的羡慕和父母的疼爱，胸怀大志的黄纬禄却很冷静。由于扬州中学用的是英语原版教材，所以学校通知他入学前要抓紧时间补习英语，这使他立即放弃了想轻松一下的念头，一头扎进了英语补习中。

渡过英语教学关

经过一个暑假对英语的恶补，黄纬禄自认为是有备而来，但几节课下来，他对“扬中的功课是有名的难和深”这一传言深有所悟了。

最困难的学科是化学。汪榕老师初次见面便开门见山：“同学们，这是你们进入扬中后的第一节化学课。估计大家的英语程度不太好，我先把要讲的课文读一遍吧。”老师快速地朗读起来，十五六页的内容，抑扬顿挫，一气呵成。同学们虽然都认真听讲，但却不知所云，甚至连老师读到哪一页了都不知道。

黄纬禄心中焦急。为跟上老师的讲课，预习变成了第一要务，可惜见效不大。这让他有生以来第一次感到了学习的压力。

开学四周，化学课月考如期进行。黄纬禄就读班级的总成绩倒数第一，就连汪榕老师都感到十分沮丧。这位中央大学化学系毕业的高才生，怎能接受自己教的学生成绩最差这件事呢？望着满脸沮丧的学生们，汪老师除了为大家鼓劲，也改变了教学模式：提高考试频率，缩小考试范围，使学生们的复习时间相对充裕。学生们脑海中清晰地印着“无论哪种考试必定记录成绩”的扬中“铁律”，都拿出了“头悬梁、锥刺股”的精神来苦读。

长期处于英语教学环境中，黄纬禄渐渐有所适应，但要提高学习成绩谈何容易。他想，如果化学成绩不及格，自己很可能被留级或除名。这个从来不肯向别人诉苦的年轻人，终于拿起笔向父亲如实禀告。同时，他也没忘记将自己以后的打算和盘托出：如果退学回家，就跟着当医生的姐夫去学医。

父亲的回信很快到了黄纬禄手中：“……纬禄，你学习上有困难不要紧，只要努力了就行。如果期末考得不好，被学校留级或除名，家里也不会责怪你。你只管好好学习，不要考虑太多……”黄纬禄感受到父亲对他的理解、关爱、信任和鼓励，他松了口气，慢慢冷静下来，在压力面前渐渐失去的自信被召唤回来，遇事不服输的性格又开始发挥作用了。

学校统一熄灯后，在路灯下苦读的学生中总有黄纬禄的身影；上床躺下后，他一手翻着单词本，一手拿着手电筒，背着单词送走黑夜，又想着单词迎来晨曦。几个月后，不仅黄纬禄的学习成绩出现拐点，全班同学的考试分数也显著提升，汪老师的良苦用心初见成效。

一天，有位同学跑进教室，略带神秘地告诉大家："你们知道吗？我发现了一个秘密！""快说！快说！""我在垃圾箱里发现了咱们的化学卷子！汪老师一张都没判，全扔了！""没看错？""没有！"几秒钟的静默后，爆发出一阵小小的欢呼声。看来，汪老师在执行"考试必定记录成绩"的校规时，也悄悄增加了一点灵活性，一直担心化学成绩会给期末平均分拉后腿的学生们"解放"了！

转眼间，期末到了。黄纬禄的学习成绩一跃进入班上前几名。他对英语原版书的理解能力大幅提高，加之外语课的全英语教学模式对其英语听力的训练，为黄纬禄在后续阶段的学习扫清了障碍。

恩师的影响

数学老师汪桂荣总是一身布衣布履，朴素无华，他闪烁着睿智的眼中，充满了和善与慈祥。

第一次上课，汪老师走上讲台，清了清嗓音，寥寥数语做过自我介绍之后，便直奔主题。

高中一年级数学课首选三角，汪老师思路清晰，言简意赅，洪亮的声音如磁石般吸引着大家。一节课下来，汪老师便让所有的学生都折服了。黄纬禄也觉得，能遇到汪老师，真是自己莫大的幸运！

汪老师的课，成为黄纬禄心中的企盼。醉心于数学的他，只要课上专心，课下按时完成作业，就基本掌握了老师所教的全部内容。

每逢上新课前，汪老师总是把上一课的重点扼要做一复述，使学生们在温故的基础上更易于知新；对指定的作业题，他常逐题做些提示，在功课繁、时间紧的情况下，对大家按时完成作业起了很大作用。对于数学公式，汪老师喜欢介绍些简单有趣的记忆方法，吸引学生们乐此不疲地去尝试。老师讲得生动有趣，学生学得兴致盎然，加之启发式提问，探索式讨论，将单向教学变为双向互动，学生们的注意力一直被老师紧紧吸引着。

对汪老师的课，学生们个个赞不绝口。“参加江苏省毕业会考之前，汪老师用一节课时间，把高中阶段教过的三角、几何、代数、解析几何等内容，全部提纲挈领地复习了一遍，同学们无不佩服得五体投地。”黄纬禄很少用这种极具渲染力的形容词来描述人或事，但他对汪老师的感情用“崇拜”二字来形容并不为过。

汪老师对黄纬禄也非常欣赏。在汪老师连续几天批改作业的过程中，“黄纬禄”这个名字引起了他的注意：无论留的作业是奇数号题还是偶数号题，黄纬禄都会把所有题目做完，个别题的解法还不止一种；作业书写工整，解题过程一气呵成，从头至尾很少涂改，如同重新誊抄过一般。再经过一段时间的观察，汪老师开始对这个考试基本是100分的黄纬禄刮目相看了。

出于对数学的兴趣，除了完成教科书上所有的习题外，黄纬禄还常抠些难题。汪老师告诫他：难题是数学的装饰品，不是必需品，只要牢固掌握基础知识，练就解题的基本技能，具备较强的思考能力，就有了解决难题的“万能钥匙”。他要求黄纬禄在训练运算技巧的同时，注重对逻辑推理能力的培养，并鼓励他尝试着去帮助学习有困难的同学，也示范他如何把解题的思路用简便易懂的方式表述出来。黄纬禄极其认真地遵从师教，并大受裨益。

后来，黄纬禄在他所从事的科学研究工作中，常常习惯用生动形象的例子，把复杂的技术问题深入浅出地论述清楚，这与当年汪桂荣老师对他的精心培养是分不开的。

不负恩师重望，高中毕业时，黄纬禄不仅读完了高中普通课程，也读完了高等数学、高等物理、高等化学等全部选修课，并取得了数学、物理、化学均为 100 分的好成绩。

与此同时，在三年的朝夕相处中，汪老师尽职敬业、平易近人、坦诚忠厚、反躬自省的作风，对黄纬禄的影响如细雨润物，潜移默化，恒久绵长。

清华梦的破灭

烟花三月的时节，扬州的空气中已然水汽弥漫，到了盛夏，更让人觉得空气潮湿、闷热难耐。

按照扬中的惯例，对高三毕业准备报考大学的学生，不再安排固定的教室，复习功课的地方要自行解决。黄纬禄同几位要好的同学，自发组成了学习小组，他们在校园里转来转去，终于在僻静之处找到了一个小屋，屋子只有一扇窗，但窗外堆满杂物，无法打开，使得屋内阴暗潮湿，墙皮也因此脱落了许多。

“我们是不是就定在这里？”黄纬禄对同学们说。条件好一些的地方已经被别人捷足先登，他不愿意再为寻找复习的地方浪费时间了。

三年苦读得来的优异成绩，已经为黄纬禄的高中学业画上了圆满句号。眼下，为了能进入心目中向往已久的高等学府——在北京的清华大学、在上海的交通大学，他要奋力一搏。

擅长数学的黄纬禄把主要精力用在了化学上，是听说交通大学的化学试题量很大，即使所有题目都会做，如果书写速度跟不上，试卷也答不完。黄纬禄写字工整，但速度较慢，他只有在做题的熟练程度上狠下功夫。

让黄纬禄感到自豪的学习方法，是他复习化学时“独创”的。“复习到金属部分，我就背金属活动顺序表。哪种金属活性强，就可以把它后面的金属从盐或其他化合物中置换出来。比如铁比铜的活性强，在硫酸铜里加入铁，铁就能把铜置换出来。背一种金属，就把它以及它的化合物如何制造、性能怎样都讲一遍，有关这种金属的内容就都复习到了。”就这样，黄纬禄通过熟背整个化学元素周期表①，并对每个元素进行上述方法的复习，把化学课本的知识全部记牢了。他依照这些化学元素的活性，勾画出了一张金属元素的倒树形结构图，相关金属化合物的制造方法和性能成为了倒树形结构的底层。

很多年以后，黄纬禄在查找导弹研制与测试过程中所遇到的问题时，脑海中很自然地根据物理概念，将可能引起故障的原因列出“故障树”，从而较快地确定问题所在，或许就是当时自创复习方法的一种延续吧。

整日闷在阴暗湿热的小屋里，黄纬禄只有靠手中的蒲扇给自己降温。个把月之后，他的身体出问题了。这天，大家正讨论得起劲儿，突然听到黄纬禄一声轻微而痛苦的呻吟。连日来，他感到双腿一阵紧似一阵地疼，这会儿，终于疼得忍受不住了，同学们只能把他送回宿舍休息。

黄纬禄意识到，这种身体状况很难参加入学考试了。自己的清华梦破灭了！

①化学元素周期表是根据核电荷数从小到大排序的化学元素列表，表中一行称为一个周期，一列称为一个族，元素在周期表中的位置不仅能反映元素的原子结构，也能显示元素性质的递变规律和元素之间的内在联系。最早的元素周期表是1869年由俄国化学家门捷列夫编制出来的。

柳暗花明

同学间的友谊纯朴而真诚，黄纬禄的一位安徽同乡张智斌同学决定把他送回家。凡需步行的地方，张智斌一直背着他。从扬州乘汽车到江边，再乘船到镇江，又

从镇江乘火车到芜湖。黄纬禄和家人对张智斌自是一番感谢。但当张智斌的身影消失在门外后，黄纬禄知道，自己的清华梦也一同远去了，沮丧的情绪笼罩在他的心头。此时心痛胜于病痛，只是藏在心中。

黄纬禄的父母看在眼里，疼在心里，日常生活对他精心照顾，四处为他寻医问药，并不时安慰他：“不要着急，把病养好，可以休息一年再考。”父母的劝慰加之黄纬禄自己内心的调整，他决定踏下心来，安心养病。

或许是医生妙手回春，或许是脱离了阴暗潮湿的环境，黄纬禄紧张的情绪得以释放，他的病情出现转机，仅两周时间就可以下地走路了。身体逐渐恢复了正常，他那颗年轻的心又开始活泛起来，考大学的理想之火再次点燃。

一寸光阴一寸金，黄纬禄不肯再等。闻听中央大学和浙江大学的招生考试日期就在眼前，黄纬禄立即打点行装，前去应考。

颇具实力的黄纬禄被两所大学同时录取，他顺从父母的意愿，选择了离家较近、交通相对方便的国立中央大学。

第三章

艰难求学

禄总分第一。按照以入学成绩评定奖学金的规定，黄纬禄“榜上有名”。

办完新生入学手续，黄纬禄迫不及待地到校园中走一走，看一看。笔直的大道，宽阔的操场，一座座教学楼隐蔽在郁郁葱葱的绿树丛中，图书馆、实验室都具有相当的规模。一圈儿转下来，把黄纬禄心中那份与清华、交大失之交臂的遗憾悄悄冲淡了。

来中央大学不久，黄纬禄发现，老师和同学们一提起罗家伦校长，就情不自禁地流露出赞佩的目光。罗校长曾就读于北京大学，又留学美、英、德、法长达15年，学贯中西。归国后，他牺牲了自己做学问的机会，专心致力于学校的管理工作，为别人做学问创造一个良好环境，并且始终雄心勃勃，立志把中大办成牛津、剑桥式的一流学府。他任职期间建树很多，尤其是把聘教授当成了最慎重的一件事，不曾把教学岗位做过一个人情，纵然因此得罪人也不放松条件。大家对校长的一番评价，燃起了黄纬禄心中的期望，他多么希望能多遇到几位像汪桂荣老师那样学富五车、可亲可敬的老师啊！

随中大西迁

1931年9月18日，日本侵占我国东北，至1936年，已经占领华北大片土地。1937年7月7日，日寇蓄意挑起“卢沟桥事变”；8月13日，日寇进攻上海，南京危在旦夕。

“七·七事变”发生时，学校即将举行期末考试。黄纬禄知道事态严重，写信告知父母，字里行间充满着对家人的担忧。父亲告诉他：倭寇入侵，国之不幸。家人绝不肯生活在侵略者的铁蹄之下，已在筹措举家“跑反”①。只是家里有祖孙三代，人口不少，需要时日准

①跑反：方言。指为躲避兵患而逃往别处。

备。不知此次离家，何日可返。父亲叮嘱黄纬禄，国受欺侮，皆因国力不强，要他一心刻苦攻读，盼他早日成才，报效国家。无论走到哪里，不要忘记家乡。黄纬禄牢牢记下了父亲的嘱咐。

战火逼近南京。1937年8月15日，日寇飞机第一次轰炸南京，中央大学图书馆被炸。8月19日，第二次轰炸，中央大学7名校工被炸死，毁房七八处。大礼堂后壁破裂，主席台上的座椅被炸得飞至三楼。办公室被炸，校长罗家伦只好站在校园里的梧桐树下办公。礼堂后是女生宿舍，校方急令学生搬出，两小时后宿舍被炸塌。男生刚从宿舍的三楼二楼搬到底层，就有炮弹在附近爆炸，楼上门窗都被击碎。黄纬禄和所有同学一样，看着昔日美丽恬静的校园转眼间被炸得面目全非、断壁残垣，心里充满了对日寇的仇恨。

为了躲避日寇践踏，中央大学的大搬迁开始了。9月20日，中央大学召开全校大会，向全体师生宣布迁校的意图与计划，同时发出通告：全体学生于10月10日在汉口集中，乘船入川。数千师生和家属，浩浩荡荡地千里西迁。

学校兵分几路，双管齐下：一边搬迁，一边派人到重庆沙坪坝筹建校舍。

黄纬禄随着全校师生员工，顺着受到敌机威胁的长江航道，从南京溯江而上，穿过三峡，向山城重庆进发。船内的五等舱都是大通铺，环境脏乱，气味难闻，黄纬禄常常站在甲板上。战争的阴霾挥之不去，背井离乡的感觉萦绕心头，黄纬禄紧锁双眉远眺，他无心将青山绿水收入眼底，只是凝视着远方拉船的纤夫艰难前行，纤绳深深勒进他们的肩头，也好似勒进了黄纬禄的心里，仇恨与悲伤交织在一起，剪不断，理还乱。什么时候，我们泱泱大国才能强盛起来，不受欺侮呢？

1937 年 12 月 13 日，南京沦陷。没有来得及撤离南京的市民，陷入了万劫不复的深渊。不到一年，日寇长驱直入，武汉、宜昌等地相继失守，华东、华南全部沦落，山河破碎，国破家亡。

艰苦的大学生活

师生们一路艰辛，终于到达重庆沙坪坝。黄纬禄走进用竹片和黄泥建成的学生宿舍，发现它就像一个大统舱。木板钉成的简易上下铺密密麻麻地排列着，从眼前向远方延展，一百多人共住一间，拥挤不堪。环境虽然艰苦，但想到又可以继续自己的学业了，黄纬禄心中仍感到一丝安慰。既来之，则安之。他卸下简单的行装和一身的疲惫，把一切整理就绪，很快就在重庆开始了艰苦的大学生活。

重庆是有名的雾都，秋冬难以见到太阳，令习惯于生活在江南平原的人们很不适应。进入夏季，烈日当空，高温无风，室内气温常超过40℃，闷热难耐。最让黄纬禄苦不堪言的是臭虫和小咬[①]，他的血型似乎格外受这些“吸血鬼”的青睐，每天在它们的阵阵突袭之后，身上总是留下几十个大红包，即使在皮肤上搔出道道血痕，仍然奇痒难耐。

生活上，随着大批人马在重庆的快速云集，山城的物价不断攀升。抗战之初，米价不过每石[2]10元，没几年便涨了30倍。来自沦陷区的学生，经济来源断绝，生活没有着落，几乎全靠学校为救助贫寒学生而设的资金制度维持。学生们在食堂的主食是掺杂许多泥沙、石子、稗子、稻壳的“八宝饭”，带着霉涩的气味，难以下咽；副食基本是胡萝卜、大头菜、烂榨菜、盐水豆芽汤。环境脏乱差，老鼠到处乱窜，常把正在洗漱、如厕的胆小学生吓得尖叫。医疗落后，疟疾[3]流行，许多师生都未能幸免。民生困苦至极，每天可见有人倒毙街头。

①小咬，学名为蠓（音 měng），昆虫，种类很多，成虫很小，褐色或黑色，触角细长，翅短而宽。某些雌蠓吸食人畜血液。有些蠓传染疾病。

②石（音 dàn），容量单位。1 石等于 10 斗，1 斗等于 10 升，1 升等于 1000 立方厘米。

③疟疾，俗称打摆子、冷热病，是一种危害严重的急性传染病。病原体是疟原虫，由蚊子传播，周期性发作。症状是发冷发热，热后大量出汗、头疼、口渴、全身无力，严重的会导致死亡。

你知道吗？中国中医科学院的首席科学家屠呦呦于2015年10月获得诺贝尔生理学或医学奖，理由是她发现了青蒿素，该药品可以有效降低疟疾患者的死亡率。她也因此成为第一位获得诺贝尔科学奖项的中国本土科学家。

2021年6月3日，世界卫生组织宣布，中国获得无疟疾认证，标志着中国已消除疟疾。

学习上，理工各系通常使用的英文原版教材已无法买到，大多数教师采取用英语口述、在黑板上书写的方法来授课，黄纬禄和同学们只能把听课记笔记作为学习的主要方法。为了多掌握一些知识，他有时设法把高年级同学的旧书买来作参考。晚上，一些教室没有电灯，学生自修靠自己买油点灯，一只小油碗，几根灯心草，灯光昏弱，摇曳不定。这一切，都不能动摇黄纬禄刻苦学习的信念。

环境、生活、学习等方面的困难靠毅力都可以克服，不以人的意志为转移的是日本飞机的轮番轰炸。中央大学迁到重庆后的前四年，敌机轰炸不止一两百次。空袭往往从下午开始，有时陆续来几批，夜间跑防空洞，影响师生睡眠，学校只得调整作息，增加午睡时间。直到美国志愿援华航空队——飞虎队[4]来帮助防空，日寇轰炸才逐渐减少，最后几乎绝迹。

战时生活是这样困苦。但是，素有爱国主义传统的中央大学的师生们，胸怀祖国安危之忧，誓立振兴中华之志，始终精神昂扬，教师“诲人不倦”，学生“学而不厌”，每天上下课调换教室，都能看到学生在山坡间上下奔跑，呈现出一派生机勃勃的动人景象。校长罗家伦有感而发，誉之为“炸弹下长大的中央大学”。

④飞虎队是抗日战争时期“中国空军美国志愿援华航空队”的简称，由美国飞行教官克莱尔·李·陈纳德创建。

师生情深

离开南京前，黄纬禄所在的班有近30位同学，由于各种原因，最后只有6人来到重庆。他们的家乡都在沦陷区，疏于亲人照顾，同学间相互慰藉，互相帮助，关系亲密，情同手足。宿舍内过于拥挤，大家常聚集在教室里苦读。

这是一间近20平方米的专用教室，电机系的老师们常在这里出出进进。一天，黄纬禄正埋头看书，突然，他最要好的同学刘宗汉用胳膊肘碰了碰他，轻声说道："你快看，这就是电机系主任陈章老师。"黄纬禄抬起头来，悄悄打量着眼前这位中年人：他不到四十岁，身材单薄，但十分精干。

虽然是初次近距离见到陈老师，但黄纬禄对他的大名却早有耳闻。陈老师毕业于交通大学电机系，又在美国获得硕士学位，有着在美国电气公司任工程师和在国内几所大学任教的经历，他的学识、人品以及为电机系发展所作出的贡献，都得到了罗家伦校长的充分肯定。学校西迁时，陈老师也是积极的支持者和组织者之一，中央大学电机系因此而成为抗战时期国内唯一拥有完整教学和实验设备的电机系。

在南京时，由于工学院一年级学生集中起来上基础课，与系里鲜有联系，黄纬禄对陈老师并不熟悉。进入专业课阶段，他与陈老师的接触才逐渐多起来。黄纬禄发现，陈老师虽治学严谨，对学生的错误绝不姑息，但他内心非常关心爱护年轻人。三年的朝夕相处，陈老师深厚的学识功底、优秀的道德品格，不仅对黄纬禄的学术成长、爱国情怀及世界观的形成产生了极为重要的影响，也使他们结下了非常深厚的师生之谊。陈章是继汪桂荣之后，又一位令黄纬禄终身难忘的恩师。

黄纬禄很喜欢上陈老师的课，像无线电、交流电机、电报学、电话学，等等，不仅因为他本身对这些知识有着浓厚的兴趣，也因为陈老师严谨的教学态度和启发式的教学方法，每一节课都会给他带来新的收获。电机系课本中包含不少公式，凡书上只有结果而没有推导过程的公式，陈老师都要一一讲个明白；无论是学生们自己提出的，还是他有意识引导学生们提出的问题，都会先让他们自己充分讨论，各抒己见，只要觉得火候没到，他就不会轻易作总结性讲解。学生们独立思考与分析问题的能力，在讨论中得到了培养和提高。

电机系是培养工程师的摇篮，学校对提高学生动手能力极为重视。教学内容除数理化等基础学科、本系学科的理论知识外，还包括大量实验课。学校特意把实验课安排在下午3点到6点，这样，下课时尚未完成的实验，可以一直延续到晚上，而不耽误其他课程。

一天下午，又到了上实验课的时间。正当黄纬禄和同学们专心进行电路测试时，空袭警报拉响了。“快！大家赶紧把仪器搬到防空洞去，千万小心哪！”每遇轰炸，陈老师总是一改平时的沉稳，一个箭步冲上前，领着学生们，以最快的速度从各个仪器的接线柱上拆下导线，将设备逐个搬进实验室外搭建的简易防空洞，直到最后一台仪器安放好了，才领着学生们一边机敏地避开不远处落下的炸弹，一边奔向专为师生们修建的防空洞。

这个简易防空洞是在日本飞机首次轰炸重庆后，陈老师组织师生们修建的，尽管简陋得仅能挡住远处飞来的弹片，但在学校财力物力极端困难的情况下，已是尽了最大努力。由于重庆多雾少晴，防空洞又被厚厚的土层覆盖，里面湿度很大。陈老师唯恐仪器设备受潮损坏，空袭过后，又领着大家，把它们搬到实验室里通风晾干。在几年的空袭中，如此搬进搬出不止百次，陈老师珍爱这些设备的程度远远超过私人财产。在他心里，它们是电机系一旦失去就不可复得的宝贵财富。

空袭过去了，教课、听课、做实验，一切又照常进行。

敌机的轰炸虽不能摧毁人的意志，却使得生产停顿、通货膨胀、民不聊生，重庆的物质生活越发艰难。陈老师家人口多，还要供几个孩子上学，更加困苦。即使这样，他心中念念不忘的还是他的学生们。

位于嘉陵江上游距沙坪坝约三四十里的柏溪分校，地处僻壤，听不到空袭警报，又不通电话。一年级的新生都集中在那里上课，令人放心不下。学校责成电机系研制无线电收发报机，每遇空袭警报，及时发电报到柏溪。陈老师惦记着黄纬禄他们这些背井离乡、失去经济来源的学生，为了给大家争取到一点补助，把研制发报机、收发电报的任务争取过来，交给黄纬禄他们来做，并以此为由，从系里非常拮据的经费中，挤出少量的钱发给大家，以缓解他们的生活困难。同学们都对陈老师的关怀感念在心。

以优异成绩毕业

1939年，黄纬禄已是大学三年级的学生，父母逃难在外数年不见，读书之余，想起家人，免不了有些孤寂伤感。

一天，突然接到通知，扬州中学周星北校长和汪桂荣老师专程来看望扬中毕业的同学们！阔别三年，能在抗战后方与中学老师再次见面，黄纬禄感到激动和兴奋。此刻，他盼望见到昔日的恩师，如同盼望久别的亲人。当周校长和汪老师出现在同学们面前时，立即被大家团团围住，关切的问候夹杂着欢声笑语，那份亲切与激动荡漾在每个人心中。汪老师像过去一样，声音铿锵有力："同学们，希望你们努力学习，把'工'字旁边加个'力'字，你们的学业一定会取得成功！"汪老师的话，不仅博得了热烈的掌声，也好似一股强劲的动力

激励着黄纬禄，他如同上足了发条的时钟，把学习过程当成接力赛的征程。

刻苦努力加上天资聪慧，黄纬禄的学习成绩始终名列前茅；心灵手巧加上善于用脑，无论平时的电路实验，还是实习课中的金工、木工，他都做得很出色；黄纬禄的学习成绩、动手能力以及在逻辑思维、分析问题方面显露出来的才华，给陈章老师留下的印象越来越深刻；黄纬禄温文尔雅、不骄不躁的性格，也受到陈章老师越来越多的赞赏。

黄纬禄没有丝毫的傲气，也从不张扬。很多同学都知道“电机系成绩最好的是黄纬禄”，但大都只闻其名，不识其人。

还有一学期就要毕业了，在这关键时刻，同学们个个铆足了劲，奋力一搏。一天，同班好友刘宗汉为黄纬禄引荐来一位低年级同学："纬禄，微积分的公式你还记得吗，他有一道难题，你能帮他看看吗？"黄纬禄微笑着说："我试试看。"拿过题目，没有更多的思索，便一步一步地解下来，过程清楚而流畅，所用公式虽是大学一年级学的，却依然像刻在脑海中一般清晰。以后，常常有同学慕名而来，向他请教高等数学、微积分中的一些难题，占用了他不少宝贵时间，但黄纬禄从不拒绝前来求助的人。偶尔遇到一时来不及解答的习题，他会嘱咐说："等下一个课间休息，我在这里等你。"同学们拿来询问的题目，不曾有一道难倒过黄纬禄，他的数学功底与待人诚心，赢得了一片赞许。

每学期平均分 85 分以上；四年总平均分 88.8 分。黄纬禄以优异的成绩完成了大学学业。

按照中央大学电机系的惯例，以毕业生四年总平均成绩严格排列名次，当有用人单位来公函招聘学生，或由系主任以私人关系介绍学生前去应聘时，总是成绩名列前茅者优先。由于抗战时期学校极度困难，即使老师有心将优秀学生留下任教，也无法解决新教师的住宿问题。黄纬禄遂被推荐到了毕业生去向最好的单位——中央无线电器材厂重庆分厂。

第四章

出国深造

第一份工作

1940年8月，黄纬禄结束了四年的大学生活，成为中央无线电器材厂重庆分厂的一员。

重庆分厂组建时间不长，技术人员不到10人，连办公室都没有，他们和工人一齐，挤在车间里上班。

刚参加工作时，正值夏季，气候炎热，工作环境十分艰苦。黄纬禄白天虚心求教，晚上研读技术资料，很快就能上手工作了。他的设计、动手能力也得到了厂里的认可。

中央无线电器材厂研究室主任蔡金涛在重庆分厂也承担了一部分技术工作，在他的指导下，黄纬禄不仅很好地完成了电台的研制，还接受了设计新型收音机的任务，并很快完成，通过了技术鉴定。

尽管黄纬禄在工作上得心应手，但生活上却常常一

俗话说，福无双至，祸不单行。1941 年 4 月，大病过后的黄纬禄又遭到更为沉重的打击，他接到了父亲去世的噩耗！几年来，一路受尽颠沛流离之苦的家人，辗转湖南湘潭，广西柳州、桂林，最后落脚在穷山僻壤的贵州独山。父亲最终没能盼到抗战胜利的那一天，客死他乡。此时囊中空空的黄纬禄，无力购买一张去奔丧的车票，泪水无声地顺着脸颊淌下来。他心里难过极了，这件事成为他心中永远的遗憾、永远的痛。

不久，黄纬禄找到了前往贵州的便车，来到独山，守候在悲痛欲绝的母亲身边，祭奠父亲亡灵。父亲的灵柩并未葬入地下，而是临时安放在平地向上垒砌的墓穴内，盼着有朝一日回归故里后再入土为安。黄纬禄做梦也没想到，这次见到母亲，竟然也是最后一面。在父亲去世后不久，母亲一病不起，第二年也不幸去世。

后来，日本军队打到独山，手无寸铁的平民百姓仓惶逃命，黄纬禄的家人来不及带任何行囊，两手空空地连夜逃了出来，父母的遗骸永远留在了独山。黄纬禄心里忘不了这笔国恨家仇，他越发沉默，拼命工作，内心渴望着国家早日强大起来！

参加留学考试

转眼间，在中央无线电器材厂重庆分厂，黄纬禄已经工作到了第三个年头，当年一身书生气的他，已经成为了厂里的业务骨干。

黄纬禄不满足于仅胜任眼前的技术工作，他清楚地记得陈章老师的言传身教，也不忘自己最初的抱负：寻找一条可以使祖国摆脱贫穷、走向富强的道路。这条路在他眼中就是科学救国、工业救国。他渴望着能够有机会继续深造，使自己的技术能力得到进一步提升。早就听说国民政府教育部利用庚子赔款[①]，不断选送学生到西方国家留学，黄纬禄默默地关注着。

陈章老师和中央无线电器材厂重庆分厂始终保持着密切联系。按照惯例，中大电机系大学三年级学生在暑期安排到工厂实习，黄纬禄时常可以和陈老师见面。

①1900年（庚子年），中国的义和团运动引致八国联军武力干涉。1901年9月7日上午，清廷全权代表奕匡和李鸿章与11国代表签订了《辛丑条约》。

《辛丑条约》第六款议定，清政府赔偿俄、德、法、英、美、日、意、奥八国及比、荷、西、葡、瑞典和挪威六“受害国”的军费、损失费4亿5千万两白银，赔款的期限为1902年至1940年，年息4厘，本息合计为9亿8千万两，即“庚子赔款”。

在中国“庚子赔款”后，美、英、法、荷、比等国相继与中国订立协定，退还超过实际损失的赔款。退还款项除了偿付债务外，其余悉数用在教育上，中国每年向上述国家输送相应的留学生，庚款留学生由此产生。

1943年2月的一天，陈老师高兴地找到黄纬禄，给他带来了一个令人振奋的好消息：英国工业协会和国民政府教育部要共同举办留英进修生的选拔，面向1939年至1941年电机系、机械系、土木系、水利系成绩优秀的大学毕业生。

陈老师对黄纬禄说：“学校已经把你推荐到教育部，接下来还有考试，是中英双方的共同面试。学生要单独接受中外考官的谈话，面试内容一个是专业知识，另一个是英语口语。你要好好准备，争取被选上。”

“陈老师，我一定会好好准备。”黄纬禄平静地答道。这个消息让他很开心，只是他不惯于喜形于色。黄纬禄心中很清楚，庚款实习生或留学生的遴选条件十分苛刻，能够被推荐参加考试很不容易，一定要好好珍惜这个机会。

黄纬禄参加面试并不十分紧张。当他走进考场，发现里面布置得很庄严，主席台上有七八个座位，除了中间两位是中国考官，两旁都是英国人。这个阵式，还是让黄纬禄的心跳略微加快了一点。

他在考官面前坐下来，在中国考官介绍考试要求的过程中，他已将自己的心态慢慢调整过来。针对黄纬禄的专业和学习情况，英国人开始发问了。最初，他们

说得很慢，也比较清楚，随着黄纬禄沉着的英语对答，他们的语速明显加快，而且离开了专业，问及其他。比如：你为什么要选这个专业？它对你们国家的建设有什么作用？你去英国留学的希望是什么？你的志愿是什么？等等。这些都是需要现场发挥的问题，黄纬禄的回答流畅、朴实，应对自如。

最后，一位带有浓郁苏格兰口音的英国人开始发问，黄纬禄无法听懂他说的每一个词，但凭着自己的英语功底，能够从语句中很快捕捉到一些关键词汇，从而揣度出整段话的主要意思，回答得倒也八九不离十。

几天之后，报纸上陆续刊登了两批留英学生名单，应试的100多人中，一共录取了31人，黄纬禄名列其中。

惊险的赴英之旅

1943年5月，31名留英学生被分成几批，陆续离开中国。他们首先从重庆飞往昆明，再到印度集结，然后从印度乘船去伦敦。

黄纬禄与黄炎培[①]之子黄大能是第一批。充满好奇的年轻人，从飞机起飞就紧盯着窗外，直到重庆被雾气完全笼罩，两位伙伴才互相搭起话来。从学校、专业，

①黄炎培（1878年10月1日-1965年12月21日），我国近现代著名的爱国主义者、民主革命家、政治活动家和民主主义教育家；我国近代职业教育的创始人和理论家，为改革脱离社会生活和生产的传统教育，建设中国的职业教育，作出了重要贡献。

聊到爱好、家境，到达昆明时，双方好像是老相识了。黄大能觉得黄纬禄“为人沉着机智，非常聪明，性格内向可亲”，黄纬禄觉得黄大能虽是名人之后，但并无傲气，敦厚实在，豪爽健谈。二人性格不同，却很投缘，一路走来，成了要好的朋友。

第二天，从昆明直飞加尔各答，途经喜马拉雅山脉，飞机受飞行高度所限，只能从两座险峻的山峰之间穿过。这条航线繁忙时，经常上演飞机失事的悲剧，令人触目惊心。黄纬禄和黄大能倒像是在经历一次冒险，只感到刺激，而没有胆怯。时间悄悄地溜走，两人都感到饥肠辘辘，但当乘务员送上午餐和小食品时，他们都礼貌地用“no，thank you”来婉拒，只因口袋中没有多少钱，一路忍饥挨饿，好不容易到了目的地，才知道飞机上提供的食品是免费的！此后，两人常拿第一次乘飞机时当了回“土老帽儿”来做笑谈。

中国驻印领事馆工作人员早已等在机场接应，安排留学生们的住宿并发放生活费。大约两个星期后，31名留学生全部到齐。

领事馆经常召集学生们开会，除了报告战势，就是强调纪律，只是出发时间杳无音信。等待已久免不了心烦意乱，大家百无聊赖，不时相约着走马观花，了解印度民俗及当地人的生活。

两个多月过去了，依然没有动身的消息，领事馆决定把学生们从印度东海岸的加尔各答转移到西海岸的孟买。

孟买是一个建筑漂亮又安静舒适的海滨城市。为了打发枯燥的时间，黄纬禄便常和同学们聚在一起打桥牌。爱动脑筋的黄纬禄，因长时间滞留印度而多了一份收获，那就是打桥牌的技艺大有长进。

1943 年 9 月，终于盼来了动身的通知：严格保密行程，悄悄整装待发。31 人分批行动，个人必须服从集体，保持高度的纪律性。同学们如同战士接到上前线的命令，神经立刻紧绷起来。黄纬禄联想起加尔各答和孟买街上到处张贴着大意为“不把紧口风，必导致沉船”的英文标语，此刻好像才真正感悟到它的含义，若走漏船期消息，会遭遇敌人的轰炸，而轰炸就意味着沉船与死亡。黄纬禄表情严肃而凝重，认真执行着领事馆下达的每一道指令。

这是一个清晨，天上的繁星还未落尽，人们尚在梦呓中，31 名中国学子分别登上两艘万吨轮船。黄纬禄站在甲板上回望远方，心里默默地想：再看一眼吧！穿过印度半岛，就是自己的祖国。父亲的话又在耳边响起：

不论走到哪里，不要忘记家乡。黄纬禄知道，当自己踏上异国的土地时，祖国就是家乡！这次远航，虽然无人知晓是生离还是死别，但是他知道，为了祖国的繁荣富强，他有重任在肩，必须勇往直前。

轮船行驶了一天，举目望去，已是海天一色，陆地的踪影消失殆尽。此时的黄纬禄终于明白了，数月来滞留印度，是为了等待轮船的集结，以便到达一定数量后由军舰护航。只见5艘舰船一字排开，中间为一艘巡洋舰，两翼各有一艘驱逐舰，在巡洋舰与驱逐舰之间，是黄纬禄他们乘坐的两艘万吨轮船。为了防止德国飞机俯冲投弹，每艘万吨轮船上都挂有两个特大气球，其间密布着铁丝电网并夹带着一些探照灯似的装置，这就是早期的雷达。

航行的第一站是亚丁市，过了亚丁进入红海，船转向北去，在狭长的红海中前进。红海两岸皆是沙漠，在太阳烘烤下，海上异常闷热。黄纬禄和同学们忍受不了舱内狭小空间的憋闷，不得不在甲板上度过数个通宵。

过了红海，船队穿过苏伊士运河到达塞得港，这是埃及的重要港口，也是进入地中海的必经之地。

在塞得港停下来的万吨轮船和护航舰数量很多，几十艘船经过重新编排，组成了巨大的船队，浩浩荡荡地行驶在无垠的海面，在蔚蓝色天空的映衬下，那份壮观与美丽，令人叹为观止、终身难忘。

中国学生和印度士兵生活在一起，虽不是上战场，也实实在在地体验了一次真正的军旅生活。乘客们在一次次的演练中奔上甲板，站在指定位置，面向救生艇，检查随身装备，救生圈、水壶、干粮等一样都不能少；每位乘客有一件救生衣，外带一个镶有红色玻璃罩的防水电筒，一旦夜间轮船被炸，乘客跳海后，红光便是求救的信号；夜晚船上实行灯火管制，舱内开灯要用黑布遮挡得严严实实，乘客更不允许在甲板上抽烟。逃生演练越来越频繁，使得人们不用思考，就可以把“空袭警报躲舱底、潜艇警报奔甲板”变成了本能的反应。这一切并非虚张声势，因为此时，德国的潜艇在地中海仍很活跃。

船队从塞得港启程了，日复一日枯燥的航海生活，使不甘寂寞又总想学些新东西的黄纬禄，将注意力从打桥牌转移到了国际象棋。从围观到参与，有着良好中国象棋基础的黄纬禄，很快就入门了。两种象棋的下法有同有异，黄纬禄把不同之处的规则记住并掌握好，下起来就得心应手了。

一天，国际象棋的对弈又开始了。没走几个棋子，突然听到“轰轰”几声巨响，全船为之震动。“不好！有炸弹！”不知谁喊了一声，大家丢下手中的棋子，迅速奔上甲板，发现所有的驱逐舰已经集中到船队右后方，其余几十艘船开足马力向前奔。大约半小时后，火光和爆炸声逐渐消失了，驱逐舰追上了船队，海面上泛起的浪花中，夹杂着一些漂浮的船体碎片。一艘德国潜艇在这次战斗中被摧毁，数十名敌人被俘虏。

船队在海上走走停停，但在所停之处，任何人都不得下船。当船驶进地中海西端的直布罗陀海峡，转而向北进入大西洋后，人们感受到随着纬度的升高，天气也在渐渐变凉，气温从酷热到寒冷的变化，更令人感到旅程的漫长。船队行驶了六个多星期，英国西海岸的著名城市利物浦终于出现在视野中。

初到英伦

1943年11月，一个星期天的早上，31位中国学子终于结束了漫长枯燥的海上生活，大步走向英国利物浦码头。黄纬禄深深地出了口气，有惊无险的海上旅程结束了。

他们从码头来到火车站，默默地寻找着自己的车厢座位。火车上顽皮的孩子们惊奇地睁大了眼睛，注视着这些黄皮肤、黑眼睛的外国人，但没有一点喧哗声。这对习惯了重庆、加尔各答、孟买等地车站码头嘈杂拥挤的黄纬禄而言，似乎走进了另一个世界。

中国驻英使馆为黄纬禄安排好了住处，房东是英国人。四位中国人分住两个房间，先前三位房客是中国派来的技术人员，专程来接收英国帮助研制的电台。黄纬禄的室友居然也是中央大学电机系的毕业生，两位不同届的系友能在异国相见，分外亲切。

“我们从利物浦过来，一路上好像很宁静。”

黄纬禄话还没说完，就被室友打断了：“你这是碰巧，要有思想准备哟！现在战事吃紧，空袭频繁，我们一直生活在炮火下。我先带你去看看空袭时藏身的地方吧！”

说罢，领着黄纬禄走出房门。“就是这里。”室友指了指房东家后院另盖的一栋小房子。

黄纬禄顺着他的手指望去，这是一间特意加固了房顶的小屋，只要炸弹没有落在房顶上，还是可以阻挡炸弹碎片的。

“有空袭警报时，我们四个就躲在这里，房东一家藏在他们的地下室……”

真是“说曹操，曹操到”。室友还没介绍完呢，犀利的空袭警报就由远而近地响起来。一阵嘈杂的脚步声后，所有人都跑到了惯常藏身的地方。

黄纬禄仿佛又回到了他的大学时代，不同的只是没有和陈章老师一起拼命地往防空洞里搬仪器。

远处不时传来炸弹的爆炸声。

“还有一件事，你也要有思想准备。”室友的表情凝重起来。“在这里，中国人是被歧视的，你若穿得风光体面，会被当成日本人。如果知道你是中国人，人们的目光就变了。比如租房子，如果自己到街上租就租不到。街上所有衣冠不整、穿着破烂不堪的黄种人，都被认为是中国人，他们从心眼里看不起。你刚来还没感受到，时间久了，你会觉得心里很压抑、屈辱。看来，只有到了中国强大的那天，我们才能扬眉吐气！”

室友的一席话，让黄纬禄心中愤愤不平，这个目睹过民族贫弱苦难的年轻人，心灵好似被一股力量猛烈地撞击着，此刻的他更觉得，只有发奋学习、掌握好先进的科技知识，才能积攒起将来报效祖国的本钱。

与死神擦肩而过

黄纬禄的实习生活，在德国的导弹袭击下拉开了帷幕。

黄纬禄在伦敦实习的第一家公司是伦敦标准电话电缆公司。公司指派黄纬禄实习的首要项目集中在加工车间，车、铣、刨、磨，每种机床都要操作一段时间。这些内容，对于动手能力很强的黄纬禄而言，实在没有什么新鲜之处。好在公司对他并不严加限制，同意他在完成机床操作实习后，可以到各部门走走看看。

黄纬禄是个有心人。他没有一头扎进加工车间摆弄机床，而把目光集中到了自己并不熟悉的技术和管理环节。他尽可能详细地了解公司结构、各部门职能，以及整个产品的设计、生产、工艺和检验流程。英国同事问他将来是否想做个全能“超人”，黄纬禄微微一笑，只

是说："出国一次不容易，尽量多学一点。"

黄纬禄与英国同事们交流起来，没有什么语言障碍，遇到"茶歇"时，偶尔还会出个智力题，讲个小笑话，让人们感到他的聪慧与幽默。

有一次，黄纬禄不动声色地问英国同事："Excuse me，could you tell me which is the longest English word？（请问，你们能告诉我最长的英文单词是什么吗？）"

英国同事们你一言我一语地说出了好几个由许多字母组成的英文单词，黄纬禄却总是微笑着摇头。英国同事反过来将黄纬禄一军，要他做出回答。

黄纬禄慢条斯理地说："The word is 'smiles'." 黄纬禄故意停顿了一下，接着说道："Because, between two 's', there is one mile."（这是一个脑筋急转弯。"mile"在英语中是"英里"的意思，在单词

“smiles”的两个“s”之间，有一“英里”，自然是最“长”的英语单词了。）周围的人听完黄纬禄的话，不由得笑起来，相互间的关系也拉近了许多。

一个大雾天的早晨，黄纬禄照常去公司实习，善良的房东太太一边说着“路上小心，上帝保佑你”，一边在胸前划着十字。每逢此时，黄纬禄总是微笑着向她点一下头，彬彬有礼地道声“谢谢”。

黄纬禄的住地距离公司12英里，乘坐地铁十分便捷。外国实习生每天可以比公司员工晚半小时上班。他像往常一样出了地铁站，不紧不慢地朝公司走去。

走到公司时，只见大门紧闭，门外站着为数不多的几个人，有的沉默不语，有的小声哭泣。

“你们的办公室刚才被炸了，你快回去吧，公司通知今天不上班了。”一位加工车间的工人对他说。

“那他们呢？”黄纬禄焦急地问道。

“他们，他们都被炸死了！”回话的人已然泣不成声。

黄纬禄此刻更是百感交集，他眼含热泪、难过地把头转向一边。昨日还在一起干活、说笑、交流技术的那些鲜活生命，顷刻间竟阴阳两相隔了！黄纬禄心里极难接受这悲惨的现实。但是，战争就是这样残酷与血腥！

原来，就在黄纬禄乘坐地铁的时候，一枚 V-1 导弹[①]落在黄纬禄平时上班的办公室外，5 位英国同事有 4 人当场身亡，另一位还未送到医院，也永远闭上了眼睛。

此刻，黄纬禄的心情难以形容，他为突遭导弹袭击而逝去的同事悲哀不已，他对战争的凶残无比憎恨，他更企盼着战争能早日结束。唯一值得庆幸的是，晚半小时上班的安排，让自己与死神擦肩而过！

数月后，黄纬禄来到坐落于剑桥地区的马可尼公司

①V-1 导弹是德国在第二次世界大战末期研制的飞航式导弹，是世界上最早研制并用于战争的导弹，曾用于袭击英国、荷兰和比利时。V-1 导弹使用弹射器发射，也可以在飞机上发射，然后使用导弹上面的控制系统引导飞行到预定作战地点。V-1 导弹是现代巡航导弹的鼻祖，从本质上说就是一架安装了炸弹的无人驾驶飞机。

XXX
RIK

目睹V-2导弹

随着第二次世界大战的不断发展，德国研制出了比V-1导弹性能更强的V-2导弹①。V-2导弹飞行速度之快，常使英国人措手不及，往往空袭警报还未拉响，

①V-2导弹是德国在1942年研制的第一种弹道导弹，其目的在于从欧洲大陆直接准确地打击英国本土目标，它是火箭技术进入一个新时期的标志，最大航程320千米。

导弹就爆炸了。

一天，黄纬禄正要从宿舍下楼，刚打开门，就听到一声巨响，窗户也强烈地震动起来，黄纬禄转过身，一个箭步奔到窗前，只见不远处出现一个大火球，一枚V-2导弹在空中提前爆炸了。

黄纬禄愣在窗前，心里在琢磨，这庞然大物到底是什么结构，能飞得这么远、这么快？

此时，楼梯上传来房东太太的脚步声，她正要把给黄纬禄洗好的衣物送来。当她透过敞开的门，看到站在窗前的黄纬禄时，不由得惊叫起来："噢，上帝，你怎么还敢站在窗前呢，我的孩子！你就不怕弹片飞过来要你的命吗？"

正在凝神思考的黄纬禄没有被导弹的爆炸声给吓着，倒是被房东太太的声音吓了一跳。他刚刚还在琢磨自己看到的那个大火球，心想：如果能弄到一枚V-2导弹研究一下，该有多好……

后来，德国战败，一枚解剖后的V-2导弹真的被安放在伦敦博物馆展出，人们争相赶往博物馆，都想一睹这个把大英帝国送进血与火的炼狱的恶魔究竟长什么样。即便经历了残酷的战争，英国人也没有丢掉绅士风度，大家自觉地在博物馆前排起了长队。

黄纬禄站在长长的队尾，不时悄悄地向前张望，看何时轮到自己一睹为快。终于，他随着人流进入了宽敞的展厅。那墨绿色的庞然大物醒目地矗立在大厅中央。他随着参观的队伍转了两圈之后，选了一处不妨碍他人、又能看清 V–2 导弹的位置，以自己特有的目光和思路，开始了对 V–2 导弹的研究。

“V–2 导弹长 14 米，直径 1.65 米，它是弹道导弹，发射之后先垂直上升，然后按预定程序飞行，达到弹道最高点后，再沿抛物线轨道下落，击中目标。因为制导系统精度有限，命中误差较大……”讲解员耐心地向观众介绍着 V–2 导弹的工作原理，黄纬禄一句不漏地认真听着，当听到关于陀螺仪定位、定方向，大功率的发动机可以使导弹起飞、加速、飞得很高很远时，他对V-2导弹的飞行原理很快就理解了。

参观者走过了一批又一批，细心的讲解员注意到这位东方青年的与众不同：他哪里是在参观？分明是在考察、研究！一双睿智的眼睛久久盯在V-2导弹的剖面上。他执着认真的眼神感动了讲解员，讲解员有意提高嗓音，放慢语速，以使这位东方青年能听得更清楚一些。

神秘感在黄纬禄心中渐渐消退，这家伙原来是个自己带有动力装置、能接受控制而飞向既定目标的巨型“炸弹”。

此刻的黄纬禄，脑海中突然闪过一个念头，要是自己的祖国也能造出这样的导弹就好了！这瞬间闪过的想法，使黄纬禄的大半生与导弹结下了不解之缘。

就读帝国学院

转眼间，黄纬禄来到英国已有两年。从实习的角度讲，他们已经完成任务，可以打道回府了，但黄纬禄心中有所不甘。

他曾经满怀热忱，抱定学习先进技术的决心，冒着生命危险，来英国实习，但实习收获却令黄纬禄心中不安，甚至感到愧对国家的厚望。

每当想起这些，黄纬禄便辗转反侧，难以入眠，在中央大学时的情景常常浮现在脑海：他曾见到高年级同学激动地找到陈章老师，要求上抗日前线。陈老师语重心长地说："你们的爱国热情很可贵，但学习机会来之不易，不要中途放弃。战后国家肯定需要建设，用手中掌握的知识去建设国家、强盛国家，是你们的责任！"

科学能救国，工业能强国。黄纬禄更加渴望有继续深造的机会。他冷静地思索着，考虑的内容逐渐聚焦到了学校和专业上。

伦敦大学帝国学院是黄纬禄向往的高等学府。该学院以其强大的师资队伍和雄厚的综合实力，跻身世界名校之林。作为一个专精于科学技术和医学的高等学府，帝国学院科研成果累累，培养出多位诺贝尔奖获得者，对人类作出了杰出贡献。

帝国学院中的电机系对黄纬禄而言，则有着更加非凡的吸引力。

选定学校和专业后，首先要征得英国工业协会的同意。黄纬禄先与周围同学商量，发现还有四位同学与他的选择不谋而合。他们决定一起与英方沟通，于是结伴来到英国工业协会。经过认真、细致而紧张的磋商，英国工业协会同意继续为他们发放一年津贴，但是期满后不再负担包括回国路费在内的任何费用。条件虽然近于苛刻，但他们五人都坚定地答应了，因为至少可以名正言顺地留下来读书了，大家心里非常高兴。

1945 年 10 月，黄纬禄和其他四位同学都进入了帝国学院。他们当中有的人学无线电，有的人学水利，有的人学结构。再次走进高等学府并选择了自己渴望的专业——电机工程，放飞自己的梦想，黄纬禄的心里畅快无比！

在帝国学院，黄纬禄如同一块干涸已久的海绵，忽然被丢进了知识的海洋，全身心地投入到艰苦、紧张而又充满兴趣的学习中。

一年后，英国工业协会停止为中国学生发放津贴。失去经济来源的黄纬禄，利用省吃俭用攒下的积蓄，来支付房租、学费与日常开销。到了第二年的下学期，黄纬禄明显地感受到了生存的压力。他不得不寻找一些为人打字、翻译的工作，经常挑灯夜战，有时一直工作到天明，以换取微薄的收入，来维持自己的生存与学业。

尽管学习生活很艰苦，在这两年时间里，黄纬禄不但系统地学习了专业课程，还进行了大量与课程密切相关的实验，这使得他的理论水平、设计能力以及解决实际问题的能力大幅提升。

黄纬禄优异的学习成绩，令就读于帝国学院的几位同学由衷地佩服。但是，对黄纬禄而言，这两年的学习过程并非一帆风顺。特别是在1946年导师Fortescue先生退休后，失去了导师的直接指点，黄纬禄便只能以十倍的努力、百倍的坚韧，去钻研他的专业课题。

两年后，当无线电通信中还在大量使用模拟信号时，黄纬禄以《脉冲调制在通信电路中的应用》为题，完成了硕士论文，顺利地从帝国学院毕业。

第五章

立志报国

两难选择

离开祖国整整四年，黄纬禄非常想念自己所熟悉的山山水水和久别的亲人。1947 年 8 月，他踏上了回国的征程。在归国途中，黄纬禄对祖国有过许多美好的憧憬：抗战胜利后，社会安定，街市繁荣，学生认真读书，工厂正常生产，农民安心种田……

然而，归国不久，黄纬禄的期望渐渐变成了失望。离别四年的祖国，依然灾难深重，贫穷落后。抗战虽然结束，内战仍在继续，社会动荡不安，物价飞涨，百姓无助。

黄纬禄始终认为，国不强民不富，首先是因为科学技术不发达。科学救国的爱国热情，在他心中更加猛烈地燃烧起来。为了促进科学技术的发展，黄纬禄要把在英国学到的知识，全部奉献给自己亲爱的祖国。

刚刚回到上海的黄纬禄，面临着两难选择：是到无线电研究所任工程师呢？还是到中央大学电机系当副教授？

抗日战争胜利后，中央无线电器材厂迁至上海，组建为中央无线电器材有限公司，所属研究室扩编成了研究所，蔡金涛任中央无线电器材有限公司总工程师兼研究所所长。蔡金涛对当年出色完成电台研制任务的黄纬禄记忆犹新，他很欢迎这位技术功底深厚、做事踏实认真、为人又很谦和的年轻人。

黄纬禄从英国返回前夕，中央大学电机系陈章主任就对他发出邀请，希望他回母校讲授无线电课程。

两项工作对于黄纬禄来说都具有很强的吸引力。一边是直接参与研究工作，将知识转化为技术成果，一步一个脚印地实现自己多年的科学强国之梦；一边是登上高等学府的讲堂，去培养建设国家的栋梁之才，像陈章老师一样，做一块基石，让年轻的学子们踏着自己的肩膀向上攀登。

陈章历来对电机系的教师有着极为苛刻的要求，能够被他选中，足见他对学成归来的黄纬禄多么信任与器重。一想到与陈老师多年的师生、挚友之谊，黄纬禄心中的天平不由得慢慢向中央大学倾斜。他甚至想象出与陈老师久别重逢、一起叙旧的激动场面。

在黄纬禄必须做决断的时刻，他又想到了自己的女朋友刘汉菊。自从中大的同窗好友刘宗汉把妹妹刘汉菊介绍给自己，两个人一直通过鸿雁传书维系着亲密的恋情，至今已经有五个年头了。刘汉菊已经以优异成绩从复旦大学毕业，并留校担任助教。如果自己只身前往地处南京的中央大学赴任，与刘汉菊天各一方的日子还要继续。此时的黄纬禄渴望与她长相守，并给她一份稳定的生活和一个温馨的家。

为了刘汉菊，黄纬禄选择了留在上海，这也符合他希望在技术上快出成果的愿望。遗憾的是，这样就不能与陈章老师一起共事了，为此，黄纬禄心里始终对恩师怀有一份歉疚。

崭露头角

1947 年 10 月，黄纬禄正式到无线电研究所上班。

理想一旦与职业有机融合,便会碰撞出智慧的火花。在无线电研究所，黄纬禄似乎有使不完的劲儿，很快就以坚实的理论基础、严谨的科学态度、熟练的技术水平，取得了可观的技术成果。

黄纬禄与同事们共同设计完成的“资源牌”收音机，品质可与进口收音机媲美，在国内市场极富盛誉；黄纬禄设计的穿环绕线机，比手工穿环的效率有了显著提高；黄纬禄等三人研制的移频发码样机，利用他提出的“两报叠传”技术，可增进发码速度，提高通报效率。

此外，他还研制出高质量的音频放大器、中频变压器检验器、炸药爆炸威力仪、长途保密电话通信机，等等。

最可圈点的是黄纬禄提出的“两报叠传”通信制，需要的设备简单，可应用于有线电、无线电的任何线路中，而不需要进行大的更改。依照这样的原理，黄纬禄曾设计发、收报机各一套，可以同时收发不同频率的两份电报，而且不会互相干扰，取得了令人满意的效果。

成果累累的他，深得蔡金涛所长的赏识。1948 年 10 月，蔡金涛所长参加在台北召开的中国工程师学会大会，代为宣读了黄纬禄的论文《两报叠传新制》。1950 年，这篇论文发表在《电信建设》杂志上。

黄纬禄的技术成果不断涌现，科学强国的梦想化为了忘我工作的实际行动。

人生的十字路口

1948年5月，黄纬禄与刘汉菊喜结连理，长达五年的期盼与守望，终于有了圆满的结局——有情人终成眷属。

然而，他们的生活随着政治形势的变化而动荡不安。

在经济形势不断恶化的同时，由国民党挑起的内战也进入了决战阶段。解放军在全国人民的支持下，愈战愈勇，节节胜利，先后取得了辽沈、淮海和平津战役的胜利。

处于解放前夜的上海，各种小道消息满天飞。无线电研究所的技术人员人心惶惶，都在为今后的命运担忧。他们的心情非常苦闷，一方面对国民政府的腐败无能丧失信心，一方面对共产党还缺乏了解。这些只想以科学报国的书生们，希望能在和平的环境中多出成果，使国家逐步强盛起来。

随着内战的节节失利，国民政府计划将大部分工厂迁往台湾。无线电研究所是个精英荟萃的地方，自然成为动员搬迁的重点单位。一些有政治背景的人亲自出马，到所里进行动员。

黄纬禄对共产党和国民党都不大了解，但摆在眼前的现实，让他深深感受到，国民政府极度腐败，难以担起强国的重任。如果随着国民政府迁到台湾，就无法实现科技强国的愿望。在国民党和共产党的对弈中，传来的消息都是共产党节节胜利、国民党节节败退。留在大陆，或许还能看到新的希望。是走？是留？在黄纬禄的心中，很快有了明确的答案——留在大陆。

从上海到北京

1949年5月27日，上海宣告解放。第二天，有“中共谍报员”之称的涂作潮接到命令，以解放军首席军代表的身份接管无线电研究所。

涂作潮是1924年5月加入中国共产党的老党员。曾在苏联参加过特工技术培训，并学习无线电技术。电影《永不消逝的电波》中主人公李侠的原型，就是涂作潮的徒弟李白。

6月初，所务管理委员会成立。成员有蔡金涛、冯道生（共产党员）和黄纬禄。其中，黄纬禄的主要精力放在研究所的技术工作上。

涂作潮接管研究所后，凭借他的专业技术功底，很快发现这是个藏龙卧虎的地方。这里有20多名身手不凡的工程师，他们是建设新中国不可或缺的宝贵人才。

当他按照花名册对技术人员进行清点时，发现王安（即后来的美国王安电脑公司创始人）在抗战时期由研究所派到美国学习，至今未归。于是，他立即下令，所有技术人员一律不准辞职。

1949 年 11 月，无线电研究所从无线电器材有限公司独立出来，改称上海电工研究所，划归华东工业部电器工业处。

在涂作潮接到命令即将离任之即，他给军委通信部部长王诤写了一封信，详细介绍了上海电工研究所技术人员的状况和他们的研究成果。

王诤部长非常重视这批旧中国留下来的电子工程技术人员，尽管该所并不属于通信兵系统，王诤还是时时关心并经常到这个研究所了解情况。

1949 年 9 月，中央人民政府设置了重工业部。1950 年 10 月下旬，重工业部电信工业局在北京召开第一次全国电信工业会议，邀请上海电工研究所参加，蔡金涛、黄纬禄、蒋家仁三人出席会议。

会后，他们向王诤作了汇报。王诤明确指示：上海电工研究所将在数月迁至北京，隶属军委通信部。

1951 年四五月间，蔡金涛、黄纬禄、蒋家仁再次来到北京，查看候选所址和房舍，权衡之后，决定在军

技术上的多面手

上海电工研究所迁入北京后，1952年10月，与邮电部电信科学研究所合并为电信技术研究所。

原上海电工研究所的蔡金涛所长，1952年6月奉命前往华东革命大学学习，直到年底结业后才来到北京。电信技术研究所第一任所长和党支部书记由20世纪30年代就投奔延安的老革命边拱担任。研究所包括八个研究室、一个办公室，以及一个试验工厂。黄纬禄担任保密通信机研究室主任。

电信技术研究所的业务面很宽，只要是研究所分配的任务，黄纬禄都想方设法地努力完成。

1953年，军委通信部决定盖一座大楼，黄纬禄承担了大楼的电路设计工作。大楼内既有办公室、实验室，又有生产车间，电路设计图非常复杂。黄纬禄心思缜密，周到仔细，不但出色地完成了电路设计，连安装、检查、调试的节点与步骤都考虑得清清楚楚。他的技术能力逐渐被人们所肯定。

一天，研究所接到一家医院的求助电话。一位苏联医生所使用的脑电波测试仪出现故障，但医院既无设备的电路图，也无专业维修人员。研究所领导对于“涉外”问题十分重视，便派黄纬禄去帮助解决。

黄纬禄来到设备前，接通电源，察看故障现象：噪声大，脑电波信号却很微弱。黄纬禄打开仪器外壳，仔细观察内部结构，发现仪器的工作原理并不复杂。他先用万用表测量了电路中的几个关键点，确认电容、电阻无损坏，电路连接也没有问题；然后将注意力转移到电子管的性能上，并确定了最便捷直观的办法——找几个类似的电子管替换原有的电子管，来确定问题所在。黄纬禄通过测量和试用，最终选出性能相近的电子管，替换之后，噪声信号大大减小，测试仪又可以正常使用了。

苏联医生非常高兴，拿出礼物作为酬谢。黄纬禄一再声明：“国家有规定，不能接受别人的礼物。”苏联医生开玩笑说：“我送给你的不是原子弹，是可以接受的！”但黄纬禄还是婉言谢绝了。

黄纬禄接到的另一项任务是，为某火炮研究所研制测量炮弹初速度的设备。

黄纬禄在研制设备时，一贯注重通过相对简单的方法来实现自己的设想。他想，从物理概念来讲，如果已知一个运动物体所经过的距离和所需要的时间，就可求出物体的运动速度。

基于这样的概念，实现它的方法就变得清晰起来：人为设定一段已知距离的两端为A点和B点，分别在A、B两点各放置一个电感器，当炮弹经过时，电感量会发生变化。

需要解决的问题是，炮弹经过已知距离的时间是个未知量。为了得到这个未知量的精确数值，需要用电子计数器来计算炮弹经过这两点的时间。可眼下没有现成的电子计数器。

保密通信机研究室都是精兵强将。他们边查阅资料、边设计线路，并利用模样车间，自行研制，自行生产。很快，一个电子计数器便初见雏形。

大家兴致勃勃地开始做试验。当炮弹经过A点时，计数器的门打开；当炮弹经过B点时，计数器的门关闭。然后计算出炮弹从A点到B点的脉冲数，通过振荡器的频率，就可以换算出炮弹从A点到B点的精确时间。

经过大家的共同努力，这一设备达到了使用要求，获得了用户好评。

在新中国成立不久的一次政治协商会议上，毛泽东主席要即席讲话，并现场对外广播。出席会议的每位首长面前都有麦克风，在毛主席讲话时，如果有人发出声音，也会同时播放出去。

于是，黄纬禄领命去完成一项“一星期必须完成的紧急任务”：研制一个连接所有麦克风的放大器，当毛主席讲话时，其他麦克风自动从电路上断开，确保只有毛主席的声音播放出去。

时间紧，任务急，黄纬禄决定立即组织技术小组，大家各自拿出方案，其他同志再充分讨论并提出意见和建议，这样一来，通过群策群力，尽快确定技术方案。

最后，黄纬禄将自己提出的方案与另一位技术人员的方案相比较后，采用了那位同志的方案，再经过技术小组的成员们一起讨论完善，终于在规定的时间内圆满完成了任务。

事后，有关部门对放大器的效果极为满意，并给予嘉奖。黄纬禄作为组长被授予一等奖，其他人员均为二等奖。黄纬禄当即向领导如实反映，在他的坚持下，一等奖授予了那位提出方案的技术人员。

保密通信机研究室的主要任务自然是研制保密机。黄纬禄在保密机上投入的精力，远远超过其他临时性任务。按照当时国内的工业水平，能够把保密机的体积做到很小，使其可以安装在电话机的机座上，实属不易。在大家的共同努力下，取得的成果令人赞叹！

在电信技术研究所工作的这一时期，黄纬禄解决了测速仪、频率仪、便携式保密机、复式保密机的研制及生产问题。他从来不计个人得失，不争名利地位，工作业绩好，群众威信高。1954 年，黄纬禄以突出成绩，被北京市推选为建设新中国有特殊贡献的十名英雄人物之一。

听钱学森作报告

1956年年初的一天，黄纬禄正埋头工作，研究所通知他去参加一场报告会。报告内容事先没有披露，但要求参会人员着装整齐，注意保密。

报告厅设在中南海怀仁堂。当看到报告会的各位听众时，黄纬禄心中微微一震：他们绝大部分是来自陆、海、空三军的高级将领，身着戎装，威风凛凛，只有少数技术人员。

究竟是什么报告呢？黄纬禄正揣摩着，只见陈赓大将走上台来，宣布会议开始。通过他简短的介绍，黄纬禄才知道，这个作报告的人可是大有来头，他36岁就成为美国麻省理工学院当时最年轻的教授，在美国从事了十几年的应用力学和导弹研究，还参与了美国战时军事科研项目，美国国防部官员认为，他一个人的作用能抵得上五个师，这让他在归国的道路上备受磨难。他，就是刚从美国归来不久的著名科学家钱学森。

钱学森在报告中系统介绍了导弹概况及其在国防事业中的重要作用。将军们不但听得认真，而且详细地作着笔记。黄纬禄更是注意力高度集中，从技术的角度，聆听钱学森对导弹的介绍，不让任何一个字轻易从耳旁溜过。

钱学森讲得深入浅出、形象生动，使得对科技知识掌握不多的将军们都听得津津有味，并对这一尖端武器产生了极大的兴趣。钱学森常以德国的 V−1、V−2 导弹为例进行讲解，这让黄纬禄不由自主地想起了在英国的经历，V−2 导弹实物结构与剖面在他的脑海中再度清晰起来。

当他听到钱学森建议中国发展自己的导弹事业时，怦然心动：我们国家要是能造出这些“庞然大物”来，腰杆就硬了，说话的分量就重了。到那时，就能打破敌对国家对我们进行的核讹诈了。如果自己能亲身参与导弹研制，那将是一件多么有意义、多么具有挑战性、多么值得骄傲的事啊！

这次报告会让黄纬禄收获颇丰，也令他在心底燃起了无限的期望……

参与制定科学规划

1956 年 2 月 4 日，钱学森的报告会举办不久，在国防委员会副主席叶剑英的引见下，钱学森在军委办公地“三座门”见到了国务院总理周恩来。2 月 17 日，钱学森完成了周总理交给他的任务——起草《建立我国国防航空工业意见书》。

1956 年 2 月底，由周恩来总理亲自领导，陈毅、李富春、聂荣臻副总理具体组织，数百名科学家参与制定的新中国第一个科学发展规划《1956–1967 年科学技术发展远景规划纲要》（简称《十二年科学规划》）的编制工作正式启动。

电信技术研究所奉命派出了几位通信、雷达等方面的技术人员，参与制定《十二年科学规划》，黄纬禄就是其中之一。

能够直接参与制定我国的科学发展规划，黄纬禄感到既使命光荣、又重任在肩。他做了极为认真的准备，根据自己所了解的国内技术状态，对十二年内国家在该领域切实可行的发展规划提出了自己的见解。

专家们吃、住在一起，每个人都以主人翁的姿态全身心地投入，几乎到了废寝忘食的程度。600 多名中国科学家、技术人员和部分苏联专家，经过大约半年的紧张工作，终于完成了《十二年科学规划》的制定工作。规划提出了国家建设所需要的重要科学技术研究任务 57 项，研究课题 600 多个，整个规划连同附件共 600 多万字。

聂荣臻元帅审改的《关于十二年内我国科学对国防需要的研究项目的初步意见》，对武器装备的发展规划，分航空、电子科学、热核子应用、防化与军事医学、常规武器五大类，提出了初步的发展目标，内容包括研究制造射程 100 千米的地空导弹①，射程 500~600 千米的地地导弹②，射程 15 千米的空空导弹③和空地导弹④……这份规划，成为《十二年科学规划》的组成部分。

6 月 14 日，党和国家领导人接见参加制定《十二年科学规划》的全体人员，并与大家合影留念。为郑重起见，黄纬禄特意跑到附近商店，买了件正装穿上，接受党和国家领导人的接见，并留下了一份珍贵的合影。

为了使祖国走向繁荣富强，常怀科技强国梦想的黄纬禄，参加规划制定工作之后，深深感到夙愿得偿，他比以往更加拼命地工作，浑身上下似乎有用不完的力量。

①地空导弹是指从地面发射攻击空中目标的导弹，又称防空导弹。它是组成地空导弹武器系统的核心。地空导弹是由地面发射，攻击敌来袭飞机、导弹等空中目标的一种导弹武器，是现代防空武器系统的重要组成部分。与高炮相比，它射程远，单发命中率高；与截击机相比，它反应速度快，火力猛，威力大，不受目标速度和高度限制，可以在高、中、低空及远、中、近程构成一道道严密的防空火力网。

②地地导弹是指从陆地发射打击陆地目标的导弹。最早的地地导弹是德国在第二次世界大战末期使用的V-1导弹和V-2导弹。战后美国和苏联等国在此基础上，研制了各种地地战术导弹，以及中程、远程和洲际地地战略导弹。

③空空导弹是指从航空器上发射攻击空中目标的导弹。与地地导弹、地空导弹相比，具有反应快、机动性能好、尺寸小、重量轻、使用灵活方便等特点。与航空机关炮相比，具有射程远、命中精度高、威力大的优点。它与机载火控系统、发射装置和检查测量

设备构成空空导弹武器系统。

④空地导弹是指从航空器上发射攻击地（水）面目标的导弹，是航空兵进行空中突击的主要武器之一，装备在战略轰炸机、歼击轰炸机、强击机、歼击机、武装直升机及反潜巡逻机等航空器上。空地导弹与航空炸弹、航空火箭弹等武器相比，具有较高的目标毁伤概率，机动性强，隐蔽性好，能在敌方防空武器射程以外发射，可减少地面防空火力对载机的威胁；但造价高，使用维修复杂。

第六章

结缘导弹

调入国防部五院

1956 年 10 月 8 日，国防部第五研究院（简称“国防部五院”）成立，钱学森担任院长。

从此，国防部五院秉承“自力更生为主，力争外援和利用资本主义国家已有的科学成果”的建院方针，踏上了发展中国航天事业的征程。

建院之初，需要抽调大量技术人员，电信技术研究所成为重点关注的单位。听说要调人去研制导弹，很多人翘首以待，黄纬禄也不例外。带着为发展新中国导弹事业做贡献的强烈愿望，黄纬禄终于等到了宣布名单的时刻。遗憾的是，在这份名单中，黄纬禄没有发现自己的名字，既羡慕、又失望的感觉，让他心里不太好受。但他心里很清楚，个人意愿必须服从国家需要，他很快安下心来，继续专心从事本职工作。

1957年1月，中央军委决定将电信技术研究所扩建为中国人民解放军军事电子科学研究院，王诤兼任院长和政委。

1957年11月，经聂荣臻元帅批准，国防部五院成立两个分院：以总体设计、空气动力、结构强度、发动机和推进剂5个研究室为基础，组成一分院，驻地在北京长辛店附近（一年后迁至南苑），负责导弹总体设计和弹体、发动机研制，由钱学森兼任院长。以控制系统、控制元件、无线电、计算技术、技术物理5个研究室和军事电子科学研究院为基础，组成二分院，驻地在北京永定路地区，负责导弹控制系统的设计工作，由王诤担任国防部五院副院长兼二分院院长。

黄纬禄终于实现了加入尖端武器研制队伍的理想，亲自参与构建强国之梦。从此，他以高度的爱国、报国之心，投入了为之奋斗终生的导弹事业。

初识P-2导弹

调到国防部五院后不久，根据组织安排，黄纬禄把家搬到了位于马神庙的院部大院。

1958年新年刚过，国防部五院便给二分院下达了任务，其中就包括“仿制苏联P-2导弹控制系统”。科技人员都盼着早日看到P-2导弹的实物与相关技术资料。

一个深夜，一列由几十节车厢组成、满载苏军士兵和装备的军列，冒着零下40度的严寒，悄悄驶进了位于中苏边境的满洲里火车站。两枚苏制P-2导弹连同地面设备一起被运到了中国。虽然这是已被苏联淘汰的地地导弹型号，可毕竟是中国没有的。

当P-2导弹和地面设备运抵炮兵教导大队驻地时，国防部长彭德怀亲手解开了系在P-2导弹上的红绸带，他饱含深情地对在场官兵说：“这是苏联老大哥过继给我们的‘儿子’，祖国把他托付给你们了，你们可要把他当作亲生儿子看待呀！”许多技术人员是第一次目睹这个全长17.68米、最大直径1.65米、起飞重量20.5吨、射程可达600千米的导弹实物，抑制不住内心的激动。

黄纬禄在观看苏联P–2导弹时，不由想起了在伦敦参观德国V–2导弹时的情景。当年他只是一名普通参观者；今天他却是一名要对P–2导弹进行解剖、研究并进行仿制的科研工作者。此情此景，不仅使他感到幸运和激动，更使他感到任务的神圣与责任的重大。

在与P–2导弹的零距离接触中，除了能仔细观察这个庞然大物的各个部件外，还可以打开仪器舱中的控制系统，认真琢磨这个系统所使用的电路。具备扎实技术功底的黄纬禄，凭着触类旁通的聪明才智，渐渐发现这些电路与他以往接触过的电路有相似之处，“同搞无线电、收音机、发报机的原理是一样的，不像想象中的那么复杂”。尽管黄纬禄是初识导弹，但他对于学习掌握导弹控制系统，却从来没有产生过无从下手之感。看过P–2导弹实物后，在P–2导弹技术资料与图纸到达前，黄纬禄已经开始争分夺秒地学习相关理论知识了。

导弹武器是个非常复杂的庞大系统，由许多具有一

定功能又相互影响的系统组成，主要包括：弹体、推进、控制、战斗部和电气等系统。而控制系统犹如导弹的大脑与神经中枢，精确地控制着导弹，使导弹保持一定的姿态，按设定的轨道飞行，从而将弹头送到预定位置。导弹若要“飞得稳、打得准”，控制系统起着极为关键的作用。

1958 年 4 月 17 日，国防部五院二分院第一设计部成立，主要承担地地导弹控制系统和电子设备的研制任务。二分院副院长钱文极兼任设计部主任，蔡金涛任设计部副主任，黄纬禄被任命为设计部下设的三个研究室之一——地地导弹控制系统研究室主任。

1958 年 4 月 28 日，P−2 导弹的仿制型号被命名为“1059”，计划在 1959 年 10 月 1 日国庆 10 周年之前试射。

1958 年下半年，苏联送来了一万多份有关制造、测试和发射 P−2 导弹的图纸和技术资料。

二分院收到 P−2 导弹资料后，一场从学习开始的攻坚战打响了。为了能尽快消化并掌握有关资料，大家通宵达旦、分秒必争地边干边学、互教互学。

为了能让大家更早、更直接地接触到这些技术资料，作为控制系统研究室主任，黄纬禄一面安排部分同志参加国防部五院举办的学习班，一面组织人员突击进行技术资料翻译，然后组织大家一张图纸、一张图纸地学，一个技术条件、一个技术条件地研究。他要求全室同志对于每张图纸和每个技术条件，不仅要清楚它们的技术内涵，还要懂得与左邻右舍的技术关系；不但要搞清楚为什么这样设计，还要弄明白为什么要做这样的试验。

为了尽快投入“1059”的仿制工作，黄纬禄每天早上 7 点就来到办公室，先自学一个小时，然后开始工作，晚上 9 点后才披星戴月地回家。经过日积月累，导弹控制系统的工作原理，在黄纬禄脑海中逐渐清晰起来，他以最快的速度实现了由外行到内行的转变，并带领全室

向苏联专家学习

1958年12月，苏联26名援华专家陆续抵达二分院，其中19名来到第一设计部。设计部的技术人员非常高兴，他们对苏联专家的援助抱以极大的期望。

国防部五院明确要求，按专业指定专人向苏联专家学习，务必要把导弹资料学深学透，把技术学到手。于是，黄纬禄组织了一批技术骨干，跟随苏联专家边学习、边工作，希望在苏联专家的指导下，不但能够学会解决技术问题的方法与技巧，尽快仿制出“1059”，还能尽量多地汲取导弹控制系统的设计知识，进一步掌握设计原理，摸清技术关键，为将来自行设计奠定基础。

作为学生，第一设计部的技术人员既谦虚、又务实，他们缺什么补什么，干什么学什么。作为老师，大部分苏联专家态度诚恳，他们热情帮助技术人员消化资料、掌握技术，并提供一些管理方面的经验，在导弹控制系统的仿制过程中做了大量工作。在解决“1059”仿制中的技术、工艺问题等方面，苏联专家尽心尽力，体现了对中国同行的真诚帮助与深厚友谊。

尽管黄纬禄一直与苏联专家保持着融洽的合作关系，但他心中产生的疑团，随着时间的推移在慢慢增加。他逐渐感受到，苏联专家更愿意回答如何仿制导弹的问题，而对于导弹的设计经验，常常很有礼貌地巧妙回避。尤其是控制系统专家组组长，他严格控制自己的组员，不允许他们透露一丝半毫的设计技术。这种情况，随着中苏关系的逐渐恶化，越发明显。

其实，黄纬禄的感觉并非空穴来风。聂荣臻元帅后来在给周恩来总理的报告中指出：“苏方对我援助的态度，在签订协定时就是有所保留的，是有限度的，其基本意图是在新武器和科学研究方面，使我们与他们保持相当的差距……他们想长期使我们处于仿制阶段，处于从属地位，永远落后他们两三步……具体工作部门和办事人员还是热情积极、愿意帮助我们解决问题的，但是上面控制较严，绝不许越雷池半步。”

黄纬禄知道，无论是中国技术人员，还是苏联专家，在他们心中，都是国家利益至上。面对苏联专家不肯轻易传授的技术或经验，黄纬禄也不勉为其难，他尝试着自己去悟出其中的奥秘。他的为人之道中有这样一项原则："别人对自己的帮助，永远记在心里。"

仿制“1059”

“1059”的仿制，是一个千千万万人经历无数次的攻坚克难，试验、失败，再试验、再失败，直至成功的艰苦卓绝的过程。

控制系统需要突破的技术难关很多。黄纬禄带领技术人员深入进行计算、分析与研究，对技术方案进行反复设计和试验。在对“1059”控制系统与主要部件进行反设计时，黄纬禄克服了许多令人难以想象的困难，如同一架永不停歇的机器，不知疲倦地连续运转。

1958 年 7 月，第一设计部负责的“1059”单机第一批图纸资料已经译校完毕。为了配合工厂仿制，第一设计部组成下厂工作组，将技术人员直接派到生产第一线，随时解决发现的技术问题。

进入生产阶段后，黄纬禄的工作地点已不局限在办公室和实验室，承担“1059”仿制任务的工厂，也成为他常来常往的地方。

由于苏联停止对仿制工作所需材料和元器件的供应，而国内电子元器件的研制基础又非常薄弱，无法满足“1059”仿制工作的需要，致使在“1059”控制系统仿制工作中，即便有图纸，也常常面临“巧妇难为无米之炊”的尴尬。

自行研制的材料和电子元器件，都要经过多次试验，证明确实可用之后，才能谨慎地用到“1059”导弹上。由上万个零部件组装而成的“1059”，其中哪个零部件出现问题，都会产生牵一发而动全身的严重后果，直接影响到发射试验的成败。

黄纬禄对此十分重视，并做好了充分的思想准备，他不厌其烦地解决了许多技术问题，和所有研制人员一起，确保仿制出来的控制系统满足质量要求。

“争气弹”

1960年7月18日，在苏联政府照会[①]中国政府、撕毁协定、撤走专家的第三天，毛泽东主席在北戴河中央工作会议上说：“要下决心搞尖端技术。赫鲁晓夫不给我们尖端技术，极好！如果给了，这个账是很难还的。”

8月14日，聂荣臻元帅勉励国防部五院的领导：中国人民是聪明的，并不比别的民族笨，要依靠我国自己的专家和工人搞出自己的导弹。

①照会是指国际交往的书信形式，是对外交涉和礼仪往来的一种重要手段。照会的使用及其内容体现国家立场，涉及国家关系，必须慎重对待。

黄纬禄和大家一样，对于苏联政府的背信弃义义愤填膺，他心想，中国绝不能受制于人，豁出性命也要把自己的导弹搞出来！

由于自幼养成了一种“尽己所能”的性格——学人所长，但不依赖别人。在向苏联专家学习时，黄纬禄一直要求自己既要知其然，也要知其所以然，力求悟出其中的真谛。所以，苏联撤走专家，并没有令黄纬禄感到恐慌，他只是冷静地意识到，中国人独立研制导弹的时代开始了，仿制“1059”，其实就是要制造中国的“争气弹”。

恰巧，黄纬禄的家刚刚从院部大院搬到了二分院。10分钟即可从家走到办公室的路程，使他更加没有了上下班的概念，开始了每天十几个小时超负荷工作的亢奋状态。苏联专家撤走两个多月后，黄纬禄与所有从事“1059”仿制的人们，终于要把“1059”送往发射场了。

又是一连几个昼夜，黄纬禄和技术人员一起，将仿制成功的“1059”控制系统，反反复复地测试了许多遍，不放过任何蛛丝马迹。所有设备整装待发，黄纬禄那颗无时无刻不在牵挂“1059”的心，似乎也将随着设备一起出征。

1960年10月23日深夜，一列由18节客、货车厢和特种车厢组成的专列，载着两枚“1059”导弹、仪器、地面设备和特种车辆，以及120名试验队员，停在了火车站。根据组织安排，黄纬禄留在北京值班，但他在家怎么也待不住，还是赶到火车站为试验队员送行。经过一系列检查的神秘专列由火车站启程西行，铁路两旁布置了由解放军战士和民兵组成的双层警戒线。每逢停车，车上所有试验队员一律下车，背向专列设防，不准任何无关人员靠近。经过三天多的日夜兼程，专列于27日中午抵达试验基地。

11月3日，用于首次发射的“1059”导弹经过测试后，被运往发射区，缓缓起竖成垂直状态，垂直测试合格后，开始加注推进剂……

虽然黄纬禄没有亲临发射场，但他内心的紧张程度不亚于现场的人们。他在第一设计部值守，时刻准备接听来自试验基地的电话，一旦“1059”控制系统出现技术问题，他将立即组织技术人员分析、讨论、试验、验证问题所在，并在最短的时间内将结论反馈给试验队。

11月4日，聂荣臻元帅一行来到试验基地，他和大家一样，既兴奋又紧张。在全面了解导弹的测试情况后，他抚摸着墨绿色的弹体，仿佛自言自语，又仿佛叮嘱大家：“一枚争气弹，一定要打好啊！”

11 月 5 日凌晨，戈壁滩上的气温降到零下 30℃。在探照灯照射下，试验基地亮如白昼，参试人员跑前跑后、一片繁忙。随着太阳的升起，远望竖立在发射台上的“1059”导弹，似一把身披朝霞的利剑，直指长空。

9 时 2 分 28 秒，发射指挥员下达点火命令。

随着一阵惊天动地的轰鸣，导弹尾部射出一束橙红色的烈焰，发射台周围猛地腾起一股浓烟。3 秒后，导弹呼啸着飞离发射台，直插蓝天，先是垂直上升，几秒钟后开始按程序转弯，最后变成一个亮点，向正西方向飞去。

人们静静地凝视着远方，担心、紧张、期盼交织在一起，相互之间能听到彼此的呼吸声。

指挥中心不断传来各跟踪台站发出的“发现目标”“飞行正常”和“跟踪良好”等报告。7 分 32 秒后，590 千米外的弹着区传来报告，导弹准确命中目标！

10 时 45 分，搜索部队找到了导弹弹头，11 时 20 分，找到了导弹弹体，我国自己制造的第一枚导弹首次飞行试验获得圆满成功！远在北京的黄纬禄，脸上露出了欣慰的笑容。

这一天，是苏联专家 8 月 12 日全部撤走后的第 85 天。

庆功宴上，聂荣臻元帅高举酒杯，骄傲地宣布：“在祖国的地平线上，飞起了我国自己制造的第一枚导弹，这是我军装备史上一个重要的转折点！”

……

1960 年 12 月 6 日和 16 日，“1059”导弹又分别进行两次发射试验，均获得成功，导弹达到了设计规定的战术技术指标。随后，中国对“1059”进行了小批量生产。

1964 年 2 月 27 日，一枚“1059”导弹被送往中国人民革命军事博物馆展出。半个月后，“1059”更名为“东风一号”。

第七章

研制“东风”

改型研制

1960年3月，国防部五院下达了“东风二号”改型研制任务。

东风二号导弹总体方案在型号设计委员会主任林爽、副主任屠守锷的主持下，很快出炉了。东风二号导弹要比“1059”射程更远、打击更精准，增加射程的重任由发动机总设计师任新民等专家担当，而提高打击精度的重担，就落在了“东风二号”控制系统设计小组组长黄纬禄等人的肩上。

为了提高“东风二号”的命中精度，黄纬禄受命主持控制系统方案大讨论。他注重营造民主氛围，启发技术人员畅所欲言，在博采众长的基础上，逐步把讨论引向深入。

黄纬禄认为，“1059”的单补偿制导方案误差较大，

“东风二号”需要考虑新的方案。设计人员根据黄纬禄提出的新思路，设计了双补偿制导方案。这种制导方案既保留了单补偿制导方案简单可靠的特点，又省去了在发射前测定风速、风向并予以修正的程序，提高了作战性能，减小了制导误差。

方案大讨论收获颇丰，在全惯性制导方面涌现出许多新思想、新方法，其中“双补偿制导方案”和“横向坐标转换方案”首先被列入预先研究计划。在黄纬禄的主持下，第一设计部对“东风二号”控制系统方案讨论得很透彻，在“1059”控制系统的基础上，自主设计19项，改进设计46项，方案获得国防部五院的批准。

从方案论证到设备研制，在学中干，从干中学，经历了千辛万苦，终于盼来了东风二号导弹即将踏上发射征程的这一天。

化关怀为动力

1960年，一场全国性的饥荒在中国大陆不断蔓延，副食品供应几乎中断，粮食供应也大幅缩减……

在国防部五院，饥饿导致有的人“上楼梯两手扶栏杆，蹲厕所两眼冒金花”，有的人画着图就晕倒了，大伙儿只能用糖精或盐粒兑水喂他们，让他们缓过气来。晚上大家睡得晚，饿得实在难熬时，就想办法买一点酱油膏，冲一点酱油汤充饥。

为此，黄纬禄发明了“抗饿控制疗法”——每当肚子饿得“咕咕”叫时，就把皮带勒紧一个扣；再叫，就再勒紧一个……工作一天，终于熬到可以回家吃饭，看到几个正在长身体的孩子狼吞虎咽的样子，他时常只吃个半饱，就不肯动筷子了。

由于物资匮乏，营养不良，不少科技人员患有浮肿病，许多人还得了肝炎。即使在这样艰苦的条件下，所有科技人员丝毫没有放慢研制“东风二号”的进度。大家的心愿是相同的：必须突破从仿制到独立设计这一关，用我们的双手，研制出中国自己的导弹！

赫鲁晓夫[1]曾说：“中国现在过的是‘大锅清水汤，三个人穿一条裤子’的生活，还想造导弹？做梦吧！造几个大鸭蛋我看还行……”中国人有志气，岂能让他看笑话？！此时，人们忘我工作的程度，可以用“拼命”来形容。

①尼基塔·谢尔盖耶维奇·赫鲁晓夫（1894年4月17日—1971年9月11日），苏联党和国家最高领导人，曾任苏联共产党中央委员会第一书记以及苏联部长会议主席（苏联总理）等重要职务。

1960年12月，因心脏病发作而住进医院的聂荣臻元帅，了解到国防部五院科技人员的生活和身体状况后，痛心不已，他说：“以我的名义，向北京、广州、济南、沈阳等军区和海军的领导说明情况、讲清意义，向他们呼吁，请他们尽快设法给予支援，价拨[2]给五院

②价拨供应，指将物资按国营牌价或内部价格供应给部队或个人，是军队供应物资的一种办法。这里指在三年经济困难时期，有关部队将短缺的副食品，以内部价格转供给五院的科技人员。

一批猪肉、鱼、黄豆、水果等副食品，能支援什么就支援什么，各尽所能，目的是使五院的专家和科技人员能维持起码的生活水平，集中精力搞好科研。这些食品，以中央和军委的名义分配给每位专家和科技人员，这也是一项有力的政治工作。”

紧急募集的肉、鱼、黄豆等副食品很快运到了，这些专门分配给科技人员的食品，被称为“科技肉”“科技鱼”“科技豆”。国防部五院政委刘有光少将拍着胸脯对聂荣臻说：“要是查出有政工、行政干部分了一两物资，你马上撤了我！”

黄纬禄对这件事满怀感激之情，同时对只有技术人员能享受这种待遇感到非常不安。三年经济困难时期，他时时想到广大人民都在节衣缩食，连中央领导都带头吃粗茶淡饭，因此，对组织上给予的一些照顾，他常常拒绝接受。

在极端艰难困苦的条件下得到这样的关怀，无疑将化为工作上更大的动力。科技人员对“东风二号”研制任务抓得更紧，步子迈得更大、更快了。

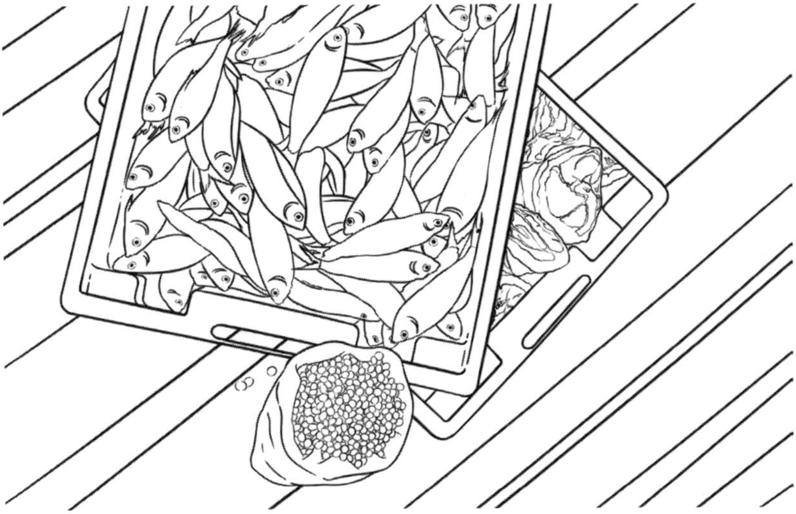

发射失败

1962年2月26日，国防部五院举行东风二号导弹进场动员会。第一设计部组成了以黄纬禄、梁思礼为领队的参试队伍，梁思礼带领参试人员奔赴发射现场，黄纬禄则组织留守的研制人员，做好技术保障工作。

3月4日，我国自主研制的第一枚导弹“东风二号”，经过科技人员一年多的艰苦攻关，终于带着大家无限的期望，从北京出发，运往试验基地，进行发射前的测试和准备工作。

3月21日，见证历史的时刻就要到了！随着“东风二号”在发射阵地的起竖，人们紧张得像把心提到了嗓子眼。梁思礼看到在大风的猛烈吹袭下，东风二号导弹燃气舵在不停抖动，心里很是焦急，频繁地给黄纬禄打电话，商讨技术问题，一次电话甚至长达数小时。

上午9时5分53秒，导弹飞起来了！然而，仅仅

杀出血路

1962 年 5 月至 1964 年 5 月，研制“东风二号”的各个单位进行了大量的研究、设计、试验和试制工作。第一设计部也专门成立控制系统分析研究小组，不断进行分析和试验，寻找解决问题的方案，以求在控制系统中“杀出一条血路来”。钱学森等领导经常到设计部，亲自指挥“杀血路”，黄纬禄也坚持深入实际，和技术人员、工人一起，现场解决问题。

此时，担任第一设计部主任、“东风二号”副总设计师的黄纬禄，不但要主持设计部的技术攻关，还要参与对“东风二号”设计方案的重新审查，并为修改设计出主意、想办法。

夜以继日的超负荷工作与巨大的精神压力叠加在一起，使黄纬禄的十二指肠溃疡日趋严重。每一次疼痛发作，常常持续数小时，有时候会疼到脸上渗出细密的汗珠，他便用拳头紧抵胸口，默默忍受着，坚持参加技术讨论，坚守在研制工作的最前沿。

为了研制“东风二号”，黄纬禄顾不上治疗。在长达三年多的时间里，白天，他靠服用药物来缓解溃疡疼痛；夜间，他需要持续按揉或用力顶住疼痛部位，才能朦胧入睡。终于有一天，疼痛超出了忍受极限，大家才把他送到医院。医生检查后，语气很坚决：“马上住院治疗！”但黄纬禄人在医院，心却扑在工作上，在病房里，他仍召集相关人员讨论技术方案；在疾病没有得到彻底治疗的情况下，他便要求出院，回到工作岗位上。

艰苦的付出，终于得到了丰厚的回报。在五院有关部门的共同努力下，“东风二号”失败的原因有了明确的结论。

黄纬禄从控制系统的角度，分析了“东风二号”飞行失败的原因：“主要问题是，‘东风二号’比‘1059’飞得远，导弹的推进剂贮箱就要大一些。我们采取的办法是，导弹的直径不变，长度加大。这样一来，就产生了‘扁担效应’，导弹在飞行中形成弹性振动。弹性振动导致两个后果，一是弹体结构受到破坏，二是振动频率与控制系统发生耦合，加剧了导弹解体。”

为了取得成功，研制人员修改了发动机系统和控制系统，提高了弹体强度，增加了防止火烧尾部和安全自毁等装置，进行了发动机性能和可靠性试车、控制系统综合试验、全弹模拟试验等地面试验……

1964年6月29日，在首发导弹发射失败两年多后，“东风二号”飞行试验获得成功。这一次，黄纬禄直接参加了试验队，亲眼见证了中国第一枚国产中近程地地导弹发射成功！

胜利的那一刻，黄纬禄和所有研制人员的心中除了激动，还有无限的感慨：没有人知道，“从零开始”的事业是何等艰难；没有人了解，“孤军奋战”的滋味是何等苦涩。只有他们自己清楚，在“东风二号”研制过程中，度过了多少不分昼夜的日子，翻阅了多少残缺不全的资料，经历了多少一筹莫展的低谷……

多少次失败，才换来一点点进步；多少次进步，才换来“东风二号”的成功！它，翻开了中国导弹发展史上自主研制的新一页！

割“尾巴”

东风二号导弹飞行试验虽然成功了，但研制人员的面前并非一片坦途。要把它作为战略武器来装备部队，技术上还有不足之处。

“东风二号”横向制导采用无线电横偏校正系统，这个系统需要在导弹后方数十千米处配置无线电地面制导站，这就像给导弹增加了一条长长的“尾巴”，需要改变导弹射向时，“尾巴”也要跟着摆动，这将使导弹在使用过程中容易暴露目标，并受到敌方无线电的干扰。

由于“东风二号”已处在飞行试验成功、接近定型阶段，此时再对控制系统进行重大改进，风险很大。但为了满足部队需求，提高“东风二号”的作战性能，第一设计部果断决定，对控制系统作重大改进。

面对改动大、时间紧、任务重等困难，黄纬禄一方面沉着冷静、有条不紊地部署方案修改工作，一方面全力以赴地投入到对控制系统的改进工作之中。他不仅深入各研究室，直接倾听大家的意见，提出一些切实可行的建议，还多次在设计部内集中技术骨干，邀请弹上仪器研制单位的专家，一起进行深入的研究和讨论。

在黄纬禄的精心组织下，通过发挥集体智慧，第一设计部终于拿出了新的横向制导方案：通过一系列技术措施，形成全惯性制导系统，废除无线电横偏校正系统，割掉了导弹的“尾巴”。

“东风二号”改用全惯性制导系统，在我国导弹控制系统研制史上是一个很大的进步，开创了我国战略导弹全惯性制导的先河，导弹发射后能自主飞行并精确命中目标，大大改善了导弹作战的机动性和生存能力，为后续导弹型号的研制开辟了广阔的前景。这也是黄纬禄和整个研制团队为我国导弹事业做出的一大贡献。

结束“有弹无枪”的历史

科学无止境。在导弹发展道路上，永远有攀登不完的高峰。它的发展，又与国际形势的风云变幻密切相关。

1963年8月5日，美国、英国、苏联联合签署了《禁止大气层、外层空间和水下进行核试验条约》，意在阻止其他国家研制核武器，从而继续受制于它们的核讹诈。美国总统肯尼迪曾指示其情报部门负责人，“不管用什么手段，必须阻止中国成为一个有核国家。”

面对这样的形势，中国很快作出反应。1964年6月29日，东风二号导弹首次飞行试验成功后，10月16日，中国放置在地面塔架上的第一颗原子弹爆炸成功，其威力超过了美国投在日本的原子弹。

美国人根本不相信中国人的能力。其国防部长麦克纳马拉对这一事件发表评论说：“中国五年内不会有原

子弹运载工具，没有足够射程的导弹，原子弹无法发挥作用。”西方媒体也嘲笑中国是“有弹无枪，一通瞎忙”。

中国科学家很清楚，这种说法不无道理。在难以取得制空权的现代化战争中，飞机很难作为运载核武器的有效工具。如果没有导弹作为运载工具，核弹将形同虚设。所以，他们要在最短的时间内，为中国的核弹配上一把“枪”！

1965 年 2 月，中央专委[①]决定，进一步提高东风二号导弹的射程，用增程后被命名为“东风二号甲”的中近程导弹作为运载工具，实现“两弹结合”的目标，形成一种具有实战价值的战略武器。

同年，七机部②制定从1965年到1972年的战略导弹发展规划。从研究院到设计所，都在为制定规划开展技术大讨论。黄纬禄在组织12所科技人员对规划进行讨论的同时，也对“东风二号甲”整体方案、进度以及关键问题进行了讨论，并取得很大收获。大家一致认为，“东风二号甲”控制系统方案不变，只需对个别仪器参数作必要修改。

①“两弹一星”是新中国成立60多年来在国防尖端科技领域取得的巨大成就，这一“巨型工程”技术复杂、综合性强，涉及的范围广、部门多，而各部门、各系统之间又需要紧密联系、协调行动，因而强有力的领导、指挥工作非常重要。1962年至1976年，负责全面领导指挥我国这一伟大工程的是以周恩来总理为主任的中共中央15人专门委员会和调整扩大后的中共中央专门委员会，均简称中央专委。

②1965年1月，国防部五院改组为第七机械工业部（简称“七机部”），原国防部五院一分院、二分院分别改称七机部一院、二院，原二分院所属的第一设计部改称“第12设计所”（简称“12所”），划归一院。1965年10月，黄纬禄被任命为12所所长。

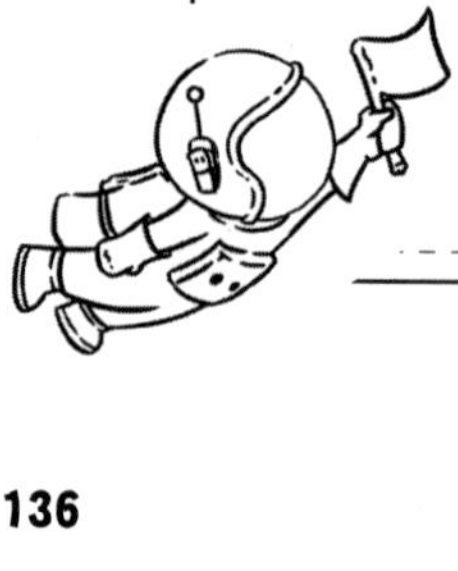

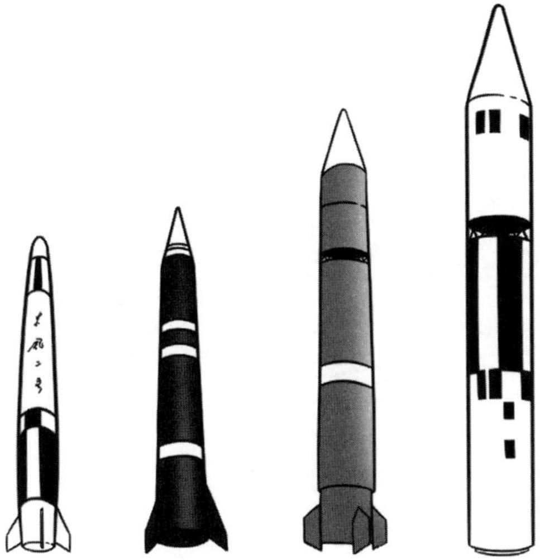

七机部在综合所有研制单位讨论意见的基础上，确立了利用八年时间，研制出包括中近程导弹、中程导弹、中远程导弹和洲际导弹的“八年四弹”规划。

为修改“东风二号甲”的仪器参数，黄纬禄又开始频繁地往返于办公室、实验室和生产厂之间，对确保控制系统的研制进度和生产质量发挥了重要作用。

1965 年 11 月 13 日，采用全惯性制导系统的“东风二号甲”首次飞行试验取得成功。之后，又陆续进行了一系列飞行试验，为“两弹结合”作了充分准备。

周恩来总理对“两弹结合”试验极为重视，要求做到“严肃认真，周到细致，稳妥可靠，万无一失”。

这条指示从此成为航天科技人员质量工作的“十六字方针”。

1966 年 10 月 27 日，中国在本土成功进行了导弹核武器试验。“东风二号甲”飞行正常，它运载的核弹头精确命中目标，实现了核爆炸。

此时，距离麦克纳马拉断言“中国五年内不会有原子弹运载工具”仅仅两年时间。从此，“有弹无枪”的日子一去不复返，中国成为世界核俱乐部的正式成员。超级大国的核垄断和核讹诈，被勤劳、勇敢、智慧的中国人民打破了。

在型号定型之后，“东风二号甲”正式装备部队，成为为祖国站岗放哨的第一代战略核武器。

独立研制

“东风三号”是完全根据我国战略需要而自主设计的导弹武器系统，也是我国第一型完全独立研制的液体中程地地弹道导弹。

“东风三号”的研制与“1059”仿制、“东风二号”改型研制几乎同步进行，黄纬禄对它倾注了大量心血。这不仅因为他是该型号的副总设计师兼控制系统总设计师，肩负着义不容辞的责任，还因为“首次完全独立研制”对于国家而言，有着极为重要的意义。

1960年年初，黄纬禄担任“东风三号”控制系统总设计师时，还没有经历过任何一个导弹控制系统的仿制或设计全过程。但当国防部五院明确研制工作的重点由仿制转入自行设计时，他没有畏惧，而是带领年轻的研制团队沉着应对挑战。

黄纬禄不仅在总体方案上严格把关、敢于负责，在细节问题上也毫不放松。凡是他经手审查的课题、方案，都是认真负责，一丝不苟，从不放过任何疑点。对于重要的数据，他一直坚持亲自计算。

在黄纬禄的主持和直接参与下，他之前提出的“双补偿制导方案”，在预研工作完成后，被用于东风三号导弹以及后续各型液体导弹的控制系统中。

“东风三号”不仅是在总结“东风二号”经验教训的基础上研制的，而且集中采用了我国20世纪60年代中期取得的最新科技成果。在整个研制队伍的共同努力下，1966年12月26日，东风三号导弹首次飞行试验取得基本成功。

这次成功实属不易！因为此时，“文化大革命”已经席卷全国。持不同观点的两派群众严重对立，领导干部被打成“走资派”，技术专家变成了“资产阶级反动学术权威”，规章制度被废黜，正常的科研生产秩序被打乱……

这期间，身为12所所长的黄纬禄，虽然没有遭受批斗，但却“靠边站”了。无职无权的黄纬禄，改不了为研制导弹而殚精竭虑的职业习惯，因为神圣的责任感，已经深深地溶入了他的血液中。他以“资产阶级反动学术权威”的身份，默默地干起了打杂的活儿。部分坚持工作的技术人员在做试验时，黄纬禄就站在一旁，给大家倒开水、送仪器、做记录。尽管黄纬禄不能直接参与讨论，但他一直注意听大家在说些什么，把难点记下来，暗地里演算、思考，然后再把结果告诉年轻人，尽量使试验工作顺利进行。黄纬禄通过这种“迂回”战术，使导弹研制中的许多问题迎刃而解，使研制进度得以缓慢推进。

1967 年 6 月 14 日，一院军管会批准由黄纬禄等 5 人组成 12 所临时生产领导班子，他终于可以名正言顺地全身心投入到科研生产上了。肩负着科研生产管理责任的黄纬禄，虽然对技术问题有了发言权，却不再具有权威性。但他不发牢骚、不说怪话。实在做不通工作时，他就自己兼任绘图员、仪器调试员、采购员。

……

经过整个研制团队的不懈努力，“东风三号”终于定型并装备部队，它被认定为一种性能好、使用方便、可靠性高、作战能力强的导弹武器系统。它的研制成功，不但是我国导弹发展史上的一个重要里程碑，也为我国进一步研制中远程导弹和洲际导弹奠定了基础。

为“东风三号”控制系统研制做出重要贡献的12所，

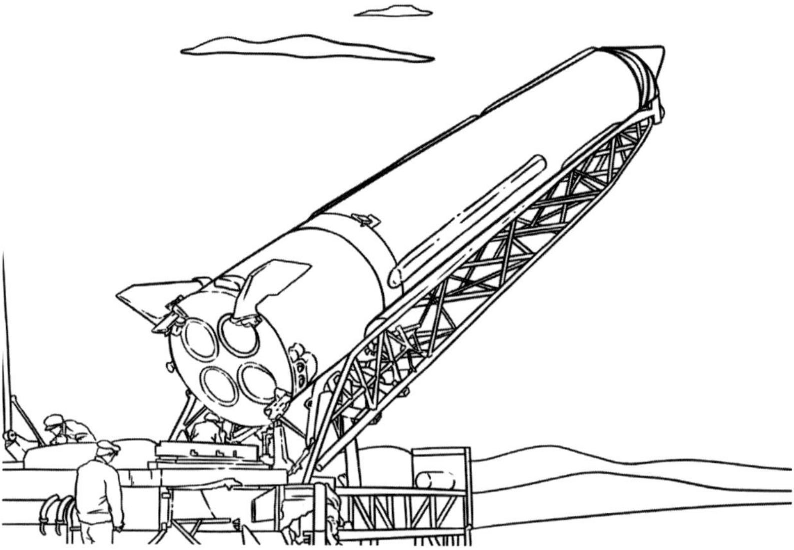

在黄纬禄言传身教的影响下，在所有领导和技术专家的共同带领下，在每一位科研人员的刻苦努力下，经过一次次艰苦卓绝的磨练，专业技术水平大幅提升，逐步形成了一支能打硬仗，并具有严格、谨慎、细致、踏实作风的科研队伍。

更上层楼

20 世纪 50 年代末，苏联和美国的洲际导弹与运载火箭相继问世，导弹技术已经进入从单级到多级的新阶段。

而中国直到 20 世纪 60 年代前期，自行研制的“东风二号”“东风三号”都是单级导弹。为了加速发展我国的导弹技术，1965 年，根据“八年四弹”规划，七机部一院在有关部门的协同和支援下，开始研制中远程导弹和洲际导弹。

中远程导弹“东风四号”和洲际导弹“东风五号”的方案设计，是在“东风二号甲”研制定型和“东风三号”飞行试验的同时先后开始的。“东风四号”和“东风五号”控制系统的研制任务均由 12 所承担。

此时，12 所的技术领导已经有了明确分工，每位副所长主管一项任务，黄纬禄则统管各个型号的技术工作。尽管多任务并举，但黄纬禄没有在办公室等着听汇报的习惯，他坚持参与到每个型号的研制工作中，遇到技术问题，及时与主管副所长研究解决。由于黄纬禄水平高超、经验丰富，又平易近人、尊重下属，善于听取不同意见，与大家保持着非常融洽的关系，无论是技术人员，还是主管副所长，都对黄纬禄深入基层了解情况表示欢迎。

“东风四号”是两级导弹，其控制系统更加复杂，需攻关的项目也更多，研制难度相当大，需要解决一系列难题。

黄纬禄按照上级部署，狠抓控制系统方案的确定与设计、预先研究项目的立项与开展这两项工作。经过三年时间的刻苦攻关，“东风四号”控制系统研制成功，经试验证明，制导精度很高。

在负责东风四号导弹控制系统研制工作的同时，12所还承担了长征一号运载火箭控制系统的研制工作，两个型号是同时开始研制的。在“东风四号”飞行试验成功后，由它改型研制的长征一号运载火箭，于1970年4月24日，将我国第一颗人造地球卫星“东方红一号”成功送入太空，中国从此进入了空间时代！

第八章

转战“巨浪”

总体部的新主任

20世纪50年代后期，我国刚刚开始研制液体导弹，一些发达国家已经开始研制固体导弹。相比液体导弹，固体导弹具有体积小、可靠性高、机动灵活、发射准备时间短等优点。

20世纪60年代中期，美、苏等航天强国已形成地地洲际导弹、潜地导弹、战略轰炸机组成的“三位一体”战略攻防体系。其中，潜地导弹是指从隐蔽在水下的潜艇发射、用以攻击地面目标的导弹。

针对风云变幻的国际形势，自1961年起，国防部五院组织部分科技人员，开始了固体导弹技术的探索研究。1965年，七机部四院组建了固体导弹总体设计部，即四院第四设计部，开始了第一个单级近程地地固体导弹的研制。不久，中央专委会议研究决定，为了与核潜艇研制同步，直接研制两级中程固体潜地导弹。1972年，固体潜地导弹正式定名为“巨浪一号”。

但是，承担固体潜地导弹研制任务的四院，是作为固体发动机专业研究院规划建设的，与型号研制需要不相适应，研制工作举步维艰。

为了给固体潜地导弹研制工作创造条件，1970年1月，周恩来总理签发中央军委电报，四院四部由内蒙古迁到北京，划归一院建制。1970年2月，一院任命黄纬禄为固体潜地导弹技术总负责人兼四部主任。

此时，虽然黄纬禄对固体潜地导弹的研制难度早有耳闻，但他早已习惯把国家利益放在至高无上的地位。临危受命的他，态度很明确：无条件服从组织安排。

从液体导弹控制系统的领军者，变为固体潜地导弹技术总负责人，这意味着年过半百的黄纬禄，又要开始新的征程。而这一次从“山底”到“山顶”的攀登，没有任何外来援助，没有任何捷径可走，还要不断闯出新路，甚至需要经常“徒手攀岩”。

虽然四部地处南苑，离家20多千米，但是为了工作，黄纬禄没有强调一句困难。他从此开始了从液体到固体、从陆上到水下、从固定发射到移动发射、从控制系统到总体技术的角色转变。

从“学生”到“先生”

1970 年春，四部全体职工从呼和浩特来到北京。听说院里派来一位新主任，这些大多还不到 30 岁的年轻人，静静地等待着黄纬禄的到来。他们知道，黄纬禄是一位控制系统专家，第一次担任导弹总体部的主任，以后要由一个不了解总体的人来领导工作，大家心里不禁都隐隐有一些担心。

在简单的欢迎仪式上，黄纬禄面带微笑走上讲台。面对总体部同事们那充满期待的目光，他清了清嗓音，用带着芜湖、扬州口音的普通话，开始了他在四部的就职演说：“同志们，大家好！我来这里担任总体部主任，是做一个技术领导干部，但是，当主任是组织分配给我的工作，并不等于我水平高。我对这个型号的了解还很肤浅，甚至可以说基本不懂。很多东西需要向大家请教，

请大家把我当成小学生，从ABC开始讲起。向我讲述问题时，如果我没有听懂，你们不要怕麻烦，请再给我讲一遍，我一定虚心地学！”

短短一席话，感动了在座的每位听众。人们之前就听说，新来的主任是一位技术造诣很深的老专家，但没想到如此谦虚务实。黄纬禄给人留下了和蔼可亲的印象，他与新同事之间的距离一下子拉近了许多。

重新开始学习，老师们都是他的下属。对此，黄纬禄从不摆官架子，总是主动请教，非常刻苦。他说：“导弹是一门综合技术，任何一位技术权威都不可能样样精通。即便是领导，也必须先当学生，不懂就是不懂，不懂就问，问明白以后就懂了。”黄纬禄发自内心的真诚，换来的是老师们的倾囊而授。

导弹武器系统总体设计，需要技术总负责人对各分系统的知识了解得全面、深入、透彻，并在需要决策时，果断地拿出权威性意见。鉴于此，黄纬禄明白，只有先以宽泛、全面的专业知识武装头脑，具备一定的“资本”后，才能以“同学”身份与同行们进行技术研讨，最后才能升华至“先生”的角色进行决策，提出指导性意见。这是从液体导弹控制专业转到固体导弹总体设计的唯一“捷径”。

一天，黄纬禄来到一院一部六室，找到朱忠惠：“我想学习一下伺服机构方面的知识，你看能不能帮我找些资料？”朱忠惠拿出伺服机构设计报告递给黄纬禄：“这个报告内容比较齐全，伺服机构的知识在这份报告里有充分的体现。”黄纬禄很高兴，说：“好，我自己学习就可以，先不用耽误你的时间。”之后，他在六室找了个座位，静静地坐下来细心阅读。连续三天，黄纬禄把报告读完了。临走前，他对朱忠惠说；“你们这个报告写得不错，我都看了，从中学到了不少伺服机构的专业知识，谢谢你们对我的支持。”

渐渐地，善于动脑又虚心好学的黄纬禄，专业知识累积得越来越多。他把各学科的知识有机结合起来，融会贯通，比较清楚地掌握了导弹型号各个系统、各个设备的情况。同时，黄纬禄善于把深奥或复杂的技术问题，或用浅显易懂的方式、或借用生活中的现象解释清楚，使科研人员很容易理解，为工作的顺利开展创造了条件。

从“学生”到“同学”再到“先生”的身份，在黄纬禄身上发生着快速的转变，给大家留下了极为深刻的印象。这位新上任的总体部主任，在不长的时间内，便得到了人们的普遍肯定。进而，人们对黄纬禄的肯定升华为敬佩与赞誉。

停建大水池

1970年5月，七机部在北京召开固体潜地导弹研制工作会议。会议除了听取导弹研制情况、计划安排和存在问题等汇报外，还要对事先拟定的许多专题进行讨论，其中一项是关于撤销用于潜地导弹试验的大水池的建设问题。

关于大水池的建设问题，还要从固体型号导弹的研制初期说起。

1967年，四部开始了我国第一个潜地导弹型号的研制工作。要经过哪些试验和考核，才能把一个实用的潜地导弹型号研制出来，成为首当其冲的问题。

潜地导弹的研制，主要技术难点是水下发射。船舶研制部门为了确保潜艇官兵们的生命安全，明确提出，导弹没有经过水下发射试验，不能上艇！

这种担心不无道理，美国潜艇就曾发生过一次严重事故，导弹射出水面后没有点火，落下来砸在了潜艇上，造成艇毁人亡的悲剧。为此，美国在研制北极星固体潜地导弹时，在海边建了全尺寸水下发射试验装置。

四部科研人员在分析美国潜地导弹试验过程的基础上，提出了在陆上建设能进行导弹发射的大水池方案，建议模拟海上发射环境，进行导弹水下发射试验。这个方案于1967年6月讨论通过并开始执行。

大水池方案确定后，立即成为导弹型号研制的重点工程。在报请中央军委批准后，于1969年破土动工。为赶进度，大水池采取了边论证、边设计、边施工的方式加速推进。在建设过程中，人们逐渐发现，这项工程实在太大了。大水池的长、宽、深要达到一定的要求，以满足模拟潜艇水下运动的条件；为了实现造波，所需的动能要由多台航空发动机提供。大水池建设的技术难度比导弹研制还要大，并且难以满足导弹研制的进度要求。即使大水池能建成，在地处干旱少雨、风沙较大的西北地区，向大水池引水与常年维护，也需要持续的巨额资金投入。

在大水池建设过程中，遇到如此难以克服的困难，是科研人员始料不及的。随着研制工作的逐渐深入，科研人员开始探索其他方法，来满足研制中所需的试验与考核条件。在大家的不断努力下，导弹设计所需的一些条件相继得到满足。之后，导弹上艇发射前，如何考核设计的正确性，以及导弹上艇后，如何保障潜艇的安全成为了主要课题。经过技术人员的充分讨论，终于想出了在发射筒内确保导弹不点火、出筒后确保导弹不碰艇，以及发射时潜艇倾斜一定角度、在最坏情况下确保导弹不砸艇的方案。在研制条件得到满足、安全又有基本保证的情况下，停建大水池的建议被大胆地提了出来。

上任不久的黄纬禄，要对这项涉及国家上亿元资金的大项目表明自己的态度。对黄纬禄而言，这个表态既要建立在对该项目技术问题理解的基础上，也包含着一份不可推卸的责任。为了使自己的表态客观、符合实际、具有说服力，黄纬禄认真倾听技术人员关于大水池从提出修建到建议取消的全过程，以及取消大水池后，后续采取的技术措施。他经过仔细思考，分析了每一个环节的可行性。

如果大水池停止建设，符合中国国情的固体导弹研制程序该如何制定呢？黄纬禄率领技术人员对导弹总体方案及试验流程进行了进一步的分析和论证。经过大家群策群力、反复研究，决定把固体潜地导弹试验程序由陆上发射台发射、陆上发射筒发射、大水池水下发射和潜艇水下发射四个步骤，简化为陆上发射台发射、陆上发射筒发射与潜艇水下发射（简称“台、筒、艇”）三个步骤。

在七机部组织的固体潜地导弹研制工作会议上，黄纬禄作为固体潜地导弹的技术总负责人，以四部科研人员提出的技术方案为依据，提出了停建大水池的建议，并汇报了“台、筒、艇”试验方案。会后，有关停建大水池的建议和试验方案，获得七机部和国防科委的批准。

停建大水池，大大简化了试验设施，缩短了研制周期，为国家节约了上亿元研制经费。

在南京长江大桥上做试验

在论证大水池停建的过程中，准备在南京长江大桥[①]上做模型弹溅落试验的工作也在抓紧进行。这一试验就

①南京长江大桥是长江上第一座由我国自行设计和建造的双层式铁路、公路两用桥，是继武汉长江大桥、重庆白沙陀长江大桥之后第三座跨越长江的大桥，也是其中最大的一座，1968 年 9 月建成通车。

南京长江大桥之所以被科学家们选定为潜地导弹的试验场，是因为大桥的江面正桥长 1576 米，有 9 墩 10 孔，每孔跨度 160 米，特别是大桥距离水面约 120 米，水深在 15 ~ 30 米间，基本符合潜地导弹的起飞高度和落水试验条件，而且以大桥为依托便于打捞回收试验弹，以进行多次反复试验。

是要解决模型弹从空中落海后会不会砸艇的问题。

黄纬禄面见国防科委副主任钱学森，详细汇报了在南京长江大桥上进行模拟试验的设想。钱学森积极支持，同意四部在南京长江大桥上进行导弹模型投放试验。

1970 年 7 月 3 日，中央军委电告南京军区：为了保证固体潜地导弹水下发射时潜艇的安全，同意在南京长江大桥上进行全尺寸模型弹入水冲击试验。

黄纬禄带领试验队前往南京，受到南京军区司令员许世友的欢迎。黄纬禄向许世友简要介绍了试验的方法、目的和意义，许世友对此赞叹不已：“你们这些科学家，一个点子为国家节约了一个亿，了不起！”试验前，许世友设宴为黄纬禄壮行，他端起酒杯豪爽地说：“这是南京长江大桥的骄傲，为了试验成功，干了这杯！”

黄纬禄说：“我不会喝酒。”

许世友说：“就为你们给国家做出的贡献，你也得喝了这杯酒。”

不善交际的黄纬禄直率地说：“我现在喝下这杯酒，是苦的；等到庆功那一天，就算喝醉，我也要干了这杯……”

七月的南京，骄阳似火，江面的水汽热腾腾地熏蒸着，让人们喘不过气来，大桥上的栏杆也是处处烫手。

大家携带一枚直径一米多、长十多米，外壳漆成白色的模型弹壳体，来到南京长江大桥边上。首先，需要在模型弹壳内粘贴胶囊，以防模型弹落水后沉入水底。在没有任何遮挡的露天作业场，烈日的暴晒使模型弹壳内的温度达到了50℃左右，壳体内操作空间十分狭窄，胶粘剂的刺鼻气味令人作呕，加之壳体密不透风，工作环境异常艰苦！技术人员光着膀子，穿着短裤，蹲在壳体内作业，不到5分钟便汗流如注，每过10分钟必须换人，否则就会超过忍受的极限。在这样的轮换操作中，年过半百的黄纬禄再三要求进入壳体作业。实在执拗不过，大家才同意他进去体验一次。不过几分钟的时间，黄纬禄已大汗淋漓。看着如同被水浇过的黄纬禄，大家深受感动，一再说："黄主任，您这么大年纪，又担负这么重的责任，不能再这样干了！"黄纬禄却笑着说："为了入水试验成功，我应当和大家一起接受'烤'验呐！"

晚间，在江边的工人宿舍内，黄纬禄和大家一起用临时借的几张床休息。宿舍内潮热异常，为了防止蚊虫叮咬，又必须挂蚊帐，这更使人热得难以入眠。但是，为了试验成功，无论有多辛苦，大家都咬牙坚持着。

第二天，就要实施模型弹入水冲击试验了，晚上大家睡不着，都在反复想着试验中将要进行的操作细节。天刚亮，大家便不约而同地早早起床。吊车开到桥中央，将一枚钢壳模型弹垂直吊挂在离水面一定距离的大桥外侧，吊点连接处放置一枚爆炸螺栓。这时候，模型弹壳体内的胶囊里充满了气体，以防舱内灌水而下沉。打捞船已经选定了有利位置准备打捞模型，以备下次试验使用。摄影机、照相机也都各就各位，一切准备停当。黄纬禄发出“通电”口令，电源接通，爆炸螺栓爆炸，模型弹一溜烟地溅落到江中。有线测量仪记录了全部数据，摄影机摄制了所需镜头，打捞船及时打捞起了模型弹壳体。

全尺寸模型弹共进行了3次投放试验，通过试验暴露出的一系列问题，在不断采取针对性措施后逐步完善。试验证明，模型弹壳体入水最大深度小于潜艇深度，得出了不会砸艇的结论。

一次试验中，由于配置不当，测量电缆随模型下落时，致使一位工作人员背部受伤，黄纬禄的手臂也被轻微擦伤。当大家关切地询问黄纬禄的伤情时，黄纬禄说：“我这点小伤不算什么，你们赶快把那位受伤的同志送医院治疗，千万不要耽搁！”许世友司令员得知情况后，也关切地询问黄纬禄的伤情，黄纬禄说：“这点血的代价还是值得的。”

黄纬禄与大家同甘共苦，让科研人员深受感动，他们感慨地说：“这样的老专家真是难得！”

就在黄纬禄等人在南京长江大桥上进行试验期间，1970 年 8 月 2 日，中央军委批复：“撤销大水池试验后，必须做好充分的陆上试验，以保证潜艇试验安全、可靠。”

随后，科研人员在海军某基地的陆地上建成一套模拟潜艇发射状态的发射筒设施，进行了多次从筒中发射模型弹的试验，黄纬禄率领大家分析故障，解决问题，最终收到了预期的效果，获得了第一手资料。

于是，具有中国特色的固体潜地导弹“台、筒、艇”三步走的研制试验程序，终于走到了第三步：进行从潜艇上发射模型弹的试验。

发射模型弹

从潜艇上发射模型弹在我国尚属首次。尽管通过陆上试验，固体潜地导弹研制团队认为有了一定把握，但能否万无一失，谁也不敢打保票。

中央领导非常重视这次试验。1972年6月4日，中央军委副主席叶剑英召集军委办公会议，听取有关潜艇试验的汇报。潜艇方面有关人员率先汇报，不一会儿就被叶剑英打断：“你要是念稿子，不如让我们看看稿子算了。”为此，临时换人介绍潜艇相关情况。

第二个发言的是黄纬禄，看到叶剑英的严肃态度，在场的七机部领导不禁为黄纬禄捏了一把汗。黄纬禄并不紧张，他对于向行业外领导讲解技术问题，已经有了较为丰富的经验。他很清楚，在这种场合，根本不能用念稿子的方式来汇报工作。

为了这次汇报，黄纬禄做了充分的准备。他以领导对技术问题基本不了解为前提，处处为听者着想，考虑如何把问题讲清楚，使他们听完之后，能够完全理解。

比如，为了让中央领导理解静稳定、静不稳定的技术术语，黄纬禄以打羽毛球做比方，如果羽毛球打出去后，羽毛在前面，就是静不稳定状态。因为羽毛在前面时，只要稍微偏一下，球就会翻跟头，球头就跑前面去了；反之，如果球头在前面，就是静稳定状态。黄纬禄将枯燥的技术问题，通过生动、通俗的比喻，讲得清清楚楚，也让在场的人听得明明白白。接下来，黄纬禄又把在南京长江大桥上做试验以及出现问题的解决情况，一一作了汇报。

最后，黄纬禄作了一个简单明了的总结：根据上述试验，以及对相关问题的解决方案，我们认为，从潜艇上发射模型弹是有把握的。

这次汇报会之后，从潜艇上发射模型弹的试验方案获得了批准。

1972 年 7 月至 10 月，“巨浪一号”全尺寸模型弹进行水下发射试验。除了一枚因操作失误未能发射外，其余各发均获得成功。

四个“主动”

潜艇发射模型弹试验虽然成功了，但这只是万里长征走完了第一步，还有很多技术难关需要攻克、很多实际困难需要解决。

按照导弹研制程序，在确定了总体和各系统方案之后，应转入方案的具体实施阶段——初样研制①阶段。

在初样研制阶段，黄纬禄面对的是没有前人经验可供借鉴、没有国外资料可以参考、完全靠这支年轻队伍

①弹道导弹工程研制阶段一般包括初样研制和试样研制两个阶段。初样研制阶段是工程样机阶段，包括初样设计、试制和试验；试样研制阶段是提供飞行试验样机、全面检验导弹武器性能的阶段，包括试样设计、试制和试验。

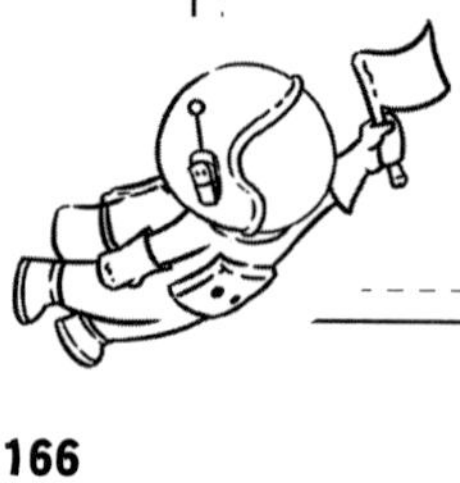

来自行解决一系列难题的困境。“巨浪一号”作为核潜艇的配套武器系统，相对于地地导弹武器系统，在工作环境和作战方式方面有许多新要求。这一切都是陆基导弹所没有、而潜地导弹又必须解决的新问题。

这些纷繁复杂的问题，使黄纬禄承受着巨大的压力。但他通过沉着冷静、果敢坚毅的眼神，传递给研制团队的，却是坚定的信念和必胜的信心。在黄纬禄看来，导弹的研制过程，就是一个不断发现问题、解决问题的过程。

面对如此严峻的局面，从哪里抓起呢？黄纬禄心中有根万变不离其宗的主线：通过身先士卒、以身作则，培养出一支团结协作、能打硬仗的队伍；通过强大的凝聚力，使大家拧成一股绳，人心齐，泰山移。

针对总体工作的特性，他向四部全体人员提出了四个“主动”的要求，即：有问题主动商量，有困难主动克服，有余量主动相让，有风险主动承担。这四个“主动”的工作精神，在黄纬禄的言传身教下，也逐步形成了整个总体部的工作风格。

黄纬禄很清楚，集体的力量源于团队每一位成员的积极性和创造性。充满民主和谐氛围的工作环境，对于发挥每个人的积极性至关重要。所以，他十分注重营造这种工作氛围。“遇到问题和大家商量，让大家畅所欲言、发表意见”是黄纬禄惯用的工作方法。

工作气氛和谐，管理却不能放松。黄纬禄对人的要求、对队伍的管理，可以用“三严”来概括：严肃的态度、严格的要求、严密的方法。“三严”要求在黄纬禄身上体现得非常突出，他的团队也表现得相当出色。

在黄纬禄的带领下，“巨浪一号”的技术攻关工作在不断向前推进。

然而，尽管大家竭尽全力，由于研制工作中存在许多常人难以想象的困难，加之“文革”期间动荡不安的政治因素，“巨浪一号”的研制工作依然举步维艰。

忘我工作

不仅技术创新难度很大，政治因素对型号研制也造成了不可估量的影响。“文革”期间，队伍纪律涣散，行政管理瘫痪，没有人对研制工作提出任何要求。

黄纬禄就是在这种情况下，每天默默地骑着自行车，往返于南苑和永定路之间，率领大家不断攻关。单程20多千米的距离，对于年过半百的黄纬禄来说，实在是体力与毅力的考验！面对家人的担心，他总是以“既锻炼身体，又方便工作”为由来安慰她们。

一个冬天的晚上，大雪将路面盖得严严实实。尽管黄纬禄在下班途中倍加小心，但由于雪深路滑，在离家几千米的地方，他还是重重地摔倒了。除了腿上、身上的碰伤和擦伤外，他的右臂疼得很厉害。等他缓过劲儿来，想继续骑车时，右手已无法握紧车把。在凛冽的寒风中，他只好用左手扶着车把，艰难地推着自行车，踏着厚厚的积雪，深一脚、浅一脚地往家走。直到夜里11点多，黄纬禄才回到家中。

妻子刘汉菊连忙端上热了又热的饭菜，可黄纬禄的右手已疼得拿不住筷子了。“纬禄，你不能再这样了，万一出点事儿，可怎么办哪！素云大姐一直担心你，她站在厨房，向外望了几个钟头，怎么劝她都不管用……”刘汉菊眼中流露出的担心与焦虑，使善解人意的黄纬禄不得不作出让步，他忙说：“好，好，听你的，我明天乘公共汽车上班就是了！”

20世纪70年代，永定路到南苑的公共汽车需要换乘三四次，单程需要两个半小时。黄纬禄清晨五点多离家，当他换乘到南苑的最后一路公共汽车时，等车的人已经很多了，他经常挤不上去。周六晚上回家更难了。汽车刚一到站，急着回家的人们便蜂拥而上。有一次黄纬禄好不容易挤上车，紧贴车门站着，到下一站时，车门刚打开，涌下车的人群把他挤得从车上仰面摔下来，幸好被一双大手从后面一把托住：“嘿，你这老头儿，不要命啦！也不怕挤出个好歹来！”黄纬禄一个“谢”字还未出口，那大汉已随着人流挤进车内。黄纬禄定了定神，干脆等人少一些再坐车回家。

他到家后，家人都关切地问：“怎么周末了，还这么晚才回家？”“哦，是办公室有点事儿。”黄纬禄不想把途中的险情告诉家人，以免引起她们的担心。但就在黄纬禄转身的瞬间，刘汉菊发现他身后有几块黑色油污，依稀看得出是一双手印，刘汉菊用关切和疑惑的目光看着他。黄纬禄知道瞒不过去了，便故作轻松地说：“要不是这一双手印，我恐怕回家就更晚喽！”刘汉菊自从知道这件有惊无险的事情后，就把常对黄纬禄说的“星期六早点回家”改成了“路上小心，星期六可以晚点回家”。

在“巨浪一号”的研制过程中，黄纬禄付出的不仅是心血，还有自己的健康。除了有不时胃疼的老毛病，他长期咳嗽的顽疾也越发严重了，没有一个夜晚不被咳醒几次。因忙于工作而忽视治疗，他的慢性支气管炎逐步发展为肺气肿，最终导致慢性阻塞性肺炎、肺部纤维化；因为过分劳累，黄纬禄的心、肾功能也日渐衰退；长期低烧查不出原因……最后，医生发现他的低烧竟然与动脑筋的紧张程度密切相关。

一个深夜，因加班太晚而住在单位的一位同志起来上厕所，当他经过黄纬禄的办公室时，隐约听到房间里传出呻吟声，他轻轻推开门，只见满头大汗的黄纬禄正用拳头使劲抵着下腹部，表情非常痛苦。这位同志赶紧叫来几个人，连忙把黄纬禄送到医院。经诊断，这种剧痛是输尿管结石引起的。医生说，幸亏你们来得及时，不然会出大问题的。医生建议进行手术治疗，使疾病得到根治。黄纬禄却放不下正在紧张进行的技术攻关，坚持采用保守疗法，也就是服中药排石汤，再配合剧烈运动，促进结石排出。尽管这种保守疗法并不适合他这个年龄的患者，黄纬禄还是带着中药离开了医院，投入到紧张的研制工作中。除了每天按时服药，他还坚持进行单腿跳跃，直到筋疲力尽，希望早日把结石震下来。但54副中药吃完了，依然无效，剧烈的疼痛越来越频繁地发作。

最后一次发作是在家中。深夜，黄纬禄疼得辗转反侧、坐卧不宁，为了不影响妻子休息，他尽量用平稳的语气对她讲：“我肚子有点疼，到客厅待一会儿再睡。”好久不见他回卧室，刘汉菊想出来看个究竟。只见黄纬禄脸色苍白，表情痛苦，一只手紧紧捂着肚子，一只手正在擦拭因为剧痛流进眼角的汗水。刘汉菊一边催促他赶快上医院，一边拿起电话想请单位派车。黄纬禄一把将电话按住，说：“半夜三更的，人家正在休息，不好打搅。再过几个小时天就亮了，等天亮再去吧！”一直熬到天亮，两人才相互搀扶着走向医院。

医生立即决定，让黄纬禄住院治疗。当医生为黄纬禄做完手术、取出结石，拿给刘汉菊看时，向她说道：“这个结石呈三角形，表面很粗糙，紧紧地卡在病人输尿管的狭窄部，幸亏做了手术，否则，再喝多少排石汤也没用！”刘汉菊看着这颗结石，心里泛起阵阵酸楚：“他是疼得实在忍不住了，但凡轻一点儿，他还会忙着工作，不肯做手术呢！”

在那段动乱岁月里，黄纬禄从来没有任何怨言，从来没有放松工作。他把对祖国的忠诚、对事业的热爱，化成了克服困难、认真工作的实际行动，为了“巨浪一号”的早日成功，默默地奉献着自己的一切。

“三抓任务”

1976 年 10 月，“文革”动乱终于结束了！

经过一系列的整顿和调研讨论，1977 年 9 月，中央批准了航天领域需要完成的三项重点任务——向太平洋发射洲际导弹、由潜艇发射固体导弹和发射地球静止轨道通信卫星（统称“三抓”任务），并明确指出，固体导弹型号是今后的发展方向，要争取尽早突破。

这三项重点任务技术新、难度大、周期长、知识密集、协调复杂、要求严格，是现代化合成兵团的科学会战，是规模宏大的天上、地面、水下联合立体作战。而“三抓”任务的前两项和发射通信卫星的运载火箭都集中在七机部一院，研制任务异常繁重。

鉴于一院型号研制任务过重，1978 年，七机部从全局考虑，提出将“巨浪一号”转到二院研制的建议。

1979 年 4 月，国防科委批准一院四部整体划入二院，由二院全面负责固体潜地导弹和陆基机动导弹（“东风二十一号”）的技术抓总与协调工作。

1979 年 4 月 25 日，七机部党组决定，黄纬禄任固体潜地导弹和陆基机动导弹总设计师。为了加强核潜艇工程的技术抓总和协调工作，1979 年 9 月，国防科委、国防工办又任命黄纬禄为核潜艇工程副总设计师。

二院在接手固体潜地导弹和陆基机动导弹研制任务后，立即进行了全面分析，决定采取“统一指挥、型号抓总、专业协作”的管理体制和相对稳定的配套协作体系，首先从建立两条指挥线入手，加强并健全设计师系统。两条指挥线对型号研制工作的顺利开展起到了重要的保证作用，使“巨浪一号”研制工作进入了黄金时期。

1979 年，固体潜地导弹各分系统相继完成了试样设计。在经过了一系列的试验、从不同角度对导弹设计的正确性和设备的可靠性进行考核后，1980 年下半年，固体潜地导弹进入总装测试阶段。

为了保证导弹从生产、总装到测试的质量，黄纬禄对总装厂的生产、工艺、装配、测试等所有环节的要求十分严格。他严慎细实[①]的工作作风，给总装厂的工作人员留下了深刻印象。

①“严慎细实”这四个字不仅是黄纬禄的工作作风，也是中国航天的企业作风。严，体现在严明的纪律、严肃的态度、严格的要求、严密的方法；慎，体现在依靠科学、尊重规律、慎始慎终、慎言慎行；细，体现在认真细致、精细到位、一丝不苟、分秒不差；实，体现在实事求是的思想方法和脚踏实地、务真求实的工作态度。

为了全方位了解导弹从生产到出厂的全部状态，并及时解决生产中遇到的各种问题，黄纬禄经常出现在生产第一线。人们也习惯了他的工作方式：静静地来车间，默默地观察，偶尔向厂领导了解情况。为了保证产品质量，他对工艺上的要求非常严格，但对一些无关紧要的问题也会适当放宽。他这种既严格又务实、设身处地为总装厂考虑的做法，很受大家欢迎。

黄纬禄在总装厂解决的实际问题涉及方方面面，协调矛盾、技术攻坚、质量把关、厂房改建，等等，在问题最棘手的地方，总能见到他的身影。在他身体力行的带动下，整个研制团队齐心协力，终于实现了共同的目标：导弹可以出厂，进入飞行试验阶段了！

第九章

一弹两用

“按时发射”

“巨浪一号”遥测弹飞行试验，是对导弹武器系统最重要的综合性检验，按照“台、筒、艇”三种状态依次实施。

首发遥测弹于1980年10月27日出厂。对“巨浪一号”来说，这是意义重大的一次试验，七机部责成二院抽调精兵强将，组成一支大型试验队伍，浩浩荡荡地开进试验基地。

经过一段时间的紧张测试，人们怀揣信心与期盼，迎来了发射的那一刻。然而，就在导弹起飞数秒后，异常情况发生了！导弹似乎故意和人们过不去，没有按预定轨道飞向目标，而是在空中“画”了一个大大的“S”形——试验失败了！

出师不利，使黄纬禄心情沉重、压力很大，但他很快冷静下来。作为总设计师，在关键时刻，必须稳住阵脚，不能徒劳地悲伤，而要争分夺秒地查找失败的原因。

黄纬禄微皱眉头，目光深邃，凝视着远方。此刻，试验过程中所有的工作细节，如过电影般在他脑海中迅速闪现。根据多年导弹控制系统研制工作的经验，他很快将注意力集中在控制系统上：导弹飞行轨迹呈“S”形，说明还是有控制的，只是控制系统发出的信号已经失常。

1981 年 2 月，黄纬禄主持召开“巨浪一号”总师扩大会，分析首发遥测弹试验失败的原因，制定了确保第二发遥测弹试验成功的措施。

第二发遥测弹通过严格测试，被安全送达试验基地。

接插点火引爆器的电缆插头是一项危险性的工作，存在着遇静电而引爆的可能性。导弹在试验基地再装配时，由于事先没有明确分工，致使两个单位互相推诿。夜深了，任凭黄纬禄如何苦口婆心地做工作，双方还是僵持不下。他心想，试验在即，还是自己上吧！于是就平静而诚恳地说：“你们如果都不愿意操作，明天我来吧。”一句话感动了所有人。一位同志红着脸说：“黄总，您这么大年纪了……还是我来吧！”僵持局面终于打破了。

1981 年 6 月 17 日凌晨，黄纬禄精神抖擞地进入发射阵地总指挥所。阵地上，发射前的总检查按部就班地进行着，除了不时传来几句检查情况的报告声外，偌大的指挥所寂静得仿佛能听见人们的心跳声。“总检查完毕，一切情况良好，请求转入发射程序！”发射阵地传来的报告声刚落，黄纬禄便镇静地命令道：“同意转入发射程序！”此刻，他语气沉着坚定，心中充满自信，指挥果断有方——那儒雅坚毅的形象，令人肃然起敬！

飞行试验按照预定程序继续进行。黄纬禄和基地司令员离开总指挥所，走过长长的地下隧道，爬上了高高的山坡，这是观看导弹发射的最佳位置。此时，山坡上已经挤满了观看发射的人，所有人都在等待着那激动人心的时刻。

“请黄总马上到总指挥所！马上到总指挥所！！”忽然，扩音器中传来急促的呼叫声，黄纬禄心头一紧：“不好，有异常情况发生！”他三步并作两步地奔下山坡，以极快的速度穿过隧道。当他进入总指挥所时，离发射时间只有两分钟了！他气喘吁吁地听着发射阵地传来的简短汇报：“一级伺服机构反馈电压表指针偶尔出现摆动，请黄总指示！”

总指挥所的同志们都慌了，难道首发失利的场景又会重现？！这一发如果再出问题，如何向国家交待啊！巨大的压力让所有人不敢再往下想了，他们不由得瞪大了眼睛，注视着黄纬禄。

此时，黄纬禄的脑子如同高速计算机一样超速运转，导弹的系统框图清晰地展现在他的脑海中，所有可能引起电压表指针摆动的因素被迅速提取出来。他很快镇定下来，拿起话筒，冷静地询问发射阵地地下指挥所的同志："惯性器件平台怎么样？"

"平台没问题！"

随着对询问结果的快速分析，在两三秒的时间内，黄纬禄当机立断，沉着果敢地下达了"按时发射"的命令。

总指挥所的每个人都为黄纬禄的决定捏了一把汗！

顷刻间，随着一阵地动山摇的轰鸣，导弹喷出一团金色的云烟，发出惊天动地的吼叫，腾空而起，拖着几十米长的尾焰，直插云天。当人们还在疑惑命令是否正确时，弹着区已经传来捷报：弹头准确命中目标，射击精度达到设计要求。

我国自行研制的固体战略导弹飞行试验获得圆满成功！整个发射现场一片沸腾，人们欢呼、跳跃、拥抱，一顶顶帽子飞上了天，一双双眼睛流出热泪……大家为试验成功忘情祝贺，由衷地叹服黄纬禄在关键时刻，竟有如此惊人的胆略和魄力，真不愧是一名身怀绝技的“老总”啊！基地司令员含着热泪，紧紧地握着黄纬禄的手说：“黄总，你的决心下对啦！”

事后，当人们问起黄纬禄如何能当机立断时，他说：“这枚导弹，我是从头到尾跟下来的，对情况比较清楚。这个伺服机构灵敏度非常高，弹体稍有摆动，就会发出信号，电压表就会摆动。这次摆动可能是由于小型干扰震动弹体产生的。因为平台没问题，我就断定导弹本身没问题，所以才敢作出‘按时发射’的决定。”

也有人问：“黄总，你有没有想过，万一发射失败了，是要负责任的！”黄纬禄笑笑说：“该负责时，就要敢于负责。如果我怕负责任，决定不打，那很简单。但要把导弹运回技术阵地重新测试，不仅损失更大，发射周期也要拉长。当然，我决定继续发射，风险是很大的，万一发射失败，全部责任就由我一人承担。关键时刻，要有敢于负责的精神！”

陆上发射台飞行试验成功，掀开了我国固体导弹技术发展史上新的一页。国务院、中央军委发来贺电：“固体导弹首次飞行试验成功，标志着我国导弹技术有了新的突破。”

固体导弹陆上发射台发射试验成功半年后，陆上发射筒发射试验也紧锣密鼓地开展起来。1982 年 1 月 7 日和 4 月 22 日，在导弹试验基地又进行了两枚筒状遥测弹发射飞行试验，都获得了成功。

陆上两种发射状态的试验成功，证明固体战略导弹研制方案正确、系统工作协调、设备稳定可靠，为进行潜艇水下发射试验创造了条件。

弹着区指挥部设在远望一号测量船上，由国防科工委测量船基地司令员田震环任指挥，负责测量、护航警戒、支持掩护、空中支持等任务。

这无疑是一次民与军、军与军的陆海空天联合作战！

马上就要迎来固体潜地导弹水下发射的实际考验，黄纬禄肩负的担子是何等沉重与神圣啊！

5 月下旬，用于潜艇水下发射的数枚导弹陆续出厂，分别运抵试验场区。紧张的导弹现场重装、测试工作开始了。黄纬禄和大家一样，始终工作在导弹装测现场，随时解决技术问题，没有停歇喘息的机会。在黄纬禄和整个试验队的共同努力下，发射前解决的质量问题和排除的技术故障数以百计。

张爱萍副总理前来督战。他首先来到技术阵地，走

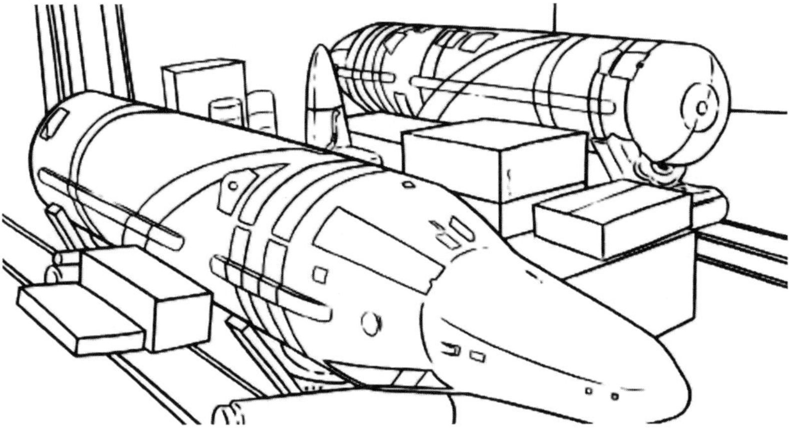

到一枚导弹跟前，招呼着“黄总，你来给大家介绍介绍”。黄纬禄走上前，向大家介绍了导弹的研制情况和试验弹的调试情况。之后，张爱萍又登上发射阵地——长城 200 号潜艇，重点检查了导弹舱等舱室，最后来到已经挤满艇上官兵的会议室。

张爱萍微笑着把黄纬禄等专家介绍给官兵们：“今天，我请来了各路专家，目的是要考考你们，看看你们的发射准备工作做得如何？”

在石崇礼艇长汇报过程中，专家们不时提出一些问题。

黄纬禄问：“如果导弹卡了壳，你们将如何处理？”

石崇礼回答了他们的多种处理预案。

黄纬禄又问:“如果已经出水的导弹突然发生故障，你们将如何规避？”

石崇礼又介绍了潜艇规避方案。

一个问得突然，一个对答如流，会议室里不时发出阵阵称赞声。

这时，有人轻声议论说:“这位总师真怪，怎么净问些不吉利的问题？”

张爱萍听见后说：“这叫作从好处着想、从坏处着手嘛！只有每一位官兵都做好这两种准备，我们的试验才能取得圆满成功。”

潜地导弹水下发射准备工作日趋完备，发射时刻即将到来。人们在期盼的同时，心中也免不了惴惴不安……

1982年10月1日，新华社受权①发布公告：“中华人民共和国将于1982年10月7日至10月26日，向以北纬28。13’、东经123。53’为中心，半径35海里圆形海域范围内的公海上发射运载火箭……”这一公告通过电波传遍了全世界。

①受权不同于授权，授权是把权力交给别人，受权是被别人交付了权力。例如，人大常委会授权新华社播发这部法律，新华社受权播发这部法律。

潜地导弹“巨浪一号”被连夜装上潜艇，发射区和弹着区的舰船编队也迅速到达各自的指定海域。

1982年10月7日，首次潜艇水下发射潜地导弹试验即将开始。各战位做好了发射前的一切准备，人们目不转睛地盯着导弹发射海域。突然，蓝缎般的海水被拱起、撕裂，“巨浪一号”犹如出水蛟龙，直刺苍穹。导弹发射、出水、点火正常，但点火后不久，弹体突然失控翻转，在超出安全范围后自毁了。

这突如其来的失利，使得站在导弹驱逐舰两舷观看发射的人们顿时惊呆了。他们的目光在弹体的爆裂中凝固，大家静默了好久，才清醒过来。

当导弹发出巨响的那一瞬间，张爱萍看到了现场指挥员脸上的懊丧，也看到了黄纬禄眼中的泪水。他对在场的人安抚、鼓励之后，拉着黄纬禄来到舱室单独交谈。

张爱萍镇定、亲切而真诚地说：“我们之间合作多次了，应该说早已是老朋友了，对你的为人和学识，我是非常了解的。这一次没有获得完全成功，也是正常的，你不要有太大的压力。”

黄纬禄：“不管怎么说，都是我总设计师的责任。”

张爱萍：“不能这么讲。问题还没有找到嘛。要说责任，我是总指挥，首先要承担责任的是我。”张爱萍的一席话，使黄纬禄从试验失利的痛心和自责中逐渐冷静下来。

张爱萍接着说：“干什么都要交学费的。我们找到了教训，不就是为其他同志、为今后的工作提供了捷径吗？你是总设计师，当务之急是休息几天，这一阵子你太辛苦了，身体本来就不好，休息一下，清静下来，再带领技术人员查找原因。”

黄纬禄点头答应了。但是，他并没有休息，而是带领技术人员连夜查找失利原因。

潜艇的性能是稳定的，官兵们的操作是正确的，水下发射的固体导弹是安全的，导弹出水、升空后的飞行阶段也是正常的。黄纬禄经过认真分析后判断，问题应该出在导弹身上。

黄纬禄将自己的看法与总师办主任刘国梁及时进行了交流，他们的观点趋于一致——事故很可能出在一级固体发动机和二级固体发动机之间的分离插头上。

他对刘国梁说：“我们暂时不要做结论，等把全部遥测数据拿到后再说。我先去找控制系统研究所的同志们谈谈。”

黄纬禄来到控制系统研究所参试人员的住处。这时，他们也正在查找原因，发言很热烈。有的说“可能是我们控制系统的原因”，有的则竭力否认。发言中，大家不免流露出相互埋怨的情绪。

黄纬禄平时最反对打断别人的发言，此刻他却把别人的发言突然打断了。

他说：“同志们，现在最急需的是集中精力把原因找出来，如果要埋怨，首先应该埋怨我。第一，我是总设计师；第二，在发射前，我对控制系统考虑得不够细致。”

有人激动地说：“黄总，您别说了，是我们的原因。”

黄纬禄说：“现在不要做结论，我们继续找原因！”

大家听了黄纬禄的话，一直紧绷的神经，稍微松弛了一点儿。

人们的发言很快集中到控制系统上，有的回忆发射前的经过，有的推断着发生事故的具体部位。

就在大家讨论时，全部遥测数据取回来了。通过对遥测数据的判读，果然是一级固体发动机和二级固体发动机之间的分离插头提前脱开了。

负责插头的技术人员很紧张。黄纬禄见状，强调说：“现在最需要的，是集中精力做好第二枚导弹的发射准备工作，特别要做好插头的检测。我再说一遍，发生这次事故，主要是我的责任……对于你们来说，就是吸取教训，做好准备，力争第二枚导弹发射成功。”

出水蛟龙

任何事物都有两面性。首发导弹自毁，损失严重；但从另一个角度，黄纬禄看到了一次完整的、有价值的导弹自毁试验，充分验证了弹体自毁后，能够炸成碎块、不会损伤潜艇的结论，打消了海军指战员的顾虑。

通过黄纬禄与试验队员的共同努力，失利原因很快有了定论。在有国防科工委、海军、航天工业部有关领导参加的会议上，黄纬禄从技术角度，把故障查找过程、分析结论以及个人观点作了详细汇报。针对北京方面要追查试验失利责任的要求，黄纬禄明确表示：如果坚持追查责任，使大家顾虑重重、谨小慎微、缩手缩脚，反而不利于后续试验的正常开展，建议暂不考虑追查责任的问题。黄纬禄的建议，得到了领导的认同，追查责任的工作就此停止。

失利原因确定后，接下来就是采取措施，以防类似错误再次发生。黄纬禄发现，虽然为了提高可靠性，插头、插座采用了双点双线连接，但是，这双点双线都在同一个插座上。为了进一步提高可靠性，他们把双点双线连接改在两个插座上。即使其中一个插头、插座发生误分离，另一条通路仍然有效。此外，他还采取了一些综合治理措施：加大分离插头连接力，让它连接得更牢靠；对于插头是否插到位，采取双岗制，第一个人插插头，第二个人检查。所有的防范措施均已到位，接下来的事情，就是进行第二枚导弹发射试验了。

公海停航公告是有期限的。黄纬禄此刻的意见非常明确："失利原因已经找到，并采取了相应措施，建议按计划打第二发。"问题解决之神速与建议之大胆，大大出乎张爱萍的意料。

张爱萍找到黄纬禄："你是不是因为有压力而赶时间？推迟几天，休息一下再发射，是不是更好一些？"

"不！"黄纬禄语气坚定地回答，"我现在没有压力，也不会被压力所左右。这是我们经过反复检查、分析、试验、测试，以及全弹模飞以后的结论，证实完全可行。我认为，根据我们的知识与经验，该想的都想到了。如果再推迟，也不会有新的进展。至于休息，现在想休息也休息不成啊！”

北京方面打来电话：“是不是再认真检查一下，推迟发射？”

怎么办？大家的目光全部集中到黄纬禄身上。打，还是不打？黄纬禄面临着艰难的抉择。如果自己执意要打，万一再不成功，一是无颜面对江东父老，二是要承担更严重的责任。但是，一旦错过有利时机，会给国家造成更大损失。在个人名利和国家利益的天平上，黄纬禄知道砝码应该加在哪一边。作为导弹总设计师，要具备对祖国高度负责的精神，在事关大局的紧要关头，不允许有任何私心杂念。

同时，黄纬禄也没有忘记，自己还扮演着另一个角色：他如同战场上的一名士兵，即使有自己的主张，也要服从上级命令。黄纬禄拿起电话，向上级汇报了自己的想法：“需要考虑的问题都考虑了，应该准备的工作都准备了。我认为发射条件已经具备，建议按时发射，不再推迟。如果上级决定推迟，我坚决服从！”

过了片刻，北京方面答复：“我们尊重一线同志的意见。”

1982 年 10 月 12 日 15 时 01 分，我国常规潜艇水下发射第二枚潜地导弹。当导弹部门长按下发射按钮后，导弹迅即跃出碧海，拖着长长的烟龙，直插蓝天，按照设计轨道，以优美的曲线消失在天际，飞向预定海域。这是一个让人窒息的时刻，凝固的空气里充满了期待，黄纬禄的感觉简直是“度秒如年”。

指挥所里鸦雀无声，只有导弹飞行情况的报告：

“导弹发射正常！”

“一级发动机点火！”

“导弹两级分离！”

“头体分离正常！”

人们在焦急地等待最关键的消息。10分钟左右，广播里传来报告：

“弹着区发现目标！”

“弹头命中预定海域！”

导弹经过水中段、控制段、被动段飞行，最后落在我国温州以东约325千米的海域，落点精确，偏差极小。发射区和弹着区的测量设备及时捕获并跟踪了导弹飞行的全过程，获得了大量数据，试验告捷。

“长剑”出鞘，震惊世界。大家欢呼雀跃，激动万分，喜悦之情溢于言表，不约而同地握住黄纬禄的手，表示由衷的祝贺。张爱萍等领导在舰艇上向参加试验的英雄们致敬。

1982 年 10 月 16 日，中共中央、国务院、中央军委发来贺电，向参加固体潜地导弹研制和试验的全体人员表示祝贺和慰问。同日，中国发表了试验结束的新闻公报，试验海区恢复正常航行。

黄纬禄与试验队载誉而归。那天，先行回京的张爱萍不顾腿脚不便，拄着拐杖赶到机场迎接。当黄纬禄缓步走下舷梯时，张爱萍激动地将手杖一丢，与黄纬禄紧紧地拥抱在一起。

张爱萍感到，黄纬禄的身体已是瘦骨嶙峋，仿佛血肉已随导弹一起消融了。这位在十年浩劫中历经磨难、却从不掉一滴眼泪的老将军，此时却簌簌地淌下了热泪。

“老黄啊，可把你累坏啦！”张爱萍说出念叨了无数遍的话。

黄纬禄确实瘦了很多，他的体重从离开北京时的64公斤下降到53公斤。他把整整11公斤的血肉——不，是生命的精髓，融入了为国争光的航天事业中，注入了伟大祖国的躯体里！黄纬禄和整个型号研制、试验团队的忘我付出，换来了中国第二次核打击能力，使我国在世界上做出“不首先使用核武器”的庄严承诺时，有了足够的底气！

两次落泪

固体潜地导弹首次潜艇水下发射试验成功，是取得初次胜利的阶段性终点，同时成为下一个奋斗目标的起点。黄纬禄与“巨浪一号”研制团队，仅仅在成功的喜悦中享受了片刻的休整，便以新的临战姿态，投入到下一个目标的攻坚战中。

1985 年 5 月，国防科工委和海军按照中共中央、国务院、中央军委的决定，向有关单位下达了用核潜艇实施固体潜地导弹水下发射试验任务。

9 月中旬，在发射区指挥部统一领导下，发射艇、测控系统和海空兵力，分别按计划完成了最后的准备工作。

9 月 28 日，首次进行用核潜艇水下发射固体潜地导弹试验。导弹出水后，飞行数十秒，胜利在望。还差几秒钟就要两级分离时，导弹却在空中翻滚自毁了。

失败的阴影笼罩着整个试验队，黄纬禄的心情更加沉重。大家立即投入到失利原因的查找工作中。通过对打捞上来的导弹残骸进行分析，初步确定了飞行失败的原因。

10 月 7 日，第二发导弹发射试验再次失败！黄纬禄和试验队员心如刀绞。人们再次分析失利原因，结论与第一次失利原因相同！

10 月 15 日，第三发与前两发的命运如出一辙！

整个试验任务的失败，成为潜地导弹研制史上的重大挫折，通过这次试验一举定型的打算未能实现。

男儿有泪不轻弹，只是未到伤心处。和许多历经磨难、百折不挠的试验队员一样，坚强的黄纬禄也洒下了痛心的泪水。这三发导弹，是他们几年来无数心血的结晶，连续发射失利的重创，让他们感受到的痛苦，无异于失去自己生命中最难以割舍的一部分！

试验结束后，黄纬禄回到北京。离别日久的亲人们聚集在家里，等待着他的出现。

黄纬禄走进家门。与往常不同的是，他平静的脸上没有一丝笑容，布满血丝的双睛，偶尔闪现出极度悲伤的眼神，但这眼神转瞬即失。他对家人没有一句因久别重逢而嘘寒问暖的话，轻声说道：“饭好了叫我，我先躺一下，一会儿要去办公室。”连鞋都没脱，他就和衣歪在床上睡了。

家人感到了异样，但除了默默关注外，并无人询问，因为大家心里都明白：问，也是白问。

从办公室回到家，黄纬禄没有任何倾诉与宣泄。依然是一句“饭好了叫我”，然后倒头便睡。他饭量大减、食不知味，这种日子持续了很久。黄纬禄的这种异常表现，亲人们看在眼里、疼在心上。这是黄纬禄唯一一种缓解疲劳、抚平创伤的办法。

1985 年 11 月下旬，航天部二院召开“固体潜地导弹第二批海态飞行试验故障分析会”。会上，黄纬禄以谦虚诚恳的态度、平和朴实的语言，对这次试验的利与弊做了客观阐述。他认为，第二批试验弹失利的原因，不是质量问题，而是技术问题。

这次会议之后，针对如何解决技术问题，黄纬禄与科研人员一直在苦苦思索，最终形成现行条件下最有效的综合治理方案。

为了实现这个方案，科研人员又千辛万苦地奋斗了三年之久。进入古稀之年的黄纬禄，角色也发生了变化，他以技术顾问的身份，继续指导型号研制的技术攻关。

三年的艰苦努力，使得需要攻关的技术项目逐项得到落实，再次进行发射试验的条件日趋成熟。1988 年夏，各路试验大军再度汇聚试验基地，又一场试验即将拉开帷幕。

经过 4 个多月紧张、艰苦、精心的准备，各项试验工作全部就绪。

9 月 15 日，一个振奋人心的日子。这一天，晴空万里，海况良好。上午 9 时整，核潜艇离港。14 时整，巨大的潜艇在强大发射反作用力的推动下，猛地向下一沉，颤抖了几下，导弹脱离核潜艇，从发射筒呼啸而出，穿过海水，冲破海面，带着橘红色的尾焰，直刺云端，在湛蓝色的天空中渐渐远去，径直飞向太平洋预定海域。

在海上等候已久的远洋测量船“远望一号”和“远望二号”，同时向船队指挥所报告：“目标落水，落点准确！”当“发射成功”的消息从万里之外传到发射区时，海面上所有的舰艇拉响了 3 分钟的报捷汽笛，观察舰的甲板上，水兵乐队奏响了庄严的国歌……

9 月 27 日，第二次发射试验又获成功。至此，中国核潜艇发射固体潜地导弹试验取得圆满成功！

黄纬禄的眼睛又一次湿润了！这次流下的是喜悦的泪水。此刻，他感受到了为祖国建功立业的骄傲，感受到了作为一名航天科技工作者的自豪，感受到了巨大的付出换来的辉煌成果，感受到了新中国的导弹事业仍任重道远，尚需无数新老航天人为之努力！

导弹"上岸"

在潜地导弹方案论证之初，四部就制定了导弹"上岸"与"一弹两用"的设计原则，认为"一弹两用"周期短、投资少，是解决我国陆基机动发射固体战略导弹"快与省"的方案。

1975年，七机部制定了固体导弹发展规划，"一弹两用"方案得到了国防科委主任张爱萍的赞同。

1975年5月，国防科委上报中央军委：潜地导弹是很有发展前途的固体导弹型号，应争取定型装备部队；同时改为地地型号，用汽车机动发射。毛主席于25日圈阅"同意"。至此，导弹"上岸"方案正式确立。

1978年8月，国防科委提出，对潜地导弹和"上岸"型号按两个武器系统安排。

在经过技术指标论证会讨论并确定五年之内完成陆

在接下来的几年时间里，黄纬禄带领科研人员，陆续解决了多项重大技术难题，经过一系列修改设计，终于实现了“一弹两用”的目标。同时，在整个研制团队的不懈努力下，实现了导弹射程增加、覆盖范围扩大、射击精度提高，满足了研制任务书的要求。

导弹的技术改造完成了，地面专用车辆也生产出来了。接下来的试验工作依旧艰巨。

从 1984 年下半年开始，公路机动运输试验、待机试验、高低温试验、雨天使用试验、夜间操作试验、大风操作试验等相继进行，有些试验不止进行一次。在整个试验过程中，黄纬禄与试验队员一起，盛夏季节奔赴高湿酷热的南方，严寒冬日又出现在滴水成冰的北国，全然不顾自己已年近古稀的瘦弱之躯。

1985 年 5 月，黄纬禄率领试验队奔赴试验基地，他们将利用新研制的多功能发射车和其他配套车辆，首次进行陆基机动导弹飞行试验。

按照惯例，试验队在现场开展“双想”活动：回想产品生产试验过程中有无隐患，预想产品进入飞行状态时可能发生什么问题、应当采取何种预防措施。

5 月 19 日，在控制系统测试中，某通道出现一次参数超差现象，重新进行测试，参数又趋正常。是偶然，还是必然？是弹上系统问题，还是地面设备问题？由于受试验基地条件限制，试验队不可能模拟所有可能因素来复现问题、确诊原因。

20日凌晨，有关人员向黄纬禄汇报了情况。黄纬禄听完汇报后，明确表示：第一，地面设备出现问题的可能性大。第二，设法再做几次试验。如果问题复现，可及时查出原因；如果问题不复现，也可多得几组数据作为旁证。第三，按陈德仁副总师的建议测试小回路，进一步验证弹上设备工作的可靠性。黄纬禄当场决定，上午十点前，兵分两路：一路到技术阵地测试小回路；另一路判读总检查纸带，并将结果直接向试验领导小组汇报……

上午10点，基地会议室坐满了部队首长、试验领导小组成员及参试单位代表，决策会议正在紧张进行。发射区、弹着区、航测、通信、气象、时统各系统先后汇报，准备工作良好，只待发射命令。发射阵地也汇报，其他工作准备就绪，只待该通道的检查结论。

万事俱备，只欠东风！急盼之中，做完补充试验的技术人员赶来了。他们汇报了试验结果，共同认为，弹上系统工作稳定，一切正常，建议发射。黄纬禄倾听各方面的意见后，果断表示：权衡利弊，还是打！在座领导一致赞同他的意见，确定当日下午发射。

雨后天晴，气爽天蓝，层峦叠嶂的群山环抱着试验场。发射场坪上，银白色的发射筒已经竖起，各种特装车辆静卧在场坪和掩体内，电缆网纵横交错地伸向四面八方。阵地上一片寂静，只有广播在传送着各种口令和指挥信息。

“各号注意，五分钟准备！”

紧接着，“砰！砰！”两颗红色信号弹凌空升起，试验场区的气氛异常严肃和紧张。

“两分钟准备！”

“转电、开栓、拔锁！”

随着发射主令的下达，一阵巨响，大地颤抖，一枚新型陆基机动导弹车态遥测弹腾空而起。发射成功！

“落点命中靶心，精度十分理想！”

外测信息传来，阵地上沸腾了！人们欢呼、跳跃，眼里含着激动的泪花，相互击掌、拥抱，以各种方式尽情地表达成功的喜悦。

这不仅标志着我国第一代陆基机动导弹的研制成功，也体现了“一弹两用”研制原则的实践成果。这是我国战略导弹研制史上的又一壮举！

第十章

风范永存

金科玉律

固体潜地导弹与核潜艇之间，以及导弹各分系统之间，都存在着复杂的接口关系，再加上研制初期，经验不多，把握不大，使得“巨浪一号”研制过程的组织协调工作难度很大。各研制单位遇到的技术难题很多，大家都希望尽可能“把自己的余量留得多些、困难留得少些”。因此，在进行技术讨论时，各方情绪激动、尖锐对峙，甚至嗓门很高、口不择言的情况时有发生，使协调工作异常艰难。

诸多技术难题中尤为突出的，就是一级固体发动机摆动喷管的摩擦力矩大大超过任务书的要求，这个问题使导弹出水姿态难以控制，若不及时解决，将导致整个研制工作被迫长时间停顿。

关键时刻，黄纬禄决定召开总师扩大会。会议由总师办公室组织，参会人员包括总师系统成员、领导机关负责人和各研制单位的技术骨干。

会前，黄纬禄做了充分准备：深入基层了解情况、倾听诉求，要求部分单位先行做必要的试验……

1979年8月6日，黄纬禄组织召开了潜地导弹研制史上一次极为重要的会议。

作为主持人，黄纬禄首先请各单位详细介绍自己的工作进展；然后又请大家将所承担的指标和已达到的水平，以及通过努力有可能达到的水平，毫无保留地互相交底；接下来，黄纬禄询问任务书提出单位对下达指标究竟留了多少余量。通过这个回合的讨论，黄纬禄心中有了底。他将自己经深思熟虑形成的方案抛了出来：根据目前情况，较快解决问题的途径只有一个，就是大家都把各自的余量贡献出来，对指标重新进行分配。

一石激起千重浪！各个单位把工作做到当前这个地步，已经费了九牛二虎之力。为了迁就其他系统，需要自己投入更多精力，承担更大风险，这怎么能接受呢？！抵触情绪瞬间高涨起来。在这个节骨眼上，协调工作再难做，黄纬禄也得硬着头皮上。他以极大的耐心，苦口婆心地说服动员，反复与大家协商：目前只有这个办法能尽快解决问题——各单位对指标余量不再层层加码，由大家共同掌握。为了共渡难关，希望大家多克服一些困难，风险由所有研制单位共同承担。黄纬禄明确表示：“作为总设计师，我首先承担责任。”

由于黄纬禄主动担责，在他的带动下，对技术指标余量进行重新分配的目的终于达到了！

黄纬禄处理此次技术问题的方法，被总师室总结为“四共同”原则，即：有问题共同商量，有困难共同克服，有余量共同掌握，有风险共同承担。

在黄纬禄的带动下，参与型号研制的一百多个单位，逐渐形成了大协作精神：在研究院内，人们顾全大局，为了提高综合性能，贡献自己的优势，弥补他人的不足；对外协单位，黄纬禄主动将难度较低的指标分配给院外单位。他的高风亮节，使得在技术协调中出现的尖锐矛盾，被浓浓的兄弟情谊所化解。“巨浪一号”成为了举全国之力、协同攻关、践行“四共同”原则的典范，最终实现了预定目标。

“四共同”原则越来越广泛地被人们所接受、所运用，且成效卓著，渐渐地成为了航天系统解决难题、协调问题的“金科玉律”，乃至对整个国防科研战线都产生了很大影响，成为先进军工文化的生动体现。

无私奉献

黄纬禄数十年职业生涯中的大部分时间都是在科研生产一线度过的，很少有整块时间，将自己的实践经验系统地总结出来。在他撰写的文章中，长篇大论的并不多见，但从他内心来讲，很希望把自己主持型号工作的经验、体会，毫无保留地奉献给航天事业的后来人。

1988 年 12 月和 1989 年 1 月，在发射基地某型号试验队的工作小报上，刊登了黄纬禄从工作中总结出来的思想准则——《心字歌》和工作准则——《性字歌》。

心字歌

指挥操作要精心，分析故障要细心，胜利时不要掉以轻心，失败时不要丧气灰心，委屈时不要寒心，顺利时不要漫不经心，对事业要耿耿忠心，攻克关键技术要有壮志雄心，同志之间要互相关心，帮助别人要一片热心，接受批评要虚心，改正错误要诚心，完成任务要有信心，解决问题要有耐心，进入岗位时要树立责任心，服从工作分配要安心，说老实话、做老实事、无愧于心，以身作则、平易近人的作风要深入人心。

性字歌

语言和行动要有一致性，分析问题要有科学性，处理问题要有严肃性，生活上切忌散漫性，报告情况不可有欺骗性，有些不正常现象带有随机性，通过深入研究找出它的规律性，比贡献要有竞争性，操作失误不能强调偶然性，不认真对待就会变成必然性，知错不改必有危险性，为大家服务要有连贯性，考虑事务的效果时应有全局性，调查研究要注意实质性，切忌表面性，对问题下结论要保证正确性，切忌片面性，社会上的不正之风有很大的诱惑性，拒绝被拉下水应树立一丝不苟、一尘不染的坚定性，对错误言行的批评要有尖锐性，个人考虑问题难免有局限性，要充分发挥群众的积极性，提意见和建议要有建设性，对分歧意见的处理要讲原则性。

两首“歌”的语言朴实无华，没有华丽的词藻，却是黄纬禄从多年的工作实践中提炼出来的，也是他在工作中严格要求自己，妥善处理、协调各种矛盾的真实写照。黄纬禄相信，如果大家都能够以这样的思想准则、工作准则指导自己的言行，我们的事业将大受裨益。

黄纬禄非常注重科研工作的总结。他撰写的《三十年科研工作的点滴体会》，通过许多鲜活的事例，详细阐述了民主与集中、设计与工艺、继承与创新、预研与型号、质量与进度、自力更生与力争外援、留有余量与层层加码等辩证关系。

在中国航天事业创建30周年前夕，黄纬禄撰写了《建议编写 < 导弹设计守则 >》。他语重心长地说："广泛发动航天战线上的所有同志认真总结经验是非常必要的，也是非常及时的。30年来，很多同志在从事导弹事业过程中，做出了很大贡献，也取得了不少经验和教训。这些经验和教训来之不易，是多少人用艰苦劳动、汗水甚至用鲜血换来的，有时是用价值几百万元、上千万元的导弹飞行失败换来的。目前这些经验分散在个人的手中，它只能指导一个人或少数人的工作。若大家都来总结经验，把个人的、分散的经验汇集起来，经过加工，实现从感性到理性的飞跃，指导更多人的工作，该是多么有意义的事啊！"

此后，黄纬禄担任了《导弹与航天丛书》编辑委员会委员和“固体弹道导弹系列”编辑委员会主任，组织丛书编写工作，总结导弹与航天研制工作的经验。

在航天系统2000多位专家的共同努力下，一套包括液体弹道导弹与运载火箭、固体弹道导弹、防空导弹、飞航导弹、卫星工程五个系列和固体推进技术、空气动力学两套专著，共计155卷的《导弹与航天丛书》出版发行。它成为千千万万航天人的技术工具书、参考书，对于航天型号设计、生产、试验、管理和使用人员，有着极为重要的指导意义和参考价值。由于这套丛书封面是红色的，被广大航天人亲切地称为“红宝书”。

进入晚年的黄纬禄，体力日渐衰弱，视力大幅下降，眼底黄斑变性导致他的一只眼睛仅存光感，另一只眼睛因老年性白内障，也只有不到0.2的视力。但是，当他得知一家少年儿童出版社希望他撰写导弹方面的科普图书时，没有任何推辞，热情地答应下来。

能够在青少年中普及导弹知识，黄纬禄乐此不疲。工作之余，担任导弹型号高级技术顾问的黄纬禄，时常在家挑灯夜战，将导弹方面的科普知识，列出近50个问题，以问答方式，一一加以解答。在黄纬禄的一笔一划之中，不仅包含着他的心血，也包含了他对年轻人的期望。在写得手酸、眼花、看不清的时候，他常常用一条热毛巾在眼睛上敷一会儿，又继续写下去。对于一位耄耋老人，这是一件多么不容易的事情啊！200 多页的稿纸，在黄纬禄颤颤巍巍的笔下，被一字字、一页页地写满了，《导弹科普》终于完稿了！

遗憾的是，由于这部书稿内容较深，不适合少年儿童出版社出版。于是，吕慧英秘书组织协调 12 所和四部的同志们，对书稿进行补充、修改和完善，最终更名为《弹道导弹总体与控制入门》，由中国宇航出版社出版发行。这本书的出版，成为刚步入航天领域的大学毕业生、导弹部队或发射基地的指挥人员，以及相关院校师生的参考书。对此，黄纬禄感到十分欣慰。他真诚地希望，这本书能使读者对弹道导弹总体与控制技术产生兴趣，从而进一步钻研专业理论知识，为加强祖国国防和发展航天事业做出新的贡献。

人格魅力

许许多多定格在镜头中的黄纬禄，总是面带微笑；凡接触过黄纬禄的人，都对他有一个突出印象：和蔼可亲，平易近人；谈到黄纬禄的处事风格，人们提到最多的，是他的人格魅力。

“文革”期间，正常的科研生产秩序遭到破坏。一次，为了“东风三号”能按时出厂，黄纬禄到车间去做工人的思想工作。但是，有的工人根本不把这个“臭老九”[1]放在眼里，说话很刺耳，非常不礼貌。黄纬禄

①“臭老九”是“文革”时期对知识分子的蔑称。

气得手直发抖，但为了解决生产问题，他始终忍住不发火。在场的人看了，心里很不是滋味，最后连那位工人都感到自己的态度太过分了。黄纬禄为工作忍辱负重的风格，对大家影响很大，使在场的人十分感动。

在试验基地，一位工程师见黄纬禄忙个不停，就在吃饭时找他谈工作，直到饭菜都凉了，仍然滔滔不绝。有人向领导建议，在黄纬禄的饭桌上放一块“吃饭时不准谈工作”的牌子，黄纬禄对此极力反对。有一次，这位工程师又在饭桌上与黄纬禄谈工作，谈到食堂只剩他们俩人才结束。一出食堂门口，黄纬禄就歉意地对她说：“你慢慢走，我还有事，先走一步。”随后，便匆匆离去。原来，他是急着去向张爱萍汇报工作。这位工程师得知后，既内疚，又感动。

有一次，黄纬禄乘坐试验队的生活车，去太原某地执行任务。列车行进到第二天早晨，开饭时间快到了，但厨房里没有一点动静。试验队的技术人员于艇过去一看，炊事员没做饭，坐在那里一声不响地抽烟。于艇回来将情况上报，黄纬禄立即去了厨房。等他离开时，炊事员已经开始生火做饭了。原来，试验队上一次出车时的伙食费超支了，单位没给报销，炊事员在为这件事闹情绪。黄纬禄不仅做通了炊事员的工作，还自己掏钱补上了上次超支的伙食费，解决了大家的吃饭问题。

一次，型号研制方与使用方对某项具体的技术指标存在严重分歧，互不相让，讨论了多次，根本协调不下来。黄纬禄了解到，使用方提出的要求在型号生产中是不可能做到的，就亲自出面做工作。在会上，黄纬禄不急不火，微笑着对四部的同志说：“你呢，从口袋里再拿出一点……”然后又对使用方说：“你也体谅一下四部的难处……”他的语气不像是在讨论严肃的技术问题，而是像调解亲人之间的家庭关系。在平和的气氛中，顶牛的双方都不再说什么了。参与讨论的技术人员感慨地说：“这么难协调的问题，黄总这么快就给解决了！”

1973 年，黄纬禄带领技术代表团赴欧洲考察。他们来到一家自然博物馆参观，来到“数学园地”时，被大厅中间的一台电子计算机吸引住了。

“你能赢我吗？”它向参观者提出挑战。只见电光字幕下面的一块浅棕色塑料板上，按塔型排列着一组小灯泡。计算机和应战者按照一定规则，交叉按动灯泡下面的按钮，谁把最后一个灯泡留给对方，谁就是胜利者。

陪同的专家们兴致勃勃地前去应战，结果，一个个红着脸败下阵来。

“黄团长，您试试？”

静静地站在一旁观战的黄纬禄，听到外国专家的招呼，点了点头：“试试，试试。”他从容地走到计算机跟前，略思片刻，抬起右手，轻轻按动按钮……很快，一排淡黄的电光字幕变戏法似地跳了出来。

“你赢了！”

“哈哈哈……”鸦雀无声的大厅里，顿时响起欢乐的笑声。外国专家翘起大拇指，向黄纬禄表示敬佩。

参观完毕，外国专家拿着一张抄有算题的纸来到黄纬禄面前，礼貌地说：“这道题，我和我的朋友算了几个月都没算出来，在您回国之前，能把答案告诉我吗？”

“试试，试试。”黄纬禄礼貌地点着头接下算题。

走出绿树掩映的博物馆，他们驱车到郊区参观一个古堡。同伴们目不暇接地欣赏着车窗外美丽如画的景致，黄纬禄却埋头在车上算起题来。20分钟后，目的地到了。等到外国专家走下车时，黄纬禄笑眯眯地把答案递过去，外国专家看着答案，睁大眼睛，由怀疑转为惊讶。他抬起头望着黄纬禄，连声说：“我对您佩服到了极点！佩服到了极点！”

“我也有个小题目，请各位做做看。”黄纬禄眯着眼，微笑着对外国专家说。他心里想：来而不往非礼也，

南华大学组织的“两弹一星”红色夏令营来到北京，要采访“两弹一星”功勋奖章获得者。不巧的是，之前约定的几位获奖者，均无法按计划接受学生们的采访，这让活动组织者感到十分为难。若见不到“两弹一星”功勋奖章获得者，此次夏令营的意义就会落空。不得已，他们联系到了黄纬禄。黄纬禄在推辞的过程中了解到组织者的难处，便不顾自身病重，毅然同意接受采访。在家人的帮助下，黄纬禄硬挺着坐在客厅沙发上，等待学生们的到来。采访时间严格控制在 10 分钟之内，当学生们采访完，刚一出门，黄纬禄已疲惫地歪倒在沙发上了。极度虚弱的黄纬禄，因视力极差和手臂不可控制地抖动，基本无法写字，但为了满足师生们的愿望，他还是拿起了笔为大家写下题词，他所写的每一个字，都是由女儿握住他的手，把笔尖移动到可以写字的位置上，很艰难地完成的。这幅题词，成为了黄纬禄留下的绝笔。

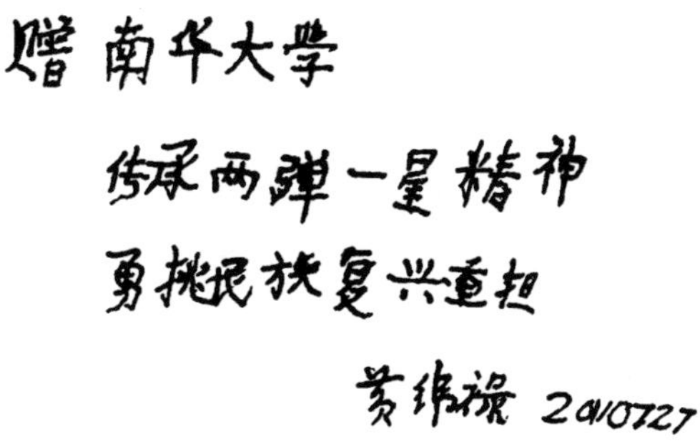

荣誉面前

黄纬禄为航天事业忘我工作、无怨无悔的爱国情怀，感动了许多人。上至各级领导，下至科研人员、技术工人，无不对黄纬禄的高尚品德交口称赞。黄纬禄的模范带头作用和无私奉献精神，引起了上级部门的重视。

1981 年 1 月，二院党委作出向黄纬禄、宋健、王祖林同志学习的决定。

1982 年 3 月，七机部党组作出《关于开展向黄纬禄同志学习活动的决定》。决定指出：部总工程师、二院副院长、北京市优秀党员、部劳动模范黄纬禄，是先进模范人物的突出代表。20 多年来，他为发展我国导弹事业尽责尽力。他学术造诣较高，但仍然孜孜不倦地追求新知识；他谦虚、平易，总是以平等态度待人；他充分发扬民主，善于发挥群众的集体才智；他耐心协调不同意见和工作中的矛盾，总是把思想工作做到家；他热心提携、帮助青年同志；他坚持深入实际、深入研制生产第一线；他本着高度负责的精神，从不放过任何技术疑点；他以共产党员的标准严格要求自己，对于多次工作调动，总是以大局为重；他尊重党组织，与同级领导干部和睦共事；他在生活上严于责己、以身作则，从不计较个人利益。黄纬禄不仅是一位受人尊敬的老专家、优秀的技术指挥员，而且是一位模范的共产党员……

七机部政治部组织有关人员，在黄纬禄工作过的单位进行了较为广泛的采访，并根据采访内容编写印发了黄纬禄的模范事迹材料。与此同时，还组织进行了黄纬禄事迹的宣讲。部政治部和 3 个研究院，共抽调 9 名同志组成宣讲组，利用 3 个多月的时间，在部属单位宣讲了 80 多场，直接听众超过 5 万人。

同年 10 月，随着核潜艇首次水下发射固体潜地导弹的成功，通过媒体的宣传，黄纬禄的名字也走进了公众的视野。这是有关部门首次批准将科技工作者的名字与所研制的导弹型号一起公开报道。黄纬禄几十年如一日的默默奉献与突出贡献，得到了有关部门的充分肯定。

1985 年，黄纬禄荣获全国“五一”劳动奖章。

1986 年 5 月 15 日，在全国科学技术成果奖励大会上，黄纬禄参与的“巨浪一号固体潜地战略武器及潜艇水下发射”项目获国家科技进步奖特等奖。

1989 年，黄纬禄被国务院授予“全国先进工作者称号”，并作为全国先进工作者代表，在国务院举行的表彰大会上发言。

1991 年，黄纬禄当选为中国科学院学部委员（1993 年 10 月，改称中国科学院院士）。

1994 年 8 月，黄纬禄获得香港求是科技基金会授予的“求是杰出科学家”奖。

1983 年和 1988 年，黄纬禄先后当选为第六届、第七届全国人民代表大会代表，1987 年当选为中国共产党第十三次全国代表大会代表。

1999 年 9 月 18 日，在新中国成立 50 周年前夕，中共中央、国务院、中央军委举行大会，隆重表彰包括黄纬禄在内的 23 位为研制“两弹一星”作出突出贡献的科技专家。

黄纬禄受到航天部内外广大技术人员、工人、干部及部队指战员的尊敬和爱戴，大家称赞他是“国防科研战线上的英雄”“老专家中的活雷锋”。荣誉、奖项、媒体宣传接踵而来。

面对荣誉，黄纬禄从容淡定。他从不炫耀，只是把获奖证书、奖章默默收好，从此不再提及。然后，以谦虚谨慎的态度，在自己的岗位上继续奋斗。自始至终，他将自己牢牢地定位在普通科技工作者的位置上。

2009年，描写黄纬禄生平故事的图书《雷震海天》问世了。在图书首发式上，93岁高龄的黄纬禄作了一个简短的发言。其中，有一段发自肺腑的声音，给与会者留下了深刻印象："在这本小册子里，作者们将我的生平编写成了一个个小故事，其中某些内容把我个人的作用夸得过大。大家都知道，导弹研制是一项复杂的系统工程，完成一项任务需要很多技术人员、各类工种的技术工人，还有领导干部和勤务人员，靶场试验时还要有部队的同志参加，有时还需要动用飞机、军舰配合，绝不是少数人所能完成的任务。……作为一个型号的总设计师，其重点任务是进行型号内部的技术协调工作。但是，每当型号任务完成后，享受奖励时往往都是总设计师优先。工作是大家做的，作为型号总设计师，我个人得到这么多的奖励与荣誉，感到非常过意不去。”

在现实生活中，一种“我为国家做的太少太少，国家给予我的太多太多”的愧疚感，伴随了黄纬禄的一生。

光耀后人

在晚年，只要身体条件许可，黄纬禄仍一如既往、有求必应地参加各种会议，从航天两大集团公司高级技术顾问的角度，对航天事业发展提出建设性意见；他通过发表文章或接受采访，与大家分享自己经过多年艰苦奋斗取得的宝贵经验；他时刻关注着航天新型号、新技术的发展和创新；他时刻关注着航天科技队伍的建设和青年人才的培养；他时刻关注着在风云变幻的复杂国际形势下，祖国的导弹事业如何为富国强军做出更大贡献……

为了祖国，为了导弹，黄纬禄太劳累了。2011 年 11 月 23 日晚 8 时 08 分，他走完了 95 年平凡而又波澜壮阔的人生历程。他带着对祖国的大爱、带着对导弹事业的不舍、带着对祖国更加繁荣富强的祝愿，安静地走了。

胡锦涛、习近平等各级领导，国家和军队相关机构、军工集团、科研院所、高等院校，以及同事、亲友等向黄纬禄送了花圈；有关部门领导、航天系统专家，以及生前友好等2000多人到八宝山为黄纬禄送行，悼念这位为祖国导弹事业奉献一生的老专家。

黄纬禄逝世后，二院组织召开了“传承黄纬禄精神”追思会，并举办了黄纬禄事迹展览。中国航天科工集团公司开展了一系列宣传黄纬禄事迹的活动：建立了宣传黄纬禄精神与事迹的网站；组织了多场“时代先锋黄纬禄”先进事迹报告会……

2012年2月10日，中央人民广播电台“中国之声”栏目、中央电视台“新闻联播”节目，均播出了新闻《时代先锋——黄纬禄的导弹人生》；当天的《人民日报》《解放军报》《光明日报》《科技日报》《经济日报》《中国青年报》同时刊登黄纬禄的事迹并发表评论员文章；中央电视台“科技人生”栏目还制作了专题节目《雷震海天——黄纬禄》。

2012年6月，中共中央组织部追授黄纬禄“全国创先争优优秀共产党员”称号，10月，在中国固体潜地导弹首飞成功30周年纪念日，中国航天科工集团公司四院四部举行了黄纬禄院士铜像揭幕仪式；2013年，中国航天科工集团公司第二研究院图书馆被命名为“黄纬禄图书馆”。

人们纪念黄纬禄、学习黄纬禄，是因为他的事迹感动、激励了许许多多的航天人。正如与黄纬禄共事多年的二院原党委书记王可立所说：“黄老总之所以让大家这样热爱他、怀念他，就是因为他的品德高尚、技术精湛、德才兼备。他兢兢业业工作这么多年，我从来没听他讲过自己的功劳。工作上取得了成绩，他总是把功劳归功于技术人员，归功于领导。试验失利了，他虽然很难受，但从不把责任推给别人，而是自己承担下来。从外表看，黄老总就是一位很普通、很平凡的老人，看不出他是一位为国家作出这么大贡献的功臣、干出这样惊天动地事业的老专家。我觉得黄老总让这么多人喜欢他、怀念他，一方面是因为他确实有真才实学，确实为国家做出了突出贡献；更重要的是他人品高尚，有非常好的道德、非常好的修养、非常好的思想，给人们留下了非常美好的印象，让人们永远怀念他。”

俄国杰出革命家、哲学家车尔尼雪夫斯基说过：“生命，如果跟时代的崇高的责任联系在一起，你就会感到它永垂不朽。”

黄纬禄的生命与强大祖国国防的崇高责任感紧紧地

联系在了一起，所以，他的功绩在国防事业的丰碑上永驻，他的名字与所有为中国航天事业做出突出贡献的功臣们一样，被永远地载入了中国航天的史册。

黄纬禄“矢志报国、敢为人先、大力协同、严己宽人、诲人不倦、默默奉献”的风范将光耀后人！

东方红一号

长篇纪实小说

倪卫 著

中国宇航出版社
·北京·

图书在版编目（CIP）数据

东方红一号 / 倪卫静著. -- 北京：中国宇航出版社，2023.9

ISBN 978-7-5159-2240-9

Ⅰ.①东… Ⅱ.①倪… Ⅲ.①纪实小说—中国—当代 Ⅳ.①I25

中国国家版本馆 CIP 数据核字(2023)第 086443 号

责任编辑　刘　凯

出版 发行	中国宇航出版社		
社　址	北京市阜成路 8 号 (010)68768548	**邮　编**	100830
网　址	www.caphbook.com		
经　销	新华书店		
发行部	(010)68767386 (010)68767382		(010)68371900 (010)88100613(传真)
零售店	读者服务部 (010)68371105		
承　印	北京中科印刷有限公司		
版　次	2023 年 9 月第 1 版		2023 年 9 月第 1 次印刷
规　格	880×1230	**开　本**	1/32
印　张	12.5	**字　数**	360 千字
书　号	ISBN 978-7-5159-2240-9		
定　价	48.00 元		

本书如有印装质量问题，可与发行部联系调换

序　一

2023 年 5 月，我国在酒泉卫星发射中心，成功发射神舟十六号载人飞船，这标志着我国航天事业取得了新的成就。就在“神舟十六号” 遨游太空的同时，我国首颗人造地球卫星“东方红一号”仍然在轨道上运行着。这颗卫星对整个中华民族来说，意义非凡。

20 世纪 50 年代初，西方列强对新中国虎视眈眈，把战火烧到了鸭绿江边。与此同时，美苏太空争霸，冷战浓云密布。一个民族要生存，就必须建立强大的国家，国家积弱不振，必然会使整个民族的生存与发展空间受到武力侵吞和连续挤压。每一个国家都有改变世界、赢得尊严、遨游太空的历史机遇。在复杂的国际背景下，新中国领导人运筹帷幄、挥斥方遒、高瞻远瞩，做出我国也要造卫星的重大决策，科学家们肩负起了新中国立国的重托和民族振兴的希望。大批科学家、战士、工人等将个人的命运与国家命运、航天事业紧密联系在一起，义无反顾地投身到研制“东方红一号”的神圣事业中。东方红一号卫星自主研制过程中，凝聚了以钱学森为代表的大批科学家对祖国的无限热爱之情，展现了中国人呕心沥血为国争气、前赴后继为民族富强拼搏献身的精神。

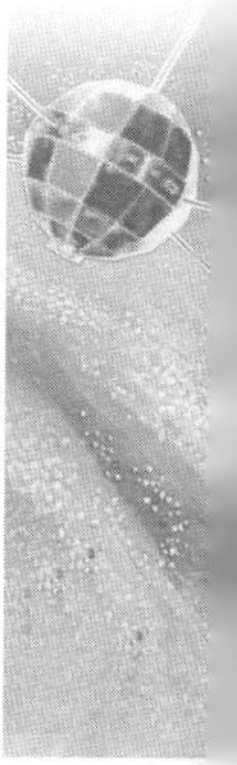

东方红一号卫星的顺利升空，不但标志着中国人民从此走向太空，也标志着中华民族在新一轮对新世界的探索中，走到了世界前列，让中国大踏步地走进了航天时代。在我国的第一颗卫星升空以后，中国的火箭技术也取得了突飞猛进的发展。“东方红一号”还拥有探测高层大气的功能，对于中国随后的航天技术发展和科研发展，都有着积极推动作用。现在，“东方红一号”依旧在轨运行，“东方红一号”的地位在我国航天史上是不容动摇的。“东方红一号”成功发射数十年后，中国的航天技术获得了巨大发展。如今，我们建成了属于自己的天宫空间站与北斗卫星导航系统。随着神舟十四号和神舟十五号飞船的轮换操作成功实施，中国空间站内已常驻 3 名航天员。5 月，神舟十六号飞船成功发射。目前，神舟十七号飞船也进入了待命状态，将择机进行发射操作。我国还成功发射了月球卫星，从月球上取土回到了地球；成功发射了火星探测器，在火星上有了中国的地名。中国现在有足够强大的经济基础和科研能力，相信未来，中国的航天技术发展速度还会逐渐加快。

回望来时路，我们不会忘记“东方红一号”那段历史。恰逢此时，这部《东方红一号》长篇纪实小说问世，值得庆贺。本书以大量详实的史料故事为蓝本，沿着历史轨迹，生动讲述了小说中人物的悲喜命运，再现了大批中国科学家勇担历史使命、启航飞天的英雄壮举，揭开尘封已久的有关“东方红一号”的秘密，重温那段新中国迈开第一步走向宇宙时代的辉煌岁月。“东方红一号”的发射成功，开创了中国航天史的新纪元，彰显了中国人不畏艰难、自力更生、发奋图强的拼搏精神。这种精神永不过时，将继续激励后人前赴后继，走科技强国之路。“东方红一号”是每一个国人心中永恒的牵挂，那首太空中响起的《东方红》，中国人也会世世代代传唱下去。

抚今忆昔，展望未来。期盼中国航天事业能够继续取得更多成就和进展，希望“东方红一号”故事世代流传。

中国工程院院士

中国航天科技集团有限公司科技委顾问

2023 年 7 月 1 日

研制过程中的中国故事，具有丰富的历史性、可读性。带领读者回望半个多世纪前那段激动人心的历史瞬间，重温“热爱祖国、无私奉献、自力更生、艰苦奋斗、大力协同、勇于登攀”的“两弹一星”精神，激励后人在追求卓越中砥砺前行、敢闯难关、勇开新路。

愿有前程可奔赴，亦有岁月可回首。本书的出版，有其深刻的历史和现实意义。

“东方红一号”是 20 世纪 70 年代初中国发射的第一颗人造地球卫星。它的成功发射，开创了中国航天事业的新纪元，使中国成为继苏、美、法、日之后，第五个独立研制并发射人造地球卫星的国家，拉开了中国人探索宇宙奥秘、和平利用太空、造福人类的序幕，为中国航天事业的发展奠定了扎实的基础，提供了宝贵的经验。

“东方红一号”是中国航天史上的一座丰碑；是中国人民自力更生、艰苦奋斗精神的生动写照，有力地证明了中国特色社会主义制度集中力量办大事的优势；更是中华民族科技强国战略的重要标志，将永载中华民族伟大复兴的光辉史册。2016 年，国务院批复同意将每年 4 月 24 日设立为“中国航天日”。这些年来，中国航天事业在包括“两弹一星”精神在内的航天精神的引领下取得了巨大成就，在浩瀚太空中留下了中国身影、中国足迹、中国精神和中国力量，展现了坚定不移走中国特色自主创新道路的决心与信心。

当今社会，科学技术的发展正迅速而深刻地改变着世界经济格局和人类生活面貌，也带给民族和国家巨大的机遇和挑战。一段从艰难中崛起、深刻影响民族命运的历史荣光不容黯淡，一种从艰苦卓绝的实践中孕育出来的精神不能断层，一代心有天地经纬、推动中国航天事业成功迈出第一步的航天英雄们不能被遗忘。他们的故事感人肺腑，值得书写。他们的精神令人景仰，值得传承。

“探索浩瀚宇宙，发展航天事业，建设航天强国，是我们不懈追求的航天梦”。党的十八大以来，习近平总书记始终高度关注我国航天事业的发展，深情寄语“中国人探索太空的脚步会迈得更大、更远”。

祝贺这部长篇纪实小说出版发行。

祝中国航天事业蒸蒸日上，再创辉煌！

中国职业技术教育学会专家指导委员会常务副主任

中国航天科技国际交流中心原党委书记

2023 年 7 月 1 日

讲述东方红一号故事

弘扬东方红一号精神

续写东方红一号传奇

孙家栋

2023年7月1日

中国科学院院士、“两弹一星”功勋奖章获得者

孙家栋院士题词

1967 年任“东方红一号”总体技术负责人

铭记东方红一号历史
传承东方红一号精神
助力建设航天强国

戚发轫
2023年7月1日

中国工程院院士、神舟飞船首任总设计师
戚发轫院士题词
1969年任“东方红一号”总体技术负责人

目 录

第一章
半个世纪　沧桑巨变换新颜

河西走廊，自古乃兵家必争之地、丝路必经咽喉。

它有着千百年来无数英雄为之折腰的铁马秋风，无数文武之才为之绵延的文化脉搏，东西文明为之交融的思想碰撞，朝代更迭的骨气风流。

世人对它的神秘知之甚少，对它的成就仰之弥高，而对它却不予置否，在时光的年轮中兀自悲壮着它的悲壮，苍凉着它的苍凉。

这里的先民，历经自西汉开始 12 个朝代 2000 多年的历史变迁，历数各朝各代兵家争战，历尽沧桑。

从沙枣园子、穿山驯、芨芨台子、神洛山，到梧桐沟子、玉石山、野马井子、沙婆泉；从疙瘩井子、大红山，到白山堂、黑尖山……

这些取自大自然生态风光的地名，忠实地记录着这片土地雄壮瑰丽的曾经。

这片土地英雄辈出！这个英雄的地方，宛若镶嵌在古丝绸之路上的一颗璀璨明珠。

源远流长的历史，留下了丰富的古代军事设防遗迹、古墓群和名胜古迹。

如今，进入这座城，如同进入一座既古老又现代的城堡。

这里已经成为人声鼎沸的旅游景点。

走大街串小巷，太空路、宇宙路、胡杨路、红柳路……走累了、聊乏了，在银河路的织女茶馆小坐，喝一碗东风牌“三炮台”茶，即刻生津解渴，驱散疲劳。在这个西域小城生活的滋味，神秘又直接，简单而深刻。

夜幕降临的时候，到航天路吹吹风，抬头即看见霓虹灯闪烁着“神舟”“东风”“航天”这样的字眼。恍惚间以为自己是下凡的飞天仙女、捧出月宫桂花酒的吴刚。

雄关大漠，丝路绵延。今日的这片土地，和五十年前相比，已然发生了天翻地覆的变化。人民主宰着自己的命运，一切欣欣向荣，奔跑在现代化建设的征途上，努力展翅腾飞。

历史的车轮滚滚向前，从未停歇！

弹指一挥间，中国跨入了21世纪。一个更加开放、包容的中国，引领潮头，企望世界和平。

今天，中国航天中心会议接待室里，正在接待一批特殊来客。

他们是来中国谈判卫星发射合作项目的G国代表团成员。

负责接待他们的中方代表是被称为中国“航天天团”成员中的王永星，33岁，年轻、帅气。

这次谈判，中国和G国各派出了精英团队。两路人马坐在长形谈判桌两边。

一阵寒暄过后，G国代表团团长皮特阐明了这次来中国的任务。

皮特说：“我国这次准备同时发射的两颗卫星，一颗是商业通信卫星，一颗是遥感卫星。众所周知，早在2015年，中国就用长征六号运载火箭，将20颗卫星送入距离地球524千米的轨道，创亚洲之最。我们非常认可中国的‘一箭多星’发射技术，这次专程来中国航天中心考察。希望有机会达成合作协议。”皮特看上去一脸真诚，不像一个城府很深的中年人。

王永星说：“目前全球有美国、俄罗斯、中国、印度、日本以及欧洲航天局掌握‘一箭多星’发射技术，欢迎你们来到中国考察。”

他脸上抑制不住的自信，看得出是在极力保持低调。

50 多岁的皮特，过早谢顶，头上没有几根头发，说话也是毫不遮掩：“我们这次来商讨合作的‘一箭多星’发射技术，被认为是一种优越的发射方式，能充分利用运载火箭的运载能力，降低卫星发射成本，但技术难度确实较大。目前全球仅有几个国家包括你们中国掌握着‘一箭多星’发射技术。必须得承认，你们在这方面走在我们前头了。”

说完，他带头鼓掌。在一阵热烈的掌声之后，皮特话锋一转，问话更加直截了当：“王主任，我有个个人感兴趣的问题想请教您，不知道可不可以？”

王永星伸出手，做了个“请”的动作。

皮特说：“近年来，中国正在迅速提升空间和反卫星能力。M 国担心，在未来的冲突中，中国可能会击落或瘫痪 M 国军用卫星，而这些卫星对通信、情报收集和锁定目标极为重要。M 国高级官员日益担忧中国发射的反卫星武器以及其他可能潜在瘫痪 M 国通信网络的国家。请问，这种担心是必要的吗？”

王永星知道皮特是在将自己一军，他针尖对麦芒地答复道：“为什么有的国家，除了自己，就没信任过其他国家呢？ M 国军方及航天机构时不时渲染中国太空威胁。随着航天技术的发展，全球有 80% 以上的情报是通过卫星来获取的，这也使全球多国都在大力研发军事间谍卫星。此前 M 国多次将中国用于科学试验的遥感系列卫星，渲染为军事侦察卫星，而对自家两次发射的神秘卫星却只字不提，不禁让人感叹 M 国的双重标准实在玩得很溜。”

皮特知道现在的年轻科学家不那么好对付。他想了想，再将一军：“既然中国在这方面的技术已经达到国际顶尖水平，那为什么不把 40 多年前发到天上的那颗东方红一号卫星销毁或回收呢？”

王永星感觉皮特说话明显有些咄咄逼人，他胸有成竹地回敬道：“‘东方红一号’虽然不可控，但它的运行轨道是可以精确预测的，所在高度并不是卫星繁忙区域，它基本上不会对其他航天器的飞行安全构成威胁。回收，中国完全有这个能力。但是，‘东方红一号’有它的历史意义，它是中国老一辈航天人的心血，甚至可以说是拿生命换来的太空丰碑，是中国人民心中的无价之宝，寄托了中国人的飞天梦想，是中国人探索宇宙迈出的第一步。这就是它在我们心中的地位和价值。如果你擅长天文观测的话，如今在太空中仍然能够看到它。天上卫星这么多，没必要把‘东方红一号’来当靶子。也许有一天，我们能够把它接回家。”

皮特听了这些话，反倒对眼前的这位年轻人笑了：“还有月球上那个卖萌的玉兔月球车？”他开始从心里有些佩服和喜欢这个年轻人了。

一提到那个“玉兔”，王永星也会心地笑了。谁会不喜欢这只可爱的“玉兔”呢？

G 国代表团成员中有位女代表埃拉，长着一双如蓝宝石似的大眼睛，一头大波浪的金发披在肩上闪着如东方真丝一般的光泽。漂亮的她趁着轻松的气氛，想把自己要说的话一股脑说出来：“1981 年 9 月 20 日，中国首次用一枚运载火箭发射了三颗人造卫星。当时国际间反应是爆炸性的，因为这极可能标志着中国已经掌握‘多弹头分导重返大气层’的高科技。各国向中国一切可能的渠道查探详细消息，但你们都守口如瓶……”

王永星说：“毛泽东同志早就告诉过我们，‘必须十分注意保守机密，九分半不行，九分九也不行，非十分不可。’”

埃拉伸出大拇指：“50 年前，我的祖父就领教过你们中国人的厉害。”

王永星：“喔？请问您祖父尊姓大名？”

埃拉一脸自豪地说：“阿纳托 · 契科夫。”

王永星睁大眼睛说：“阿纳托 · 契科夫？就是那个当年从中国撤退时，冒着危险把工作笔记留给中国的阿纳托科学前辈吗？”

埃拉问道：“是的，那又怎么样？”

王永星回答：“他是中国人民的老友啊！前辈们常向我提起这位苏联专家！埃拉女士，我也以私人名义向您请教个问题。您的祖父是苏联人，但您怎么成为G国的代表了呢？”

埃拉说：“科技有没有国界这个问题，留待下次谈！”

王永星冲着她那张好看的脸说道：“这个问题没有什么好谈的！”

中国航天大学学术报告厅，正在举行一场纪念报告会。

在雷鸣般的掌声中，一位耄耋老人被请上台。他就是近90岁高龄的王根老人。他20岁参加抗美援朝战争，27岁跟着钱文鼎、李哲汉一起去荒无人烟的沙漠中，探寻“两弹一星”试验基地，参加基地建设，亲眼看见中国人自行设计制造的第一枚东风二号导弹发射成功，亲自见证了东方红一号卫星顺利飞天。

今天，老人应邀出席纪念“东方红一号卫星”顺利升空50周年纪念大会。他在东方红精神继承人——他的孙子王永星的搀扶下，步履缓慢地走到会场发言席。

他虽然满头银发，但依然精神矍铄，信念不泯。

工作人员为老人准备了一把椅子。王永星搀扶着老人就座的时候，老人叫把椅子拿开，自己费力地站在主席台前。他戴上老花镜，双手颤抖地捧着发言稿，开始了这场主题为“中国人的飞天梦”的报告。

老人的发言内容被电脑同期转换成文字，在会场一侧的大屏幕上清晰展示出来：

50年前，中国第一颗人造地球卫星“东方红一号”顺利升空，举国欢腾。它的成功发射，让中国的卫星事业突破了零的限制，打破了当时的美苏对我们的太空封锁，极大地鼓舞了刚刚从苦难中走出来的中国人。

纵观中国的航天发展史，东方红一号卫星的发射成功是第一个重要的里程碑，在宇宙中就是一种中国精神的存在，它宣示着中国航天事业从无到有、从弱到强、筚路蓝缕的艰辛历程。在磨难中成长的中国，哪一次不是在打压中崛起的？从“两弹一星”，到今天的“超算”“天眼”，哪一次不是在他国的封锁下自主完成的？五千年的文明中，有多少对手向我们发起过挑战，无论是弱小、强大，哪一次看见我们倒下？咬定青山不放松，立根原在破岩中。千磨万击还坚劲，任尔东西南北风。

当年刚从废墟上站立起来的新中国，国弱民穷，百废待兴。一些帝国主义国家对新中国虎视眈眈，把战火烧到了鸭绿江边，还扬言要对中国实施“外科手术”。但是，在毛泽东思想教育领导下，我们变成了世界上最勇猛的狮子般的战士。因为我们知道，世界上没有一个国家可以跪着崛起，这个世界是靠拳头、肌肉和勇气说话的。我们在血与火的洗礼中，长出了熊心豹胆，磨出了尖牙利齿，足以使任何敌人胆战心惊。抗美援朝战争后，我们在极其困难的条件下，自力更生，搞出了震惊世界的“两弹一星”，从此，奠定了中国的大国地位。“东方红”日出东方，它昭示着中华民族勇往直前，明天更加美好。

老人做发言的时候，王永星端来一杯细心调好的枸杞茶水捧给老人。孙子心疼自己的爷爷，也最懂老人的“星”情。老人端着杯子啜了几口水，看着台下的年轻人，兴致颇高，开始脱稿讲话：

中国能够走到这一天，是几代人奉献了很多宝贵的东西，包括生命才换来的结果，历史不能忘记。年轻人赶上了好时候，没有经历过苦难的家国历史，但是不经历不等于要忘记。没有历史的记忆，你就对民族的过去、对这个国家，甚至对你的父母也就没有那么强烈的爱。没有爱，就不能奉献。所以，年轻人不要觉得现在的一切都是应该的。你们最不能有的想法就是，认为现在的世界从一开始就是这样子的。

时间不长，也就差不多一百年，能进步到今天这个样子，是中国人不断抗争、争取和创造的结果。现在的年轻人要问问自己贡献了什么，你要回报父母、回报社会、回报国家。我永远忘不了共产党对我们的恩情。年轻人应该发扬和传承“热爱祖国、无私奉献、自力更生、艰苦奋斗、大力协同、勇于登攀”的“两弹一星”精神。创造一个属于新时代的中国！希望前辈人的梦想和精神，在你们身上得到传承和发扬，一代代生根、开花、结果！

老人的发言，博得中国航天大学师生们一阵阵热烈的掌声。

东方红，太阳升。王根老人在即将迎来自己 90 岁生日之际，执意前往东方红一号卫星发射地——酒泉卫星发射中心。在这片土地上，埋葬着他的老伴杨春花，他的战友小猴子、狗剩、赵磊……还有许许多多和他一起为“两弹一星”奉献了青春和生命的无名英雄。

此刻，他站在东方红一号卫星发射塔架下，仰望着塔架上“东方红一号”模型，心潮起伏，目光如炬，却站立如一棵静默的大树，透露出历经世事的平和与自然。

广场屏幕上的喇叭播放着消息：“东方红一号卫星的升空，使中国成为继苏联、美国、法国和日本之后，第 5 个完全依靠自己的力量成功发射卫星的国家，在全世界引起了轰动，大大提高了中国在世界上的威望……”

王根老人牵着自己 6 岁的重孙子星星。老人对星星说：“50 年前，我就是在这里帮忙发射卫星的！这架子还是我帮忙抬的！”王根老人抚摸着这铁架上的一根根钢条，满脸的骄傲，说这些话的时候，他像个得了一朵小红花的孩子。

星星瘪瘪嘴：“太爷爷，你说我们的名字都来源于‘东方红’，太爷爷怎么没有像人家那样有块金质奖章啊？”

“很多人都是无名英雄，包括你没有见过面的太奶奶。”王根老

方红

那时候，正是物质和经验都相当匮乏的年代，可是，却有着一群心理强大、精神丰富的东方红人。

他们之中，有领导人，有科学家，有军人，更有无数前赴后继、默默奉献的普通人。

社会的进步，是不可阻挡的。但是要进步，就要有人去奉献、去牺牲，这是人类发展的本性。所以，一项事业总要有先驱者。每一代人正确的道路是这样：吸取你的前辈所做的一切，然后再往前走。

天若有情天亦老，人间正道是沧桑！“东方红一号”已经在太空遨游了 50 多年了，2020 年 3 月 28 日，“东方红一号”再次过境北京上空，很多人争相仰望，重温半个世纪前那一激动人心的时刻。

50 多年过去了，当年那些东方红人，有许多已经化作天上的星星，在天际成为永恒。

星空给人类灵感，是一切文化与文明发展中不可或缺的组成部分。

探索太空、认识整个宇宙，是全人类的共同追求。

当我们仰望天空，抬头看见星辰，那是我们对历史的追忆，是一种敬畏生命的态度。

星空浩瀚无比，探索永无止境。

从嫦娥奔月的飞天神话，到屈原“日月安属，列星安陈”的天问，再到纵使粉身碎骨也要为后世闯出一条探天道路的万户，中华民族几千年来一直没有停止探索茫茫宇宙的脚步。而中国航天人半个多世纪的奋斗与奉献，让中华民族的飞天梦想终于成为现实。

天穹之上，中国人在太空中留下了几百颗卫星，把 10 多名航天员成功送上太空。

广寒宫旁，“嫦娥”“玉兔”展现着中华民族在 21 世纪新的创造力。

湛湛青天，天上宫阙，不再仅是诗人美丽的想象，更是中国人迈向浩瀚宇宙的前哨。

我们应该有信心，也一定有能力在第二个一百年成为科技强国，航天事业达到世界领先水平并引领世界航天发展。

而所有这些光荣与梦想，都离不开像东方红人那样的中国航天人，离不开他们一生的奉献与付出。

康德说过，世界上有两样东西能够深深震撼我们的心灵。一是我们心中崇高的道德准则，另一个是我们头顶上灿烂的星空。人类文明开始于第一次抬头仰望星空，你我本是星辰，我们的归宿就在苍穹之上。愿你我人生旅途中，以皎月为帆船，以星辰为方向，勇往直前。

第二章
东方初晓　精英荟萃踏归途

那些年，无数知识分子刻苦奋发，书生意气，在校园里就做好了奔赴时代召唤的准备；为争取民族独立、建设强大国家奉献青春、热血甚至生命，期待着国家早日繁荣富强，把梦想延伸到太空宇宙。

他们是最初的东方红人。

赵立千就是其中一颗熠熠生辉的星。

幼年就读于私塾的赵立千，从小的梦想是成为一名文学作家，在他 12 岁的时候，中国青年们掀起了五四运动。在社会渴望变革的风起云涌中，他那颗被深深震撼的心，立志以科学救国。

1921 年秋，由于家道中落，赵立千被迫辍学，被送到小店当店员以维持生计，白日里工作繁重，可是赵立千没有就此放弃学业，反而更加发奋努力，每当晚上工友睡下后，他总是悄悄挑灯夜读。

读书的事情被心疼煤油的老板娘发现了，罚他一个月不准吃晚饭，赵立千饥肠辘辘饿了一个月，却依然把书上的公式剪下来放在衣袋里，找机会就偷偷看上两眼。

就这样，赵立千只用了半年多就自学完了中学物理教材。

1922 年，他以第一名的成绩考入河南留学欧美预备学校，又以突出成绩考入浙江工专。1929 年进入清华大学物理系学习。

当时主持清华物理系工作的是叶正序，他是名副其实的“大师中的大师”。

见到赵立千，叶正序便惊讶于他的天分和勤奋，意识到地球物理学对今后建设国家的重要性，他推荐赵立千出国深造，并攻读地球物理学。

物理系的教学楼下，年轻的赵立千穿着黑色校服，手拿一本物理书快步走出教室。

身后的叶正序叫住他：“立千，留学的事情考虑得怎么样？”

“老师！”赵立千停下脚步，为难地低下头，“非常感谢您的推介，只是家中贫寒，我……可能需要再考取公费。”

“我懂你。”叶正序点点头，“你是个好苗子，不要浪费自己的天分。”

“嗯！学生一定不会辜负老师的厚望！”赵立千感动地看向叶正序，却没有跟上他一起去办公室的意思。

倒是叶正序笑了：“今天有事？”

“有点事！”赵立千眼睛里满是璀璨的笑，嘴角带着初谙爱情的甜蜜，因为他奔赴的是恋人的约会。近春园的桂树长势繁茂，旁边的石凳上坐着 20 岁的武宛慧，正在等着他。

20 世纪 30 年代的清华大学内，飞檐重叠，清雅庄重。近春园里，学子们漫步湖边，读书探讨，一派祥和。

人工敲打的下课铃声回响在清华园内，古朴而悠扬，同学们纷纷涌出教室，四散而去。

其中有一个风度翩翩的年轻人，他便是青年赵立千，后来的气象学家、空间物理学家、中国现代气象学奠基人之一。

1907 年，一个流落到河南开封的浙江中医世家迎来了一个特别的孩子，他出生在九月初九，故取名立千，乳名重阳。

赵家虽是中医世家，却在近代史上出了一位政治家戴春浩。他是赵立千的舅舅，中华民国和中国国民党元老，先后担任过黄埔军校政治部主任、国立中山大学校长等职，有蒋介石的“国师”之称。但令人没有想到的是，就是这么一位从没有给赵立千带来荣耀和风光的舅舅，却在多年后，给赵立千带来了无尽的屈辱和痛苦，使他在造星途中黯然折翼。

武宛慧是大家闺秀，家境十分殷实，她圆润俏丽，通身气派。

不过在校园里，她和大家一样，都穿着民国女生的蓝衣黑裙校服，背着蓝布书包。

在树下张望的她远远地看见赵立千快步过来，她清秀白皙的俏脸上扬起俏皮的笑，转身躲到了树后。

赵立千专心走路，压根儿没注意到此时的她已经蹑手蹑脚故意藏在树后。等他径直来到了桂树下，左右打量了一番，没看见武宛慧，便坐下打开书看了起来。

这书呆子！

武宛慧跺跺脚，从他身后轻手轻脚过来，伸手抓住他两只耳朵晃悠。

赵立千无奈地合上书本："别闹！"

武宛慧不高兴地撅起嘴："书呆子，每次都找不见我！"

"还以为你没来呢。"

"哪次不比你来得早？"武宛慧说着，从书包里拿出一把花生，剥给赵立千吃，"你是个馋嘴猫，给你吃五颗。"

"为啥是五颗？"赵立千还没反应过来，嘴巴里就被塞进了一颗圆滚滚的花生。

武宛慧笑得眼睛眯成了线："我只有五颗呀！"

赵立千握住她的手推辞道："那可不能都给我吃了！"

"就都给你吃！"武宛慧闪身躲避，两人笑闹着，正是最无忧无虑的少年。

玩笑过后，武宛慧抚了抚赵立千的眉头："怎么又皱眉，说，你最近在烦什么？见到我都笑得不开心！"

"什么都瞒不过你！"赵立千无奈地看着她，"就快毕业了，还没筹集到出国的费用，我有点着急。"

“哦……那个钱不多啊……”武宛慧道，“谁让你有那么个有钱有势的舅舅还不贴上去，非得跟着叶教授搞物理、搞科学，你要是走仕途，现在多少是个官了！哪像现在你还得靠姑父姑妈救济读书！”

“不过……”赵立千不说话，武宛慧继续看了他一眼，“你要是不这样，就不是我欣赏的赵立千同学了！”

“嗯？”赵立千看向武宛慧，“你不觉得我很奇怪吗？”

“奇怪什么？这才是有志少年郎该有的模样！”武宛慧笑了，“同学说叶教授留你说话来着，是留学的事情吧？你想去哪个国家留学？”

“德国柏林大学。”赵立千道，“最好能考上费克或德芬特教授的研究生，他们都是世界著名的气象学家。”

“好有志向！”武宛慧一脸崇拜，“我就喜欢你这种努力又有志气的样子，这样吧！如果你带上我一块去，我让我妈妈出费用，保证供你到毕业。”

“你供我？”赵立千涨红了脸，“我如果靠你养着，还读书做什么？还不如抱紧你的大腿，从此都不需要努力了！”

“也可以！”武宛慧很认真地点点头，“你愿意吃软饭，我倒是很乐意养你的。”

“你啊！”赵立千终于忍俊不禁，“好！我吃软饭，你呢？怎么办？”

“做饭啊！你可别小看我，买菜、煮饭、洗衣服，我都会干！”武宛慧掰着手指头数道。

赵立千笑了：“你呀！你自己就不想干点什么？”

“想呀。”武宛慧认真答道，“我自己要干的事就是照顾你！”

赵立千听了，只觉得心中一震。

那时候的北京还叫北平，蔓草从心中吹过，红墙黄瓦，天地洪荒，在那一刻，赵立千突然就确定了除了物理学之外，自己这一生的守护。

赵立千最终还是没有靠武宛慧便出国留学了——他考取了清华的公费留学，跟他同行的是同学好友蒋经国。

武宛慧依依不舍地送爱人上了船，她家境良好，送别赵立千时，乘坐的是一辆斯蒂庞克黑色轿车，引起不少人注目。

1935 年，赵立千来到了德国柏林大学，指导教师是著名的气象学家费克和德芬特两位教授。

他对学习知识如饥似渴，每天不是在课堂，就是在图书馆。加之囊中羞涩，他到这所大学几个月了，却没有逛过古迹，也没有进过咖啡馆，至于品尝巧克力、啤酒、热尼耶弗尔、干酪屑和烤苣菜什么的，更是没有。

他从同学的口中，也会陆续听到法兰德斯式的芦笋、布拉邦式的野鸡、根特的鸡汤、雪维菜炖鳝鱼、阿登高地的梅酱兔肉等等这些听起来让人直流口水的菜肴，但他更对知识垂涎若渴。

距离柏林 600 多公里之外的布鲁塞尔，是一座拥有千年历史的古城，位于国境中部斯海尔德河支流塞纳河畔，世界上许多伟人，如马克思、雨果、拜伦和莫扎特等都曾在此居住过。

这个城市市中心的大广场周围屹立着许多中世纪的哥特式建筑，附近有历史博物馆、马克思当年常去的天鹅咖啡馆以及 1830 年革命的发祥地金融街剧场等。布鲁塞尔南郊，有一片起伏的开阔地，就是著名的滑铁卢古战场——1815 年拿破仑战败的地方。狮子山脚下的滑铁卢古战役展览厅，陈列着法国著名画家杜默兰于 1912 年完成的一幅环形壁画，描绘了在这场震撼世界的战争中两军激战以及拿破仑骑兵溃败的场面。

对于这样一座历史悠久的欧洲城市，赵立千对其了解仅限于书本，走出国门给他打开了一扇认识世界的窗口。

这里属温带海洋性气候，四季分明，温和湿润。由于独特的地理位置，一直被公认为是“欧洲的首都”，受到各大国际组织的青睐。

不久，国际无线电科学联盟（URSI）会议在这里召开，这次会议对赵立千的影响更加深远。

在布鲁塞尔召开的这次国际无线电科学联盟会议上，科学家们提出了发射人造地球卫星探测空间的设想。

赵立千不会想到自己短暂而辉煌的一生，与中国的卫星事业捆绑在了一起。

在柏林大学读书的日子里，赵立千除了刻苦读书，就是思念未婚妻武宛慧。

这一天，风雪交加，赵立千在校园里边走边吃面包，走到路边一个邮筒旁，打开邮筒，拿出一封信，迫不及待地打开来看。武宛慧的信总能给异国他乡的他带来慰藉。风雪凛冽，他一直站在邮筒边，站成了一个微笑的雪人。每一次接到信件的赵立千都是这般，让路过的人面露疑惑，笑他是个痴人。

1938 年，31 岁的赵立千获得了柏林大学博士学位，他戴着博士帽站在台上，与费克和德芬特教授合影。凭他的社会关系和自身能力，若是想留在国外，那是轻而易举的事情，可是他却拒绝了德国的高薪挽留，毅然回到当时尚且动荡不安的祖国。

回国后的赵立千在西南联大任教，虽然已经是西南联大的知名教授，但他的生活一直过得非常清贫，衣服都打满了补丁。

夫人武宛慧本来是位十指不沾阳春水的富家小姐，现在也早已经为他脱下洋装，穿上布衣，干起了粗活，过着节俭的日子。就连女儿出生时的第一件衣服，都是她亲手用裤子改的，改好之后她颇为自豪地将衣服拿给赵立千看，那份俏丽可爱一如当年。她曾经经常穿的一条裤子，女儿们后来帮她数了数，上面居然打了 32 个补丁。

就在赵立千和武宛慧过着柴米油盐的清贫生活时，远在山城重庆的一家电影院里，任兴国第一次牵起了虞若霏的手。

电影院里正在放映宋美龄倡导的《新生活运动之要义》纪录片，

任兴国不由得皱起了眉头："我们蜗居在陪都，日本人天天烧杀抢掠，刺刀就在头上悬着，谁还有心情搞新生活运动，这不是白日说梦话吗？"

虞若霏满脸欣赏地看着任兴国，说道："你总是忧国忧民。无论何时，我都会理解你、支持你的！"

任兴国叹了一口气："近百年来，中华民族总是遭受外强侵略瓜分，我能不忧心吗？好男儿志在远方，我要通过科技拯救我们的国家。"

电影院外一个衣衫褴褛的小摊贩在叫卖着瓜子零食，一个小女孩在地上趴着，怯生生地捡起地上掉落的瓜子吃，被行人不小心踩了一脚，她也顾不上手上的疼痛，只顾捡起地上的瓜子塞进嘴里，笑得咧开了嘴。

"饿死鬼投胎呢！你给我规矩点！没看见没有人买东西么！今天吃饭都没着落呢！"小贩踹了她一脚，继续用心招揽顾客，却依然无人问津。

虞若霏心中酸楚，拉了拉任兴国。

任兴国懂她的心事，摸摸小女孩的小脑袋，上前买了一包葵花籽之类的零食，还顺手给了小女孩几个零钱。

小贩捧着钱笑开了花，拉着女儿不住地道谢。

"小心！"一辆警车呼啸着飞驰而过，任兴国率先反应过来，赶紧抱住虞若霏和小孩往里面一闪——还好反应及时，那汽车擦着几人的衣角飞过，要是压上去，后果不堪设想！

任兴国瞪着远去的警车，儒雅的脸上露出憎恶的表情。

"谢谢少爷小姐！你们二位一看就是大富大贵大造化之人！今天多亏了二位！"

"太可怕了！"虞若霏受惊地搂住任兴国的胳膊，瑟瑟发抖。年轻的任兴国，此刻没有了恋爱甜蜜的滋味，望着身边惶恐不安的虞若霏，他心里重整山河、科学救国的梦想再次浮现。

随着战争隆隆炮声的迫近，远在西半球的美国加州理工学院，也是雨夜灯寒。

28 岁的钱文鼎，跟着 58 岁的冯·卡门教授，在墙上挂有一块写着“卡门－钱公式”黑板的试制车间里工作。钱文鼎正在观摩面前摆着的一枚火箭模型，火箭外壳被他拆了下来，他俯下身查看，和身边的导师冯·卡门咨询、交流，里面线路看起来很复杂。冯·卡门教授的目光里，满是对钱文鼎的喜爱和欣赏。他知道这个漂洋过海来到自己身边的青年学者，头脑聪明，记忆力惊人，用现在的话形容，就是一台云计算机。

1911 年，钱文鼎生于上海，伴随着辛亥革命的枪声而来的他很早就明白，自己这一生的命运，注定和这个国家的命运紧密相连。

他一路过关斩将，考取国立交通大学，并且考取了清华大学第 7 届庚款留学生，进入美国麻省理工学院航空系学习后，很快因为出类拔萃的表现，成为冯·卡门最重视的学生，并且先后获得航空工程硕士学位和航空数学博士学位，在 28 岁时就成为世界知名的空气动力学家。

钱文鼎师从导师冯·卡门搞科学研究的时候，延安这座东方启明星，正到处洋溢着欢笑，充满了生机和希望。

街道上，一支秧歌队在《解放区的天是明朗的天》的音乐声中，欢快地扭动着。

22 岁的李双身穿军服，背着背包，欢快地穿过街道，走进延安抗日军政大学的校门。

从这一天开始，延安抗日军政大学就多了一个有一对酒窝的大学生——李双。

在陕甘宁边区的一座窑洞前，李双和同学们亲耳聆听了毛泽东的《论持久战》演讲。阳光透过树叶倾泻下来，撒在毛泽东的身上，此刻，李双觉得自己仿佛是一朵在太阳照耀下的万物中的花朵。

一年后，李双结束了抗大的学习生活，从陕甘宁边区一路颠簸，抵达晋察冀边区。

晋察冀边区和陕甘宁边区一样，生机勃勃。正值秋季，军民都在地里干农活，田地里到处都是人们忙碌的身影，随风传来阵阵悦耳的山西民歌。

李双背着背包，从田埂上跑过，看见眼前秋季里的田野，他想起了许多自己在追求理想和光明的路上经历的过往。想着想着，他咧开嘴笑了，脸上那对男孩少有的酒窝特别显眼。

李双挥动着白毛巾，一路跑进了晋察冀军区留守部队指挥部。从向首长敬礼的那一刻起，他正式成为晋察冀军区无线电训练班的一名教员。

如果说，此时的他还是一个奔跑在田埂上的少年，那他怎么也不会料到，自己以后会跟卫星这样的科研项目扯上关系，并且成为一个优秀的领头人。

延安解放区处处生机勃勃，充满希望。而此时的重庆，到处被深灰色浓雾笼罩。25 岁的任兴国，从早晨的浓雾中走出来，跨过重庆中央兵工学校大学的校门，去往嘉陵江边。在这里，他第一次遇见了少女虞若霏。

任兴国祖籍湖北，出生在安徽。祖父是一位地地道道的农民，父亲是教书先生，任兴国是他这个家族里走出来的第一个大学生。

午后，任兴国一个人站在街边，无比兴奋，他刚结束一个试炮实验，试的是迫击炮，实验非常成功，让他喜出望外，脚步都轻快了许多。

突然传来的警报声凄厉悠长，惊人心扉，任兴国猛然一颤，惊觉自己所处的依然是一个动荡的年代。

“嘎吱”一声响，警车在距他不远处刹住，刺耳的刹车声让任兴国僵立不动，不敢回头。

“快走！”身后有人被押出来，经过任兴国身边，被径直押上了车。

警车拉着警笛开走了。任兴国不由得惊出一身冷汗，他加快脚步，去嘉陵江边看望故人的心情更加迫切。

夜色灰暗，任兴国走过幽深的巷子，在一间低矮的房子前停住脚步。他要见的人名叫虞灿禾，是任兴国父亲曾经的同事。

任兴国谨慎地左右看了看，才伸手敲门。此时的他没有料到，这位开门的人将是与他历经磨难、厮守一生的爱人。

“是谁？”随着一声柔柔脆脆的声音，门里探出一个清秀的脸庞。她就是19岁的青春少女虞若霏。眉目清秀的她，此时小鹿一般的眼睛圆溜溜地看着任兴国，声音无辜而胆怯，疑惑地问道，“您是？”

因为读的理工科，身边的同学男生居多，偶然见到这般漂亮的女孩，任兴国觉得眼前闪过一抹亮色，让他半晌才反应过来：“是这样的，我和虞先生是江津同乡，以前，我父亲任海清和虞先生是同事。”

“哦！听说过，你家任老先生是宁国县小学校长。”虞若霏仔细打量了任兴国一番，或许是他身上的儒雅气质让她安心，她犹豫了一会儿，便让开身子，“请进来吧。”

“虞先生……在吗？”任兴国一边走一边打量着家徒四壁的房子。

任兴国话刚出口，虞若霏不由得眼睛发红，低声说道：“我父亲……一个月前已经去世了。”

“什么？”任兴国不敢相信，停住脚步，一回头却看到虞若霏朦胧的泪眼，让他心底愧疚丛生，“对不起，我太冒昧了，请您原谅！”

虞若霏红着眼睛，摇摇头：“没关系，您请坐。”声音越发小了些，她搬了个凳子过来，递给任兴国。

虞若霏说完，便独自去端茶倒水，忙了一阵。

任兴国坐下后，环顾四周。想起自己父亲曾说过虞家的一些事，只听说虞家家境尚可，不至于是眼前这种寒酸景象。正想着，虞若霏端着茶水进来了。

任兴国从虞若霏的手中接过茶杯，犹豫了一会儿，开口问道：“你……剩你一个人了？”

虞若霏点点头，眼泪瞬间奔涌而出。

此时的虞若霏正值芳华，她梨花带雨，纤弱无助。

高大帅气、儒雅稳重的任兴国此时竟不知道如何安慰眼前这位姑娘。他心里在想、在回顾他父亲与女孩父亲虞灿禾的交情。

虞灿禾在世的时候，两家人曾有意为两个晚辈相看，两个年轻人心里也彼此知道，只是不想这次在外地相见，各种情绪一齐涌上了两个年轻人的心头。

乡思离愁，国破家亡。初次见面，两颗年轻的心便拉近了距离。

任兴国觉得在姑娘家不便久留，便告辞出来。虞若霏相送，来到家门口。

看着泪眼婆娑、娇俏可人的虞若霏，任兴国欲言又止：“那……那你今后怎么过？”

虞若霏低头不语，眼睛红肿得更厉害了。

任兴国见状，继续问道：“你现在还在上学吧？”

虞若霏轻声回答：“嗯，在国立九中。”

“离我们学校不远。”任兴国道，“我就住在附近不远处，和你隔着两条街。需要帮忙的话……”

虞若霏赶紧摇头，说道：“没有！谢谢您了，暂时没有要帮的……”

“嗯，我知道。”任兴国无奈地看着她，直接问道，“上学的费用够吗？”

这个问题是虞若霏的难堪和痛处。父亲虞灿禾去世之后，虞若霏即将高中毕业，面临的是继续考大学还是找份工作的抉择。上学的费用早已盘算过，不够，差得太多。好强的虞若霏此时心里非常矛盾，她不愿意说出实情，不愿意麻烦任何人。

任兴国心细如发，见状早已了然，斟酌着说道：“再苦再难也不能放弃学业，从长远看，知识很重要。上学的费用我来解决，好吗？”

虞若霏红了脸，把头埋得很低很低。

后来，在任兴国的支持下，虞若霏先后被交通大学重庆电机系和中央大学重庆数学系录取，根据爱好，她选择了中央大学重庆数学系。

很快，任兴国和虞若霏两人在双方亲友的见证下订了婚，并在当时的《中央日报》上刊登了两人订婚的消息。

在任兴国和虞若霏站在亲朋好友面前宣布订婚的时候，在交通大学唐山工程学院教室里，一位长着那个年代明星脸的男生正站在讲台上，热情洋溢地对同学们宣读着毕业致辞。他就是后来名贯中西的材料学家、时下年仅 19 岁的青年姚东武。

“……用知识救国，用科技兴国，是我辈的责任！”意气风发的姚东武，说出这样一番慷慨激昂的话，同学们群情高涨，有人在教室里合唱起了《毕业歌》：

同学们，大家起来，
担负起天下的兴亡！
听吧，满耳是大众的嗟伤；
看吧，一年年国土的沦丧！
我们是要选择战还是降？
我们要做主人去拼死在疆场，
我们不愿做奴隶而青云直上！

加入合唱的同学越来越多，声音越来越大，最后汇成了大合唱：

我们今天是桃李芬芳，
明天是社会的栋梁；
我们今天是弦歌在一堂，
明天要掀起民族自救的巨浪！
巨浪，巨浪，不断地增长！

歌声穿过教室，越过人群，在寂静沉闷的交通大学唐山工程学院校园里回响，飘向天空。

“干什么呢？同学们！”一个听到歌声的中年男教师，急匆匆、跌跌撞撞地从教室外面跑进来，举手制止，“同学们，同学们，外面都是日本宪兵，你们怎么敢唱这首歌啊！”他一脸的惶恐不安和无奈，因紧张过度，脸膛发紫。

老师的声音很快淹没在同学们的歌声中，看到他急得团团转的样子，同学们的歌声越来越响亮，越来越激扬：

同学们！同学们！快拿出力量，担负起天下的兴亡！

老师见阻止无效，急忙跑去关窗户。他怕他的学生招来日军的血腥镇压。可在他的身后，同学们还是继续在唱，大声在唱。

那歌声已经飘出了窗外，飘向了天空，飘向了晋察冀边区，飘进了晋察冀军区无线电训练教室里每个学员的耳朵里，和发报声汇合在一起，在中国的土地上久久回荡，让每一个听到这首歌的中国人内心激荡，催生出了新的希望。

从东北到云南，日寇侵略的铁蹄肆意践踏，中国人民奋起反抗，保家卫国！

在晋察冀军区无线电训练教室里，身穿八路军军服的李双正背着手在课堂里走动。12名选拔来的男女无线电学员正在练习发电报，“滴滴答答”有节奏的发报声此起彼伏。一双双年轻的手在一台台发报机上练习，一张张被阳光照耀的面庞，让人觉得青春那么美好。

李双经过共产党部队的严格训练，成长为一名优秀的无线电专家。年轻的他，辅导起学员学习来，更像是一位年长的慈父，细致、耐心。遇到学员举手提问，他总是俯下身去，认真讲解辅导。他渴望他的学生们能够以坚韧的毅力在硝烟中坚持学习，不屈不挠地生长，早日奔赴看不见硝烟的抗日战场，成为民族的脊梁。

此时的哈尔滨，烈日炎炎，酷暑难耐。街口站着伪满洲国警察，不时有穿着和服的日本男女，趾高气扬地从大街上走过。哈尔滨第一高等学校课堂外面，有日本兵列队在巡逻。

13岁的孙国梁坐在教室里上课，讲台上的老师操着一口浓重的东北口音，告诉他：“这是你们考入本校的第一堂课，在土木系学成之后，可以实现建高楼、修大桥的愿望……”而年少的他心里却在想：“为什么我们中国人的土地上，有那么多的日本人？”

比孙国梁小四岁、同样生长在东北这片肥沃土地上的戚元初，小小年纪也曾跑去问老师：“为什么我们中国人的土地上，都是日本人？！”小小年纪，内心充满了被强盗欺辱的愤怒和对失去家园的悲伤！

国破山河在。多年后，共同怀揣着对祖国深沉的爱，坚持对国防事业的执着，在新中国成立后的国防建设中，他们成了航天事业的挚友，共同成长为共和国的科技栋梁。

加州理工学院，钱文鼎穿着博士服，和冯·卡门在校园的小路上并排走过来。

冯·卡门看着自己的得意门生，不断感叹：“在加州理工学院，获得航空工程硕士学位和航空数学博士学位的，我还想不出第二个人来。”

钱文鼎说的也是一口纯正的美式英语：“都是先生栽培的结果。”

冯·卡门摇摇头，说道：“不，不，是你自己的努力。”

冯·卡门是真的很喜欢这个极富天分的中国学生，他努力上进、谦虚谨慎，这种和美国学生身上截然不同的风格让他在研究所很受欢迎，尤其是导师们都愿意带这样的学生。

两个人走进实验室，钱文鼎脱下博士服，拿起玻璃桌上的图纸摩挲：“这是军用导弹设计图纸，计算结果都完成了。只可惜……要是中国也能造出导弹和卫星多好啊！自己一定要奋不顾身地回到中国去！”

冯·卡门反复看着图纸，赞叹道：“你的工作效率很高，这枚导弹要发上天去，给军方一点颜色看看！钱，你在想什么？”

“哦！”钱文鼎这才反应过来，“不好意思，老师，刚刚想到这个计算公式了！”

钱文鼎和冯·卡门看着图上的导弹指点计算，想起正处于战火中的祖国，不由得眉头紧锁。

冯·卡门以为自己的学生缺少休息，还一再嘱咐他要多注意身体。

时光荏苒，中央大学师范学院内，26 岁的钱洪基迎来了毕业季。

学生们欢呼雀跃，相互合影留念，互赠小礼品，询问毕业去向。只有钱洪基一个人默默站在人群外，仿佛眼前的一切都与他无关。

钱洪基玉树临风、高大帅气，是无数女生芳心暗许的对象，也有女孩子鼓起勇气迎上来，问他：“钱洪基，你毕业后准备去哪里工作？”

钱洪基憨厚一笑：“我没想过这个问题。”

“你要不要考博士？”女孩子红了脸，“咱们一块去美国吧？”

钱洪基摇摇头：“去那里，有什么好？”

“大家都想去呢！”女孩满脸向往，“那里科技发达，没有

上联：战时喜结连理炮声隆隆；

下联：科技拯救家国欢歌声声。

食堂里有两桌客人。桌上菜肴简单，仅放有一瓶红酒。

任兴国和虞若霏穿戴着平常的衣服，只是胸前各戴有一朵红花走进了食堂。

“同志们！感谢大家来参加任兴国先生和虞若霏小姐的婚礼！”主持人感叹道，“婚礼朴素，新人情真。在战争年代，能有缘结为夫妇，就是最大的幸福！让我们用掌声对这一对新人给予最真挚的祝福！”

掌声和欢呼响起来，虞若霏的脸红扑扑的，一双手却被任兴国握得紧紧的，两人来到场中，向来宾鞠躬。

小伙子点燃了鞭炮，充满了喜悦的响声在重庆上空响起。

一年里，有人做了新郎，有人选择了一条人生新的征途。

交通大学唐山工程学院的姚东武以总评第一的成绩获得工学学士学位，光荣毕业。

姚东武家里兄弟姐妹众多，生活并不富裕，可是父亲听说他毕业成绩如此优秀，在一个天未破晓的黑夜启程，走了几天几夜，独自赶过来参加了他的毕业典礼。

姚东武调皮地推了推眼镜，孩子气地跟父亲挑挑眉：“第一名！没白花你的钱吧？”

“谁说你白花钱来着？”姚父慈爱地说道，“你就直说吧！是不是有什么想法？”

“知子莫若父！”姚东武直言道，“父亲，我想去英国留学，考公费，不会让您有太大的负担！”

“好说好说！这些好说！”姚父拍拍他的肩膀，“不过，我托人给你找了份工作，你先去适应一下，再出国也不晚。”

“工作？”姚东武懵了，“什么工作？”

“国民政府经济部矿冶研究所助理研究员。”

“好麻烦的样子……”姚东武拉住了父亲的胳膊，“爸，这工作一听就是挺烦人的差事，我肯定做不来的！要不您还是让我出国吧，我要去英国学习，研究新型材料。”

“啥？研究啥？”

“新型材料！”姚东武说道，“很先进的科学！以后绝对对咱国家大有用处！”

“好好好！”姚父别无他法，只得点头答应，“我答应你！我支持你！”

“哎！”姚东武这才喜出望外，“谢谢老爸！”

重庆的夏天，雾气沉重。

回国后在气象研究所工作的赵立千，正在办公室伏案工作。他不停地用蒲扇扇着风，可还是感到热气逼人，透不过气来。他抬起头深吸了一口窗外进来的新鲜空气，透过窗户，看见一个大型气象气球在天空漂浮着，偶尔有人从捆绑气球的绳索边走过。

赵立千看见有人急匆匆走过窗户，朝自己办公室走来。

来人正是55岁的朱科真。赵立千便是因为朱科真的极力推荐，才得以和他一起在气象研究所工作。

赵立千起身开门。

朱科真走进赵立千的办公室，开门见山地提出了问题：“你注意到没有，有资料显示，苏联对现代气象特别重视，他们频繁测量、记录对流层的风速、电离子等资料。或许，他们对气象学研究开辟了新的途径。我们没有测量100千米之外的气象专用设备，这样下去，在气象学的研究方面就要落后。”

“预测天气？”赵立千取下厚厚的眼镜片，提出了疑惑，“预测天气有必要把距离放远到100千米之外吗？”

朱科真点点头：“这就是让人疑惑的地方！”

赵立千马上捕捉到了朱科真话中的意思：“什么设备有这么大功

能呢？”

“气象火箭。”

“火箭？”这不是赵立千第一次听到火箭这个名字，此刻的他还没有意识到自己以后的命运会和卫星、火箭紧密相连。

朱科真递过手中的资料：“是一种新型飞行工具，可以携带测量仪器进行深空探测。”朱科真渊博的学识和专业素养令赵立千肃然起敬。

翻开资料，赵立千见微知著：“深空探测那就不仅是指气象了，这有可能是改变人类命运的一种新科技。”

朱科真深以为然：“极有可能。”

最后，两人四目相对，久久无言。

朱科真想起了什么，问赵立千：“最近，你听说了什么没有？”

“我可不问政治，只想一心搞科学。”赵立千急着看朱科真带来的资料。

朱科真点头：“是啊，我们的理想就是当一个气象学家。”

这时，外面传来一阵喧哗声。赵立千和朱科真赶紧跑出办公室，才惊讶地看见研究所内已经是一片混乱。一个戴黑框眼镜的同事，提着公文箱匆匆跑出办公室。

赵立千赶紧挡住戴黑框眼镜的同事：“出什么事了？”

“解放军就要过江了，放弃幻想吧，南京守不住了！”

朱科真和赵立千互相看了一眼，好像明白了些什么。

戴黑框眼镜的同事一边往外跑，一边回头催促：“你们快收拾东西吧，人都快走完了！”

赵立千定了定神，一字一句地回答：“我不走！守不住更好。”

戴黑框眼镜的同事露出惊讶的表情：“你说什么？！朱所长也不走吗？”说完，自己提着公文箱急匆匆地走向研究所大门。

朱科真对赵立千说：“你今天也早点下班吧！”说完递给了赵立千一份当天的报纸。

赵立千手里拿着报纸，急匆匆地回到家里。他兴冲冲地把报纸拿给妻子武宛慧看。

没等武宛慧看完报纸，他就对妻子说：“我们一起留在这里，迎接新中国的诞生。”武宛慧从来没有见过自己的丈夫高兴得像个小孩一样。

后来，在新中国成立前，国民党准备好了船只，计划将整个气象研究所迁往台湾，并千劝万诱赵立千随船逃台。在此关键时刻，他拒绝国民党高层人士的挽留，坚定地选择留在大陆，他的回电只有这样几句话：“数年抗战，难得一点安宁。不愿再走了，影响工作。”

就是这样一位进步人士、爱国者，将一个完整的气象研究所交给了共产党和新中国。

老一辈的科学家，经历过旧社会的落后与灾难，处处挨打、处处受气。他们对祖国的爱很深刻。

赵立千担任中科院地球物理研究所第一任所长期间，分管气象工作。在其后的研究工作中呕心沥血，成绩卓著。

在赵立千的主持下，中科院地球物理研究所很快就发展成为一个人才济济的科研机构，并为中国科学院大气物理研究所、兰州高原大气物理研究所等诸多研究单位的发展壮大，输送了一批卓有成就的科学家。

为了支持新中国的国防建设，赵立千与军委气象局携手合作，组建了联合天气预报中心和联合资料中心，为新中国气象事业中两个最基本的分支——天气分析预报和气象资料的发展奠定了科技基础，为新中国发射第一颗人造卫星奠定了难能可贵的气象学研究基础。

二战以后，火箭技术已可基本满足探测地球大气层相关数据的需要，但由于火箭在飞行中停留在各个高度的时间短促，飞行距离有限，因而对紫外线和 X 光辐射等太阳效应的变化、宇宙线的强度等在大气上层的物理现象不能进行长久观测。为了解决这一问题，1950 年 6 月，在布鲁塞尔召开的国际无线电科学联盟会议上，科学家们提出了发射人造地球卫星探测空间的设想。

第二次世界大战结束后，以苏美为首的世界两大阵营陷入冷战泥淖。双方在多个领域展开较量，两国军方高度重视发展外层空间技术。因此，火箭与导弹技术得到了飞速发展，军备竞赛迅速扩展到了太空领域。

美国帕萨迪那火箭地面试验台，钱文鼎和冯·卡门以及许多肤色各异的科研人员，穿戴着防护服，站在火箭地面试验台旁边注视着他们的新试验品。

试验台上，一台发动机正在接受检测。在场的人心思各异，或许期待，或许兴奋，或许恐惧。唯独钱文鼎百感交集——要是能把这些知识都带回祖国，我中华民族，何惧外敌？

“轰隆”一声巨响，高速运转的发动机突然喷出火舌！

人群惊慌四散，就连冯·卡门都被人群挤到了一边，急得他大喊：“别慌！关机！关掉控制器！”

控制器停止下来了，冯·卡门顺着视线看过去，是自己最喜欢的学生钱文鼎冲过去关掉了控制器，不由得松了一口气。

浓烟滚滚，火光闪耀，瞬间笼罩了试验台所在的整条山谷。

钱文鼎的目光透过浓烟，仿佛看到了自己日思夜想的家乡。

重庆歌乐山医院外，暮色苍茫，人来人往。

任兴国扶着挺着大肚子的虞若霏，在歌乐山医院门口下了黄包车。

虞若霏满脸是汗，疼得脸色惨白，一路呻吟着，在任兴国的搀扶下，虚弱不堪地走进医院大门。

虞若霏的生产很顺利，新生婴儿的啼哭声划破了重庆的寂静。

任兴国和虞若霏迎来了他们的第一个孩子，那是一个漂亮的小男孩。此刻，初为人父母的任兴国和虞若霏眼中都是这个软软的、小小的婴儿，嘤嘤地啼哭着，小手到处乱抓，如同小河的水、温柔的风！

虞若霏虚弱地躺在床上，身边是出生不久的儿子。任兴国拥着母子俩，只觉得心都被他们牵住了，什么家国大业、科学救国都可以放到一边去，此刻他只想守着妻儿，舍不得离开。

“我完全听你的，你说我走还是不走？”他亲着儿子的小手，朝着妻子问道。

虞若霏嗔了他一眼：“你说过要用科技救国，出去学本领，当然要走！”

“可是你和孩子……”任兴国说道，“你现在身体虚，孩子也需要照顾……”

剩下的话卡在嘴边，纵使不说，虞若霏也知道，丈夫心里是千万个不舍，她虚弱地撑起身子，坚定地说道：“我会把儿子照顾好的，你不用担心。”

任兴国怎么可能放心？

“重庆很乱，到处都在抓人，环境艰难，生活不会容易。”

“你放心过去。”虞若霏的态度却很坚决，“有困难的话，我会回到江津老家，和母亲住在一起，等你回来。”

“若霏！”任兴国握着虞若霏的手抵住头，“我知道！都听你的！”

娇儿爱妻犹在侧，任兴国西装革履，手提公文包，登上了一架军用飞机，朝着美国飞去。

1945 年，美国投放的两颗原子弹加速了日本的投降，二战提前结束。

虽然原子弹的使用并不人道，但是所造成的震撼和威力，还是让全世界都感受到了这个武器的可怕和威力。

各国都在打听这个神秘武器，包括中国。

在延安杨家岭窑洞前的石桌旁，毛泽东接受了美国记者斯特朗的采访。

斯特朗更感兴趣的显然是毛主席对原子弹的认识和态度，他甚至用纯熟的汉语提问：“主席先生，您对原子弹有什么认识？”

“一切反动派都是纸老虎。”毛泽东回复道，“原子弹也是纸老虎！决定战争胜利的是人民，不是一两件新式武器。”

“我知道，这是您说过的著名理论。”斯特朗附和道，“战略上藐视敌人，战术上重视敌人。”

“原子弹，我们不怕，但不能不研究，不能没有。”毛泽东继续说道，“我们一穷二白，也要搞导弹、原子弹，体现一个民族不屈不挠的自强意识和不可玷污的伟大气节！”

毛泽东胸中怀揣有百万雄师。

斯特朗笑了：“中国这样的条件能搞原子弹？这不是痴人说梦吗？”

八路军驻南京办事处，一名工作人员敲响了周恩来的房门。

“请进！”

“周副主席，国民党政府邀请您前去观看录像。”

“观看录像？什么内容？”周恩来抬起了头。

“我也不清楚。”工作人员回复道，“他们说保密。”

周恩来笑了：“既然保密还来邀请，这不是自相矛盾嘛。”

“那……您去不去？”

周恩来站起身来：“去嘛，去看看就知道了，准备车。”

“已经准备好了。”工作人员一边说着，一边赶紧给周恩来拿来外套。

周恩来一边穿外套一边往外走，很快就到达了地点，受到了有关人员的欢迎。

只是大家的脸上都带着慎重和紧迫，甚至有着隐隐的期待和兴奋。

周恩来不说话，只是跟着他们的引导被带入一间会议室。

里面已经坐有不少人，周恩来落座后，所有窗帘被拉上了。

在一台 8 英寸黑白电视机上，开始播放美国原子弹爆炸的影像资料。

影像资料很短，放了两遍，却让在座的人都屏住了呼吸。

视频播放完毕，有人拉开了窗帘。

“诸位。”一名中年国民党军人站在电视机旁开口了，“这是美国原子弹爆炸的影像资料，正是这种超级武器，给二战画上了句号。目前，原子弹还在进一步发展之中。原子弹是用导弹运输的，在美国研究导弹的科学家当中，有一位中国人……”

“中国人？”

人群中都是沉得住气的政客名流，听到这里都忍不住呼吸一滞。周恩来在下面静静听着，听到这里也不由得看向讲话的军人。

“是的，中国人。”中年军人自豪地说，“估计大家都听说过，他就是在美国从事空气动力学、固体力学和火箭、导弹等研究，并与导师冯·卡门共同完成高速空气动力学问题研究课题，建立‘卡门－钱’公式的，28 岁时就成为世界知名空气动力学家，美国科技界的翘楚——杭州学子，钱文鼎先生。钱文鼎先生毕业于交通大学，现任美国加州理工学院教授，先后获得航空工程硕士学位和航空数学博士学位……”

“钱——文——鼎！”周恩来低声自语，将这几个字咬得格外清晰。

美国海军次长金贝尔评价钱文鼎：无论在哪里，钱文鼎都抵得上 5 个师。

毛泽东认为，美国人把钱文鼎当成 5 个师，然而对中国而言，钱文鼎的力量，要比 5 个师大许多。

1947 年，在上海的钱沛霖给远在美国的钱文鼎写信，要他回来看看，他已经 12 年没见到自己的儿子，并且他还有一桩心事要办。那年秋天，钱文鼎回到上海，那时他已是麻省理工学院最年轻的终身教授，意气风发。

就是这年，钱文鼎迎娶了他青梅竹马的妻子蒋昕。

钱家是世家大族，蒋昕是名门闺秀。

蒋昕是中国杰出的女声乐教育家和享誉世界的女高音歌唱家。她也是著名军事理论家蒋千仞和蒋冬梅夫妇的第三个女儿。

蒋千仞是近代军事史上著名的军事家，除了在军事上成就斐然，在文学美术史上也值得一谈，连徐志摩对他都十分佩服，当年蒋千仞因得罪了蒋介石而坐牢的时候，徐志摩就抱着被子陪他坐牢，可见交情之深厚。

蒋昕是蒋千仞的第三个女儿，钱文鼎则是家中独子，钱家希望有个女儿，看中了活泼可爱的蒋昕，之后便恳请蒋千仞夫妇把蒋昕过继给钱家抚养，蒋家也没反对，毕竟家里有五个女儿，另外钱家也是知根知底的人家，过继过去必然会好生照顾，就这样，蒋昕成了钱家的干女儿，还取了名字钱蒋昕。

蒋昕过继后不久，两家就达成了默契，那就是蒋昕长大后，将会成为钱家的儿媳。钱文鼎当时也没有反对，甚至默认了自己有这个媳妇。只是1935年出国后，两人便有12年未见，直到1947年在上海，两人再度重逢。

阔别12年，彼此的生活都已然不同，中间也多年未曾联系，当年的媒妁之言如今能否兑现，钱家并无把握。

钱文鼎看着亭亭玉立的蒋昕，自然是欣喜，虽然12年未见，他还是中意着蒋昕。钱文鼎的母亲还去蒋家探了口风，问蒋昕有没有交男朋友，打听到并没有，钱文鼎欣喜若狂，三天两头打着看望伯母的旗号去蒋家串门，次数多了，蒋家自然也知道这是醉翁之意不在酒。

终于，钱文鼎忍不住了，主动表白蒋昕：“我们一别12年，太残酷了。这次我回来，就是想带你一块儿到美国去，你答应吗？”

“为什么要跟你去美国？”虽然知道自己早就说给他做媳妇了，蒋昕还是红了脸，“咱们还是再相互了解一下，先通通信吧！”

“现在！就这次走，行吗？”钱文鼎压抑住满怀紧张，恳切地说，“这次就跟我走吧！”

最后，蒋昕选择了“投降”。因为钱文鼎要返回美国，婚礼很快提上了日程。

一个是科学天才，一个是艺术名家，两人的结合堪称科学与艺术的完美结合，这一对才子佳人的结合格外引人注目。

上海沙逊大厦（今和平饭店），钱文鼎和蒋昕的婚礼正在这里举行，参加婚礼的贵宾名流聚集。

婚礼的布置浪漫而隆重，满足了蒋昕所有的少女情怀。

当时婚礼上按照流程要弹奏婚礼进行曲，蒋昕找到周善义先生，请他在婚礼现场弹奏婚礼进行曲。

周先生不会，蒋昕便手把手教会了他，蒋昕还嘱咐周善义先生说不要瓦格纳版本的，要门德尔松版本的——这件小事哪怕是几十年后蒋昕回忆起来，满脸的皱纹中依然可见当年的甜蜜。

在掌声中，蒋昕穿着洁白的婚纱，挽着蒋千仞的手走向了钱文鼎，两人在亲朋好友面前见证了彼此的爱情。

主婚人是著名的郭老先生，他走上讲台，颤巍巍地宣布：“中华民国三十六年九月十七日，杭州市钱文鼎与海宁县蒋昕在上海沙逊大厦举行婚礼，懿欤乐事，庆此良辰，合二姓之好！”

“谢谢郭老先生的新婚证词！”主持人看向钱文鼎，“下面请新郎官、麻省理工学院教授——钱文鼎先生致辞！”

“谢谢大家！我是多么有福气啊！”钱文鼎发自肺腑地感叹道，“谢谢各位来宾参加我和蒋昕的婚礼……这次回国的感受很复杂，我们的国家还处在苦难之中，诺贝尔奖得主尤里说过‘要消灭民众的困苦和匮乏，带给他们愉悦和美好。’我愿用所学，为我国人民带来愉悦和美好、尊严和安全……”

钱文鼎说到做到！后来，在国家需要他的时候，他毅然决然地回到了需要他的祖国。

英国伯明翰大学，姚东武快步进入校门。

英国的十月仲秋，伯明翰大学满目金黄的落叶，校园里秋景迷人，姚东武却没有举目赏景，而是径直走进了工业冶金系实验室。

实验室里空无一人，姚东武径直穿上白大褂，开始做实验。

“是你？”正在姚东武聚精会神工作的时候，艾布特教授走了进来，用欣赏的语气说道，“你总是第一个来。”

姚东武微笑着用英语回答：“因为我想学懂这里的所有知识。”

“知识就怕遇到你这种人。”艾布特毫不掩饰自己的欣赏，“深奥挡不住认真，都会被你攻克的。”

哈尔滨工业大学汽车系，教室外面放着三辆不同外形和颜色的运输汽车。

汽车围成的空地上，同学们正在演出情景剧。观看的有学生，也有中国和苏联教授。

学生甲用俄语问孙国梁：“你是盖房子的，怎么来学汽车？”

孙国梁的俄语进步神速，迅速回答：“学会制造汽车，才能拉运盖房子用的材料。”

和孙国梁演对手戏的女学生上场了：“你应该去架设桥梁，让我的汽车通过去！”

刚开始还好，可是说到第二句，她完全变成了东北口音！

台下的同学顿时笑出声来。

“你怎么说本地话？”孙国梁用俄语提醒她，见她茫然，便重复了一遍她的东北口音，“你怎么说本地话？”

这下好了，同学们哄然大笑，情景剧演砸了。可大家见识了孙国梁熟稔的俄语。

1949 年 3 月 22 日，是一个值得记住的日子。这是党中央机关在西柏坡的最后一天，因为23号党中央机关将离开西柏坡向北平进发。

周恩来副主席在这个时候，在西柏坡窑洞内，最后签的一份电报，是给北平文管会的。这个电报中有三项内容是有关钱三强购买核科学仪器（实验设备）和图书资料的事，请北平文管会调查外汇如何汇去、实验设备如何运回国等具体事宜。

因为马上要进京，遂决定带五万美元现金放在出席第一次世界和平大会中国代表团的费用当中，让钱三强和代表团秘书长刘宁一商量着办。钱三强手握新中国第一笔原子能科学的外汇巨款，心潮澎湃：“我们都在为民族独立而努力。新中国有这样的国家领导人，中国新兴科学的发展，一定会大有希望。国家安全、人民幸福就多了一层保障。”

此时身负重任的钱三强，怎么也不会想到，若干年后，自己会与钱文鼎、钱伟长在1956年一起参与制定了中国第一个十二年科学规划，并称中国科技界的“三钱”，一起成为世界顶尖的科学大家。

1949年10月1日，天安门广场上人山人海，红旗飘飘。

毛泽东站在天安门城楼上，向全世界庄严宣布：“中华人民共和国、中央人民政府今天成立了！”

新中国成立了！

中华大地一片欢腾！

到处都是载歌载舞的欢乐人群！到处都是响彻天地的喜庆锣鼓！

人们齐声欢呼，放声歌唱，“没有共产党就没有新中国！”“解放区的天是明朗的天！”……

不仅仅是国内，此刻的世界各地，大凡华人所至，广播里的轻音乐停了下来，随即传来了毛泽东的声音。

邮轮的甲板上，国外的餐厅里、大学、研究室，甚至公园等地，听到声音的中国人都跑过去站在广播下面，不一会儿，广播下站满了中国人，大家屏息静听着毛主席的声音：

“……幸赖我人民解放军在全国人民援助之下，为保卫祖国的领土主权，为保卫人民的生命财产，为解除人民的痛苦和争取人民的权利，奋不顾身，英勇作战，得以消灭反动军队，推翻国民政府的反动统治。现在人民解放战争业已取得基本的胜利，全国大多数人民业已获得解放……”

广播声停下，随之响起一阵掌声和欢呼。

此刻，东方红人似乎已经预料到，他们施展本领的时代，即将来临。

任兴国于 1949 年 6 月乘坐英国邮轮回国，却因为国民党的负隅顽抗，费了一番波折才得以上岸。他不顾旅途劳顿，马不停蹄地奔赴上海，却阴差阳错地和前来接他的妻子虞若霏失之交臂。

可是无巧不成书，他在上海期间，正值华东军区的军政大学招募科技人员，任兴国看到告示上写着他仰慕已久的陈毅将军的大名，便积极地报了名并且顺利被接收，还没有回家，就直接跟着其他科技人员一起从上海前往南京报到，成为一名研究员。

在报到途中，任兴国申请返乡探望妻儿，却在回家的路上听到了新中国即将成立的消息，遇到了正被激情燃烧着的人群。

在人群的欢呼雀跃和新中国即将成立的喜悦中，任兴国终于回到了阔别多年的家乡，敲开了自己的家门。

开门的是久别重逢的妻子，见到任兴国，她一脸的惊讶，眼泪在眼眶中打转，旋即扑进他怀中：“你可算是回来了！”

昔日娇艳如花的虞若霏如今满脸憔悴，任兴国不在的这些日子，她独自扛下了任兴国父亲去世和自己儿子夭折的厄运，在生活的风雨飘摇中兀自坚强。等待任兴国归来，成为支撑着她活下去的希望。

家里的遭遇让任兴国十分悲痛，更是深感愧对妻子和家人，此刻的虞若霏在风雨吹打中更加成熟和坚强，她宽慰任兴国道：“过去的事情就让它过去吧，咱们让一切从头开始！”

任兴国点点头，逝者已矣，活着的人还是要好好活下去。

就这样，任兴国来到了华东军区军事科学研究室，任研究员。

当时陈毅担任华东军区司令员，在他的倡导下，华东军区军事科学研究室在南京成立了。

这个研究室里汇集了张述祖、沈正功、马明德、周祖同等几十位著名的留德、留法、留美的专家学者，成立后便立即开始了相应的科学技术研究工作。

就在新中国成立前的 9 月份，这一群学者就开始了投身国家国防建设的生涯，在 1949 年年底为解放浙江舟山群岛开辟滩头通道，军事科学研究室受命研制一种由无线电遥控的无人驾驶爆破艇，任兴国、沈正功、钟以文、马明德、周祖同等人便参与了这一项研制工作，并且成功地在长江北岸进行了试验。

任兴国还主持研制了固体复合推进剂的新型火箭，用土方法制成了中国第一种以过氯酸钾为氧化剂、沥青为燃烧剂的固体复合推进剂，并且以此制成固体发动机和火箭，只是当时在解放舟山群岛时没有使用，而是在 1952 年被运至哈尔滨军事工程学院，作为教学使用。

后来，国防部第五研究院成立，还将两吨过氯酸钾支援给国防部五院，制作了第一批用于表演的固体复合推进剂的药柱，为我国固体复合推进剂及固体发动机方面做了开拓和奠基性的工作。

现在看来，当时的工作只能算是一个雏形，并且带有很大的危险性，但是就固体复合推进剂和固体火箭发动机技术而言，这确实是一项开创性的技术工作，也称得上是我国第一种固体复合推进剂。

说到火箭，和东方红一号卫星密切相关的火箭专家王希望，此刻也早已做好了充分准备，回国的那颗心“砰砰砰”跳动不停。

有一天，在留美科学工作者协会中，一个亚裔女学生走到王希望桌前，递给他一张证件：“喏，给你！”

王希望从书本上缓缓抬起头，似乎没明白。

女学生用蹩脚的普通话告诉他：“你是硕士了。”

王希望的目光由茫然变成狂喜：“考试通过了？”

“是的。”女学生道，“你通过了！”

通过了！王希望开心大笑——新中国，我可以回来了！

几乎是毫不犹豫地，王希望快步走进留美科学工作者协会办公室，向会长提出了请求：“会长先生，请您协助我办理护照，我要回国。”

“回国？”方会长愣了，“您不是要攻读博士学位吗？”

“不了！”王希望道，“情况有变，我们国家解放了，我要尽快回国参加建设。”

会长试图挽留：“读完博士回去不是更好吗？”

王希望摇摇头：“等不及了。请帮我办手续吧，我已经决定了！”他一刻也等不及！

王希望要回国的消息引起了美国的注意，弗吉尼亚理工学院甚至提出了保障王希望每年 20 万美元科研经费的条件，希望他留下来，各个在美国的朋友熟人都劝他留在美国，不过王希望不为所动。

王希望正在伏案写信，留学生管理委员会的劳伦先生走了进来：“您好，王先生，我代表学院通知你，学院刚刚通过保障你每年 20 万美元的科研经费的决议……”

王希望警惕地看向劳伦先生，说道：“谢谢您先生，可是，我不需要。”

劳伦先生很疑惑：“学院支持您的专业研究，会提供经费和一切便利。我们知道，你们国家能给您的只有 300 公斤小米。”

在劳伦先生的身后，王希望的一位同乡兼同学走过来。他是劳伦找来的说客，眼见劳伦劝诱无效，便帮着劝：“是啊，希望，别回去了，读完博士再说！你现在回去哪有留在这里有前途？”

“前途？”王希望看着同乡，怒火中烧，“什么话！我留学的目的是拯救自己的国家，而不是为了自己个人的前途，更不是因为什么待遇！”

说完这句话，王希望愤然出门，留下劳伦先生和同乡面面相觑。

想回国的不只是王希望，其中更有周总理早就牢记于心的钱文鼎。

加州理工学院教室里，钱文鼎正在讲课，讲的正是火箭：“火箭飞机，是研制核火箭的一种设想，在导弹运载能力有限的今天……”

“文鼎！”一个华裔老师匆忙走过来，站在教室门口，向钱文鼎招手。

钱文鼎看了一眼点点头，在结束课堂教学后，便来到那位华裔老师身旁。

华裔老师迫不及待地告诉了钱文鼎一个好消息：“文鼎！新中国成立了！”

钱文鼎惊讶地露出微笑：“成立了？！”

华裔老师点点头：“成立了！我刚刚听了录音，毛泽东在天安门城楼上宣布的。”

“真的吗？！”钱文鼎激动地挽住他的手，“好啊，终于盼到了这一天！”

第二天，钱文鼎敲响了加州理工学院院长杜布里奇办公室的门。

“院长先生，您知道我在中国有年迈的父亲，很久没有见到他了。当然，打仗时我是不可能回去的，但现在，我也许可以回去了，我想请一段时间假。”他的语气在极力掩饰着自己激动的内心。

杜布里奇问：“多久？”

钱文鼎说：“我实在不知道多久，这取决于我父亲的健康，总之需要几个月。”钱文鼎掩饰不住紧张的表情，低头下意识地看了一眼自己的双脚。没想到杜布里奇很快答道：“当然，你可以离开一段时间。”

钱文鼎掩饰不住激动，急忙转身要推门出去。突然，他意识到了什么，回头对杜布里奇院长说了句“谢谢您”，慢慢推门走出办公室，钱文鼎下意识地摸了一下自己光洁的大脑门，笑了起来。

一位“火箭俱乐部”先生急匆匆走进美国海军大楼。他要见海军次长金贝尔。

“火箭俱乐部”先生见到金贝尔，第一句话就是：“我们‘火箭俱乐部’的技术顾问钱文鼎先生，要告假回到中国去。”

金贝尔问：“他回国干什么？”

“火箭俱乐部”先生：“据说是探望他的父亲。”

金贝尔说：“这是借口，必须制止他。”

金贝尔拿起电话，拨通了一个电话号码：“请给我接美国移民局总稽查朱尔电话！”电话很快接通。

金贝尔：“钱文鼎是美国最优秀的火箭专家之一，说什么也不能放他回到红色中国去。”

电话那头传来朱尔的说话声：“以什么理由阻止他呢？”

“指控他为共产党！”金贝尔脱口而出。

电话那头的朱尔不明就里地说：“可我们没有证据。”

“联邦调查局会给你证据的。”金贝尔语气明显不耐烦了。

没过几天，钱文鼎正在实验室里工作，几名美国男人突然闯了进来。

其中，一个身材高大肥胖的美国男人一边出示证件，一边傲慢地说道：“我们是联邦调查局的！”

钱文鼎抬起头问：“有什么事吗？”

另一个身材不高、脸上堆满肥肉的美国男人答道：“你们学院的威因鲍姆涉及一件共产党案件，他正在帕萨迪纳受审，请你配合提供证据。”

钱文鼎一脸疑惑：“什么证据？”

那个肥胖男人语气强硬地回答：“证明威因鲍姆是共产党成员的证据。”

“对不起，我没有证据，不知道他参加过什么组织。”钱文鼎拿

钱文鼎的家里，请来的打包公司正在地下室打包。蒋昕忙前忙后，反复叮嘱工人要小心。联邦调查局的那几个人又突然闯进钱文鼎的家，来人气势汹汹。

蒋昕急忙拦住他们："请问，你们是什么人？"

肥胖男人瞟了一眼钱文鼎："我们见过几次面，联邦调查局的。"

其中一个联邦调查局的工作人员开始毫不客气地翻看行李。

蒋昕急忙上前制止："你们要干什么？"

黑瘦男人头也不抬，继续翻着行李："你们有没有隐藏机密文件？"

蒋昕生气极了："都是生活用品，看不见吗？"

在肥胖男人的示意下，来人抬着八个大木箱，不管不顾地走出了钱文鼎的家门。

蒋昕气得哭了起来："一帮土匪！"钱文鼎默默走过来，轻拍蒋昕的肩膀，不知道怎么安慰自己的妻子。

钱文鼎跑到金贝尔的办公室，大声说："美国无理取消了我的安全许可证，我只能离开这里，回到中国去！"

金贝尔极力劝阻："你不能走，你太有价值了，你要三思而行。"

钱文鼎说："我留下来没有任何意义。"金贝尔坐在办公桌前，不再说话。钱文鼎无奈，默默离开了金贝尔的办公室。

金贝尔目送出门的钱文鼎，迅速拨通电话："他知道所有美国导弹工程的核心机密，一个钱文鼎抵得上五个海军陆战队……"

海关仓库里，联邦调查局的几位工作人员，在和打包公司的工人一块研究钱文鼎托运的行李。一个个木箱被打开了。

其中一个人拿出一本剪报："这上面有原子能消息。钱文鼎是搞火箭的，了解原子能干什么？""间谍行为？""极有可能！"联邦调查局的几位工作人员你一言我一语，一边翻腾着木箱，一边议论纷纷。

那边，朱尔和金贝尔正在通电话。

金贝尔说："我宁可把这个家伙枪毙，也不能放他回红色中国去！"

朱尔说："我知道您的意思，是要限制他出境。"

金贝尔说："6小时后，他在洛杉矶机场降落，请你抓紧时间……"

洛杉矶机场外，下着瓢泼大雨。

朱尔在出港口挡住了刚从通道出来的钱文鼎。钱文鼎冷眼以对，他心里清楚又有人找茬来了。

朱尔拿出一张限制出境的公文交给钱文鼎："移民局禁止你离开美国。"

钱文鼎愤怒地撕掉禁令，扔向天空，大步离去。碎纸片缓缓飘落在雨水中。

美国海关，钱文鼎要求取回托运的八大箱行李。

一位女性海关人员严肃地说："对不起，钱先生，您的行李被依法查扣了。"

钱文鼎顿时一脸的惊讶："为什么？！"

女海关人员说："您的行李中藏有美国机密文件，因而违反了美国的《出口控制法》《中立法》和《间谍法》……"

钱文鼎气得浑身发抖，他在极力克制了自己几分钟后，愤怒离开。

钱文鼎回到家后，坐在沙发里，看着摇篮里幼小的女儿，一言不发。

蒋昕匆匆进门来，手里拿着一张报纸，说道："怎么能如此污蔑你？"

蒋昕将报纸交给钱文鼎，转身从摇篮里抱起女儿。

钱文鼎展开报纸，这是一张《洛杉矶时报》，头版标题是：在钱文鼎回中国的行李中查获秘密资料。

钱文鼎突然站起来，大声吼道："我要发声明！我要……"

这时，敲门声响起。蒋昕抱着孩子去开门。移民局总稽查朱尔和稽查凯沙站在门口。

朱尔问：“钱先生呢？”

钱文鼎走出来。

朱尔：“钱先生，请跟我们走一趟。”

钱文鼎没说什么，也没拿什么，看了看蒋昕，出门去了。

蒋昕怀里幼小的女儿，开始哇哇大哭起来。

1953 年，是 42 岁的钱文鼎被软禁的第三年。在这段受迫害的岁月里，钱文鼎作为科学家，没有颓废。他通过刻苦研究，提出了物理力学概念，主张从物质的微观规律确定其宏观力学特性，开拓了高温高压新领域，还研究了跨星际飞行理论的可能性。也正是这段时间里，蒋昕独自撑起家，支持钱文鼎完成了他的著作《工程控制论》，这部著作也是他们爱情的结晶。

深夜，钱文鼎和蒋昕分别坐在书桌的两边。他们相互看着对方，彼此深情，充满理解与信任。

蒋昕催促钱文鼎：“你先写吧，我看着。你写好了，我就写。”说完，莞尔一笑。

钱文鼎点头，铺开信纸，开始字斟句酌地写下夫妻两人一起思考了许久的文字：

叔通太老先生：自一九四七年九月拜别后未通信，然自报章期刊上见到老先生为人民服务及努力的精神，使我们感动佩服！

……但是现在报纸上说中美交换被拘留人之可能，而美方又说谎谓中国学生愿意回国者皆已放回，我们不免焦急。我政府千万不可信他们的话，除去文鼎外，尚有多少同胞，欲归不得者……

钱文鼎写完信后，交给蒋昕看。蒋昕把信件收拾好后，郑重地说：

"你现在指导我写吧！"

蒋昕开始在钱文鼎指导下写信。

钱文鼎说："你用左手写，免得被特工认出你的笔迹。"

蒋昕一边写、一边说："寄给比利时我妹妹的信，他们应该不会太注意。"

钱文鼎严肃地说："一定要小心，任何一个细节都不能出错。一旦让他们觉察，比利时这条唯一的邮路也就会被掐断。"两人写好信后，钱文鼎把两人刚刚写好的信件夹在了其他一堆信件中。两人相视而笑，一起穿衣出门，去到附近洛杉矶某商场的咖啡馆。

钱文鼎和蒋昕坐在商场入口处的咖啡馆里，距离他们不远处有一个邮筒。

透过玻璃窗，可以看见特工在不远处盯梢。

钱文鼎对蒋昕说："去商场买些日用品，我在这里等你。"

蒋昕点头："我知道怎么做。"

蒋昕离开座位，钱文鼎仍坐在原地看报。特工看见钱文鼎没有动，继续在窗外监视。

蒋昕从邮筒边经过，没有立即投信，她观察了一下，周围没有可疑人员后，她迅速投进准备好的信件，然后买了日用品，回到了咖啡馆。

大洋彼岸的北京，陈叔通来访，最终把钱文鼎的信件转交到了中南海西花厅周总理手里。

周总理读着信件，心里明白：钱文鼎现在归国困难，需要政府的帮助。

自己手里拿到的这封信很有价值。这是一个铁证，证明美国当局至今仍在阻挠中国平民归国，我们要揭穿他们的谎言。

日内瓦联合国大厦内，王炳南大使正在和美国大使约翰逊会谈。

王炳南用流利的英语说道：“我这里有著名火箭专家钱文鼎写给中国政府的一封信，他在信中揭穿了美国政府的谎言，然我们在长期等待解放，心急如火，唯恐错过机会……信中还附有1953年3月6日《纽约时报》特别报道剪报，题为《驱逐对美国不利》。报道说，钱文鼎——加州理工学院著名的火箭专家，3月5日在洛杉矶被驱逐回中国，但同时又不许他离开美国，因为他的离去‘不利于美国最高利益’……请给予解释。”

约翰逊辩解道：“这个是两年前的报道。”

王炳南：“可是它一直在起作用，5年来，不许钱文鼎离开洛杉矶一步，这做何解释？”

约翰逊：“这……”

王炳南目光如炬，看着约翰逊：“我请你给予解释。”

1954年，我国举行新中国成立五周年庆典时，赫鲁晓夫率团参加庆典活动。在中南海怀仁堂，毛泽东向他们提出能否在制造核武器方面给中国以必要的帮助时，赫鲁晓夫面露惊讶，认为搞核武器很是费电，中国就是把所有的电力都投入进去也不一定够用。毛泽东只淡淡地说了一句：“我们会发电。”赫鲁晓夫补充道：“苏联有核武器就行了，大家不必都来搞它。”遭到婉拒后的毛泽东意识到，别人总是靠不住的。搞科技，尤其高科技，必须依靠自己，这是必然出路，也是唯一出路。

1955年，在周恩来总理的亲自关怀下，经过外交部与美国外交谈判上的不断努力，包括中国做出了巨大的让步，以释放11名美国飞行员作为交换，钱文鼎终于带着妻子蒋昕和一双幼小的儿女登上克利夫兰总统号轮船，回到了自己的祖国。在克利夫兰总统号甲板上，钱文鼎一家满心欢喜，留下了一张弥足珍贵的全家合影。

罗湖桥头，中国科学院秘书长朱兆祥一行人急切等待着钱文鼎一

家归来。当钱文鼎一家人步行走过罗湖桥时，朱兆祥快步迎上前去，和钱文鼎紧紧握手。钱文鼎的眼睛里满含泪水，是终于回到祖国怀抱的喜悦、是在外饱受委屈的游子回家后的喜悦。

既然美国国防部海军次长金贝尔说钱文鼎抵得上 5 个师，如今钱文鼎已经回到祖国。怎样才能发挥他抵 5 个师的作用呢？中国科学院细致考虑后，首先安排钱文鼎在北京各处参观，让他这个在美国生活了 20 年的洋博士尽快熟悉中国国情。

1955 年 11 月 22 日，在朱兆祥的陪同下，钱文鼎前往东北参观。第一站就是哈尔滨军事工程学院。在陈赓大将、任兴国上校等的陪同下，钱文鼎在炮兵工程系的小火箭试验台前，参观了固体推进剂火箭试验装置。

任兴国介绍：“不怕钱先生笑话，我们做比冲试验，方法很原始，另外用火箭弹测曲线，也是用笨办法上马。”他黝黑的脸上始终挂着微笑。

钱文鼎非常感兴趣：“不容易，这个研究已经有相当深度，尽管条件有限，毕竟已经干起来了。能迈出这一步，实在出乎我的意料！”他对陈赓说：“任教授是火箭专家，今天非常有幸认识他。”

陈赓问：“钱先生，您看我们自己能不能造出火箭和导弹来？”

“有什么不能的，外国人能造出来的，我们中国人同样造得出来，难道中国人比外国人矮一截不成？！”钱文鼎一副不服气的样子。陈赓见状，高兴地说：“好，钱先生，我就要您这句话。”

当天晚上，陈赓在大和旅馆为钱文鼎举办晚宴，任兴国主陪，罗时钧、庄遇田在座。这场晚宴实际上是一次有关导弹研制的议题会。

大家刚一落座，任兴国就迫不及待地提起了火箭的话题。

陈赓说：“钱先生，我们研制火箭的关键技术还在摸索当中，困难很大。”

钱文鼎说：“研制火箭、导弹的关键问题，是自动控制技术和发动机技术。80% 的工作量在于自动控制和动力系统。”

陈赓问道：“以钱先生看，我们研究导弹需要多长时间才能成功？”

钱文鼎回答：“射程为 300 千米到 500 千米的近程导弹，弹体和推进剂两年时间可以解决。”

陈赓说：“钱先生的话让我心里有了底，我可以表个态，为了研制出我们的火箭和导弹，哈军工将全力以赴，要人出人，要物出物，钱先生只要开口，哈军工义不容辞。”大家纷纷举杯。

钱文鼎端着酒杯，准备向陈赓敬酒。陈赓立即站起来，先干为敬，然后接过钱文鼎手里的酒杯，一饮而尽。他说：“今后，钱先生要什么，我们就给什么。只要有，我就给！”

钱文鼎主动添了一杯酒喝下：“我现在非常需要办两件事，一是要个‘大一点的地方’，二是需要‘有知识的技术人员’。”

陈赓回敬钱文鼎一杯酒，简短、有力地答道：“放心。我们一定想办法办好！”

钱文鼎不胜酒力，他仿佛看见红面剑眉的关羽从三神庙走出，站在了山顶，向大西北眺望。“壮美”和“柔美”这两个形容词，一般不会用来形容同一种事物，而唯独用来形容这里的沙漠，却显得再恰当不过了。

后来，耄耋之年的戚元初回顾起许多像钱文鼎那样抛弃国外荣华富贵的生活，毅然决然选择回国参加祖国建设的科学家往事时，说过这样一句饱含深情、发自肺腑的话：

“一个人没有爱，是不会把你的宝贵东西拿出来的。有爱才有奉献！一个人最大的爱，是爱国。”

1945 年，中国军民经过艰苦的斗争，结束了八年抗战。

1949 年，只有 16 岁的戚元初在欢乐的人群里载歌载舞，迎接新中国的到来！

可是，中国的老百姓还没有从战争的阴影中走出来，美帝国主义就悍然发动了侵略朝鲜的战争，把战火烧到了中朝边境鸭绿江边。

1950 年，抗美援朝战争爆发。

在这些历史节点上，戚元初都非常接近一线。

当时，他亲眼看见志愿军的伤员从朝鲜乘船被送到大连，中学生戚元初参与了运送伤员的行动。

这些伤员都是被美国飞机扫射、轰炸的，场面让人不忍直视，这给他留下了刻骨铭心的印象。

他知道，国家不强盛，就会受人家的欺负。所以，那个时候的他就下决心一定要为强国做点贡献。当他意识到造飞机可以强国时，就立志一定要去学航空知识、造飞机、建设国防。抱着这样的理想，1952 年他到北京学习航空理论。

1968 年，国家成立中国空间技术研究院，戚元初被调去，之后就一直在五院搞卫星。在主持“东方红一号”这个中国第一颗人造卫星研制工作时，他提出了完整的地面试验方案，为保证发射成功做出了卓越贡献。

1950 年春，中国大地千灯万盏，欢庆元宵节。哈尔滨的大街上，灯海翻滚，火影触天。腰鼓队、花灯队走在街上。咚咚锵锵的锣鼓声，把解放区的喜气倾洒到城中的各个角落。

在哈工大预修班学习的孙国梁，20 岁出头，近一米八的大个儿，乌发浓密，举止潇洒。他在这年的元宵夜，准备去姐姐家共进晚餐。当天，学校给不能回家的学生安排了伙食，其中有红烧肉。

在那个生活还很贫困的年代，孙国梁一想到那肥嫩嫩、颤悠悠的红烧肉，肚子里的馋虫就禁不住拱动。他决定先吃完这份红烧肉，再回姐姐家。

在这个传统的节日里，多数同学有家的回家了，无家的会亲朋好友去了。只有一些预修班的同学和孙国梁在这里敲盘打碗，开着吃肉前的玩笑。

校领导突然来到餐厅，通知就餐的同学如想参加空军的就赶快报名，当天审查，当晚出发。尽管是一切行动军事化的年代，但这个消息仍如一声惊雷，令人猝不及防。

孙国梁的第一反应就是：我要报名参军！在他的理想王国里，参军是一抹夏日朝阳，空军就是翱翔云端的天兵天将！

之后，集合、训话、开拔！连和同学们道别的机会都没有。回家的同学返校时，参军者已经坐上了前往中国人民解放军空军第四航空学校的列车。这些同学后来大多成了祖国钢铁建设中风光无限的俄语翻译，而孙国梁得到了为祖国科技事业大显身手的机会。

坐在火车上，孙国梁觉得自己走进了梦中，走进了神话故事。

1951 年 9 月，孙国梁又一个永生难忘的日子。他将去苏联茹科夫斯基空军工程学院报到，成为中国第一批派往苏联的空军学员。

教导员继续在训话："部队专门派人去北京采购了最好的哔叽料，给你们每人定做了一套军装，希望大家努力学习，用优异的成绩回报组织的这番美意。接下来，由队长给大家分发留学军装。"接着，教导员请队长开始点名。

一个面容黝黑、精明干练的军人走过来。他手里拿着点名册开始点名："孙国梁！"

孙国梁立正、出列，高声应道："到！"

随着一声响亮的声音，军官面前，站着一位身材高大、长相标致，一笑就露出一口整齐大白牙的小伙子。他，就是孙国梁，一位标准的东北帅哥。

队长递给他一套崭新的军装。

不一会儿，30 名空军学员全部领到了一套崭新的军装。这些年轻人摸着新军装，兴奋不已。

穿上这套新军装的 30 名学员如期抵达苏联茹科夫斯基空军工程学院学习。大家知道学习机会来之不易，经常是白天学习时间结束后，回到宿舍还要挑灯夜读。为此，管宿舍的老师不得不夜巡宿舍，催促这些学生熄灯睡觉。而孙国梁宿舍的同学们就和管理宿舍的老师，做起了猫捉老鼠的游戏。老师看见他们宿舍的灯半夜还亮着，就过来敲门。听到敲门声，宿舍灯光瞬间熄灭。等听见老师脚步声走远了，宿舍灯又亮了。如此反复，老师是既心疼又无奈。

一天，茹科夫斯基空军工程学院校园里，一群学生正围在一个玻璃窗前，叽叽喳喳地讨论着。

走近一看，玻璃窗里挂有高低有别、大小不同的七张照片。

一位苏联学生在给大家做介绍："茹科夫斯基空军工程学院有一个传统，各门功课考试全获得 5 分的同学，会把他的照片挂在这里。一学年后如果能继续保持，便把照片往上挪一格，越往上人数越少，照片也越大。毕业时，如果能在这里保留一张大照片，便可获得一枚印有斯大林头像的金奖章。"

孙国梁个子高，站在人群里很显眼。他问："那个就是最高荣誉了吗？"

这位苏联学生自豪地说："当然了！苏联的学生对这枚金奖章梦寐以求，因为它不仅意味着毕业时军衔比普通同学高一级，而且分配工作时可以优先选择，报到前还能带双份工资休假 3 个月。"

孙国梁来了兴趣，继续追问："留学生也能得吗？"

苏联学生踮起脚尖，看着人群中高大英俊的孙国梁。他大声说："只要是学生都可以得，没有区别。"

孙国梁听到后，说了句："那下一个非我莫属了！"便抱着书，转身离开了。

后来，果然不出所料。由于学业完成得非常出色，孙国梁的大幅照片挂在了茹科夫斯基空军工程学院校园玻璃橱窗里。

1958 年 3 月 10 日，孙国梁因留学成绩优秀，功课门门都是 5 分，获得"斯大林奖章"——一枚印有斯大林头像的金奖章。

这在中国留学生中是屈指可数的至高荣誉，他获得了全校师生的羡慕。

学习的时间过得太快。转眼，到了冬天，茹科夫斯基空军工程学院中国学生接受授衔仪式即将在中国驻苏联大使馆礼堂里举行。礼堂门前，已被鹅毛大雪铺了一层厚厚的白毯。

一辆卡车停在中国驻苏联大使馆门前，孙国梁和同学们欢天喜地地跳下车厢，列队整齐地步入大使馆礼堂。主席台上坐着朱德元帅和聂荣臻元帅。

在这次授衔仪式上，孙国梁和一批中国学生被授予中尉军衔。孙国梁上台接受授衔的时候，爱笑的他这次却激动得差点掉下眼泪来。

1957 年 11 月 17 日，毛主席在莫斯科接见中国留苏学生时，给青年人留下了一段经典寄语：“世界是你们的，也是我们的，但是归根结底是你们的。你们青年人朝气蓬勃，正在兴旺时期，好像早上八九点钟的太阳，希望寄托在你们身上。”

当年 20 多岁的孙国梁，亲眼见到了日思夜想的国家领袖，听到了后来激励一代又一代中国青年奋发进取的革命领袖教导。他说，这是他一生中最高光的时刻！

第三章
胡笳苍凉　千里风沙埋忠骨

20世纪50年代，面对西方列强的封锁制裁和战略威慑，党中央毅然做出了发展“两弹一星”的伟大决策。

从朝鲜撤退回国的20兵团的英雄中，出动了这么一支小分队，战士们也不知道自己来西北做什么，出发前，领导告诉他们：“同志们，你们是要去干一件大事！比打仗更了不起、更艰巨的大事！”

上面发给他们的不是枪支，而是铁锹和锄头，发给王根的，是掌勺的锅铲。

王根在抗美援朝的战场上与敌人拼过刺刀，身上留下了敌军飞机扔下的炸弹弹片。因为领导照顾受伤的王根，让他负责基地后勤，主管食堂。

刚来到大西北这片土地上，除了沙子就是沙子，一望无际、云谲波诡，别说睡觉了，连落脚的地方也没有。

物资还没有全部运输过来，大家带来的物资有限。下了火车又经过长途跋涉，走了几天几夜，也没有到达目的地。

队伍中，有几名戴着眼镜的知识分子，大多都是年轻小伙子。领头的那位40岁多岁，他面容俊秀，举止儒雅，据说是上面派来的科学家，叫钱文鼎。

他拿着指南针和纸笔，一路上仔细地计算勘察，带领着大家去寻找目的地，吃睡都跟大家在一起，偶尔休息的时候他会给大家唱歌剧，是那种大家也听不懂的英文歌，这个文质彬彬的中年人唱得可好听了。

王根也是跟着部队里的其他人一起叫他钱老师。首长李哲汉对他可客气了，各种事情都问过他的意见。

李哲汉绰号“西霸天”，别看他嗓门大，其实是个读书人，在搞革命之前听说家里很富裕，祖产房子就有上百间，父亲还开造酒厂，传说他当年为了搞革命，跟父亲谎称出国留学要钱，拿了家里一大笔钱，组建了一支队伍，投身革命，热火朝天地干了起来。

新中国成立后，李哲汉被授予少将军衔，因为学习底子好，被派往苏联学习。

苏联的学习也没这么轻松——他们压根就不希望我们中国人能真正学会这些技术，进去的时候他们规定了，只能看，不能记笔记，偏偏李哲汉这“西霸天”的犟脾气一上来，逼自己强记，硬生生练出来了过目不忘的本事，回家就写下来。就这样，这个过目不忘的“西霸天”，为航天事业做出了巨大的贡献。

出发前，李哲汉就说了，抗战胜利后，他不管政治上的事儿，只安心搞好卫星导弹的事情，愿意跟他干的，就跟他来到西北这大漠上。

李哲汉虽然在部队里平易近人，但是那“西霸天”的性格直来直去，很少见他这般对待一个人物，关键还不是部队里的，似乎像是留洋回国的。

战士们好奇，李哲汉拍拍身上的沙子，扯着一贯的大嗓门告诉大家：“这可是科学家，我们这次任务中重点保护的对象，他一人可抵挡百万雄师。老子这次去苏联可是见识了，这些搞科研的，厉害着呢！”

看着队伍中那个瘦瘦弱弱的人，大家都觉得不可思议。

广袤的大漠，死寂的沙海，总是给人一种单调的黄颜色。然而，黄色又永远是灼热的。仿佛大自然在这里，把汹涌的波涛排成怒浪，刹那间凝固了起来，让它永远静止。

然而，沙漠的美也从不虚传，又是多变的，时而高高垒起，叠成百褶的形状，时而如海浪、如波涛，肆虐飞舞。

黄沙弥漫，前面突然有了骚动，原来是三班的小战士小猴子一个不注意，竟然陷进了沙子之中！

“小心！”旁边的战友赵磊伸出手便去拉他，谁知道跟着一脚踩进去来了个倒栽葱，大半个身体陷在沙子里。

他不由得挣扎，可是却越陷越深！

纵然如此，他还是努力地将大手伸向了小猴子，两个人在流沙中紧紧地握住了手。

“流沙！是流沙！”旁边的人早已经惊叫出声。

“别扯了，如果你们跟着过来，也只会陷在流沙之中！”赵磊拼着最后的力气露出脑袋，“都他妈别救老子！这东西里面有古怪，好像有什么在扯着老子的脚往下面沉！”

“赵磊！小猴子！”旁边的人眼看着他们下陷到底心有不甘，在刹那间，一排人迅速连成一队，死死地拉住了往下掉的二人。

“别这样，千万别使出蛮力！埋藏着他们身体的沙子，密度非常大，所以他们两个不能够一把拉，如果你们突然把他从沙子中拉出来，被困的人可能会因为强烈的力的作用而把他们的身体扯断，这样他们两个人就都会陷在里面！”

说话的是钱文鼎，只见他气喘吁吁地跑过来，制止了流沙外面的众人轻举妄动，并朝着在流沙中的战士喊道：“你也千万别动，你越动就会陷得越深！”

听了钱文鼎的话，赵磊二人停止了挣扎，往下吞噬的速度果然慢了很多。“不能用蛮力？”

“不能。”钱文鼎道，“如果要把他们拉出来，只能慢慢地一步一步来，而且需要非常大的力量。”

钱文鼎话音刚落，战士们就嚷嚷起来：

“这可是人命！一点点拉出来，赵磊早被沙子闷死了！”

“就是！别以为你戴个眼镜了不起！这不是瞎指挥吗！”

“听钱老师的！”李哲汉大喝一声，“是有这么回事！老子听过课！这次行动听钱老师的！以后基地建起来也是！”

一行人没有了异议，速度放慢下来，拉扯着赵磊。

“确实，奇了怪了，这里面也就一个人，怎么我们四五个人拉，都没有把他拉出来？”李哲汉擦了把汗问道。

“这不奇怪。”回答他的是钱文鼎的学生，“仅仅抽出一只脚，你就要使出 10 万牛顿的力，相当于拉动一辆小汽车，也就是说，就是一个大力士，也很难一口气把人从沙子里面拉出来！大家听我的指挥，一点一点地把他拉出来，千万不要使蛮力！”

“科学就是力量！”李哲汉点了点头，“看到没有，我们这次面对的敌人，只有科学家才能攻克，这就是我们要听他们指挥的原因！”

大家齐心协力，拉着赵磊露在外面的脚一点点用力。

无边无际的沙漠像黄色的大海，太阳照在上面，万点光亮闪耀，闪得人有些头晕目眩。

之前还像凝固了的连续起伏的沙丘，顷刻间如同大海中的波浪，开始翻卷。

沙丘上，西边的红日渐渐地看不清了，慢慢地在消失，苍茫肃穆，尽显大漠的荒凉和萧瑟。

在大家的屏息努力中，赵磊的身子一点点被拉扯出来。

在沙子里面闷了这么久，大家知道，赵磊的呼吸多半是已经没有了。

可是，还是抱着希望把他拉了出来。让大家意外的是，拽出来的赵磊虽然已经没了声响，可是他的手依然紧紧握住小猴子。

终于，小猴子也被从流沙之中拉了出来。

他趴在沙地上，大口大口地喘着气，嘴巴和鼻子里面都挂满了流沙。小猴子他还活着！

赵磊却永远沉睡在了沙漠里。一个年轻的生命，静静地躺在了这片荒无人烟的地方。

陪在他身边的，是一株倒了千年的胡杨树，它坚毅又刚强，它是多么期待来一场春雨，滋养身下这片荒漠土地，然后雨过天晴，天空划过一道彩虹，地上湿漉漉的，让干枯的树干上发出新芽。

这是大家第一天来到后来被称为“酒泉卫星发射中心”的地方。

此时，这里还没有确切的名字，大家都知道它在几千年前属于绿地，在几百年前属于丝路，而现在是一片可以吞噬他们生命的神秘荒原，既没有路，也没有地。

一想到自己将成为开发这片蛮荒之地的先行者，战士们的心中不约而同地凝重起来。他们知道首长说得没错，他们要面对的确实是比他们之前所面对的敌人更为神秘和可怕。

逝者已矣，然而生者依然要继续他们的战斗。

大家将赵磊埋葬在沙地之中，竖起一根胡杨树枝作为墓碑。然后继续前行，钱文鼎他们测定的适合发射的基地就在前面不远处。

第一个晚上，根据上级的命令，大家烧热了沙子，往沙坑里面钻。

夜晚的沙漠格外的寂静，也格外的寒冷。王根旁边是个新兵蛋子，还没怎么跟着外出打过仗，看着沙坑不由得搓了搓手：“王大哥，我看这个地方鬼得很，那沙子都能吃人，咱睡在这里，晚上会不会有什么野鬼啊？”

“臭小子，你连鬼子都不怕，还怕野鬼？”回答他的是老兵狗剩，“你放心吧，就这个地方，鬼来了都很难活下去！”

因为贱名好养活，狗剩的命特别大，参加过长征，打过小日本，这次来执行任务，他是主动请缨过来的。

“那晚上会不会有别的东西？我之前听说……”新兵蛋子还是很害怕。

“怕什么？怕你就跟我睡呗！你可别小看你狗哥我！虽然不像王

留在麻省理工学院当教授的钱文鼎，1947 年和蒋昕结婚，1949 年在听到中华人民共和国宣告成立的消息之后，他和夫人蒋昕便商量着早日回国为自己的国家效力。

可是当他们准备回国时，却被美国官员拦住，并且遭到软禁。

此刻握着蒋昕给自己的毛毯披风，钱文鼎觉得，在这样凄冷的夜里，自己的胸膛里面似乎总有一团火在燃烧着。

他似乎没有感到多么冷，他的内心里满是熊熊的火焰，来自原子弹、来自卫星、来自新中国科研的无限可能。

他这次随着勘探部队出来，虽然日夜兼程，极度疲惫，满脑子还要考虑选基地地址、为将来在人迹罕至的沙漠深处建起一座绿洲提前勾画蓝图。

躺在地窝子里，他感觉走了一天路的自己，两腿发软，疼痛难忍。但是，回顾自己为早日回到祖国而历经的困苦磨难，联想到毛主席和周总理对自己的厚望，他只想明天一早再次启程，然后一天当作两天用，多跑些地方，多了解情况。他从国外回来的那一刻起，就已经下定决心，把自己的一生献给新中国，用自己的智慧和双手参加新中国建设，期盼新中国早日强大，早日屹立于东方。

想到这些，他久久没有入眠，直到东方发白，他才恍恍惚惚睡去。

第二天醒来，苍茫的沙漠上看不到人，只看得到整整齐齐的沙堆。

一只手从沙堆里伸出来，那是最先醒来的狗剩，他爬出沙堆，坐了起来，然后推了推身边的人。

战士们陆续爬起来，让他们心痛的是，有一批人来到沙漠的第一个晚上，就再也没能从沙堆里爬出来，其中便包括昨天趴在狗剩身边的那个新兵蛋子——他被风沙堵住了鼻孔和嘴巴，就这么沉沉地睡了过去。

“麻蛋！”狗剩拼命地摇着新兵蛋子的身体，又是人工呼吸，又是拍着他的脸，“你给老子醒来！这才来到大漠上的第一个晚上，你怎么能就这么倒下去呢？”

可是没有人回答他。

狗剩流着眼泪，问钱文鼎：“为什么带我们到这个鸟不拉屎的地方来？”

钱文鼎眼望大漠深处，低声叹道：“因为我们需要找到一个可以‘下蛋’的地方！”

李哲汉沉默片刻后感叹：“这里就是人们常说的戈壁，是‘天上无飞鸟，地上不长草，千里无人烟，风吹石头跑’的死亡之海。”他看着眼前刚刚被沙漠吞噬的一个个年轻的生命，“可以后，这里就是我们的家。我们的任务是修铁路、建机场，要在死亡之海，建起一座生命的绿洲。”

他的眼里分明闪着泪光，可这位在战场上经历过无数生死的将军，硬是没有让自己滴下一滴泪水，他把泪水咽下喉咙，吞进肚子里。他心中有一片关于未来的锦绣江山。

战士们默默地将逝去的弟兄们埋在了沙地之中，为了找到那个“可以下蛋”的地方，擦去眼泪，继续与恶劣环境做斗争。

后来，在部队战士们的日夜奔波和科学家的多次考察验证下，最终选定了一片虽然水草不丰但土质利于打基、人口稀少但利于搞科学试验的地方，作为导弹、核试验靶场建设用地。

设在没有植被的无人区，即使发生意外，也不会造成很大的环境污染和财产损失。

这里在甘肃和内蒙古交界处，就是金塔和额济纳旗的交界处，这片沙漠叫巴丹吉林沙漠，每年大约有 300 天可进行发射试验，为研究试验提供了良好的自然环境。而且，它虽处在无人区，但是它的后勤保障代价要小于其他地区，它的旁边就有酒泉和额济纳这样的农牧业城市。

酒泉，自古就是军事重镇。

传说汉朝大将霍去病在战争取得胜利后获得皇帝赏赐的一坛酒，将军将酒倒入泉中与将士一起饮用，因此这里有一眼泉水得名酒泉。

酒泉城东 25 千米外，有个非常古老的城堡，名字叫临水堡。这一带地势平坦，交通便利，有利于人们发展农牧业。尤其是这里处于酒泉、高台、金塔三地道路的要冲。

因而，人们在这里修筑了临水堡，作为据守的要点。

地址选定后，一支从朝鲜战场上下来的神秘部队，坐着绿皮火车就来到这里了！酒泉发射基地建成以后，在研究航天、核工业以及其他弹道导弹技术等方面，发挥了巨大作用。

1958 年 3 月，朝鲜新安州车站，停着一列军用列车。

当地刚下过一场大雪，天气依然阴沉沉的，不见一点天晴的迹象。

和往常一样，车站的人很少，一群灰麻雀扑啦啦地从头顶飞过去，又折回来，使得这一带更显冷清。

火车启动了，速度逐渐加快，急速旋转的车轮裹挟着一阵阵风雪，向鸭绿江对岸疾驶而来。

在靠中间的一节车厢里，坐着志愿军 20 兵团代司令员孙继先和他的几位随行人员。肥大的棉军装裹在身上，使他们都显得有些臃肿。

一列闷罐蒸汽火车从鸭绿江大桥上驶入我国境内。

火车鸣叫，像一条铁龙奔驰在茫茫戈壁上。戈壁的晚霞异常美丽。

这列闷罐蒸汽火车在晚霞的照射下，行驶在祖国西部广袤的戈壁上，所经车站、站牌一律被草帘子遮得严严实实。

车上的战士穿的是志愿军服装，大家都坐在草垫上，气氛有点沉闷。

就在一天前，志愿军杨勇司令员通知孙继先立即从朝鲜回国，孙继先问回国干什么，杨勇说他也不知道，只知道是军委点的名，要他回国后去找总政治部萧华副主任。

打了这么多年仗，孙继先还是头一回碰上这种首长在下达指示时竟说不清楚的事，他不禁暗自纳闷。

到了北京，孙继先没顾上休息，便匆匆忙忙赶到总政治部，向萧华报到。

刚一见面，孙继先就急切地问："又要打仗了？"

萧华笑着回答说："这回不打仗，但任务不比打仗轻。你们 20 兵团很快也要调回来。"

孙继先习惯性地从衣袋里掏出笔记本，准备记下要领受的新任务。

萧华见状，忙朝他摆手道："你先别往本本上记，先听我把话说完。"萧华顿了顿，接着说，"苏联来了 40 多个专家，帮助我们建设导弹试验靶场，我们也要有相应的人员和他们对上口。有地对地、空对空、地对空、岸对舰、舰对岸几种型号的导弹专家，军委决定抽调部队筹建导弹试验靶场，就让你来搞。"

就这样，孙继先就算是正式上任了。1958 年 10 月回国后，率部开赴大西北。

中国人民志愿军司令员彭德怀秘密、正式地传达了中央军委的命令。

一是任命聂荣臻为导弹、核试验靶场建设的总负责人。

二是中国人民志愿军第 19、第 20 兵团和工程兵部队回国参加导弹试验靶场建设任务。

孙继先走马上任后，在基地创建初期，用了大量精力"要人"。原某军区参谋处处长李哲汉，被他调来当了副司令。

同年 3 月，29 岁的孙国梁在茹科夫斯基空军工程学院荣获了"斯大林金质奖章"，在苏联红军俱乐部接受颁奖。

未来，"东方红"这三个字，会成为他开启整个青春的密码，成为他人生报效祖国和人民的信仰。

大家慢慢习惯了沙漠里恶劣的环境，只是没想到没过几天，队伍里来了两个特别的人——黄头发、长鼻子的苏联人，他们是钱文鼎亲自陪同来的！喝着味儿特浓的烈酒，说着王根他们听不懂的话，鼻子本来就长，还偏偏用鼻孔看人，一看就不大好相处的样子。

钱文鼎对他们礼遇有加，“西霸天”李哲汉也是好言好语地跟这两个“长鼻子”说话。

基地里粮食稀缺，李将军和钱老师带着战士们啃着干粮，省下来的牛肉全给了这两个“长鼻子”。

关键是这两个“长鼻子”还嫌弃王根的饭菜做得不好，还让上面专门派狗剩来跟王根说他们要吃蜂蜜吐司。

“蜂蜜吐司！他咋不上天呢？”看着面前稀缺的物资，王根气得跳脚，“你看看咱们吃的啥！这到处都是沙子，你让我去哪给他弄蜂蜜吐司去！”

“克服一下困难吧，王根同志！谁让人家是‘老大哥’派来的，咱这里建起来还都靠他们指导呢！”

“咱不是有钱文鼎吗？”

“钱文鼎只有一个，也没有三头六臂，再说人家已经把导弹给整出来了！大哥就是大哥，咱不得不服！”

“我服！”王根皱了皱眉头，看着厨房里的东西发了愁，不由得嘟囔了一句，“人家吃的是肉，我们喝的还是煮过牛排的汤！能不服吗？唉，什么时候我们也能成为这样的‘老大哥’，不用看别的国家的脸色那就好了！”

“是啊！”狗剩拍拍王根的肩膀，“别急，钱老师不是说十年树木、百年树人嘛，咱就是铺路的那一代，相信咱的子孙后代一定能看到咱们强大起来的那一天！到时候，咱中国人谁的脸色也不用看，腰杆子挺得直直的！比咱站军姿还要直！”

“得嘞……”

“砰！”王根的话音还没落，外面一声枪响打破了这大漠的寂静。

众人都循着枪声跑去，王根和狗剩也朝着前面奔过去，一把挤了进去，别说是王根，大伙儿都愣住了——

“怎么回事？”

“将军说要毙了那两个‘长鼻子’！”

“不是说那是‘老大哥’派来帮助我们的人吗？”

……

王根和狗剩人际关系好，又是出了名的爱看热闹，只几下就钻到了最前面，只见人群中央，李哲汉和“长鼻子”说着王根他们听不懂的俄语，叽里呱啦的，说到后面，李哲汉直接拿出枪对着两个“长鼻子”的头顶就打，子弹擦着他们的头发飞过去，吓得两个“长鼻子”扑通一声就跪下了。

战士们眼不动心不动，服从上级的命令。

王根虽然没动，心底也在打鼓：这两个“长鼻子”不是说特别重要吗？怎么说毙就毙？

钱文鼎也赶了过来：“李将军，您这是干吗？！”

“你一边去！这次老子说了算！”李哲汉把枪一转，抵上了“长鼻子”的脑袋，“好好说，我倒是想好好说，可你知道这俩兔崽子说的什么？他说我们压根儿造不出来！在这儿就是蹭吃蹭喝瞎指挥！你是不是上次说我们搭的那个发射塔高度不对，这丫的就是故意的，他给的就是错误的数据！奶奶的，这样的搅屎棍，居然混进了我的队伍里！老子不给他打成个马蜂窝，都不能够解恨！”

“砰砰！”又是两枪，两个苏联专家不约而同地捂住流血的右手，满脸惊恐。

李哲汉吹了一口枪头的热气：“这手你留着不干事！干脆废了得劲！”

“李将军！这是专家！”钱文鼎儒雅的脸上第一次出现了愠怒，

“我们的技术骨干！”

“不干事，你留着干什么？”李哲汉眼睛一瞪，也挺吓人。

李将军说了，平时他都听钱老师的，可是这会儿他和钱老师杠上了，听谁的？

谁也不敢说，谁也不敢问——王根等人都默默地不说话。

李将军旁边的翻译赶紧给钱文鼎解释道：“钱院长，您忘了我们李将军也留学过苏联，而且有过目不忘的本事，学个苏联话那是手到擒来，那‘长鼻子’说什么他门清着呢，只是装作听不懂！之前您说高度不对劲的时候，他就留意到了，这不，偷听到这俩小兔崽子说是故意使坏，想要搅浑我们的工作，李将军这才来了脾气！”

原来如此！

众人恍然大悟之际，那边的李哲汉可没多客气，直接呜里哇啦地对着两个“长鼻子”吼了几句俄语，吓得两个“长鼻子”连连点头。

李哲汉满意地转过身来，看到旁边围了一群人，不由得翘起胡子：“看什么看！都不用干活了？对了王根，你是搞后勤的是吧，我告诉你，以后做饭不用给这俩王八蛋单独做，跟我们吃一样的！给他们脸了！”

“是！谢谢首长！”王根兴奋地敬了个礼，这对他而言可是一个天大的好消息。

转身的时候，王根还听到李哲汉拍拍钱文鼎的肩膀：“行了老钱，解决了！还是毛主席说得对，枪杆子里面出政权，以后这俩家伙要是敢不老实，不用你说，老子直接毙了他！”

“你最后说的那两句是什么？吓得他们这么听话？”

“哦！我说要么你帮我们把卫星送上天！要么老子把你们送上天！”

钱文鼎顿时无语，看了一眼旁边服服帖帖的“长鼻子”，不得不承认，毛主席说得对。

这一次，钱文鼎背着手走在前面，两个“长鼻子”亦步亦趋地跟在后面，跟受了气的小媳妇一样，一反之前高傲的姿态。

两个“长鼻子”挂着手臂来到了工作场地，这地方前不着村后不着寨，他们就是想传个信回家也做不到!

再问他们问题，他们也是乖乖应答，不敢有所隐瞒。

李将军这几枪，倒是加快了基地建设的速度，更让大家干劲十足。

夜晚，躺在沙地上，王根再次回想起今天听到的那个词——卫星。

虽然到这里来，知道是秘密任务，可是“卫星”这两个字自己好像听到了很多次。

“卫星是啥？”王根问狗剩。

“不知道。应该是很特别的星星吧。”狗剩挠挠头，“不然咱哪犯得着来这沙漠里，你也瞧见了，这沙漠的星星多好看！”

王根再次抬起头，看了一眼头顶上的星空。

“不是说，每死掉一个人，就会变成这天上的星星吗？”

“是啊！你看看这大漠上的环境，那得死多少个！”

虽然看见过无数次星空，但是王根觉得陌上的夜空有他前所未见的美丽。

空阔辽远，干净纯粹，藏着无数的故事和秘密。

直到很多年后，王根看着自己的战友一个个变成了天上的一颗颗星星。

深秋时节的沙漠，是胡杨展示生命力的最美舞台。

晴朗清明的天空下，胡杨的树叶金晃晃的，散发出太阳般温暖的光泽。

可是，危险一直存在，就连王根也没想到，狗剩熬过了长征，打过小日本，竟然会埋骨于沙漠之中。

那是沙尘暴发生的时候，工地上遮天蔽日，黄沙无垠。

这是大家第一次见到沙尘暴，大家在见到的那一刻甚至都愣住了，也有人继续做着手头的工作，只是马上有人叫了起来：“是沙尘暴，快趴下！趴到这边来！”大家这才反应过来，朝着能够挡住自己的地方跑去。王根挑着饭桶，正赶往工地的路上。眼看着沙尘暴扑过来了，已经看不清人影。

“器材！这东西能够把器材卷走！”昏暗的环境中不知道传来了谁的呐喊声。

“狗剩，你干吗？别过去，那器材不是你用人力能守得住的！”

“我抱着器械，你抱着我！咱像蚂蚁一样紧紧地团结在一起，守住一根就是一根！”这是狗剩的声音。

王根只觉得自己的体内涌动着一股热血，放下担子，不由自主地朝着前面冲去，跟自己的战友一起抱团，守住那些器械。

风刮在脸上钻心的疼。

眼睛里面也进了沙子，让人睁不开眼不说，仿佛鼻子耳朵都要被这大风刮走。

很快，脸上像是被这沙子刮掉了一层皮。

王根死死地抱住队友的身子，他只知道他们要像蚂蚁一样团结在一起，守护着沙漠中的希望。

不知过了多久，风沙终于从耳边、从头顶穿过去，跑远了。

大家连忙“呸——呸——呸”吐出口里的沙子，检查着器械的损失。看见各自保护的东西没有损坏，人群中发出呐喊声：

“瞧！瞧我这大玻璃，我就生怕它碎了！钱老师说一定不能丢了的！幸亏这个东西保住了！”

“哈哈，我负责的这个大钢柱子也保住了，我就知道它吹不走！”

“狗剩叔呢？刚刚不是就他叫得最欢吗？要不是他想办法，我都不知道还能不能保住这些东西！”

“对啊，狗剩叔呢？”

“在这儿。”随着小猴子低沉的声音响起，大家看到了像胡杨一样站立着的狗剩。他满身鲜血！

“沙尘暴来的时候，他就已经被这钢管直接穿透了身体，只是他死也不放手，还让我抱住他的侧面保住这钢管……”狗剩身边的小猴子泣不成声。

沙尘暴过后，沙漠已经放晴。

“他是饿着肚子走的！”王根第一次觉得这太阳是如此的炙热，烫得人眼泪就这么滚下来。

忠魂白雪，埋骨黄沙。

狗剩不是第一个牺牲在这片沙漠的，也不会是最后一个。

死去的战士们没有墓碑，只有个小小的木牌子，也会被沙漠中的黄沙一层层掩埋。

活着的战士，用血肉捍卫着这片贫瘠的土地上科学的存在。

王根跟着这支部队，一路西进，到达沙漠深处的这片空地，加入这场热火朝天的基地建设的新战斗。

李哲汉、林师长、阮政委等正在酒泉发射基地建设指挥部开会，苏联专家潘克拉托夫参加了会议。潘克拉托夫要求立即开始会战，并埋怨说发射指挥室在地下最少 60 米处，已经挖了一个月，还没有挖到预定深度，需要成立突击队！

李哲汉尽力克制自己的暴脾气，说道：“潘克拉托夫同志，你也知道，地下不是黄土，而是石头。地质学家说了，是玄武纪的沉积岩，一层一层的，很难挖。”

潘克拉托夫不吃李哲汉那套，大吼：“不讲理由，不怕死亡，我只要进度！”

修筑铁路已经在热火朝天地进行中。打夯、砸石头、抬枕木……战士们抬着铁轨一步步往前挪枕木。

小猴子满头大汗，嘴唇干裂，鞋子破烂不堪。

打夯的号子声在工地现场回荡。

同志们拉起来啊！嘿，嘿嘿，嘿哟！

同志们加把劲啊！嘿，嘿嘿，嘿哟！

戈壁修铁路啊！嘿，嘿嘿，嘿哟！

大家出把劲啊！嘿，嘿嘿，嘿哟！

盼望快修通啊！嘿，嘿嘿，嘿哟！

修通跑火车啊！嘿，嘿嘿，嘿哟！

……

战士们白天建设基地，晚上就睡在烧热的沙土之中，半夜经常是被生生冻醒，等到醒来的时候，身上便是一层黄沙。

潘克拉托夫总组长还是觉得工程进度太慢，提出要成立突击队。他说话跟放鞭炮似的，把自己的脸都炸得像每天都喝了酒一样。其实，他是一滴酒都不沾的工作狂人。

李哲汉表态，不管困难有多大，工程坚决不能延期。

为了保证地下工程如期完成，司令部决定，成立突击队，本着一不怕苦、二不怕死的精神，立志啃下这块硬骨头！

由于地下工程工作面有限，一次不能进去太多人，司令部研究决定，突击队总人数限额60名，分为3组，轮流施工。突击队采取自愿报名的方式，每个连10名，当天成立，第二天就开始攻坚！许多战士纷纷主动要求当突击队员，加入突击队。

一位自报是三连二排五班的战士，自愿报名参加突击队。因为他的年纪比其他战士要小五六岁，负责选拔突击队队员的队长不要他。结果他死活要进突击队，直接跑到李哲汉那里去闹。李哲汉一看，原来是先前跟着钱文鼎一起深入沙漠探路的小猴子。他了解小猴子，就把小猴子这个名字添加在了突击队员名单上。

基地地下指挥室隧道工程，有一条两米宽的隧道深入地下，两边安装有照明灯。

隧道里，战士光着膀子拖着小翻斗车往上爬。

隧道里灰尘弥漫，灯光朦胧，战士们带着防护面罩，每个人都大汗淋漓地不停挥镐挖着砂石。

一个战士用錾子在石头上打洞。随着打击錾子的震动，头顶上一块石头慢慢松动，掉下来砸在了打錾子战士的腿和肩上，这名战士被砸倒在地。

其他人惊慌失措，抬着受伤的战士跑出隧道，边跑边喊：“卫生员！卫生员！”把人抬去了基地卫生室，摘掉伤者的防护面罩，才发现受伤的原来是小猴子。医生一看，觉得他腿部受伤不轻，断定骨折了，但是却没有动手术的医疗条件。医生尽量给他做了仔细消毒、包扎、固定，告诉他至少要休息半个月。这可把小猴子吓得不轻！小猴子觉得自己是个战士，哪肯闲下来？

他想爬起来，可腿不听使唤，只好又躺下来。

他听见修路的工地上，劳动号子声不断传来。

火车跑得快啊！嘿，嘿嘿，嘿哟！
全靠车头带啊！嘿，嘿嘿，嘿哟！
石夯起得高啊！嘿，嘿嘿，嘿哟！
窜过红柳梢啊！嘿，嘿嘿，嘿哟！
一夯压一夯啊！嘿，嘿嘿，嘿哟！
路基打得牢啊！嘿，嘿嘿，嘿哟！

小猴子落下了腿瘸的后遗症。因此，后来他就成了基地部队炊事班班长王根的小跟班。看着战士们每天吃不饱肚子，班长王根是干着急。后来，往上打报告，好不容易给炊事班争取到了一笔加餐伙食费，可把小猴子和王根高兴坏了，瘸着腿、伤过腰都想扭秧歌。

一天，天刚蒙蒙亮，王根为了给战士们改善伙食，带着小猴子骑了 6 个多小时自行车，跑到一个小镇上，买好蔬菜、肉类，在自行车上载着就急忙往回赶。

天渐渐黑下来了，王根开始加快蹬车。不知过了多久，终于看见了一点灯光，一直紧张的小猴子脸上露出了笑容。

突然，在他身侧不远处，出现了一双双绿色的眼睛。

王根也觉察到了，不由得紧张起来，他意识到碰见了戈壁野狼。

他从自行车上下来，从已经被吓呆了的小猴子手中，抢过出门前就带着的木棍，站稳姿势，准备战斗。

王根大喊："狗东西，来吧！老子都多久没吃过肉了！想吃老子的肉，没门！来啊！老子和你拼了！"他喊着，叫着，给自己壮胆！

其中一只狼冲在前，扑了上来。王根把小猴子拉在身后，举起木棍，拼死打过去！

突然，"啪"的一声清脆的枪响，这只狼瞬间倒在地上，不动了。

狼群号叫着，立即四散而去。

民兵巡逻队队长在不远处望着王根："口令！"

王根喊道："雄鹰！"

民兵队长问："干什么去了？"

王根回答："炊事班班长采购。"

民兵队长带着几个男女民兵跑过来，帮王根推上车子就走。

民兵队长说道："老王啊，戈壁上的野狼，三个就敢围攻一头牛。谁敢夜里走路，也就你这不怕死的。"

王根说："以为早点出门，早点回，碰不见呢。"

民兵队长说："这种事不能靠运气！不是小刘巡逻发现狼群，示警让我们过来，你就危险了。"

民兵队长一直把他送到了基地大门口才告别，王根看了小猴子一眼，心里才松了一口气。

第二天，他看到战士们兴高采烈地吃着自己差点用命换来的伙食，禁不住偷偷抹了一把眼泪。

每天施工队伍按照分工，进各自的工地。

工地上，每天都是拖拉机在叫，汽车在跑，士兵在喊劳动号子！

李哲汉正在指挥部里打电话，声音可以传很远："我都说过三遍了，水泥！水泥！500号水泥！……别问多少吨，有多少全部拉过来！首先要保证，东风建设工地正常施工用量，……必须保证！"

苏联专家潘克拉托夫走进帐篷："水又没了，戈壁上没有地面水，需要去大山里找水！有雪的山肯定有水。"看得出，他今天不太高兴。

李哲汉只顾自打电话："抓紧运过来，就这样！"他放下电话，"有水也引不过来呀！"

潘克拉托夫说道："为长期着想，要不打井，要不修水库，否则别无他法。"他说着一口流利的汉语。

李哲汉说："如果有能力，还是修水库引水，比较实际。"

潘克拉托夫想了想，李哲汉的话也有道理。他端起李哲汉的大水缸子，一口气喝下了半缸子水。这些苏联专家远离自己的家国，来到这荒滩沙漠帮助中国人，有时候和我们的战士们一样，用黄沙洗脸，吃着沾满黄沙的"沙馒头"……异国他乡，谁都不容易。

李哲汉看着潘克拉托夫，心里涌过一阵恻隐之情。他决定弄些牛肉来，好好犒劳犒劳这些苏联专家们。

一天，沙尘暴突然席卷了整个试验工地！

帐篷被风掀翻刮上了天！空中飘着衣物、鞋袜、被子……

一辆木推车被刮得飞了起来，碰伤了四五个战士。有的战士被风沙连人带帐篷掩埋住了！

李哲汉指挥人马，快速挖沙救人。

几匹受惊的马，顺着大风乱跑。其中一匹马摔倒了，不一会儿就被沙子埋住了半个身子，只剩下前蹄子在外面刨动，垂死挣扎着。

王根和炊事班的小猴子等战士们开展自救。

在沙堆里，他们刨出了做饭用的大铁锅和炒菜的铁铲子。

沙尘暴肆虐过后，工地恢复了平静。

这沙漠，就像大海，一会儿波涛汹涌，一会儿又风平浪静了。

地平线上，朝霞四射，天空一片绚烂。

日复一日，工地上这些穿着破烂军衣、饿着肚子的战士们，仅用了两年零四个月，就用血肉之躯在寸草不生的荒漠上建成了第一个综合导弹试验靶场。

张爱萍将军诗兴大发，豪情万丈地赋诗一首：

铁臂飞架千条河，
金斧劈开万重山。
白手起家战戈壁，
工兵史册添新篇。

战士们开始平整沙地戈壁，李哲汉和大家一起植树，他们发现，这里的土质更适合栽植柳树。

慢慢地，这里有了帐篷，有了建筑，有了很多基础设施。

有人开着拉水车，给栽好的树浇水。也有战士在洗衣服、洗头、洗脸。

小猴子提着水桶，王根端着一碗水，从刚刚建成的厨房大厅里走出来，高兴地走到厨房旁边。一片刚刚开垦的空地里，已经长出了一株株嫩绿的青菜芽苗，他们小心翼翼地用碗给这些菜苗浇水。

王根觉得，这里的一切都充满了希望！

经过几代人的不断开发建设，这里后来成了名震中外的酒泉卫星发射中心，一座沙漠深处耀眼的绿洲城。

王根的第二次生命历程，就是从酒泉这片曾经属于河西走廊的传奇之地开始的。他亲眼看着、亲手参与着这功在当代、利在千秋的“两弹一星”伟大事业！

基地建好以后，科学家和研究人员们便很快入驻，随之而来的，还有需要战士们帮忙运送的各种复杂的器材。

上千名追梦的科研人员来到基地埋头苦干，他们画图、试验，看着一个个组装好的零件，看着秘密运送来的一个个成品，王根内心激动不已。

多年后，王根和小猴子都还记得沙漠上经常能响起神秘的爆炸声。

人群躁动，夜空寂寥。

直到有一天升腾起那让众人欢呼、让世界瞩目的蘑菇云，他和小猴子才知道那个叫原子弹，原来自己真的是在“干一件大事”！

第四章
美苏争霸　惊醒东方飞天梦

那一年，巴丹吉林这片荒无人烟的土地上，从漫天黄沙，到扎起了帐篷，有了通向沙漠深处的简易公路，有了试验基地简陋的试验设备。

那一年的世界，霸权横行，中国正在艰难中崛起。

1955 年 7 月 29 日，美国白宫南草坪上，美国总统艾森豪威尔正在召开新闻发布会。他对外宣布：美国将于 1957 年，即国际地球物理年（IGY）发射第一枚人造卫星，代号“先锋计划”。与此同时，哈尔滨军事工程学院转报中央军委的《对我国研制火箭武器和发展火箭技术的建议》，彭德怀让总参谋部装备计划部部长万毅和钱文鼎研究这份报告。

仲夏这天，北京下了一场大雨。钱文鼎在中关村自己家里，专心起草《关于研究和制造火箭武器的报告》。

蒋昕在客厅挂了一块小黑板，上面写着：祖国、母亲、北京、科学等词语。她在教儿子和女儿汉语。那天的雨，一直下到第二天早上才渐停下来。

一周后，钱文鼎匆匆吃过早餐，没顾上和蒋昕打招呼就急匆匆带上报告，去参加国防部彭德怀主持召开的中央军委扩大会议。

会上，彭德怀说：“我们要解决火箭防空、海上发射火箭等问题。目前即使苏联不帮忙，我们也要自己研究。我们有自己的科学家，钱

毛泽东风趣地说：“我正在研究你的《工程控制论》，要用来指挥我们国家的经济建设。”

周恩来补充道：“文鼎同志是我国科学家的代表，是发展我国科技事业的中坚力量。”

钱文鼎微微欠起身，谦虚地说：“竭尽全力，不负众望。”

主持人宣布宴会开始的时候，毛泽东站起来，笑着向大家做介绍：“钱文鼎是我们的几个‘王’呢！什么‘王’？我看是工程控制论王！火箭王！各位想上天，就找我们的钱文鼎！”

宴会之后，钱文鼎马不停蹄，日夜考察，奋笔疾书。很快于 2 月 17 日，向中共中央、国务院提交了《建立我国国防航空工业的意见书》，提出了我国火箭和导弹事业的组织机构草案、发展计划、实施步骤和一些具体措施。毛泽东决定采纳钱文鼎的建议，组建中国的导弹科研、设计和生产机构。

《意见书》还附了一个可以调来从事火箭与导弹研究的高级专家名单：任兴国、梁卫纲、庄遇田、罗时钧、林同骥、胡明山等。后来，《意见书》大部分被《1956—1967 年科学技术发展远景规划纲要（修正草案）》采用，高级专家相继调入中科院和国防部科研机构。

周总理在总参谋部主持召开了军委扩大会议。彭德怀、聂荣臻等出席会议。军委扩大会议的议题，主要讨论钱文鼎向中共中央、国务院提交的《建立我国国防航空工业的意见书》。同时，请钱文鼎同志谈了对我国发展导弹技术的设想和规划。

1956 年 4 月 13 日，国防部发出通知：国务院决定成立中华人民共和国航空工业委员会，直属国防部，统一领导中国的航空、导弹和火箭事业。中央军委副主席聂荣臻任主任；中央军委副秘书长黄克诚、第二机械工业部部长赵尔陆任副主任，总参装备计划部部长安东任委员兼秘书长，钱文鼎任委员。

周恩来提出：“国内建设是以国内力量为主还是以国外援助为主，我们的回答是，以国内力量为主，即自力更生为主。小国应该这样，有四亿五千万人口的大国更应该这样。毫无疑问，生产建设上要自力更生，政治上更要独立自主。”

不久，聂荣臻在办公室签发了《对12年科学规划中国防研究项目的意见》。

1956年3月，国务院成立了科学规划委员会，周恩来任主任委员，陈毅、李富春、聂荣臻为副主任委员。组织全国600余名科学家，并邀请了近百名苏联专家，历时数月，研讨、论证、编制了《1956—1967年科学技术发展远景规划纲要（修正草案）》文书。

《1956—1967年科学技术发展远景规划纲要（修正草案）》把喷气推进和火箭技术列为国家的重点发展项目，要在12年内使中国喷气和火箭技术走上独立发展道路。并认识到了开展人造卫星研究，能够尽快带动国家高科技的发展。

在中南海西花厅，周总理主持召开相关会议。与会人员每人面前发放了一本《1956—1967年科学技术发展远景规划纲要（修正草案）》。

周恩来强调，在编制这个规划的时候，必须按照可能和需要，把世界科学的最先进成就尽可能迅速地介绍到我国的科学部门、国防部门、生产部门和教育部门中来，把我国科学界最短缺、国家建设最急需的门类尽可能迅速地补足起来。

12年后，证明我国这些门类的科学和技术水平，可以接近苏联和其他世界大国。要搞导弹、搞卫星，地方要有，人才也要到位。

1952年6月，时任中国人民志愿军代理司令员的陈赓被中央电召回京。

6月23日，在中南海怀仁堂，毛泽东、周恩来、朱德、彭德怀接见陈赓。

毛主席对陈赓说：“我们要建一所高等军事技术院校，培养技术军官。这次调你回来，就是要你来当这个院长兼政委。”陈赓欣然接受。

1952年，中央军委决定，以中国人民解放军第二高级步兵学校全部学员、华东军区司令部军事科学研究室和志愿军第三兵团的部分干部作为筹建中国人民解放军军事工程学院（简称哈军工）的组织基础。9月1日，中央批准成立了以陈赓为主任委员的哈军工筹备委员会，任兴国被任命为筹备委员会成员之一。

1955年11月25日，钱文鼎第一次来到哈军工，哈军工被认为是点燃我国航天事业圣火的地方。

任兴国在钱文鼎眼中，是一位长相憨厚、寡言少语、工作沉稳、有韧劲的人，他是一个具备中国知识分子优点的佼佼者。

刚开始筹建哈军工时，任兴国的妻子虞若霏已有身孕，行动不便。但对任兴国来说，现在正是工作关键期，每天忙得废寝忘食，天昏地暗，对照顾妻子更是有心无力，家中还有一个儿子，也都交给了孕妇虞若霏独自照看。

一天晚上，任兴国在家中看资料。

妻子虞若霏挺着大肚子，还在忙着做针线活。

儿子正在独自玩耍，乖巧听话。

这一幕看上去，一家人的日子过得平平静静。

突然，虞若霏肚子疼了起来。她皱着眉头："快送我去医院，可能要生了！"虞若霏紧张地告诉丈夫。

可这时候的任兴国，思绪还在书本里。

他头都没抬，慢条斯理地说："明早再去吧，我在搞技术报告，明天一早就要提交的。"

虞若霏真的生气了："生孩子的事能听你的吗？"

她拿上提前准备好的包袱，重重地摔门而去。

任兴国听见很响的摔门声，愣了一下，连忙起身追了出去。

虞若霏挺着大肚子在昏暗的路灯下吃力地走着，任兴国在后面快步追着。

他一边在后面跑，一边喊着：“你别生气了，我这不是没听明白嘛。”

他气喘吁吁地赶上去，拉住了虞若霏的手臂：“原来你说要生孩子呀？我没听清楚。”

虞若霏听到他说这句话，更生气了，推开了任兴国的手：“没听明白怎么知道要生孩子？孩子没你的报告重要，你去忙吧！”

虞若霏深一脚浅一脚，继续往前走。

任兴国紧赶了几步，把妻子抱住：“对不起，我送你去医院。”

虞若霏委屈地哭了：“我不用你管，呜呜呜……”

女人一哭，任兴国可是手足无措了。他啥也不说了，抢过妻子手里的包袱，叫了一辆三轮车，陪着妻子一起去了医院。

虞若霏挺着大肚子，站在窗口排队挂号。没想到夜晚了，医院里还有十几个人在排队挂号。

任兴国见状，心里想着还有报告等着赶完，他急得心神不宁的样子，怎么能瞒过虞若霏？

虞若霏劝他先回去，说生孩子是女人的事，男人在也帮不了什么忙。

任兴国想了想，就把包袱放在木连椅上，转身回去写报告了。

办好手续，虞若霏提起包袱进了病房。

值班医生看着孕妇的大肚子，疑惑地问：“刚才和你来的人呢？”

虞若霏：“嗯，他有事，走了。”说完，眼泪不争气地流了下来。

值班医生提高了嗓音：“谁没工作？什么工作比生孩子还重要？”

一阵一阵的宫缩剧痛，让虞若霏使劲按揉着自己的大肚子，眼泪一串串地流了出来。

医生赶紧喊护士：“这边来一名护士，快点！”

一名小护士快步走过来，扶着虞若霏走进产房。

只听见虞若霏进去不久，产房里就传出了婴儿响亮的啼哭声。

天渐渐亮了起来，东方出现了鱼肚白。

任兴国正在办公室大声打电话：“你们学校的科研机构人员名单能否给我寄过来一份？”

因为通宵工作，他的嗓子明显沙哑：“不要再问我这个到底干什么了？好吧，实话告诉你，中央已经批准成立以陈赓将军为主任委员的哈军工筹备委员会，筹建哈尔滨军事工程学院，我正在给学院物色老师，很着急啊！”

电话那端传来一个东北口音的男声：“你早说嘛，这是好事情呀，全国都要支援你们呢！你记一下……”

任兴国的助理，一位瘦高个的年轻人推门进来：“任主任，刚才医院来电话，说你家添了个小千金！”

任兴国正在翻看名单，抬起头：“喔，是吗？”

瘦高个助理说：“怎么，你在问我吗？”他想想，觉得有些好笑。

突然，任兴国转过弯来，急忙从椅子上站起来。一边穿外套，一边往外走。

他对瘦高个助理说：“你帮我整理一下桌上的资料，我出去一下就回来。”

瘦高个助理看着任兴国带门出去的背影，更加莫名其妙。

任兴国一路小跑，跑进医院，好不容易找到虞若霏的病房门口。

任兴国推开门走进病房，看见虞若霏躺在床上，脸色苍白。

他问：“生了没？”

虞若霏答道：“生没生，你不会看床上？”

“嗯，我刚才在门外，是听到有孩子在哭。”妻子白了他一眼，任兴国知道妻子还在生自己的气。

任兴国嘴笨，不会哄人。

“你进来她就不哭了！”妻子虞若霏给他了个台阶下。

他这才咧开嘴笑了笑，从口袋里掏出几粒牛奶糖，剥开其中一颗，塞到妻子嘴里：“甜吗？对了，是男孩还是女孩？”他把余下的几颗奶糖塞到妻子枕头下面。

妻子虞若霏看见他年纪不大，可额头上已经又添了少许白发，虞若霏心头的气消了一半。

孩子又哭了起来，任兴国赶紧抱起婴儿。说也怪，孩子立马不哭了。

妻子虞若霏说：“是个女孩，你给起个名字吧。”

任兴国一边笨拙地逗孩子，一边高兴地说：“女孩好呀，就叫任之翔吧！”

虞若霏说：“飞翔？你想要一个女孩子飞到哪里去？”

任兴国望着窗外的天空：“要是能飞得更高、更远，该多好呀！”

妻子知道他又在想工作上的事了。

“你把孩子放下，先回去工作吧。我这里有医生照顾。”她虽然并不清楚自己的丈夫到底在忙啥，但她知道丈夫一定是在忙公家的大事。

任兴国说：“我有些事急等着去处理。回去后，我让食堂师傅给你下碗鸡蛋挂面吃。”他用手指理了理妻子额前的几缕发丝。看着虚弱的妻子，心里感到深深的内疚。

虞若霏用手指轻轻刮了一下女儿的小脸蛋：“知道了吧？这就是你的爸爸，一根筋的爸爸！”说完自己也笑了。

任兴国说：“我有女儿了，她叫任之翔，在天空中自由飞翔。哦，对了，我马上要去北京开会。你这边怎么办？”

虞若霏看到自己的丈夫每天这么辛苦，她心里也十分心疼：“你放心去，我自己能行！”

钱文鼎亲自点名，把在哈军工任教的任兴国、梁卫纲、庄遇田、朱方等人从哈军工调来，一起筹建我国第一个火箭、导弹研究机构——国防部第五研究院。

庄遇田，1925 年出生于江苏常州一个小业主家庭中。抗日战争期间，考入上海南洋模范中学，在几次数学竞赛中获奖，显示出了在数学方面的极高天赋。1946年毕业于交通大学航空工程系，毕业后留校任助教。1950年获得美国加州理工学院航空研究院航空和数学博士学位，受聘为加州理工学院的研究学者。当时中国著名的空气动力学家钱文鼎正在该校古根海姆喷气推进中心任主任。庄遇田得到钱文鼎在学业方面的指导，有机会就一起探讨研究中国航天事业的理想。这一年的秋天，他冲破重重阻碍回到上海，此后长期从事空气动力学研究工作。

任兴国、庄遇田风尘仆仆，来到北京西郊的军委124疗养院报到。

也许他们也没有想到，50年后，两人双双为发展中国的航天事业做出了突出贡献。

接待人员把任兴国和庄遇田领进北京西郊空军466医院的一间宿舍。

任兴国一看，房间里已经住满了来自全国各地的筹建人员。有的人在洗漱，有的人在看书，也有的人在洗衣服……

负责接待的女同志手指着一个大通铺，对任兴国和庄遇田说："就剩这两张铺了，刚好你们一人一张。"

任兴国和庄遇田致谢后，赶紧开始收拾床铺。

不一会儿，前面那位女同志再次走进宿舍，开始喊："任兴国！庄遇田！跟我出来一下。"任兴国、庄遇田跟着接待人员走出宿舍。

接待人员说："钱所长来电话，说聂帅特别关照，让安排你俩住宾馆，这里可能人多杂乱。"

任兴国赶紧说："不用，有住处就行。"

站在一旁的庄遇田也说："对，对，大家住一块儿，方便了解情况。"

接待人员说什么也不肯："这是上面的安排，我必须执行。"说着就去收拾他们刚刚打开的行李。任兴国急了，他梳理了一下头顶上的头发：“替我们谢谢了。我觉得这儿挺好。”听了他的话，接待人员不知怎么办才好。庄遇田给接待人员作了个手揖，拉着任兴国一起回到了宿舍。

任兴国想到自己被钱文鼎亲自点将，从哈军工到北京赴任的这份信任与关怀，心里无比的温暖，浑身充满了干劲。后来，任兴国在钱文鼎的关照下，把妻子虞若霏和年迈的父母接到身边。虞若霏独自承担起照顾全家老小的重担。一家人团聚了，任兴国也能够更加安心工作了。

钱文鼎把人才引进和教育工作，再次交给了自己非常信任的时任六室（总设计师室）主任任兴国。

任兴国接到钱文鼎交给的组建国防部五院的任务后，在北京开始四处网罗人才。

每当看见全国各地传递过来的人才档案时，他都会一一仔细阅读，进行比较，从中发现潜在的人才。

北京的秋天来得很准时，深秋萧瑟，落叶纷纷。

国防部五院大门前，一个提着包的女孩子站在院门前，新奇地打量着院子里的一切。

墙壁上画着一枚飞天火箭，周围是朴素的标语，两排都是粗壮的大槐树。

秋风萧瑟天气凉，草木零落叶凝霜。

女孩子穿得不多，在秋风中忍不住瑟瑟发抖。

那个年代的女孩子都以穿军装为主，可是她却穿着一身很是老旧的棉麻汉服，杏色上衣，藏青阔腿裤，明明包裹得紧紧的，只露出纤细的手腕，行动时宛如扶风细柳，让人感觉那盈盈不堪一握的腰肢，娇弱得如同雨中的幽兰。

大风吹起她的头巾的一角，露出了一双亮得惊人的双眼。

苦奋斗

“等等！你当这是什么地方呢！就这么往里闯！”守门的老太太拦住女孩子，“这可不是你们这种孩子来顽皮的地方，走吧！没事别过来！”

“不是，老奶奶，我是有介绍信的。”

“介绍信？”老太太打量了一眼女生：瘦瘦的，小小的，脸色苍白，带着不同于那个年龄段的成熟冷漠，娇里娇气，一看就不像朴素的劳动人民，加上这未成年的样子，这样的女孩子有介绍信？

女孩子赶紧从包里面找介绍信：“哎！我的信呢？”

“你可最好是找到，否则我就把你送到派出所去！”老太太叉着腰冷哼，“穿得奇奇怪怪，不知道是不是反动派奸细呢！”

正在此时，有邮递员送来了信，跟老太太打过招呼，便在办公楼下大声叫着：“任兴国，挂号信！”

“哎！来了！”任兴国从窗口探出头来挥挥手，很快从办公室跑了出来。

任兴国接过邮递员手中的信，签了字，刚要拆开，便听到了那个女孩子甜糯的声音：“喏，这是我的介绍信！”

“还真有？”老太太嘀咕着，“拿来我看看……这是什么介绍信，没头没脑……”

“周大妈！”任兴国打断了老太太的嘀咕，“这介绍信的样式，是我们所的！以后大凡是拿着这种介绍信的，您先通知我们过来接待。”

“啊！任主任啊！”周大妈立马笑了，“还真是啊！行！那我下次不拆你们的信！”

“哎！谢谢您了！”任兴国看着大妈，大妈讪笑了一声，只得将介绍信递了过去。

任兴国帮小姑娘提起了包，瞟了一眼名字：“李绍秀？”

“嗯！”秀儿点点头，“大家都叫我秀儿，省事。”

任兴国点头：“好好，秀儿，欢迎你！走，跟我上楼。”

秀儿快步跟在后面。

来到办公室，取下头巾的秀儿美得如同一束光，照亮了整个屋子。

“大家伙别忙！这是刚派来的李绍秀同志，清华物理系高材生，别看她看上去年纪小啊，不过话说回来，她确实年纪小，现在也就刚成年，她13岁就作为尖子生考入了清华少年班，在物理方面特别神通，这次被上面派来我们所里，希望大家多照顾她！”

任兴国的话音刚落，下面已经响起了热烈的掌声。

尤其是未婚的男科研人员的掌声、欢呼声连成一片：“欢迎你加入我们！”

“欢迎小秀儿！”

“行了！秀儿，你去那个位置，先跟着熟悉情况，稍后有人带你去宿舍！邓琳、星琪，秀儿的宿舍你们两个给安排一下。还有你们两个啊，小胡、小章，你们差不多得了！图画完了？数据算准了？”

任兴国这几句话一出来，两个叫得最响亮的科研人员立马噤声。

“任主任！再宽限几天吧……”邓琳口齿清晰，落地有声。一看就是个干事利落、小嘴不饶人的小主。

“一时半会儿弄不出来……”星琪戴着一副米黄色边框的眼镜，说话嗓音有些尖细，像从墙缝里挤着吹过来的一阵风。但她的五官长得很漂亮，眉眼立体，有点像混血儿。

“我能宽限你们，我们的竞争对手可不会宽限！苏联的出来了，美国也虎视眈眈，我们能耽误，我们的国家，我们的人民，可都经不起我们耽误！加油吧！”任兴国说完，看了一眼站在他身边的小胡和小章。这两个小伙子，长得都挺敦实。就是一个黝黑了点，像刚从运动场上下来的举重运动员，另一个眼神清澈明亮，偶尔闪过一丝狡黠，皮肤白净得像个姑娘。

“是！”白净得像个姑娘的小胡大声说道。

科研人员们瞬间如同打了鸡血，恢复到之前的状态，甚至比之前更加认真。

秀儿坐在座位上，听着任兴国说的这几句话，双眼似乎更加光亮了。

她新奇地打量着这个忙碌的办公室，看着周围忙碌的同事们，不由得捂住了胸口，抑制住那种想立即投入工作的沸腾的热情。

看到眼前这群充满活力的年轻人，任兴国不禁回忆起自己和妻子也有过的青春时光。

那时候自己的妻子虞若霏，也是这般年轻，这般充满活力，也会粘人，也会撒娇。可自从嫁给自己以后，四处奔波，家里家外，老人小孩，没有不需要她操心的地方。如今，才三十多岁的妻子虞若霏，为了更好地照顾这个家，剪去了自己心爱的一对乌黑长辫子。曾经清秀美丽的脸庞，看上去消瘦了很多，她一心照顾家人，也没有时间像过去那般爱说爱笑了。

他知道，这些年来，妻子为这个家，为支持他的这份“大事业”，默默奉献了自己的青春年华。家中有个如此贤惠明理的妻子照顾，任兴国工作起来就没有后顾之忧，他对妻子的愧疚之心，埋在深处，随着干不完的工作，越埋越深。

直到他的妻子从黑发到白发苍苍的时候，他还是忙于工作，没有顾得上报答妻子，他知道自己欠了她一辈子！

想家归想家，愧疚归愧疚。此时的任兴国通过努力，从全国高等院校选调了 143 名应届毕业生，平均年龄只有 21 岁。包括秀儿在内的这些大学刚刚毕业的年轻同志，基本都按其专业分配到了各室工作。

任兴国正在跟分配到五院六室（总设计师室）的五六个学生谈话，大家对导弹还没有概念。任兴国认为，搞导弹仅靠科学家不行，还要有一批既有实践经验又有理论基础的同志，因此又陆续调来了一些业务骨干。

“笃笃笃”，办公室响起了敲门声，姚东武手里拿着一堆材料，走进任兴国办公室。

他俩就太空材料的问题，又探讨了大半夜。

任兴国看到姚东武近期由于太过劳累，人显得清瘦了很多，就笑他跟自己一样，也是劳碌的命。可姚东武觉得自己是幸运的人，年轻时候，他学业优异，父亲倾其所有，供其读书；如今自己从国外学成归来，又得到钱文鼎、任兴国这样优秀科学家的青睐，得以在科研领域去实现报效国家的理想。

姚东武和任兴国谈起自己第一次近距离接触钱文鼎的日子，心情还是很激动。

那是去年春天，姚东武接到自己最最敬重的科学家钱文鼎要面见自己的电话，那种喜极而泣的心情没有人能体会。

姚东武认真梳洗过一番，西装革履地前往钱文鼎办公室报到。他一路兴奋不已，骑着破旧的自行车，唱着大学里唱过的歌，见谁都笑，掩饰不住自己激动的心情。

想起自己几年前曾经在中国驻瑞士使馆，面对党旗庄严宣誓："我自愿加入中国共产党……"现在，实现自己航天梦的机会来了，怎能不激动？！

姚东武到了钱文鼎办公室门前。他敲门走进办公室，钱文鼎的秘书张乃武起身迎接，把他带到套间门口。

钱院长和任主任一边谈工作，一边等他到来。现在已经等他多时了。

姚东武进来后，钱文鼎紧握他的手，告诉他是聂帅特别叮嘱，总理亲自安排，他才有机会来五院工作的。

任兴国也伸出一双温暖的大手，紧紧握住他的手。

姚东武紧张得不知所措，坐也不是，站也不是。

钱文鼎对他说："五院不讲客气，只讲工作。你是学材料的，专门为你成立了一个材料研究室，你配合任主任工作。开创航天材料学科和特种材料研究，就靠你了，担子很重啊。"

听到这番掏心掏肺的话，姚东武激动得心脏都快蹦出来了，不知道自己说什么才好。

钱文鼎请他和任兴国一起坐下来，喝茶聊天。

三人谈了很多航天方面的话题。

日后，姚东武为我国航天材料、火箭材料及工艺技术做出了突出贡献。担任国防部五院材料与工艺研究所（703 所）所长，是航天材料及工艺技术研究所主要创建者之一。

1957 年 9 月，戚元初从北京航空学院（现北京航空航天大学）毕业。国家成立的国防部第五研究院正值用人之际，这是新中国第一个为研制导弹和火箭而成立的研究院。他被分配到五院研制导弹和运载火箭。学的是航空，结果去搞导弹，但他知道都是为了国防事业，所以没有任何犹豫，前往五院报到。

北京的秋天，是最美的季节，天高气爽。

虽然山上的红叶红得醉人，可是，北京的科学家们没有心思和时间去领略。

钱文鼎的办公室设在五院。这天一大早，戚元初来敲门，没等允许进门，就火急火燎地径直往套间走。

张乃武急忙冲上去拉住他：“你这同志，怎么往里闯！”

戚元初笑了：“我找钱院长呀。对了，我是戚元初，刚从北航航空专业毕业，分配到这里工作。我是来报到的。”

张乃武也笑了：“报到也没必要向院领导报到呀，找你们部门领导就可以了。”

戚元初：“说的也是，可我到北京来，只知道大名鼎鼎的钱文鼎院长呀。我的部门的领导是谁呀？”

“六室，找任兴国主任去报到。”张乃武对这些人事分配可谓了如指掌。

戚元初背着行李，走出办公室。张乃武在他背后嘟囔了一句：“真是个急性子。”

至此，王希望、戚元初等众多人才，通通被钱文鼎、任兴国网搜到这支神秘的大军中。戚元初被分配到刚成立不久的国防部第五研究院工作，唯一令他有些遗憾的是，当时因中国与苏联关系恶化，苏方拒绝接收中方参加导弹研制的戚元初等人前去学习。戚元初完全是中国自己培养的航天专家。

1954 年 5 月 27 日，当时的苏联火箭设计师谢尔盖 · 科罗廖夫，向苏联国防部部长乌斯季诺夫提出发展人造卫星的计划。

1957 年 2 月，在苏联国防部，谢尔盖 · 科罗廖夫正式向部长乌斯季诺夫建议启动“斯普特尼克计划”。

谢尔盖 · 科罗廖夫是乌斯季诺夫眼中最忠诚的火箭专家。当得知人造卫星计划已经获得最高苏维埃的足够重视的消息后，科罗廖夫坚信，如果了解发展人造地球卫星是掌握无地域限制全球快速通信的唯一途径，也是令火箭技术得以进一步发展的必经之路的话，高层很快就会下决心启动“斯普特尼克计划”。

正如科罗廖夫所料，人造卫星计划很快得到了苏联最高苏维埃政治局的重视并开始实施。

为了提防美国先于苏联发射人造卫星，苏联方面提出，第一颗人造卫星“斯普特尼克 1 号”不应迟于 1957 年 7 月发射。

由于时间所剩不多，“斯普特尼克 1 号”的设计被大幅简化，提出了携带一台无线电发送器的简易方案。

1957 年 2 月 15 日，苏联部长会议批准了“斯普特尼克 1 号”的简化方案，并确定了“PS”绝密代号。

这颗人造卫星的任务是，以观测地球轨迹及接收人造卫星信号为目标。计划用 R-7 火箭发射“斯普特尼克 1 号”进入预定轨道。

那一年，许多人第一次听到“卫星”这个概念。

1957 年 10 月 4 日，在距离莫斯科 2000 千米之遥的哈萨克丘拉坦荒漠上，空旷、荒凉的苏联拜科努尔秘密基地，发射场上空升起了人类历史上第一颗人造地球卫星“斯普特尼克 1 号”。一枚火箭缓缓离开了发射架，喷着火舌，腾空而起。它打破了世界的平静，宣告了人类航天时代的来临。

当时的赫鲁晓夫在基辅的马林宫里正准备用晚餐，在他故作的镇定下，知道内情的官员们知道身后的一切都在有序地进行。

他在等待，等待那个让苏联把美国狠狠压一头的消息，等待那个苏联制霸太空的时刻。

为此，赫鲁晓夫切牛排的手格外用力，每一下都似乎切在了美国的软肋上，这种感觉，让他格外兴奋。

终于，有官员过来请他进房间接电话。

赫鲁晓夫深吸一口气，却还是得体地擦擦嘴，缓缓起身，坚定而迅速地朝着电话走去，拿起电话的姿势更像是奔赴一场命运的裁判。

果然，电话那头传来的是好消息！赫鲁晓夫的手都在颤抖——成功了！苏维埃成功了！

他迫不及待地从房间走出来，面带笑容、声音洪亮地向周围人宣布：“一个伟大的事件发生了！刚才，科罗廖夫同志给我打电话报告说，我国的人造地球卫星已经进入预定轨道！”

消息一出，世界翻腾。

第二天早上的《真理报》头版标题便是：苏联创造出世界第一颗人造地球卫星。

各国报纸都在报道这一事件。美国主流媒体普遍将这一事件作为“紧急突发事件”进行报道。

因为早在 1955 年 7 月 29 日，美国总统艾森豪威尔便通过白宫新闻秘书发布，美国将于 1957 年，即国际地球物理年（IGY）发射第一颗人造卫星，只是，现在苏联的卫星上天了，美国的卫星还在实验室。

当时正值美苏争霸，冷战凝云，两个大国都在暗中角力。

这一天晚上，克里姆林宫张灯结彩，红场上的游行队伍汹涌如涛，人们挥舞着各类横幅、标语、旗帜。一队穿二战时期军服的老军人胸前挂满了勋章，在游行队伍里特别显眼。红场一角，礼炮轰鸣，烟雾缭绕，人声鼎沸。一栋大楼上，有人从楼顶上抛洒下大量传单，传单像鸽子一样在空中飞舞……这些都是属于那个时代的印记。

相对于苏联人民的欢天喜地，各国反应不一。

夜晚，美国白宫里亮如白昼，气氛紧张。

太空总署的几个官员表情严肃，从长长的楼道快步走进白宫，和其他人碰面也不说话，只是匆匆抬手，算是打招呼。

美国总统艾森豪威尔闻讯后大发雷霆，因为他们一直坚信“第一”这个位置属于美国，而苏联的这一行动，无疑是对美国的威胁和挑战。

艾森豪威尔正在厉声训话：“你们造的卫星呢？不会还在计划里睡觉吧？ 1955 年 7 月我就说过，美国将于国际地球物理年发射第一颗人造卫星。可现在的事实是，苏联的卫星在天上旋转，我们的卫星还在实验室里躺着。这是美国遭受的一次重大挫折，是一场战略灾难。这是针对美国的阴谋、威胁和挑战！督促国会，给太空总署追加 10 亿美元，必须尽快把卫星放上去！”

与其说他是在讲话，不如说他是在吼，嗓子都嘶哑了：“都滚！卫星一天不放上去，你们就一天不要来见我！”

众官员匆匆走出白宫大门，钻入车内，小车几乎连成车队，快速离开。

白宫外的草地上，一群鸽子呆呆站着，正在喷水的人工喷泉，戛然而止，鸽子受到惊吓，腾空飞起。

中国驻苏联大使馆大使刘晓，匆匆走进中国驻苏联大使馆大门。过了一会儿，他身后跟着刘宁一等三个大使馆工作人员，快步出来。

刘晓上车前，再次对刘宁一说：“我回国这段时间，使馆工作由您负责。辛苦了！”

刘宁一叮嘱：“您要尽快回来。”

刘晓点点头，和大家一一握手后，匆匆坐进小车，快速离开。

刘晓飞抵北京。

他提着公文包，急步走进了中华人民共和国外交部，向周总理作了报告。

周总理手中拿着一份宋任穷刚刚发来的急电内参。他坐在沙发上，表情凝重。

北京西苑一所院子里，有一幢破旧的三层小楼，院子里阳光灿烂，道路两边排列着整齐的枫树，叶子已经开始变红，院落虽大却无人走动，只有一个老头在扫树下落叶，四处寂静无声。

窗户边的桌子旁有三个人，一个人坐着，两个人站在旁边，他们神情严肃甚至有些紧张，几乎没有交流。

在他们的后面，几个科研人员更是大气都不敢喘，只屏息静听。

程万勇戴着耳机，神情高度专注，一边操作自制的接收无线电信号仪器，一边记录数据。

钱文鼎、赵立千全神贯注地观察程万勇的表情和操作动作。

突如其来的鸟鸣响起，打乱了几人行云流水般的操作。

钱文鼎和赵立千两人明显紧张起来，可是程万勇丝毫没有受到影响，依然紧张有序地操作着仪器。

良久，操作终于停了下来。

钱、赵二人依然紧张地盯着程万勇，期待着他接下来的话。

程万勇没有辜负他们，放下笔站了起来：“‘斯普特尼克 1 号’是个铝制球体，直径 55 至 58 厘米，内装有一台磁强计，一台辐射计数器，一些测量卫星内部温度和压力的感应组件等仪器，还有 4 根弹簧鞭状天线，其中一对长 240 厘米，另一对长 290 厘米。绕地球一周耗时 1 小时 35 分，（后来还有资料说是 98 分钟），距地面的最大高度为 900 千米，用两个频道连续发送信号。报告！今天的无线电信号

接收结束了。”

程万勇报告完毕，便迅速收拾好耳机等仪器，开始整理记录。

钱文鼎却皱起眉头：“‘斯普特尼克 1 号’体积之大，怪不得让美国人都感到惊讶，这颗卫星重 83.6 千克……”

钱文鼎剩下的话咽了下去，后面的科研人员有不懂的，将目光投向了赵立千。

赵立千迎上他们的目光，告诉他们：“体积越大，技术难度越大。”

刚刚不解的科研人员顿时心生懊悔：“这么简单的道理，还要赵老师来解释！到底还是因为自己技术不过关啊！”

尤其是刚刚懵懂的小章，更是狠狠地敲了敲自己的脑袋。

这声音敲得挺响亮，站在秀儿旁边的邓琳听了，不由得朝着他狠狠地一瞪眼。

小章顿时红了脸，本来就有些苍白的脸膛，竟然像飞起了两团云，红得有些明显。

“我们先把‘斯普特尼克 1 号’的轨道参数算出来！”钱文鼎拿出纸，程万勇笔走龙蛇地计算起来。

赵立千等人都不说话，也不打扰他，整个房间只听得到笔尖触在纸上的沙沙声，偶尔钱文鼎和赵立千给他递过换写的纸和笔。

临近黄昏，倦鸟归巢，窗外夜归的鸟儿啼叫成一片。

钱文鼎和赵立千走过去关上窗户，边上的秀儿打开电灯，屋里立刻亮堂起来。

大家都紧紧地屏息看着中间那个计算的人影儿，期待着今天的结果。

终于，程万勇支起了腰。

长时间的伏案不动让他忍不住伸了一个懒腰，缓解眩晕和身上的疼痛，然后站起来，却有些站不稳似的。

“怎么样？”钱文鼎迫不及待地看向他。

赵立千更是扶住了厚厚的眼镜：“数据准确吗？”

程万勇不说话，钱文鼎和赵立千只能相互看了对方一眼。

“对照后才知道。”程万勇推了推眼镜，不慌不忙地又坐下来，开始对照数据，并在草纸上写写画画起来。

身后，满是翘首期盼的目光。

过了半天，他脸上渐渐露出欣喜之色，众人看着，仿佛看到了希望。

终于，程万勇高兴地写下了最后一个数字，迫不及待地告诉大家：“完全准确！而且计算出来，运行轨道与赤道构成 65 度夹角！”

钱文鼎舒了一口气：“好啊！我们用自制的无线电信号接收装置，进行无线电多普勒频率测量，计算出了世界上第一颗人造卫星的轨道参数，为我国发射自己的人造卫星提供了极为重要的参数依据！”

赵立千更是朗声笑道：“太好了！看来，苏联‘老大哥’公布的有些信息还是可用的，‘斯普特尼克 1 号’内部装有两台无线电发射机，采用一般电报信号形式，每个信号持续时间约 0.3 秒。”

几个人开心地笑了，身后的科研人员们更是满脸喜色。

“早点休息吧，同志们！身体是革命的本钱！”钱文鼎看了看周围的科研人员，“可说好了，你们不准给我连夜研究！”

“是啊！你们还要养好身体去西北基地呢！”赵立千也背着手道，“我看看谁敢拿自己的身体开玩笑！”

科研人员们听了，乖乖地收好了手中的笔记：

“是！”

“谢谢钱老师、赵老师！”

“老师，再见！”

……

前阵子，小章在回去的路上，总是有意无意地跟着秀儿走。

是邓琳首先注意到的。

可今天，小章回家的时候，没有追着秀儿走，而是跟在了邓琳身边：“哎！你笔记借我看看呗！”

“怎么，你不是一直借秀儿的吗？”邓琳瞟了他一眼，那俏皮的样子让小章脸红心跳：“那……那不是她成绩好，借她笔记的人多嘛……”

“借不到她的，你就来借我的？”邓琳听了顿时俏脸薄怒，“想得美！”

“不是，不是！我这不也没借星琪的吗？”小章不加思索地说道。

邓琳心里觉得星琪长得也够漂亮了。

小章说话不经过大脑，几句话一说，邓琳气得跳脚：“你的意思是，秀儿和星琪都漂亮又不好追！你才借我的！”

邓琳加快脚步往前走了。

小章这才意识到自己好像说错话惹她生气了，赶紧追了上去。

小章赶忙解释道：“哎不是……邓琳……你等等我！我不是这意思……哎……”

……

看着这群年轻人，钱文鼎和赵立千相视一笑：

“我们有一群积极上进的年轻人，他们好学、务实、肯干。应该给他们多创造观摩实习的机会！”

“这才是创造未来奇迹的人。”

是的，在我们创造奇迹的道路上，总有这么一批人，他们勤劳勇敢，信仰坚定，满怀理想，充满希望。

走到家门口，程万勇的肚子适时地响了起来，他才感觉到肚中的饥饿：“奇怪，今天没吃饭？好像是这么回事！”

看着门前种的韭菜和萝卜，他走了过去，拔出来一根萝卜，擦擦上面的泥土便啃了起来。

钱文鼎回到家中，看起了报纸，肚子也是适时地响了起来。

同在一个大院里的赵立千听着收音机，也捂住了胃部。

他们不约而同地想到了同一件事——幸亏今天这肚子叫得及时，没有影响计算工作。

第二天清晨，钱文鼎和赵立千两人快步进了福建厅，周总理已经迎了上来。看见钱文鼎高兴的样子，总理心里知道今天有好消息！

果然，钱文鼎迫不及待地向总理汇报了程万勇已将斯普特尼克1号卫星相关参数计算出来的喜讯。钱文鼎将资料递给总理。他知道我们的卫星工作，又迈出了一大步。

周总理翻看着钱文鼎手中的报告，满脸欣慰。

总理指出：目前形势严峻，条件艰苦，关键是人才短缺。可是搞卫星这个工作一旦定下来，就不能只是空谈了。没有条件，创造条件也要上。

钱文鼎心里明白，千钧压身。

与此同时，北京西苑的研究所里，程万勇办公室里气氛异常紧张，赵立千带着几个科研人员在他身后焦急地观察着。

他们跟踪测算斯普特尼克1号卫星已经第25天了！

程万勇戴着耳机，慢慢旋转无线电接收装置的旋钮，赵立千带着秀儿等几个尖子生站在一旁，全神贯注盯着程万勇的每个动作。

办公室里寂静无声，大家屏住呼吸，似乎能透过程万勇的呼吸听见耳机里传来的吱吱啦啦的噪声。

良久，赵立千终于按捺不住了，他问道："万勇，怎么样？"

程万勇看向赵立千，愧疚地摇了摇头。

赵立千神情一紧，百思不解地说："这……卫星上设置的固定频率是不可能变动的。"

程万勇点头说："'斯普特尼克1号'每天在莫斯科上空经过两次，莫斯科也在接收信号。"

赵立千说："相关资料上说，卫星用化学电池提供电源，也就是蓄电池，发报机与电池连接持续发报……"

"对了！"程万勇灵光一闪，顿时抬起头问，"'斯普特尼克1号'

发射多长时间了？”

小章摸摸脑袋回答：“25 天了。”

赵立千和程万勇相视一眼，异口同声地说了出来：“蓄电池！”

“哈哈！”

两人不约而同地松了一口气，大笑起来：“虚惊一场，还以为他们调了频率！”

小胡却弄不懂了，用手肘推了推小章：“老师们怎么笑了？”

小章也懵了，看着邓琳：“哎，到底怎么回事？”

“你问我干吗！这会不问秀儿了？”邓琳羞红了脸，“手——别要流氓啊！”

小章哪里敢看秀儿：“我不问她，待会你生气！”

“呆子！”邓琳狠狠地踩了他一脚。

其他的科研人员更是面面相觑，看向赵立千和程万勇。

“哈哈！你们啊！”程万勇胸有成竹地看向了秀儿。

她不急不躁，若有所思，明亮的双眼中一片清明。

赵立千笑了：“秀儿，你说说，咱们的接收仪器没问题，还能是怎么回事？”

年轻人们都没反应过来，此刻都盯着秀儿。

秀儿莞尔一笑：“您都说了，蓄电池——肯定是电池没电了呗！我们接收不到，八成是废了，只是消息还没传来！”

“原来如此！”

年轻人们瞬间反应过来，窃窃私语道：

“不会吧！‘老大哥’这么不给力！”

“那可不一定！人家第一个送上去呢！”

……

“最新密报！同志们！”众人正在议论中，钱文鼎走了进来，“斯普特尼克 1 号卫星升空后，发报机持续工作了 23 天便停止运作了，我们可以暂停接收工作了。”

“真是这样！”

“神了！”

“所以”钱文鼎道，“我们更应该吸取教训，不仅要送上天，还要飞得稳，让我们的卫星在太空拥有充足的动力。”

“不是说靠地心引力吗？”小胡提了出来，“我还是没搞明白，蓄电池和信号有啥关系。”

钱文鼎觉得自己好像被哽了一下——这样的基础，带得动吗？

“路漫漫啊！”赵立千看了看秀儿后面的一群科研人员。

钱文鼎拍拍赵立千：“不是有你吗？我相信你！我可都是你带出来的！”

“你呀，哈哈！……哎？我可说好了，做实验的时候一定要叫上我！不管什么时候都叫上我！你可不能只带年轻人，而忘了我这个老头子呀！”

“赵老师，您才五十岁，年轻着呢！”

“是啊！您学识渊博，还这么好学，我们更应该努力呀！上次我回来算了半天，才发现您给我们讲过这个知识点！”

……

科研人员笑成了一片。

这是一群十分上进的青年，哪怕他们的基础确实很差，可是求知若渴，勤学好问，看着这样一群年轻人，钱文鼎和赵立千心中总是充满了激情与希望。

正如他们所料，没过多久，消息传来，在轨道中度过 92 天，围绕地球转了 1400 多圈的斯普特尼克 1 号卫星在重返地球时坠入大气层烧毁了。

很快，讨论人造卫星的高级会议便在周恩来的主持下召开。叶剑英、邓小平、聂荣臻等领导人和外交部相关人员参加。

中南海西花厅总理办公室，周恩来总理正在组织开会。宋任穷、刘晓参会。周总理让刘晓通报了苏联斯普特尼克1号卫星的发射情况，又把宋任穷带回的秘密文件，让身边秘书传给叶剑英、陈毅、邓小平、张爱萍等参会人员阅读。

有性子急的人看完文件后，脱口而出：“这些家伙！原子弹的事儿还没完呢！卫星又捣鼓出来了！”

也有稳得住的人劝道：“急什么，你都还没当裤子呢！我就不信，咱们这么大个国家，难道搞不出来？”

有人摇摇头：“现在太空成了美苏两个超级大国暗中角力的新战场了！”

性子急的人，立马指出：“他们是早有准备的，我们不能坐等，坐等是要挨打的。”

说实在话，之前拿刀枪争地盘，这么多年过去了，谁都没有想到过科技的发展会如此迅速，战场有一天会变成无边无际的太空。

面对现实，有人敏锐地提出：“中国的科学家建议中央应该尽早制定发射卫星的规划。一个刚刚从苦难和废墟中挣扎起身的民族，要将目光瞄向太空这个未来的竞争空间，这是百年大计。”

也许现在有人会问，那时候的中国，百废待兴，吃饭都是问题，哪里来的力量去竞争太空？

可是，落后就要挨打。

经历了这么多年被欺压奴役的中国人，尤其懂得这个道理，更不愿意就此束手。

一位经历过战争生死博弈的老将军发话了：“一些苏联科学家认为连火柴都造不出来的国家，要搞卫星，这是天方夜谭。可是我们自古就不缺少探索太空的智慧，百年沧桑，也没有让中国人失去飞天的勇气。”

听到老将军的话，与会人员个个血气翻腾：“搞！卫星一定要搞！”“等不得了！”

在这些新中国建设初期建设者的心里，铸剑的烈火如闪电雷鸣。

急切盼望要搞这颗卫星，而且一定要发射成功！

然而现实中，促使我国的航天事业迎头赶上的最快速简捷的办法，就是在自力更生基础上的求助外援。

当时，苏联把“斯普特尼克1号”放上了天。周恩来希望通过谈判，看能不能把这个技术谈下来。宋任穷向总理汇报表示，谈判期间，聂帅向对方提出过。但是对方连发射卫星的R–7火箭都不谈，其他技术封锁得更是严密。

先进技术当然不会轻易拿出手，搞封锁是必然的。核心技术谈不回来，也买不回来，最终还得靠我们自己。

我们放卫星，首先要解决运载火箭这个运输工具问题。这是一个巨大的工程，需要多个部门联合科研。我们现在的科研实力，还有欠缺。涉及技术是一个方面，研制火箭需要的特殊材料问题更大。对苏联能给什么、不能给什么，我们自己也都需要做到心里有数。

最终，周总理请示毛主席，同意宋任穷、聂荣臻他们提交的相关草案，中央要求抓紧落实草案内容。

这次讨论会结束在1957年的春天，赵立千正式向中央上报《研制和发射人造卫星的可能性和技术实现途径的分析报告》，成为我国提出研制人造卫星的第一人。

此后，赵立千以极大的热情投入到了中国空间事业的创业当中，并为发展我国人造卫星事业，做了大量的先期准备工作。

转眼开春了。

中科院地球物理所，赵立千的办公桌上堆满了各种外文资料、杂志和报纸。赵立千从苏美的卫星研究活动中，洞察到了世界大国争夺外层空间的新动向，并敏锐地意识到，新兴的空间物理研究将在国际上兴起，新中国应该抓住这次机遇，并以此为契机，赶上发达国家的步伐。

赵立千放下完稿的《中国人造地球卫星方案》，取下眼镜，揉搓着自己疲惫不堪的眼睛。不一会儿，他站起身，按照工作劳累后的习惯，开始研墨，然后从一堆书下面抽出一份旧报纸，练起了书法。他一气呵成，写下“问天何日去遨游，嫦娥笑说在今朝”一行毛笔字。

他欣慰地看着这些自己用心写下的书法，陶醉其中。赵立千的书法造诣是非常深厚的。从后来留下的他的大量工作手稿上看，他的书法堪称教科书级的。

赵立千担任中国科学院地球物理所所长以来，以他为首的卫星科学家们敏锐地意识到人造卫星的发射对空间科学发展产生的重大意义。他以其渊博的学识和敏锐的洞察力意识到，发射卫星将对宇宙空间研究、气象学、经济和国防建设以及人们的生活方式产生重大影响。他在报纸上发表文章指出，“这是空间探测的里程碑”，并积极建议研制我国的人造卫星。当天的《人民日报》，头条题目就是《这是空间探测的里程碑》。

西花厅总理办公室桌子上，放着赵立千刚刚起草完成的《中国人造地球卫星方案》。

周总理认真审阅后，拿起的电话又放下。

他在办公室踱了一圈，又拿起电话，犹豫一下，又放下来。

终于在第三次拿起电话时，拨了出去。

电话那头，毛泽东主席接了电话：“是恩来吗？”

“主席，航天科学向我们敲门了！”周恩来爽朗的声音，在办公室回响。

毛泽东主席操着浓重的湖南口音说道：“好啊！好啊！”欣喜之情溢于言表。

很快，在中南海毛泽东驻地静谷，召集了一个有关卫星的主题会议。

这天，已经是深夜了，会议还在继续，毛泽东、周恩来、彭德怀、聂荣臻等还在交谈。毛泽东主席认为，聂帅提出的“自力更生，力争外援和利用资本主义国家已有的科学成果，发展我国核武器、导弹事业”的方针是正确的。中共中央、中央军委随即批准了这个方针。在这一方针指导下，我国在发展“两弹”技术中，既要努力争取得到苏联的帮助，引进技术，少走弯路，又要做好“消化、吸收”工作，从培养人才、建立工业基础设施等方面多下功夫。

当时，由于发生了“波匈事件”，东欧多国“离苏倾向”正在加剧。赫鲁晓夫为了巩固自身地位，争取我国支持，在科技援华态度上已经有所松动，表示愿意执行以前布尔加宁答应的尖端武器方面的援助项目。

这个消息传到毛泽东主席那里，他说：“欢迎赫鲁晓夫走回头路。”

聂荣臻提出：“应该向苏联方面多争取一些高科技支持，尤其是各种资料、图纸和导弹实物。”

周恩来总理说：“这个当然越多越好。”

研究卫星、导弹技术任务很艰巨，需要动员更多的人参与和支持研制工作。周恩来总理建议，所需的技术专家和行政干部，从工业部门、高等院校、科研机构和军队中抽调比较合适。

毛泽东主席当即同意，并强调发展导弹不能等条件都具备了才开始研究工作，应当采取“集中力量，突破一点”的方针。

1957 年夏初的一天，聂荣臻向周总理建议：“苏联对我国表示友好，我国是否可以提出国防新技术援助之事？”

周总理表示同意，并指示聂荣臻：“可以先找苏联来华专家阿尔希波夫谈一谈。”

是日，聂荣臻再次拜访阿尔希波夫，就是要把之前提出的苏联对中国国防新技术援助之事，落实下来。

小雨淅淅沥沥，路面湿漉漉的，聂荣臻和对外贸易部副部长李强一起，乘坐黑色吉斯型轿车，缓缓驶入了东交民巷，在一所院子前停下来。李强下车，上前按响了门铃。

一个俄国女佣人打开院门，聂荣臻和李强走了进去。

这所院子住着苏联来华专家阿尔希波夫，他是斯大林派来中国的经济技术总顾问，也是苏联来华专家组总负责人。

大家落座后，阿尔希波夫开门见山地对聂荣臻说：“元帅阁下，您上次提出的国防新技术援助问题，我国政府对中国政府的要求表示支持。并授权我宣布：苏联政府同意在适当时候，中国可以派出政府代表团去苏联谈判。”

聂荣臻兴奋地站起来，握住阿尔希波夫的手说：“谢谢您善意的努力和取得的可喜成果。我们立即向周总理汇报！”

周恩来得知这个消息后，也非常高兴，立即报告给了毛泽东主席。接着，中国政府开始考虑组织代表团去苏联谈判的事。

经过 1 个多月的准备，去苏联谈判的各项事宜已经商定。

1957 年 9 月 3 日，赴苏联谈判代表团名称定为中国政府工业代表团。由聂荣臻任团长，宋任穷、陈赓任副团长，成员有钱文鼎、李强、刘杰、万毅、王诤、张连奎、刘寅等。此外，还聘请了 21 名火箭、原子能、飞机、电子等方面的专家、教授当顾问，此行人员共 31 人。

北京西郊机场，天气晴朗，微风不燥。

一架苏制伊尔 –18 专机在跑道上滑动，瞬间加速起飞，冲上了蓝天。

飞行途中，聂荣臻、钱文鼎、李双等，一路都在讨论苏联的 P–2 导弹，尽管这时候的他们，连 P–1 导弹都没有真正触摸过。期望通过这次谈判，争取让俄方同意将 P–1 导弹及配套设备运往中国，作为中方观摩学习之用，再争取派一些苏联专家同时抵达中国。谈起这些话题，他们一刻也闲不下来。谈论最多的是从 P–1 导弹演化来的 P–2 导弹。对苏联来说，这是已经过时的产品。但对我们来说，造这种导弹，我们有多少把握，将面临什么样的困难，不得而知。

钱文鼎说："这次去苏联的谈判，如果他们肯提供有关设备和火箭样品，我们就能造出来。要说困难，它们就像老鼠，听见脚步声就会跑掉的！"

聂荣臻听后大笑。他对钱文鼎说："去年10月开会的时候，你说如果没有外援，依靠我国现有的技术力量，7至8年，可以研制出像美国'诚实约翰'那样的无控制火箭。我把你的意见报告给总理，后来中央让我们7年内搞出自己的导弹。我比较乐观，认为大概只用5年最多7年。这次如能争取到苏联的帮助，我相信就能提前制造出比'诚实约翰'性能更先进的火箭武器。"

钱文鼎接着说："也许不用5年，在元帅的领导下，大家干劲足得很哟。"

李双惊叹道："如果5年内实现，就一定是个奇迹！"

钱文鼎自信无比："我有成功的强烈预感。因为，我们的制度特点能把科研力量集中起来，意志高度统一，这比自由化的美国更适合搞火箭工程。"

宋任穷频频点头，"科学家是国家的精华，文鼎同志是科学家的代表。你有信心，我们就有信心。"

聂荣臻："说得对！文鼎这么说，我们就更有信心了！"

到达莫斯科的第一个早晨，聂荣臻顾不上倒时差，早早起床，在下榻的俄式别墅院子里散步。李双也出来活动，看见聂帅，就走上前与聂帅一块散步、聊天。他听聂帅讲1925年从苏联回国前，在莫斯科待过10个月。

聂荣臻说："我那时归国心切，只想早早回国。昨天坐车进城时，看见这里的变化太大了。对了，文鼎同志住的苏维埃旅馆，距离这里多远？"

李双回答："还挺远，他们在莫斯科市中心正北方向，我们这里是在西南。"

聂荣臻安排："早饭后，通知宋任穷、陈赓、钱文鼎他们，过来研究一下谈判的事情。"

聂荣臻组织代表团核心成员开了一个简短的碰头会。

聂荣臻说："发射人造地球卫星，是对一个国家综合国力的严峻考验。现在，我国国民生产总值只相当于美国的十分之一，科学技术和工业基础和他们相比，还存在较大差距。"

李双说："是啊，我们现在生产汽车都有点儿吃力，在这样的条件下，发射卫星的想法能否实现？"

陈赓说："不能灰心！社会主义制度具有集中力量办大事的优势，航天事业的发展，必定会带动中国科技水平的整体跃升。"

钱文鼎说："我注意到，美国宣称，'斯普特尼克 1 号'的发射开启了人类的太空时代。美国不仅因苏联发射卫星感到震惊，而且对这颗卫星的体积之大同样感到震惊，透漏说比他们将要发射的卫星重了 8 倍。"

李双说："能谈来新技术就好了。"

聂荣臻说："苏联有技术，因此也严密封锁技术，谈判是谈不到新技术的。"

晨会结束后，按照苏联政府的安排，中国政府工业代表团坐上游船，沿伏尔加河景区游览参观。

此时正值金秋时节，秋高气爽，景色迷人，白桦林密密匝匝，太阳光柔和温暖。可是，代表团的人并没有兴致欣赏景色。

聂荣臻率领的中国政府工业代表团去苏联，从 1957 年 9 月 9 日开始谈判，到 10 月 15 日签署协定，历时 30 多天。这段时间里，中苏两国代表团进行了内容广泛的谈判。谈判进展得较为曲折，苏联方面不会毫无保留地把新技术赠送给中国。

聂荣臻率领的中国政府工业代表团，在莫斯科的谈判桌上与苏方交锋正酣，展开了拉锯式的谈判。

苏方代表别尔乌辛说：“你们提出的有些项目，比如 P–2 导弹，其型号性能已经落后了，我们可以提供更新一些的型号。”

聂荣臻笑着问道：“更新型号？如果我们要三节捆绑式 R–7 火箭发射我们的人造卫星，可以满足这个要求吗？”

别尔乌辛有些尴尬：“这个型号的火箭不在谈判之列。”

这次谈判分为若干部分：导弹、原子能、飞机以及基地建设等方面都有涉及，各方面同时展开，分头谈判。

直到 9 月底，双方终于达成了协定草案。苏联方面答复，对我国的导弹技术援助只限于培训，可以派 5 名教授来我国讲学，还可以接受 50 名留学生去苏联学习。

除了讲课、留学这些理论交流外，为便于学生们开展实践，苏方还答应提供两枚 P–1 地地导弹模型，作为教具，连同配套设备运往中国，专门供教学使用，同时抵达的还有 13 名专家，便于中方理论和实践紧密结合，加快人才队伍的培养。

当然，P–1 导弹是从德国的 V–1 导弹发展来的，已经退役了。苏方对我国的帮助是有限制的，并没有提供先进型导弹。有的技术项目还是有所保留，不是只给资料就是只给样品。

谈判桌上的进展，都是经过艰苦努力，一点一点取得的。

李双正式将谈判结果报告给聂荣臻和陈赓，并特别提醒，由于两国车轨不一致，只能在满洲里办理移交，届时实物和资料一次交清。

聂荣臻安排宋任穷立即回国，把协议草案面交周恩来总理，等待中共中央审批。其他人继续在这里待命。

聂荣臻对宋任穷和钱文鼎说，如果苏联政府能够认真执行协定，我国在突破导弹、原子弹、现代作战飞机等尖端技术方面就有把握。P–1 导弹到了我国的话，后面谈的 P–2 导弹是重点，导弹发动机、地面试验台的全套资料特别重要。督促落实执行协议，也是一项重要工作。

代表团的李富春同志向周总理做了专题汇报。周总理再次强调提供的教学类导弹可以引导我们入门，但先进技术还得靠我们自己研发。

1958 年 8 月 23 日，根据国情，国务院发出通知，各部门聘请苏联专家必须严格贯彻少而精的原则，只有工作上确实需要的新技术、新专业和薄弱环节才可聘请专家。同时，凡短期能解决的问题就不需要聘请长期专家，凡能够几个单位合聘的就不要单独聘请。此后，中方进一步对聘请专家的专业、聘期、来华日期和聘请条件提出了严格要求，并规定了审查制度和相应程序。由于执行了新政策，苏联向中国派遣专家的数量逐年减少。加上不断有专家到期回国，从 1957 年开始，在华专家人数开始呈现下降趋势。

但是根据中苏签订的《国防新技术协定》，为考察苏联的卫星研制与发射工作，中国还是派出了赵立千、钱洪基在内的 30 多人组成的“高空大气物理代表团”，在北京西郊机场登机出访苏联，中科院领导张伯旬、裴丽生亲自前来送行。这次代表团最大的愿望是充分利用这次机会，打开一扇了解世界卫星发展的窗口。

在莫斯科，赵立千、钱洪基一行人在苏方人员的陪同下，参观了莫斯科国家历史博物馆。

有人问：“昨天看了莫斯科市容，今天参观了博物馆，什么时候安排参观卫星项目呢？”

“我也在纳闷。”钱洪基说，“大家说，这是什么情况？”

钱洪基看了一眼赵立千。

赵立千说：“需要和苏方重申我们的考察目的，我们不是来看街景的。”

这时候，苏方人员非常热情地招呼道：“各位可以回宾馆休息了。今天晚饭有烧烤。莫斯科河的大马哈鱼肉质特别鲜嫩，欢迎各位享用。”

晚上，在莫斯科中国饭店餐厅，赵立千一行人哪里有心思用餐？这时，苏方负责人匆忙入场，来到赵立千身旁。

赵立千急促地问："决定了吗？我们明天考察什么地方？"

苏方负责人说："大家一定对自然风光感兴趣……"

赵立千立即打断他的话："我们是来考察卫星研制及地面试验设备的，没有提出过观光请求。"

苏方负责人说："知道。可参观卫星设备须经总书记赫鲁晓夫同志批准才行，要逐级上报，需要等待……"

赵立千表示："我们愿意等待，但希望不要太久。"

苏方负责人尴尬地点点头。

这顿饭，赵立千一行吃得索然无味。

到了第三天，赵立千、钱洪基等又被安排参观苏联气象部门。

中国驻苏联大使馆一直在努力促成中国"高空大气物理代表团"考察苏联卫星研制部门，但苏联方面迟迟没有回音。

根据苏方建议及我国驻苏大使的指示，代表团针对高空探测仪器、遥测、观测三方面进行了一般性学术活动，并与苏联应用地球物理观测所、地磁所等单位签订了 1959 年合作议定书。钱洪基在这个"一般性学术活动"的协议书上签了字。

代表团仍在苦苦等待。代表团等了长达两个半月之后，赵立千才接到大使馆来的电话，说是赫鲁晓夫批准代表团可以考察卫星项目了。赵立千如释重负，长舒了一口气。

汽车在草原上奔跑。在苏方人员陪同下，赵立千等坐在车内，前往苏联高空气象局野外检测站。

车窗外，不少野生动物闪过，复杂的电线网进入赵立千的视野。前方不远处有人在放热气球。

大约一个小时后，汽车停在一栋俄式别墅前，有人出来迎接。这里是一个高空气象检测站。

赵立千下车，站在一个台阶上，他的正前方是一个简易的火箭发射塔，塔上面有人正在维修设备。应代表团要求，苏方有人开始进行讲解。

因高度保密原则，苏方只安排了当天的活动，事先并没有通知活动的内容。

在密集工作了 16 天之后，代表团总共参观了 37 个单位，其中非科学性单位 2 处。包括白桦林里的卫星观测站、半山上的火箭发动机振动试验台、企业先进的自动化制造车间、航空仪表厂无菌无尘仪表车间，他们目睹了雪域某处发射架上的一枚探空火箭点火升空……

这次，苏联针对气象火箭探头、火箭箭体及人造卫星上的观测仪器、射高在 100 千米以下的箭头布置及回收等三个方面，对代表团做了详尽介绍。这使代表们大开眼界，大家心情也好了许多。

傍晚，汽车把代表团拉到莫斯科河边的野餐客栈，停了下来。

夕阳西下，水鸟飞过，河水清亮，渔舟唱晚，真是一幅美丽的图画。

代表团成员品尝着特色野餐，第一次觉得俄国人的面包很好吃。

钱洪基早就饿得头昏眼花，他一阵狼吞虎咽后，元气刚一恢复，大脑就又回转到了工作上。他说："追想一下，火箭探头包括遥测、弹道测定、振动试验等，蛮复杂的。"

钱洪基尝了一口啤酒，皱皱眉头，接着说："今天只是在做介绍，没给材料。我们等于开了眼，却没有掌握核心技术。"

赵立千则端着一杯汽水饮料，一言不发。

代表团里的年轻人，吃饱了肚子，已经卷起裤边，在水边嬉戏。

水上传来歌声：

深夜花园里四处静悄悄
只有风儿在轻轻唱
夜色多么好
心儿多爽朗
在这迷人的晚上
小河静静流微微泛波浪
水面迎着银色月光

代表团获得的甚至都是零星知识。

刚才大家还很高涨的情绪，现在低落了下来。

赵立千说："大家也别气馁！咱们这次最大的收获，是对苏联发展探空火箭和人造卫星有了深刻感悟。我们能据此为参考，为我国发展人造卫星提出更加符合实际的建议。"

夜幕降临，河两岸渔火阑珊。

汽车在星光下启程，返回市区。

赵立千一行从苏联回国后，撰写了一份含金量很高的考察报告，张伯旬审核通过后，送达总理办公室备案。

一天，张伯旬通知赵立千一起去给周总理作苏联考察专题汇报。

中南海，水清树茂，一片安静。

赵立千正在西花厅总理办公室汇报这次考察工作的情况。周总理、聂荣臻、钱文鼎、张伯旬、裴丽生在座。

赵立千汇报了这次考察工作情况。

这次出访，虽说没有获得高层次的探空技术援助，但综合这次出访情况，至少搞清楚了两点：一是发射人造卫星技术复杂，需要一定的科学技术水平和工业基础做后盾。二是苏方绝不会交流卫星最新技术成果。而根据目前我国国情，短时间内研制出高能运载火箭、发射重型卫星是非常困难且不切实际的想法。

赵立千提出由于技术跟不上、工业制造跟不上，轻重卫星暂时都放不了。建议以发展探空火箭为重点，应该先解决火箭问题，打好探空火箭的基础。拿出一个计划，明确任务、步骤和方法。

这些工作，赵立千已经让钱洪基和卫一清、杨秉栩他们提前做准备，做过深入探讨。

赵立千建议，先把空间探测工作抓起来，坚持从小到大、由低到高、循序渐进的方针。为发射人造卫星创造条件。具体做法是，从探空火箭搞起。

钱文鼎提出：推进导弹仿制。如果进展顺利，发射成功，下一步就可以进入自主研发阶段，对火箭发展是一个极大的促进。

会上，周总理问了需要多少年做准备这个问题。

赵立千实事求是地回答：“不好说，五六年吧。”

周总理听后表情凝重。

会场一片沉寂。

赵立千返回工作岗位后，思考了三天三夜。他拿起笔来，开始伏案疾书。

他写下：“建议中央发展人造卫星要走自力更生的道路，要由小到大，由低级到高级……”

天色变暗，室内灯光逐渐变亮。

他把心里所想的东西全部诉之笔端：

苏联火箭及其他飞行工具的快速发展，不仅建立在对技术本身提高和工业水平升级的基础上，也是对高空各种物理现象大量观测的结果。单从各种飞行工具的设计制造方面讲，高空物理现象的探测即是其中不可缺少的一部分。没有不同高度的精确数据，就不可能设计出精确的飞行器。

灯光下，50多岁的赵立千，背已经开始微驼，白发越来越多。

中国赴苏联工业代表团回国后不久，讨论人造卫星的高级会议便在周恩来的主持下召开。

叶剑英、邓小平、聂荣臻等领导人和外交部相关人员参加。大家一致认为，要搞卫星，还要搞导弹，地方要有，人才也要到位。

中国近代史，百年屈辱泪，落后就要挨打的教训在中国人民心里留下了深深的烙印，中国比任何时候都渴望科技进步，更渴望国家强盛。中华民族有信心、有智慧、有勇气登上空间活动的话舞台。

这个时候，谁也不会想到，在世界的东方，一个刚刚从苦难和废墟中挣扎起来的民族，已经将目光悄然瞄向了深邃遥远的太空。

1956 年 10 月 8 日，国防部第五研究院在北京西郊空军 466 医院举行成立大会。

主席台前的“庆祝国防部第五研究院成立！”巨幅红色横幅非常醒目，被风吹得哗哗响。

聂荣臻元帅坐在主席台上发表了讲话。

他说：“同志们，经中央军委批准，我国第一个火箭与导弹研究机构——国防部第五研究院今天正式成立！钱文鼎同志担任院长。从今天起，你们在座的各位，就是我国导弹事业的元勋！眼下人数虽少，但只要大家团结一心，艰苦奋斗，我国的导弹事业一定会迎来美好的未来……”

台下响起如雷般的掌声。主持会议的钱文鼎和大家一起鼓掌。

聂荣臻元帅端起杯子，低头喝了一口水，润了润嗓子。

钱文鼎轻轻举起双手，示意大家安静下来，继续听讲。

聂荣臻说：“不排除在平等互利原则下接受外援，我们不搞闭关锁国，但是我们的立足点必须放在自力更生的基础上。如果把立足点放在外国援助上，必然会造成研究系统的依附性，被别人牵着鼻子走，这对我国的国防建设和国家安全，将带来巨大的潜在危险。因此，五院要将‘自力更生为主，力争外援和利用资本主义国家已有的科学成果’作为建院方针……”

会议开到最后，钱文鼎做了动员发言。

他说：“聂帅之所以强调‘自力更生’，就是为了避免陷入‘能力弱——依赖——更没能力——更依赖’的恶性循环当中，一定要走出‘引进——落后——再引进——再落后’的泥淖。这是一个恢宏的、具有远大前途的事业，投身这个事业是光荣的。大家既然下决心干这一行，就要终生献身于这个事业。”

会场上再次响起热烈的掌声。

邓琳、星琪、小章、小胡这些年轻人，心中热血沸腾，拼命鼓掌！

钱文鼎还强调，我国发射卫星的前提，先要研制将卫星带上太空的导弹。由于工作性质的关系，干导弹、卫星这一行是出不了名的，要充当无名英雄。创业是艰难的，一定会遇到许多意想不到的困难。但是，没有攀登不上的高峰，没有克服不了的困难。航天人一定能完成党交给我们的任务！

会场下面的人都站了起来，大家和世界顶尖科学家在一起畅想着科技的未来，感到从未有过的兴奋之情，会场上掌声不断。

为庆祝国防部第五研究院成立，在礼堂举办了一场文艺演出。

蒋昕女士作为著名女高音歌唱家，为大家演唱了法国歌剧经典选段《卡门》：

爱情是一只不羁的鸟儿
任谁都无法驯服
如果它选择拒绝
威胁或乞讨都是惘然
一个多言，另一个不语
而我爱的那个
他什么都不说，却打动了我
……

蒋昕的歌声婉转如夜莺。

观众席中，邓琳、星琪、小章和小胡还是第一次亲耳听到闻名遐迩的钱夫人演唱的歌曲。他们陶醉在她美妙的歌声中。

此时，主持完会议就走下台坐在一旁专心观看演出的钱文鼎，一直盯着台上自己的妻子蒋昕，不知不觉地，他的眼眶里竟有眼泪在打转转。

他被美国当局关进“特米诺岛移民局拘留所”期间，蒋昕坚定地支持自己回到新中国的往事，一幕幕浮现在钱文鼎的眼前：

那天，“特米诺岛移民局拘留所”四周静谧，天气阴沉，乌云密布。

一辆汽车在大门外停了下来，钱文鼎下了车。看见大门旁写着“特米诺岛移民局拘留所”一排字，字不大，并不明显。

钱文鼎环顾四周。这里四面环海，一望无际。

他知道，自己被关进了拘留所。

钱文鼎的恩师冯·卡门听说后，异常愤怒。经过周旋，终于得以机会，专程去特米诺岛看望了钱文鼎，希望通过努力，让钱文鼎保释回家。冯·卡门并没有告诉钱文鼎，蒋昕独自带着年幼的孩子，没有经济来源，家境非常糟糕，生活艰难的现状。作为大家闺秀的蒋昕，辞退了女佣，放下自己热爱的歌唱事业，一个人包揽了所有家务。苦苦支撑，期盼着钱文鼎能够早日平安回家。

在美国加州理工学院，杜布里奇和冯·卡门号召大家为钱文鼎一家捐款。蒋昕在一旁致谢。杜布里奇对大家说：“钱先生是我们的科学家，希望大家能够为钱文鼎先生捐助保释金！让他能够早日回家。”

教授、学生纷纷捐款，捐款人当中有不少华人面孔。蒋昕在一旁不停地说着：“感谢大家，谢谢！谢谢！”

不久，蒋昕在钱文鼎的学生的陪同下，前往特米诺岛移民局拘留所，办理钱文鼎保释手续。办完手续，蒋昕站在拘留室门口，心情复杂万分。当大门打开时，蒋昕扑了进去，搂着钱文鼎哭了起来。钱文鼎明显消瘦了许多。蒋昕心疼地捧着钱文鼎瘦削的脸庞，哭得越来越厉害。钱文鼎帮蒋昕擦去泪水，他安慰蒋昕：“傻丫头，别哭了，我们回家！”

钱文鼎回到家后，沉默寡语，全身心投入到科研理论的写作中。只有这样，他的心才能够平静一点。

一天，钱文鼎正在家里写《工程控制论》一书。电话铃突地响了。

钱文鼎拿起电话，喂了一声，对方就挂了。蒋昕说：“肯定又是移民局的监视电话。”钱文鼎苦笑了一下，继续埋头写作。

他知道美国移民局规定，每个月自己必须到帕萨迪纳移民局去登记，并要随时接受移民局官员的传讯。另外的规定，钱文鼎也知道，自己只能在洛杉矶市内生活，如果要超出洛杉矶市界，必须申报，获得批准后方可出洛杉矶。

蒋昕感到委屈又气愤：“赤裸裸的软禁。”

钱文鼎叹道：“必须尽快想办法，回到中国去！”

蒋昕坚定地点了点头。

在美国移民局听证会上，美国检察官与钱文鼎正在对话。

检察官：“你忠于什么国家的政府？”

钱文鼎：“我是中国人，忠于中国人民。”

检察官：“你说的‘中国人民’是什么意思？”

钱文鼎：“四亿五千万中国人。”

检察官：“你是忠于国民党政府，还是忠于共产党政权？”

钱文鼎：“我认为我已经说过忠于谁的原则了，我将根据自己的原则做出判断。”

检察官：“你在美国这么长时间，你敢发誓说，你是忠于美国政府的吗？”

钱文鼎：“我的行动已经回答了这个问题。在第二次世界大战中，我用自己的知识帮助美国做事。”

检察官：“你现在要求回中国大陆，你会用你的知识帮助大陆的共产党政权吗？”

钱文鼎：“知识是我个人的财产，我有权决定给谁。”

回到洛杉矶的家，钱文鼎继续写作。

早晨的阳光照进卧室，难得的一个晴天。

蒋昕起床，看看枕头边又没人。

她轻轻推开书房的门，看见钱文鼎还在伏案奋笔。阳光洒在他光洁的额头上、厚实的肩膀上。蒋昕知道，自己的丈夫又是一夜未眠。

她轻轻走到钱文鼎身边，钱文鼎回转身来。两人相视而笑。

钱文鼎高兴地说："这本书终于完成了！"

"是吗？太好了！看着你每天这么辛苦，我又帮不了你！"蒋昕心疼地摸着钱文鼎写字用得最多的右手食指和中指，"你看，你的这几根手指都磨出茧子了！"

钱文鼎嘿嘿笑着："弹一首曲子庆祝完稿好吗？好久没有听你弹琴了！"

蒋昕高兴地拉起钱文鼎的手，跑进客厅钢琴旁。

蒋昕坐在钢琴旁，弹奏起德国民歌《布谷鸟》。她一边弹奏，一边用德语演唱起《布谷鸟》中的歌词。

钱文鼎依靠在蒋昕身旁，他的眼睛里满是对蒋昕的欣赏。

突然，观众席上，传来一阵比一阵热烈的掌声，惊醒了正陷于回忆深处的钱文鼎。

他听见妻子蒋昕演唱的法国歌剧经典选段《卡门》中自己熟悉的歌词：

而我爱的那个
他什么都不说，却打动了我
……

我们常说干革命工作，思想和组织是革命的保障。

为确保未来航天事业持续长久、有序发展，1956 年 11 月 23 日，高层会议之后，聂荣臻很快批复了一份决定中国未来航天事业大格局的文件，这就是：《关于国防部第五研究院建制的报告》。报告中，聂荣臻批准国防部五院下设 10 个研究室。

六室——总设计师室，任兴国负责；

七室——空气动力研究室，庄遇田负责；

八室——结构强度研究室，屠卫达负责；

九室——发动机研究室，梁卫纲负责；

十室——推进剂研究室，李乃暨负责；

十一室——控制系统研究室，梁思礼负责；

十二室——控制组件研究室，朱敬仁负责；

十三室——无线电研究室，冯世璋负责；

十四室——计算技术研究室，朱方负责；

十五室——技术物理研究室，吴德雨负责。

中国科学院力学研究所里，钱文鼎从基地返回后，工作千头万绪，忙得不可开交。

他正在处理手头亟待办理的事情时，有人敲门。

20 岁的张乃武，一身工农兵打扮，背着铺盖卷，卷着袖子，站在钱文鼎办公室门口。

钱文鼎听见敲门声，说道：“请进！”

张乃武走到钱文鼎办公桌前：“首长好！”

年轻人洪亮的声音把钱文鼎的思绪从资料堆里拽了出来。

“这里没有首长。”钱文鼎上下打量起眼前这位五官立体、眉眼间溢出了青春朝气的年轻人。

张乃武被看得有些不好意思了：“您不是吗？”

钱文鼎微笑：“不是。”

“对不起，请问，钱文鼎先生在哪个房间？”张乃武转身准备走。

钱文鼎赶紧说：“他就在这个房间，找他有事吗？”

张乃武说：“给他当秘书。”

累了半晌的钱文鼎换了个舒适的坐姿，身体向前倾斜，认真地问道：“喔？说说看，你是从哪里来的？”他笑眯眯地看着眼前这位浑身洋溢着青春气息的年轻人。

张乃武提高了声音：“本人姓张名乃武，毕业于北京大学数学系，从北京工农速成中学调来的。”

钱文鼎喜笑颜开，站起身来：“欢迎你，年轻人！久等了，一直盼望你来呀！请坐。”

张乃武赶忙高兴地伸出手：“您就是钱先生啊？久仰久仰！”

“怎么，不像吗？”钱文鼎站起来，伸出手和张乃武的手紧紧握在一起。

张乃武不好意思地挠挠头：“我以为大科学家都是老头呢，没想到您这么年轻！”

钱文鼎仰起头，呵呵笑了。张乃武也跟着笑了。此后，张乃武给钱文鼎当秘书许多年，深得钱文鼎的信赖与欣赏。

钱文鼎忙于科研工作，妻子蒋昕也没有闲着。

她白天在音乐学院当声乐老师，晚上在中国科学院力学研究所职工活动室给力学所的工作人员开办音乐讲座。每天晚饭后，职工活动室里，都有一阵阵歌声在夜空中飞翔。

这天，晚饭过后，蒋昕把钱文鼎一块儿邀去职工活动室。

她说：“你们科学家要有广泛爱好，不能总待在研究室里。不然，再聪明的脑子也会生锈的……”

钱文鼎答应了爱妻的请求，两人一同走进职工活动室，看见许多人已经早早坐在那里，等候蒋老师的到来。看到钱先生进来了，大家热烈鼓起掌来。

蒋昕已经提早在黑板上写好了《布谷鸟》的曲子。

都知道钱文鼎弹得一手好钢琴，大家一致要求今晚钱文鼎来作伴奏。

钱文鼎走到钢琴边，坐下来，开始弹奏。

蒋昕跟着旋律节拍，用德国民歌《布谷鸟》做例子，她边讲课边示范演唱。

钱文鼎用钢琴熟练地伴奏，弹奏得行云流水一般。

夫妻琴瑟合一，一堂音乐课下来，大家收获颇丰，都觉得很开心，扫去了一天的劳累与疲惫。

钱文鼎一工作起来，家里的几个孩子就都抛给了蒋昕一个人带。

他自己在大西北沙漠和北京两地奔波不停。

这次，钱文鼎再次风尘仆仆地从西北赶回北京，跟赵立千一起面见了周总理。

“文鼎，辛苦了！”周总理看着钱文鼎道，“我这里要送一份厚礼给你！——当然，是借花献佛。”

“厚礼？”钱文鼎摆摆手，“总理，使不得！”

周总理神秘一笑：“你都不问问什么礼物就使不得，这个礼物必须使得！”

带着疑惑，钱文鼎和赵立千面面相觑。

东北地区的冬季，天寒地冻，大雪纷纷。

一列火车缓缓驶入满洲里火车站。接收 P–1 导弹的部队官兵，早已在满洲里军分区招待所院子里集合完毕待命。

任兴国站在雪地里，再次向大家重申：“按照预练，分工操作，服从命令，听从指挥，不许喧哗，不许离队。大小事情必须请假，包括上厕所。清楚没有？”

队列中发出低沉有力的声音“是！”

任兴国发出命令：“目的地，满洲里火车站，出发——”

满洲里火车站，一个水泥质地的小小站牌上，写着“满洲里”三个字。1956 年 12 月，苏联捐赠的“礼物”秘密运送至满洲里火车站，同车前来的还有 13 名导弹专家。由于苏方是宽轨、中方是窄轨，火车到达满洲里后，需要调换车皮，重新装卸。为了保密，任兴国只能带队在夜里装卸。

两条铁轨上停放着两列蒸汽火车，官兵们从一列车上卸下东西，又装到另外一列车上。火车周边布满了岗哨。天空中，鹅毛大雪纷纷扬扬，落在火车车顶上、士兵肩头上、车站站台上。虽然天寒地冻，官兵们却不畏严寒，紧张有序地卸车装车，任兴国既要负责导弹体的安全，又要负责人员和资料的交接，忙得不可开交。任兴国率中方代

满洲里

表人员和苏方人员填写交接文字资料，确保万无一失。交接完毕后，任兴国又亲自押车，踏上回京路途。

也是在一个大雪纷飞的深夜，一列蒸汽火车行进在进京途中。

任兴国一身军装，上校军衔，坐在列车里。

相连的另一节车厢里坐的是全副武装的解放军战士。

列车上，任兴国望着车窗外，回想起临行前聂荣臻元帅和钱文鼎院长对自己的嘱托。聂荣臻元帅的话犹在耳边：“兴国同志，你辛苦一趟。别人都是外行，你去接收 P–1，我才放心。”任兴国给聂荣臻元帅敬了一个军礼：“聂帅放心，保证完成任务。”

钱文鼎院长也一再嘱咐他：“两发 P–1，一发是供教学用的，另一发是可以加注推进剂的真弹。接收时检查仔细，尤其资料要全。”

列车驶入隧道，任兴国眼前一片漆黑，耳边只有列车行进中发出的“咣当、咣当”声。

1956 年 12 月 24 日，专列抵达北京。车上除 102 名苏联火箭技术人员安全抵达外，还有苏联送给中国的厚礼——两发 P–1 近程弹道导弹。

周总理送给赵立千和钱文鼎什么样的大礼？这个谜底终于解开了！

12 月 29 日，中苏双方在北京举行了两发 P–1 导弹交接验收及签字仪式。任兴国代表中方在交接协议上签字，李双出席仪式。其中一发是供教学用的解剖弹，另一发是完整的、可供拆装，加注推进剂后就可以点火发射。P–1 导弹运到了国防部五院所在地——466 医院。

眼下，专家和导弹，就在钱文鼎和赵立千面前！

这个“大宝贝”，显然让中国的科学家们欣喜若狂。

几乎是迫不及待的，两人立刻带上科研人员，来到这让他们期待已久的“大宝贝”面前。

只是，苏联的专家们有他们的考虑和保留——中国的科研人员可以参观学习，但是每次放进去学习的人数有限制，不允许拍照，更不允许触摸！

“老子就要进去！这是我们的地盘！我就去看一眼咋啦？你凭啥不让？你这导弹放这儿不就是让我们看的……”

钱文鼎和赵立千带着戚元初等人在屋子里参观出来，就碰到了李哲汉在外面吼。

原来是苏联人拦住他不让进去，可李哲汉也是脾气大的，直接就跟他们杠上了。

“老钱！”从西北跑回来的李哲汉满面尘灰，显然是还没来得及回家，就赶往了这里，看到钱文鼎，他疲惫的眼眶中那一双鹰隼般的眼睛瞬间亮起了光，“老钱！是我！”

“李司令，您回来了！”钱文鼎赶紧迎了上去，看到满脸憔悴的李哲汉，也不由得心疼，“您辛苦了！”

“不苦不苦！我跟你说,这丫的不让我进去瞧！老子正想找你！”

“将军，你消消气，是这样的……”钱文鼎拉着李哲汉往回走，一边给他细细说来。

听到这种情况，李哲汉气得直跳脚：“老子就说！这龟儿子！这是明摆着只教我们用，不准我们造！”

“可不是嘛！”小章说道，“我也总觉得不对劲，听李将军这么一说，总算是明白了——人家不希望我们会造，不希望我们掌握这门技术，就希望这导弹能在我们这里用！怪不得刚刚在里面，他们都不让我们靠近了看！”

“他们就是欠揍！”李哲汉掏出枪就要往里边冲，“老钱，你们等着！老子带人端了他们！屁事儿都没有！”

“使不得！”钱文鼎一行人慌了，赶紧拉住李哲汉，“这东西你怎么能随便弄！先不说守卫森严，再说我们也不懂，要是不小心把这东西弄响了，别说这四九城，这一片都得跟广岛长崎一样了！”

“是啊！李将军！这可使不得！”

“我知道！老子好歹也是个读书人！”李哲汉无奈地说道，“这样吧！你们不愿意去端出来，那咱就想办法进去！一起进去看看，摸个够，拆个够，研究个够！”

“这不好，万一……”

“那你们是想一辈子都按规矩来，摸不到、看不清？”李哲汉一个个看过一众科研人员，“你愿意？还是你乐意？”

李哲汉这么一问，众人都沉默下来，尤其是一众科研人员，对这两个“大宝贝”都怀着无比热切的好奇。

“你们今天回去就总结一下，是哪些问题需要靠近了看、摸，甚至拆，那玩意儿有啥好怕的，不懂咱才学！回头拆了都没事，大不了让老毛子重新装回来！”李哲汉理直气壮地说道，“主席和总理说了，科学要有务实精神！今儿晚上，老子就带你们务实去！想看的，就跟老子走！晚上 12 点在这儿集合，咱研究到凌晨五点，说好了哈！就在这地儿集合，老子放倒了他们等你！”

李哲汉是个天不怕地不怕的主，放了话就吆喝一声“走！”，带着自己的潇洒，找总理汇报工作去了。

晚上 11 点，研究所的卫兵闻到了一股淡淡的檀香似的味道，这味道顺着研究所飘过去，很快进入研究所里面。

门口的卫兵率先在这迷香中倒了下去，紧接着，一个、两个……大凡是空气流通的地方，卫兵们都睡得格外突然和香甜。

“厉害吧？这可是祖传的手艺！”李哲汉得意地晃了晃手中沾满了解药的口罩，站在一众捂着帕子的科研人员面前。

李哲汉一脸得意地走了进去，身后跟着一群满眼都是导弹的科研人员。明明就是进去研究一下苏联送来的导弹，可是大家都走出了摸金校尉的气势。

进了里面看到导弹，大家乐疯了似的，终于凑上去又摸又量的，来了个遍。

“李将军，我们真能把它拆了吗？”小章跃跃欲试。

“随便整！”李哲汉看着欢快的科研人员，大手一挥，“你们就是都拆了也没事！”

“秀儿！你怎么能真拆呀？！”那边传出了星琪惊慌失措的惊叫声，声音不大，还有些发颤。

“哐当……”随着星琪话音刚落，铁板掉落在地上发出清脆响亮的声音，秀儿一脸无辜地抬起头，抱歉地看着大家，压低声音：“不好意思，手重了点，待会儿轻点。”

“老师，我有拉住她的……”星琪后怕地看向李哲汉等人。

“拆了就拆了！”李哲汉摆摆手，“不拆怎么研究。”

“真拆了？”小章和小胡朝着秀儿竖起大拇指，“手脚真快！”

拆都拆了，还能怎样？

小章看着自己的女神，都忍不住吸了一口冷气——别看她瘦瘦小小，文文静静，说起话来娇娇柔柔，干起活儿来劲儿还挺大！

关键是她工作起来，完全就是个科学女魔头，不管什么苦难都能大着胆子试一试，不管什么难题都是不解答出来不罢休，带的仅有的几个女科研人员都跟爷们似的，做什么都有股不服输的劲儿，让这些本来都对她们各种积极照顾的男科研人员都没有施展拳脚的余地！

“别愣着，一步步来！步骤解构数字都给我记录好了！”李哲汉喊道，“咱今天晚上所见的，可是知识、是科学啊！”

“赶紧的！”

就这样短短的几个小时内，大家完成了导弹从拆卸到组装的过程，关于导弹的内部结构，大家更是分工明确，记得一清二楚。

四九城的清晨来得格外早，在第一声鸡鸣响起来的时候，大家正好将最后一个零件安上去。

“不错啊！”李哲汉擦了一把冷汗，“能拆能装，肯定能造！”

“应该没问题！”小章点头附和道。

“有问题也不怕！”李哲汉举起手中的相机，“老子可是拍照小能手！三百六十度，每个步骤！你想怎样都行！”

“这……你行啊！李将军！我真是服了你！”任兴国看着李将军

和他身后的警卫员手中的好几台相机，不由得乐了。

“嘘……声音小一点。”李哲汉看着任兴国认真说道。

任兴国看到大门口人影闪过，回头看了一眼大门。

李哲汉眼神好，顺着看过去。

“哎？喂！等等，那不是老钱吗？你们站在那干啥？不是说不让他知道的吗？这是谁告的密，啊？”李哲汉放低了嗓门嘟囔道。

钱文鼎和警卫员站在大门口。路灯忽闪忽闪地照在他们的脸上，看不清他们的表情。这时，钱文鼎缓缓地说道：“我怕你们万一把导弹拆了装不回去怎么办！”

钱文鼎的警卫员跟着说：“一直跟着你们呢！”

“就你知识分子假正经！你们真以为我不知道这是教学弹啊？！”李哲汉笑着说。

大家心照不宣，接着哈哈大笑起来。

“天快亮了，撤！”李哲汉做了一个手势，一群人迅速有序地撤出了导弹的放置地点。

这边的“长鼻子”守卫毫无知觉，直到第二天，才一个个悠悠地醒来。

他们醒来的时候虽然有所怀疑，但是也没有实际的证据，只当是自己在这边是水土不服，第一个晚上就睡了过去。更何况李哲汉靠着自己一张铁嘴说通了这边的人，一口咬定自己这边没有过去，那时没有摄像头，自然也就不了了之了。

这天，这边的“长鼻子”士兵被惩罚得很沮丧。

导弹被李哲汉带人偷偷地拆装了一遍，这事儿虽然没有捅上去，但是风声还是被刚刚到基地视察回来的聂帅听到了。

“导弹与火箭的基本技术相同，经过这次拆装，有助于我们更深入地了解导弹和卫星。”钱文鼎道，“所以我……聂帅，这是我的错！”

“哪能是你？！这就是老子的主意！谁让他们不让我进去看的！”李哲汉大声说道。

“这不是胡闹吗？你看什么啊？你会造啊？”聂荣臻气得瞪眼睛，“你给我回西北去！没大事叫你，就别回来！”

“走，走，走！我这就走！聂帅，这是我的错！我认！以后一定给您镇守好基地！”李哲汉毫不在乎，悄悄地嘟囔，“这不，资料拿到手就行！没见他们一个一个都在思考解决问题吗？！”

此时，秀儿和一帮年轻人正站在走廊上，通过门缝，偷看李将军被首长训话的场面。突然，秀儿等人挤人，躲闪不及，顺着惯性推开门冲了进来。

李哲汉有些尴尬，恼怒道：“谁让你们来的？出去！”

“聂帅！不能怪将军，是我们急着向人家学习技术！”秀儿睁着水灵灵的大眼睛，看着聂帅，紧张地握住小拳头，为李哲汉说话。

秀儿这么一来，各个科研人员都帮着说话了：

“是的，聂帅！我们都有错！”

“您罚我们吧！”

“我也去了！我拆得最多！”

“我写得最多！”

……

“哟，帮你说话的都有了！”聂荣臻又好气又好笑，“你们这群科研人才，现在可是我们国家的重点保护对象，这就骄傲了是吧？跟着他长了胆子是吧？要我罚你们，好，我就罚你们去西北研究卫星去！罚你们早点给国家研究出来！”

这算哪门子惩罚？大家的理想，可都是造卫星啊！

科研人员听了，面上不由得露出惊喜的表情。

“你们都听他指挥听上瘾了？回头去西北别这么胡闹，都必须听钱文鼎老师的！这可是科学上的问题！今天的事情，到此为止，以后……”

“是！以后我们一定听党指挥！听钱老师的！”

“是！是！我们不跟李将军瞎闹！”

比，看尺寸一样不一样，其他方面有没有出入。如果存在不一样的地方，就是苏联专家说的‘会摔下来’的原因，应该找出为什么自己设计的图纸跟理论公式计算的不一样，而苏联的理论公式是怎样计算的。找出理论与实践之间的联系。按照‘反设计’得到的数据重复绘制图纸，这次我们一样会成功的。”

施涅金微笑着说：“中国人太聪明了！有道理，这样会尽快暴露出理论认识上的不足，提高得也更快。”

钱文鼎高兴地说：“‘反设计’可以充分调动设计者独立思考的能力，也可以快速找到设计差距，纠正设计错误。这是我在 P-1 上使用过的有效方法。”

施涅金给任兴国、梁卫纲讲导弹内部结构。

看着大家都开始忙了，李哲汉感叹道：“喏！该做的我都帮你们做了！你们可得早点带上卫星来基地啊！这一仗，还得靠你们这些大知识分子来打！”

“是！”

“您放心！”

经过这次的共同行动，科研人员都知道了李哲汉的性子，不少人还真的乖乖点了头，一个个挥手致意，胆子大的甚至还拉着他说：

“李将军，您放心，我们很快就来西北和您共同战斗搞研究了！”

“对！共同战斗！”

“行！”李哲汉穿上大衣，“我把基地建设好了，在基地等你们！”

看着李将军大步离开的背影，科研人员不约而同地停下工作，目送他离开。

大家都有点喜欢这个不走寻常路的将军，也开始期待卫星基地的生活。

尽管知道，那是艰苦的沙漠。

自从李哲汉带着大家“偷学科学”行动后，科研人员更加明白，要造出我们自己的卫星，不能依赖于苏联“老大哥”，需要靠自己。

第五章
沙场点兵　天降大任于斯人

1957 年 11 月 3 日，与发射斯普特尼克 1 号卫星仅隔一个月，苏联又成功发射了斯普特尼克 2 号人造卫星进入绕地轨道，并在卫星上搭乘了一只名叫“莱卡”的黄狗。

几乎是一个月内发送两颗卫星，苏联的动作快得让人猝不及防。

西花厅会议室，周恩来召集聂荣臻和钱文鼎等人进行了紧急会议。

会议简要阐述了当前的局势和“斯普特尼克 2 号”的来龙去脉。

有人补充说道：“听说是为纪念十月革命 40 周年，赫鲁晓夫强令发射斯普特尼克 2 号卫星。”

也有人说：“这何止是纪念，也是威慑和炫耀吧？！”

还有人问：“这个 2 号卫星带上去一只狗，是为人类上天做准备吗？”

钱文鼎猜测说：“有消息说，斯普特尼克 2 号卫星上加装有一个球形加压密封容器，乘坐者就是这只叫‘莱卡’的小狗。‘莱卡’身上配有电极，以监视它的生命信号。可见是为了研究太空环境中的生命反应。这应该是第一个绕地球轨道飞行的活物。”

他接着说：“但是这个卫星发射得很仓促。赫鲁晓夫下命令时，斯普特尼克 2 号还没有做好发射准备，在不到 4 个星期的准备时间里，谢尔盖·科罗廖夫领导的 OKB-1 设计小组临时在卫星里加装了一个科学火箭用过的 R-2A 容器。”

赵立千点头同意："据说这个有坐垫的密闭舱体为'莱卡'提供了足够的空间，小狗可以躺下也可以站立，就是不能来回跑动。就这样，还不如放个小白鼠呢！"

听到这，大家都笑了起来。

钱文鼎说："'斯普特尼克 1 号'的发射，正式开启了人类的太空时代。它不仅是航天启蒙时代的产物，也成了冷战时期太空竞争的标志。'斯普特尼克 2 号'的发射，加剧了恶性竞争。"

与会各位认真听取了钱文鼎的分析。

钱文鼎继续说道："发射'斯普特尼克 1 号'，在政治、军事、科学技术领域带来了革命性发展，对人类航天科技进步有贡献。不过从军事角度看，这直接导致了美国和苏联的恶性竞赛，却不见得就是好事。"

赵立千频频点头："'斯普特尼克 1 号'发射之前，苏联就计划要继续执行'PS'计划。他们有号称'苏联航天工业之父'的科罗廖夫，斯普特尼克 1 号、2 号卫星都是由他提议并主持建造的。"

听到这里，周恩来笑了："不怕！我们有赵立千同志啊。"

大家爽朗地大笑起来，赵立千儒雅俊秀的脸庞上，浮现出羞赧的红晕。

1957 年 11 月 13 日，《人民日报》发表社论：《把"大跃进"推向高潮》。

国际国内的形势都很严峻，我国卫星科研工作者面临着严峻的挑战和不断增加的科研压力。

1957 年 12 月 6 日傍晚，在美国某发射基地，火箭点火后，在人们的期盼中喷出了火舌，做好了直冲云霄的态势。可是火箭并没有上升，旋即爆炸，蘑菇云冲上了天空。美国宣布卫星发射失败，运载火箭点火后直接爆炸。爆炸中，卫星化为乌有。这次失败为美国的卫星发射蒙上了一层挥之不去的阴影。

消息传到苏联，克里姆林宫里一片欢笑。

赫鲁晓夫在众官员的簇拥下，从铺着红地毯的宽大台阶上走下来，兴奋地告诉官员们：“美国的火箭爆炸了，卫星也炸毁了！”

苏联官员们纷纷附和：“我们的第二颗卫星都上天了！”

“科罗廖夫报告说，斯普特尼克 2 号卫星已经工作 32 天又 18 小时 26 分钟了！”

“是呀！我们的‘莱卡’可是在太空里过得很舒服！”

说到“莱卡”，苏联的官员们更是满脸骄傲，仿佛看到了苏联军队制霸太空的样子！

这屡次的先机让苏联人享受到了一再打击美国的快感，这种未知领域的征服更让他们热血沸腾。

美国卫星爆炸的消息同样也传到了中国，外交部负责人向周总理通报了美国卫星发射失败的消息。

接到消息，周总理愣住了！陷入了沉思。

卫星要上天，伴随的是科技挑战，同时也存在潜在危险。可是，直接爆炸，这危险也太……，这是多大的损失！搞卫星，火箭是关键，美国的火箭爆炸了，这对我们也是一个警示。不说别的，我们的科研人员如此珍贵，是经不起任何闪失的！

周总理不语，用手揉了揉太阳穴。

在一旁的外交部负责人叹了口气，不敢打扰眼前这位陷入沉思的老人。

听说美国的卫星炸了，聂荣臻匆匆赶过来。

聂荣臻懂周总理的意思，科学来不得半点马虎，光有信心还不行。我国目前面临的困难，是非常现实的。我国的火箭研制还有许多工作要做，同志们表示，排除万难，一定要让卫星上天！

周总理叮嘱聂荣臻，多跟进卫星的进度，尤其要多关照科研人员，一定要尽可能给科研人员的生活和工作创造便利条件。

聂荣臻点点头，他懂自己肩上的责任。

苏联用 R–7 火箭发射了斯普特尼克 1 号、2 号卫星后，对火箭构造没做详细报道，不过曾提到它以每秒 8 千米的速度离开地面，并说，这次发射开辟了星际航行的道路。

美国火箭在发射现场爆炸，对国防部第五研究院第一分院研究火箭的科研工作者震动很大，中科院张伯旬迅速召开会议，分析这次美国发射卫星失败的原因。

赵立千被指定率先发言。他说：“美国卫星发射失败，从情报资料分析，应该是运载火箭出了故障，引起了爆炸。”

“现在还不清楚他们卫星的研制情况。”钱洪基补充道。

张伯旬眉头紧皱：“运载火箭，五院那边也在研究。最近，苏联方面按照《国防新技术协定》，会给我们提供比 P–1 先进一代的 P–2 导弹，P–2 对研究发射卫星的运载火箭一定会有帮助。我们的卫星研制还在计划当中，还没有付诸行动。条件限制，急人啊！”

1957 年 10 月 29 日，聂荣臻和陈毅、李富春联名向中央上报了《1956—1967 年科学技术发展远景规划纲要（修正草案）》。为什么这么着急呢？世界发展日新月异，苏联的两颗卫星已经上天了，美国卫星发射失败，但他们研制的步伐并没有停止。只争朝夕啊，中国的科学家要迎头赶上，甚至超过他们……要实现这个梦想，就需要发展科技。建院一年来，国防部五院已经在科技理论研究方面取得了一定成绩。

1957 年 11 月，中央军委决定：由军委炮兵和国防部五院共同负责组建炮兵教导大队，业务由五院领导，建制归军委炮兵。全大队计划编制 421 人，分别从炮兵、五院总部和其他兵种中精选人员组成。大队司令部内设翻译科、通讯科、诸元准备科、特种兵器科等业务部门。下辖指挥连、发射连、技术连、推进剂运输连。大队执行师职权限，所有职位均高配一至三级。下属营连排依次高配，操作手也由干部担任。

12 月 9 日，一支具有觉悟高、文化高、级别高、事业心强等特点的炮兵教导大队，在北京长辛店原马列学院内正式成立，孙式性任大队长。这是新中国导弹部队的第一个摇篮。

俄罗斯式建筑高大宽敞，富丽堂皇，天花板垂下的巨型吊灯，光彩夺目。

1957 年 10 月 15 日，中苏《关于生产新式武器和军事技术装备以及在中国建立综合性原子能工业的协定》（简称国防新技术协定）签字仪式，在苏联国防部大楼举行。

协定规定：苏联政府在综合性原子能工业生产与研究原子能武器、导弹武器、作战飞机、雷达无线电设备以及试验火箭武器、原子能武器的靶场等方面对中国政府进行技术援助。并协助中国建设火箭与导弹及发动机研究院、火箭与防空及飞航式导弹控制系统研究院等。根据协定规定，1957 年至 1961 年，苏联向中国提供六种导弹型号，并派专家仿制导弹，向中国提供导弹研制与发射基地工程设计资料，并增加中国派往苏联学习火箭与导弹的留学生名额。签字桌上，聂荣臻代表中国政府，苏联部长会议第一副主席别尔乌辛代表苏联政府，分别在协定上签字。出席签字仪式的中苏两国代表，彼此微笑，握手祝贺。

一辆黑色红旗轿车快速驶进了中南海新华门，哨兵向轿车认真地敬了个礼。

红旗轿车停在西花厅前。车里的人下车，快步走进总理办公室。

已经等候多时的周恩来，微笑着迎出来，紧紧握住聂荣臻的双手。站在一旁的邓小平，此刻高兴之情溢于言表。他们已经得知通过艰辛谈判，苏联终于答应派导弹、火箭专家来中国的消息。大家都明白，有了专家，就有了技术，有了技术，科技就能发展的道理。

聂荣臻告诉周恩来和邓小平，第一批专家很快就到了。年底以前先来一批，并且送两枚近程导弹。听到这个消息，大家都很高兴！

周恩来表示，苏联专家来了，帮我们搞建设很重要。替我们培养人才，更重要。只要条件允许，学习的人越多越好，培养的人才越多越好。

聂荣臻点头赞同。他知道，钱文鼎身边有一大批年轻人。到时候，让钱文鼎组织一批年轻人跟着苏联专家学习。

这样的学习机会实属难得。周恩来提出让中科院、国防科委都要派人学习。

聂荣臻很快进入了工作角色，主动提出把上述建议做具体安排。

周恩来感到非常满意，疲惫的眼睛里恢复了光彩。

我国的卫星工作还在设计预热之中，只是不想，距离上次爆炸仅50多天，美国人竟然宣布成功发射了“探险者1号”！

国防部第五研究院，钱文鼎和赵立千带着一群年轻人，听着收音机里传来的信息：

“1958年1月31日，美国佛罗里达州卡纳维拉尔角发射基地，美国第一颗环绕地球人造卫星‘探险者1号’发射升空……”

桌上的报纸，也写满了美国卫星成功发射的消息。

钱文鼎手指敲着桌子：“距离上次爆炸仅仅50多天，他们就找到了失败原因而且进行了改正，我们得加快步伐呀。”

秀儿回应道：“估计他们有备用卫星，上次炸毁了一个，这次放上去的，应该是备用的。”

程万勇点头同意：“技术有了，重造一个也不费劲。关键是他们找到了火箭爆炸的原因，并在这么短的时间里拿出了新的方案，并成功实施了。”

“火箭工作者的担子也不轻！”赵立千看着自己身后这支年轻的队伍，面色沉重。

钱文鼎拍拍他的肩膀，正要说话，电话响了起来。

“钱院长！是周总理！”

“周总理？”

在众人的注视中，钱文鼎拿起了电话。

同科研室的同志们更是目光灼灼地盯着钱文鼎。

邓琳便正是这个时候进门来，放下一沓报纸，见大家都盯着钱老师，也忍不住轻巧地走到小章面前，用口型问道：“怎么了？”

小章做了一个嘘声静音的动作，一把拉住她，谁知道情急之下，竟然一把抓住了邓琳的手！

——刹那间，时光停止，四周静寂。

“你干什么？”邓琳羞红了脸，一把甩掉小章的手，红着脸用口型道，“讨厌！”

别样的感觉在两个年轻人的心中浮起。

钱文鼎是个很讲效率的人。他接完电话，直接把内容告诉了大家：“总理很关心这件事情。说让我们做好准备，毛主席将在即将召开的八大二次会议上说卫星的事情。”

邓琳瞬间莞尔：“老师！毛主席也知道我们在这里研究卫星吗？”

小章靠拢了过去：“知道你，不知道我们。”挤了一下眼睛。

“哎哟！小章不错哦！”

“看不出来呀！下手挺快！”

众人见状，纷纷打趣笑话起来。

“讨厌！”红晕再次浮上邓琳的俏脸，含羞带俏地看了一眼小章，跺了跺脚，“不跟你们说了！”

邓琳拿着资料跑了，研究室里留下一串笑声，那特有的青春荷尔蒙情愫在两个年轻人心中蔓延开来。

苏联的克里姆林宫正在举行大会，大家第一时间获知了美国成功发射卫星的事，赫鲁晓夫发表讲话，自我感觉很好：“美国的卫星上去了，可是他们之前爆炸了一个，现在这个什么‘探险者 1 号’只有

13.97 千克，和我们的‘斯普特尼克 1 号’相差近 6 倍，只是个火柴盒，在太空中就是一粒尘埃！”

国家有意在八大二次会议上宣布造卫星的消息，意味着卫星工作将正式被提上日程，真正属于科研人员甚至整个中国的考验开始了。

聂荣臻立即找张伯旬和钱文鼎来自己的办公室谈话，意欲减轻钱文鼎在行政职责方面的负担，给卫星研究工作提供更大保障。

这天，北京的大雪下个不停，聂荣臻和钱文鼎已谈话多时。

聂荣臻对钱文鼎说：“你是 1955 年 10 月回国的，时间过得真快呀。你回国之前，7 月 4 日，我和陈云、薄一波，被中央指定为领导我国原子能事业的 3 人小组成员。我们没有干过原子能，不会干。中央成立这个小组，主要是表明决心，也是对未来战争发展做出的判断。我着急啊，你一回来，我心里才有了底。”

钱文鼎说：“回国后，我第一个想法是发展火箭，火箭技术成熟了，运载工具就解决了，有了性能良好的运载工具，原子弹、核弹、卫星，什么都能干。上天的、高空飞行的问题都能迎刃而解。”

聂荣臻不无担忧地说：“之前，在总理主持下，我国制定了 12 年科学发展规划，把喷气推进和火箭技术列为国家的重点发展项目。我记得很清楚，1956 年 10 月 8 日这天，我国成立了第一个火箭、导弹研究机构，就是你们这里——国防部第五研究院。现在，根据需要，五院分成了两个分院。你的责任重大啊！”

钱文鼎重重地点了点头。

聂荣臻看着张伯旬，继续说道：“去年 5 月 10 日，我向中央提交了《关于建立我国导弹研究工作的初步意见》，当时五院还没有成立，我憋着一股劲儿，就想把导弹搞成。五院成立时，我在大会上提出，执行‘自力更生为主，力争外援和利用资本主义国家已有的科学成果’的建院方针，目的没变，还是要搞成导弹……”

张伯旬听到这一席话，心里感觉压着一块巨大的石头。

“我们会成功的！”钱文鼎看了看身边的张伯旬，“相信中国人的智慧！”

张伯旬连连点头：“我相信我们自己有能力。聂帅，我这里有份报告，交给您。”

聂荣臻接过报告：“我个人赞同。我也是天天都在期待中度过，看见你们有发展、有想法，我很欣慰。最近，钱文鼎的《工程控制论》获得了科学院设立的自然科学奖的一等奖，这就是发展科技的具体行动，同志们需要埋头苦干才行啊！现在有个机会就在眼前，根据《国防新技术协定》，苏联方面开始按照协定提供国防新技术设备了。你们回去后做好准备。”

聂荣臻看钱文鼎有些疲惫，在用自己的双手轻轻按压着太阳穴。

聂荣臻感叹：“这两年你很辛苦，兼任的职务也不少，是航空工业委员会委员、五院首任院长，还兼任五院一分院院长，在自动化学会任主任委员，国际自控联成立时，推举你为第一届什么，IFAC 理事会常务理事，科学院力学研究所所长，还在中国力学学会任理事长。没错吧？你的头衔是最多的。”

钱文鼎笑起来：“聂帅记得这么清楚。”

“十个手指头都算不过来了。”聂荣臻也笑了。

钱文鼎说：“都与火箭、导弹有关。”

聂荣臻严肃起来：“我们国家只有一个钱文鼎，我给你算账，是不想让你太累。”

钱文鼎说：“我有分寸。”

“你的分寸就是不知疲倦地工作。我告诉你，不爱惜身体，就是对我国航天事业不负责任。你要注意劳逸结合。”聂荣臻声音提高了些许。

钱文鼎含笑点头。

聂荣臻接着说：“苏联专家就快到了，总理安排要组织青年人跟着他们学习，我没麻烦你，根据平时掌握的情况，拟了一个名单，你们看看。”钱文鼎接过名单，扫了一眼，又转给张伯旬。

张伯旬接过名单一看，学习人员名单上列着一串名字：戚元初、潘渤伍、程万勇、孙国梁……

张伯旬和钱文鼎看着这些人名，显然两人都很高兴。

“各方面人才都有，搞火箭的、卫星的、轨道的、温控的、仪表的、无线电的，都全了。”张伯旬说完，钱文鼎不住地点头。

聂荣臻说：“需要把这些人集中起来，按照专业分组，统一安排学习。”

“我来安排，这些人我大都认识。”钱文鼎充满了信心。

聂荣臻站起身，踱到窗前：“我就是担心呀，协定是写在纸上的，要使协定落到实处，还得做出更多努力。”

“能提前落实的应该抓紧落实。”钱文鼎与聂荣臻心意相通，他懂他的担忧一定是有道理的。

聂荣臻说：“没错，培养人才就是要落实的关键。”

在以后的几年里，做好接收苏联援助的准备工作，催促苏联政府履行协定，成了聂荣臻日常的一项重要工作。

钱文鼎回到家时已经很晚了。他还是打电话把任兴国约来自己家书房谈话。

钱文鼎的书桌上放着一本装订资料，封皮上写着《工程控制论》。很快，任兴国就敲门进来了。

钱文鼎见面就问任兴国：“从哈尔滨军事工程学院调到这里也有一年多了，还习惯吧？”

“还好，和您一块工作，有描绘我国航天事业发展蓝图的兴奋感。”任兴国回答。

钱文鼎笑了：“对，对，我们都是搞描绘的师傅，蓝天就是我们的画板。”

任兴国认真地比划着手势，解释说：“陈赓院长最重视火箭武器了，经常说落后就要挨打，武器落后是最致命的。”

钱文鼎说："陈赓将军说得没错。不过，搞火箭我们还没有经验，首先需要借鉴。这次和苏联签订了《国防新技术协定》，苏方向我国提供导弹样品和技术资料，我们要抓紧进行导弹仿制工作，培养人才，锻炼队伍。"

"好事情啊。"任兴国连连点头。

钱文鼎凑近任兴国的耳朵："这次提供的是 P-2 导弹样品……"

任兴国听后情绪高涨，很兴奋。

这时，蒋昕穿着一件合身的旗袍，手端茶水壶，轻轻走进书房，先向任兴国微微点头，继而说道："你们两个只顾说话，茶水都凉了。"

任兴国欠身接过茶杯："打搅到您和孩子们了。"

"都是老熟人了。"蒋昕看了一眼钱文鼎，轻声道，"不用客气，他这个院长最喜欢有人打扰。"

这时，墙上的钟表敲响了，已是夜里 12 点整。

蒋昕说："你们一见面，就有说不完的话，要不明天再说吧？"

钱文鼎抬起头，对蒋昕温和地笑了笑："让我们再说两句，你先去休息吧。"

蒋昕退出书房，轻轻带上了门。

钱文鼎见门关上了，才开口："P-2 导弹样品就快要启运了，聂帅担心援助的样品，不知是新的还是旧的。我也担心，苏方会不会提供发射基地的工程设计材料，如果没有或者提供的资料残缺不全，还是一个棘手的问题。"

"如果不提供资料，目的就是让咱们每走一步，都离不开他们的指导。"任兴国长叹一声。

钱文鼎说："从根本上来说，不能指望苏方把最先进的技术传给我们。若认为苏方会对中国毫无保留地支持，那就太天真了。在国防新技术产品上，苏联总是要让中国落后一代，甚至两三代，这个意图很明显。所以，我们必须坚持以自力更生、独立自主的方针搞航天，这是唯一出路。你负责的总体研究室任务很艰巨。"

钟声又敲响了，两个人还在深谈。

窗外，雪越下越大。

在这场太空战役中，苏联和美国都已经领先一步，其他国家更是蠢蠢欲动，无疑让我国的压力再次增大。

街道上已经贴满了标语，比如：赶英超美；破除迷信，解放思想，发扬敢想敢说敢干的精神；以钢为纲；亩产万斤……

相对外面的“大跃进”氛围，第五研究所，则显得相对安静了许多。

办公室里的程万勇戴着耳机，还在操作无线电接收仪器，手边一沓纸张上记满了各种符号和数字。

此时，他取下耳机，左手拿起一张记有数字的纸，慢慢走到置于室内墙边的一块黑板前，拿起粉笔陷入了沉思。

程万勇办公室旁边不远处是钱文鼎的办公室，钱文鼎正盯着一张设计图在思考，大办公室里，赵立千带着秀儿和小胡、小章等年轻人讲解着问题。

程万勇的手在黑板上疾速计算起来，黑板上全是复杂的符号和计算公式。符号似乎能从黑板上飞出来，在屋子里旋转，从窗户飞出去，飞上了太空。

程万勇的额头渗出了汗珠，他突然停下来，在位于黑板不同位置上的 360、2520、114.9 三个数字下各画出一道线。

“算出来了，没错！”

激动之下，程万勇忍不住大喊一声。

钱文鼎闻声赶紧赶了过去：“什么没错呀？”

赵立千和其他人也闻声进来了。

程万勇指着黑板上的数字说：“‘探险者 1 号’的轨道，近地点 360 千米，远地点 2520 千米，绕地球一圈 114.9 分钟，每分钟围绕长轴自转 50 周。”

“了不起，万勇，要鼓掌为你庆贺！”

大家鼓起掌来。

赵立千急切地问道："'探险者 1 号'设计得很诡异，与'斯普特尼克'完全不同，这说明什么，轨道变化，所有参数都要变化，关键是如何变？有没有规律可循？"

程万勇答道："'探险者 1 号'将太空探测数据通过一个 60 千瓦的发射器以 108.03 兆赫频率和另一个 10 千瓦的发射器以 108.00 兆赫的频率发射到地面接收站。内部装置与'斯普特尼克'区别很大。"

"条条大道通罗马，只要各种参数科学合理，都可以飞上天。我们要做的，就是要在试验中找到属于自己的参数，这就是我们现在的任务。"钱文鼎道，"别看我们现在带着你们在所里算来算去，其实这才是最关键的一步！"

赵立千指着窗外街道上的标语道："赶英超美，一步登天，那是不可能的，科学还是要踏踏实实，一步一个脚印！"

"是！老师！"

"我们一定好好学习！"

……

年轻人充满了希望和期待，整个第五所也重新忙碌起来。

1958 年 4 月 14 日，斯普特尼克 2 号卫星绕轨道飞行了 2570 周，在返回大气层时烧毁。

1958 年 5 月，党的八大二次会议通过了社会主义建设总路线，号召全党和全国人民，争取在 15 年或者更短时间内，在主要工业产品的产量方面赶上和超过英国。

从 1958 年 2 月 12 日开始，全国开始"除四害"，4 月份开始，在科学院院长郭沫若的号召下，整个科学院两千多名科学家和工作人员参与了打麻雀运动。

钱文鼎和赵立千每天也是五点钟起来，拿起工具加入"战斗"。

仿制 P–2 导弹的工作从真正开始，到 1960 年 11 月 5 日宣布成功，仅仅用了一年零四个月！

在距离宣布成功的前一个月，1960 年 10 月，一个令人悲痛的消息从莫斯科传来：

在苏联拜科努尔火箭发射场，邀功心切的新任国防部长、火箭部队总司令涅杰林强令发射仍在屡出故障的火箭，导致惨剧发生，发射场变成一片火海！苏联不少优秀的科学家葬身火海，令人扼腕叹息！

在苏联专家的帮助下，国防部五院组织开展了代号为“1059”的 P–2 导弹仿制工作。任兴国作为设计部主任和型号副总设计师，带领一批科技人员夜以继日地学习技术、消化资料，对导弹进行分解、测绘和拆装，在反设计中掌握设计要领。

尤其是苏联专家施涅金被中国专家们认真执着的科研精神所打动，通过再三斡旋，苏联方面最终同意中方拆开 P–2 导弹发动机，进行实地解剖研究，为中国开展 P–2 导弹仿制打开了一扇窗。

一分院设计部里，任兴国正在绘图，屠卫达和戚元初等在测绘发动机零件，身边是被拆开的 P–2 导弹发动机。

头上一个吊扇在转动，似乎无济于事，大家汗流浃背，仍在默默工作。

有蚊子在叮任兴国，戚元初悄悄过去，替他打死了蚊子，却吓了任兴国一跳。

直到半夜，任兴国觉得肚子饿得实在不行了才回家。

他轻轻打开门，直接奔向书房，却不料妻子虞若霏和自己的母亲都在客厅里做着针线活。

虞若霏看他回来，就问：“吃了没？”

任兴国一边脱衣服，一边回答：“我不喝。”

任兴国的母亲和妻子虞若霏两人相视大笑。

任兴国母亲道：“他总是神魂颠倒的，着什么魔了。”

虞若霏说：“是有魔怔，你问东他说西，你指南他往北。”

虞若霏起身，倒了一杯水，递到任兴国手里：“锅里有吃的，给你备着呢。”她走进厨房，端饭菜去了。

任兴国到书房书架上找东西。

虞若霏说：“快吃饭吧，等会儿再找。”

任兴国端起饭碗，狼吞虎咽起来。

虞若霏看他吃饭的样子，觉得有些好笑：“这个家还是不是你的呀？饿了才知道回来。”

任兴国认真回答：“是我的呀，老人、孩子，里里外外，不都是你替我管着的嘛！”

虞若霏说：“那你管什么呢？”

任兴国母亲指着任兴国，笑道：“兴国呀，油瓶子倒了也不扶，回家也是上班，家里啥都不管！”

任兴国吃完饭说：“我要去工作了，你们早点休息！”说完，就走进书房去了。

虞若霏赶紧把碗筷收拾利落，打来一盆热水，给婆婆洗脚。

虞若霏说：“妈，你还说想等他回来唠唠嗑，你看他有时间不？”

任兴国母亲叹口气：“唉，好在家里有你这么个通情达理的贤惠媳妇哦！可就是苦了你了！”

第二天一早，钱文鼎、任兴国到聂荣臻办公室汇报工作。他们两个人紧挨着坐在沙发上。

都知道任兴国讲起科学来，那一定是口若悬河，滔滔不绝。可要在平日生活里，就跟个哑巴似的，很少能听见他说话。

今天，钱文鼎就让任兴国先说。

任兴国想了想：“从最近的教学情况看，苏联专家对核心技术还是有保留的。”

钱文鼎表示：“原理弄通了，核心技术还得自己搞。”

聂荣臻听了两位科学家的发言后说：“我们要学会走路，然后再学习跑步。这样吧，由任主任挂帅，先组织一个科研小组，理清思路后，开始反设计，积累实践经验。”

任兴国说：“好，大家都有信心。”

聂荣臻又说：“文鼎啊，毛主席早就说过，世上无难事，只要肯登攀。”

“聂帅，请您放心！”钱文鼎看了看任兴国。两人异口同声地说：“我们有信心！”

聂荣臻说：“好！搞火箭就是要敢于攀登科技高峰。你们这样说，我就更有信心了！”

深夜时分，国防部五院一分院实验室里依旧灯火通明。

任兴国带领科技小组研究导弹零部件图片，他指着自己笔记本上画的一个异形零件，陷入沉思，自言自语道：“耐高温，耐腐蚀？”

戚元初耳朵尖，说：“这是新型材料，应该是合金。”

任兴国回过神来，对戚元初说：“是啊，有技术没有新型材料，也是不行的。”

“火箭发动机里面，各个部件并不是同样的材料，是不是需要先检验材料成分？”戚元初问。任兴国点了点头，表示同意戚元初提出的意见：“需要尽快开展材料研制工作，明天把这些材料送给姚主任。成分搞清了，姚主任就会有办法。”

这时候，做饭的李师傅提着热气缭绕的铁桶，走进办公室。他大声说：“给大家做了青菜豆腐汤，暖暖身子，没有好的，馒头管够。快来吃，辛苦这么久了！”

戚元初和其他一些年轻人，放下手头工作，嬉笑着围了上来。

小胡说：“早饿了，李师傅真是够哥们啊。”

李师傅说：“年轻人熬夜干活，更容易饿！来，来，来——”他给端着饭盒过来的人，每个人都盛了一碗菜汤。说是豆腐青菜汤，豆腐其实被切成了很小很小的丁丁，菜叶也少得只有几片飘在上面。尽管如此，大家还是觉得好喝极了！

任兴国一边喝汤，一边和李师傅聊天：“辛苦你了。大半夜的，陪着我们！”

李师傅是四川人，能吃苦，能干活，脾气也直爽。

李师傅看着戚元初、孙国梁等人，又看看小胡、小章、秀儿他们，心里想着这些人每天都在饿着肚子加班，很是心疼：“你们天天这么干，不加餐吧，肚子受不了。加餐吧，伙食费受不了。任主任，我想给大家改善一顿伙食，弄点肉给大伙儿打打牙祭，行不？”

戚元初一听乐了：“李师傅又给我们画饼充饥了！”说话间，就不自觉地吞咽了一口口水。

李师傅问：“你们什么时候才能不用加班了啊？”

小章说：“我们不怕加班，只要能吃到你的加餐，累死也值得。”他又看看秀儿，“你说，是吗？”

秀儿低头继续整理资料，不知道小章在问谁。

大家都笑了。

最后，任兴国表了态：“伙食费的事，我立马给院里打申请。争取明天食堂打饭的时候，大家都有一块肉吃。”

几个年轻人高兴地蹦起来欢呼。

第二天，每个人手里干着活，心里觉得这一天过得有点慢，他们就像小孩子盼过年一样，盼着早早开午饭。吃饭的时候，大家都是慢慢品这块肉的香味，生怕这块只有拇指那么大的肉，一不小心溜进了肚子里。

钱文鼎心里也关心着导弹材料。一天，他和任兴国专程去了姚东武办公室，走进办公室，看到认真工作的姚东武，说道：“老姚，怎么样？”

姚东武抬起头一看是钱院长来了，赶紧把手在工装上擦了擦，去握钱院长的手。

钱文鼎问：“东武，怎么样？”

那香气对饥饿的人而言，无疑是最好的刺激，一大波本来就没吃饱的年轻小伙子和姑娘们，都跟在锅子后面跑了进来。

“赵老师，钱老师！几位老师，来呀！”小胡将锅盖一掀，将几个热腾腾的红薯递了过去。

钱文鼎拿着红薯愣了：“哪里搞来的？”

小胡一边分着红薯一边说道：“秀儿用自己设计的老鼠笼子和农民换的！”

赵立千接过红薯，笑了：“老鼠笼子值几斤红薯？”

秀儿拿着红薯，贪婪地吸了一口气，清脆地回道：“不按斤论，值 21 个。”

“知识果然是财富啊！”小胡捧着红薯，简直要流泪了。

小章附和道：“是啊！饿好几天了！这也算是终于看见‘以粮为纲’的标语了！”

程万勇点点头：“说明饿肚子的不光是咱们几个，饿极了，想起来以粮为纲，钢也好，可是啃不动呀。”

赵立千道：“我们搞科研的，一定要尊重科学规律。”

钱文鼎点头同意：“是啊，科研工作来不得半点马虎，马虎了，立即就会受到惩罚。”

“这个是一定的。不过，我们的伙食费有问题了。”小胡委屈地说，“饿啊！”

钱文鼎揉揉脑袋：“不能为这事总麻烦总理。我们自己想想办法。”

小胡笑了：“还是秀儿的办法实在、管用、见效快，要不……”

“要不都别搞科研，搞搞小发明，卖老鼠笼子换红薯？”程万勇笑道。

“这……也不是不可以吧？”小胡摸摸脑袋，一脸认真，“肚子决定脑袋，饿着肚子搞不好科研啊！”

这懵懂的样子，更是看得大家又心酸又好笑。

大家都饿，都是硬着头皮撑着。

红薯的香味夹杂在空气中，让久经饥饿的科研人员腹中总算有了一点慰藉。科研人员饿着肚子搞科研的情况，还是反映到了周总理这边。

西花厅总理办公室举行了一场小型会议，周恩来主持会议，聂荣臻、钱文鼎参加。

周恩来在会议上做出了发言指示："你们无论如何，都要保证卫星、火箭科研人员和火箭部队有吃的！"

聂荣臻叹了口气："总理啊，我这一再请示您，也是因为我实在没办法了！现在我是动用私人关系，以个人名义给有关部队打电话，求他们捐赠给科学家们一些能够填饱肚子的东西，才勉强果腹。我知道，现在部队各个单位也很困难……只是我实在已经想不出办法了……"

周恩来听了，叹了一口气，紧锁眉头，陷入深思之中。

会议在沉重的气氛中解散了，走出会议厅，来到北京街头，钱文鼎和赵立千依然能看到街上敲锣打鼓的报喜车，宣告着钢产量翻番的好消息，也有关于养猪数量的……

不仅仅是喜报，大街小巷也矗立着各式各样的标语：

人有多大胆，地有多大产；

大跃进万岁；

……

看着喜报和标语，赵立千和钱文鼎相视一下，谁也没有说话。

回到第五研究所，院子里出奇的热闹。

两人快步走进，竟然是后勤部门的车子载满了食物过来！

"这……应该是国家勒紧裤腰带挤出来的口粮吧？"

"不能这么说，毕竟粮食产量提高了！别管了，吃饱了好好干活吧！"

看着院内的工作人员看到粮食时满足的笑脸，赵立千拍了拍钱文鼎的肩膀，两人只觉得肩头的担子无比沉重。

聂荣臻为了保证科技工作者不饿肚子，去募捐回来了一些黄羊肉、黄豆，明确规定，只给科技人员吃，那些政工人员、行政人员和领导一个都不能吃。

在同一个食堂里，我们的科技人员能吃到肉，而政工人员、行政人员和领导都只能闻闻肉味。

1958 年 5 月，党的八大二次会议召开。

这对于中国的太空事业，是至关重要的一天。

会上，毛泽东郑重地宣布："苏联把卫星发上了天，几个月前，美国也把卫星发了上去，那我们要怎么办？"主席停顿一下，大手一挥，满怀豪情地说，"我们也要搞人造卫星！"

听到这振奋人心的话语，会场掌声雷动，欢呼一片。

1958 年 8 月，中国科学院将卫星及运载火箭研制任务定为该院的头号任务，代号为"581"，专门成立了以钱文鼎为组长，赵立千、卫一清为副组长的"581"领导小组。1958 年 8 月 21 成立了负责卫星总体设计和运载火箭研制的中国科学院 1001 设计院，院长为郭远念，副院长为杨北成。为此，中央政治局拨专款两亿人民币。

相较于美国的投入，中国的两亿人民币不多，却是倾举国之力。

毕竟为了这两亿元的科研经费，全国人民都在勒紧了裤腰带过日子。

搞科研，钱到位不说，人也要到位。

在狠抓"两弹一星"的研制工作中，对于核能与火箭人才队伍，周总理特别重视，千方百计地吸纳海外核能与火箭专家回国，在他的号召下，李四光、邓稼先、姜圣阶、张沛霖、杨承宗等核能专家，于 1950 年和 1951 年先后回国，成为核工业领域挑大梁的人物。

然而，发射卫星对任何一个国家来说，都是对综合国力的严峻考验，尤其是当时的中国，就连生产汽车都费力。

彼时，中央分管科学技术的聂荣臻副总理向时任中国科学院副院长张伯旬交代，要中科院密切注意有关情况。

1958 年 6 月，中苏合建重水型核试验反应堆。

根据中苏协定，从 1957 年 10 月起，中科院先后在广州、南京、拉萨等地建立了 26 个人造卫星观测站，其中 22 个站与苏联直接交换数据，并在上海天文台建立了中国的世界时系统。

当时苏联方面派出不少专家援助中国，中国派出留学苏联的人员也很多。

只是中国向苏联科学家发出问卷，询问中国发射卫星的可能性时，苏联人笑了——

“等下辈子！”

“再过几十年！”

“可能你们的儿子能看到！运气不好的话，孙子能！”

……

一半以上的苏联科学家认为中国不可能在短期内研制出卫星，苏联政府更是觉得这是天方夜谭。

毕竟在当时的中国，连吃饭都是个问题，哪里来的力量搞卫星？

千百年来，勤劳勇敢的中国人，从来就善于创造奇迹。

尤其是新中国成立后，深知落后就要挨打的中国人比任何时候都渴望着科技的进步、国家的发展。

中科院的门前，邓琳和小章正高高兴兴地把一块长方形木牌挂在北京西苑这所院子的办公楼门旁，白底黑字的木牌上写着：中国科学院 581 组。

钱文鼎、赵立千、钱洪基、程万勇满脸笑容，站在一边鼓掌，年轻人也跟着鼓起掌来。

知了绵绵不息的叫声，把“581 组”院子衬托得更加清净，院子干净整洁，但看不见一个人影。

小楼里，钱文鼎、赵立千、程万勇和“581组”年轻的成员们，已经开始了紧张的工作。

秀儿依然穿着棉麻汉服，在一众女科研人员之中显得格外袅娜婉约，如同江南走来的仕女。

小章看到她不好意思地笑笑，然后被邓琳扯得嘴巴都咧开了直喊疼。

秀儿丝毫不懂这种感觉，只礼貌地笑笑。

此时的她满心满眼都是卫星、都是科研，她还不知道，那个属于她的少年，正跨过高山大海，载着同样的科学信仰，千里万里奔她而来。

第六章
王者青铜　自力更生探乾坤

“581 组”成立后，将中国的卫星发送上天，成了中国人共同的企盼。

没有经验，没有参照，哪里才是卫星发射的第一步呢?

发射卫星首先得有运载工具送上天，运载火箭便是第一步。

运载火箭，是第二次世界大战后从导弹技术上发展而来的。只是当时我国的导弹技术还处在仿制阶段，和运载火箭还有着太大的差距。

这种情况下，如何找到一个突破口，成为研究人员遇到的最大难题。

只是不想突破口还没有找到，饥饿已经笼罩这片大地。1959 年到 1961 年，“三年困难时期”的到来，让卫星工作被迫延迟。

中科院根据中央的指示，调整了空间技术研究任务，暂停卫星的设计和研制，改为首先集中力量，掌握导弹和探空火箭这两项技术，为今后研制运载火箭把卫星送上天打下基础。

这个变化，便是著名的“大腿变小腿，卫星变探空”。

探空火箭是一种特殊的运载火箭。在距离地球 100 至 300 千米的高空飞行，能够为运载火箭研制提供必要的高空环境参数；不仅如此，还具有成本低廉、发射方便的优点。

当时正值“三年困难时期”，研制经费急剧缩减，哪怕再希望做出高能探空火箭，也只能先从能够上天开始。

研究任务落到王希望等人身上，他们在上海机电设计院进行自主研制。

自主研制，意味着没有这么多补贴，无论是在物资上，还是人才上。

那一代知识分子是纯真而热烈的，满怀激情，满心科学，为了心中的理想，不计得失，无问西东。

王希望，卫星返回技术专家，毕业于西南联大机械系，曾在美国弗吉尼亚理工学院留学，攻读燃料及动力专业。

1949 年 10 月，正在攻读博士学位的王希望听到新中国成立的消息后，毅然放弃学业，几经辗转后，回到了祖国。先后在大连工学院、交通大学、上海科技大学任副教授、教授。

1958 年 11 月，上海市委决定王希望到上海机电设计院，兼任技术负责人。

李新康记得自己就是这时候来到王希望身边的。

那时，李新康还是交通大学的大学生，眼中有光，心中有梦，舞蹈房里面跳舞跳得最美的女孩子，也曾经无数次让他在经过的时候驻足。

只是他也没料到，人生中的转折来得这样快。那天，就在他拿到奖学金的第二天，他便被学校的领导叫到校长室。

领导旁边是两个斯斯文文的中年人，正在用满怀期待的目光看着他。

李新康素日也看报纸，但是更爱读书，只觉得眼前的两个人似曾相识。后来才知道他们是在东方红卫星事业里响当当的人物，他只记得当时校长对他们很客气，将呆呆的自己拉在一边：

“这就是李新康，我们交大工程力学方面最优秀的学生。”

这时的李新康根本没有想到，他们将会成为自己以后的导师和引路人。

那时候的他摸摸脑袋，压根没想到过，造卫星这么伟大的事业，会落在自己的肩膀上。

他也是后来才知道，这两个人一个叫孙国梁，是跟着钱文鼎院长研究导弹的，一个叫赵立千，是研究卫星的顶顶厉害的人，他们都是“东方红一号”历史上的关键人物。

他们问了李新康几个学术性的问题，便欣慰地相视一笑，告诉李新康，王希望教授需要一个优秀的学生助手，问他愿不愿意。

王希望教授是学校里神出鬼没的传说人物，神龙见首不见尾，可是场场课都爆满。

这样一位教授要自己做助手，李新康怎么可能不愿意？

他的小脑袋点得跟小鸡啄米一般。

赵立千二人相视一笑：“嗯，老王这个学生倒是挺憨厚的！”

当时的李新康并不知道，中科院已经决定在上海成立上海机电设计院，这在当时是一个秘密单位，主要是进行探空火箭的研究，但是在当时，这里只有上海郊外两间水泥改建的木板房。

李新康背着包，倒了好几趟车，又步行了大半天，穿过一片农田，总算拿着行李走到木板房前，看着手上的路线图，再次充满疑惑地看了一眼手上的地址。

四周空荡荡的，除了眼前的房子再也没有其他，李新康一看，愣了——自己好歹也是见过实验室的，但是没见过这么简陋的实验室：

说是水泥木板屋，还不如说就是麻袋芦苇房，几块木板隔出墙面，上面塞着麻袋和芦苇，屋顶上还有几块油布，勾勒成一个混搭的小破屋，在放器材的角落里砌了一层水泥，防止下雨或者回潮弄湿这些需要防水的器材。

里面的设施更是像个废旧物品回收店，只是稿纸和书本都被摆放得整整齐齐、干干净净。

周围静悄悄的，那位传说中的交通大学工程力学系副教授王希望披着麻袋取暖，清瘦的身材，目光坚定而灼热，端坐在桌前疯狂地演算着什么，李新康走过去，他也没有抬头，只是指挥着自己：

“发动机喷喉直径不对，你会算这个重心吗？”

说着，他顺手抽出一张稿纸，在他身边的长木板上，稿纸已经摆了一沓。

“重心？”李新康拿起纸笔，隐约预感到这个出了名的科学狂人是在搞事情，而且是在搞一件大事情。

但是他还是唰唰唰帮忙算了出来。

看到答案，王希望笑了：“对了！这样就对了！北成，快出来！”

“北成？”这个名字李新康好像听说过。

李新康看着从里面走出来的杨北成，这位先生，比披着麻袋的王希望更甚，甚至头发都是乱糟糟的，俨然一副丐帮长老的味道。

王希望是个科学狂人，杨北成也不遑多让。

杨北成爱科学，只是他没想到，自己后面参与了新中国第一颗卫星的研制。

抗日战争胜利后，杨北成于 1946 年夏随清华大学迁回北平，为刚回国的钱伟长开设的现代应用力学课程当助教，由此获益匪浅，坚定了他从事力学研究的志向。

1947 年，杨北成考取庚子赔款公费留学，赴英国曼彻斯特大学深造。出国前，他征询了钱伟长的意见，选定了塑性力学为研究方向。

1956 年 9 月，杨北成奉命调到刚成立的中国科学院力学研究所任副研究员，从事高温塑性力学研究。1958 年 11 月，中国科学院与上海市商定，将杨北成为首的 1001 设计院技术人员迁往上海，组成上海机电设计院，以便利用上海的工业和技术基础，由小到大地发展我国的空间技术。杨北成被任命为该院副院长（无院长），担负技术指挥的重任。

就这样，杨北成成了王希望的搭档，两个人在这间小房子里开始了探空火箭的研制工作。

王希望是技术负责人，杨北成是技术指挥，两个人一动一静，倒是搭配适宜，只是这个班子，暂时只有两个人，其他的，都是平均年龄不到 21 岁的年轻人，包括第一个来报到的李新康。

杨北成看了一眼李新康的算术，然后抬眼反复打量了几下眼前的年轻人："不错！初出茅庐就有这样的底子！我就知道我们的年轻人是好样的！你们才是新中国的希望！"

"是啊！后生可畏！"王希望点点头，"来了个好帮手！"

"来，再看看这里，知道我们要干什么了吧？"

杨北成一把丢给李新康一堆数据，和王希望探讨起刚刚的算式。

重心、压心、固体发动机喷燃比、发动机喷喉直径、推力……李新康看了看，摸摸脑袋："这是简易火箭需要的参数？"

"对！专业的火箭，除了以上的计算，还要有航电系统的运算程序！"王希望点点头，"我们的火箭，不久就会推动我国自己的卫星升上太空！"

"就你们这破地方，还研制出火箭？"忽然，门口不知什么时候站着一个人，高大威猛，面容俊朗，分明还是个桀骜的少年，"你确定？这样子摆明了是自主研究！这年头饭都没得吃！我来的时候可是说好了，饭要管饱！"

"你是哪个学校来的？"

"上了一年唐山铁道学院，因为饭量大，肚子总是感觉吃不饱，于是乎我逃学回家了。我们那里世代做鞭炮，只要会做鞭炮，就饿不死。"少年懒洋洋地将东西一扔，"可惜没几天，我试验新鞭炮，不小心把村里的牛棚给炸飞了！有人说你们这里管饭……"

杨北成一听："感情你来我们这里，是来蹭饭的！管饭好说，看看这个！你说说，装多少合适？"

杨北成说着，扔过去一张写满了英文字母和数字的纸张，李新康看了一眼，好像是能量方面的，自己都不一定会。

少年却毫不犹豫地给出了答案："我放个冲天炮都得加到 0.8 的值，你这里，明显不够，算错了，应该是这样！"

他说着，唰唰唰地几笔写了出来递过去："喏。"

“你……你认识这么复杂的数字？”李新康懵了，“这还有外文字母。”

“哦。”少年总算正眼看了一眼李新康，“我爸妈留过洋。”

“管！”杨北成拿着纸张的手都颤抖了，“管饭！你叫什么？派遣证呢？你爸留过洋，叫什么？”

“我爸早死了！打仗死的。”少年翻出一张纸递了过去。王希望一把接过来：“冯绍渊？四川人？”

“嗯，道上都叫我汤圆哥。我爷爷可说了，我家就我一根独苗，不能饿死了，才让我来的！”

“饿不死你！什么道上！汤圆，过来，先看看这个模型……”

还没等杨北成把模型递过去，外面又响起了敲门声：“王老师、杨老师，你们在吗？袁树芝前来报到！”

“又来一个？”

门口探出了袁树芝满头汗水的脑袋：“老师们好！我是组织上派来的！原先从事机械设计制造工作，最开始搞造船的，去年调到上海内燃机研究所！组织上说，这里需要我！”

“内燃机——发动机这个老大难！”

杨北成和王希望相视一笑：“解决了！”

……

就这样，打铁的、造船的、算数的、学习的，自主研制探空火箭的队伍，就这般组成了。

李新康也没料到，这支最开始几个人的队伍会慢慢地扩大到后来的几十上百个。

一穷二白的年代，当时没有火箭方面的专业知识，没有技术资料，上海机电设计院就像个草台班子，摸着石头过河，一切从零开始。

王希望和杨北成像是带青铜的王者，因为他们手下带领的只是一批缺乏技术背景、平均年龄只有21岁的年轻人。

但是这群年轻人生机勃勃，求知若渴。

深夜里，李新康趿拉着拖鞋出来，王希望和杨北成还在桌子上计算着什么，时不时两人交换着资料商量一番，让他不由得驻足看了一眼。

“哎！那个！”旁边的汤圆不自在地挠着脑袋，“你今天白天说的这个，我不懂！”

“叫声老师很难吗？”杨北成用已熬成了血红的双眼看了看他，“拿过来看看！”

汤圆把书递过去，杨北成便愣住了：“哟！知识量挺广！这个不能用微积分算吗？我记得白天我是说了用微积分算吧？”

“齐奥尔科夫斯基公式被誉为宇宙航行第一公式，用这个应该没错！”汤圆满脸自信。

“我看看！”杨北成不由得皱起眉头。

“好像资料上有！”王希望突然一拍脑袋，“你等等，我找找！”

就这样，王希望和杨北成一边找书本，一边兴致勃勃地给汤圆指点、讲解，直到后半夜。

李新康默默地退了回去，拿起了书本。

此后经常是这样，有时碰到一些连自己都没接触过的新东西，王希望和杨北成常常是头一天晚上啃书本，第二天就给大家上课传授。

汤圆的悟性最强，举一反三，经常可以跟着王希望和杨北成一起讨论，袁树芝也勉强能跟上进度，倒是李新康脑子笨，是个不会转弯的铁憨憨，没少被杨北成敲脑袋，感叹组织怎么会派来这么个“榆木脑袋”。

李新康总是抓抓脑袋笑笑，他在这群人里面不是最聪明的，但却是最努力的。

只不过很多时候天赋决定了人的上限，努力只是决定了人的下限。

李新康还在捧着书本跟着王希望画图的时候，汤圆已经偷偷扛着东西出去了。

袁树芝在后面急得直跺脚：“王老师说了！要算准了才准放！马

克思说了！科学需要严谨！这都没百分之百确定，你们就把它放了！回头还不得被王老师骂死！”

“一边去！”汤圆就是这霸道的性子，“马克思还说了，科学在于实践！王老头也说了——先放上去就行！试了你才知道哪里不对！你跟着那两个老头子算来算去，算出来个鸟？”

“这……这……”袁树芝红了脸，“你等等我！我来帮忙！”

……

第一艘试验品就这样被汤圆扛到了郊外。

“轰隆”一声，试验失败了，响声震动了整个水泥木板房，头顶的灰土瞬间飘落，呛得王希望和杨北成直往外跑。

就在不远的空地上，汤圆几人顶着乱糟糟的头发从一片烟雾中探出头来，疯子一般大叫着、笑着、喊着：

“上天了！窜了几米高！”

“冲上去了！就说跟冲天炮没两样！”

“蹦跶了一下也是蹦跶！”

是的，他们就是科学疯子。

李新康后来才知道，他所接触的这群人，都对科学、对祖国，都跟自己一样，是如此迷醉。

“还笑？不服从组织活动你还有理了？”火箭被提前放了，王希望气得本来就消瘦的脸上青筋都暴露出来了，但是他的气来得快消得也快，很快又发现了新问题：

“你们几个，别光顾着笑！把数据记准了没有？知道哪里出错了吗？为啥就蹦跶了几米？还有碎片都给我收拾了，一个螺丝钉都别落下！这些东西成本老贵了！对，都进来开个会，咱一起看看是什么问题——看我干啥？下次能不能叫上我们？”王希望说道。

汤圆笑了：“老王，这事儿，是我们做得不地道，下次一定听从命令！”

生气归生气，大家凑到一起研究总结，又是热热闹闹。

就这样，队伍不断扩大，技术也不断提高，试验次数也一次次增多。

计算的桌子，也由一张，变成了十几张。

没有电子计算器，大家就用手摇计算器，甚至干脆就拨算盘珠子，两个一组，相互对结果。

学生也由最初的李新康几人，变成了十几个，几十个。

只有王希望和杨北成是老师级的人物，大家都是边学、边做、边教，汤圆打趣王希望他们说这叫现买现卖，买来然后就用在大家身上，然后又讲，然后大家又讨论，在讨论过程中学，学到了以后学以致用，然后再去试，试好了，那么这个问题就算解决了。

就是在这样的条件下，火箭研制工作进行得热火朝天。很多数据都是靠人力计算出来的，到了后面，计算出来的图纸都有桌子那么高，再后来，渐渐地高过了屋子，堆满了小房间。

这天晚上，汤圆从墙上掀下了一个麻布袋，扛回来一麻袋红薯。

“来来来！吃红薯！今天的试验虽然失败了，但是好歹又走出了新步伐！我刚偷的红薯！水灵的！庆祝一下！”他把红薯往餐桌上一摆。

“新康！”王希望摇摇头看看李新康。

李新康立马会意：“王老师！我知道是动了哪块！这附近就这几块地，回头人家肯定要骂人了！我去处理！”

“记得带上钱和粮票，快去快回，趁着今天进步比较大，我们来开个会！”王希望第一个放下饭盆，夜以继日地工作研究，他消瘦得厉害，倒是吃上饭的汤圆最近胖了不少。

“老百姓的日子难过，我们造卫星，就是为了让咱中国人的日子好过起来，你这把人家的口粮给截断了，送你去关几天都够了！”

见到王希望如此严肃，汤圆也心虚了几分：“下次不偷了！”

王希望摇摇头，待到李新康回来的时候，汤圆也老实下来，仔细听王希望说话：

“是这样的，为了给研制大型运载火箭积累经验和锻炼咱们这支年轻的火箭技术队伍，我和北成征集了上面的意见，先设计一个推力较小、采用常规液体推进剂的T-5火箭，大家先练练手，你们觉得呢？”

大家能有啥意见？除了王希望和杨北成这两个王者，其他的都是青铜，尤其是李新康这个“榆木脑袋”，每次杨北成都有种带不动的感觉。

王希望不由得摇了摇头：“汤圆，你图纸画得不错，以后你画主体，李新康帮忙算，小袁还是负责内燃发动机这一块，我和杨老师边学边教你们，我们都现学现卖，有问题大家一起讨论！”

“就是个大型冲天炮呗！”汤圆对于这方面倒是自信满满，“画就画呗！”

“我已经向上面申请了，汤圆和新康随我们上北京一趟，我们和研究院的老师们汇合了，一起学习研究，毕竟导弹和火箭的原理相同。”

“去北京？”李新康睁大了双眼。

北京，在那个年代，可是人人都想要去的地方！

“去就去呗！”汤圆踹了李新康一脚，“瞧你那德行！那里有饭吃，可就把你美翻了！”

“人家缺的是那一口吃的吗？人家向往的是知识！”杨北成回应道，“知识你懂不？小兔崽子！过去可别给老子丢脸！袁树芝留在这，我倒是放心得很！留下的一堆问题，够他们忙的了！”

“缺知识的才想着知识，我这不知识丰富，就缺口吃的吗？”汤圆说得漫不经心。

说归说，到了北京，他却是最求知若渴的那个。

第七章
莺飞草长　人间少年四月天

那一年的北京春光正好。莺飞草长，惠风和畅，柳絮在微风中飘扬，最是诗意而浪漫的人间四月天。

那一年的李新康带着憨厚与局促，满心都是来到首都北京的欣喜和好奇，身边的汤圆却桀骜不羁，满是天才少年的恃才傲物。

那一年的秀儿风华正茂，目光澄澈，那个生长于苏杭的江南女子安静如菊，美得如同苏州河上淡烟笼月的梦，就这样闯入李新康和汤圆年轻的世界中。

“581组”成立之后，中国科学院成立了星际航行委员会，开展航天技术规划和学术活动。

李新康提着蛇皮袋子，跟在汤圆和王老师身后，前往第五研究所报到。

那是一个轰轰烈烈的年代，大街上人潮拥挤，喜报频传。

科学院门口熙熙攘攘，在第五研究所门口，秀儿抱着一叠资料飘然而过，光是一个背影，便瞬间凝滞了时光。

秋风吹来，资料翻动，秀儿及时地按住，但仍然有几张飘落下来，正好飘到李新康身前。

李新康和汤圆不约而同地弯下腰帮她捡起了资料，一起身，便不约而同地呆愣在当下。

秀儿没有包头巾，露出纤细修长的脖子，如一只优雅的白天鹅，此刻盈盈一回头，露出刚刚水洗过一般的容颜，她肌肤白皙，目光明亮，光是这两个特点，就使整张脸都发着光，连着整个人仿佛从光影中走来一样。

尤其是红艳艳的嘴唇一张一合，说出来的话语带着江南女子的软糯，撩动着少年郎的心："我的资料！"

原来李新康是典型的乡下伢子进城，见到一切都露出真诚到带着傻气的微笑，这一路上被王希望敲了不少脑袋，看着秀儿瞬间移不动脚，手里的资料反而被自己背上的大包砸下来压了个正着！

倒是汤圆满身玩世不恭，一个麻布袋子都被他背出了富家子弟的风流俊逸，眼疾手快地将包一拎，抽出资料，连着手里的那两张递了过去。

"谢谢！"秀儿拿过汤圆手中的资料，给出一丝礼貌疏离的微笑。

"你也是这院里的？"汤圆攥着卫星图纸不动，"真巧！我们也是搞卫星的！"

"嗯！"秀儿用力一抽，将资料抽了回去。

"哎！我叫冯绍渊，大家都叫我汤圆！你叫啥？"汤圆不依不饶地挡在秀儿面前坏笑。

"干什么呢！吃了豹子胆了！"杨北成一把敲上汤圆的脑袋，"才几分钟没有看着，小姑娘你都敢搭讪了！"

秀儿嫣然一笑："杨老师、王老师，你们回来了！"

"秀儿啊！真是女大十八变，才多久不见！你没饿瘦，反而越发水灵了！"杨北成捂着肚子，"中午食堂还没开饭吧？"

秀儿宛然一笑："还行！钱老师和赵老师一大早就在等您两位呢！这会儿见了面，正好吃饭！"

"说得对！"杨北成点点头，"我这就上去！"

"嗯！您慢走！"

秀儿微笑致意，便要离开。

汤圆看着离开的杨北成，也不跟上，直接堵在秀儿面前："李绍

不小心撞到了拿着图纸站在一旁指手画脚的苏联专家阿纳托。

苏联专家在厂内一直是趾高气扬到大家看到他们都绕着走的程度，什么时候被这么没长眼睛的给撞过？

阿纳托顿时把图纸一甩，狠狠地瞪向李新康，用俄语骂道：“你怎么回事？没长眼睛吗？”

“对不起，对不起！他是新来的！”翻译给阿纳托解释道，一边赶紧拉住李新康用中文催促着，“快道歉！这可是苏联火箭专家！”

“苏联火箭专家？”李新康打量着眼前这个被气得五官扭曲的“长鼻子”，这是他第一次见到真正的外国人。

“我告诉你！别以为道歉有用！我要告诉你们院长开除你！你完蛋了！没有下一次！科学界容不下你这样毛手毛脚的臭小子！”阿纳托几乎是指着李新康的鼻子骂道。

李新康也不懂俄语，只是憨笑着点头。

偏偏汤圆听不下去了，张口就是无比纯正的俄语：“你这么威风，赫鲁晓夫阁下知道吗？我分明看到是你撞到他的！先生，科学需要互相尊重！不懂得尊重他人的人，如何懂得尊重科学？”

“你……你……”阿纳托哪里被人这么顶撞过，顿时气得手发抖，“疯了！疯了！你这个胡说八道的家伙！快来人！把他赶出去！今天他不走，我走！你还瞪我？你个疯子，老子现在就揍死你……”

阿纳托说着，冲上去就要给汤圆一拳。

他是苏联来的专家，谁敢拦着他？

翻译和身后的人急得干瞪眼，却又无可奈何，只盼着他能出口气就息事宁人。

阿纳托体格魁梧，带着苏联人特有的血性，一拳打来，气势汹汹。

汤圆可是打架打大的，在这方面还真没输过，直接一个闪身退到后面，还不等阿纳托反应过来，飞身就是一脚，一个帅气的飞旋腿直冲阿纳托。

“啪啪……”

打人不打脸，汤圆这两脚，招招踹在阿纳托脸上。

只听得“嘭”的一声——魁梧的阿纳托被汤圆一个连贯漂亮的连环飞腿给直接踹到了地上！

四周顿时静止了。

听到这边起了冲突，正在厂房那边忙碌的孙国梁和杨北成等人刚赶过来阻止更是愣在当下，完全不知该如何收场！

“这怎么回事？”孙国梁只觉得头疼，“阿纳托专家受伤了！快抬到医务室去！”

“不行！孙！你这次必须给我一个说法！我不要去医务室！我现在就要处理……”阿纳托挣扎着朝着孙国梁喊道，在苏联的时候，他还曾经指导过孙国梁的学习，他就不信孙国梁会这么不给他面子！

“你想让大家都知道你被一个未成年打了吗？我要是你干脆晕过去算了！不然多丢脸！”汤圆朝着阿纳托淡淡地说道。

“你……”阿纳托的脸红了又白，白了又红，最终眼睛一闭，演技拙劣地晕了过去，乖乖地让医务人员给抬走了。

“没事了！大家都去忙吧！”孙国梁朝着大家挥挥手。

科研人员们继续奔赴自己的岗位，倒是秀儿在一旁俏生生地站着：“孙老师，那边王老师和杨老师，在林勤老师的办公室等您开会！”

秀儿说完，晶亮的双眸划过李新康这边，在汤圆的身上停留了一秒，才飞速转过。

刚刚她来这里的时候，正好赶上汤圆教训阿纳托。

“好！我这就过来！”孙国梁点点头，看向汤圆和李新康，“你们也来！”

“我们？”

“嗯！专家都被你打跑了，你不来怎么办？”孙国梁看向汤圆，示意他边走边说，“你未成年？”

“我成年了！这不怵他吗？未成年打他方便，我刚那可算正当防卫。”

秀儿这个冷美人跟在后面，也不由得扑哧一声笑了出来。

“你这臭小子！”杨北成敲了一把汤圆道，“不过，干得漂亮！”

“但是，你会俄语？”孙国梁惊奇道，“口音还很标准。”

“这有啥奇怪！”杨北成道，“我可没跟你吹！这小子俄语、德语、英语都说得贼溜！说是他爸妈都留过洋！”

“怪不得！”孙国梁点点头，再次看了汤圆一眼。

李新康跟在后面，只看到秀儿的目光若有若无地划过汤圆，温柔又缠绵，让他少年的心事蓦然酸楚。

拐过弯，便到了林勤办公室。大家都在这里开会。

林勤的办公桌上放着一个精巧的火箭模具，让进去的李新康和汤圆感觉眼前一亮。

倒是林勤等人打趣了：“哎？孙老师，这个干翻了苏联专家的小伙子，你也带来啦？”

“希望，这就是你的小徒弟和北成老师带的那个小子？”

“咱秀儿可也是少年班的天才！”

“可别小看他，这小子会好几门外语，刚刚的身手你们也瞧见了！”孙国梁指着汤圆道，“以后咱科学院可是又多了两员猛将！”

简短的相互引介之后，林勤摊开东风二号导弹研制设计图，和大家交换意见：“总是有许多技术问题，还有不少不可忽略又常常遗忘的设计细节，需要大家给把把脉。”

任兴国点头同意：“为了确保火箭技术的继承性，放大发动机和弹性结构，将射程从 600 千米提升到 1300 千米，理论上是可行的。”

戚元初指着图纸说道：“苏联用 R–7 火箭发射了斯普特尼克 1 号、2 号人造卫星，不过对火箭构造没做详细报道，只是提到 R–7 以每秒 8 千米的速度冲上天空，逃逸速度就是每秒 8 千米。”

秀儿也提出了自己的意见：“斯普特尼克 1 号卫星的质量决定了需要这样的最低速度。我们的卫星质量还没有定下来，逃逸速度只好待定。问题是，卫星质量过大肯定不行，还要考虑火箭有没有足够的动力把卫星带上天去。”

孙国梁赞赏地看了一眼小姑娘，说道：“我曾经问苏联航天工业之父科罗廖夫一些技术问题，结果他拒绝回答我航天方面的专业问题。”

说完，他看了一眼汤圆，叹了口气：“也怪不得这臭小子回敬了一个连环腿，换作自己，也受了不少委屈！可是，没办法，谁让咱们要跟人家学习呢？”

戚元初拍拍孙国梁的肩膀：“生气不如争气，咱只有自己加油！”

“是啊！真希望我们能尽快赶上这位‘老大哥’！”

……大家正说着，身后传来了儒雅温润的声音：

“说什么呢？火箭吗？”

大家一回头，原来是钱文鼎进来了，便赶紧起身，争着和钱院长握手。

林勤更是直接将图纸递了过去：“是啊，您给提提意见吧，院长！”

钱文鼎和杨北成以及王希望握了握手，特意拍了拍刚刚和苏联专家杠上的小伙子的肩膀，这才来到大家面前说道：“你们的设计图我已经看过了，我想的是两个问题，一个是东风二号弹道导弹发射问题，一个是卫星运载火箭问题。这两个火箭之间有什么不同点，又有什么相同点，我想，能运载导弹就能运载卫星，无非是运载卫星需要飞得更高更远，还有什么区别？”

孙国梁点点头：“钱院长考虑得很现实，卫星离不开火箭，导弹也离不开火箭，火箭是关键。其实还是归到了一个问题上！”

“是啊！”钱文鼎说道，“所以，你们的担子，很重。”

“同志们，鼓足干劲，火箭上天，胆有多大，火箭就能飞多高……”钱文鼎话音未落，广播里便响起了响亮的宣传语。

钱文鼎转身看了看窗外，任兴国几人更是互看一眼，默默无语。

李新康听不懂这其中的曲折，他比较憨厚，大多情况只听从吩咐做事。

倒是汤圆满脸的不懈，他勾唇一个坏笑，不经意地对上了秀儿那紧缩的眉头，瞬间那不羁也化成了不解和温柔。

窗外，春天的风温柔地吹过。

《人民日报》发表“鼓足干劲，力争上游”的社论，明确提出国民经济要全面大跃进。

1958 年 6 月，国家计委公布《第二个五年计划要点》，其中提出 5 年超过英国，10 年赶上美国。

1959 年，大庆油田的发现，结束了中国的油荒，也成就了新工业的传奇。

大寨梯田，夜晚炼钢铁……一辆辆报喜车打着横幅从科学院外面的街道走过。

有人饿晕、有人在报喜的队伍里栽倒爬不起来之类的消息，传得越来越多。

“581 组”院子里刷写了标语：卫星上天，超英赶美；越饿越有干劲，越累越觉幸福。

天近黄昏，知了声响成一片。

科学院内的窗子里，李新康拿着笔笨拙地计算着，汤圆却早就算完了扔下笔，爬到大树上偷看办公室里的火箭模型。

对于这个大家伙，他怎么也看不够。

“李老师说过了，想看就进来看！干吗偷偷摸摸趴在树上？”窗子下面，秀儿扬起晶莹剔透的小脸，佯怒着看向汤圆。

她本来就长得好看，即便是生气之中，俏脸微嗔，妙目婉转，更是灵动袅娜。

汤圆脚下一晃，不由得踩了个空，直直地掉了下来！

“哎！小心！”

“你让开！”

随着两人异口同声说出来的话语，汤圆吊住了树枝，还好没有摔下来，却吊挂在树枝头，俊脸对上秀儿的侧脸。

少年潇洒俊逸，少女婉约袅娜，一个在枝头俯视，一个在树下抬眸，组合成一幅唯美的画卷。

李新康停下笔，只觉得自己的青春好像就定格在了这一刻便已经远走。

汤圆本来吓了一跳，只是看到秀儿紧张地伸出手准备接他，他不由得使坏，沿着她的耳垂边缘朝着她那白得可见血丝的俏脸上吹了一口气。

刹那间，秀儿的脑海中电闪雷鸣！

“啊……你居然！”

“啪！”清脆的耳光一巴掌打在了汤圆脸上，伴随着秀儿嗔怒的骂声：“坏人！”

“扑通！”——这一次，汤圆实打实地摔在了地上，秀儿却已经跑开了。

李新康这会儿是进退两难，本来想要去扶汤圆，却也不知道如何现身，只转了个弯，来到了院子门口。

院子门口，程万勇刚推着自行车走出“581 组”院子，迎面碰上了骑自行车回来的小章。

程万勇没有看到失魂落魄的李新康，只和小章打招呼：“小章，干什么去了？”

小章有些慌张，压低了声音说道：“程老师，您别声张，我去西郊山里换了一点粮食！”

程万勇会意，声音压得更低：“换粮食，用什么换？”

“我把稍微值钱的都换了。晚上，我给您送一碗苞米！”

程万勇赶紧摇头：“不用了，你来得也不容易。”

“你有孩子，我是一人吃饱全家不饿。”

“什么时候结婚？”

“现在太困难，办不起一桌酒席。我和琳琳商量了，等等再看。”

程万勇点点头：“别讲究了，也不小了，该结了。”

小章叹了口气：“是，我也这么劝她，可她不愿意，说一辈子就嫁一次，她不甘心。”

……

李新康感觉今天自己出门真没看黄历，好像不管站哪里都显得有点多余，他更不好意思在程万勇和小章面前出现，只好猫着腰一步步离开，心中重重地叹了口气。

1959 年 1 月 21 日，中国科学院党组传达指示：卫星明后年不放，与国力不相称。

据此，调整任务部署，中科院提出：以探空火箭练兵、空间物理探测打基础，探索卫星发展方向，筹建空间环境模拟试验室，研究地面跟踪接收设备。

此后，中国在火箭技术、航天器技术、有效载荷技术、姿态控制技术、轨道设计和发射技术的研究和试验，以及人才的培养和训练等方面都取得了很大进展。

卫星团队里的钱文鼎、钱洪基、赵立千、程万勇等在研究卫星平面设计图，年轻这辈的科研人员正在商量着打算做一个微型模型。

“干脆先用木头做一个呗！”汤圆看着图纸说道，“简单、方便、快捷！”

这位被叫作汤圆、快忘记大名冯绍渊的同志，现在在团队里也是个小红人，实力在秀儿之上，让长辈们很是看重不说，年轻的女科研人员偶尔看过来的目光，也大多集中在他身上。

他这话一出来，星琪便立即同意：“绍渊同志这个主意很不错！我们用木头！”

星琪说完，热情的目光毫不掩饰欣赏和喜欢地看向汤圆。

星琪是女科研人员中的佼佼者，又是留过学回来的，和秀儿能力不相上下，秀儿清冷淡漠，星琪端庄大方，两人的追求者都众多，可是两人都对身边的追求者不屑一顾。

星琪对汤圆明显的青睐，让很多人都看不过去。

“全员转行做木工吗？科学不是这么随便的事情，毕竟木头不能发上天。”秀儿清冷的目光中带着戏谑，“卫星许多细节还没有设计出来，你弄个木头来能弄出什么？”

汤圆和秀儿自从上次之后就进入了斗嘴模式，两人时不时要斗上几句，李新康也习惯了，大家都知道星琪欣赏汤圆，可是李新康知道，汤圆和秀儿注定会纠缠这一生。

尽管那时候他还不知道，这一生，原来可以很长很长。

“我也觉得，细节决定成败！”小胡道，“这可不是打架就能解决的！”

“算了！汤圆是厉害得很，只到底是没上完大学！”

“是啊，汤圆，哦，冯绍渊同志！你口口声声说放冲天炮跟火箭没差别！放炮就跟放导弹一个原理！现在又整个木头模型出来，能不能尊重一下科学！”

气氛眼看着剑拔弩张。

“哎呀！好了！”小胡皱起眉头，“这样吧！我问问我爸能不能想想办法给我们弄点零件，再派几个工人帮我们打打下手，我们先从真正的小型模型开始，一个零件一个零件地来，行不？”

“哇！小胡你真是太厉害了！”这一次，星琪亮晶晶的目光看向了小胡，“我们的模型就靠你了！”

秀儿冷冷地瞥了一眼小胡：“饭都难吃上，你还想做实体模型？”

“你这丫头！这也不行，那也不行，你说说，你想干啥？”星琪说着去捏秀儿的脸，被她自然地撇了过去，摸了个空。

模型的事情就这样不欢而散。

汤圆没说话，只是散会后一个人拿着木头到了工房的角落，大家吃饭也没看见他。

“哎？汤圆呢？”小章左右顾盼着，“平时吃饭他可是最积极！”

“是呢！”星琪道，“要不咱们给他留点？”

“没事！我吃得也快！给他送点过去吧！”李新康抓抓脑袋，跟着汤圆吃饭这么久，速度也被他给锻炼出来了，汤圆的肚子是真的不能饿，这小子连最喜欢的吃饭一事都无动于衷了，可见是有急事。

李新康带着饭菜找了半天，总算是在厂房的角落找到了正在敲敲打打的汤圆。

感觉到李新康来了，他眼睛也不眨：“放那儿，你帮我把那个木头拿来！按纸上的比例给我锯好！”

“行！”李新康拿起图纸一看，“你还真的用木头做呢！”

“嗯，至少熟悉零部件。”

李新康和汤圆敲敲打打，饭菜凉了，锉木头的汤圆也没来得及吃上一口，秀儿不知何时来到了他们身旁。

“行了！整体安装来一个！”汤圆终于弄完了手里的零件，“你给我扶着这个火箭头！”

“就这个？”秀儿白嫩如春葱的小手拿起汤圆做的“火箭头”：“挺像那么回事儿！”

“李新康！”汤圆不看秀儿，只拿起主体模板，“你拿过来安装试试！”

秀儿见汤圆没拒绝，也拿着零件凑了上来。

就这样，几个人在默契中配合着完成了工作。

第二天，木头制作的模型便摆在了大办公室桌上。

上班了，第一个来到办公室的小章和邓琳发现了模型和趴着的汤圆和李新康。

“哎？真是木头做的？”

汤圆的手巧，每个零件都设计得很到位，让老师们惊讶无比。

谁能想到，这些年轻的航天铸剑师们，用一道道闪电般的倚天长剑，开启了一段中华民族仗剑屹立于东方，傲视世界风云变幻的传奇。

火箭组团队里的林勤、潘渤伍、任兴国、戚元初、秀儿等，在厂房里组装火箭发动机，身边有苏联专家出出进进忙碌着。

林勤要求加快设计和制造进度，尽快把火箭发上天，火箭组变得更加忙碌，厂房里组装着火箭发动机，旁边的苏联专家不停地指挥着。

看着大家在厂房里来去匆忙，李新康和汤圆却因为上次的事情不能进去，只能偷偷在外面张望，害怕被阿纳托发现。

他们一直渴望着进去组装，没想到，机会很快就来了。

1960 年 7 月，苏共中央总书记赫鲁晓夫单方面撕毁协议，撤走了援华的全部专家，并带走了未及施工的许多重要图纸和有关资料，同时停止发送这些项目建设急需的设备、关键部件和紧缺物资。

一时间，各大楼、大桥、制造车间现场、实验室、车站、码头、机场都是苏联专家们，提着大包、拉着箱子纷纷撤离。

阿纳托收拾完东西，偷偷来到汤圆面前，倒是让大家都提了一口气。

他伸手取包里东西的时候，李新康更是猛地站了起来，还以为他会掏出枪来。

谁知道，阿纳托掏出来的是一本笔记。

“嘿！小子！”阿纳托把笔记扔给汤圆，“你说得对！科学就是科学，不是政治，不是别的什么，你觉得有用的，你可以看看！”

“别以为我不知道你一直在偷偷看我！没有人像我一样帮你们了！”阿纳托看着一脸震惊的李新康二人道，“我走了！我希望你们能够成功！让我看到你们的卫星早日上天！”

李新康和汤圆握住笔记，愣住了。

抬眼看去，阿纳托和另外两个苏联专家已经走出了厂房大门。

林勤还在挽留：“阿纳托，我刚刚送走施涅金先生。现在您也要走，有没有可能以私人身份留下来？”

阿纳托摇摇头，用蹩脚的中文回答：“不能，没人给我这个权利。请你理解。”

林勤道：“我理解！”

阿纳托道："我们是朋友。"

"是朋友，纯粹私人意义上的朋友。"

阿纳托脚步却依然不停："林，抱歉，给我的通知是今天离开。"

林勤拉住阿纳托的包带子："老朋友，别这样，我找车送你。"

阿纳托看着包："不用了，林，现在，我真的不好意思享受这个待遇。"

林勤固执地冲着后面招招手，可是等车子进了院子，阿纳托已经不见了。

李新康和汤圆在楼上，看见他们离开的背影，被夕阳拉得很长。

苏联专家在华期间，与中国同行共同工作和生活，为中国科技人员艰苦创业的精神所感动。而且作为热爱科学的专家，他们为导弹仿制工作的半途而废痛心不已。

那些和中方技术人员朝夕相处、无话不谈，对中华五千年文明历史、对中国人有容乃大的胸怀赞赏不已的苏联同志，离开中国的时候，眼含热泪、欲说还休，大家都理解彼此的苦衷。

期望世道变迁，再续友谊。

苏联专家的全面撤回，引起了中央领导的立即反应。

毛泽东召集会议指出："苏联撤走专家不是坏事，反之，能加快我国尖端科技力量的迅速成长。"

"581 组"院子里，钱文鼎等人在收听收音机里的播报：至 8 月 23 日，在中国核工业系统工作的 233 名苏联专家，全部撤走回国。这一事件，导致我国 250 多个企事业单位的建设处于停顿、半停顿状态，给我国的经济建设造成了重大损失，加重了我国的经济困难……

听到这里，赵立千关了机子。

钱文鼎努力使自己沉静，他揉了揉脑袋："人走了，还带走了全部图纸、计划和资料！"

赵立千吩咐助手道："那我们就先停止供应核建设急需的重要设备和关键零部件。"

钱文鼎点点头：“行，只是这个事件，给我国造成的经济伤痛，需要一定时间才有可能愈合。”

“他们真的就这样走了？”程万勇自问自答，“也是！他们迟早要走的！”

“是啊！”钱文鼎道，“自己的事还得自己干！这才踏实哩！”

小章点点头：“就不信了！离开他们，我们照样干活！”

邓琳夫唱妇随：“就是！小章这话我爱听，他们为啥撤走专家？”

“各种矛盾凝聚后的集中表现。”汤圆道。

“各种矛盾？”

赵立千欣赏地看了一眼汤圆，解释道：“是啊，国际政治方面的，比如对待美国的态度不同；国家制度方面的，比如对人民公社制度认识存在差异；军事方面的，比如，苏联对我国炮轰金门岛反应强烈。”

邓琳点点头：“这样啊，看来矛盾由来已久。”

程万勇说：“政治上说不拢，便在经济、科技建设上掐我们脖子，‘老大哥’不够成熟，满身的孩子气。”

“离开他们，我们照样得飞上去！”钱文鼎道，“关键是看你们的态度！”

“是啊！大家更要争口气！”赵立千鼓励大家道，“上次你们跟着偷学了点儿知识，应该也记了些在脑子里，大家一起调用出来，脑子够用，一切都好说！带走的资料，咱整理补上！缺失的知识，咱交流学习！”

“我们会好好学习，搞好科研的！”

大家声音坚定地回答道。

年轻一批的科研人员脸色肃穆，更是写满了坚定。

这天晚上，“581 组”办公室里灯火通明。

小胡也找来了材料，和秀儿他们一起制作起了微型模型。

整个办公楼，除了笔划过稿纸的沙沙声，便是模型组装的摩擦声，伴随着刻意放轻柔的交谈。

那时候的电压不稳，供电还有些困难，没过多久，办公楼突然停电，漆黑一片。

“呀！好黑！”星琪惊叫一声，下意识地朝着身边的汤圆靠过去，“我好怕！”

不料汤圆伸手矫健，早就朝着反方向闪过了身子，等到星琪靠过去的时候摔了一个空，一下就扑在了地上。

不知道谁一把踩过来，她的手被踩了个正着！

“哎呀，好疼，别踩我！”星琪一声尖叫，瞬间，大办公室里兵荒马乱。

“别慌！有蜡烛！我这就去拿！”李新康想起了库房里的蜡烛，顿时大叫一声，让大家别急。

大家虽然镇定了许多，但是依然喧嚣，如同每个学校里停电的晚课。

秀儿只觉得浑身一僵，身后贴过一个肌肉结实的身体，年轻而温暖，说话带着少年紧张时特有的沙哑：“别怕！”

汤圆的身上有种淡淡的草香，一如秀儿家里的老宅中祖母精心照顾的珍贵花木。

秀儿只觉得浑身不受控制地跟着他往后退，朝着最安全的人生港口驶过去。

等到李新康找到蜡烛重新亮起来，星琪的手已经肿得像个胡萝卜，哭得梨花带雨。身边一大群人在安慰她，她却没忍住在离开时朝着汤圆狠狠地瞪了一眼。

秀儿安静地坐在座位上，耳根发红。

汤圆在窗台上坐着，一条长腿撑在窗台上，抵住一边的窗棂，另一条大长腿挂在窗台上，一晃一荡的，整个一潇洒的少年郎。

很多年后谈起这件事，李新康依然觉得自己这辈子都没想明白，自己在停电的时候第一时间去找蜡烛，到底是错在了哪里。

他只是记得当时的烛光下，秀儿眼波流转，特别好看，让办公的他总觉得旁边有一团火焰在燃烧自己的心。

过了一小会儿，赵立千办公室亮起了烛光，各个办公室里的烛光瞬间一齐闪耀起来。

烛影摇红，第五研究所依然忙碌……

在另一边，遥远的西北，酒泉发射基地已经进入了寒冷的夜晚。

基地司令员李哲汉依依不舍地送别苏联专家彼廖夫，这个说一不二的“西霸天”虽然饱读诗书，出身富家，可是满口荤话，举止豪爽，第一次在士兵面前表现出自己的感伤。

王根站在人群中，还能听得出他嗓音的沙哑，带着浓重的鼻音。

他只是听说以后食堂少做了苏联人的饭菜，也见到了这几个专家从一开始不服气，到后面被李司令制得服服帖帖，不想这么快，苏联人说离开就离开了。

“老朋友，我会想你的！”李哲汉拍了拍彼廖夫的手臂，彼廖夫只觉得自己这手虽没被他打过，却也仿佛有点疼。

毕竟不认真帮忙做事就直接给卸胳膊卸腿的主儿，也就这李司令一个！

关键是发放到这里来的科技人员，通信不便，就是想办法接通了无线电也跟做特务似的，被他看得死死的！

最开始，彼廖夫还不服气，只是经过长时间的相处，他是真的佩服这群敢作敢为的中国人，尤其是他们为了导弹卫星，甘愿牺牲自我的精神。

眼看着基地在自己的真心帮助下一点一滴地建造起来，彼廖夫是真的不舍。

尤其这李哲汉是个好伙伴，喝酒做事样样行，到后面他们相处得十分契合。

和李哲汉告别的时候，彼廖夫脸色也凝重起来：“我也是！李司令，期待下次见面！祝你们的卫星早日成功！”

……

苏联专家撤走后一个月，钱文鼎便提交给中央军委后来被命名为“东风二号”的导弹研制方案。

在他的领导下，中国年轻的火箭科学家，发愤图强，卧薪尝胆，把“生气”变成“争气”，很快完成了总体设计方案。方案得到批准后，中国的火箭、导弹科技人员和技术工人，便投入到紧张的制造工作中去了。

第八章
火箭天团　小试牛刀凭自信

1960 年 2 月，红旗渠工程开工，这个历时近十年，至 1969 年 7 月支渠配套工程全面完成的大工程，开启了艰难岁月里不屈不挠的精神引领。

1960 年 4 月 15 日，我国第一艘万吨巨轮“东风号”下水，标志着我国的造船工业从此迈上了新的台阶。

1960 年 4 月 19 日，大庆油田的工人靠自己的力量建设油田，铁人王进喜所在的 1205 队打开了大庆油田的第一口油井，开创了中国工业历史的新纪录。

……

苏联专家撤走后，尽管对我国的经济、科技领域造成了巨大影响，可是，中国人民并没有被困难吓倒，反而激发了强烈的自主创业精神。在困难的日子里，中国人民信念不倒、决心坚定。“581”的科技人员，仍然在坚守中默默工作着。

钱文鼎和赵立千等科学家们在紧张工作两个多月后，与院内外 31 个单位协作，拿出了我国第一个《卫星规划》，并且增强了北京、山西太谷等地的科学仪器厂外联互动。

苏联专家撤走后，汤圆和李新康也接到通知，要他们赶在年前跟着王希望和杨北成返回上海机电设计院，继续火箭的自主研制工作，为卫星发射做准备。

中可能遇到失败，绝不可怕。只有在不断实验中才能取得经验，材料也可能在实验中找到出路。

根据批示，任兴国、姚东武等人与冶金部 101 工厂、抚顺钢厂、大连钢厂、沈阳苏家屯有色金属加工厂等单位签订了 155 项基础材料的协定，还有石油部、化工部等所属的 20 多家单位签订的 87 项非金属材料的协定。这些协作单位保证了导弹仿制工作的顺利进行，更是为后续的导弹、火箭和卫星的发展奠定了基础。

“推进剂是个大问题，我记得当时的苏联专家总组长说过，但必须从苏联进口。”扔下笔，孙国梁叹了一口气，“这个问题不解决，我们恐怕总要受制于人。”

“我们调查过了，兰州的一家化学实业公司生产液氮。”任兴国递过资料说道，“我和元初已经将国产液氮的化验资料和设计技术要求对照过了，并且和苏联专家反复验证过，这是结果。”

“符合要求，可以使用！”孙国梁拿过资料一边看，一边说，“不错啊，老任，你们几个，居然趁着‘老大哥’的专家还在的时候，就把这事儿给办了！”

“分析和判断有。”任兴国说道，“关键就是看大伙儿敢不敢用了！毕竟，‘老大哥’的话，咱不能不信，也不能全信，更不能照抄。”

“是啊，‘老大哥’的话，真是真真假假，假假真真！”戚元初指着图纸说道，“不仅是液氮，你看看膜片，这种高压减压器和膜片，‘老大哥’也说我们搞不出来！搞出来也会出大问题。”

“那咱就试试！”汤圆说道，“多试几次，总能搞出来！”

李新康点点头:“是啊！咱王老师那火箭都不知道试了多少次了！每次都炸得我们灰头土脸的！”

“再多试几次！”孙国梁笑了，“你们这些小牛犊子！”

“多试几次，意味着财力、物力、人力，哪有这么多钱烧！”小章道，“你们是不知道，现在外面的情形，更别说我们吃饭都吃不饱，大家饿着肚子搞科研……”

“越是这样，越是要争气。我们缺少的不是机会，而是在机会面前将自己重新归零的勇气。”秀儿说道，“我觉得任老师说得对，这些材料应该可以实现国产化，成本也算大大降低了，大不了，外面多试几次。”

孙国梁看着任兴国和戚元初笑了：“你们几个怎么说？”

任兴国和戚元初对视一眼：“试试就试试！”

几位专家发话了，科研人员们更是露出了笑容：“试试就试试！”

“就这么说定了！”孙国梁笑了，对杨北成说，“希望你们明天早上就出发，今天带着两个小家伙早点休息吧。上海那边，就辛苦你们了！”

“明天出发？”星琪看向汤圆，“你们回上海？”

汤圆只淡淡地“嗯”了一声，目光掠过人群，看到秀儿时，他的话却突然变多了：“是的，年前赶回去。明天一大早就走了。”

“啊？太可惜了！”星琪脱口而出，脸上挂满了失望，倒是秀儿听了，白净的小脸上没有一丝多余的表情。

“可惜什么呀？告诉你们一个内部消息，你们也很快就要去酒泉发射基地了，到时候等他们过来，大家又聚在一起了！”戚元初笑了。

“真的？”听到这个消息，小章他们都兴奋起来，“戚老师，您没骗我们吧？”

“骗你们干吗？”任兴国跟着也笑了，“东风二号导弹都已经提上去了！只要希望和北成那边的项目进展得快，你们很快就能见面！”

孙国梁附和点头：“汤圆和李新康这俩小子我们可是定下来了的，到时候必须到基地来的！”

“太好了！”

“能真枪实弹演练不说，关键是又能见到李司令了！”

“太好了，又能见到李司令了！”

“对对！见不见李司令我还没这么想念，关键是秀儿又能在导弹面前拿扳手了！”

……说到李司令，大家总能想起那些趣事，不由得笑成一团。

在这样和睦的气氛中，大家微笑着握手、拥抱告别，约定下次再见。

秀儿也是飘然来到李新康和汤圆面前，轻轻道：“一路顺风……早点回来！”

听到她轻柔的话语，李新康不由得捂住胸口，他只觉得那个暖手炉将他的胸口烫得更加厉害了。

这天晚上，李新康和汤圆最后一个离开大办公室。

李新康很想趁着汤圆不在，偷偷把暖手器放到秀儿的桌上，只是汤圆一直陪着他，他只能趁着汤圆不注意，把暖手炉放在秀儿的桌子上。

“收拾好了吗？”汤圆眼角的余光扫过李新康的小动作，假借着到李新康这边来，顺手便将手中的蛤蜊油放在了暖手炉旁边，“走吧！”

“哎！好嘞！”李新康笨拙地抱起手中的资料，跟上了前面的汤圆。

第二天一早，李新康他们便跟着王希望和杨北成坐上了回上海的火车，在火车的长鸣声中，秀儿拿起了蛤蜊油和暖手炉，不由得想起了汤圆盯在自己手上的目光。

——那天在食堂吃饭的时候，星琪突然惊叫了一声：“呀！秀儿！你这手怎么这样了！”

“没事！”秀儿依然淡淡地夹着菜，“之前一直在南方，所以在这边的冬天就生了冻疮。”

“这也太恐怖了！”星琪嘟囔着，“怎么不弄个手套？”

“弄个手套就不好操作器械了吧，大小姐！”邓琳还是那个邓琳，活泼可爱，心直口快，“没见秀儿的实验从不出错！就是她手巧还敬业！”

“我这不看不下去了吗？这么恶心的手，谁吃得下饭……”

星琪还没说完，一双修长漂亮的手伸了过来，手上的筷子精准地挑了星琪面前盘子里的那一块蒸出来的米饭：“你不吃，我吃了！”

“哎！汤圆！”星琪嗔怒出声。

当时大家都以为，他们是在打闹。

可是秀儿记得，汤圆明明在埋头吃饭的，可是星琪说自己的手时，他停了一下。

上海的冬天平均气温在 3~5℃，哪怕外面再冷，关上门来，房间里面还是暖和的。

只是回到上海后，李新康觉得工作强度比在北京时更大了。

首先是计算，算出来一条弹道的纸堆起来比桌子还高，关键是不止一条弹道，最后所有图纸都要汇总到王希望手里，上千张图纸他都要一一审校。

王希望是天天在那看图纸，数不清的图纸，看了对的就接受，不对的，就让李新康他们重新再算。

杨北成更是一点都不怕冷似的，每天都在室外捣鼓他的零件，不时扯着大嗓门把汤圆喊出去。

每次回来的时候，汤圆都能捂着鼻子吐槽王希望半天。

原来，当时急需一个测试火箭发动机液体燃料的试验室，新建一个来不及不说，也没有这么多钱，王希望急中生智，直接就在废旧的屋子里解决了这个问题，只是要建立液流试验台，找不到地方，只有厕所里有一块大概十几个平方米的空地，王希望便提出来把这个空地让出来建立液流试验台。

液流试验台就建在厕所里面，怎么也是一个有味道的试验台，最初是有一些臭气，熏得汤圆天天吐槽，直到后来这个臭气逐渐消失了。

汤圆的吐槽也变成了火箭的组装，他跟着王希望和杨北成，每天都要工作到晚上 12 点以后，直到支部书记来催他们回家睡觉。

——即使睡觉也睡不安稳，李新康睡得迷迷糊糊中还能听到汤圆呢喃着推进剂。

好像只要把这个试验做出来，把问题解决，他住在厕所里也值得。

我们那些打惯了仗、行惯了军的政治领导深知，科技工作者的艰辛比之他们更甚，因而他们下了一道又一道命令，主要内容就是“休息”！

领导们对科技工作者满怀敬意地评论道：“工人的贡献是流汗，战士的牺牲是流血，专家们拼命工作，流出的是脑浆！”

上海江湾机场一座当年日军废弃的旧碉堡也得到了利用，火箭发动机测试台就建在了碉堡夹道里，碉堡则成了测试和观察室。每逢试车，王希望和杨北成就带着他们躲进碉堡里，这就算是隐蔽了。

火箭研制需要的不仅仅是热情和朝气，在国力不足、技术力量极为有限的情况下，王希望他们设计的火箭方案往往找不到相匹配的原材料和零部件，这跟他们在北京交流回来的思想，更加不一样了。

“要不，王老师，还是按咱们最初说的，发上去就行？”看着皱着眉头的王希望和杨北成，汤圆小心翼翼地提议。

“从实际出发，我们好像没有别的选择。”王希望和杨北成相视一眼。

衡量再三，王希望向上级提出：火箭研制必须从国情出发，降低技术难度，第一步首先要保证火箭能够升上太空，之后再考虑其他方面的功能。

方案报给上级，上级同意了。在王希望的主持下，我国第一枚探空火箭 T-7M 研制、组装完毕。

1960 年 2 月 19 日，T-7M 火箭准备发射。

坐落在上海南汇的发射场，其实就是一片农田。

在南汇靠海边，初春的稻田尚未生出春草，稻田旁的田埂蜿蜒，旁边是一条清澈的小河，T-7M 火箭就在这样一个环境普通的稻田中间准备着发射。

这真是一次令人难以置信的火箭发射，王希望他们的“指挥所”是用麻袋堆积而成的，里面既没有步话机也没有电话，指挥得靠扯着嗓子大声喊叫，并要借助挥舞手势。更让人感到惊奇的是，自动跟踪火箭的仪器也没有，测试人员用的是需要几个人手把着才能旋转的人工天线。

科研人员们没有电力设备，他们向附近的部队借了一个 50 千瓦的发电机在发电，通电通信都这样了，更别说加注条件了——加注推进剂是用自行车打气筒打到里面，到了一定压力，然后打开加上去的。

这样的“山寨设备”，别说李新康，就是从小自己制作冲天炮的汤圆也是第一次见。

只是条件虽然艰苦，但每一个步骤在事先都经过了精心设计，有图纸、有计算、有程序，也有口令。

最后的发射时刻即将来临。王希望他们虽然表现得很沉着，而且在各方面都做了详尽的准备，但这毕竟是新中国利用现代科技第一次发射探空火箭，发射前他们心里还是没有十足的把握。

毕竟，在此之前，他们已经试了无数次。

T-7M 火箭也不是第一次发射。

上一次他们发射的时候，整个发射的条件都是具备的，只是不想发射之后，一点燃管子就炸裂了，大家眼睁睁地看着自己的心血在发射架上燃烧起来，整个发射宣告失败。

“准备工作完毕！”

“点火！准备！发射！”

随着口令发出，李新康不由得攥紧了手掌。

1960 年 2 月 19 日 16 时 47 分，第二枚 T-7M 火箭在滚滚浓烟中随着发动机喷射出的刺眼的白光直冲云天！

“砰——”的一声，随着巨大的声响，遥遥坠落。

“成功了！”

“我们把火箭射上去了！”

“上天了！”

火箭在空中飞行了整整 8 千米！

虽然 T-7M 火箭的飞行高度只有 8 千米，但这短短的 8 千米在我们国家的航天史上，却有着里程碑的重大意义。

王希望满含热泪，宣告着成功的喜悦。

杨北成顾不上危险，披着麻袋，看着高空尽情欢呼。

工作人员们欢呼鼓掌，汤圆在其中吹着口哨，幸福来得太突然，他感觉自己很快就能带着发射火箭的成功去酒泉和秀儿汇合。

1960 年 5 月 28 日，毛泽东主席来到上海新技术展览会，躬身仔细察看 T-7M 探空火箭，得知飞行高度为 8 公里时，他兴奋地说：“8 公里，那也了不起呀！”“应该是 8 公里、20 公里、200 公里地搞上去。”

毛主席鼓励大家为发射卫星做准备。

在北京，孙国梁被任命为导弹型号总体设计室主任，他随着东风一号导弹试验队奔赴酒泉发射基地执行任务，1960 年 11 月 15 日，中国进行第一枚仿制近程地地导弹发射试验，并获得圆满成功。

秀儿她们也等来了上级部门的调令——为了加快卫星研制进度，上级部门决定：搞卫星、火箭的部分科研人员集中到酒泉发射基地进行封闭工作。

只是，这一决定下来，邓琳和小章便要天各一方——“581”集中科研的人员中没有邓琳。

接到通知，邓琳整个人都闷闷不乐。

晚上睡觉的时候，辗转反侧的她突然坐了起来，大喊一声：“我决定了！”

“决定什么呀！”星琪狠狠地踢了一下床板，“你大半夜的不睡觉，干什么呢？”

“我决定在你们出发之前，嫁给小章！”

“哇哦！”宿舍里顿时沸腾了，“琳琳你真棒！”

“你这是主动求嫁吗？”

“为了咱的导弹和卫星，值了！”

“要不，你现在就去找小章？”有人提议道。

“找就找！”邓琳才不怕，“反正都决定嫁了！”

被子一掀，邓琳穿戴整齐，整理好自己的妆容，瞥了她们一眼，“你们就不来见证一下我主动求婚的名场面？”

“见证！”

“必须的！”

“那赶紧穿上衣服跟我走！”邓琳娇俏地转身道，“我可不等你们化妆打扮了！今儿晚上最漂亮的必须是我！”

“哈哈！必须是！”

……清脆的笑声一路飘远，一直飘到了男宿舍。

男科研人员们刚刚入睡，便听到下面娇声呼唤：

“小章！出来！邓琳在下面！”

“章璟！快出来！”

“我们来啦！”

“有大事情等你！”

男生宿舍本来人就多，数倍于女科研人员，被这么一喊，全都呼啦啦地挤满了阳台的窗口。

小章更是被大家从被子里直接拖出来，穿着薄薄的短袖站到了楼下，睡眼惺忪地看着眼前美丽动人的邓琳：“怎……怎么了？”

“章璟，我要嫁给你！”

“什么？”小章不敢相信自己的耳朵。

“我说，我要嫁给你！在你们出发之前！”邓琳看着小章的眼睛，一字一句地说道。

“你……”小章愣住了，呆呆地站在原地。

周围已经开始起哄，异口同声地喊着：

“答应她！答应她！”

“结婚！结婚！”

“嘘——”小章示意大家安静下来。

“怎么，你不愿意？”邓琳眼见小章没有半点表示，还这么认真地看着自己，不由得急了，小鹿一般无辜的大眼睛里含满了泪水，“我这么……”

“傻瓜！”小章弹了一下她可爱的小脑瓜子，语音颤抖，“求婚这种事情，怎么能你说呢？”

“我就说了！”邓琳眼泪哗啦啦地流下来，“还不是因为你要过去了……你竟然还这样对我……”

只是，她话还没说完，眼前的人已经牵起了她的手。

小章朗声向着众人说道：“各位，我章璟，今天在这里请求邓琳同志嫁给我！还请大家见证！邓琳，你嫁给我好吗？”

“哇！小章爷们！”

“邓琳！嫁给他！”

邓琳哭得泪眼蒙胧，一把扑进了小章怀里。

结婚报告很快就打了下来，一场特殊的婚礼正在酝酿之中。

科研人员们搬来了桌椅，采来了鲜花，借来了红布，扎起了红花。

这个婚礼，简单而热烈，浪漫而真诚。

邓琳嫁给了章璟，新婚夫妇才甜蜜地相处了几天，便从此天各一方，开始了鸿雁传书、思念连连的日子。蝴蝶如要在百花园里得到飞舞的欢乐，那首先得忍受与蛹分别的痛苦。

“581组”入驻基地的人员有钱文鼎、赵立千、钱洪基、程万勇、小章、小胡及其他工作人员。

五院一分院入住人员则有林勤、孙国梁、任兴国、戚元初、秀儿及其他工作人员。

两个部门的领导人员可随时回北京开会，联系工作，只是小章和邓琳要相对困难一些。

李新康和汤圆还沉浸在探空火箭发射成功的喜悦之中，他们还不知道那个生长于江南的秀儿，正背着极少的粮食资源，跟着大部队穿梭于夜风，奔走于大漠。

只为了新中国最朴素纯真的科研渴望。

第九章
心中有剑　男儿有泪不轻弹

一架直升机在晨霭笼罩的山峰间飞行，山涧是湍急的河流和茂密的森林。越过山区后，进入了茫茫戈壁，朝着酒泉发射基地飞去。

酒泉基地里人来人往，已经小有规模。

上万名在大漠上苦战的战士们忍饥挨饿，和风沙搏斗，为科研铺路，他们守护着忙碌的科研人员，目光坚定，充满希望。

上千名来基地上追梦的科研人员埋头苦干，画图、实验……他们看着一个个组装好的零件，看着秘密运送来的一个个成品，更是激动不已。赵立千被派往基地视察导弹工作，在越来越缺粮食的日子里，他每天忙得头昏眼花，只能以水充饥。

大家期盼总有一天，能够进入辉煌的天宫，揭开幕帷的一角，看看令人向往的眼花缭乱的世界。这些东方红人，将山一般的身影融入天际，智慧的活水像瀑布一样倾下高山，写出他们大苦中的大乐，大悲中的大壮。他们深爱着祖国，在艰难困苦中，努力求解，成功成仁，大智大勇，可歌可泣。

初升的太阳像一个红透的橘子，直升机从太阳中间飞出来，如同搅动起一股浓稠的橘汁。

一天，被派往基地视察导弹工作的赵立千，连续工作了多天后，突然晕倒，这可着实吓到了大家！正在外出差的酒泉发射基地司令员李哲汉听说后，立即决定提前乘直升机返回酒泉发射基地。

一个放羊娃眯起眼睛注视着直升机，螺旋桨旋起的大风，刮走了放羊娃的帽子，羊群瞬间大乱，放羊娃抱住一只小羊趴在土凹里，等直升机飞过去，不远处的一只羊不知道是不是被直升机吓到了，趴在那里无法动弹，放羊娃仔细检查了一番，发现了它受伤的腿。

放羊娃顿时跟个小炮弹似的跳起来，给牧羊犬打了个唿哨，让牧羊犬看着羊群，自己则狂追那架直升机。

直升机降落在酒泉发射基地，李哲汉从舱门出来，在询问过自己的大管家李贵基地的情况后，问道："老赵怎么就晕倒了呢？！这才过来几天？！"

"不只是赵立千老师，咱基地里的科研人员，几乎百分之九十都营养不良……"

"这怎么行?！"李哲汉皱起眉头，"买！去附近找牧民买点牛羊来补给一下！"

"司令……"李贵皱起眉头，"您说真的？这钱……"

"放开我！我就不走！"李贵这边还没说完，那边的尖叫声打断了他们的谈话。

原来，刚刚那放羊娃在大门外往里偷看，哨兵赶他走，他梗着脖子不愿离开。

"怎么回事？"李哲汉听见这边的响动，走过来问道。

"我叫年娃，在戈壁那边放羊的！"放羊娃叉着腰说道，"刚才，你们的直升机把我的羊吓跑了，一只羊崴了腿动弹不得，你们得给我赔羊！"

"赔羊？"李哲汉看着年娃，"羊呢？"

"你想得美！没看见钱，我才不会把羊抱给你！"年娃伸出黑乎乎的手，"给钱，还要粮票！我的羊反正也跑不了了，没草吃，很快就没命了，不如你买了过去……反正我也听说了，你要买吃的补营养！"

"哟！挺机灵呀！"李哲汉笑了，"好！李贵，你按市场价把钱

赔给他！去厨房叫王根跟他去抓羊回来！”

我的亲老大哎！李贵的心在滴血——再买只羊来吃，我们可能连沙枣树叶玉米面都吃不起了！

“司令……”李贵做出了一个缺钱的手势，拼命地挤眼睛，“您确定咱要买只羊来吃？”

李哲汉没有理会李贵的眼色，直接虎目一瞪：“别愣着！难道我们这么大个部队，连只羊都吃不起了？”

“是！我马上找出来！”李贵苦着脸，去房间里翻出了账本下的钱夹子——将军的管家，真的太难当了！

“谢谢长官！”放羊娃看着李贵手里的钱，笑得阳光灿烂。

“不用谢！你满意就好！”李贵攥着钱，苦着脸不肯松手，还是年娃用力一拽，才把钱和粮票抽了出去。

“走吧！牵羊去！”年娃小心翼翼地将钱和粮票放进兜兜里。

“你等着，我给你去厨房叫人！”李贵无奈地叹了口气，便要去厨房。

“哎！你等我！”年娃想了想，还是拔腿跟了上去，“一起呗！”

“你放心！钱都给你了，还怕我不牵羊？”李贵的心还在疼得滴血，对着年娃真是高兴不起来，迈开脚步走得更快。

只是跟着李哲汉的副官来到厨房时，放羊娃站在门口愣住了：“你们吃这个？”

厨房里摆放着一堆沙枣树的叶子，大厨王根正在仔细研磨，忙得头也不抬：

“不吃这个，吃啥？”

李贵吃过听过，却还没见过，几步走到王根面前拿起叶子问道：“这就是沙枣树叶？你带着同志们弄来的那个沙枣树叶？”

李哲汉的部队把沙枣树给毁了几十里，就为了从这叶子上打主意弄粮食，为此李司令被上级好一顿臭骂。

“可不是嘛，磨成粉还能掺杂在玉米面里做粮食吃，粮食供应不上，我是实在想不出别的办法了，最近就是吃的这个！”王根摸摸脑袋，他也知道李司令挨骂的事情，可是这馊主意最开始就是他出的，谁让这年头谁都缺粮呢？

“李司令说这玩意儿不错，部队里都说这个扛饿。”李贵竖起大拇指，“这不，司令特意买了只羊，让你去牵回来！”

“买了羊？”王根激动得赶紧站起来，“羊肉啊！”

王根这一激动，看放羊娃的表情也跟看羊肉一样，满眼放光：“走吧……哎不对！咱哪还有钱买羊肉吃？”

“这你就别管了！”李贵拉了一把王根，他顾及放羊娃的感受，只是催促着王根道，“王大哥！我可是通知下去今天加餐了！你赶紧和他去把羊抱回来吧！”

黄昏时的大漠格外的空旷而孤寂，长河落日，戈壁无涯。王根走在放羊娃的身后，一大一小的身影被黄昏的夕阳拉得特别长。

“哎，大叔！你们都吃这个了，为什么上次还要把粮食分给我们？”放羊娃终于忍不住问出了埋藏在心中的问题。

“你说的上次是哪次？”

“就是前几天，抢粮的事……”年娃说着，声音也小了下去，“我们也不是故意的，我们当时是真的饿昏了……”

看到年娃这羞愧难当的样子，王根总算是明白了：“你家参与了？”

“你们是不是要抓我们！”年娃道，“要不你抓我吧！我奶奶领粮食的时候可没有说谎话，我们家就三口人！领的三份！粮食是没有了！这几头羊是我家所有的财产，就两头母羊，还不知道能不能养活我们一家呢！羊不能给！我家只有我奶奶，下面还有个妹妹……”

王根瞬间心底叹了口气——前几天的事情，他也听说了。

基地实在是没有粮食可吃了，就连沙枣树叶，也撑不了几天。

李司令急得连吃饭的心情都没有，为了粮食四处奔走，找到能够帮上忙的人说尽了好话，脸红脖子粗地一次次争执，给上级打了一次又一次的报告。

好不容易才得到通知，让他去领粮食，李司令高兴得一蹦三尺高，顿时点齐人马让他们去领粮食。

粮食是领来了，只是谁能想到在这样的和平年代，还是在自己的土地上，粮食还能出问题？

眼看着粮食就要运送到基地了，可是就在这节骨眼上，出问题了。

运送粮食的专列停在不远处的荒凉小站上，加水的时候遭到了几百名饥民的疯抢。

在这样的情况下，如何抉择？

是拿枪对着自己保护的百姓？还是任凭他们把粮食拿走？

让他们把粮食拿走，基地的人便又要饿肚子。

李哲汉并没有犹豫太久，便做出了艰难的抉择："把剩下的粮食和干菜全部都卸下来，分给当地的老百姓！"

李贵当时就暴怒了："司令，我的亲大爷，这可是咱部队的救命粮啊！"

"执行命令！"李哲汉扔给他们这铿锵有力的四个字，便挂断了电话。

就这样，在饥民们饿得发绿的目光之中，专列的车厢门打开了：

"剩下的粮食和菜品我们会按照你们的家庭情况平均分配，你们一个个来，排着队不准抢、不准瞒报欺骗！否则……"

"砰！"

随着一声响亮的枪响，灾民们都不敢动了。

只是，剩下的粮食和菜品分给了当地的群众，可部队里却又要开始饿肚子了。

李哲汉为了粮食，又开始了奔走讨要，为了补上这个粮食缺口，又挨了骂不说，家里的东西都变卖了，这也是为什么今天李贵掏钱的时候那般不爽快，因为部队里真的是已经穷到了米缸见底的地步。

"抓什么啊！"王根叹了口气，"我们搞科研就是为了民族，就是为了人民，就是为了让你们生活得更加舒服，这样说来，把粮食分给你们，是我们应该做的事情。”

放羊娃捏着手里的钱，也觉得这卖羊的钱有点发烫。

他一把拉住了王根的裤腰：“嘿！其实，不吃粮食，咱还能想想别的办法！”

“想啥办法？去山里打野狼吃吗？”王根叹了口气，“这大漠上啥都没有，你那边的戈壁滩上，怕是都被捕猎得差不多了吧！”

“嗯！”年娃闷闷地回应道，“戈壁那边有荆棘丛，里面有东西！就是太危险，没人进。”

“荆棘丛那边？”王根若有所思，却又晃了晃脑袋——这个大厨，真的是越来越难当了！

年娃放羊的地方不远，王根很快便跟着他找到了羊群。

很可怜的几只瘦羊，值得庆幸的是，一头母羊怀孕了，肚子很大，应该有一头健康的小羊娃子即将降生，只是怀孕的母羊禁不起吓，这会儿看见生人，它跑得远远的，年娃和牧羊犬跑了好远才把它撵回来。

奶奶牵着妹妹来找他，都穿得破破烂烂，衣不蔽体。

王根突然理解为啥司令要买羊吃了。

“喏！给你抱走了！”年娃摸了摸羊，满眼不舍，却还是狠下心把它交给了王根。

“嗯。”王根点点头，“下次去荆棘丛，叫上我吧！一起打个牙祭！”

“行嘞！”年娃笑了，黝黑的脸上露出一排整齐漂亮的牙齿。

王根笑了笑，扛起羊就走。

“哎！等等！”年娃又一把拉住他的裤腰。

“怎么？”王根力气大，扛着羊也轻松，回头问道。

“没事！”年娃心疼地松开攥住王根裤袋子的手，在他看来更是一脸无法言说的表情，“我就看看，你走吧！”

“这小子！”王根走了两步，只觉得裤兜里像是多了点什么，他单手扛住羊儿，顺手一掏口袋——多了一沓钱和粮票！

一回头，年娃那小子搀着他奶奶牵着羊正头也不回地往家里赶呢！

“这小子！”王根赶紧追上去，“年娃！你给老子站住！”

王根本来腿长脚快，力气又大，一把追上来按住了年娃的肩膀，年娃便动弹不得，只挣扎着说道：“别！这钱我不能要！你给我拿给李司令！告诉他这只羊我送给他了！”

“是啊！你们拿走吧！”奶奶在旁边叹了口气，“年娃刚跟我说了！这事儿，说来话就长了！”

“你们也知道咱部队有规矩！今儿个我要是拿了你这钱，晚上我可能就被军规处置！你看我本来就因为受过伤才来厨房做饭，你这让我再犯一顿军规，命都没了！”

王根一把拉住年娃的手：“你可得给我拿着！”

“这……这样吗？”年娃拿着钱，看着王根头也不回地离开，只觉得手上的钱热得烫手。

这天晚上一回到家，年娃便一直在房间里倒腾着他的捕兽夹。

“这附近都没兔子可以抓了，怎么还在倒腾这个？”

“我倒腾这个有用！”年娃抬起头说道。

“荆棘丛那边有狼，你可别过去！”

“嗯，我知道！”年娃答应着，手上的活儿一点也没停下。

第二天出去放羊的时候，他特意把捕鼠夹子带上，放在他早已瞄准的一片草长莺飞的地方。

荆棘丛那里有几只野兔出入，年娃可是瞄了很久了，只是一直没过来。

这兔子也够狡猾，年娃连着等了好几天，才终于逮到了一只！

这天早早地放羊回到家，年娃把羊一关，便朝着基地跑去。

王根还在给沙枣树叶子磨粉呢！

羊肉是好吃，可是粮食还是缺啊！

科研人员饿得颜色都分不清了，基地的粮食，先紧着科研人员，然后才是战士们。

正在他揉着叶子时，外面一声响动，一团毛茸茸的东西迎面袭来。

他下意识地一抓——兔子？

王根追出去，看到那个小小的身影朝着戈壁那边狂奔，不由得笑了：“这臭小子！”

之后，年娃成了基地的常客。

王根跟着他，一起去夹兔子、捕蛇、摸泥鳅，给科技人员改善生活。

年娃与东方红人有了最亲密的接触。他觉得自己的命好过了一头肥羊。

道出了心中的快乐与愤怒，他说：“苏联专家撤走后，我们依靠自己的力量，完成了对苏导弹的仿制任务，取得了初步的成绩。但这还远远不够，我们还要继续前进！”这位矢志不渝搞国防事业的上将充满期待的话语，鼓励了多少中国科技工作者！

“苏联人讽刺我们，‘你们如果把导弹造出来，我们买你们的。’听听吧，这话多气人！我们不信邪，要争这口气！要把自行设计的导弹造出来！”这份发自肺腑的愤怒与自信，又给科技工作者增添了多少压力与动力！

中国人自己设计造出来的东风二号导弹，在春节过后，装上了西去的列车。

专列一路前行，直接驶向酒泉发射基地方向。

钱文鼎与研制人员紧随其后，这次他带过去的科研人员里，便有李新康和汤圆。

王希望郑重地把笔记和资料再次给几人捋了一遍，走之前还神秘地交给汤圆一个包裹，说是绝密资料，到了再打开。

杨北成也拉住李新康，非得往他怀里塞了一包东西：“揣着！就是你不饿，那小子也得喊饿！”

李新康一看，是硬邦邦的米饼，顿时都慌了：“不行，杨老师！您家里还有孩子！我们两个大人，怎么也不会饿！”

“叫你拿着就拿着！”杨北成故作生气的模样，“饿不死你！那可是沙漠！”

只是，到了北京和其他科研人员碰头时，李新康发现，绝密资料只是个噱头，下面也装了不少干粮，还有王希望的小纸条——“你们两个的脑瓜子就是最好的资料！”

很直白的话语，王希望跟杨北成一起带着他们研制火箭后，画风也变了。

“这两个老家伙！”汤圆揉了揉鼻子，帮李新康拿起行李。

李新康不像汤圆那么极具天赋，他们两个人住在一起的时候，他会主动分担大部分家务，打扫寝室，早起跑步。

汤圆最开始是看不惯的，不过慢慢地，他也跟上了李新康晨跑的脚步，两人相处融洽，尤其是一起从北京回来以后，两个人工作配合也更加默契。

西去的列车上，李新康拉着汤圆兴致勃勃地看着窗外的风景："从草原到戈壁咱都坐了这么久的火车，那基地也快到了吧？"

李新康生长于南方，没见过西北的粗犷，倒是汤圆似乎去过很多地方，满眼空旷："美的你！还是坐着省点力气吧，看见人就表示快到了！"

"为啥要看见人？不是说没人吗？"

"不需要人保护，他们一直心心念念的李司令在那边干吗？"汤圆说道，"窝沙漠里，陪我们吃沙吃土？"

"你不说差点忘了！"李新康一拍脑袋，"上次他们都说了，就想去酒泉，有李司令在那儿！这次总算能见到传说中的李司令了！"

关键不是李司令，是她。

李新康想起那袅娜婉转的背影，只觉得自己看这戈壁中的黄沙上面都能浮现出她的模样，如果沙漠中出现海市蜃楼，也一定能看到她的影子。想到这些，他按捺不住内心的激动，脱口而出："秀儿不知道怎样了……他们这么久都没出来，窝在沙漠里肯定闷坏了……"

李新康说到秀儿，汤圆白皙的耳根竟然不由得泛红："谁知道？！"瞬间，两人都有了心事，不约而同地看向窗外。

在车厢前面，钱文鼎和任兴国几个人正在说话。

"我国的航天事业是从弹道导弹起步的，具体说，是从引进苏联P-1短程弹道导弹开始的，仿制P-1的型号就是1059导弹。有了这个基础，突破从仿制到独立的研发难关，研制东风二号导弹，就成为建设我国导弹体系中必不可少的环节，也是我国导弹技术发展的一次飞跃。”钱文鼎说道，“大家还是要自信一点！”

“我不是不自信，只不过……”任兴国还是忍不住脱口而出，“钱院长，东二研制是不是太快了？”

“从时间来讲，是有点快。”钱文鼎道，“形势逼人。”

是啊，形势逼人！

瞬间，在座的几位都在心中叹了一口气，半晌无言。

大漠苍茫，骄阳灼灼。

从甘肃清水通往酒泉的高度保密的铁路上，每隔两米，就有一名士兵守卫。

自从专列进入这条路上以来，气氛陡然庄严起来。

“汤圆，这次是真的快到了……”李新康喃喃说道。

“嗯！”汤圆的目光穿过茫茫沙漠望向前方。

他猜得没错，在列车的尽头，秀儿和一众科研人员都在沙漠上等待着“东风二号”的到来。

赵立千硬撑着，站在烈日下面，身体又开始摇摇晃晃的，旁边的钱洪基赶紧一把扶住他：“老师！”

钱洪基，1943 年从中央大学毕业后就到南京中央气象所工作，1950 年中科院地球物理所成立，在赵立千任所长期间，钱洪基为其研究室的副主任。大家都知道，他是赵立千的学生，也一直是赵立千最亲近的助手。

“没事！”赵立千摆摆手，喘了一口粗气。

虽然室内科研工作比较多，但是总免不了要出门，参与各项工作，身后的科研人员们都被粗粝的风沙吹得皮肤粗糙，晒得浑身黝黑，唯独秀儿裹着从老家带来的厚厚的头巾，依旧是那一身遮盖得严严实实的汉服，哪怕是现在，也只露出秀气的脸。

“秀儿，不是我说你。”星琪看了一眼秀儿，“这种时刻多么庄严肃穆，你怎么能围着这么厚的头巾呢？多不尊重人啊！也就是在我

们基地没人说你，没见外面都开始批评你这种资本主义做派了？”

“按照我老家的风俗，越是庄严肃穆，越是要围着这条围巾。”秀儿淡淡地说，“我妈是少数民族。”

星琪一脚踢在铁板上，不由得心生委屈，顿时不悦。

秀儿清冷寡言，不像星琪大方和气，在女同志的队伍中，人际关系自然不如星琪处得融洽。

尤其是这一批工作人员里来了几个年轻的姑娘，虽然不是火箭组和卫星组的，但是女同志们吃住都在一起。

女同志本来就不多，关键是好几个都跟星琪关系更加密切融洽，秀儿受到排挤是肯定的。

一见到秀儿怼了星琪，小姑娘们不由得小声议论起来：

“拽什么拽！每天穿得跟唱戏的似的。”

“就是！还以为她有多漂亮！那身衣服衬得更寒酸了，不知道吗？就她脸大！”

“年纪大还差不多！少年班就了不起吗？现在年龄还不是比我们大这么多吗？不恋爱也不嫁人，真要变成老女人一个了。”

“还是星琪姐好！人美心善。星琪姐，你就别搭理她了，这种人就是不知好歹！”

叽叽喳喳的，像一群森林里的鸟。女孩子们的议论声虽然不大，不足以让前面的导师们听到，但是旁边的男科研人员听到了。

靠她们最近的小胡见状，看了一眼秀儿：“秀儿！不是我说你，成天怼天怼地的，弄得你们寝室鸡飞狗跳的！”

小胡之前也是喜欢过秀儿的，只是，他觉得秀儿太过于傲气。

小胡家境不错，家里也有点权势，哪里能被人这么忽视？

吃不到的葡萄都是酸的，何况星琪长得不比秀儿差。

慢慢地，转移目标的小胡对秀儿也开始看不惯起来。

秀儿眼风也不给他一个，不声不响地盯着前面。她懒得说话，觉得自己跟这群人也说不清楚，不如省点力气想想别的。

小胡觉得受了莫大的侮辱：“怎么，我这个小组长形同虚设，小小的芝麻官管不动你，不配管你是吧？”

“你……你们看看她！”小胡气得手指发抖，正要把秀儿拎出来好好整顿一番，前面已经响起了喧哗声，“来了！来了！”

“‘东风二号’！”

随着列车的一声长鸣，现场很快从喧哗归结成肃穆。

汤圆坐在窗口一眼就看到了包裹严实的秀儿，秀儿感受到窗口那比日光还要灼热的目光，她抬起手掖了一下头巾。

汤圆看到她的手白嫩如初。

1962 年 3 月 21 日，“东风二号”矗立在茫茫戈壁之中。主体上写着“独立自主，自力更生”八个大字，分外耀眼。

这是中国航天人刻骨铭心的一天，因为这是我国改型研制的第一枚导弹。这次不仅是导弹部，火箭部和卫星部的人员全部都参与了发射准备工作。

秀儿站的地方比较偏，和几个姑娘们离得有点远，李新康和汤圆虽然也是混在人群之中，却是不约而同地都朝着她靠近。

“是汤圆哥哥吧？”基地新来的一位小姑娘看着汤圆满脸红晕问道，“我听说你是火箭部的精英，好厉害！”

汤圆长得帅，这点大家都承认。画报上那么多帅气的小伙子，都没有任何人像他这般潇洒帅气却又儒雅风流。

自从他来到基地，小姑娘们见到他就红脸，就连日常里有些古板的导师们都打趣，说他比卫星还受欢迎。

其实，这个基地新来的小姑娘鼓起勇气跟他搭讪，也是需要很大的自信的。只是汤圆眉头微微一蹙，俊脸不带任何表情：“我没有妹妹，我叫冯绍渊。”秀儿在旁边听得津津有味，不由得勾起了唇角。

小姑娘被他这么直接给了个没脸，顿时脸红耳赤，抬眼看到秀儿的笑，更是怒火中烧，狠狠地瞪了她一眼，跺跺脚，眼泪都要掉

下来了。

“汤圆，这是新来的小学妹，分在行政部，你平时见不到。”身后的星琪走了过来，“汤圆就是这个性子，我们也是很熟了才叫他汤圆。”

汤圆看了一眼星琪：“我跟你很熟？”

“扑哧！”小章在后面，已经忍不住笑出声来。

星琪被闹了个没脸，顿时也是尴尬到下不了台。

小胡现在也是明显护着星琪了，当即便道：“汤圆，你够了啊！还有你们，就不能有点内涵？现在都什么年代了！你们居然还以貌取人！你们怎么就这么肤浅呢？”

“可是……”有个没有被怼的小姑娘很勇敢地回答道，“可是听说冯师兄也很有内涵啊……”

……好像是这么回事，冯绍渊的业务能力，一直是毋庸置疑的。

场面顿时一片寂静。

还好，发射场传来了准备的信息，人潮顿时朝着“东风二号”发射的地方涌过去。

发射场控制室发出“十五分钟准备”的号令时，所有现场人员都按照条例规定在掩体内隐蔽好。

指令发出时，李新康和汤圆与秀儿离得很近。

待到隐蔽的时候，汤圆手长脚长反应快，身子一转，便摆脱了跟他搭讪的小姑娘，靠着秀儿，站在一起。

李新康正好在他们的身后。

看着汤圆用一种保护的姿势护住秀儿，李新康突然感觉，自己那个暖手炉，应该是白送了。

正当李新康低头沮丧的时候，前面有人嚎叫起来：“小胡！你搞什么！这么关键的时候，你怎么能跑出去？！”

“我太激动了！我不进去！我上次试了，不遮挡没事！”

在小胡的带动下，星琪她们几个也不顾生命安全跑了出来，完全没有遮挡。

“激动你个锤子！”李哲汉吼道，“还不把他拉进去！老子说了！谁再给老子不爱惜生命跑出来，老子当场军规处置！”

一场由激动引发的小插曲很快过去，人工操作的倒计时计数器已经开始计时。

“点火！”

当倒计时计数器上闪现出“0”时，指挥员下达了“点火”命令。

随着“轰隆”一声长啸，只见那枚绿色的导弹，在地面上瞬间燃起熊熊火尾，在烈焰中冉冉升空。

“成功了！”被拉住的小胡忍不住跳出来，摆脱了桎梏，只兴奋地呐喊。

聂帅、钱文鼎等人的脸上，满是期待和严肃。

升起来了！

绿色的“小胖子”朝着空中直飞，越来越高，越来越远！

地上的人们呼吸越来越紧张，越来越急促！

只是起飞才几秒，导弹便出现了波动！

紧跟着，导弹明显偏离了射面。

18 秒，发动机起火，随之立即关机；69 秒，导弹在距离发射台不远的地方，朝着地面坠毁。

这样的走向，完全不受控制——“东风二号”，我们千辛万苦造出来的“东二”，竟然发射失败了！

人们刚开始还抱着一丝希望，希望那只是自己的眼神错位。刹那间，导弹从高空坠落下来，掉在了离发射场 600 米处，把沙滩炸开一个直径 30 米的深深的大坑，接着便升腾起了一团蘑菇云。

星琪蹲在地上大声哭了起来，小胡走过去轻轻安慰着她。

聂帅戴着墨镜，像一座石雕一样，站在那里一动不动。

钱文鼎和赵立千表情严肃，半晌无言。

任兴国等人更是心痛得不能自持，低下头看着地面。

小胡顿时一屁股坐在了地上："完了！'争气弹'不争气！这下完了！"

李双朝着前面跑过去，一边跑一边泪流满面："这个坑是我的，我准备埋在这里！"他甚至期望自己幻化成一枚大力火箭，与卫星对接，飞入神秘奇妙的太空，把自己的生命变成一道风景。

"别！李老师！"科研人员一把拉住他，抱住他大哭起来。

男儿有泪不轻弹，只因未到伤心处。

现场气氛悲伤而混乱，紧接着便是无边的低迷。

从发射场返回驻地的路上，一辆辆大车内坐满了人，却没有一个人说话。

这是个耳听伤情、眼见伤心的消息！

从科研人员到士兵们，全部都沉默不语。

就是最能活跃气氛的星琪也是闷闷不乐，看着秀儿也没心情跟她找茬，小胡不知道在旁边说了一句什么，顿时星琪那漂亮的大眼睛里眼泪便一滴滴掉了下来。

秀儿望向窗外，那边还有几片零散的爆炸碎片，分明是刚刚散落过来的。

汤圆透过秀儿的眼睛看过去，还能看到又一个导弹梦破碎的场景。

"没事！杨北成老师的火箭不知道坠落了多少次才成功呢！你知道的，我们那个探空火箭，最开始啊，就是冲天炮的做法，啥推进剂什么的，都没有！第一次爆炸的时候，我跟杨老师炸得头发都烧了！"汤圆打趣道，"就是烧成猪毛那样！"

"嗯！"秀儿听了，就是再伤心，嘴角也忍不住撇了一下。汤圆见状，咧嘴笑了。

对面的星琪见了，不由得怒火中烧："笑！你还好意思笑！都是你设计的那破火箭头！白白地浪费了我们导弹部的一枚导弹头！"

星琪说到这里，越说越伤心，哭声也大了起来。

"说什么呢？拉不出屎还怪茅坑！"汤圆顺口就反驳道。

星琪一听，眼泪更是“吧嗒吧嗒”直往下掉。

小胡看得好一阵心疼：“你怎么说话呢！我们做科研、做导弹、做卫星，是多么神圣崇高的事业，你居然拿来比这些……你这话像是个知识分子说的吗？”

卡车上人不少，这会儿全看过来了，听到汤圆这句话，都指责他不像话。

汤圆笑了：“呵！文雅是吧？要文雅，我告诉你，一个人心中有剑，手中有剑，是不一样的！你看看钱老师说什么了？赵老师说什么了？孙老师、任老师他们说什么了？别忘了，这导弹和卫星的知识，全都是他们用脑子带回来的！一个个长了脑子不用，怪人有用吗！碎片找回来，问题不就出来了！没查出来你嘚瑟啥？”

李新康第一次知道，之前喜欢用拳头解决问题的汤圆原来这么会怼人，几句话就将道理讲清楚了，说到别人没话说。

下了车回到基地，王根带着一帮人迎了上来：“叮当——今天准备的庆功大餐可是名副其实！快看看！大鱼大肉！司令！钱老师、赵老师？”

聂帅是从硝烟弥漫的战场上经历过来的人。在大事面前，他从来都是一枚定海神针。

李哲汉是暴脾气，但是喜怒不形于色。尤其是在非常时期，他心细如丝，他知道自己是这片沙漠基地的一块大石头，此时安抚稳定军心，比什么都重要。

钱文鼎、赵立千等人也是素来儒雅，搞科研的泰斗，早已习惯了冷静面对。他们在用自己超强的大脑，快速搜索储存的科学条理，力求在第一时间，做出符合常规的基本判断。

只是站在他们身后的工作人员，此时已经是完全藏不住情绪，眼眶里包着一汪水，一触就破。

王根这一看，就感觉到了不对劲，不说话，退了下去。

诱人的香气飘出来，一群下车的人明明饥肠辘辘，却个个失魂落魄。

汤圆护着秀儿下了车——哪怕他们在基地里并不是很熟络，可是汤圆对她的维护，却是细微可见的。

李新康看着明明小心翼翼却看上去毫不经意的汤圆，突然觉得自己今天的失落感更强了。

走进驻地餐厅，里面果然早已摆好庆贺宴。

还真是有鱼有肉，显然王根为了能做出这一桌子饭菜，费尽了心思。

只是大家情绪低落，没有一个人动筷子不说，甚至还有眼泪滴落的声音。

聂荣臻第一时间安慰大家："既然是科学试验，总会有成功、有失败，成功了，功劳是你们的，失败了，责任由我来负。为了新中国第一颗卫星的发展，我们虽败犹荣。"

钱文鼎尽量平复自己的语气："科学试验嘛，如果每一次都保证成功，又何必试验呢？直接造出来拿去用就好了！我们不要怕失败，失败了，总结经验教训，再重来。经过挫折和失败，会使我们长才干，变得更聪明。取得成功，是锻炼，遭受失败，同样是锻炼，失败这种锻炼更为重要、更为宝贵。"

聂荣臻示意钱文鼎先动筷子。

"来来来！吃饭！"钱文鼎带头一个个桌子劝过去，赵立千、任兴国、程万勇、戚元初等人更是一桌桌地劝。

"汤圆，你是最爱吃肉的！"李双跟在钱文鼎后面，给汤圆夹了一块肉，"北成和希望可是一再拜托我，强调让你吃饱饭这个问题！"

"李老师……"汤圆看着这块肉，眼底暗流涌动。

"人是铁，饭是钢！"李双心里其实比谁都难过。但是，他看大家都这么难受，就忍住情绪，给旁边的秀儿等人都一一夹了菜，"一顿不吃饿得慌！不吃饱饭，你们怎么搞科研？"

导师们的劝解让这支队伍重新振作了精神，餐厅的气氛渐渐活跃起来。

庆贺酒变成了鼓劲酒、勉励酒，庆贺宴变成了谈心宴、誓师宴。饭桌上，大家更是交流起了经验和心得。

“东风二号”发射失败的消息，第一时间传回了北京。

聂荣臻飞回北京，向周总理作专题汇报。他承受的压力只有钱文鼎心里清楚。

李哲汉接到聂荣臻直接的电话命令：“一定要确保科技工作者的身体健康，给火箭、卫星、发射基地的科技工作者每人提供一份定量副食补助。”

李哲汉瞬间像打了鸡血一般：“聂帅！我们缺粮！战士们已经把沙枣树叶都吃光了，眼看着科研人员都没得吃，一个个饿得营养不良的，您看……这能不能……”

“你即刻来北京，直接领粮食！”

“好嘞！”

李哲汉放下电话，抹了把眼泪，带着李贵便上了军用的直升机。

第二天一大早，天刚蒙蒙亮，直升机便飞了回来，李哲汉出了舱：“传令下去，让科研人员过来领取他们的副食补贴！”

战士们卸下直升机拉回来的副食品，猪肉、鸡蛋、青菜等等，密密麻麻地摆满了小院子。

这样稀缺的物资，在这个特殊的时期，更加弥足珍贵。

战士们通知完就出操了，科研人员上班了，聂帅特批给科研人员的数量不多，但情深谊厚的副食补贴，却没人来领。

酒泉发射基地的院子里，万籁俱寂。

钱文鼎和李哲汉站在副食仓库前，无奈地相互看着对方。

“这……”钱文鼎叹了口气，“司令，还是你来吧！”

“行！”李哲汉点点头，“我的办法都是野蛮办法！不过，也是办法！”

李哲汉拍拍身边李贵的肩膀：“愣着干啥？吹响集合号！”

瞬间，酒泉发射基地驻地院子里的号声，响彻云霄。

李哲汉解散了行政、后勤人员，单独将科研人员们留下来，严格按照聂帅的命令分配食品。

科研人员们拿着沉甸甸的食物，满脸的沉重，就连素来娇气的星琪也红了眼。

“这是聂帅的命令！”李哲汉喊道，“身体是革命的本钱！希望大家保重身体，咱们的火箭、导弹、卫星，才有希望！”

队伍散了，大家都心情沉重地往回走。

秀儿抱着食物走得娉婷自芳华，却是脚步一顿，坚定地朝着宿舍相反的方向走去。

汤圆打量了一下她过去的方向，也抬腿跟了上去。

李新康跟在汤圆身后，陡然被他带偏了方向，赶紧问道：“怎么了？”

“没怎么！”汤圆懒洋洋地走着，速度却丝毫不减，很快追上了秀儿——这丫头，竟然把领到的食品送到了集体灶！

只见她把吃的往地上一扔：“一起吃！”

“啥？”王根就是再傻也明白，今天集结之后让他们先解散，只因为这是聂帅亲批给科研人员的营养餐，只连连摆手，“不行！这个我们不能要！也不敢要！”

秀儿顿时睁大了晶亮的大眼睛：“我给的，你必须敢要！”

“不是，秀儿……”王根看着水灵灵的大白菜咽了口口水，“我们是真的不能……”

“你不也给我们弄了兔子肉、蛇肉、狼肉……”秀儿抱着手臂细数着王根给她做过的好吃的。

这两年她长高了，也长肉了，原本纤瘦的身体长出了蜿蜒凹凸的曲线，她抱着食品来这里走得急，头巾已经散落，披肩一半搭在肩上，此刻抱着手臂，更是光彩照人。

汤圆看过父亲房间的维纳斯的雕像，就是这般模样，这样的秀儿和卫星一样，让他热血沸腾。

汤圆再也按捺不住，几步走了进去，将粮食往秀儿身边一堆：“我的也一样！”

“你这……”王根还是第一次见到汤圆，他长得好看，芝兰玉树，之前的不羁都磨炼成了认真时的气势凌厉，此刻一说话，王根也被他镇住了，不知道是哪里来的少年郎，明明不是部队里的，偏偏有那军人的气势。

“我的也是！”李新康也跟着跑进来，将食物堆上来。

“你们这样，我会被军规处置的！”王根一脸为难，“你们也知道……”

“实在不行，那就做饭的时候我们来帮忙吧！”李新康扶了扶眼镜，认真说道，“我做饭还可以！这些我来做，大家一起吃！大不了，科研放一放……”

“那更不行！”王根赶紧摆手。

几人正在说着，门外响起了星琪娇滴滴的叫声：“王师傅在吗？”

“怎么了？你们怎么也……”王根快步走出去一看，星琪带着一帮科研人员竟然都把自己的补给给抱过来了！

“喏，大家都辛苦了！我们可不能吃独食！”星琪道，“我们商量好了，这补给，要吃大家一起吃，要不吃，我们就都放这里了，干了坏了，我们也管不了了！”

“哎！”王根还想阻止，星琪已经和身后的科研人员们一起把东西送了进来。

看到厨房里的秀儿和身后的汤圆、李新康，星琪挑挑眉，放下东西，翩然而去。

“女人！”汤圆摸摸脑袋，“真是看不懂！”

“是吗？”秀儿难得正眼看向汤圆，清冷的双眸满是讥讽，“你追上去好好看看她！说不定就看懂了！”

秀儿的脸上最好看的就是这一双眼睛，直戳戳地看过来，汤圆顿时脸都红了，说话也磕巴起来：“我……我看懂她干吗？你……哎！你别走啊！我就想看看你行不？”

汤圆追着秀儿跑了，他这性子，如同大漠的风，有时候冷得要命，有时候烈得吓人，可是遇到秀儿，所有的不羁和无赖都用不上了。

李新康和王根大眼瞪小眼，摸了摸鼻子，也赶紧开溜。

或许这片大漠也是灵动的，感觉到了基地里大家的低迷心情。

中午，沙尘暴毫无预兆地袭击过来，整个卫星基地刚刚太阳还是明晃晃地挂在天空中的，瞬间就灰暗一片。

偌大的狂风吹起阵阵沙土，如同堆砌起来一堵沙墙，又像堆起层层海浪一样，滚滚向前。

浩浩乎，平沙无垠，遮天蔽日。

明亮灼人的太阳，很快变成了一点白光，渐渐地，完全失去了光亮。

基地里的房子都是用麻袋装满了沙子堆砌的，上面装着简陋的门板，透过小小的窗口照过来的光亮，钱文鼎翻看着厚厚的材料书，久久没能移开眼睛，直到外面喧闹声起，他才看了一眼天色和外面奔走守护材料的人群，皱起了眉头，问道：“沙尘暴？不是预测了天气，这两天都没问题吗？”

“钱老师，确定是沙尘暴！您在屋里先躲一躲！大家马上收好东西躲起来！”

“那火箭部的人呢？他们不是上午出发去找碎片了吗？”

“这……我马上找李司令过来！”

“不！你现在就带我过去！”钱文鼎披上大衣，把门关好，跟着小战士朝着李哲汉的地窝堡跑去。这种“地窝堡”比此前的“地窝子”要好一点了。

刚开始搞试验的时候，大家连帐篷都没有，每天晚上只能睡在这种“地窝子”里。

所谓“地窝子”，就是在地上挖一个一米多深的大坑，在坑上面搭个支架，坑里面再放一个大通铺，几十个人睡在一起。

试验都是要两班倒，下夜班的人回去也不敢开灯，一个不小心，就会睡到了别人的被窝，或者穿错鞋，常常闹出笑话。

第二天上午一大早，李双、任兴国带着汤圆、李新康、秀儿等几个科研人员，跟着一群战士，在导弹坠落的地点附近大戈壁上寻找导弹弹头可能落下的碎片。

巨大的冲击力，钢铁的重量，使得许多碎片扎入沙底，松软的沙地又立刻弥合了创洞，寻找碎片恰如沙中寻珠。但是，他们必须和战士们一起，挖尽沉沙，找到导弹残骸。

戈壁苍茫，在这沙土中寻找碎片，犹如大海捞针，工作细微至极，尤其是戈壁沙海中，地形不熟的话，很容易迷失，大家都按一定的距离分布在这片戈壁上，不敢隔开太远。

汤圆艺高人胆大，主动负责了沙漠深处那一边，李新康等人朝着隔壁这边弹头最有可能的方向走去。

李新康发现了一片倒在沙漠中的胡杨林。这些胡杨含笑长逝了多少年，依然在这里以粗壮的身躯与沙漠为伴。尽管枝叶零散落尽，躯体枯干成柴，仍以一份执着、一缕幽思，化成千年精灵，“死而不倒一千年”。活着站立一千年并不难，那是生命的旺盛茁壮。生命萎蔫了，失去绿叶，失去风采，随着时间的推移，枯枝逐渐干裂、败落，树干皲裂，仍匍匐在这里，不屈一千年，谈何容易？

李新康看着这片胡杨，心中早已万马奔腾！

前些天，年娃在戈壁滩上下套子，想套几只野兔，他瘦小的身体上扛着几个套子蹦跶在戈壁上，像个飞速移动的小导弹。

一望无垠的戈壁滩上，正在搜索前行的战士们一眼就注意到了前方奔跑的年娃。

“这是那个放羊娃吧？”

“好像是！经常给我们送兔子那小家伙！”

“这小家伙跑得快，成天又在这片跑，让他帮忙应该可以更快一点。”战士们说着，眼睛看向李双等人。

“看我干吗？叫他呀！”前面搜寻的李双回过身，“快把小家伙叫过来！”

“年娃！年娃！”战士们挥动着手臂，“年娃！过来！”

“喊我吗？”年娃停下脚步，听到自己能帮忙，欢快地蹦跶过来。

“你今天一直都在这块儿转吗？”离他最近的任兴国看着小家伙，和气地问道，“有没有看到一个圆圆的大家伙？这个样子的，绿色，大铁头。”

任兴国比划了一下，顺手在沙地上画了出来。

“没见过！”年娃摇摇头，“但是这种碎片今天倒是见了很多！”年娃指着他们收集到的碎铁片说道。

“我们在找这个！”戚元初走过来摸摸小家伙的脑袋，“你对这边地形比较熟，要是看到这种碎片就帮忙找找，好不好？”

“当然，要是能找到这个大铁头，就更好了！”孙国梁补充道，“这个大块头应该就落在这附近。”

弹头是他们此次搜寻工作的重点。

找到了小家伙当向导，一行人的搜索更加方便，他们在荆棘丛中穿梭寻找，搜集着各种碎片。

“我找到了！是不是这个！”突然之间，年娃欣喜的叫声传来，“绿色的！大头！是不是你们要的导弹头！”

“是吗？”众人听到消息，顾不上荆棘密布，朝着年娃所在的荆棘丛里跑去。

李新康身手好，呲溜一声便钻了进去，小心翼翼地一把抹开上面的荆棘，瞬间头都大了：“是绿色大头，可惜不是我们的导弹头。”

“哎！不是！你们别进来了！”靠得最近的戚元初瞬间停下脚步，朝着外面喊道，

“是一块发绿的大石头！不是咱要的导弹头！”

“不是吗？”年娃很不好意思，“都怪我没有弄清楚！”

大伙儿刚刚趴下，风沙便已经袭来。

碎片和碎石都被狂风卷上了天空，又沉沉地打下来。若不是跟着年娃躲在这大石头的缝隙之间，还不知道几人会被砸成什么样。

大家都紧紧地抱住头偎依在一起，丝毫不能多加举动。

“唔……”前面的秀儿发出了异响。

原来，她的头巾被风一吹，瞬间勒得紧紧的，李新康眼疾手快，从后面帮她拆了开来。

一个不小心，沙石打来，李新康被石子儿一打，脸上火辣辣的疼。

狂风怒吼，飞沙走石，天地昏暗，乌瘴漫天。秀儿的头巾随着风沙远走，四周逐渐平静下来。

李双看着弹头揉了揉眼睛，孙国梁和任兴国几人更是看着戚元初乐了：“真是弹头，它可是会找地方！”

弹头砸得有点深，周围都砸出了一个浅浅的坑。

孙国梁一看就乐了：“好家伙！这么深！完全不担心被沙尘暴吹走。”

任兴国打量了一番，点点头：“可不是！咱弄出来也是个问题！”

“要是有个车就好了！”小胡皱起眉头说道。

“李老师！戚老师！”

“孙老师！”

“秀儿！”

说曹操，曹操就到。基地派出来的车追着沙尘暴开了过来。

众人费了好一番力气才把它挖出来，抬着碎片和弹头朝着基地走去。

“回来就好！”钱文鼎打量了一番众人，“弹头和碎片，没有人重要！”

“李司令，钱院长！这次本来就是我们没做好！”李双梗着脖子说道，“还让你们在这当头派车来找我们，我们真是……‘东风二号’没成功！我们哪里配这么好的待遇……我就是抱着弹头在那坑里……

我不配！”

李双说到后面，满是羞愧。

后面的科研人员听完更是情绪低落，不敢抬头。

听说弹头找到了，过来帮忙的科研人员踌躇不前，不敢移动。

“抬起头来！难过有用吗？”李哲汉喊道，“火箭固然是改变我们国运的东西，可是，你们才是改变我们国运的人。我们的卫星、导弹，我们的复兴梦，靠的就是你们这群人。”

“你看看我下面这帮战士，他们睡沙坑、吃树叶，来这里数年都没有回家，甚至都不知道你们是在做什么！就因为我告诉他们，他们在这里为祖国守护和塑造一把最锋利的宝剑！他们便义无反顾地坚守！”

“如果你们跌倒了，都不站起来，那我们的保护、我们的坚持，还有什么意义呢？”

听了李哲汉的话，战士们不由得立正站好，齐刷刷地致以最无声的敬礼。

年娃学着战士们，给李哲汉敬了一个军礼！年娃说道：“报告司令员，我想当兵！”李哲汉双手叉腰，意味深长地看着日渐长高的年娃。

总设计师李双满眼泪花，孙国梁、戚元初、任兴国……他们的脸上无一不为之动容。

科研人员们擦干了眼泪，抬起了头。

“说，想吃什么？让师傅通通做给你们吃。对了，食堂刚弄回来些龙须挂面，管你们吃饱！”李哲汉踹了一脚李贵，“愣着干啥！快去啊！”

李贵敬了一个礼，响亮地回道：“是！”

汤圆一组人围着桌子吃挂面。每人一碗，上面还有一个荷包蛋。

李哲汉见大家狼吞虎咽的样子，忍不住落了泪。他悄悄抹了一把眼泪，转身走了。李新康摸了摸脸侧的伤口，秀儿给了他一条毛巾捂住伤口，此刻血液早已干涸，那被手帕擦拭的地方火辣辣的疼。

李新康躺在床上休息，开始胡思乱想。他想起了自己看到的胡杨。胡杨树与沙漠脉脉相依，息息相关，生在沙漠，死在沙漠，倒在沙漠，纵使叶已尽、身已枯，也要献给沙漠，那是“装点在关山”缠缠绵绵的痴爱，轰轰烈烈的爱恋，更是坦坦荡荡的钟爱。

在钱文鼎和李哲汉的主持下，基地很快成立了导弹各分系统故障分析小组，大家认领了各自负责的爆炸碎片和残骸，各分系统研究室把技术人员召集起来进行残片分析。

钱文鼎也在研究拾回来的爆炸碎片，麻袋土沙房间的灯一直亮到了深夜。

李新康看着围着碎片争论得面红耳赤的科研人员，不由得摸了摸脸颊，走了出去。

第十一章
雨荨春雷　呕心沥血东方人

沙尘暴过后的天气很快恢复晴朗，基地的房子都不高，天似穹庐，笼罩四野，月光银白，星河浩瀚，无论从哪个角度看过去，都是一幅动人的画卷。

秀儿坐在房顶上，没有头巾遮挡的容颜比月光莹白，她屈膝撑手，如同拜月的貂蝉。

大漠沙如雪，燕山月似钩。

美人如同心上月，就在触手而不可得的枝头。

李新康觉得，自己这一生所见过的最美的画面，应该就在此刻。

只是，画面美不过三秒——那从旁边一跃而上的臭小子，不是汤圆是谁？

只见他修长漂亮的大手一扬，一条宽长的头巾便轻盈地覆盖在秀儿的头上，偏偏秀儿此时头一偏，那头巾盖处便恰好露出她堪比月光清冷的脸，其余部分长长地拖在身后，犹如异域美人的披肩。

“你干吗？”秀儿皱起眉头。

“赔你一条头巾！”汤圆道，“今天不是弄丢了你一条吗？”

李新康想默默地走开，却又觉得那条头巾异常眼熟——这不是出发北上时，王希望和杨北成给自己准备糕点的包裹布吗？

这个汤圆！

也亏得秀儿能将这块破布都披裹出绝代风华。

“不是你弄的！我不要你赔！”秀儿扯下来丢过去，“别惹我！”

“不开心？”汤圆靠着她坐下，不肯放弃地折腾着头巾，“喏，我知道，你不开心肯定不是因为头巾，是因为火箭，因为卫星，因为今天的‘东风二号’。”

秀儿不说话，汤圆便继续絮絮叨叨：“你不开心我陪你啊！这样你的不开心就能分走一半了！”

秀儿还是不说话，半天才缓缓地说道：“汤圆，你觉得，是哪里的问题？”

“啊？”汤圆愣住了，秀儿在主动跟……自己说话？

要知道，她一直都是冷冷清清、娇娇怯怯的样子，汤圆每次都是厚着脸皮在她身边说几句。

“是动力？控制？遥控系统？还是都有问题？”秀儿皱起眉头，“哪里都很完美！到底是哪里出了问题？”

“也有可能是弹性体。”汤圆很认真地回答道。

“弹性体？”

汤圆扔下一把沙土：“导弹减轻结构质量和加大长度以后，会使弹体的刚度降低而成为弹性体，所以在导弹上空后弹体的弹性震动与姿态控制系统发生相互耦合，导致弹体飞行失衡。”

“是这样子的吗？”秀儿仔细思索了一番，“好像很有道理的样子。”

“当然，我们可以一起做个实验！”汤圆站了起来，伸出修长的右手，“你把手给我。”

转身想离开的李新康只觉得呼吸一滞——哪怕他觉得心中酸楚，也不得不承认，站着的汤圆头顶月亮身披星光，坐着的秀儿扬起脸庞，那一幕唯美得不似人间。

秀儿长这么大还从来没有让陌生男子牵过自己的手，不由得脸色微愠，愣在当下。

“做个实验！”汤圆挑挑眉。

秀儿将手伸了过去，谁知道，汤圆竟然一把拉住秀儿拔腿就跑！

房顶本来就薄，他们的飞奔踩起阵阵尘土，就着月光也能看得清楚。

房顶下的人在研究碎片，只听得头顶上哗啦啦响动，却也摇了摇头，只以为是晚风吹过。

秀儿没有尖叫也没有惊呼，两人只是手牵着手，一路无声地朝着月亮奔跑。

“嘭——”到了尽头，汤圆抱住秀儿，从房顶上一跃而下！

两个人在地上翻了几个滚，汤圆才将秀儿放在了身上，自己被她压在下面。

年轻的身体紧紧地相贴，月光朦胧，呼吸迷醉，两人的呼吸交缠在一起，缠绵而紧张。

下面是松软的沙土，两个人都没有受伤，秀儿也没有惊呼，只静静地看着汤圆完美的脸颊，晶亮的双眼，以及他那宽厚的额头。

“你流血了。”秀儿看着汤圆的鼻头流出来的两道血痕道。

“内伤，咳咳，你看，就跟我们刚刚跳下来一样。”汤圆一把站起来擦擦鼻子，“我们两个人结合在一起，跳下来的时候姿态控制系统和弹性震动发生耦合，所以我们跳下来的时候，没有平衡就滚到了一起，可是你看我一个人跳就不一样了！”汤圆可谓用尽了求解之术。

汤圆说着松开了秀儿，三两下爬上房顶，跑回原地，展开双臂奔跑着，就像一只飞翔的鸟。

他从房顶轻盈的下落，姿态优雅，动作潇洒，一个自然的翻滚来到了秀儿面前，抬起一尘不染的俊脸：“你看我一个人跳下来的时候，就是不一样的弹性体了！”

秀儿看着汤圆，呆住了。

李新康摸了摸脸，只觉得自己这伤更疼了。

“李新康！是不是你小子往房顶上扔沙土呢！”房门打开，小胡跑了出来，“我知道你不开心！大家也不开心！可你也不能这样发泄啊！没看到这房顶咚咚咚的都快塌了！”

“我……”李新康咬了咬牙，脸更疼了——谁让自己一个人对着房顶，能怪人家怀疑自己吗？

“不是他！是一只野狗！”秀儿从角落里走出来说道。

“怎么可能？这地方野鸟都飞不来一只。”

“是真的，我还想抓了它炖汤给大家补身子来着，谁知道那家伙跑得太快了！我刚刚都没追上！”

秀儿一本正经地胡说八道，小胡自然也不好怀疑：“哦！那下次我在房顶放个夹子！”

门关了，人静了，秀儿看了一眼李新康，递给他一只药膏：“擦擦吧！”

“这……不用不用！”李新康摆摆手。

“别多想，谢谢你今天救了我！”秀儿说道，“我也不想欠你。”

说着，她挽好了头巾，翩然而去。

她不想欠他，可是却戴上了汤圆送的头巾。

酒泉发射基地办公室里，科技人员在召开“东风二号”发射失败后的讨论会。

年娃身穿军服，在会议室门口站岗。他把小脸扬得高高的，看得出很努力地把自己的腰板挺直。

钱文鼎传达了聂帅的讲话和鼓励：“既然是试验，就有失败的可能，吃一堑长一智，通过总结经验教训，以利再战！”

“聂荣臻元帅特意明确指示过，不要追查责任，要认真总结经验教训，所以大家可以回顾聂帅的鼓励——最困难的时候，也就是最快成功的时候。”钱文鼎道，“东二导弹发射失败后，经过这段时间的分析研究，现在到了总结的时候了，大家有什么想说的？”

任兴国站了起来：“不追查责任，是领导对我们年轻导弹队伍的关心和爱护，但是并不等于我们没有责任，我作为液体发动机设计部的主任，负责 5D60 发动机的研制，我应该负责，既然是试验就有失败的可能，但是也有成功的可能。我们没有争取到成功的可能，发生了失败的可能，说明我们的工作没有做到家！”总设计师李双双眼闪着泪花，一直处于难过自责当中：“责任在我，我是这次任务的总设计师，可是整个过程我都没有把控好，管理工作没有做到位不说，就连最基本的天气预测我都没有把握好，是我太过于心急……”

“是我的问题！发射不到一分钟，导弹竟然就掉下来爆炸了！我对不起亲自给我们讲授《导弹概论》的钱院长啊！”

……

从负责人到科研人员，大家都陷入了深深的自责之中。

“说了不要自责！”钱文鼎说道，“科技试验嘛，有成功也有失败，如果次次保证成功，又何必叫试验呢？干脆拿去使用不就结了！我认为咱们不要怕失败，失败了再干。经历过挫折和失败，我们会变得更聪明。”

“说好了啊，咱好好找原因！失败是成功之母！咱有这么多母亲，还怕不成功？”

“扑哧！”人群中终于有人笑了出来。

钱文鼎点名道：“孙国梁，你参与了东风二号导弹设计工作，你说说吧！”

孙国梁想了想，斟酌道：“其实，东风二号导弹发射失败原因比较复杂。这几天我和李双在一起交流了很多，从总体方案上看，导弹的稳定系统没有考虑加长的弹性振动对控制系统的影响。飞行中振动与姿态系统耦合，导致导弹失控。”

汤圆补充道：“在工程技术上看，我们对导弹系统的自行设计规律没有完全掌握，地面试验不充分，也缺乏科学的质量检验标准。”

李新康看了一下大家说话的顺序，似乎轮到了自己，跟上说道：“根据碎片测算，我们的发动机推力提高了，但是结构强度不足，导致发生局部破坏。”

钱文鼎赞赏地笑了：“我们年轻同志进步得很快呀。秀儿，你也说说看吧！”

秀儿皱起眉头想了想，缓缓地说道：“我们在思想作风上，急于求成，对困难预计不足，对产品缺陷和隐患没有坚决消除。”

钱文鼎频频点头。

通过这次反思，大家也找出了不少原因，有管理方面的，也有技术方面的，但是士气总算是振奋起来了。

导弹残骸碎片收集工作紧锣密鼓地进行开来。

因为弹头找到了，其他工作更为细致和琐碎。

天高地远，红日高悬。

秀儿带上酒红色的头巾走出基地，衣着飘逸，和大漠的雄浑融为一体，很自然地吸引了众多倾慕的目光：

“哟！秀儿，你终于换头巾了？”

“好看！就跟那楼兰美女似的！”

小胡直瞪瞪地看过去，脚被星琪踩了一下：“不好意思！我刚眼花了！”

“哦！没事！没事！你没事吧！我给你带了水！”小胡压低了声音道，“加了雪梨膏的，待会儿我跟你分一组！”

来基地还带雪梨膏，小胡家里是真的有点来头。

听到他对自己这么关心，星琪低下头，红着脸“嗯”了一声。

分组比较随意，李新康和汤圆还有秀儿一组，小胡和小章还有星琪一组，大家分成了十六个小组，沿着弹坑中心朝周围四散开去，进行地毯式的搜寻。

沙山沙海，一片金黄，广阔而单调，让人很容易就感到疲倦，尤其是到了中午，沙子热得烫人，升腾起的阵阵热流中似乎能涌起一座座海市蜃楼。

偏偏头顶也没有遮挡，星琪整个人直接被晒焉了，这才远远地看过那边的沙山头上头巾裹得紧紧的秀儿，瞬间觉得小胡递过来的雪梨膏也没那么香甜了。

经过连续几天的地毯式搜索，碎片和弹头，总算全部归位。

在钱文鼎的指挥下，孙国梁、戚元初、任兴国、秀儿等科技工作人员在发射现场对寻找回来的导弹残骸进行检查、分析，并将所有记录和录像资料带回北京，以便深入总结研究，查找失败原因，为下一步设计研制提供翔实的材料。

这次大家回北京，汤圆也跟着回到了一分院。

钱文鼎还在火车上便考虑到了一件事情：“国防部五院工作地点分散。一分院在南苑，三分院在长辛店，而家属宿舍大部分在市内阜成路。研究讨论不方便，干脆这样，利用星期天下午时间，火箭各个部位的负责人集中到我家来讨论，这样大家都方便。你们觉得怎么样？”

任兴国笑了：“大家是方便了，你家里却不方便了！”

钱文鼎摆摆手：“我没有不方便！你带大家来热闹热闹！”

于是，钱文鼎家的会客室变成了会议室，一面墙壁上挂有一块大黑板，夫人蒋昕偶尔经过，也是早早地带着孩子出去，不打扰他们工作。

每逢星期天下午，导弹研制和实验工作各部位的负责人，都准时聚集过来，从总体方案设计、导弹稳定系统、各个系统之间的协调、系统使用情况、全弹测试复查情况……逐个环节进行分析检查。

大家畅所欲言，各抒己见。不好口述的，便在黑板上用公式和图画表达。因此，每次讨论完后，黑板上都写满了密密麻麻的公式和各类数字。

只是汤圆感觉到了莫大的威胁——回到北京后，秀儿便回到了主场，有很多男科研人员问她问题，她会笑着解答，也有不同的男士会给她献殷勤，毕竟，回到北京后，一切都方便了很多，哪怕是物资紧缺严重，也会有人愿意为她买一切珍贵的东西，包括这个物资紧缺的年代最难买到的巧克力。

相比之下，汤圆的东西，开始不够看——哪怕秀儿从不收他们的礼物，只是原封不动地放在那里。

更何况自从回到北京，工作更加紧张，秀儿和汤圆哪怕是在同一个部门，却再也没有遇到过酒泉那样的月夜。

汤圆觉得自己魔怔了，直到那天下班之后，秀儿被人堵在了办公室。

“秀儿同志！”来人是导弹部的小伙子张文，他长得眉清目秀，一表人才，双手捧着一袋巧克力和花，却红着脸磕磕巴巴地说着话，“我……送给你！”

“哇……”办公室里没走的小姑娘和走道上围观的人很快涌了过来。

“我不能要！”秀儿眼睛亮晶晶的，哪怕说出来的是拒绝的话，也依然那么娇柔，“现在吃的很珍贵。”

“我……喜欢你！”哪怕是现在办公室人少，张文面对着秀儿依然紧张到舌头打结，“我知道你没对象，我想……”

“你想都别想！”埋头工作的汤圆抬起头，大步走了过来，“谁给你的自信跑我们火箭部追女生来了？你当我们火箭部的男生不要找对象了？”

“对！肥水不流外人田！”和邓琳重聚的小章充分体会到了这个道理，“咱部门就这几个女生，多不容易啊！”

“肥水不流外人田，也没见你们出手啊！”星琪抱着手冷哼一声，“这么吊着人家小伙子，多不好啊！”随即瞟了一眼秀儿。

“我没有吊着！”秀儿认真地说，“卫星不上天，我不考虑找对象的事情。你回去吧！”

“卫星不上天，你不找对象？”

这下轮到大家惊讶了，有人甚至喊道：“到时候你不成了老姑娘？”

"要那么久吗？你对我们太不自信了吧？"

秀儿盈盈一笑："同志！咱们都还年轻，我也是，我觉得我的人生应该放在更有意义的社会主义建设上去，我的心里只有科研，还不会想其他的事情。"

……

秀儿的拒绝很漂亮。

这场小风波很快平息了，秀儿的"豪言壮语"却很快传了出去。

晚上，大办公室又只剩下李新康、汤圆和秀儿三个人。

"哎，你不找对象，谈恋爱总可以吧？"突然，汤圆看着秀儿，认真地说道，"考虑一下我？"

别说是秀儿，李新康都吓了一跳："汤圆，你是不是没看到办公室还有我？"

"你是我好哥们，我特意让你见证这神圣的时刻。"汤圆推了一把李新康，右手撑着他的肩膀，身子已经越过他来到秀儿面前，"你看，你之前嫌我吃饭的样子不好看，看我吃饭还老皱眉头，我改了，你还嫌弃我老欺负李新康，一看到让他帮我做事你也皱眉头，我也改了！"

"谁让你改了！"秀儿看着自己的脚趾头，脸红得像樱桃树颠颠。

"你啊！我一直在追你，你不知道？"汤圆按住李新康不动，眼睛却温柔地盯住秀儿，"我这辈子都没有这么稀罕过一个女人，在遇到你之后，我只觉得之前的人生都是浮云。回到上海，我便觉得一日不见如隔三秋，这次重聚，我又觉得三秋未见，不过一日。"

秀儿红了脸："我说了，我不想处对象，等卫星成功上天了再说。"

"那是哄他们的，我应该是特例吧！再说，那是处对象，我们只谈恋爱。"汤圆走向她，将她抵在办公桌上，"清风明月，莺飞草长，执子之手，相思红豆，我们年轻，还有时间，什么家国天下，什么对象结婚，我们先放在一边，我们可以一边恋爱，一边搞科研，和你搞卫星，也在沙漠上看星星，你喜欢看卫星，那更巧了，我也喜欢，因为我妈怕黑，她说过，世界上总要有光和亮……"

汤圆长得好，情话也说得好听，就是把秀儿压在桌上，也只让人觉得好看，要是换了一个人，李新康大概要觉得这人猥琐流氓，恨不得上去给他一拳头。

只是，这人是汤圆。

看着脸红耳赤完全不是汤圆对手的秀儿，李新康只能弱弱地说道："毛主席说了，一切不以结婚为目的的谈恋爱，都是要流氓……"

秀儿雾蒙蒙的眼睛瞬间清明，看到李新康，臊得双颊如霞，回过头来狠狠地瞪了一眼："听到了？不准对我耍流氓！否则……"

秀儿抬起脚一踩，汤圆顿时抱着腿跳了起来："呀！我追求你！不算处对象，还不成吗？"

"我说了，卫星上天那一天再说！"秀儿红着脸，头也不回地走掉了。

看着那缓缓消失在走廊尽头的身影，汤圆笑了："瞧见没有！她答应我了！"

"那叫答应吗？"李新康闷闷地收拾好东西，"你那叫强抢民女！"

"那是民女吗？"汤圆笑了，"那是我女人！"

李新康不由得恶狠狠地看向汤圆："人家都说了等卫星上天！"

"卫星上天了我就有机会了！没看到别人都是直接出局吗？"汤圆得意地扛住李新康的肩膀，"好哥们！走！今儿开始宿舍卫生我来！"

……

在李新康的满腹心酸中，汤圆开始了对秀儿的正式追求——即使是地下工作，也能让人感觉到那种恋爱的悸动和甜蜜，哪怕是一个眼神、一个回眸，都能让李新康感受到年轻人心中蔓延的情绪。

物资匮乏贫瘠，他们的爱情却如春草生长。

国防部五院成立了"东风二号"故障分析领导小组，小组成员便包括任兴国、戚元初等，分析小组先后召开了4次分析会和5次专题技术报告会，通过分析讨论，认为此次飞行失败的主要原因有两点：一是在总体设计方案中，没有考虑导弹减轻结构质量和加大长度后，使弹体的刚度降低成为弹性体的问题，导致导弹飞行失稳；二是发动机提高了推力，结构强度下降，导致导管破裂而起火。

在宣告这个故障原因总结的时候，秀儿不由得捂住了嘴巴，汤圆得意地挑了挑眉，满脸的得意，脸上写着“我说得没错吧”！

别说秀儿，就是李新康也愣住了——汤圆这小子，真的不止会放冲天炮。

应国防科委要求，赵立千和钱洪基等人参观了导弹基地，并且与搞火箭的同志一起开展了座谈。

钱文鼎主持这次大型会议。

这次会议，不仅人员多、层次高，而且发言相当热烈。

在分析故障原因和总结经验教训的基础上，他们提出了改进措施：修改设计方案，弹体要有足够的强度和刚度，控制系统要保证导弹的稳定飞行，动力装置提高强度和可靠性，同时增加了安全自毁装置并保证可靠工作，还采取了防止火烧尾部等措施；加强技术责任制，将设计委员会改为设计师系统，设立总设计师、主任设计师和主管设计师，分别对型号总体、分系统和仪器设备、元器件等负责。进一步明确总体设计部是总设计师的办事机构，提高总体设计部的龙头地位，加强总体设计部在型号研制中的协调作用，严格按研制程序办事，加强地面试验；加强质量管理和严格检验的责任制；完善系统工程管理，加强计划调度系统的工作。

最后，钱文鼎总结道：“这次试飞失败，使大家清楚地认识到，发射火箭是一项综合性尖端技术，全弹系统的每个环节都不能忽视，须经过充分的地面试验。一句话，导弹不能带着疑点上天。”

“导弹不能带着疑点上天。”这是钱文鼎从失败中总结出来的深刻教训，并成为此后我国30多年来火箭、导弹、卫星事业顺利发展的一条重要经验。

钱文鼎归纳了大家的意见，决定重新审查修改设计方案，加强地面试验工作，全面、彻底解决“东风二号”试验失败暴露出来的所有问题。

在钱文鼎的建议下，五院党委常委会决定：立即动手，迅速建造全弹试车台，以确保中程导弹的地面试验。

在钱文鼎的指挥、参与下，任兴国、戚元初、潘渤伍、秀儿齐上阵。

他们夜以继日，废寝忘食。

到了最后，不仅是汤圆，几乎所有的工作人员都是边吃饭边打盹儿，靠在树上就能睡着……

李新康忙到连看秀儿的时间都没有，更别说汤圆了。

在科研人员的共同努力下，数以千计的设计图纸很快就出来了。

任兴国领导的第三设计部人才济济，汤圆和秀儿便是在他的队伍中，他带着有关科技人员严格办事、一丝不苟，针对发动机的问题重新审查修改设计方案，并举一反三，不放过任何疑点和薄弱环节。

在任兴国的领导下，第三设计部还将这一故障分析、采取的改进措施和进行必要试验的实践感知上升到理性认识，牢固地树立起了一系列观念，并且总结出了发动机试验试车的规律：发动机的各组合件没有经过各种试验（包括水力试验、热试验、介质试验、强度试验、振动试验、绝缘试验、高低温试验等），就不能参加发动机的各种试车（包括冷试车、点火试车、研究性试车工艺、典型试车、可靠性试车传单、试车等）；发动机试车和船代试车不通过就不能参加飞行试验……

这些规律不仅指导了发动机的研制，还一直指导着后续的液体火箭发动机的研制和试验，时至今日，我国常规推进器的大型液体火箭发动机参加的飞行试验和发射卫星一直保持着100%的成功率，这与当年任兴国领导的第三设计部培养和形成的观念风格以及规章制度密切相关。

与此同时，其他队伍也不甘示弱。

接下来的历练中，汤圆的机会比李新康多了很多，导师们喜欢使唤他，李新康知道，那是历练和重用他的前兆。

这个二十出头的小伙子，跟队伍里这群优秀的年轻人一样，将会创造奇迹。

这支朝气蓬勃的科研队伍，不仅优秀，还很年轻。

年轻，就代表着力量和希望，代表着做一切都有着无限的热情。

而就在离科研院不远的一个秘密场地，部队守卫，出入严格，进门就是一片树林，从树林穿过时，就能听见机器的轰鸣声。

各种机械参与的施工大战开始了。

钱文鼎频繁出入施工现场，每天回到家里都是一身泥土，夫人蒋昕从不责骂也不多说，只是仔细地将他的衣服洗得干干净净。

因为蒋昕知道，钱文鼎的工作是高度机密，不能说，不可说。

只是防不胜防。

钱文鼎素来下班都比较晚，这天回家的时候遇到了夫人蒋昕，两人便默契地一起回家。

“蒋老师，还真是你们夫妇哎，我一看旁边这人脏兮兮的，都不敢相信这是钱老师！钱老师，您这是干吗去了？”来人是蒋昕的同事小李，她嗓门向来比较大，这一笑呵呵的，在路上倒是挺引人注意的。

“我们在学骑自行车，这不摔了一下，弄了一身泥！”蒋昕笑着解释道。

“骑自行车能摔成这样？哟，那你们得去医院看看！”

“不用了，多谢您的关心，我们是在郊外弄的，摔成这样很正常！”

“哦，那可怪不得了！钱老师不是在科学院吗？文质彬彬的书生，怎么最近搞成这个样子了？我记得刚认识你们二位的时候，钱老师可是一表人才啊！”

“小李，我听说你婆婆一直在逼你生儿子？老公最近也经常不回家吧！上次你不是还跑到单位去堵他来着吗？后面结果怎么样了？”蒋昕避而不答，反而是对着小李反将一军。

平时端庄美丽的蒋老师，一旦说起这种话来也颇有几分气势，小李第一次被蒋昕这么怼，也觉得自己不是对手，匆忙找了个借口夺路而逃。

“夫人大才！”倒是钱文鼎看着小李的背影，不断朝着蒋昕道谢，“怪不得贾宝玉都说，女孩子在结婚之前是珍珠，结了婚就是鱼眼珠了！真是太吓人了！”

“那你是说我现在也是鱼眼珠？”蒋昕笑道。

“夫人你一直光华璀璨。”钱文鼎深情地说道，“回国这么久了，你一直都不问我在干什么，也从不过问我每天的去向，夫人委屈你了！等到能够说出来的时候，我一定会慢慢跟你说的。”

“我知道。”蒋昕道，“回国的时候我就告诉过你，我就是为你挡子弹的，现在也是一样，虽然我不知道你具体的工作，但是我一直都知道你做的是一件了不起的大事，而你，我的丈夫钱文鼎，将是一个改变国运的人。”

钱文鼎闻言，不由得双眸泛红，他紧紧地拥住蒋昕往家走，温润的声音远远地传来：“在家的日子，辛苦你了……”

夕阳西下，这对中年夫妇的身影被拉得老长。

1963 年 9 月，全弹试车台工程完工，22 个子系统，经严格验收，全部合格。

项目完成这一天，建设工地上红旗招展，建设者高唱大跃进歌曲《乘风破浪大跃进》：“生产大跃进哪，大家一条心，农业纲要四十条，五年来完成，嘿，五年来完成……”

在激扬的歌声中，钱文鼎满面笑容地和建设者们握手，科研人员们也再次看到了新的希望。

钱文鼎更是指出，“东风二号”的所有问题都已纠正，争取明年

“冯师兄！”小师弟挺有礼貌的，展开一脸笑，可就是不想让位置，“我这里……”

“你哪来这么大脸！”汤圆皱起眉头，“我数到三！起开！”

“他就是个大爷！”小胡在后面朝着小师弟招招手，“师弟，来我们这桌！”

“哎！”小师弟站起身，看看美丽的师姐秀儿，无奈地摇摇头，赶紧朝着和蔼可亲的小胡师兄奔去。

汤圆嘴角一勾，得意地将大长腿一伸，便要在秀儿身边坐下。

谁知道秀儿却一下子起来了。

“哎，你去哪！”汤圆一把拉住她的手。

秀儿不说话，乌亮的黑眼睛看向他的手。

汤圆便如同被烫到了一般松了开来：“哎！你要卫星上天再谈对象，我也没强迫你！我坐在你身边，过分吗？”

也有认识已久的人调笑起来：

“不过分！”

“汤圆哥威武！”

倒是秀儿拿着碗筷一时之间无处可去，顿时小脸涨得通红。

“来！你坐这儿！”任兴国的夫人虞若霏是老师，难得过来探望家人，便过去将丈夫的爱徒拉了过来。

任兴国和戚元初等人看着汤圆，都是一脸宠溺地摇摇头：

“一物降一物！卤水点豆腐。”

“这小子！”

“年轻真好！”

“秀儿，你也得考虑给汤圆一个机会！我和你师母结婚的时候也是年纪小！”任兴国看着秀儿说道，“等卫星上天，我们可都是会帮汤圆的哟！”

秀儿是任兴国接来的，又一直带她做助手，自然比较关心她的终身大事。

任兴国这么一说，一帮科研人员更加起哄。

“你还说！”虞若霏嗔怒地看了他一眼，“都带学生了，还不正经！”

倒是李新康端着碗来了，一看汤圆旁边有个位置，马上跑了过来：“怎么今天还给我留了位置！”

“噗，哈哈……”

瞬间，食堂里的笑声更加热烈起来。

1964 年春天，改进型“东风二号”试车结果，令人满意。

1964 年，恰是我国“两弹一星”研发的关键时刻。

就在这个节骨眼上，却发生了海外特务在食物中投毒进行暗杀的事件。

为防外国敌特加害钱文鼎，国家当即派了一名食物化验员到钱文鼎身边。这个名叫段恩润的年轻人来到钱文鼎家中，首要担任钱文鼎的食物安全作业。段恩润为此筹备了一个食物化验室，紧挨着钱文鼎的家。

每天，段恩润都要严格依照规则，对管理员采购的每一项食物都进行取样化验，确认无毒后，开好化验单才能够交给钱文鼎家的炊事员。另外，还规定钱文鼎家的人不能在外面买食物，包括两个孩子。食用后的每盘菜都要取样放进冰箱，待 24 小时后钱文鼎家人没事，才能处理掉样品。

蒋昕便一直这样料理着家里的事务，调配着食物，不让孩子们知道，以免泄露消息。

就这样，海外间谍的暗杀诡计从未达成。

配备专门的食物化验员，这在当时的我国科学家中绝无仅有。

不仅仅是钱文鼎，其他科技人员也是享受到了高规格待遇。

中央专门协调海军及北京、广州、济南、沈阳等军区以副食品支持国防部五院，送来猪、鱼、大豆……

在院内工作的科研人员虽然忙碌，但是伙食水平明显提高了。

“这些是专门给科技人员的，其他任何人不得动用。”聂荣臻对负责这项工作的领导同志郑重叮嘱。

在他的嘱托下，东风基地的科技人员每人每天二两黄豆，这样的待遇，基地司令员、政委都没有享用过。

越是在这样的保护之中，科研人员们越加努力奋发。

1964 年 5 月 4 日这一天，钱文鼎带上孙国梁等人一起，向聂荣臻详细汇报了改进型的“东风二号”的研制情况。

钱文鼎的汇报严谨求实，不用“基本上”“大体上”之类模棱两可的字句。这使得聂帅非常满意和赞赏。

当钱文鼎汇报结束后，聂帅表示：

“同志们辛苦了！你们在失败面前不气馁，认真总结经验教训，改进自己的工作。

这种百折不挠、精益求精的精神是很值得提倡的。‘东风二号’先搞地面试车有好处。

飞行试验如果出了问题，走的弯路就大了。你们吃一堑长一智，严格按程序办事，相信成功是有把握的。我将立即报告中央，争取早日再次进行飞行试验。预祝同志们成功！”

改进型的“东风二号”再次登上了西去的专列，从北京出发，直抵茫茫大漠上的发射场。

此时，周总理以及聂帅、张爱萍上将的目光，注视着西部戈壁——酒泉发射基地。

1964 年 6 月 17 日，任兴国组织的“东风二号”补充性全弹全程大推力试车试验获得成功，至此，“东风二号”全弹全程大推力检测性试车全部结束，试验表明，动力、控制、遥测系统在模拟全程大推力剧烈振动下均能可靠工作，这就为飞行试验奠定了基础。

1961年，美国中央情报局秘密开始了代号为“科罗纳”的侦察计划。卫星搭载高分辨率照相机，在太空中收集中国研制核武器的绝密情报。然而，在这个计划实施的第三年，侦察卫星却给美国情报局带来了一个震惊的消息——1964年6月29日上午7时，改进型东风二号中程导弹第二次运抵酒泉，屹立在酒泉发射场的发射架上！

张爱萍将军亲临发射现场，指挥发射。

这一天，钱文鼎亲自爬上发射塔，测试各个控制系统和各项仪表，测试结果各项性能良好。他这才回到指挥室，坐在张爱萍上将身边。6月，储存了钱文鼎生命意义中太多的幸运密码。他的心里充满了期待！

钱文鼎没有说话，只是同张爱萍将军交换了一个充满信心的眼神，便安静地等待发射时刻的到来。

导弹部、火箭部和卫星部的科研人员们都隐蔽在四下，这一次，大家都稳重小心，生怕自己的一个激动引起不必要的麻烦。

时间一秒秒过去，一切准备就绪。

不远处，一棵倒了千年的胡杨树，如战场上不服输的战士，倔强地匍匐在地，摆出随时准备冲锋战斗的架势。

一株不知名的野花千娇百媚地生长在它的身旁。

“……5—4—3—2—1，点火！”

操作员按动电钮，一声轰鸣，东风二号导弹拔地而起。尾部喷吐着长长的火舌，扶摇而上，直刺蓝天，向荒漠飞去。

“轰隆——”

随着一声巨大的响声，使人惊喜参半的电闪雷鸣又一次出现，空气中也传来了波动和余震。所有现场人员及整个的世界都看到了中国的长剑刺破了青天，按预定的程序飞行，飞行！

昂首期盼的科研人员和战士们纷纷看向指挥台上的钱文鼎——电话响了，那是来自遥远的落弹区的报告。

钱文鼎沉着地接过电话，电话那头的声音传了过来：“报告！‘东风二号’精确命中目标！”

四周静得连一根针掉到地上都听得见，但是大家还是在等着钱文鼎亲口证实。

钱文鼎看着满目期盼的大家，稳重的声音传遍全场：“同志们，成功了！”

“成功了！”

“我们成功了！”

欢呼声如春雷爆发，持久不断。发射场陷入欢乐的海洋，人们拥抱庆祝，雀跃欢呼，将站在下面的李哲汉和赵立千等人抬起来往天上扔。

看着这苍茫大漠上的热闹景象，钱文鼎流下了激动的泪水。

张爱萍将军灵感喷发，兴致盎然地挥笔赋诗：

红日初升弱水寒，
东风扫雾冲云天。
琼楼玉宇结灯彩，
广寒宫中鼓乐喧。
万众欢呼山河动，
群鸦鼓噪空悲咽。
不畏艰险攀绝顶，
乘龙遨游宇宙间。

聂荣臻看着一张张如钢铁般铸就瘦出了棱角的黑脸，以他政治家、战略家的语言概括了失败与成功的关系：“现在看得更清楚了，1962年的试验未成功，这个‘插曲’很有意义。”

这天早上，全国上下的收音机里都收听到了这样一条新闻：今晨7时05分，地地导弹精确命中目标，发射圆满成功！这是一个了不起的成就，这是中国火箭史上的一个新的转折点……

毛主席拿起报纸，头版头条便是：“东风二号”发射取得圆满成功！

这个好消息如同鸟儿长着翅膀一般飞速翱翔，很快传遍了全国。

我们也有导弹了！我们的腰杆子硬了！

从北京开始，全国各大城市的人们都从家中走出来组成了浩浩荡荡的游行队伍，他们涌上街头，载歌载舞，敲锣打鼓，庆祝“东风二号”发射成功。

整个中华大地沸腾成欢乐的海洋。

东风二号导弹顺利通过考验，与原子弹配伍构成了有实战效能的战略武器。中国沸腾了，世界震惊了！

这样的欢乐，似乎也感染到了我们的“老大哥”。

苏联某军事基地，飞机不断升空，赫鲁晓夫正在视察，看着兵强马壮的苏联军队，他的嘴角露出满意的微笑。

正在这时，一名苏联官员上前报告，耳语几句后，赫鲁晓夫脸色瞬间晴转阴。“真的？”赫鲁晓夫简直不敢相信自己的耳朵，“这是不可能的！”

苏联官员一脸难堪地点点头：“千真万确！这是刚刚收到的报告。”

赫鲁晓夫依旧一脸不可置信，狠狠地盯着这名官员：“你知道胡说八道的代价吧？”

苏联官员无奈地低下头，放开了随身携带的收音机，心中暗自庆幸自己早有准备。

赫鲁晓夫听了一会儿，瞬间像是一个泄了气的皮球，摆摆手道：“关掉！立刻给我关掉！造不了火柴的国家，还真能造出来导弹？不可思议！简直就是个天大的笑话！”

与此同时，美国总统约翰逊正在某大学演讲，白宫官员给他递上去一个条子，他看了一眼，再抬起头时，瞬间如鲠在喉，什么话都说不出来了。

会场上一片哗然，大家都不知道总统突然停止演讲是因为什么。

“先生们，女士们，也许是……额……我有了其他事情，就这样了。”说完话，约翰逊摊开双手，在保镖的护送下匆匆离去。

坐上车，约翰逊依然不敢置信地反问着身边的官员：“他们有这能力？”

白宫官员艰难地点点头：“是的，总统先生，哪怕再不敢置信，事实就是这样。”

约翰逊狠狠地咬紧了牙关：“不应该放钱文鼎回国的！我们真的做错了！”

“是的！”白宫官员道，“可是，他不仅回去了，而且火箭也飞起来了。”

“这就是威胁。”

——那个一人可抵百万师的科学家，果然是美国人的威胁。

东风二号导弹发射成功后，导弹专家会议在北京举行。

会场洋溢着一片祥和热烈的气氛，因为大家都知道，中国这支年轻的导弹队伍已经初步掌握了自主设计改型导弹的技能，为后续的独立设计和研制奠定了坚实的基础。

周恩来笑呵呵地说道：“苏联人要生气了。”

张爱萍点点头：“美国人也不自在。”

聂帅更是感慨万千：“这么说来，1962年未成功，的确不是坏事情，这个‘插曲’很有意义，促使我们的火箭技术更加成熟了。”

钱文鼎微笑着点点头：“如果说两年前我们还是小学生的话，现在至少是中学生了。短短两年，大家努力提高到中学水平，不简单。我们发扬自力更生精神，战胜了很多困难，终于打破了美苏对尖端技术的垄断，这是值得庆贺的事情。”

“有了液体弹道导弹这个‘长子’，我们后续的工作可就有章可循了。”赵立千更是欣慰异常，“尤其是我们有这么一支年轻能干的队伍！”

是的，从此这支年轻的队伍乘胜追击，于 1964 年 7 月 9 日、11 日又发射了两发“东风二号”并且获得成功，9 月到 10 月间，广大参试人员更是成功地发射了 5 发东风二号导弹，这 8 发导弹的成功发射，奠定了新中国在国际上的地位。这支年轻的队伍中，有人扎根在戈壁，有人奔走在四方。

李新康跟随卫星部留在北京，秀儿留在了戈壁滩，汤圆却被秘密派到了更为神秘的地方。

在那个忙碌的年代，似乎大家都没有告别这个概念，因为同一个目标，大家总能再次重聚。

1960 年，卫星总体研究室成立，通过调研国际卫星情况，研究星上和地面相关技术，起到了卫星研制总体所的作用。

1963 年年底，我国第一个空间环境模拟实验室的建成，开创了我国卫星环境模拟试验事业，为卫星上天做好了充分准备。

与此同时，我国还组建了高空物理和空间技术的有关研究室，使火箭探空和卫星任务走上了稳定发展的道路。

第十二章
三顾茅庐　老将出马终解困

1964 年国庆 15 周年大庆，大型舞蹈史诗《东方红》公演，其中有一首《东方红》歌曲迅速传遍了中国的大江南北，成为全中国几乎人人都会唱的一首歌。

这首歌响起的时候，科研院里的李新康忍不住停下脚步聆听。

北京城里，赵立千正在练书法，收音机里正播放着《东方红》歌曲。

钱文鼎看着报纸，夫人蒋昕从他身边走过，口中轻哼着的也是这首《东方红》歌曲。

汤圆正在海南考察，海阔天空，水天一色，阳光洒满了沙滩，耳边传来悠扬的歌声，这一年他来到很多地方考察，其中很多地点，后来都成功地建造了卫星测控站。

秀儿在基地研究数据，天色将暮，大广播里传来《东方红》的旋律，她看着上次汤圆带她爬过的房顶，陷入了沉思。

1964 年 10 月 16 日，我国第一颗原子弹爆炸成功。

罗布泊上空炸出了一朵巨大的蘑菇云，这是中国自主研制的第一颗原子弹爆炸成功的信号，标志着我国的国防建设向前迈出了关键的一步，成为继美国、苏联、英国、法国之后，第五个拥有核武器的国家。

全球各路媒体对中国研制出原子弹进行了报道。

当年 12 月，全国人大三届一次会议召开期间，赵立千呈书周恩来总理，认为中国已具备研制人造卫星的条件。

时间就这样来到了 1965 年，三年困难时期已经结束。我国导弹、原子弹爆炸成功，不仅冲破了笼罩在中国上空的核威胁，也让心系卫星的科学家们看到了实现梦想的希望。

国情好转，随着中国在导弹和探空火箭领域不断取得技术突破，研制运载火箭的条件已经成熟。此刻，念念不忘探索太空的钱文鼎和赵立千，再也坐不住了，两人觉得我国的卫星事业可以启动了。

钱文鼎致函聂荣臻：建议尽早制定人造地球卫星规划，并列入国家计划，要开始启动。他在报告中提出：卫星是一个复杂的工程，必须及早动手，到时候才能拿出东西来，建议国家尽快制订卫星发射计划，把导弹打靶和发射卫星结合起来。

5 月 6 日，在周恩来总理主持召开的中央专门委员会第十二次会议上，做出了关于发展人造卫星研制工作的决定。由此，中国第一颗人造卫星的研制任务正式启动。

7 月，中科院受国防科委委托，向中央专委呈报了《关于发展我国人造卫星工作规划方案的建议》。中央专委原则批准了这个规划方案，并确定：中国人造卫星采取由简到繁、由易到难、从低级到高级、循序渐进、逐步发展的方针。

1965 年 10 月 20 日至 11 月 30 日，“651 会议”召开，这次会议历时 42 天，时间之长、规模之大、内容之多，可以说是史无前例。

中科院、国防科委、总参、七机部等 13 个大单位，专家 120 人，全部都参加了这次会议。

李新康已经回到了王希望身边，作为王希望的助手，陪他一起参加了这次伟大会议，秀儿也成了任兴国的得力助手，变化最大的是汤圆，这次考察回来，直接来到了赵立千身边，成为仅次于钱洪基的助手。

这在年轻的科学家中，已经是非常优秀了。

会下休息间隙，看着恭恭敬敬叫自己老师的汤圆，杨北成没少戳李新康：“瞧瞧你这‘榆木疙瘩’！要有汤圆一半开窍，哪轮得到我来操心带你！”

“喏，那都调到北京让钱老师和赵老师带，你哪来学生让你敲脑袋啊！”李新康捂着脑袋嘟囔着。

“哟！”王希望笑了，“这去趟基地，什么都会了，还学会了顶嘴！”

“汤圆！你发什么呆呢！”杨北成敲了一把盯着会议内参资料上秀儿的工作照不眨眼睛的汤圆，“你看谁？那个小姑娘？哟，眼光不错啊！”

“没有！”汤圆红了脸，“我这不担心您嘛！待会儿不能陪您坐在这边了！”

“得了吧！你这小子！那发誓卫星上了天就跟你搞对象的姑娘，我可是听说了！”杨北成说道，“别以为我和你王老师忙着搞火箭就啥都不知道！”

“这么看，汤圆的对象可是很快就能出现了！”赵立千隔得不远，听到他们这一说，笑着拍拍汤圆，“汤圆，那你开会可得表现好，为了卫星成功上天！”

“还有，为了卫星上天后就嫁给你的姑娘！”人群中有人插了一句，瞬间这边哈哈大笑起来。

跟在任兴国身边的秀儿也感受到了这边的视线，似乎预感到了什么，不由得红了脸。

白天开会，晚上论证，专家学者们齐聚一堂，畅所欲言，为新中国第一颗卫星献策出力。

在会议上，科技精英们围绕卫星学术问题讨论争论，挑选比较，整个会场都洋溢在极度浓郁的学术气氛之中。

李新康看到那个儒雅克制的钱院长也会头疼得揉脑袋，看到赵立千先生也会看着他们傻笑，看到性格平和的孙国梁也会据理力争，看到任兴国也会为了一个图纸手舞足蹈……

他深深震撼于学术的伟大和学者们的投入，更为自己加入了这样一支队伍而自豪。

国家精英们通过反复讨论，海量计算，围绕中国第一颗人造地球卫星方案，进行了科学严谨的论证，一个完整的卫星工程建设方案浮出水面。

会议由裴丽生主持，杨刚毅负责会务工作。赵立千、钱洪基负责会议技术抓总协调。

赵立千报告了我国卫星研制的总体方案（草案）。

钱洪基报告了第一颗卫星的本体方案（草案）。

为使全世界都能听到我国人造卫星的声音，何正华建议播送《东方红》音乐以代替卫星的无线电呼号，并与遥测信号时分串行播送，还建议将我国第一颗人造卫星命名为“东方红一号”。

钱文鼎总结发言，把实现目标归结为12个字：“上得去、抓得住、看得见、听得到。”

“上得去”是指卫星要顺利上天；“抓得住”是指地面上能接收到卫星发回的信息；“看得见”是指要求人们通过肉眼能观看到卫星的运行情况；“听得到”是指人们在地球上能听到卫星发出的声音。

“651会议”反复研究争论，出台草案。中国将第一颗人造地球卫星命名为“东方红一号”，将第一枚运载火箭命名为“长征一号”，代号“651工程”。计划于1970年至1971年间发射这颗卫星，最后集体定稿《关于人造卫星方案的报告》。

结束会议时，汤圆看着还包着那条头巾的秀儿笑了：“秀儿，我们又能在基地重聚了。”

“嗯！”秀儿红了脸。

王希望看着秀儿的头巾嘀咕了一声：“这头巾怎么这么眼熟？”

“臭小子！那头巾不是我给你包点心的那块吗？”王希望敲了一把李新康的脑袋。

“我就说了。”杨北成一拍脑袋，“你当时还怪我来着！说没用那块厚的！看不出啊，李新康！你这小花花肠子！平时看着挺老实的！”

“疼啊！杨老师！”李新康委屈得泪花四溅，“我倒是想送！人家也得收啊！”

“也是！”王希望说道，“这事儿就汤圆会干！你没这胆！”

杨北成笑了：“总之，咱家的‘猪’总算知道拱别人家的大白菜了！”

“老师……”李新康满脸愤慨和委屈，“猪能像我一样任劳任怨给您二老算题画图吗？”

“我那是说汤圆！”杨北成道，“你连拱白菜都不会！”

“我还是申请留在北京吧！”李新康叹了口气，“看样子，您是不需要我当助手了……”

“不用申请了，卫星工作也要马上展开了，你得去基地了！”

身后，赵立千听到他们说起卫星就要上马，不由得弯起了嘴角：“汤圆啊，不仅你们盼，我更盼着呢！”

天空澄碧，日光倾城。

赵立千并没有等待太久，卫星方案通过的消息很快传来。

斑驳的树影下，赵立千和钱洪基还有汤圆带着一帮科研人员正在讲解着什么。

张伯旬院长满脸喜气地冲进来：“老赵啊，告诉你个好消息，中央专委正式批准了‘651 工程’！”

“什么？”赵立千激动地站起来，“批准了！”

“是的！批准了！”张伯旬笑了，“老赵，看把你高兴的！”

“是啊！”赵立千道，“从 1958 年到现在，整整 7 年了，卫星一直在我脑海中白天黑夜里都在转呀转呀，转个不停，终于盼到这一天了。”

“咱把它从您脑袋里送到天上去！”钱洪基笑道，“以后啊，就让它在天上转！”

众人听了，顿时哈哈大笑。

1965 年 11 月 26 日，阿斯特里克斯卫星由法国的钻石号运载火箭发射升空，卫星主要用于对钻石号运载火箭的发射进行测试。该卫星是法国的第一颗人造卫星，使法国成为继苏联和美国之后，世界上第三个自主研制并发射卫星的国家。

1966 年 1 月，中国科学院成立卫星设计院，赵立千担任院长，开始进行中国第一颗人造地球卫星的方案设计和各系统的研制。

卫星工作上马后，从事卫星工作的科技人员猛增，但绝大多数专业不对口，于是，钱文鼎像导弹刚起步时那样，再次办起了“扫盲班”。

“581 组”办公楼已经挂上了“651 组”的牌子，赵立千召集小组成员，宣布了卫星工作启动的好消息：

“‘东方红一号’主要为促进我国对地观测、通信、广播、气象、预警等领域的发展，获取基本经验和设计数据，此时，世界航天技术突飞猛进，美国已将卫星应用到了军事领域，大家的时间非常紧迫！从今天开始，要辛苦大家了！”

“中央已经决定，‘东方红一号’要播送《东方红》乐曲，让全世界人民都能听到中国卫星的声音！”钱洪基道，“这个音乐可是个问题。”

“不仅仅是听得到的问题，上得去、看得见、抓得住，都是问题！”赵立千顿了顿，看向潘渤伍，他旁边站着数学所的关启目所长。

赵立千走近他道：“关所长，卫星就那么几米大小，飞那么高，看都看不见，怎么抓住它，要思考这个问题。希望数学所能尽快组织技术人员马上开始攻关！”

“是！”关所长不由得正色，“赵老师！您放心！”

“抓得住这个问题，我们就得先把轨道等参数计算出来，钱洪基，这方面你指导他们做准确。”赵立千继续安排道，“紧接着，温控这个难题可是世界难题，要知道，日本的卫星可是转了六圈就烧了！我们

没有经验和资料，更是难上加难，贵荣、震钧，这方面你们多上心。”

这天下班途中，赵立千与钱洪基带着汤圆沿着小路边走边谈着什么，年轻人刘吉成路过时遇到了自己崇拜的科学家，想上前跟他们打个招呼，却因为紧张，站在原地没有移步。

那时候，刘吉成刚分到自动化所，对一切都充满了好奇和期待，尤其是对赵立千老师特别的尊敬。

等到赵立千走过了好远，他才鼓起勇气，从后面跑过来：“赵……赵院长，你好。”

第一次直面自己敬佩的专家，刘吉成紧张得说话都打结巴。

赵立千却是和蔼地转向刘吉成，满是看向后辈的期待目光：“吉成呀，那边工作怎么样？”

刘吉成不好意思地点点头：“还行。”

“那就好！”赵立千欣慰地点点头，“年轻人，听说你在自动化所里工作很努力。”

“嘿嘿，还好。”刘吉成不好意思地挠了挠头，“我做梦想的都是卫星。”

“卫星好啊！”赵立千笑了，“只是把卫星送上去，要吃很多苦！”

刘吉成摇摇头：“我才不怕吃苦。我虽然大学是学工科的，可我从小就想当一名音乐家。小时候，为学音乐，吃了不少苦。”

赵立千一听乐了：“音乐家好啊！我喜欢！”

“赵院长，你也喜欢音乐啊！”

赵立千微笑不语，钱洪基倒是笑了：“巧了，赵老师最喜欢的就是书法和音乐！造诣都不浅呢！”

别说是刘吉成，就是汤圆也愣住了，他只知道赵老师写得一笔好字，不想他是什么都能来。

赵立千看着刘吉成说道：“对于我国第一颗人造卫星，上级有要求。其中一个就是必须听得到。即是说卫星上天后，我们至少要让它能够发出一个连续的声响，而不能是……”

刘吉成兴奋地说道：“院长，您是说不能像苏联第一颗卫星上天后发出的那样断断续续的电报码？”

赵立千微笑点头，刘吉成高兴得跳了起来：“嗯！院长，我懂了！有需要我的时候，推荐我来吧。”

赵立千有条不紊，将初步工作一一安排布置妥当。

工作布置稳妥不久，赵立千带着钱洪基等人来到上海嘉定卫星本体工厂：崭新的卫星模型制作完成，车间里一片掌声。

李新康和汤圆难得重聚，两人你碰碰我，我推推你，很是亲热。

“我们有能力完成卫星本体加工生产。”赵立千道，“接下来的总装测试任务还相当繁重。”

“赵院长。”程万勇说，“咱们这颗卫星还需要仔细测试一遍。”

赵立千点点头：“为了防止意外，咱们院还要设计备用卫星。”

“备用卫星。”孙国梁道，“我也准备说要备份卫星。毕竟我们从来不打无准备之仗。”

“是的，这就靠你们了！”

孙国梁、程万勇等人相互看了看，点了点头。随后便投入到了返回式卫星和同步轨道通信卫星的工作中。

在北京空间技术研究院卫星自动控制所的院子里，赵立千、杨秉栩、屠良登在散步，不远处算盘和计算机的敲击声声声入耳。

操作机械式电脑的是十多名清一色二十来岁的年轻姑娘，工作紧张而有序。

人工计算的是几十名清一色的二十来岁的年轻小伙子，每人面前摆着一个加长算盘，他们有条不紊地打着算盘进行计算。

简陋的办公室里，几十名研究人员各就各位，绘制摊开在桌子上的各类机械图纸，用铅笔反复演算数据。大家神色严峻，全神贯注。

赵立千便在这样的环境下听杨秉栩、屠良登报告卫星姿态测量系统专题研究。

杨秉栩成竹在胸：“由于地球围绕自己的轴自转又绕太阳公转，所以卫星相对地球的姿态是变动的。那么，怎样确定卫星的姿态和变化？可以在卫星上装有红外地平仪和太阳角计两种敏感器，组成卫星的姿态测量系统。”

屠良登说道：“红外地平仪，接收地球大气中的二氧化碳信息，吸收辐射出来的波长为 14 至 16 微米的红外能量，转换成电信号，再输出一个脉冲信号。”

杨秉栩说：“根据输出脉冲的间隔，就可以计算出卫星的自旋速度，并能判断出卫星自转轴同地球的相对位置。”

赵立千满意地点点头：“杨秉栩和屠良登同志，多年从事仪表与自动控制研究工作。你们对卫星姿态测量系统的考虑，我个人完全同意。做好基础数据研究工作非常重要。”

看着杨秉栩和屠良登离开的背影，赵立千欣慰地拍拍汤圆的肩膀：“看到没有！我们的卫星又快了一步！很快就能喝到你的喜酒咯！”

“我哪有那么急！”汤圆红了脸，“分明是你更急！”

“都急！”钱洪基拿着图纸走了过来，“老师！新的图纸来了！”

“快放下！”赵立千赶紧走过了去，两个性情稳重的人急急地摊开了图纸。

钱洪基看着两人，不由得会心一笑。

窗外落叶飘零，如同秀儿走进研究所的那个初秋。

不远处，接到温控这个任务的蒙贵荣也在一直苦思冥想。

卫星在空中运行时，向阳面温度高达 100℃以上，背阴面温度低至 100℃以下，而仪器设备却必须保持在 –5℃至 40℃之间才能正常工作。要解决卫星免于被“热死”或“冻死”的问题，是摆在蒙贵荣面前的难题。

他皱着眉头，撑着手臂，迷迷糊糊中竟然梦到“东方红一号”真的上天了！

他欢呼雀跃，可是没一会儿，卫星便因为温控问题在空中燃烧起来，很快在空中冻结。

“不要！”蒙贵荣大喊一声，猛然惊醒，这才发现天色已晚，水壶在煤气炉上“滋滋”地叫。

回想着刚才的梦境，蒙贵荣再也无法安定，于是打开一张纸，开始画国画。

蒙贵荣3岁时就被父母忍痛卖给别人做儿子。7岁那年，蒙贵荣亲眼见到自己的养父病重，却无钱医治，在日寇飞机的轰炸声中病逝，国破家亡，让他幼小的心灵渴望强大。他从小在绘画和音乐上，就显示出了天赋，丹青和胡琴，都是他的特长。

“叮叮叮……”电话响起，在黑夜中更加突兀。

刚被梦境惊醒的人不由得又被吓了一顿，接起电话。

原来是沈震钧，他说道：“贵荣吗？我查阅了一些国外资料，他们采用大型氙灯及光学系统组成大型模拟器进行试验。研制这套设备费用很高，同样技术难度也很大！”

“我刚刚做梦都是温控！”蒙贵荣说，“这么看来，解决温度控制问题，还需要我们自己想办法！”

针对“上得去”这个问题，钱文鼎和赵立千决定让蒙贵荣带领一个小组集中攻关。

“贵荣啊，温控问题不解决，卫星上天还只能是一个愿望。现在到了攻坚阶段，你带领一个小组，集中精力解决温控这个难题，如何？”钱文鼎看着蒙贵荣问道。

蒙贵荣点点头：“在651设计院，我对卫星温度控制技术有些研究，但不全面，还没到实际应用阶段。不过，我有信心啃下这块硬骨头。”

赵立千欣慰地笑了：“就是要有这个决心！”

接到这个任务，蒙贵荣把温控小组人员拉到北京天文馆参观，现

“赵老师……嘿嘿，咱还是说轨道吧！”汤圆搔了搔脑袋。

钱洪基笑了，帮他解围道：“数学所建议用多普勒测速定位系统。多站多普勒独立精确测轨道的创立，可以打破只能测几何量的传统和测轨困局。但是，测轨的测量需要一种计算方法。”

赵立千道：“要多和搞数学和搞卫星轨道计算的同志交流探讨，要像搞信标机那样，充分依靠广大科技工作者。”

“听说数学所有个叫刘春来的，很有想法。”钱洪基提议道。

“我也听说过他。”汤圆点点头。

“你们一起过去找他聊聊？”赵立千看着钱洪基和汤圆。

汤圆赶紧点头，钱洪基是赵立千最得力的助手，能跟在赵老师身边，相当于钱洪基是自己的大师兄，这让他觉得无比骄傲。

钱家人才济济，从科技界的钱文鼎、钱伟长、钱三强到钱洪基，再到文学界的钱玄同、钱穆、钱钟书，中国的近代史上，钱家的人才几乎是井喷式涌现出来。

世家大族的气度举止不凡，对晚辈又十分爱护。能跟钱洪基一起出门办事，汤圆自然特别期待。

北京南苑家属院，钱洪基和汤圆过去的时候，第一颗人造卫星轨道组组长刘春来正坐在家门口吃晚饭，一边吃，一边在地上用筷子画着图。

王满环端着饭，朝刘春来走过来：“论证会开了 20 多天，地面测轨的问题还是没有解决。光学观测使用条件过于苛刻，其他方法，可行性也没有把握。你提出采用多普勒的建议，给我具体说说看，好像大家还都没有听明白。”

刘春来比划了一下：“多普勒效应，简单地讲，就是汽车开过来时声音很高，开过去声音频率就降低了，通过声波可以测出速度。”

“多普勒是算速度的，你怎么能算出位置来？”汤圆跟着钱洪基过来，正好碰到这个场面，他性子直爽，愣头就问。

“哟！钱老师！汤圆！”刘春来高兴地打了个招呼，指着地上的画说道，“到底是学物理的，一点就通。这么说吧，三个多普勒站，可以测出一个速度场。如果六个站，就有两个速度场……”

刘春来左手端碗，右手持棍，一边画一边解说，小小的院落瞬间成了小教室。

“这两个速度场，只有在卫星实际位置这个点上是重合的，其他地方它都是叉开的，或者方向不一样……”钱洪基看了一眼，指出来说道。

“对！就是这样！”刘春来高兴得连连点头。

“原来如此！”汤圆点了点头，“这个办法看样子可行。”

“嗯！”刘春来接着说，“在国际上有过报道，但是所有人都不知道该怎么计算。”

“这么说……”王满环道，“首先要从多普勒基本原理出发，导出一组‘多站多普勒独立精确测轨方程’。”

“是这个道理。然后，用进行轨道模拟改进计算。这样，卫星上天后要抓得住、测得准的问题就容易解决了。”刘春来道，“不过，建一个发射场光资金就得花费上亿元呀。”

汤圆不由得捂住了胸口，看了一眼钱洪基：“上亿啊！”

“那也得试一试！”钱洪基拍拍他的脑袋。

回到赵立千这边，汤圆还一直感觉到肉疼：“我这个对象，可真贵啊！”

“你这个小家伙啊！”赵立千笑了，“我们跟总理说了，周总理回复了我们，资金的问题，国家想办法来解决。”

“现在美国和苏联都已经将卫星应用到了军事等各方面，法国也发送成功，日本也是一直在准备，形势逼人，我们只能奋起直追！”钱洪基道，“你这个对象，注定是让我们一起帮你追了！”

因为目标对象秀儿，汤圆再次红了脸。

为了上得去，蒙贵荣带领温控组进入企业车间，开始了新材料试验，大提琴都顾不上拉了。

汤圆被赵立千派去找他的时候，他正在一个仪器前给一块乌黑的金属板加热，测试温度，结果出来时一看，还是失败了。

蒙贵荣对于失败已经处变不惊：“一般卫星内部的温度保持在5℃至45℃的范围内，仪器设备才能正常工作。现在温度太高，超过70℃了。”

汤圆凑过来：“采用涂层办法，传统的隔热材料适应不了太空环境的温差变化。”

“是啊！”蒙贵荣道，“咱们的技术现在达不到主动控温，只能用涂层隔热，实现被动控温。被动控温不需要消耗卫星自带的能量，只需要在卫星内外表面及仪器设备上采取相应的措施就可以达到热控制目的，只能用多层隔热材料来解决。”

“也就是说……”汤圆道，“咱们需要新的化学材料，上次开会，不是说有个吴教授在研究新的材料，就有你说的这个。”

“新的材料？”蒙贵荣突然灵光一闪，看向汤圆，“对！山不来救我，我就去救山！”

说着，他把手套一取，匆匆离去：“我走了！你告诉赵老师！今天不过去报告了！”

“哦！”汤圆揉了揉鼻子，“说风就是雨！”

蒙贵荣实践能力很强，说完便已经直奔某大学化学系实验室，找到了吴教授。吴教授带领的团队一直在研究聚酰亚胺，这是目前世界上最前沿的隔热材料。

美国空军、海军和大量的航空航天研发单位都在苦苦寻求能够进一步提升飞行器性能的新型高分子材料。杜邦公司推出了两种超级纤维，一种是聚对苯二甲酰对苯二胺，这种材料的强度是同等重量下钢材的5倍，另一种就是聚酰亚胺。

蒙贵荣找到吴教授，便直奔主题。

“你们现在用的是什么材料？”吴教授问道。

蒙贵荣据实回答：“酚醛树脂，质量不稳定。”

“酚醛树脂？”吴教授想了想，说道，“是工艺问题。理论上聚酰亚胺的热稳定温度高达371℃，我们的实验室里还没有实现，但是，可以试一试芳香锦纶，这种材料的热稳定温度已经达到了204℃。”

蒙贵荣听了，顿时欣喜若狂：“教授！您这里有成熟材料吗？”

“有！”吴教授点点头，“实验室里只有少量，实验结果可以信赖。”

“太好了！”蒙贵荣兴奋得只差跳起来，“解决了！上得去！这次绝对上得去！抓得到！”

北京空间技术研究院卫星自动控制所里，赵立千正在听取程万勇和王满环、杨秉栩、屠良登、刘春来等汇报。

赵立千看向程万勇，说道：“万勇，你作为中科院‘701工程处’技术负责人，主管地面观测系统的设计、台站的选址和勘察以及台站的基本建设工作。这次和王满环是第一次合作，汤圆也跟你考察过，这次你能不能给我们谈谈有关卫星跟踪观测方面的想法？”

“是！”程万勇说道，“由于我国不在国外设立跟踪观测站，而我国的经度跨度又有限，因此卫星上天后要抓得住、测得准就很困难。我和王满环带领卫星地面测量组，去各地做了大量调查研究工作。国内自1958年起，就已经开始形成以紫金山天文台为首的人造卫星光学观测网，但还没有卫星的观测站。对卫星的跟踪是采用光学为主还是采用无线电为主，引起过争论。我和王满环经过反复论证，达成了共识。采纳数学所刘春来的无线电跟踪系统以多普勒测速仪为基础的建议，无线电观测具有全天候观测等特点，其优点和发展前途大大胜于光学观测，是一门很有发展的新兴科学。刘春来做的方程很漂亮啊。”

“过奖了！”刘春来谦虚地说，“这个窗户纸一捅破，也没什么了不起。”

王满环点点头："说起来方程简单，可解决了大问题。我赞成程万勇的主张，以无线电观测为主、光学观测为辅的原则提出的卫星测控方案。"

"刘春来是数学专家，王满环是光学专家，你们能够站在国家利益上考虑问题，很好啊！"赵立千看着大家说道，"大家都做得很不错，你们把各自的情况形成详细报告，正式上报科学院！"

"是！老师！"众人点头答应。

卫星工作的问题，又多解决了一个。

眼看着工作一步步在推进，赵立千最近心情大好，以至于去卫星本体工厂之前，还特意找到汤圆："我今天可是要去本体工厂，你跟我去看看？"

"哦！"汤圆头也不抬，"您不是让我跟郭老师画图……我这都没画完呢！"

"你真不去啊！我听说，那个秀儿，火箭部的，今天好像也跟着任副院长去本体工厂……"钱洪基轻飘飘地扔下一句，"赵老师这才特意来叫你！不想你不去……"

钱洪基话音还没落，汤圆听到秀儿这个名字便仿佛被雷击一般，瞬间站起来："走吧！"

"你……不是说没画完吗？"钱洪基看着汤圆的动作，儒雅的脸上挂上一丝浅笑。

"回来画一样的。"在科学院历练这么久，尤其是跟着赵立千和钱洪基这两年，汤圆学会了处变不惊。

说完，他整理了一下衣服，还不忘对着窗口的玻璃照了照。

赵立千和钱洪基无奈地相视一笑，心照不宣地带着他朝着卫星本体厂走去。

卫星本体厂的工人们加班加点，按期做出了东方红一号卫星模型。

张伯旬伸出手，想触摸一下卫星，却又颤抖着停了下来，只满怀怜爱地仰望着。他不忘夸赞工人师傅们：“你们手艺很好啊，像绣女绣花般细致，精益求精！”

张伯旬是个既懂科学、又善主事的领导。说话有条有理，有骨有肉，还能句句服人、声声在理。表扬起人来，透视人意，打动人心。

工人们听了非常高兴，你看看我，我看看你，乐得嘿嘿直笑。

张伯旬笑了：“凡事都需要人来干。看到工人师傅们，就想起我们当初，请解放军总政治部帮助科学院调配了8000名年轻的复原技术兵，请铁道部吕正操部长支持了一批老工人，分配到有关工厂，他们是我们科技工作者的坚强后盾啊！”

赵立千和后面的科研人员早就按捺不住，眼睛都贪婪地看向卫星模型。

“东方红一号”已经初具雏形！

人群之中，汤圆和秀儿的视线穿过卫星本体，自然地落在了对方的身上。

“你……过来了？”被大家笑多了，汤圆感觉自己现在面对秀儿都没有之前说话利索了，“这次在北京待多久？”

“‘东风三号’准备发射了，火箭部要跟着‘东风三号’前往基地。”

“哦！”汤圆看了一眼她的新头巾，耳根悄悄泛红——这是他上次托人捎过去的，头巾飘落过来的时候，他能感觉到秀儿身上淡淡的馨香。

“秀儿，你过来看看！”火箭部的同事朝着秀儿招招手，秀儿答应了一声便要走。

“谢谢你！”秀儿匆匆走过汤圆的身边，顿了顿，轻声道，“我很喜欢。”

汤圆只觉得这个秋天，心中也能莺飞草长。

1966年5月，“文化大革命”开始了。到了秋天的时候，全国上下主要城市、大学、机关、工厂、街道到处都是游行队伍，到处都是批判大会，到处都是红卫兵。

北京胡同里，就连大妈们都一大早就出来排练忠字舞。

赵立千骑着一辆破旧的自行车过来，边骑边思考，不觉自语着：“微波和超短波……”

“哎呀！你干吗呀！”

“瞧瞧！这戴眼镜的臭老九！”

“神经病！不看路啊！”

一不留神，赵立千的自行车一拐，闯入跳舞的人群中。跳忠字舞的人群慌乱，赶紧让开一条道，大妈们则是一把抓住他，把他团团围住：“哎，你这人怎么搞的？”大妈甲叉着腰横在他的自行车前，口水直接喷到了他的镜片上。

赵立千一脸歉意：“对不起啊大妈！我车闸坏了！”

“谁是大妈呢？”

“就是！我们还是中年同志，你居然叫我们大妈！”

“看你就是个书呆子！走资派！不长眼！小心被抓过去批斗！”

“对不起，对不起……”赵立千窘迫地推着车，被大妈们围在中间，他本来就不是一个善于言辞的人，这会儿更是秀才遇到兵，有理也说不清。

“那是赵老师？”汤圆和学弟这时候正提着刚买来的东西经过胡同口。

“拿着！”汤圆将东西朝着身边的学弟手上一塞，拔腿就朝着赵老师那边冲去，“干吗呢？！耍流氓呢！大妈！你干吗呢？！”

“呸！我呸！谁耍流氓呢？！”被汤圆拉开的大妈连连吐着口水，“你瞎扯啥呢？！要耍流氓也是他！”

“就是！我们在这儿跳舞跳得好好的！是他骑自行车闯进来了！”

“对！流氓！”

大妈们七嘴八舌地指责起来，赵立千也扯了扯汤圆让他别惹事，这时后面的学弟追上来了，也不知道如何是好。

“够了！瞎扯啥啊！”汤圆脸一拉，脚一蹬，指着路上喊道，“大妈，这是哪儿？”

“胡同道上，咋地？”

“既然是道，那就是让人走的！他走这条路招谁惹谁了？”汤圆看着面前的大妈，“还有你，骂啥呢？骂啥呢？一个个长成这样，还来胡同道上跳舞，不怕丢脸呢！还忠字舞！你们跳得动忠字吗？”

大妈被汤圆一骂，气得脸红耳赤，说话颤抖：“你……你……”

“你什么你！你看看你，拉着我的手拉这么紧！大妈，我有对象的！你们不能对他耍流氓不成，就来祸害我！”汤圆一出口，真是气死人不偿命。

大妈被他这么一说，赶紧松开了赵立千的自行车：“你……你这个小兔崽子！”

“我什么？”汤圆梗着脖子看向大妈，一边给赵立千打着手势让他走。

赵立千哪里要过这种无赖手段，瞪大眼睛看着汤圆，甚至好言相劝：“汤圆，我说……”

“说什么！您走好了！一边去！”汤圆朝着师弟使了个眼色让他带赵立千走，自己则是袖子一捋，“大妈，我可是个老实人，淳朴忠厚的贫下中农，今儿个我们可得好好说叨说叨！”

“走吧！赵老师！”趁着火力集中在汤圆身上，师弟拉着赵立千冲出重围。

大妈们被汤圆吸引了火力，哪里顾得上赵立千？

“哎不是！”赵立千朝着身后频频回头，不放心地说，“我怎么能把汤圆……”

“赵老师！我的亲大爷哎！”小师弟道，“您看看冯师兄，他什么时候吵架输过？就是他追秀儿姐，那也是一声吆喝，都没人敢跟他叫板！做什么事情，他输人不输阵，有没有？”

“这个。”赵立千想了想，“好像还真是！”

“咱快走！省得那帮大妈追上来！”

想到这里，两人又是一阵狂奔。

果然，赵立千跟小师弟刚进科学院，后面的汤圆就追了上来：“哎呀！累死我了！你们跑得倒是快！你这次不错啊老赵！”

“你这个臭小子！”赵立千笑呵呵地看着汤圆，“下次可不许这样！”

“不许哪样？老赵，我平时可是文明礼貌好青年啊！”汤圆道，“就是最近情况好像不对！这些大妈都特别能找茬了！那群红卫兵更是，什么都来！非常时期，我们得非常对付！”

“对！”师弟连连点头，“我也感觉到了！破四旧，贴大字报，学校也不上学，砸孔庙啥的都来！咱院里都担心呢！”

“担心啥！”赵立千放好自行车道，“咱是认认真真搞科研！专心把卫星送上天就好！有些事情咱不能怀疑，也不能管！对了，汤圆，我们要去上海嘉定的卫星本体工厂，你准备准备，一起回去看看王老师他们。”

“好！”汤圆眼睛亮了，“我还真想他们。”

他们也没料到，“文化大革命”的事情，后来会愈演愈烈。

第十三章
雪上加霜　砥砺前行终不悔

卫星本体工厂，众多任务人员在认真制做仪器。赵立千和钱文鼎带着钱洪基和汤圆等人进了车间。

赵立千想到最近的时局，不由得叹了一口气：“看着大家热火朝天的样子，真不忍心告诉他们，因为各种原因，国家决定放缓卫星研制的步伐。”

“可放缓绝不是停止！”钱洪基坚定地说道。

汤圆跟在后面，看着钱洪基坚毅的脸和赵立千眼中的光。

汤圆突然发现，自己挺喜欢他们的。

他们总说自己幼稚，其实他们何尝不是一样？

他们如他一样，眼中有光，心中有梦。

“现在看来，集中精力研究火箭，解决怎么送上天才是关键问题。”赵立千说道。

旁边的工人说话了：“国家可以放缓，我们不能停歇。不然，火箭研究好了，卫星没做好怎么办？”

“是啊！咱不能停！”

众人附和着，依然充满了干劲。

外面这么多任务人员没去上工了，但他们依然在坚持。

看着这样热情的工人，钱文鼎和赵立千欣慰地相视一笑，心里有了些许安慰，也充满了力量。

“赵老师，我马上就要去基地了，这边……”

“你放心吧！”赵立千拍拍他的肩膀，“这边有我呢！”

钱文鼎握住肩上老战友的手。

这天，钱文鼎和赵立千在工厂待了很久。

看到工人们合力抬机器，钱文鼎和赵立千赶忙上前，帮工人们一起抬；钱洪基和汤圆有不懂的地方，他们指出来告诉他们。

第二天一大早，钱文鼎便提前前往基地，主持导弹工作。

这天，汤圆陪着赵立千早早地找到刘春来，为了解决“抓得住、测得准、报得快”的问题。

刘春来拿出了方案：“卫星上装有微波和超短波两种无线电设备，应该可以初步达到要求。”

赵立千即刻就听懂了：“微波设备有了一台应答机，配合地面单脉冲雷达跟踪。另一台信标机，配合地面导引雷达跟踪，共同实现实时测轨和定轨。超短波信标机配合地面频移测速仪和比相干涉仪，利用多普勒原理，通过地面多处雷达站测轨、定轨，并可预先通报卫星24小时内的轨道。”

刘春来说道：“对，这样，就为我国和世界各大城市都能收听《东方红》乐曲并且传递信息打下了基础！其他细节，我们可以在后期慢慢完善。”

赵立千和刘春来初步达成了协议，刚往回走，汤圆却有些心猿意马。

“汤圆，想什么呢！”赵立千问道，“啊，我差点忘了！秀儿她们，好像今天出发吧？”

“是的！”汤圆点点头，“嗯，我想去看看！”

“快去吧！”赵立千说道，“还愣着干啥！哎，你慢点跑，我说你回院里骑我自行车过去啊！”

“好！我知道了！谢谢老师！”汤圆挥挥手，朝着前面一路狂奔。

此时的汤圆穿过激动的红卫兵人群，一个孩子当头一本书丢过来差点砸到他，他不由得一把抓住其中一个的书包："这么好的书，怎么就这么扔了？"

"我们要当大英雄！你读书有啥用？"

"就是！一看就是个臭老九！"

"现在还要看书的，不就是个臭老九吗？"

孩子们哈哈笑成了一团。

汤圆皱了皱眉头，对政治的东西，他还没有那么敏感，毕竟，他还那么年轻。此刻，他幻想着卫星上天和娶到秀儿时，她应该是何等娇羞的脸。

基地那边天气干燥，夜晚又冷，汤圆给秀儿准备的还是和上次一样的蛤蜊油。

他拿着礼物追上火箭部出发的队伍时，秀儿正安静地坐在候车室里计算着什么，她一抬头，大家都朝着窗外吃吃地笑，正是汤圆站在窗口。

"你怎么来了？"秀儿离开人群，冷清着脸。

虽然在基地生活了一年多，可是秀儿的脸依然光亮白洁，那一双眼睛依然明净闪亮，而汤圆眼里的火焰依然熠熠生辉，丝毫没有减退。

"听说你们就要过去了，来给你送点东西！"汤圆将东西递了过去，"是手霜和脸霜，那边气候不好，你手上长冻疮，用这个少受点罪！"

秀儿红了脸，两人相对无言，倒是让小章碰了个正着，挤挤眼睛："汤圆！你可过来了！还是我们秀儿魅力大！"

"人家为了火箭问题来的！"旁边的同事打趣道，"没看见我们火箭部这边的小姑娘还是有不少人盼着汤圆来嘛！"

"何止是火箭部！要我说秀儿你赶紧收下吧，你再不出手，其他小姑娘可是蠢蠢欲动！"

“动什么呀！你不懂汤圆吧，这小子贼得很！他这不是来送东西的，就是给秀儿宣示主权来的！你看看人家的爱情宣言一出去，谁还敢打秀儿的主意？”

在大家的打趣下，秀儿的脸红了又白，白了又红。

汤圆一把拿起她的手，把东西递了过去，大家又是好一阵起哄。

“星琪！张星琪！”外面的叫声打断了里面的起哄。

“星琪，你们家张文小弟弟来找你了！”门口的同事偏头叫道。

“张文？”汤圆侧过脸一看，这小子不就是之前追秀儿的那小子吗？

看到汤圆站在门口，张文还是心有余悸，恭恭敬敬地叫了一声冯师兄。

“哎？怎么变成张文了？之前不是跟小胡打得火热吗？”跟着来的小章不由得说道，“我就说小胡怎么失魂落魄的！”

“嗨！你不知道呀，小胡被打成了右派，因为他家里是资本家！这不被抓了吗！”知情的同事小声八卦道，“星琪一看情况不对，转眼就跟张文好上了，这不，张文帮忙说了话，这才跟着派到基地去！否则也要受牵连！”

“原来是这样！怪不得……”

汤圆听到大家的议论声，心里不由得觉得堵得慌。

最近的形势，好像有点不对。

“汤圆！你怎么还在这里！”外面有人叫道，“快点回去！院里出大事了！”

“什么事？”汤圆只觉得心口一跳。

“你赶紧的！赵立千老师被批斗了！院里说要开大会！你也得小心！我听说你的办公室也被掀了！”

什么？汤圆拔腿就要跑回去。

“你放心。”秀儿拉住汤圆的衣角，轻轻说道，“就算你是，也没关系，我会等你。”

这是同意了吗？汤圆朝着前面走了几步，却又回过头来，一把拉住秀儿披在身上的头巾的一角，用力一扯，将她拥入怀中，手在她的脖子上挂上了一个东西：

“喏，卫星造出来了，你可是我的对象了！”汤圆松开手，定定地看了她一眼，

便头也不回地朝着来的方向跑去。

“哇……”

“秀儿！汤圆！”

“汤圆就是爷们！”

……在大家的起哄声中，汤圆挥挥手，朝着大院跑去，只留下身后一堆揶揄和感叹。

秀儿只觉得脖子上一凉，沉甸甸地挂上了一个东西，羞得她一把塞进了衣服里面。

到了火车上没有人的时候，秀儿才把东西掏出来——竟然是一个夜光的“卫星”，是卫星本厂的卫星模型，只是汤圆加了点材料，白天接触到了光亮，晚上就能发出微光来。

这个汤圆，真的很有心。

秀儿小心翼翼地把小卫星挂在脖子上，便再也没有取下来。

她记得他坐在房顶上说过，路再黑，也总会有光和亮。

赵立千骑着自行车，到了北京科学仪器设计院大门口，正准备下车，一群小孩跑上去把他围住，孩子们起哄，对他指指点点。

“坏蛋来了，快抓住他。”

“臭老九！打他！”

小孩子们冲上去，赵立千生性善良，急忙躲避，猝不及防便摔倒在地。

一个大男孩见状，捡起小皮球直接扔到赵立千头上。

赵立千躲避不及，被皮球打了个正着，眼镜也被打落下来，摔在

地上，镜片碎裂。

赵立千赶紧伸手去捡，猝不及防一只脚踩过来，手骨剧烈的疼痛传来。

赵立千眼前一片模糊，可是身边的小孩并没有放弃打闹，他们用弹弓射他，用拳头打他，用脚踢他。

“你们干什么？”赵立千不住地摸索着眼镜，孩子们却只骂他：

“你个臭老九！”

“自己看吧！”

赵立千刚颤巍巍地捡起眼镜，还有小孩用弹弓射他，赵立千狼狈躲避。

他这才抬头看清楚——办公大楼和门墙上，到处都是用红、黄、绿各色纸写的大字报。大字报题目是：走资本主义道路的当权派、反动学术权威、德国特务赵立千老实交代……

自己变成了反动派？事情来得竟然如此突然！

赵立千惶恐不安，瘫坐在地上，半晌，才艰难地爬起来，走进办公楼。

赵立千看见自己的办公桌被扔在走廊里，一个卫星模型，已被破坏。他快步走进办公室，文件书籍被抛洒一地，屋内凌乱不堪。

地上满是被撕破的图纸，那是大家日夜辛劳的心血！

赵立千一张张捡起来，捧在手上，浑身颤抖：“这是怎么了，怎么都撕破了？这是卫星！卫星啊！”

他的世界混沌了、坍塌了！

天地静寂，四下无人。回应他的只有院子外面嘈杂的批斗声。

没有人回应他，没有人敢靠近他，钱洪基他们都不在，就连汤圆也不在身边，赵立千这位德高望重的老教授，不由得像个孩子一般，抱着自己的资料图纸，大哭起来。

门外，刚跑回来的汤圆，看到满目写着赵立千名字的大字报，他上前愤怒地撕掉：“都他妈的瞎扯！胡说！错别字一大堆，也学人写大字报！”

门外的红卫兵们看到汤圆这架势都怵了，院内也有担心他的，小心翼翼地说道：

“冯师兄……他们可是……你还是别撕了！”

“对啊汤圆！咱不能！”

院内的同事一劝，外面的红卫兵气势也上来了：

“哼！现在后悔还来得及！”

“就是！与阶级敌人为伍！就是与人民为敌！”

“放你妈的臭狗屁！”汤圆犟劲儿一上来，凤眼一扬，透出凌厉的光，“走开！你们敢进来！老子就让你们横着出去！”

小师弟说得对，在争辩方面，汤圆还真是天赋异禀，几句话一出来，红卫兵们你看看我，我看看你，都不敢往前冲。

也有人不信邪，抬起脚就要上前。

“啪嗒”一声，汤圆顺手拿起旁边手腕粗的木棒，徒手往膝盖上一折：“来呀！干死算我的！”

……

不怕要命的，就怕不要命的！

“我们先……先撤！你……你等着瞧！”

“就是！等着瞧！”

“我一定会回来的！”

红卫兵们你看看我，我看看你，撤了回去。

汤圆把棒子一扔，朝着房内的赵立千跑去。

正在发生的这一切，像钱文鼎他们这些大科学家的反应总是慢了一拍。比不得他们在科研方面的高瞻远瞩，先人十年，甚至五十年、一百年！

卫星本体已经研制成功，火箭技术也在迅速发展。火箭部已经在赵立千出事前被派回西北基地。

1966 年 12 日 17 日，“东风三号”一批第一发遥测弹出厂运往发射基地，任兴国是试验队队长，刘川诗任试验队党委书记，钱文鼎也驻扎在基地，继续研究东风三号导弹。

西北发射基地指挥室里，钱文鼎和任兴国正在看改进后的“东风三号”图纸，一边感叹：“液体火箭发动机研究所对发动机进行了改进，希望这次改进之后，不再出现推力下降的现象。”

二人议论之际，有试验队员急急忙忙跑进办公室：“报告，发现氧气剂加注活门有点漏气。”

钱文鼎皱起眉头：“多大点？测量过没有？”

试验队员摇摇头：“没有。”

钱文鼎的神情立刻严肃起来：“立即回到阵地测量，然后再来汇报！”

“是！”试验队员一个敬礼便快速跑了出去。

任兴国不敢有丝毫耽搁，赶紧披上衣服出门：“我去现场看一下。”

钱文鼎点点头，站在窗前看着任兴国远去，神色凝重。

窗前树枝上光秃秃的，终于来了一只麻雀，叽叽喳喳地鸣叫着，跳来跳去。

任兴国已经匆匆返回办公室：“钱副部长，经过反复测量，漏气程度是每分钟一个小气泡，在允许的范围内。”

钱文鼎露出了笑容：“嗯，今天天气不错！”

天气不错，发送顺利。

1966 年 12 月 26 日和 1967 年 1 月 12 日，分别进行了“东风三号”第一、二发遥测弹的飞行试验，按照飞行大纲要求，这两发都取得了基本成功，但是都出现了同一故障现象，即 YF–2 发动机的Ⅱ分机分别在工作到 111.2 秒和 129 秒时，推力下降，导致弹头未落入预定弹着点。

问题到底出在哪里呢？大家众说纷纭，根据已有的遥外测数据，一时还难以做出判断和得出结论。

西北发射基地办公室里，钱文鼎给大家分析着情况：“东风三号遥测弹飞行试验基本成功。但是，在前后三次试飞中，发动机均发生了同样故障，这个问题要彻底解决。”

任兴国点点头：“是啊，这些天来我心急如焚，思前想后，还是采取‘物证’办法比较可靠。我准备组织人力到导弹落区去寻找与考察弹体、发动机的残骸，彻查原因，然后采取针对性改进措施。”

“可以，建议安排一位既熟悉地理环境，又懂些业务的人带队前去搜寻。但是，你不能去，你是上面点名要重点保护的科学家。”钱文鼎说着，也有点恍惚，不知道科学院那边的情况如何。

任兴国不情愿：“我去很快就能辨认出来捡回来的金属废片是属于哪个系统的部件。让他们去辨认慢，也是折腾他们！”

“不行，你出了问题，谁都负不起这个责！”钱文鼎缓和了一下，说道，“让你介绍过的那位放羊娃跟你们一起去，你上次不是说过，他是‘沙漠通’‘活地图’来着？”

任兴国点头。

就这样，为了清算这笔糊涂账，任兴国决定，带人出去寻找物证，他带领的科研人员包括马作新、孙祯、王觉先、尚增雨、秀儿和发射基地参谋等 8 人。

秀儿收拾东西的时候，星琪还特意看了一眼她的行李：“哟，这头巾和蛤蜊油你倒是去哪儿都带着！”

“嗯！”秀儿点点头，慢悠悠地涂好了蛤蜊油，带上防晒的头巾。

她不知道，就在她思念开始蔓延的同时，她思念的那个人，也在寒风凛冽中，风雨兼程地朝她走来。

这时的北京已是黑夜，北风呼啸，青灯照壁，冷雨敲窗。

科学院里到处都是大字报，文件和书本乱扔一地。

第十四章
生死契阔　相逢何必曾相识

1967 年 1 月，任兴国带领勘测搜寻组乘坐运输机从酒泉发射基地出发，途经马兰机场，又乘机越过塔克拉玛干大沙漠，当晚到达酒泉发射基地七站的驻地。次日凌晨，他们又分两批乘直升机飞往落区指挥所。

指挥所位于深入沙漠 100 多千米的马扎山附近，马扎山是一座沙漠山，山上既没有石头，也没有树木，只有偶尔可见的几根稀疏的骆驼刺，无边无际的大沙漠如同画卷一般铺展在眼前。

科研人员们找到了一条半干涸的无名小河，并在这里建立了简陋的指挥所。

这个指挥所只有几顶帐篷和一些高出地面一米多的地窖，已经是工作人员能创造出的最好的办公室和宿舍。

地窖冬暖夏凉，而且可以减轻风沙的侵袭。只是这里的风沙比基地更为严重，一晚上不遮挡住风沙，第二天早上就能被风沙埋没。

至于吃饭，更是需要低头弯腰，拿布挡在碗上面，防止沙土掉到碗里面来。

就是这样的环境，已经算是这沙漠中的宝地了，因为靠近小河，河中零星的冰块可以提供稀有的淡水资源。

搜寻组以男科研人员为主，秀儿是其中唯一的女性。

最开始，大家是搭乘直升机进行空中观察的，搜索直升机沿着导弹飞行弹道当下的点进行左右盘旋，飞行搜索人员则是紧紧地趴在直升机前下方的玻璃窗处，全神贯注地搜索着地面的目标，只是这样的搜寻太过于笼统，经过几天的空中搜索，收获甚微，只是发现几处残骸，却无法确定所要寻找的导弹发动机残骸的位置。

这样下去明显不行，任兴国同领导商定后，决定搜索队 40 多人全部出门进行实地搜索。

任兴国执意要加入搜索队，但是第七站的领导和马作新等人都明白他是周总理点名要保护的专家，而且已经年过半百，所以极力劝阻任兴国。任兴国拗不过大家，只好坐镇指挥所。

大家也都照顾秀儿，秀儿开始不作声，二话不说就收拾好了东西，第二天跟了上来。大家没办法，只好让她跟上搜索队。

一匹匹骆驼驮着帐篷和收发器材以及食品进入了沙漠腹地，搜索时三四个人为一个小组，各小组衔接，排成一横队平行向前推进。

搜索的地方是软戈壁，沙丘连绵，高低起伏，低的地方有几米甚至几十米深，高的地方有几十米甚至上百米。搜索队牵着骆驼艰难地爬上爬下，直到第四天下午，秀儿停下来，从地上捡起一块茶杯大小的黑色金属残片：“等等，这一块像不像发动机的残骸？”

“我看看！”随队的发动机主任设计师马作新激动地跑过来，仔细鉴别后，兴奋地喊了出来，“这是发动机的残骸！”

“不错啊！秀儿！幸亏没让你待在指挥所！”

“赶紧给任副院长发电报告诉他，我们已经发现发动机的残骸了！”

此时的他们已经深入沙漠五天，就连坐在指挥所的任兴国都已经等不及了，在第五天的清晨，收到电报的当天早上，他就拟定路线，带上两名战士，朝着搜索队前进的方向进军。

或许是预感到老将出马，搜索队在第五天大获丰收，他们搜索到的导弹零部件残骸越来越多，活门、自动器、减压阀、涡轮泵壳等等，应有尽有。

等到中午，一个更大的惊喜出现了——他们发现了一块更大的残骸，经过辨认，确定是发动机燃烧室的残骸！

散开的队伍一下子聚拢到了一起，一时间，大家忘记了连日以来的疲劳，兴高采烈地围着这个大宝贝左看右看，拍下照片观察讨论，推测发动机发生故障的原因。

“任副院长来啦！”正在这个时候，任兴国拄着一根木棍，在两位年轻战士的陪同下，朝着搜索队赶来。

“任副院长！”

“快来看我们找到的宝贝！”

任兴国和蔼地跟大家握手，科研人员更是兴高采烈地展示着自己获得的大宝贝。

在任兴国的带领下，他们开展了新一轮的搜索，终于大获全胜，其他零部件都找得差不多了，最后一个燃烧室也在这天早上被秀儿和年娃找到了。

只是大家正准备往回走时，秀儿却没能跟上来，连带着她捡到的那块残骸。

烈日炎炎，正午的沙漠升腾着缕缕热浪，踩在沙漠中不动，似乎都能把脚给烫熟了。

大家聚集在一堆，商量着去留。

“怎么办？这么干等下去不是办法！”一名战士看着外面，打量着大家收集的残骸说道，“我们不能继续在这里待下去了！”

因为天气寒冷，气候恶劣，沙漠里昼夜温差很大，这一行的同志风餐露宿，已经病了几个，有两位同志甚至高烧到了40多度，陷入了昏迷之中。其中，任兴国更是在昨天抵达后，傍晚就发起了高烧。

这几天来，大家甚至都没有洗过脸、刷过牙。

筋疲力尽，弹尽粮绝，这个时候往回走可能是最好的选择。

“我们往回走吧！”一名科研人员建议道，“回到指挥所，请求基地再派人来搜救！”

“怎么可以这样呢？秀儿是个女孩子，如果我们就这样把她丢下，那也太不地道了！”

“对！我们不走！就在这儿等！”

大家都不愿意放弃秀儿，都想要等她一起回去。

“就在这等？！这可是沙漠腹地！不行，如果现在我们不先派人回去，结果就是大家都走不了！难道你们想全军覆没？全部都困死在这沙漠里面吗？”小战士说话了，“回去吧！我们回去肯定比来的时候快，今天就能到达指挥所，回去了，我们才能冷静想办法来救她！直升机也好，开车也好！”

他说得有道理，在这个非常时刻放弃等待接应秀儿，先回去寻找救援是最好的选择。

大漠孤烟，长河落日。满载而归的科研队伍在沙山上走出了一道别样的风景。

等他们回到指挥所请求支援时，汤圆刚好抵达了基地。

出发的救援队刚整合就碰到他进来。

“怎么回事？”

“刚刚接到电报，秀儿被困在了沙漠里！”

“什么？”汤圆顿时把东西一扔，拔腿就跟上。

“等一下，你是谁？”小战士拦住他，“你跟过来干吗？”

“我是被困的秀儿同志的……对象！”

直升机从基地盘旋而起，朝着沙漠中飞去，在指挥所接应到了任兴国等人，一批送回伤员，一批继续朝着沙漠腹地寻找。

大漠迷尘，红日高悬。

从玉门关飞来的雄鹰，沿着丝绸之路的传说和海市蜃楼的童话而来，盘旋在金黄的沙漠上空。

直升机飞过，卷起沙土阵阵，吹得雄鹰喋喋。

汤圆的眼睛泛着鲜红的血丝，几乎是贴在镜面上寻找，可是这一天的寻找依然是一无所获。

“天黑了，更加难找了！”直升机上的战士看着汤圆说道，“黑暗之中谁也看不清下面，我们要不……”

“放你的狗屁！我今天就要找到她！已经在沙漠里冻了一晚上了，今天再冻上一晚上？她从来就不是不起眼的人！别说是黑夜里，就算她被埋到了沙子里，我也能认出她！”汤圆几乎是在怒吼。

“这……”小战士为难地看了一下身边的科研人员，“我只是想问要不要换成别的方法……”

科研人员拍拍他的肩膀：“继续找吧，听冯老师的！”

汤圆是出了名的狠人，除非你摆事实、讲科学，否则，在这种情况下，你还真不能跟他杠。

就这样，直升机开始了新一轮的盘旋。

星空璀璨，黑夜已经来临。

这夜的月，是别样的血色光华。

星月都淡漠地挂在天际，冷然注视着这片荒凉的大地。

昼夜的温差已经显现，整片沙漠充斥着一片肃杀之气，沙土迅速冰冷起来。

直升机的声音响过，拿着残骸的女子伸出了双手，手中闪烁着细微的光。

她用尽了全身的力气，朝着天空摊开双手，希望天上的直升机能看到她手中微弱的光——那是汤圆送她的夜光模型。

“就是那里！快下去！”汤圆指着直升机下面，“那就是秀儿！”

“那是秀儿同志？”小战士只觉得自己什么也没看到。

“你听冯老师的！先下去！”

科研人员推了推他，暗示小战士们听他的，冯老师是基地里出了名的小钢炮，何苦得罪他？

几人一商量，直升机缓缓地往下落。

飞机刚刚停稳，汤圆便如同炮弹一般冲向了前面的微光。

“你……来了？”秀儿软绵绵地抬起手指，手中的模型熠熠生辉。

“是我。”汤圆握住她的手，连同着那光亮，把头埋在她的脖颈之间，深深地吸了一口气——这是他的姑娘，是他熟悉的气味。

失而复得的巨大欣喜，让他高兴得只差哭出来。

“我是不是在做梦啊，我怎么看见你了呢？”秀儿说道。

“不是做梦，我被派来基地了！”汤圆抱起了秀儿。

身后的科研人员小心翼翼地抱起了残骸：“秀儿姐，你真是厉害了！这残骸你一直拿着呢！我还真怕……”

“你是怕拿到两个……残骸吧！”小战士嘟囔了一句。

“去去去！你嘴真欠！”

在直升机的轰鸣声中，汤圆抱着秀儿坐着直升机飞往基地。

山头之上，黄沙依旧，细数着照耀过历代的星辰。

回到基地，汤圆虽然还没有正式“转正”成为秀儿的对象，但是大家都一致默认了。

汤圆抱着秀儿从直升机上下来的那一刻已经是清晨，基地的小姑娘们都被帅气的汤圆给迷倒了。

王根偷偷煮了鸡蛋，让汤圆送过去。

看着汤圆，王根也会想起他的姑娘——基地计算部门的姑娘杨春花。

那是个笑起来比春花还烂漫的姑娘，每次看到自己，都是一脸羞涩又关切的笑。

只是自己年纪一大把了，王根不想耽误人家。

想曹操，曹操就到。

王根刚刚送走了汤圆，回到厨房里，心里头闪过杨春花的笑脸，杨春花这小丫头就跑了过来，望着汤圆的背影，鼻子还一抽一抽的：“又给李科研员煮了鸡蛋呢？”

“嗯。”王根点了点头，黝黑的脸上泛起一丝不易让人察觉的红。

“做了就做了，干吗搞得跟做贼一样的！”杨春花几步走到了王根面前，“你可别骗我了，那天我可是看得清清楚楚，是那个长得白白净净的冯老师把秀儿从直升机上抱下来的，大家都说他们是一对！早在北京的时候就在一起了，你可是没机会了！”

“嗯。”王根不动声色地切着菜不理会杨春花，不是他心狠冷漠，实在是自己配不上人家，还不如不要给人家机会。

杨春花锲而不舍地凑上来：“你跟秀儿可是没机会了，不如，考虑考虑我？”

“咣当——”王根只觉得自己这一菜刀下去，只差切断自己的手！新社会的女孩子，都这么大胆吗？

“你……你确定？”王根盯着杨春花，“我年纪一大把不说，又受过伤，还喜欢李科研员！”

“年纪大会疼人，受过伤是英雄，至于喜欢李科研员嘛，正好对我来说是个挑战，能够从基地第一美人手里抢人，我也觉得挺有成就感的！反正你知道，我就看不惯她！”

“你……你年轻漂亮家世好，还读过书，又会用计算机，还会打算盘……”王根切着菜，一根萝卜被切得歪歪扭扭的，“追你的人应该也不少吧……”

“可是我就是喜欢你。”杨春花直勾勾地看着王根，“你要不要跟我处对象？”

“嘶……”王根愣在当地，他这次是真的切到了手。

“哎呀！你没事吧！”杨春花一看，急忙扑上去就要给他看。

“别！你别过来！”王根往身后一跳，仿佛她是洪水猛兽。

“不看就不看！有什么了不起！”

杨春花好歹是个女孩子，被王根一再拒绝本来就够伤自尊了，此刻见他这般躲避自己，更是眼泪在眼眶里直打转。

她跺了跺脚，撩开帐篷就跑。

女科研人员的宿舍里，秀儿正歪在床上养伤，手中还翻阅着汤圆给她带来的资料。

“你先去忙吧！”秀儿拿过鸡蛋，看着汤圆说道，“听说现在你们都是两个班倒，白天黑夜没得休息！你总是往我这边跑不是办法！”

“嗯！”汤圆点点头，“卫星给我！”

“这个？”秀儿捂住脖子，“哎，你干吗？”

秀儿还没反应过来，结实的胸膛已经靠在她的后背，她只觉得心口一紧、浑身发烫。

还不等她反应过来，原来的卫星已经到了汤圆的手上，脖子上已经挂上了一颗新的“卫星”。

“这是……你又做了一个？”秀儿看着脖子上的“新款项链”。

“这次的不一样。”汤圆掏出脖子上一模一样的吊坠告诉她，“喏，夜晚会发光，这里还安装了一个小设备，这样，不管你在哪里，我都能找到你。”

“你在里面装了什么？”秀儿看着小卫星兴致勃勃地问，“你自己做的追踪器？”

秀儿说话间触动了上面的机关，瞬间两人脖子上的吊坠都发出了滴滴的声音，还闪着光。

“嗯，平时可以放在宿舍。出门就带上。”

“不管你在哪里，我都能找到你，只是下次再去沙漠，就让我去，如果我迷路了，你就带着这个来找我。”

杨春花走到宿舍门口，刚好听到了汤圆的这句话，顿时觉得进去也不是，出来也不是。

倒是秀儿很快反应过来，推了推他。

女生宿舍是大通铺，大家都住在一起，汤圆是趁着没人过来的，此刻被撞了个正着，秀儿脸上也红扑扑的，只让他赶紧出去。

因为秀儿，汤圆难得的好脾气，还跟杨春花打了招呼。

“哼！都找到了这么好的男人，干吗还让王师傅对你这么好！”看到汤圆礼貌的样子，杨春花气鼓鼓地说道，“吃着碗里瞧着锅里！”

“等等。”秀儿叫住杨春花，“王师傅是谁？”

“你吃了他这么多鸡蛋，还不知道他是谁？”杨春花气不打一处来，敢情自己拿他当个宝，她却拿他当了根草？

“鸡蛋？王师傅？”秀儿皱起眉头，想了好半天，渐渐反应过来，“就是食堂里那个皮肤黑黑的王根师傅？”

“人家哪里黑！人家好看着呢，你以为人人都像你每天围个头巾！”杨春花气呼呼的样子，也挺可爱。

秀儿听了，不由得“噗嗤”一笑：“你对我有意见，该不是因为王根吧？”

“是又怎么样！我对你有意见，那是因为王根对你好，现在你都有了汤圆了！你……”杨春花说着，又是委屈又是气，眼泪吧嗒吧嗒地往下掉。

“你可真是误会了！王根大哥不仅不黑，而且心也非常好，我们这些科研人员的营养都是他给补上来的。他经常给我煮鸡蛋，是因为我身体最差！”

“哟！就你差！”杨春花不服气地往旁边一坐，“我们也差着呢！”

“我们也不想搞特殊，只是科研人员身体弱，很多看颜色都看不清楚，这在研究上是非常危险的。”秀儿说道，“不仅是我，这几天身边的马主任他们，也都有鸡蛋。”

“好像是这么回事……”杨春花歪着脑袋想了想，“他之前也说过，只有你们的营养跟上去了，你们才有力量造卫星……我知道了！他就是不敢接受我！你有冯老师那么好的对象，我心里的那个黑鬼头，哪里犯得上喜欢你呀！”

想清楚了各种曲直，杨春花看着秀儿倒也不好意思起来：“哎！那个，之前一直误会你了！对不起了！谁让你那么好看来着，我这不怕你抢走王根吗！”

“嗯！”秀儿看着这个一脸爽朗敢爱敢恨的女孩子，心里哪会有芥蒂，“我懂。”

她真诚地笑了。这一笑，让杨春花在焦渴中得遇了一泓清泉。

看着不多言也不多事的秀儿，杨春花突然生出了些许愧疚。

“这样吧，你要不要去洗澡？我跟你说，我知道离基地不远，那边有一个月亮湾泉水，可舒服了！还能洗澡！”杨春花说着，眼睛都亮了。

“还能洗澡？”秀儿睁大了眼睛，这在基地能洗澡，简直就是奢侈！

“嘘……”杨春花压低了声音，带着得意和甜蜜，“王根偷偷带我去看过的！他可是谁也没告诉！”

“这……应该是我们的水源吧？这样……会不会不大好？”

“是水源，可是咱也不在泉眼那边洗啊！不会污染的！你去不去？！要去我们现在趁着没人，赶紧去！我这也是看你病了这么久，身上都有味儿了！再不洗澡，汤圆都嫌弃你了！”

秀儿纠结了半天，到底还是抵挡不住诱惑，点了点头。

就这样，月亮湾成了杨春花和秀儿的秘密。

秀儿跟着杨春花去了一两次以后，清气上升的秀儿多希望自己能够“偶遇”到汤圆，可是汤圆这些天也忙，他们之间已经很难“偶遇”彼此。

酒泉发射基地，聂荣臻决定返回北京，临走之前，他拉着钱文鼎等人，来到了卫星部门。

“卫星绝不能半途而废。三年困难时期，已经耽搁了，难道这次还要下马吗？要真是这样，那中国的卫星要等到什么时候才能上天啊？”聂荣臻激动地看着卫星模型说道，“文鼎啊，这颗卫星是我们中华民族放的第一颗卫星，是我们中国向太空进军的第一步，是个伟业、是个壮举啊。就是有再大的风险，我们去冒也值得。”

“嗯。”想起来之前听到的消息，钱文鼎表情忧郁，目光却是无比坚定，“我明白，无论如何都不能放弃。”

聂荣臻点点头：“顶着风，我们也要推进，我们必须这么做。”

钱文鼎看着聂荣臻，斟酌说道：“据钱洪基说，他的老师赵立千正在接受劳动改造，身体很差。说他现在吃饭、上厕所，都还在演算数据。”

聂荣臻也不由得锁住眉头，说道：“他的资历和地位，跟你差不多。但他领导的机构属于科学院，不属于军队系列，得赶紧想办法给予‘特别保护’才是，这件事我在想办法，你让他挺住。”

“嗯。”钱文鼎想起被赵立千和钱洪基拜托放到火箭部的汤圆，还是把话头咽了下去。

聂荣臻返京的直升机飞上天空的时候，正是基地里最为闲适的黄昏，基地的工作人员在换了班之后，吃饭的吃饭，回寝室休息的休息。

直升机搅起了阵阵沙土，汤圆坐在房顶上眺望着远方。

沙山连绵，纵横交错，一缕缕炊烟从基地袅袅升起，大漠的孤烟有着格外笔直的气息。

长河落日，云霞绮丽，千万道霞光从地平线射出，沙山的落日显得特别的缓慢悠长。

直升机化成了天边的一个点，带走了汤圆对赵立千老师的牵挂。

汤圆感觉自从来到基地，和秀儿越靠越近，工作也舒心，只是他依然牵挂远在北京的赵立千他们。

自从来到这边，那边的消息也很难传过来。

虽然没有消息就是好消息，可是来之前赵立千遇到的状况，让他对这位执拗而又天真的科学家放心不下。

即使他知道有钱洪基他们在，可是，那群流氓，是钱洪基这种君子能对付得了的吗？

汤圆从房顶上坐起来，狠狠地吐了一口沙子。

整个天空通透明净，不一会儿便被浓稠的黄昏所笼罩。

按捺不住的秀儿又偷偷地拿起衣服藏在怀中，趁着若有若无的光线，熟门熟路地朝着月亮湾走去。

看到那个熟悉的身影，汤圆皱了皱眉，从房顶上跳下，跟了上去。

因为是一个人出来，秀儿走走停停，中间还小心翼翼地左右打量了一会儿，然后才朝着前面走去。

不一会儿，她便来到了月亮湾边的一个荆棘丛中，这里隐蔽性十足，通常她都是在这里换衣服。

眼见四下没人，秀儿飞快地脱下了衣服，拿起棉布，走进了荆棘。

这荆棘丛下面有一汪泉水，是从泉眼那边渗透过来的，只是这边比较隐蔽，不方便当作饮用水，倒是一个洗澡的好地方。

傍晚的沙漠带着剔透的凉，哪怕是这荆棘丛下的泉水也凉得透彻。

秀儿刚落脚，便不由得一个哆嗦。

她把汤圆送的项链小心地放在衣服上，然后用白净的棉布擦拭着身体。

汤圆一路躲藏，跟踪来到了月亮湾。

只是刚刚翻过沙山，他就被眼前的一幕震住了！他觉得自己的呼吸都停滞了——落日的余晖里，秀儿如同虔诚的圣女，于暮光中舒展开身体，走向那洗涤她身心的圣洁之水。

她年轻美好，光洁无瑕，在金黄的落日映衬下更显得熠熠生辉。

那是一幅怎样的画面呀——汤圆觉得，就是再好的文字，都无法描述他眼前所见的景象。

大漠沙山，戈壁苍茫，荆棘丛中，出水芙蓉。

随着她捧起一手水，便扬起一缕光。

大漠的壮美和泉水的娟秀都融合到了她的身上，在光与影的旋律中，荡漾成让人触目惊心的画卷。

秀儿轻轻扬起头，梳理着湿漉漉的长发。

渐渐地，太阳落下沙漠的地平线了，漫天的繁星早已挂在天边。

平沙落日大荒西，陇上明星高复低。

秀儿裹着那块带来的白布，走向岸边，朝汤圆这个方向走来。

汤圆的心脏“咚咚咚”击着鼓，他感觉自己快要窒息了。

秀儿穿上衣服，包着头发，躺在了一片沙地坡上。她轻轻地，呼出一口仙气。

她看见了这个夜晚的星空中，那颗非常著名的亮星，呈银白色扁圆形。她知道它距地球16.7光年，发光本领比太阳大八倍，她知道那就是牛郎星，在天空中和织女星正隔河相望。

此刻的寂静，她只想沉溺其中。

世界沉寂下来，人类对天空的向往，对自身的思考都停滞在这一刻。

人们习惯于掌控，赋予世间万物很多意义。但她发现，很多真实的东西在这里已经难以表达。

此刻她能感受到的眼前的星空，只属于自己。在一望无际的沙漠里，只有它们才是永恒。

汤圆看见秀儿用指尖划过星夜。

他不知道这是不是她在自己心里划过的一道爱的弧线。也许，她只是爱上了某个星球的一朵浪花，在这个夜晚，抚摸了心湖，仰望了星空。在她的眼里，只是觉得从身体滚落下来的水珠和满天繁星，都是一朵朵盛开的花而已。

看到眼前美得如同洁白的莲花一样的姑娘，汤圆双眼灼热发光。

汤圆想移开目光，可是他的脚仿佛在戈壁上生了根，无法动弹，心中仿佛有首歌在一直唱，唱得他眼里心里，都只容得下这种声音。

他一翻身，也靠在沙坡上，躺了下来。他看见了天空中那颗织女星，他知道织女星是天琴星座中最明亮的恒星，是北半球第二明亮的恒星。

今晚的他和她，都可以清楚地看见有三颗亮星组成的一个三角，那个著名的夏季大三角。

他一直盯着天上最亮的那颗星——织女星。

浩瀚星空，繁星点点，沙漠和星空是一对最佳搭档。

“叮当叮当……”驼铃声响。这是有人过来的声音！

汤圆刚站起来，王根的大嗓门便传来了：“哎！谁呀？！冯主任？您怎么在这儿？”

“我……那个……你先别过来！秀儿在！”

“哦！我是来准备明天做饭的水的！我知道是春花带她过来的，就是没想到天这么晚了，她还在这儿啊？”王根淡淡的语气，减轻了汤圆的惊慌，反倒觉得自己今晚成了秀儿的夜驾保护神。

在沙坡上躺着休息的秀儿听到他们的对话，瞬间吓得花容失色，耳红心跳！

秀儿披着湿漉漉的头发，绕过荆棘丛，一边匆匆打理自己，一边低着头，从沙漠中走了出来。

“李科员！”王根热情地打着招呼。

秀儿看也不看他一眼，直接就往前面走。

倒是汤圆拍了一把王根：“你可别说出去！”

“说出去啥啊，这可是我们的水源地附近呢！”王根说着，汤圆已经拔腿追了上去，“哎！秀儿！等等我！”

“你听我解释！至少咱先把头发擦干吧！这大晚上的多不好！”

……秀儿这一次回去，愣是一直没理会汤圆。

就是两个人在工作中遇到了，她也是眼眶一红，小脸一别。

火箭部的同事们都知道他得罪了秀儿，也是为这两个冤家暗自好笑。只是不知道他们之间到底因为什么翻脸了。

倒是杨春花和王根捅开了窗户纸，举办了简简单单的婚礼，成了一家人。他俩小日子过得恩恩爱爱、甜甜蜜蜜，但也有过一次剧烈争吵。那是春花怀孕期间，加班饿得实在胃疼，跑去食堂想找口吃的。大铁锅里正在煮鸡蛋，她看着流口水，捞出一个就塞进了嘴里。正好被王根看见，一顿训斥，说是给专家们准备的，她不够吃的资格！春花听罢，哭得梨花带雨。炊事班的小猴子和狗剩，一向对王根言听计从，可这次却一致埋怨老班长不通人情。一向不爱多事的秀儿听说后，批评王根说话太伤人。秀儿坚持把自己的那份鸡蛋给孕妇春花吃。后来，春花顺利生下和王根的第一个孩子王卫星。

再说汤圆和秀儿的事。或许是这几天得罪了秀儿，汤圆工作有点恍惚，在检查火箭模型的时候从架子上摔了下来，右手蹭掉了很大一块皮。

看着被自己带着倒在地上的卫星模型，他不由得想起了自己离开北京前赵立千办公室里被红卫兵弄倒在地上的卫星模型，内心涌起一阵难过。

与此同时，北京的赵立千和钱洪基都不好过。

如此寒冷的天气，赵立千被关进了牛棚。

更深露重的夜晚，他抱着手臂，睡在稻草中，挨着唯一陪伴他的老黄牛。

他的手又黑又肿，还滴着紫黑的脓血。

那是他白天用树枝计算的时候被人抓住，他们直接踩断了树枝，也踩断了他的手指。

可是他依然心心念念着卫星，期待着卫星的召唤。

就在不远处，钱洪基家里也刚经历"浩劫"。

他的房子早已被造反派翻腾得遍地狼藉，到处都是砸坏的家具和凌乱的书籍、字画。

在一片凌乱中，钱洪基坐在一张没有被砸烂的沙发上，手里拿着一幅被撕毁了大半的"长空万里"条幅发呆，欲哭无泪。

想起今天看到的老师赵立千，他抱着头，整个人仿佛都已经不是自己，早已被劈成了几半：

一边是妻子悲伤无奈的声音："这是你最喜欢的一幅字，就这么被撕毁了！平日里，你谈起卫星，眉飞色舞，讲个不停。可生活中，你啥事都是忍让、忍让……唉！"

一边是造反派嘈杂得意的声音："你是赵立千多年的狐友黑干将……"

一边是赵立千深情的话语："不把卫星送上天，我死不瞑目……

死不瞑目……”

一边是汤圆出发时，自己对他说的：“我能够护住老师，我们不会有事。”

可是，这一切怎么会发展成现在这样了呢？汤圆啊，我没有护住老师！也没有护住自己！

钱洪基的头无力地靠在沙发靠背上，一行清泪缓缓流下来。

北京的街头，喇叭声响成一片，红卫兵疯狂不堪。

酒泉发射基地，聂荣臻去而复返。

聂荣臻、钱文鼎、李哲汉坐在越野吉普车里。

灯光照射下的戈壁滩石头路，路途颠簸，尘土飞扬。

东方地平线上，云层汹涌，天边还有几颗星星闪烁。

李哲汉好奇地问道：“聂帅，怎么突然又回来了？”

突然，汽车猛地一颠簸，聂荣臻急忙抓住前方靠背，剧烈咳嗽，他表情严肃，盯着前方沉思。

坐在副驾驶座上的钱文鼎，急忙转身，担心地看着聂荣臻。

“听说您在医院不听劝阻，拔掉针头就往这边赶？”李哲汉急得干瞪眼，“聂帅啊，您已经是快七十岁的人了……”

“人生自古谁无死……”聂荣臻说道，“哲汉，我想跟你们商量一个事。”

李哲汉和钱文鼎目光相遇，心中都咯噔了一下。

“聂帅，请讲。”

“北京科委机关，还有一些研究所，目前……有些乱。为了不影响卫星发射进度，我想把卫星观测站的筹建工作，放到你们这里来。”聂荣臻说道，“我听说，赵立千还将火箭部的大部分同志放过来了，其中就有他手把手带出来的卫星部门的精英。”

李哲汉点点头：“聂帅，钱副部长，具体细节，我回去后和政委商量。接管 701，我们就是有些担心会不会消化不良？”

聂荣臻叹了一口气：“说实话，我们现在遇到了很大的困难。可是困难再大，我们的人造卫星也要如期发射。如果再不抓紧卫星观测站的建设，就来不及了。我知道你们有困难，我这次专程来，就是想请你们帮帮我，帮帮文鼎，帮帮中国的卫星吧。”

听了聂荣臻的话，钱文鼎沉默了。

“聂帅，再难，我们跟着您，一起干！”半晌，李哲汉说道。

李贵开着车，他有点听不懂了，当前的形势，到底是有多严峻？

卫星站要放过来的消息很快传播开来，汤圆听说这个消息，知道赵立千和钱洪基他们以后会经常过来，心中很是期待。

此时的他压根没有料到，卫星部的人过来了，其中并没有他的老师赵立千。

因为就是这一天，赵立千被揪上了批斗台，他满脸是血，浑身脏污，带着高帽，挂着大牌子……精神和身体的双重折磨彻底摧毁了科学家的尊严。

这几天，赵立千的身体已经明显扛不住了，牛棚里的黄牛也被牵走了，只有他一个人蜷缩在牛粪干草中，每个夜晚都是漫无边际的冷，每动一下都是钻到骨子里的疼痛。只是他刚熬过黑夜，白天却更加漫长……

看着眼前太阳的光晕，赵立千心道，他可能是等不到那一天了。

赵立千结束了自己的生命。

在最后一刻，他明亮平静的双眼，依然深情地看向天空。

天空黑蒙蒙的，没有一丝光亮。

风骤起，吹响了科学院的窗户，蜷缩在角落里的钱洪基抬起了头，按住心口，远在大漠的汤圆躺在房顶上，睁开了眼，蓦然坐了起来。

周总理办公室中，周总理表情严肃，端着茶杯，正在办公室里来回踱步。

张秘书匆匆进来，小心翼翼地走了过来，深吸了一口气：“总理，

“赵老师这一生都挂念着卫星，哪怕到死的那一刻。”郭远念看着汤圆说道，“不管是在牛棚里，还是在批斗中，所以汤圆，我们更不能辜负他的期望。你要振作！”

“呵呵！”汤圆发出了一声冷笑，“他挂念着卫星，可是卫星呢？他的心中有别人，可是别人心中有他吗？”

科研人员们都愣住了，汤圆这话，放在什么时候都是大逆不道，更何况是这种敏感的时期！

汤圆脖子一梗，跟个小炮弹似的冲回实验室拿了东西就要走。

这还得了？

顿时，宿舍里的科研人员纷纷拉住他，消息甚至报告到了李哲汉处。

“汤圆！你干吗去？”

“你就是现在冲回北京也做不了什么！赵老师已经没了！”

……大家纷纷劝解，可是汤圆这一身的蛮力，哪里是他们拉得住的？

现场顿时一片狼藉，汤圆也不说话，就是咬紧牙关往外面冲。

李哲汉刚返回过来的时候看到的就是汤圆不受控制的情况，立即朝着天空一个鸣枪，大喝一声：“你干什么！汤圆！你眼里还有没有纪律！”

“我不干了！”汤圆喊道，“什么卫星！火箭！老子不玩了！老子这就回去！不干了！”

“你回去带这些东西干吗？”李哲汉敲了敲他的包裹，“怎么，你还想回去报仇呢？”

“就是报仇怎么了？！”汤圆眼睛一瞪，“老子就回去干死那帮狗日的！”

李哲汉只觉得怒火心中起，举起枪对着他前面就是“砰砰砰”几枪：“这样干吗？然后呢？你知道要杀谁吗？你干得过谁？你分得清谁对、谁错吗？”

李哲汉叹了口气，看着他摇摇头：“你跟你赵老师比，差远了！他临死前还念着卫星，你呢？你自己好好想想吧！”

基地的人很快开始归整，但是大家都默默地经过汤圆的身边，不发出一丝声响。

在巨大的悲痛面前，好像不管说什么都是多余的。

他们唯一能做的，就是沉默和尊重。

大漠广袤，沙海寂寥，黄昏的落日打在基地外面汤圆颀长的身影上。

夕阳西下，灯火初明，基地的灯光点燃了无数科研人员的希望。

秀儿披着头巾，拉出长长的衣袂，来到汤圆身边。

“回去吧！”她说，“汤圆。”

“老师没了！没有了！”此时的汤圆扑通一声跪坐在秀儿面前，抱着大腿就哭了起来：“来之前他跟我说他会好好的，他有能力保护好自己，可是他死了！没了！是他们！是他们！”

“那你能怎么办？要怎么办？”秀儿缓缓地说道，“我听春花说，王根说的，人死了就会变成天上的星星。我知道你是无神论者，可是我却宁愿相信赵老师应该也是变成了卫星。因为他就是为卫星而存在的。汤圆，回去吧，我们还有卫星。”

“有卫星？”汤圆冷笑道，“还需要卫星吗？还有用吗？就是这些东西害死了他！”

“汤圆！”秀儿拉住他，“你看清楚！赵老师哪怕到……最后一刻，依然没有放弃卫星！难道你要放弃吗？汤圆，你是为了什么来到科学院，记得吗？没有人能一条路走到黑，也没有什么能一路黑到底，只是，你别忘了当初的自己！”“最初的自己。”汤圆回想起自己被赵立千找到时送往王希望那里的情景，最初的自己，是为了什么呢？好像就是为了吃饱饭。

可是慢慢地，好像一切都开始改变。

尤其是通过赵立千和王希望这些老师的引导后再看世界，自己只觉得山川壮丽，星图宏伟。

直到有一天，自己遇到了秀儿，于是哪怕在这沙漠之中，山也温柔，水也温柔。

第二天，郭远念抽调人手出去建立卫星测控中心的时候，汤圆报了名。

“汤圆？你是个全才，就这样跟我去外面未免可惜。”郭远念看着他，“外面比较辛苦不说，离秀儿也远，要是留在基地，可能还有转折。”

“可是外面人手不够。”汤圆垂下眼眸，“现在又是非常时期，需要我这样体力好的科研人员。”

“这……”

“您让我去吧！卫星需要我。”汤圆说道，“只要是搞卫星，去哪里都一样。”

“好孩子！”郭远念点点头，“有你这样的年轻人，我们的卫星，很快就能上去！”

在汤圆的带动下，陆续又有几个科研人员报了名。

其中，最让人讶异的是神神秘秘、久未露面的袁树芝，还有一贯权衡利弊做选择题的小胡都报了名。

科研人员们风餐露宿，奔波劳碌，从 1967 年开始，建立了渭南测控中心和酒泉、南宁、昆明、海南、胶东、喀什等卫星测控站。

眼看就要大功告成了，可突然之间失去了他最敬重的科学前辈，汤圆内心的痛，只有秀儿最懂。

此时，王根内心的痛又有谁能懂呢？

他的妻子杨春花生完儿子后，坐月子都顾不上，就直奔计算中心，连续工作了几个月后的一天，突然晕倒在办公室。送进医院，被查出患了肝癌。看见妻子长期营养不良蜡黄的面孔，王根陷入深深的愧疚中！

第十五章
长剑倚天　自古英雄出少年

1967 年 3 月，聂荣臻向周恩来汇报，为保证东方红一号卫星工程按计划进行，中央专委向中共中央正式上报了《关于军事接管和调整改组国防科研机构的报告》。

周总理同意并提出了应对 6 个国防工业部实施军事管制的建议。报告修改后即报毛泽东，毛泽东批示：“退总理照办。”

于是，中共中央、国务院、中央军委联合发布了对 6 个国防工业部实施军事管制的决定，并且组成由粟裕担任组长，王树声和向仲华担任副组长的国防工业军事管制小组，在国务院和中央军委的领导下，对 6 个国防工业部执行全部领导。

管制小组向各单位明确提出以正面教育为主，不开展大鸣、大放、大辩论、大字报，与此同时，其他一系列措施也采取到位，从机构和管理方面来保证卫星研制工作的正常进行。

1967 年 7 月 29 日，正值炎炎夏日，骄阳灼灼，蝉鸣阵阵，孙国梁正在进行导弹设计，趴在绘图板上绘制导弹工程图纸。他从小是个左撇子，上小学的时候，因为改变不了这个习惯，被迫退学。后来，他 6 岁的时候用了整整一年的时间，练习使用右手。以至于后来无论吃饭、打球，还是画图纸，他都能熟练切换使用左右手。

国防科委的同志在事前没有任何招呼的情况下，直接驱车来到位于北京城南孙国梁的办公室找到了他。

办公室的门打开，一排战士推门而入，汪永肃在后面走了进来：“是孙国梁同志吧？”

“是！”孙国梁抬起头，愣愣地看着来人。

“我是国防科委的汪永肃参谋，组织上派我来向你传达上级的指示。”汪永肃说道，“国家将要开展人造地球卫星的工程，为了保证人造卫星研制工作的顺利进行，中央已确定组建空间技术研究院，由钱文鼎同志担任院长，专门负责人造卫星方面的研究。钱文鼎向聂荣臻元帅推荐了你，根据聂老总的指示，上级决定由你负责我国人造卫星的总体设计工作。请你配合我们的工作，现在就跟我走一趟！”

“现在？”孙国梁感到这个消息来得有些猝不及防，但他习惯了配合，放下笔，站了起来。

当时情况特殊，造反派夺权，行政领导干部靠边站，汪永肃只能直接找孙国梁本人谈上级的安排。

汪永肃立刻用吉普车拉着孙国梁，来到位于北京西北部的友谊宾馆，宾馆北边是空间技术研究院开设的临时办公地点。

有关领导已经在等待孙国梁了。孙国梁到了后，和他们交流了组建卫星总体技术部的具体意图。这一整天，孙国梁都感觉有点蒙圈，但他清醒地知道，自己的命运从此开启了新的命门。

孙国梁自 1958 年 4 月来到国防部五院一分院总体设计部，至 1967 年 7 月“转场”开始人造卫星的研制，从事导弹研制整整 9 个年头，突然接到通知，人生陡然发生了新的转折。

接到通知后不久，孙国梁匆匆走进大楼，推开了钱文鼎办公室的大门：“钱部长，太突然了，听说您向聂帅推荐让我作为卫星总体设计工作负责人。真是太意外了！”

钱文鼎笑了：“是吧，人生转折是不是来得太迅速了。”

“说来也巧，17 年前，我当日决定、当日入伍。”孙国梁说，“17 年后的今天，由搞导弹转成搞卫星，您当即决定、我当即转行。”

“转行？导弹和卫星是一家！”

孙国梁挠了挠头：“可是离开熟悉的导弹领域搞卫星，我得从头开始啊！”

“这是根据现在的实际情况决定的。为确保卫星研制顺利进行，中央决定对中科院实行军管，组建空间技术研究院，我担任院长，你来负责卫星总体设计工作，集中精力搞人造卫星。中国的卫星不能再耽搁了！”钱文鼎看向孙国梁，“说说你的打算！”

孙国梁想了想，说：“先从组建队伍做起吧。七机部是搞导弹的，把有系统工程经验的人抽调一些，中科院原先搞卫星的也抽掉一些，把能干的人选进来，两支队伍要尽快融合在一块。”

“你记住，一定要在被打倒之前把卫星搞出来。”钱文鼎凝重地看向他。

孙国梁肃穆道：“请放心，我从造导弹到放卫星，人生的转折似乎也只是几十千米距离而已。”

在科技海洋里恣意翻飞的人，会不会带队？怎样带队？这是年轻的孙国梁上任伊始许多人关注的焦点、担心的问题。但是，人们很快就被他的能力和人格魅力所征服，意识到这样的人才，是真正的全才！他天生有两颗大脑同时在思考，一颗是科技，一颗是行政。他为官为人，一身正气。

当时，正值“文革”混乱时期，行政机构被破坏，派仗正闹得激烈，如何建立并组成卫星总体设计队伍是摆在孙国梁面前非常棘手的问题。

尤其在当时，搞卫星是人人都想争取的事情，只是孙国梁只有38岁，虽然在各方面表现得都非常出色，但是像这样的工作如果选拔不当，自己受影响是小事，关键是卫星研制工作会受到影响。

孙国梁是个敢作敢为的人，接到任务后便抛开顾虑，一门心思从实际需要出发，从不同的专业角度和技术特长出发，最后选定了18个技术水平高超、条件优越的人。名单提交给钱文鼎后，钱文鼎十分赞同，很快得到了聂荣臻的批准，这便是中国卫星发展史上有名的航天卫星“十八勇士”。就是这 18 位足智饱学、能征善战的勇士，改变了卫星研制中兵多将寡、肉丰骨少的弱势，并在今后的研制工作中八仙过海，各显了神通。地球卫星是人造的，所以人的因素当然排在了第一位。

中国空间技术研究院教室里，刚刚抽集在一起的 18 名科研人员，凑在一起翻看花名册，寻找自己的名字，议论纷纷。

戚元初、沈震钧、韦德森、张福田、彭成荣、尹昌隆、朱福荣、孔祥才、王壮、杨长庚、王大礼、张荣远、刘泽光、郑忠琪、林殷定、鲁力、王一方、洪玉林。

花名册上这些人的名字，日后个个如雷贯耳，他们都是鼎鼎大名的科学家。

孙国梁陪同钱文鼎走进研究院教室，18 名科研人员迅速各就各位，坐在课桌前鼓掌欢迎。

钱文鼎说：“你们这 18 人，都是有特长的业务骨干。随着东方红一号卫星发射日期的临近，它的真正难题才刚刚开始，留给工程建设者们的时间已经不多，研究卫星总体的任务就交给你们了。希望你们能够成为中国航天的十八勇士，为中国的卫星创出一条天路！”

大家开始热烈鼓掌。

“现在的战争形势，是地海空，要我说，还要加一个‘天’字，‘地海空天’。将来的战争，一定会发展到太空上去，到那时候，会有天军天战。研制第一颗卫星就是我们的初战，将来我们还要有返回式卫星、载人飞船。”钱文鼎说到这里的时候，学员们仿佛看到了遥远的更加神奇灿烂的科技的未来，大家兴奋地鼓掌，还有人激动得站起来鼓掌。

钱文鼎看着这一张张充满期待的脸，他高兴地示意大家坐下：“在这里，我要告诫你们的是，无论发生什么事情，我们都要团结一致，坚守岗位，哪怕付出最大的牺牲。请记住，是卫星、是我们的航天事业把我们联系在一起的！”他的讲话，再次被掌声打断，“可能你们中间有同志会说，我是搞导弹的，没有见过卫星。今天，我就给大家上一课。”他转身，走到黑板前。

钱文鼎在黑板上写下“星际航行概论”几个大字。

座位上的青年们的眼睛仿佛都被这几个字点亮了！钱文鼎为他们打开了一扇窗、一扇门！透进来的光，是那么鲜亮、神奇！

北京古老的大街上，一如既往的纷乱热闹，甚至让人感觉些许嘈杂。

红卫兵风风火火来往穿梭，可是研究院已经重拾了工作，“东方红一号”已经轰轰烈烈地运作起来。

人的问题解决之后，这支精锐之师便要做事。早在 1965 年 1 月，科学院就组建了研制卫星的“651”设计院，并且由赵立千、钱洪基等科学家提出过一个堪称完美的方案。

孙国梁上任后，作为卫星总体技术负责人，他和总体部经过客观的总体分析，认为该方案的设计太复杂，赋予卫星的使命也太重大、太全面。按照当时的国情，很难实现。

于是，他大胆地提出，对原来的卫星方案进行简化，充分发挥技术人员的聪明才智和积极性，并说服一些老专家，把卫星研制计划分为两步走，即先用最短的时间实现卫星上天，在解决了有无问题的基础上，再研制带有探测功能的工程应用卫星。

高级领导人都有纵览全局的大智慧，聂帅听取了孙国梁思考成熟的简化方案报告后，说了一句稳定人心的话：“尽量简单，加快上天，达到基本目的，掌握技术。”为东方红一号卫星的研制一锤定音。

从 1966 年下半年开始，正是中国的“文革”之火熊熊燃烧之时。

在航天方面已经展开翅膀的国家，已经将闪亮的卫星一颗颗发射到了太空。

据记载，1967 年，苏联发射了 80 颗卫星，1968 年发射了 84 颗卫星。

与苏联争霸的美国也毫不手软，发射卫星的数量与苏联旗鼓相当。

法国早在1965年就以钻石号火箭将一颗卫星送入太空。

隔海相望的日本，以急不可耐的步伐，暗暗加快了研制卫星和运载工具的进程，欲要抢先中国突然发射。

在这样急迫的形势下，中国的卫星研制工作已是战鼓催征。“尽快上天”是国家领导人和全国人民的迫切要求。

但是，卫星是飞上天的东西，中国科学家对于它的认识不能纸上谈兵，不能不明就里。

作为总体技术负责人的孙国梁，其实一开始也不懂卫星。

就任这个统率千军的重要职位后，竟然向一位曾经也留苏过的年轻技术员王渊借来一本薄薄的有关无线电的书啃了起来，希望从中获得一些最基础的知识。

从国外获得的信息中，除了一些公开发表的概念性文章外，他就只知道“阿波罗”是“大头朝前回来的”，如果中国研制人造卫星，也不一定是要“小头朝前”。

这些今天听起来有些可笑的问题，却是当年的实情。

现在说起这些来，不禁令人鼻子发酸，眼眶湿润。

“尽量简单”，孙国梁这个大胆设想得到了大多数人的赞成和认可，只是推行起来有点困难。

“651”会议上，钱洪基就卫星的本体设计问题做了总结讲话，提出了300多项有关人造卫星的研究课题，为中国第一颗人造卫星的诞生打下了基础。这是他与科学院许多科技人员心血的结晶，点点滴滴，弥足艰辛。

在孙国梁进入空间技术研究院的时候，钱洪基这位可敬的卫星功臣已经被关进牛棚，被迫与卫星研制工作隔断了一切干系。

孙国梁深知，人造卫星对于中华民族的非凡意义。为了了解当时卫星的研究状况，他开始一个一个拜访重大课题的研究人员。

他说服军宣队，获准接触被隔离审查的钱洪基。

在那些屈辱的日子里，钱洪基展现出了一位科学家的品质。

他像见到了久别的亲人一样看待这位临危受命的造星人。他对卫星生成有望，欢喜得两眼放光！他好像看到了东方的日出，看到了自己亲手种植的幼苗终有开出鲜花的希望。

他毫无保留地提供了有关卫星的构想和他掌握的全面情况，令孙国梁豁然开朗。

但是，当这位心灵像水晶一样剔透的科学家听了孙国梁介绍的简化方案后，像看见了毁花人一样，勃然大怒！

他据理力争，讲解探测系统对于卫星、对于国计民生的伟大意义。

他的举动，令孙国梁十分感动，万分佩服。

可是，像钱洪基这样心灵纯洁如一片白云的科学家，怎么能够明白当前必须“大腿变小腿”“锯掉一条腿”的现实呢？

他不清楚，“简化设想”不是大刀乱砍，而是通过充分酝酿、前思后虑、缜密计算、自量其力的客观选择。

有人甚至开始质疑孙国梁“有没有急功近利的思想？”

只有孙国梁自己心里清楚，要简化方案，就必须要在第一颗卫星的设计上耗尽心力，而且，必须结出果实！其实，这就是他给自己的脖子上加了一个难解的索套，而后自己还要慢慢去解。解开了便是成功，解不开便是勒死自己！

孙国梁的工作压力陡然加大。毕竟他还太年轻，既无资历可言，又无研制卫星的工作经验，如此否定先期研究的卫星，自觉底气不足。

钱文鼎是他稳固的靠山！

在那个时候，孙国梁面临的问题，都要找钱院长排解。无论是技术问题，还是需要协调的问题，钱文鼎都会腾出大量精力来关心解决。

每次讨论会上，孙国梁主持，钱文鼎压阵，对支持简化的意见和建议，他的插话或最后的总结，都是金口玉言，他的学识和威望有着一言九鼎的伟力。

孙国梁十分钦佩钱文鼎这个大科学家的风范。钱院长说出的思想深邃的话，他都牢牢记在心中，并一一实践。

孙国梁是钱文鼎亲手从南苑选来的，他也很欣赏孙国梁的“敢干事、会干事”的风格，时常在人面前，流露出伯乐识马的自豪。

因为各分系统文齐武不齐，不协调不配套，为了保证1970年卫星成功发射，空间技术研究院领导和设计人员在原方案基础上进行了合理修改，但是这一修改方案却找不到拍板的人，孙国梁拿着方案找到刘华清。

国防科委刘华清将军办公室里，孙国梁手里拿着制定好的卫星简化方案，走到刘华清面前：“刘主任，现在的情况您也清楚。七机部那边没什么人管事了，我到处找领导签字，可都找不到人，只好到国防科委来找您。”

刘华清只觉得头疼：“我刘华清虽说是国防科委副主任，可不懂卫星，也不管这项工作呀！”

“你懂也得管，不懂也得管。你们定了，拍个板，我们就可以往前走。”

面对科学问题，一心钻研的孙国梁说话非常直率，就是刘华清也被这个年轻人的直接给愣住了：“你这小子！这样吧，你先给我具体汇报一下。听完汇报，再签字也不迟吧？”

孙国梁一听，赶紧把资料递过来：“我早就给您准备好了！”

孙国梁高兴地把一份有关卫星的情况报告递过去，刘华清认真阅读起来。

他看得认真又仔细，时间缓慢，孙国梁注视着他，喝茶的茶杯端起又放下，放下又端起。

孙国梁把一杯茶水喝到见底，刘华清却丝毫没有动静。

半晌，刘华清清了清嗓子：“情况是这样，我明白了。这事确实不能再拖了，总得有人承担这个责任。这样吧，技术上由你负责，其他问题我负责、我拍板，怎么样？”

孙国梁激动地站起来，朝着刘华清敬了一个军礼：“是！”

刘华清说道：“卫星方案的若干修改和简化，这个板我拍定了。我要强调的是，最后总体决策还要向党中央、周恩来总理和聂帅报告。”

孙国梁一听，激动得又站起来一个敬礼：“是！您有时间，邀请您去听‘东方红一号’专题汇报，也可以到现场去看看。”

“好！”刘华清点点头，“你加油干！”

孙国梁干劲满满地出了门，迎面遇到匆匆走过来的任兴国。

“任总！你回来了？”孙国梁问道，“那边怎么样？”

“汤圆恢复了精神，跟远念全国各地跑，搞测控站！远念上次还说呢，劲头可足了！火箭工作进展顺利！”任兴国说道。

“那就好！”孙国梁回应道，“以后这卫星上天的事，可就看你的了！”

任兴国点点头：“只要你能造出来，我就能送它上去！”

两人相视一眼，笑了。

北京，刘吉成在实验室里忙得天昏地暗。

一个战士陪同孙国梁走过来，孙国梁老远就听见了歌曲声，唱的是《无产阶级文化大革命就是好》，音乐时断时续地飘过来：

……

嗨！就是好！就是好呀就是好，就是好！
马列主义大普及，上层建筑红旗飘。
革命大字报，嗨！烈火遍地烧，胜利凯歌冲云霄。

七亿人民团结战斗，红色江山牢又牢。

……

广播里每天都在播放这些歌曲，孙国梁跟着哼唱着，走进了刘吉成的实验室。孙国梁推开刘吉成实验室的门，看见刘吉成正在鼓捣播音电器。

孙国梁打量了一番：“吉成，在忙什么呢？”

刘吉成赶紧站起来给他让位置，看了看桌子说道：“在修理这个播音器呢！您快请坐！”

“不忙！我来是有个重要的任务交给你！”孙国梁直奔主题，“上面的意思，让你带上几个人，负责完成‘东方红一号’在太空播放《东方红》乐曲的任务！”

“《东方红》？”刘吉成又是激动又是感怀，“这个任务太艰巨了，不过，请组织放心，我一定全力以赴！”

孙国梁拍拍他的肩膀：“全力以赴是肯定的，关键是要搞出来，年轻人，努力吧！”

刘吉成高兴万分：“我会的，孙主任，就是说要用科学的方法演奏《东方红》乐曲。演奏的舞台不是人民大会堂，不是首都机场，也不是民族文化宫，而是太空！听众不是几千人，几万人，而是十几亿甚至更多的人！”

刘吉成知道，决定在卫星上播放《东方红》乐曲，凝聚了多少中国人的感情！

“听得到”任务目标的实现，源于一种诗意的萌发。大家觉得苏联第一颗卫星的呼叫信号是滴滴答答的电报码声，遥测信号也是间断的，实在是不太完美。

中国的第一颗卫星起点应该高一点，信号应该连续，有音乐的效果，最好是能够模仿一种好听的声音！

世界上有鸟声、虫声、风声、雨声、海浪声……可是，最美的声音还是人声、唱歌声。

中国人有“歌咏言，律和声，文以载道”的文化传统。

中国是诗歌的海洋，古典名曲传于盛堂，民歌山歌飘在乡村。

要选哪首歌？在那个充满激情与革命浪漫主义的年代，人人会唱的歌曲，就是《东方红》！

北京的钟楼声是《东方红》，歌剧院里演出的是《东方红》，幼儿园里老师教唱的是《东方红》。

那个时候，在天安门的城楼上，在飞驰的列车和航海的轮船上，到处响彻着《东方红》。它是时代的最强音，是翻身当家做主的人民，从心底流淌出的对新中国的歌颂、对美好生活的向往、对人民领袖的爱戴！

“是这样，这个播音一定不是录音，而是电子音。因为赵立千老师点名推介你，所以我才来找你。”很久没有人提赵立千这个名字了。

“赵老师？”刘吉成耳边不断响起赵立千之前跟他说过的话：我们一定要把卫星送到天上去！要播放《东方红》乐曲！

刘吉成的眼眶湿润了——赵老师，我终于如同当年您说的一般，为研究卫星奉献自己的光和热了，可是您呢？

窗外是一声高过一声的口号声。

从窗子看出去，街道上红旗林立，人头攒动。好像肚子都吃不饱的人们，情绪依然处于饱满亢奋中。

北京民族文化宫器乐部，刘吉成正带着乐队小组成员们试乐器。

桌子上摆满了各类乐器，有手风琴、口琴、铜锣、铜号等。

刘吉成和乐曲小组成员杨其堂、小李一个个试过去，他们已经连续摆弄了好几天了，但是都没有选到让他们感觉合适的乐器。

他们选择乐器的方法，是一个个地试着用各种乐器吹奏《东方红》乐曲，然后大家一起听音色。

“这个声音对吗？”小李放下手中的古筝，“我感觉非常有中国特色！”

“不对！”刘吉成皱起眉头，“好像还少了点什么！”

“还少了什么？那看看这个！”小李拿起一旁的扬琴。

乐器店的服务员已经陪着他们试了好几天，光是听《东方红》就已经听到耳根麻木，不由得询问：“你们要在哪里演奏《东方红》乐曲？”

刘吉成并不直接回答她的问题，只是笑了笑，放下手中的乐器问道：“那是什么？”

“铝板琴。你要试就赶快试吧，要关门了！”服务员落了个没趣，讪讪地将乐器递了过来。

刘吉成接过来，顺手试弹了出来，悠扬的琴声传遍了乐器中心，引得行人驻足观看。

杨其堂和小李惊喜得异口同声地喊了出来：“这好！好听！”

“音色纯净、悠扬！就是这种感觉！”许久没有说话的杨其堂终于开口了。

乐器店服务员也愣住了：“我第一次听到这么好听的音乐……此曲只应天上有！说的就是这种吧！”

她还真猜对了，这支乐曲，就是要在天上弹奏的！

刘吉成的双手没有停下来，一直用铝板琴演奏《东方红》乐曲，引得几个人你看看我，我看看你，激动不已。

“就是这种音质！清脆、干净、透彻，有穿透力！”刘吉成满脸喜悦，手上的动作更加流畅。

“咳咳！”服务员突然轻咳起来，打断了刘吉成的演奏。

几人抬头一看，原来是一排红卫兵喊着口号从外面经过，小李赶紧推了推正在演奏的刘吉成，优美的演奏声立刻停下来，只留下响亮的口号声在空中徘徊。

在“听得到”这个问题上，乐曲的问题已经取得了突破，同时，其他问题也在加紧突破之中。

北京中科院力学所仓库里，正在上演一场惊心动魄的演练戏。

戚元初带着技术员，在工人们的配合下，做卫星上设置有四根三米短波天线的模拟试验。

技术员手里拿着用来记录数据的笔和本子，不停地在记着一些东西。

这个试验带有危险性，在充分准备过后，戚元初示意工人们躲开，找安全藏身处。

工人和技术员开始分头躲藏。

有人蹲在地上，用准备好的废旧大纸箱套在自己身上，透过事前挖好的洞，可以往外看。

有人躲在木板后面，可以透过缝隙观察。

技术员则像个古灵精怪的小猴子，眨眼间就爬到了厂房的大梁上蹲着了！他的手里还拿着笔和本子。

戚元初看到大家都各就各位了，示意值守电闸的工人打开电源开关。

电源开关被按下了。

带有四根三米短波天线的东西，开始缓缓旋转起来，旋转的片片光影，随着旋转速度的加快，渐渐成了一团暗影。

突然，短波天线中出现了断裂，“嗖”的一声飞了出去，有人开始惊呼。飞出去的裂片，击在了窗户上。“哗啦啦”一串巨响，随后被震碎的玻璃，四下溅开，落在地上，到处都是！好在没有人员受伤。

有人跳下大梁，有人脱掉纸箱壳，纷纷跑过来看断掉的天线。

围着这根报废的短波天线，大家议论纷纷，有失望，也有沮丧。因为这种试验已经做了许多次了，但都失败了！

戚元初手里拿着断掉的天线，沉思良久。虽然他一直强调搞科研要抱最大的希望、尽最大的努力、做最坏的打算。可眼前他实在想不明白问题出在哪儿，该怎么解决这个问题。

晚上，戚元初骑着自行车，跑了两个多小时，到了北京南苑孙国梁的家。

戚元初与孙国梁一起讨论了短波天线的有关问题。

戚元初说：“我们这次的准备应该说是很充分的，是在第十二次改进后上的试验。但还是失败了！我和工人、技术员实在想不出问题到底出在了哪里？”

孙国梁知道戚元初的脾气，尽力安抚他：“你也不要太着急，再想想看，需不需要去请教一下力学专家？”

戚元初眼前一亮：“国梁，你说得对呀！找……胡明山，怎么样？”

孙国梁皱着眉头，缓缓叹道：“非他莫属，可他的脾气比你还倔呀！”

戚元初笑了：“那你亲自出马请！”

孙国梁一口答应。

戚元初高兴地站起来，从孙国梁书架上选了几本书，就匆匆回家了。

第二天，孙国梁家里迎来了一位特殊的客人——胡明山，他文雅谦卑，风度翩翩，带着知识分子特有的清雅俊秀，开口也是不急不忙：“你找我一定有什么事吧？”

“必须的呀！”孙国梁从办公桌前起身，“胡明山，你是谁呀，大名鼎鼎的力学家呀。我请你来，有一罐好茶叶，请你一起品尝。”

孙国梁说着，从柜子深处拿出一罐茶叶。他打开茶叶罐，闻了闻，把茶叶放进两个透明玻璃杯子里。提起桌上的旧式暖水瓶，开始泡茶。

孙国梁递上一杯茶给胡明山，胡明山接过说道：“说吧，什么事？”

“请你给总体部同志们讲堂力学课，怎么样？”

胡明山为人有几分傲骨，听孙国梁这么一说，傲骨毕露：“孙主

茶……喝茶……喝茶！”

“屋里冷，我给你们烧炉子。”就在两人谈得渐入佳境时，魏喜芬推门进来了。

孙国梁顿时不满地一瞪，说道：“谁让你不敲门就进来的？”

自己家里还要敲门？魏喜芬委屈地低下头，眼泪瞬间盈满了眼眶——自从丈夫进了科研所，一天比一天神秘，也一天比一天敏感。现在倒好了，防自己都跟防贼似的。

胡明山一看两人红了脸红了眼，连忙站起身：“那个……我还有好多事，先走一步。”

“哎……我还有很多问题……”孙国梁还想挽留一番，却也不得不起身送客，“好的……明天早上，不见不散！”

“行！不见不散！”胡明山起身握手告辞。

魏喜芬目送胡明山出门后，转身委屈地哭起来。

“这还是不是我的家了？”魏喜芬委屈到流泪，“你们哪里来的这么多秘密？我知道你在干大事，可这大冷天的，也不能冻着你！你倒好！你倒是说说，你到底做的什么国家大事！整天像防特务一样防着我。我看你才像特务……”

“你……哎，你猜对了！我是有特殊任务的特务！”孙国梁笑着叹了一口气，摇摇头，出了门。

他不能说，也不知道从何说起，只能让体贴的妻子暂时受些委屈。

魏喜芬见他对自己这般态度，更是心凉，一边抹眼泪，一边气鼓鼓地走进卧室，黯然坐在床边。

丈夫的神秘让她无所适从，也无法面对，可是小女儿红红安然的睡颜让她明白——自己必须无条件地支持丈夫，撑起这个家来。

“哇呜……”红红似乎感觉到了她的委屈，小猫似的哭叫了几声，魏喜芬抹干净眼泪，轻轻地拍哄着她。

感觉到母亲的存在，红红伸了伸小手，再次沉沉睡去。

第二天一大早，孙国梁拿到了胡明山给的天线甩开运动轨迹和受力分析图。他知道，胡明山一夜未眠。这就是航天人的信条！

孙国梁急忙跑去工厂找戚元初，讨论改进试验方法的问题。

工厂里，一群工人正在忙碌着。

戚元初率领的团队里，有技术员、工人，也有高级技师。他们依照胡明山计算出来的数据，不断改进天线长短，反复地做试验。

这样的工作强度非常大，可是他们在坚持，他们相信坚持就是胜利。

戚元初曾向孙国梁保证：“我和工人一块儿做，试验成功了，我第一时间找你汇报。”

天线的问题得到了解决，乐曲的问题也一直在突破。

音乐组的办公室里，连续熬夜的刘吉成，此刻正趴在办公桌上睡得香甜。

为了解决《东方红》的乐曲问题，他日夜苦思，一刻也不想放松。

只要一停下来，他总能想起那个夏天的午后，他路过赵立千的身边，恭恭敬敬地叫了一声“赵老师”，告诉他自己想要参与卫星的研制工作。

睡得迷迷糊糊中，他仿佛又回到了那个时候，听到了赵立千老师的鼓励和他临死前的遗言：

“卫星……把卫星放上天去！”

“轰隆”一声，梦里的卫星真的放上了天，大家都在地上等着它发出来的声音，可是音乐却迟迟没有响起。

领导们看向他，战士们看向他，全国的老百姓都看向他，都在问他：“刘吉成！《东方红》呢？怎么听不到？”

刘吉成急得抓耳挠腮，却又无计可施，恨不得能飞到太空中把卫星捣鼓一遍！

突然，梦中的情形让他骤然惊醒，他一个激灵，桌椅被碰出了巨大的声响，额头上直冒冷汗。

"怎么了？"

"刘吉成！你干吗呢？！"

同样趴在办公桌上午睡的杨其堂、小李被刘吉成弄出的声音吵醒，不满地揉了揉眼睛。他们实在是太困了！两个人的眼睛本来都不大，这些天被熬得就剩下一条缝了！

刘吉成心有余悸地说："我刚才做了一个梦，梦见乐曲怎么也唱不响。"

"你啊！"杨其堂拉开窗帘，"去冲个冷水澡吧，一定是你精神过于紧张了。"

刘吉成伸了个大大的懒腰："哪有时间冲澡？小李，抓紧时间，把曲子再放一遍。全曲 16 个小节，播放一遍需要 40 秒，时间有点长，技术上不好处理。我看还是让卫星播送前 8 个小节，你们怎么看？"

刘吉成说完，小李、杨其堂点头称是。

刘吉成又看了看手表，说道："我还有个想法，我们可以在 40 秒内，让卫星重复播送两遍前 8 小节，然后每隔 5 秒，播放一次前 8 小节。这样只用一个发射机，就可以实现交替传送《东方红》乐曲和遥测信号的目的。"

"试试？"

"试试！"

刘吉成他们很快合成了音乐，唱片机里唱起雄壮的《东方红》乐曲。

"效果不错！"

"可以！"

刘吉成舒了一口气："那我现在就去请示！"

刘吉成骑着自行车在街道上飞奔，他的耳边一直环绕着《东方红》的旋律。

果然，刘吉成的考虑是合理的。经过专家研究后决定，电子线路制造复合音响，模仿板琴的声音产生《东方红》乐曲，并使用无触点开关的方案被批准了！

要动手设计这个音乐装置，刘吉成搬来了铺盖，天天住在办公室。

卫星本体工厂里，卫星的制造工作更是开展得如火如荼。

孙国梁刚来到制造厂听田厂长汇报情况，田厂长手里拿着一个多孔插座，便提出了问题："你看，这种连接插头，我们拿到的都不合格。国内有能力制造 24 个插针的企业几乎没有。听说上海无线电五厂有制造多插针连接插头的技术，建议试一试。不过，需要特殊批条。"

"嗯！"孙国梁看着插头皱起眉头，"连接插头也做不出合格的，国家工业基础薄弱啊！这样吧，我去总理办公室，开份介绍信出来，你们拿着去找上海市的主要负责人。通过他们找到上海无线电五厂，开展试验。无论如何，必须把卫星插头造出来。"

卫星各系统的工作，试验既有失败，也有小成功。领导人、科学家、工人、战士……举国之力，倾入其中。

只是近期，孙国梁被"看得见"这个问题折磨得几近崩溃。

他在屋里不分白天黑夜，闭门不出，脾气变得古怪极了！都说孙总最近火气大，不爱说话。

1957 年，苏联的第一颗卫星刚一上天，世人就像争观天外来客一样仰面朝天，一睹这人间稀奇。我国科学家利用光学观测手段，获得了一个奇怪的印象：轨道上有两个不同亮度的天体同步运行，难道苏联人同时发射了两颗卫星？一时之间，疑窦顿生，不得答案。

直到半年后，苏联塔斯社才宣告了这个秘密：亮度很低的，才是真正的卫星，亮度较强的那个是为肉眼所睹而保留的发射卫星用过的末级火箭。这简直是充满智慧的魔术表演。

有人提出了借鉴苏联的经验。但是，中国的东方红一号卫星将以一枚三级火箭发射，第三级火箭实际上很小，只得考虑到依靠卫星直接反光。中国的第一颗卫星设计为球形 72 面体，是为了在小平面上加贴 60 片太阳能电池片。后来取消了太阳能电池设计，就考虑将星体改为球体。工艺上简单实用，再加上阳极化处理，反光效果与 72 个小平面差不多。

科技工作者请教南京天文台，问一米直径的卫星通过阳极化处理，在预定运行的轨道上，人的肉眼是否可以看见。

得到的回答是“无论怎样抛光，无论是球形 72 面体，还是球体，地面上的人眼都不能看到，加上末级火箭也难以奏效”。

有人要把卫星做大，但做大了火箭就装不下了！孙国梁作为总体技术负责人，脑子里各系统的参数必须是协调一致、相互制约的。

“看得见”一时间成了难解的问题。众多的科技人员为此焦虑，寝食难安！

孙国梁也是烦躁不安，好不容易回到家了，却没有陪家人，一整天都关着门待在书房里。大白天，窗帘也是拉着的。

妻子魏喜芬忙里忙外，但根本不敢踏进他的书房一步。

不知道过了多久，孙国梁想问题想得累了。他走出书房，来到院子里，才知道天空正在下雨。雨声滴答，落在石板上，溅起一朵朵水花。

北京城的每一种天气都来得格外诗意，一下雨就是燕京，一下雪就是北平。

孙国梁站在小院子里的台阶上，卫星的事情塞满了他的大脑，让他眼睛里看不见家人，看不见女儿红红正在悄悄长大。此时女儿正在院子里打着雨伞玩耍，她举着小花伞在他面前转着圈圈。

小女孩已经到了能说会道、打伞嬉戏的年纪，孙国梁难得在家陪孩子，这让红红对难得回家的父亲格外亲近。

“伞？！”孙国梁看到眼前的花伞不由得灵光一闪，还不等女儿反应，他一把抓过花伞，仔细打量起来。

女儿红红直接蒙住了，淋在雨中，又委屈又害怕，哇的一声哭了起来。

孙国梁似乎没有听见红红的哭声，将花伞转来转去地观察。

“怎么了，红红？”魏喜芬跑出门来，“哎哟，怎么拿了孩子的伞，看孩子被雨淋成什么样了！”

孙国梁依然没有反应，魏喜芬情急之下，推了他一把，他却依然站在雨里，不为所动。

这个人！真是魔怔了！

这段时间，魏喜芬已经被孙国梁的反常行为气得头脑发胀，只得抱回红红，匆匆忙忙给她收拾妥当。

雨水寒凉，孩子又小，刚换好衣服，红红便连打了好几个喷嚏。

“爸爸坏！呜呜……”红红一边打着喷嚏一边哭。

魏喜芬深表同意：“你爸爸疯了，一直都是个疯子！”魏喜芬想当初自己也是昏了头，恨恨地说道，“傻子才嫁给了这个疯子。”

红红学着这个新词：“疯……子……”

魏喜芬无奈地抱住她：“以后和哥哥玩，少惹你爸，好不好？”

红红乖巧地点点头：“嗯！我以后都不和爸爸玩了！哼！”

孙国梁可没有顾得上母女二人的“嫌弃”，他如同发现了新大陆，一头扎进办公室。

第二天一大早，他就给原七机部的“回收伞”专家史光宇打电话。直截了当地说：“你能不能组织几位技术骨干，从设计到生产，解决‘东方红一号’‘看得见’的问题？”

史光宇询问了有关“观测裙”大体的设想，当即表态：“行！”便承揽下了这个艰巨的、充满挑战的任务。

同时，孙国梁又一次请教了南京天文台，这次得到的回答是：“行！”择日，孙国梁和史光宇专门坐在一起，探讨“观测裙”的具体设想。

根据折叠雨伞原理，模拟做一个特殊材料制成的“大围裙”，在末级火箭上加上这个特殊的“围裙”。卫星上去后，末级火箭脱离，“围裙”撑开有几十米，可以大大提高观测度，利用特殊材料，大面积反射太阳光。到时候，大家在地球上就可以据此用肉眼看到带着“围裙”的末级火箭，也很容易找到卫星本身。

“看得见”的大道已经铺开。史光宇是一个既有中国知识分子爱国爱民族的共性、又有人格个性的特色专家。大学读书时就加入了共产党组织，毕业后分配到上海航天单位工作。

这位年轻时就立志为共产主义奋斗终生的人，却在那段特殊的历史时期，被“莫须有”的罪名开除了党籍，冷落在一边。当把卫星“看得见”的使命交给他时，他一肚子的委屈，全被重返科研岗位的喜泪冲刷干净。可爱的中国知识分子的形象，一如会闪光的“观测裙”一样，熠熠生辉。

卫星工作进展情况汇报会很快开展，这一次，大家都惊奇地发现了各项进步。

会议刚开始，钱文鼎便在会议上提出，我们这颗卫星的直径要 1 米，亮度相当于 7 等星，在天气、光线好的情况下，人的肉眼最多也只能看到 6 等星，“看不见”这个大问题终于得到解决。

“有办法了！”孙国梁拿起带过来的雨伞说道，“和搞火箭的同事们商量想出了一个‘借光’的办法。目前已经进入制作阶段。”

他知道，史光宇是一个极具科学天分、无师自通的人。史光宇一开始就说制作这个“光裙”的材料需要轻薄。根据设计要求，它能经受住 28 千克以上的拉力，要在零下近 200℃的环境里，保持柔软的性能。事实证明他说得很对！

钱文鼎满意地点点头，认真记录下来：“卫星绕地球转的时候，能不能让亚非拉人民也用普通收音机收听？这个问题解决到什么程度了？”

“潘渤伍同志一直在致力于这个问题。”孙国梁说道，“请潘渤伍介绍一下！”

潘渤伍站了起来：“我们用了三个月的时间求解这个问题。我拿着介绍信，到处去找各种收音机进行测试。结果发现，如果想让普通收音机收到，就须在卫星里装上发射机，这样的话，卫星将严重超重。

我们的火箭目前还没有这样大的运载能力，因此，这个办法不可行。后来，就提出了用地面站转播的办法。就是卫星发射上去后，地面接收解码，发送中央人民广播电台广播。全国人民在收音机广播中，可以完整接收从地面跟踪站转播的卫星信号。”

孙国梁点头同意：“经过论证，我认为用地面站转播这个办法是现实可行的。”

“不错！”钱文鼎看向蒙贵荣，“国际上接二连三传来太空太热，卫星被冻死或被烧掉的消息。贵荣啊，你们研制的卫星温控系统完善得如何？”

蒙贵荣这时候已经30多岁了，但说话却依然带着些许紧张，生怕有一点失误：“卫星在空中运行时，向阳面温度高达100℃以上，背阴面温度低至零下100℃，而仪器设备必须保持在零下5℃至零上40℃之间，才能正常工作。我们经过反复的计算和实验，采用多种温控涂层，使仪器舱内温度达到了总体设计要求，研制出了一套完整的卫星温控系统。”

“好啊，难关被你们一个个攻破了。值得高兴啊！”钱文鼎满意地点点头。

这时候，楼下传来了吵闹和叫喊声：“孙国梁——孙国梁——”

都什么时候了，还有人敢在这里闹腾？

孙国梁站起来，从窗户往下看，楼下的两个人衣衫破烂，风尘仆仆，看上去头发凌乱、胡子拉碴的。

两人像是逃难过来的难民站在大门外，被门卫阻拦，那个高个子同门卫争论起来。

这语气、这脾气、这动手的速度，不是汤圆又是谁？他旁边那个，便是程万勇！

程万勇此刻看着汤圆一言不合就动起手是又急又无奈，只得望着办公楼，着急大喊：“孙国梁——孙国梁——”

眼见没有效果，他又转身朝着门卫求情：“同志，请相信我……

保卫室
保卫

我们两个真是单位里的！”

孙国梁朝下面喊：“请程万勇和冯绍渊同志进来吧！”

程万勇？冯绍渊？

与会者一起看向会议室门口。

程万勇和汤圆抱着资料，风尘仆仆地走进办公室。

看着眼前的二人，众人忍不住沉默下来——程万勇和汤圆常年在偏远山区工作，条件远比想象中更简陋，风餐露宿，一日三餐都无法保证。

这对于搞科研就是混饭吃的汤圆来说，无疑是可怕的，然而他从未抱怨——自从赵老师去世后，他好像都失去了积极吃饭的乐趣。

“你们能赶来就好啊！”孙国梁看着满脸沧桑的二人，满是感伤。

钱文鼎给两人递过茶杯：“先喝口水。”

汤圆看了一眼钱文鼎，目光中似乎多了一些更加让人看不懂的东西。

他道了谢，端着水认真地喝着，明明是野人一般的生活，身上却多了几分文人气质。

倒是旁边的程万勇大口喝水，咕嘟咕嘟都不带歇息。

“慢点，慢点！”孙国梁给程万勇直顺气，“慢点喝！”

钱文鼎心疼地看着两人：“不急，慢慢说。”

“嘿嘿！这不想着汤圆着急吗？这些日子他埋头苦干，什么都顾不上，就等着回来汇报工作呢！”程万勇说道，“截至目前，我们已经建立了完善的首区测控站。此前，和钱院长、孙国梁同志反复讨论过，将来我们还要对卫星进行跟踪、指挥、控制，要让它发挥作用，仅仅靠发射首区测控站还远远不够，我们还要在海岛、边疆等地设立测控站，这样才会得到全面数据。中央军委已经下令，让全国各大军区在自己的地盘上修建台站。1970 年，测控网一定能够建成，我们有信心。”

汤圆不说话，站得笔直。

他的话本来就不多，之前是因为太年轻，现在是因为太成熟。

钱文鼎拍了拍他：“如此看来，卫星发射指日可待！”

后来，史光宇终于不负众望，完美实现了“看得见”。

他踏破铁鞋，终于找到上海的一家研制新材料的工厂，并在 11 个月以后，研制成功了那种上天用的“裙布”。

无论是孙国梁，还是史光宇，都不能忘记那个黄道吉日：

在“观测裙”的试验台前，当操作员按下神秘的电钮，尚未展开的裙体以每秒四周的速度飞旋起来。眨眼间，四根弹射杆同时弹出，将绕成环状的“球皮”在“呼呼”声中拉出，随之鼓胀，形成了一个又大又圆的巨大球体，像天上的太阳一般通体闪光，那么璀璨、耀眼！

第十六章
石破天惊　重上九天揽云月

1964 年 4 月，国防部五院任命李双、屠卫达为东风三号中程导弹正副总设计师。8 月，“东风三号”研制工作全面展开。1966 年 12 月 26 日，“东风三号”首次试飞。1967 年 5 月 26 日和 6 月 10 日两次发射试验均获成功。

1965 年 5 月，中央专委批准了中远程地地导弹的研制任务。七机部确定由任兴国主持这项研制工作。从此，“东风四号”作为一个独立的导弹型号正式开始进行研制，这是我国第一种两级弹道导弹，搭载东方红一号卫星的长征一号火箭就是在东风四号弹道导弹基础上制造的。

只是，正值“文革”时期，科研生产工作更为艰难。任兴国是周恩来总理批准保护的航天科技专家之一，任务更多，从事科研生产的时间也更加充裕。

不过，偶尔也有劲风吹过，时不时地受到威胁，甚至有“以生产压革命”的帽子在他头顶上挥舞。

任兴国和张伟地带着秀儿等人开展科研攻关，他们顾不上艰难险阻，因为形势逼人，继法国发射卫星成功后，日本也蠢蠢欲动，中国的卫星工作迫在眉睫。

秀儿根本没有顾得上和汤圆见面，她跟着任兴国奔波于研究所、发动机生产厂、试验站和生产玻璃钢喷管延伸段的 251 厂之间，进行玻璃钢大喷管的攻关和科研。

251 厂位于长城外的康庄，试验站离研究所又比较远，在那个工作秩序不正常的年代，就是任兴国也要挤公共汽车，起早贪黑地穿梭于北京南苑与永定路之间。有的时候，他们在公共汽车上打个盹儿都是极好的休息，辛苦和劳累可想而知，更何况秀儿一个弱女子。

任兴国、张伟地等发动机研制人员，带着秀儿和其他有关设计人员、工艺人员、试验人员、生产工人一起研究讨论和解决玻璃钢大喷管的设计工艺和生产问题，他们经历了一次次的失败、一次次的改进和一次次的再失败、再改进，在苦苦摸索中反复地分析试验研究，终于找到了用浸过树脂的玻璃钢布，在模胎上层层缠绕、高温固化……道道工序缜密细致，终于，合格的玻璃钢大喷管诞生了——离卫星上天又近了一步！

许多年后，全国政协副主席、中国工程院院长宋健，在一次科技大会上讲出了这样一番昭彰历史的话语："我们的航天事业发展这几十年，最可贵的经验就是培养出了一支队伍，你给他条件上月亮，他也敢上！"

这一次，任兴国和秀儿连同几名同志前往基地，其中便有郭远念和汤圆。

自 1967 年 11 月 1 日开始，国防科委便决定将研制长征一号运载火箭的任务由第八设计院移交给一院，从此任兴国和研制"东风四号"的团队开始正式承担长征一号运载火箭的研制任务。

这次汤圆跟着郭远念回来，正好并入研制团队。只是这次回基地面对的问题更加复杂和棘手。首先是因为在这样的特殊时期，产品质量需要解决的问题比较多，其次就是"文革"运动给试验队的工作带来了干扰，组织协调工作也更加困难。

1968 年 10 月 3 日，郭远念再次来到罗布泊试验基地，准备我国第一颗热核导弹的试验。12 月 4 日，正值中国第一颗热核导弹试验的关键时刻，已经在青海待了两个多月的郭远念带着在试验中发现的重要数据文件紧急返京。

1968 年 12 月 5 日凌晨，郭远念从青海试验基地赶赴北京，但首都机场却未能等到他的身影。坠毁的飞机带走了他的灵魂，留下了他拿命保下的绝密文件。大火几乎焚化了一切，却在两具用身体保护的绝密文件前止步。

飞机在离地面四百米的高空失控，逐渐加速冲向地面，在触地时，几乎所有人员瞬间死亡。

加速下坠的飞机走完四百米，那就是容许他做出反应的时间。

他这些年吃的所有苦，只是为了那一直不灭的科学救国梦。

这是一个漫长但有始有终的梦想，它被郭远念发现，并在漫长的岁月里始终被呵护珍藏。

那个梦，自战争爆发开始埋于心底，自远游学习的时候破土抽枝，当其决然回国的时候，在心里长成不可动摇的坚定支柱，并在而今悄然爬满果实。

他因为这个梦丢弃过金钱、地位、安稳，到这一刻，他要交付生命了。

“我到美国来是为了我的祖国。”当年他如是说。

他这一生，无愧理想。在基地的汤圆看着月亮心想。

他失去了赵立千，现在又失去了郭远念，可是怀里的卫星提醒着他，卫星还在，秀儿还在，梦想还在。

1969 年 8 月 27 日，“东风四号”01 批一组第一发导弹出厂，由任兴国带队奔赴酒泉发射基地进行发射飞行试验。不久后，第二发“东风四号”也相继出厂。

1969 年 11 月 16 日，经过两个多月的紧张测试，01 批一组第二发遥测弹首次发射，却遭遇了意想不到的失败。

任兴国心急如焚，带着同事们在现场进行了事故分析，终于发现事故原因是计算装置未发出第一级发动机的关机指令，导致第一级未关机，第二级未点火，一、二级也没有分离，飞行试验失败。

针对以上问题，任兴国带领同事们制定和采取了有针对性的改进措施，在控制系统中采用程配并联，并且增加了液位关机和时间关机，做到三重保险，确保关机。

1970年1月30日，东风四号中远程导弹飞行试验获得成功。这是我国首次成功发射的二级弹道导弹，也意味着东方红卫星所用的长征一号运载火箭有了更加牢固的基础。

紧接着，任兴国亲自组织并带队奔赴吉林长白山下的发射基地，进行了十余次的“东风四号”长程和全程飞行试验，都取得了巨大的成功，这也意味着，“长征一号”进入了紧锣密鼓的准备之中。

技术关键是考虑国防需要，同时还要考虑中国火箭和航天技术的长远发展。之前提出自主研制长征一号运载火箭，就是要把导弹技术和太空火箭技术结合起来，利用接力传递的办法最终解决卫星“上得去”的问题。

周恩来听了任兴国做的专题汇报后，对科技人员们提出表扬，表示大家的工作做得很细很好。同时也指出，“东风四号”的试验，不仅关乎中国第一种中远程导弹的研制，也直接影响到“长征一号”能否成功发射东方红一号卫星。另外，“东风四号”的射程增大，在试验时是否会由于控制系统故障而使导弹飞出国境，是需要再三考虑的重大问题。

为了明确责任，周总理更是提出要把经过挑选的直接参加卫星工程设计、生产、试验的29个主要单位的3456名工作人员逐一进行登记，形成一本花名册，报送周总理处存查。总理一再强调，所有参加这一工程的人员，都要服从指挥，坚守岗位。

同时，为了不使科研生产发生卡壳现象，国务院已经为长征一号火箭的关键短线项目开具了特别公函。持有这张“路条”，工作人员不管到哪里求援，都会畅通无阻。

孙国梁办公室，卫星试制厂的田厂长正拿着资料匆忙进来。

见到孙国梁，他着急地开口："孙主任，卫星方案简化后，我们把重量压了又压，但是只能压到 150 千克，可是，火箭专家说这个重量受到现有运载能力限制，没法送上天去！"

孙国梁一听就急了："这是非常严重的大问题！与火箭系统的协调是整个工作的重点。卫星体积、轨道高度都会受到火箭运输能力的制约！"

孙国梁急忙穿上外衣，拿起资料："走！咱过去看看！"说着便和田厂长一起风风火火地出门去了。

火箭系统研究处办公室，孙国梁带着田厂长和秀儿已经商讨了大半天了，丝毫没有注意到窗外天色已黑。

孙国梁把一沓资料放在秀儿的桌面上，开始跟她软磨硬泡："你说的我都理解。可是，卫星方案简化以后，我们尽了最大努力，也只能压到 150 千克。"

秀儿无奈地摇摇头："孙老师，现在需要您理解我。我已经再三给您解释了，实在没办法，增加一两对火箭来说都是挑战，非常抱歉，我手头还有许多工作。"

"等一下！请理解一下……我……"孙国梁站起来，看着一脸为难模样的秀儿，摆摆手，"算了，我不跟你说了。我去找你们任总！"

事后，孙国梁想起来就觉得好笑，自己是最不善于和女人打交道的，何况跟一个小姑娘套近乎。

孙国梁话音刚落，便迅速收起资料，朝着任兴国的办公室走去。

"哎，孙老师！"秀儿的声音从后面飘来，"火箭设计载重是一定的，你找他，也是这个结果！"

"我们这可都是为了卫星尽快能上天，为了你和汤圆的那句承诺，我要做好你和汤圆的媒人！"孙国梁转身快步出了门，声音远远传来，"你就等着吧！"

"这个孙老师！"秀儿红了脸，狠狠地跺了跺脚。

任兴国办公室里，任兴国正和小章看图纸。

孙国梁气冲冲地走了进来，将图纸摆在任兴国面前。

任兴国抬头看见孙国梁，又惊喜又意外：“国梁，情况我已经知道了。别急，来，坐下说。”

孙国梁放好资料：“不坐，你答应我了，再坐。”

“不是我不答应你，是无法答应你啊。”任兴国哭笑不得，“你也是搞科研的，凡事都要按科学规律办，对不对？”

孙国梁叹了口气：“但凡我有一点办法，都不会来麻烦你。”

任兴国接过资料，翻阅了一番，无奈地给孙国梁端过一杯茶：“你先坐下来，看看资料，行不？”

孙国梁终于坐下来，端起杯子，一边喝水，一边看任兴国的表情。

任兴国翻阅了几个关键地方，抬起头：“这样吧，看在我们共同研制第一枚导弹的战友情分上，我闯这个难关，在火箭推力上下功夫，重新计算，少留‘备份’，看看能不能想出解决办法。”

“我就知道！谢谢你了，老任！”孙国梁高兴地站起来，握住任兴国的双手使劲摇晃。

“疼……疼”，任兴国被捏疼了，忍不住说道，“得了！都知道调皮了，被汤圆带坏了！孙国梁，你这手越来越有劲了！”

孙国梁不好意思地松开手：“我先走了，等你好消息！”

孙国梁哼着“战友，战友，亲如兄弟”的歌曲出了门去。

任兴国望着孙国梁的背影，哭笑不得。

不管如何，任兴国还是将这个任务“派发”到了火箭组，急得秀儿都跟着皱眉头，“增加一两都是问题，您倒好，让他这一哼，就加上三斤了！时间还这么紧，您就是半个月吃胖三斤都难，还给长征一号增重！”

“嗯！”任兴国笑了，“秀儿终于急了呀！这可是好事！回头你们告诉汤圆，让那傻小子别老傻乎乎地等！”

逐级地对相关线路进行检查，终于研制出了稳定的音乐装置。

这天，刘吉成请来了钱文鼎和孙国梁。

在他的办公桌上摆放着音乐装置，刘吉成轻轻抚摸着机身，手指头微微颤抖。

钱文鼎满脸期待："可以开始了吗？"

刘吉成看了一眼机匣，用力点头。他打开开关，立即传来清晰悦耳的《东方红》乐曲。

清晰，悦耳，毫无杂质，声音洪亮而稳定。

这就是我们的"东方红一号"需要的《东方红》！

钱文鼎和孙国梁相视一眼，满意而高兴地笑了。

小杨、小李更是高兴得蹦起来："成功了，我们成功了！"

孙国梁深知这首歌来之不易，感叹道："播放这首歌的重要性已经不亚于卫星本身啊。大家辛苦了！"

"领导辛苦了！"

"我们不辛苦！"

小杨、小李激动地回答着，在孙国梁的赞赏中欢呼跳跃。

看着眼前的一切，刘吉成的泪水溢出了眼眶。

北京卫星试制厂，孙国梁看到工人们做出来的卫星整星模型，高兴不已。

卫星做出来了，可是孙国梁听到报告说实际重量有 173 千克后，顿时傻眼了！

"还能再减轻一点吧？"孙国梁急切地恳求田厂长。

"不可能啊！孙老总，您别难为我了！"田厂长摇摇头，"每一道工序，都是经过严格计算把关的。我就是变，也给您变不出来啊！"

孙国梁懵了，停顿了一会儿，再次向任兴国办公室赶去。

这一次，秀儿都不想阻拦他，只是朝着任兴国喊道："老师！孙总又来了！"

“你又来了？”见到孙国梁过来，任兴国只觉得脑袋疼。

孙国梁倒是三两句话就说明了来意：“老任，你可能也听说了，做出来的卫星实体超重！您得想想办法，帮帮忙啊！”

“我不怕挑重担，问题是这副担子挑不起！”一听又是这事，任兴国情绪有些激动，“这颗卫星的总重量，超过了苏美法日第一颗卫星之和近30千克，对我们的火箭推力是个巨大考验。我们不能冒风险，只能按科学规律办事！”

孙国梁一听这话，干脆一屁股坐下，不走了：“你要是不帮我，我就一点办法也没有了。眼看着卫星发射预定的时间一天天临近，着急啊。实在不行，只能请示总理……”

孙国梁想起自己刚刚走马上任时，人微言轻，自己受尽委屈和难堪。

当初卫星方案简化后，也不证明一定都可行。除技术指标外，各项的协调指标都是新课题。要说服一些专家承认你锁定的指标和理论，也是十分困难的！有人认为，“我的仪器还没研制出来，怎么会知道符不符合你的指标？按你的协调指标做，还能不能保证我的技术指标？”

更有甚者发言坦率尖锐：“你不要讲什么指标协调，你不了解我搞的东西多难，你还要求多大多小，到底是你懂，还是我懂？！”

这都是真正的技术权威同你在辩驳，就像乐团里的首席乐师把小提琴扔给了没有乐谱的指挥。

那时候，年轻的孙国梁不但没有经验和依据去证明他的指标要求的合理性，有时候讨论和问话都不一定能讲对专业术语。

搞总体的同志在各种研讨会上宣讲工程思想，做了大量工作，但还是有人不理解。

孙国梁是一个善于形象思考的人。他以深入浅出的道理启发大家理解系统协调问题：“茶壶盖要能正巧扣在茶壶边上，严丝合缝。”

在那段大协调时间里，孙国梁一直处于火箭制约的压力之下。他唯一的办法就是把压力分解于卫星的九大系统。实在分解不了的，再以一个行家里手的身份去“说服”和“帮助”任兴国挖潜。

谁都知道，孙国梁是被钱文鼎从任兴国手中“抢走”的导弹精英、优质后生。

任兴国看着孙国梁，眼睛一眨不眨，转而又笑了：“哈哈，这么说，你是赖上我了！你这不是请我挑重担，是在逼我呀！”

在老领导面前，孙国梁干脆厚着脸皮要起赖来，他说：“别说得这么难听。钱副部长说过，我们这叫作‘以星促箭’。记得你也曾经对我说过，只要我能造出来，你就能送上去！是吧？现在我造出来了，你得想法子送上去呀！”

看着孙国梁这软硬兼施的样子，任兴国无奈地放缓了语气：“你这软缠硬磨的功夫跟谁学的？”

孙国梁不好意思地笑了：“是工作需要。”

任兴国又气又无奈：“你还笑得出来？好吧，这副重担还是我来挑！”

“其实，你是知道这副担子有多重、有多难的！谢谢！”孙国梁说着，眼泪都涌了出来，“任主任，这颗卫星倾注了大家太多心血，我就想早一天把它送上天，着急啊！”

“其实有个办法，你知道的，像章……”任兴国说了一半，再也不敢往下说。

那个时候，人人身上都挂着毛主席像章，很普遍，很郑重，也很时尚。各系统的卫星仪器做出来后，设备安装成套时也会很认真地镶嵌上一个毛主席像章，关键是像章越做越大，越做越漂亮，好像只有这样，才能显示出对毛主席的尊重。

这样的尊重，固然能体现出对毛主席的热爱，可是对于卫星而言，各项仪器加在一起，总体变重了太多。

大家对此心知肚明，可是谁也不敢贸然说话，毕竟是特殊时期，一句话说得不对，就有可能承受严重后果。轻一点的，都会被扣上一顶莫大的“帽子”，何况毛主席像章这样的话题。

“我知道！”孙国梁叹了口气，“我来想办法。”

见孙国梁这般有担待，任兴国气也消了，反而安慰他起来：“我比你还急！好了！答应你，在追加火箭推力上再下功夫！成不成？不过，我还不敢打保票。”

孙国梁笑了：“你任主任只要答应的事，没有办不到的！日本搞卫星研制，为了夺得亚洲第一，不惜借用美国生产的零部件。这个时候大家都在拼命游泳，筋疲力尽，可日本就这么轻易拿到了救生圈……我能不着急吗？”

任兴国摆摆手：“回去吧，等我消息！”他知道又有多少科技人员将为此付出心血、透支精力。

孙国梁上前紧紧握住任兴国的手，脚步轻快地离开了。从此，“以火促星”成了常谈，并且效果明显。

“一加再加，偏偏您就经不起人家软磨硬泡！”秀儿撅起嘴，“您这是经不起孙老师的苦肉计。这下好了，两位老师捆绑在一起，把绳子往脖子上一块套。一旦出现差池，后果很严重哩！”

任兴国叹了口气：“秀儿，你今天怎么这么唠叨，不像你了！我知道我们的压力已经千斤重了！一些问题处理不好，有可能成为压倒骆驼的最后一根稻草！可是，我们不帮他想办法，他还能从哪里想办法？国梁的爷爷是富农，一些人一直拿这个做文章呢！他要是真去提这个像章的事情，那不是给人家砸核桃的榔头了嘛！”

秀儿撇撇嘴，认真地翻资料：“您好久没回家了！孩子都快不认识您了吧？”任兴国苦笑一下，就继续干活去了。

可是任兴国也没料到，孙国梁在参加会议的时候，真的对上面提起了超重那件事。任兴国明白，这是国梁在给自己减少压力。

任兴国回到宿舍，辗转反侧想了一晚上，卫星超重的问题肯定是严重影响发射工作的！可是如果现在不汇报，火箭部门更加难做不说，卫星上天也会受到影响。

孙国梁把这个问题提出来，众人哗然，大家都佩服他的勇气。孙国梁性格中的决策善断、大胆谨慎，大家有目共睹。

钱文鼎等人更是积极支持他，问题很快引起了周总理的重视。

周总理虽然没有正面叙说这件事的对错，但还是表示：“大家对毛主席的热爱是对的，但是大家看看我们人民大会堂这个政治上这么严肃的地方，也不是什么地方都要挂满毛主席的像，有的地方是写了主席的字，但是放在什么地方都是非常严肃的，大家都要认真考虑什么地方能挂什么，你看看，咱们这个会议室就并没有挂毛主席的像嘛，政治挂帅的目的是让大家把工作做好，不是把政治挂帅庸俗化，搞卫星一定要讲科学，要有科学态度。你们回去好好考虑一下，只要把道理和群众讲清楚，我想就不会有什么问题嘛！”

周总理的话使孙国梁豁然开朗，更是让为他捏了一把汗的钱文鼎和任兴国等人心里的石头落了地。

大家传达了周总理的指示后，很快做出了安排，棘手的难题就这么得到了解决。

不过，孙国梁没料到自己还是受到了影响，而且是在卫星即将出厂的关键时期，他被一些所谓的“文革”积极分子盯上了。

第十七章
一飞冲天　东方红日出东方

随着“东方红一号”研制工作的不断推进，发射工作指日可待。可是，在关键时候，身为卫星总体技术负责人的孙国梁却被莫名其妙地调离了工作岗位，接替他继续推动卫星研制工作的是他的挚友戚元初。孙国梁认为这真是不幸中的大幸！

在“文革”必须站队的形势中，戚元初与孙国梁站成了两队。但在整个卫星研制方案中，两人志同道合，为“东方红一号”贡献着自己的心血和智慧。

戚元初作为技术负责人，经常与孙国梁沟通，甚至顶风到他家里，与他商量，听取意见和建议，一同处理难题。一起用力，把对卫星研制重重的牵挂落在了实处。

孙国梁“靠边站”的时候，并不等于他不可以搞卫星，而只是剥夺了他的领导权。除了卫星，其他的事情他无权过问。凡是卫星方面的事情，他照样得干，而且还必须干得有声有色，有板有眼。因为“革命”虽然可以“闹”，但卫星是“闹”不上天的。

接替孙国梁后，戚元初不是造反派希望的那样，而是只搞卫星不打架，他的日子注定也不好过。

这段特殊时期持续了一两个月之后，孙国梁又恢复了原先的岗位。孙国梁和戚元初又一次完成了角色的转换。

戚元初在稍纵即逝的政治曙光之后，便进入霉运期。有人通知戚元初在“革委会”选举中落选了，主要原因是“光抓生产，不闹革命”。

在孙国梁的印象里，工宣队、军宣队对戚元初更亲近信任一些。他就在工作中，尽量发挥戚元初的作用，以减少内斗，促成卫星研制工作顺利进行。

许多和孙国梁、戚元初一样的科技工作者，在变幻莫测的特殊历史时期，人之政治命运的起伏，恰似浪里行船。但出于对国家的热爱，他们只要有机会，就仍然坚守卫星上天的信念，利用一切能够利用的机会，为卫星研制工作默默奉献自己的智慧。

他们知道，个人经受些委屈不算什么，但国家不强大就会受欺负。

长征一号火箭是在1965年开始研制的，它是一枚三级火箭。火箭的一、二级采用东风四号液体中远程导弹，第三级使用新投入生产的固体火箭发动机。这是我国研制的第一种国产航天火箭，目标是发射中国第一颗人造地球卫星——“东方红一号。”

1968年2月，任兴国组织一院有关科技人员，在八院原方案的基础上进行了改进，完成了“长征一号”第三级的方案设计，采用四院研制的直径为770毫米的固体火箭，采用自旋火箭稳定，开关断续喷气控制滑行段姿态，二、三级级间冷分离，整流罩水平抛脱等方案。长征一号火箭的研制工作作为七机部一院的重中之重任务，开始紧张运作起来。

任兴国按时交上了“长征一号”设计图。西花厅周恩来办公室中，一双大手正翻开长征一号火箭设计图纸。

周恩来看着图纸，连声称赞道：“你们在这么困难的条件下，按时拿出了‘长征一号’，不简单啊。”

钱文鼎斟酌着说道：“科学家们充分发挥了自己的聪明才智，付出了很多心血。‘长征一号’标志着中国具备了进入空间的能力，标志着中国驶入了走向太空的‘快速路’。许多同志，都成长为航天奇才了！任兴国、孙国梁……”

听到孙国梁的名字，周恩来眼神亮了一下，他点点头：“这次发射不同寻常，我们以往发射导弹，都是在自己的国土上发射，而这一次，射程非常远，一定要控制住，千万不要让火箭飞到国外去了！”

钱文鼎心里清楚，他的爱徒孙国梁再一次被莫名其妙的政治风浪吹到一边“冷落”了。唯一让他欣慰的是，孙国梁还能够在卫星领域里尽力，这是科研人的最大的幸运。

走出周总理的办公室，钱文鼎和任兴国的步伐更加坚定和沉稳。

与此同时，国际形势急转直下，瞬息万变，中国的处境也更加艰难。

1968 年 8 月，苏军闪电入侵捷克斯洛伐克，使全世界为之震惊。也为其他社会主义阵营所谓“不听话”的国家敲响了警钟。国际上甚至认为，莫斯科这是杀鸡给北京看。1968 年前后，苏联在中蒙边境地区部署完毕带有核弹头的中远程导弹。其目的是有朝一日，摧毁中国的导弹试验基地、核试验基地以及其他一些战略设施。

1969 年 3 月 2 日，苏联侵犯我国珍宝岛，两国的边防部队进入了实战状态，两国关系也进入最危险的时刻。

1969 年 9 月 11 日，苏联部长会议主席柯西金在越南参加完胡志明葬礼回国途中，在北京与周恩来会见。周恩来警告说：“如果你们先发制人，摧毁我们的核基地，我们就宣布这是战争、这是侵略！我们就要坚决抵抗到底！”

在严峻的国际形势下，1969 年 9 月 23 日零时 15 分，一阵惊天动地的巨响后，地爆释放出的巨大能量，将试验区山体猛烈地摇晃起来——新中国第一次平洞地下核试验成功。

美联社评论说，中共最近秘密进行两次核试验，其相隔时间之短及秘而不宣的反常做法，都充分表明他们在这一时刻进行核试验并非为了取得某种成果，而很可能是临战前的一种演习和检测。这实际上等于警告了勃列日涅夫：如果你敢按下核按钮，中国就立刻给予还击。

1969 年 10 月 1 日，中华人民共和国成立 20 周年国庆这一天，毛泽东登上天安门城楼，兴致勃勃地检阅了游行队伍。

与此同时，远在戈壁深处的导弹试验基地，也举行了热烈的庆祝活动。一场核战争的阴影悄悄散去了，卫星上天的必要性，也更加凸显。

1970 年 1 月 30 日，大西北的酒泉发射基地正处在春寒料峭中。

干枯的骆驼刺和稀疏的沙棘丛，在北风中瑟瑟发抖，好像在诉说着人间的千辛万苦。

一棵胡杨树粗壮的树干被风吹歪了，斜躺在沙坡上，树根已经裸露出大半。放眼望去，犹如一条盘踞一方的巨蟒，正在那里养精蓄锐。又像是在沙漠中摸爬滚打的将士，正准备瞄准射击。

也许有一天，它真的累了，倒下了，相信它还想着再指蓝天的那一天。

沙漠中的胡杨树，是名副其实的英雄树。

在英雄树生长的地方酒泉发射基地，东风四号弹道导弹（中远程弹道导弹，射程超过 4000 千米）正在试射。

这一次发射非常成功！两级火箭在高空中成功分离，并且精准地击中了目标！

这标志着中国掌握了两级火箭技术，同时也为长征一号运载火箭发射中国第一颗人造卫星打下了坚实的基础。

日本的第一颗人造卫星“大隅号”在同样的时刻，也在加紧试安装美制“陀螺仪”，做着卫星抢先发射上天的梦。

然而，台风的中心是平静的。经历过太多苦难的中国将帅们，只将这样的压力变成了动力，东方红一号卫星之航船，将身体的大部藏于海平面下，开始了稳中带狠地加速前进。

百忙之中的周恩来总理要听取有关卫星研制生产情况的详细汇报。

1969年10月下旬的一天，孙国梁早早吃过饭，忙着换衣服、洗脸、梳头、刮胡子。等一切收拾停当之后，坐车前往人民大会堂。他用了一天时间，把要向总理汇报的情况做了认真细致的准备，并把周总理要亲自过目的刚刚研制出来的卫星初样，做了妥善安排。

晚秋的北京之夜是深沉而宁静的，不时吹来阵阵凉风。

坐在车里的孙国梁，心里却揣着一个小太阳，热乎乎、暖洋洋的。

他想让自己冷静下来，却怎么也无法平静。他觉得自己是在“赶考”的路上。

他记得自己第一次去人民大会堂是1962年的事了。当时全国都在饿肚子，为了给知识分子补充一点营养，鼓励一下创造科技奇迹的热情和干劲，中央领导在人民大会堂三楼宴会厅设宴，邀请首都各界知识分子的代表们吃晚餐。

坐在宴会厅中的孙国梁，虽然衣着得体，精神抖擞，却早已是饥肠辘辘。

说是宴请，不过是每桌上有四盘又大又肥的红烧肉。然而，在那个差点被饥饿吞噬了人性的年代，一块小小的红烧肉，足以激发活下去的勇气和创造未来的力量！

孙国梁望着四周满脸菜色、一身疲倦的各位专家，心里不是个滋味。当拿起筷子，颤巍巍地将一块又肥又大的红烧肉夹进嘴里时，泪水夺眶而出！

咽下的似乎不是一块红烧肉，而是足以享用一生的幸福！

七年后的这个晚上，孙国梁乘坐的小车，再次驶入了人民大会堂的门口。

唤起他记忆与兴奋的，是一块红烧肉。

他又想起了那一年，哈工大的那一个冬日，饥肠辘辘的他，为了贪馋一份红烧肉，却赶上了直通银河的幸运列车，让自己的一生在黑土地上开出艳丽的花朵。而后，一路艰辛，一路欢歌，也一路结果。

而今，那么年轻的自己，被工作人员引进人民大会堂江苏厅，和钱文鼎等老一辈科学家一起，汇报讲解东方红一号卫星的总体情况和具体构造内容。

他们摆出了“东方红一号”卫星的初样，请周总理等中央领导人审视。

在这样的时刻，周总理更关注的是研制卫星的人。他目光炯炯，神采奕奕，紧紧握住孙国梁的手，关切地询问他的情况。

当得知这位卫星总体技术负责人刚满 40 岁的时候，周总理高兴地说：“还是个小伙子嘛！文鼎同志的年轻弟子蛮多的嘛！”

伟人的兴致一高，风采是非常迷人的，总理笑容可亲，使人想对他说出灵魂最深处的话语。

周总理具有非常明智的科学态度，他理解所有的人心，就像优秀的船夫熟知水性。

孙国梁紧张的心放了下来。他的胸腔里像被清水洗过一样，一片澄明。

政治伟人就是这样，百炼钢化为绕指柔，四两拨千斤。

卫星工作是一项高度综合的现代科学技术，研制和发射人造卫星是一个国家科学技术水平和工业基础的重要标志，对政治、经济、军事和科学文化方面都有着非常重要的意义。

这便是世界各国都倾其全力努力竞争的缘由。

在卫星“正样”的研制阶段，生产组装了五颗正样星。第一颗作为检验星，于 1969 年 9 月完成了全部环境模拟试验，星上各系统在各种试验中的工作基本正常。检验星试验出现的问题，在送交总装的发射星的产品中，均逐一得到解决。

1970 年 2 月初，国防科委向酒泉发射基地下达了准备发射东方红一号卫星的命令。各大系统也开始进行发射前的准备工作，通过了整星状态下的自旋试验。火箭和卫星的质量全部合格，完成了出厂前的各项准备工作。

1970年，北京科学仪器厂厂门口悬挂着巨幅标语：

誓把卫星送上天，为伟大的社会主义事业争光！

钱文鼎深情地看着东方红一号卫星，像看着一个新生不久的婴儿。他盼着他快快长大，成龙成凤，一飞冲天！

戚元初走了过来，说道："钱副部长，我们已经对卫星进行了全面质量复查，符合发射要求。"

钱文鼎点点头说道："很好。"

然而，正在我国紧锣密鼓准备卫星发射的时候，2月11日，日本方面突然传来消息，他们的第一颗人造卫星"大隅号"竟赶在我们前头抢先发射了。这枚仅重9.4千克的日本人造卫星在发射后一天时间内就因故障关闭了。就是这枚"土豆"大小的日本卫星，抢占了国际上卫星发射排名第四的位置。

1970年3月26日，周恩来批准火箭、卫星正式出厂。

技术人员们接到通知后，开机启动将火箭和卫星装箱、车运、上火车、车载的过程。

装箱过程中，钱文鼎、戚元初一直在现场，可是却少了孙国梁的身影。

在"文革"后期的一片喧嚣之中，运输东方红一号卫星和长征一号火箭的火车出发了。

晨曦中，茫茫戈壁滩上一条单行轨道上，正蜿蜒行驶着一列军用火车。

火车鸣笛，行进声铿锵有力。

1970年4月1日，"东方红一号"和"长征一号"运抵发射场。

基地的空地上插着许多面红旗、彩旗，在风中飘扬。锣鼓喧天，军歌嘹亮。基地战士们整齐地坐成几个方队。

队伍前方，有两根立杆，上面挂着一条巨大横幅：“誓把卫星送上天，为伟大的社会主义事业争光！”

李哲汉司令员激情四射，在方队间来回穿梭，指挥战士们唱着《团结就是力量》。

目睹了导弹和核弹的成功，基地的战士们更加自信，场面更加振奋人心，这种气氛感染到了每一个在场的人。

钱文鼎、任兴国、戚元初下了吉普车，都被基地这些年的变化所震撼——这些年，西北基地已经从荒凉的黄沙地，变成了现在成功发射了原子弹、导弹的试验基地。

现在，这里即将发射卫星。钱文鼎和李哲汉正在长谈，用军用杯以水代酒，吃着花生。

沙漠远处，“长征一号”已经竖在了发射塔架上。在朦胧的夜色中，显得静谧、神秘而威武。

李哲汉站在窗前看见塔架紧紧抱住火箭，心下感叹：“感觉就像母亲抱着即将远行的儿子，去完成一项长我中华志气的使命。”

钱文鼎笑了：“是啊，终于要远行了！”

李哲汉问：“它能够完成这项使命吗？”

钱文鼎点点头：“肯定能！不用担心，要相信科学。”

“我也是这么想的。”李哲汉说道，“你这么说，我就放心了。唉，就是孙国梁没亲自来发射现场，有点遗憾呀！”

孙国梁的名字让钱文鼎瞬间目光黯然，欲言又止：“嗯……他……留在聂帅身边，这个……也好，也好。”

李哲汉瞬间预感到了什么：“没什么事吧？”

钱文鼎为人正直，顾全大局。在长期的研究工作中，形成了自己的思维方式、工作方法和工作作风。严格按程序办事，善于把创新与求实相结合。善于组织和引导科技人员，发挥群体智慧。

钱文鼎看向大漠，坚定地说：“我们个人经受一些考验，没有什么。国家强大了，腰杆才能挺起来。国家兴亡，匹夫有责，何况我们这些人呢？”

李哲汉更加心事重重：“是啊！我们这一代人，经历了新旧社会更替，最清楚、也最懂得科技兴国的意义。”

两人仰望星空，默默无语。

钱文鼎充满期盼、焦虑的心，此刻反而平静如水，像黎明前天空的星星。他感叹道：“为了这颗卫星，科研人员夜以继日，和时间赛跑的繁重劳动是常人难以想象的。为了和帝国主义抢时间、争速度，流汗水甚至流血，在我们看来，即便是搭上了命，又有何惧？”

钱文鼎已经做好了一切成功的准备！他要亲手摘下科学桂冠上这颗耀眼的明珠，献给祖国母亲！

李哲汉对着天空，大喊了一声：“啊！我们一直在赛跑的路上，没有停歇的时候，弹指一挥间，十多年过去了！”

夜风刮起，钱文鼎的头发在风中飞舞。李哲汉的衣角被风刮起。

两人再无语，窗外朦胧，夜色茫茫。

沙漠日出，地平线慢慢变低，发射架和“长征一号”的剪影威武雄壮，一只鹰从塔架上即将一飞冲天。

阳光照亮了竖立的“长征一号”，也照亮了发射架四周站着的十多个警卫岗哨。

发射场区风和日丽，春风习习。

科技人员开始工作，给运载火箭的第一、二级加注推进剂。卫星与火箭进入发射前的 8 小时准备工作程序。

钱文鼎、李哲汉、任兴国、戚元初及其他陪同人员，各自穿着棉大衣，站在风中。

首位科研人员跑过来敬礼汇报：“报告！长征一号火箭完成第一次总检查，一切正常！”

第二位科研人员上前报告：“东方红一号卫星与长征一号火箭完

义事业争光

成水平对接！”

第三位、第四位依序报告：“报告！运载火箭的第二级、第三级总检查测试顺利完成！”

李哲汉对着他们四人一一回礼。

卫星在技术场地的工作全部完成。

为了保障成功，钱文鼎和李哲汉必须立刻赶回去向总理汇报。

中南海西花厅，周总理在办公室听取了钱文鼎和李哲汉关于东方红一号卫星和长征一号运载火箭的情况汇报，连说了两个“很好”，并且提出对卫星运行中经过国外一些大城市的时间预报，一定要准确。

钱文鼎递过资料《卫星运行中经过国外一些大城市的时间预报》，上面是卫星运行中经过的国外部分大城市的时间表。

周总理接过钱文鼎递过来的表，认真看了一遍，在表上补充写上也门、乌干达、赞比亚、坦桑尼亚、毛里塔尼亚等国首府的名称。

“辛苦你们了！回到基地后，转告同志们，如果发射成功了，还要继续前进，不要骄傲自满。”周恩来道，“这次试验也可能搞不成，也不要紧，失败是成功之母。”

说着，周总理伸出手和钱文鼎握手：“预祝这次发射一举成功！”

钱文鼎伸出手来：“一举成功。”

1970 年 4 月 24 日，酒泉卫星发射场进行了整整一个晚上的综合检查，于早上 6 时终于结束。各系统各设备的故障和隐患均已排除，现全部处于发射状态。

“0”号发射指挥员杨城检查一结束，便躲到附近的一个锅炉房里睡觉去了。他已经好几天没有睡觉了，今晚就要发射，再不保存点精力，晚上实在难以应付。

正当他酣然大睡之际，有人突然跑来通知他：“7 点钟去指挥部参加气象会议！”

当杨城走进指挥部时，钱文鼎、李哲汉以及气象室的有关人员已经到了，火箭部、卫星部的人也在其中。

紧接着走进的是吴钉，他还未落座，李哲汉便问：“王元呢？”

王元是基地气象处的处长。吴钉回答说：“他有事去发射场了，很快就来。”

“马上叫他来！”

“是！”吴钉很快把王元叫了过来。

李哲汉这才宣布开会。会议的议题很简单，就是看今晚可不可以发射。王元和同事一起简单汇报了会议总体情况，认为可以。

钱文鼎问了问北京和海南的气候，然后李哲汉指着吴钉说：“你再具体讲讲！”

吴钉站起来便讲：“今晚的总云量是七至十层，云状是卷云，云低高 5500 米，云厚 500 至 1000 米，没有降水，没有大风，没有雷电。”

“关键是晚上 8 至 10 时能不能看到星星？”吴钉刚一讲完，李哲汉又提问道。

“可以看到星星。”吴钉回答得很干脆。

“而且越往后越多！”汤圆补充说。

“冯绍渊同志，你说说看，为什么？”钱文鼎和李哲汉几乎同时问道。

“因为根据戈壁滩这么多年的气象规律，晚间随着气流下沉，云就会变薄；云一变薄，星星就能看见！”别看日常汤圆说话有点豪横，可在关键时候，头脑永远是冷静的，说话都是一丝不苟的。钱文鼎对冯绍渊的分析很满意。

李哲汉想了想，而后手一挥，说：“先这样，你们注意观察，有情况及时报告，发射窗口一定要保证好！散会！”

散会后，李哲汉便朝发射架方向走去。

他看见平坦的戈壁滩上，三个人推着水车缓缓走着。他仅凭身影就知道那是王根夫妇，在给大家准备晚饭了。王根的背影虽然有些弓了，他的孩子王卫星也渐渐长大了，长高了。

前几天，王根为了孩子上学的事找过李哲汉。他答应想办法把孩子送到镇上去读书。

李哲汉看见发射场上，加注分队的战士们正给第一级火箭加注推进剂。下午 1 时 35 分，加注全部结束，氧化剂和燃料分别灌满了 4 个贮箱。

但今晚到底发不发射，仍未接到北京方面的最后命令。

李哲汉来到发射架下，叫过一位气象预报员，问了问情况，便蹲在水泥地上细细地观天。此刻的他，内心相当急躁不安。20 年后他回忆说，那天他最着急的，其实是希望尽快得到毛主席同意发射的消息。

下午 3 时 50 分，电话终于响了，是周总理打来的！

周总理在电话中说：“毛主席已经批准了这次发射。希望大家鼓足干劲，细致地工作。要一次成功，为祖国争光！”

晚 8 时整，指挥员下达了“一小时准备”的命令。但这时发射场的上空，依然是满天云。有云就可能有电，有电火箭发射时就有危险，而且因为有云能见度就差，直接影响光学仪器的跟踪与测量。

操作台各类仪器前，军人操作手们都在紧张地工作中，仪表、仪器盘上指示灯闪烁着蓝色的、红色的、绿色的光，犹如天上的星星发出的璀璨的光芒。发射前的各项准备工作正常有序，全场气氛紧张到人人都不敢大口出气，安静得使人屏住了呼吸。

突然，仪器发出报警声。仪器指示灯闪烁异常，发出非正常的“嘟嘟嘟”的报警声。

科研人员们迅速围了上去，戚元初认真看了看仪表，低声说了句：“糟糕！”

当人们正为头上那片乌云而忧心如焚时，更为严重的事情发生了！

第二章

中学时代

入读中央大学

1936 年 8 月，黄纬禄来到位于南京玄武湖畔的中央大学。

入学前，学校首先要求他进行笔迹核对，这是每个入学新生必经的一道手续。黄纬禄又见到了自己的高考试卷，发现数学成绩竟是 100 分（每题 15 分，共 7 道题，满分是 105 分，但在考卷上全部答对时只计为 100 分），他的脸上露出了欣慰的笑容。

理学院数学系觉得黄纬禄有数学天分，应当优先录取；工学院电机系则强调，数学系是黄纬禄的第二志愿，电机系可是他的第一志愿。爱才心切的教授们都希望把黄纬禄收到自己门下。最终，他还是圆了自己的心愿，成为了电机系的一名学生。

这一年，报考中央大学的学生共 4000 多人，黄纬筹莫展。抗日战争的持续，使得在重庆的物质生活每况愈下，黄纬禄领到的薪水除去伙食费，两个月的结余只够买一双布鞋。即便如此，黄纬禄仍将自己的支出压缩到最低，他总是小心翼翼地把这点钱积攒起来，汇给逃难在外、最终落脚贵州独山的父母，内心渴望给予家人更多，但却无能为力。

屋漏偏逢连阴雨。过于恶劣的条件，使黄纬禄不幸染上痢疾。重庆物资供应奇缺，药品更是天价，黄纬禄囊中羞涩，除了硬扛外，无计可施。他的病情迅速加重，一天十几次的腹泻，令他几近脱水，很快就虚弱得无法支撑了。与黄纬禄一起来厂的同学们，焦急地跑到中央大学医务室求救：“医生，您帮帮黄纬禄吧！他病得太重了，再这样下去，恐怕有危险！”同学们的真情感动了怀有恻隐之心的校医，他同意破例将黄纬禄视为在校生免费收治。在医生的精心治疗下，黄纬禄的病情终于得到了控制。

为了不中断自己的生活来源，大病初愈的黄纬禄硬撑着虚弱的身体勉强上班。宿舍距办公地点 1000 多米的路程，在烈日的暴晒下，他中途要歇上几次才能走下来。那份无助与无奈，令黄纬禄难以忘怀。好在那时他年轻，尽管身体恢复得很慢，但总算挺过来了。

下属的无线电厂实习，内容是电路修理。以黄纬禄扎实的技术功底，查找电路问题基本上是手到擒来。让他大开眼界的是，在这里，他第一次见到了电视机。

这家工厂原本是生产电视机的，仓库中还有不少存货。他的具体任务是和技术人员一起，把库存中有问题的电视机逐一查出并修好。

黄纬禄对电视机抱有极大兴趣,他仔细阅读说明书，渐渐胸有成竹。在他眼中，电视机的电路并没有特殊之处。他利用调试接收机的信号发生器，作为测试、查找问题的辅助设备，偶尔还能找些短片来播放一下。这个文雅、干练、睿智的中国实习生修理电视机的效率，可与英国技术人员比肩。

委通信部另盖新房做迁所准备。

1952 年下半年，王诤部长派人来研究所主持搬迁，大约 30 名技术人员被调往北京。

黄纬禄奉命举家北迁。这时，他已经有了一个五口之家：除了夫妻二人和一儿一女外，还有他的表姐朱素云。同年 9 月，黄纬禄一家从上海来到北京，住在西郊万寿路的通信兵宿舍。

人员解决了导弹控制系统的许多实际问题，名副其实地成为了导弹控制系统的领军人物。

鉴于黄纬禄的技术水平与工作能力，1958年12月，他被任命为国防部五院二分院第一设计部副主任。

几秒钟后，弹体便出现了较大幅度的摇摆与滚动，紧接着发动机出现异常。发射21秒后，导弹完全失控，69秒时，轰然坠毁在距发射台几百米的地方。

这一瞬间，所有人难过得几乎窒息昏厥。得知导弹坠毁的消息后，黄纬禄的心一下子跌到了冰点，频频发作的胃痛在突如其来的打击下越发剧烈，他不由得用拳头紧紧抵住胸口。弹体飞行姿态失控，是什么原因造成的，是系统设计出了问题吗？黄纬禄压力巨大、痛心无比，连续几天吃不下饭。

为了卸下大家的心理负担，在发射现场的聂荣臻元帅对科技人员说：“既然是科学试验，总会有成功，有失败。成功了，我们就取得经验；失败了，我们就得到教训。成功了，功劳是你们的；失败了，责任由我来负！”

所有与型号相关的科研人员全部行动起来。在试验基地，参试人员用了一个月时间，对光测、遥测结果进行分析；在二分院，黄纬禄紧张有序地组织技术人员，全力以赴地从控制系统方面查找失败原因……

仅用了不到两个月的时间，“东风二号”试验队就向国防部五院报送了试验工作的初步总结，提出了飞行失败的主要原因。

“东风五号”是我国研制的第一型洲际导弹。黄纬禄参加和领导了东风五号洲际导弹的研制工作，以及由其改型的长征二号运载火箭初期的研制工作，主持了控制系统是采用平台－计算机方案，还是采用速率捷联惯性制导方案的讨论。最后，黄纬禄同有关人员一起，决定采用平台－计算机方案，为我国弹道导弹和运载火箭控制系统的研制开辟了新的技术途径。平台－计算机方案保证了控制系统具有较高的可靠性，使用效果比较理想。从“东风五号”获得成功之日起，中国有了自己的洲际导弹！

试验达到了预期目的，完全模拟了真弹在潜艇上发射的条件，对攻克水下发射技术具有重要意义。

“我的责任”

1982 年，是固体潜地导弹潜艇水下发射试验的关键一年。作为总设计师，黄纬禄像百米运动员冲刺一样——拼了！从 2 月到 7 月，黄纬禄主持、参加的与试验相关的会议一个接一个。

比起陆基飞行试验，海基飞行试验的难度提高了很多，技术协调的面更广、量更大。为了保证试验有条不紊地顺利进行，需要安排近 3 万名参试人员，并成立了发射区和弹着区指挥部。

发射区指挥部由海军试验基地司令员田作成任指挥，黄纬禄等任副指挥，指挥部设在海军试验基地第二试验区，负责导弹的检验和测试、潜艇发射前的检查和准备、通信系统的准备、海上一级落区海域的警戒和气象保障等任务。

基导弹研制定型任务后，1979 年 4 月，七机部党组决定，任命黄纬禄为固体潜地导弹和陆基机动导弹两个型号的总设计师。面对国家的重托，黄纬禄决定“明知山有虎，偏向虎山行”，义无反顾地承担起重任。

由于决策时机较晚，工作量增加，风险加大，研制工作在艰难中前行。黄纬禄多次召集技术人员，召开方案论证会、计划调度会、总师扩大会。在他的引领下，一个个问题被摆上桌面，一个个方案被确定下来。1980 年年初，受七机部委托，黄纬禄主持召开陆基机动导弹方案审定会，确定了研制进度和任务分工。

在论证潜地导弹“台、筒、艇”试验程序时，黄纬禄已经意识到固体潜地导弹的陆上筒发射状态，很接近陆上机动发射状态。要实现“一弹两用”，关键是要确定潜地导弹由海态转为陆态所要改进的项目。

为什么总让外国人考我们，我们也可以考考外国人嘛！

外国专家接过算题认真看着，一拍后脑勺叫了起来：“哎呀，这道题给我8个月也做不出来！”果然，直到中国代表团要回国了，他们之中也没有一个人能做出来。他们恳求黄纬禄把答案告诉他们，黄纬禄幽默地说：“欢迎各位以后有机会到中华人民共和国访问，等我们见面时，再当面奉告。”

2011年，即将走到生命尽头的黄纬禄反复进出医院。时至7月，病情严重的黄纬禄已经完全卧床。这时，

序　二

古往今来，在人类追求生存、发展、文明和进步的历史进程中，始终有一批人不畏艰难，向着科学技术领域进军，追逐科学和真理，创造科技成果，努力推动人类科技进步和社会发展，提升人类生存空间、生活质量和社会文明水平。

中国的航天事业从艰难中起步，开启了属于自己的太空时代。经过几代航天人艰苦跋涉和顽强拼搏，从无到有、从小到大、从弱到强，走出了一条具有鲜明中国特色的航天发展之路，取得了一系列举世瞩目的辉煌成就。从“东方红一号”到载人航天，从“嫦娥探月”到“天问探火”，从“北斗”组网到“天宫”翱翔，今年中国空间站又正式拉开运营大幕。中国航天已成为让祖国和人民最有尊严、最具底气的战略性高科技产业之一，成为名副其实的大国利器、国之重器。

东方红日出东方，“东方红一号”的成功发射使中国第一次叩响宇宙之门，宇宙第一次有了来自中国的声音。我们这代人，有幸见证了这段中国航天发展史上的光辉历程。很高兴在这个时候，看到这部《东方红一号》长篇小说的出版。该书揭秘了“东方红一号”

人摸了摸小男孩的脑袋，“东方红的背后，便是无数像你太爷爷这样的无名英雄默默奉献着。”

小男孩说：“我知道，太奶奶叫杨春花，在照片上我见过她的。”

老人轻轻抚摸着小男孩的头，陷入了沉思。

王根和杨春花结婚后，一直在基地生活。他们的儿子王卫星在镇上读书。全国恢复高考后，王卫星考上了北京航空学院（1988 年 4 月，更名为北京航空航天大学）制造工程系，和戚元初成为时隔 20 多年的校友。毕业后，成为新中国自己培养的航空制造专家。

王卫星的儿子王永星，延续了王根的“星”情缘。王永星代表中国航天集团，与 G 国代表团坐在了谈判桌上。他年轻有为，学识渊博，敢拼敢赢，尽显如今新时代青年的模样，这让老人备感欣慰。

“50 年了！”老人的目光穿过岁月的黄沙，来到了那段属于“东方红一号”的记忆长河里，来到了那个属于“两弹一星”的年代中。

王根老人告诉这个叫星星的孩子：“今天是 2020 年 4 月 24 日，是‘东方红一号’飞天 50 周年纪念日。小时候，我是个孤儿，特别想知道自己的生日到底是哪一天。后来，我就把东方红一号卫星上天的那一天，当作自己的生日。”

这个叫星星的孩子说：“太爷爷，祝您生日快乐！”

老人回答：“看到你爷爷王卫星、你爸爸王永星都继承了航天事业，我感到很欣慰！”

小男孩和老人一起哼唱起《东方红》歌曲：

东方红，太阳升，中国出了个毛泽东
他为人民谋幸福，呼儿嗨哟，他是人民大救星
……

曾经，王根老人也是中国人中最朴素鲜活的一个少年，奔跑起来如同这沙漠里阳光下的风沙一样耀眼。

战争……”

“可我喜欢中国！”女孩子的话音刚停顿下来，钱洪基便冷冷地打断了她，看向别处不再说话。

女同学只能讪讪地离开。

1944 年，因为在中央兵工学校和兵工署 21 厂工作出色，任兴国被选送到美国辛辛那提磨床铣床厂实习，这对于满怀理想抱负、想要科学报国的任兴国而言，是个千载难逢的好机会，只是他这一走，虞若霏就成了他难以割舍的牵挂。

在离开之前，任兴国决定做一件浪漫而慎重的事情——向心爱的姑娘许下白首之约。

兵工学校的大树下，任兴国红着脸，看着虞若霏，心怦怦直跳：“若霏，我……”

虞若霏小鹿一般纯良的目光看过来，任兴国的话语便顿了下来，变成了：“我要去美国了！”

“啊？”虞若霏抓住任兴国的双手，着急地问，“怎么这么突然，什么时候走？去多久？”

“还不确定待多久，应该就是下个月。”

“那我怎么办？”虞若霏潸然泪下，红通通的眼睛看着任兴国。

任兴国终于鼓起了勇气：“我想好了，我们结婚吧！”

“结婚？”虞若霏害羞地捂住小嘴，不敢相信自己的耳朵，小声地反问道，“你是说……和我结婚？”

“除了你还有谁呢？”任兴国鼓起勇气握住她的手，“我得对你有个交代，然后才能离开。”

虞若霏羞红了脸，低声说道：“交代什么呀？我放心你。”

婚礼匆忙而有序地操办起来。

条件有限，婚礼的场地就在中央兵工学校学员食堂。

这天，食堂门口贴着红双喜和对联：

起桌上的试验用具，准备继续工作。

一个黑瘦男人操着阴阳怪气的语气说：“请你相信，我们甚至能拿出来你是美国共产党帕萨迪纳支部成员的证据。”

钱文鼎很生气：“一派胡言！”

肥胖男人声音低沉地回答：“会给你证据的。早在 1939 年，你已经是了。”

钱文鼎简直愤怒到了极点，但他还在极力克制自己：“请你们出去！”

肥胖男人用揶揄的口吻说道：“我们还会再来的。”他挥了一下手臂，几个人就尾随他走出了办公室。钱文鼎愤怒地把实验工具扔在办公桌上，一屁股坐在凳子上。

加州理工学院院长杜布里奇在自己的办公室接到了一份密令：“美国第六军团本部密令，必须严禁钱文鼎从事任何与美国军事机密相关的研究工作，吊销钱文鼎的安全许可证。”

早在 1942 年，钱文鼎经他的导师冯·卡门推荐，经过美国宪兵总司令部人事安全主管巴陀上校的安全审核，于当年 12 月 1 日获取了安全许可证。没有安全许可证，意味着钱文鼎再也无法做他从事多年的火箭研究工作。

上次来过钱文鼎实验室的美国联邦调查局的肥胖男人，带着几个工作人员再次光临钱文鼎实验室。钱文鼎拿出一份声明交给他们，他在声明中写道：“当年我成为一位受欢迎的客人的情境已经不在了，一片怀疑的乌云扫过我的头顶。因此，我所能做的事就是离开。”

钱文鼎对联邦调查局的来人说道：“这份声明我已经交给加州理工学院院长杜布里奇先生及教务长华森先生，这份声明同时也是我的辞呈。”肥胖男人接过钱文鼎的声明书，狠狠瞪了钱文鼎一眼。

钱文鼎走到窗前，背过身，平静地说道：“本人要回家收拾一下，恕不远送！”

根一样立过功，但是至少到现在还活着哩！”

狗剩这么一说，大家都笑了：“对，要跟狗剩睡！他可是我们眼里的吉祥物！因为有他，我们不管遇到多少危险都能逢凶化吉！”

莽莽大漠，胡杨华盖云天。生而千年不死，死后千年不倒，倒后千年不朽。即使有一天它疲倦了，轰然倒下了，也只是安然倒在地上，用三千年的岁月，相守大地的情怀，静待时光流淌。万千世界，胡杨以高大的身躯和顽强的生命，成了树的王者。

一盘浑圆的落日，贴着沙漠的棱线，大地被衬得暗沉沉的，透出一层深红。

托着落日的沙漠渐渐凝固，安静下来，像是一片睡着了的海。

钱文鼎等几位知识分子被战士们围成一圈，保护在中间。

天帷渐悬，大千风光隐匿于夜色之下，沧澜星河也于彼端涌现。

滚滚星河里，仿佛藏匿着无数的宝藏。闪烁的繁星，璀璨耀眼，静谧的四周，充满梦幻般的神秘，令人浮想联翩，仿佛真的“手可摘星辰”，自觉地“不敢高声语，恐惊天上人”。

就这样，在这个鬼来了都很难活下去的地方，战士们吃完干粮，稍作休息，排成整齐的一排挤在沙坑里睡着了。

钱文鼎无法入眠。

星空之所以美丽，就是因为在无限的宇宙中，不管黑暗如何蔓延，都有星星的光芒去把它照亮。越是黑暗的夜空，星星也越发光亮。

有人说，沙漠是银河的另一边，而当沙漠和星空连接起来的时候，这种壮观和震撼，是难以言表的。

钱文鼎躺在沙漠上，仰望苍穹。天幕低垂，穹庐如盖，银河如练，星云神秘莫测，璀璨静谧。

向四周望去，依稀还能看到360度沙脊地平线全景，令人有一种穿越时空的感觉，在凄冷中更加敬畏宇宙和大地。

他拉了拉毯子，想起了和自己同生死、共患难的夫人蒋昕。

他和夫人相遇的时候，自己还是一个意气风发的少年。

文鼎就是这方面的专家。”

钱文鼎站起来，谦恭地向大家点头。

聂荣臻在座。他说：“我们今天讨论钱先生提出的《关于研究和制造火箭武器的报告》，意义非常重大！它意味着我们研究和制造火箭武器已经启动。钱先生肩上的担子不轻，希望在座的各位鼎力支持！美国已经宣布将于1957年发射第一枚人造卫星‘先锋计划’。我们现在要的是行动和速度。我们要赶紧动起来！”

钱文鼎深知火箭人才队伍建设已是迫在眉睫。他在积水潭总政文工团排演场亲自授课，给在京的军事干部讲关于导弹武器的知识。

钱文鼎在黑板上写下“火箭军”三个字。他说：“‘火箭军’就是导弹部队，是一支不同于现有的陆海空三军的新型部队，是一支能够远距离、高准确度命中目标的部队，是现代化战争中极其重要的后起之秀，我国急需组建一支‘火箭军’，以适应现代战争的需要……”彭德怀、聂荣臻、陈赓、任兴国等均在座，认真听课。

1956年1月30日至2月7日，钱文鼎应邀出席全国政协二届二次全体会议，并增补为全国政协委员。会议期间，2月1日，钱文鼎收到了毛泽东签署的出席宴会的请柬。

钱文鼎拿着请柬到了中南海怀仁堂宴会厅，按照请柬上的提示，找到了17桌。桌子上却没有他的桌签，钱文鼎正在犹豫。

一位女服务员走过来：“您是钱文鼎先生？”

钱文鼎微笑着说：“我就是。”

女服务员说：“请跟我来。”

女服务员带着钱文鼎来到了第一桌，毛泽东正坐在那里谈笑风生。钱文鼎看见自己的桌签在毛泽东右手边。

毛泽东看见钱文鼎，立即操着浓重的湖南口音招呼道：“来来，文鼎同志，请到这里坐！”

钱文鼎激动万分，几步走到主席身边：“谢谢主席。”

一阵清风一阵歌声
多么幽静的晚上

赵立千听着歌声，转过头，一字一句地说：“核心技术不会给的，开了眼没错，不过，开完眼我心情倒沉重了。”

有人问：“为啥？”赵立千就又不说话了。

河边的歌声继续唱着：

我的心上人坐在我身旁
默默看着我不作声
我想对你讲
但又难为情
多少话儿留在心上

赵立千沉默了好一会儿，才说：“就算给了我们核心技术，在目前情况下，根据我国工业结构现状，造得出来吗？”

钱洪基点头：“这个还真是问题。”

歌声悠扬，飘荡在河面：

长夜快过去天色蒙蒙亮
衷心祝福你好姑娘
但愿从今后
你我永不忘
莫斯科郊外的晚上

赵立千的担心不无道理。在技术方面，苏方保留了射高在 100 千米以上箭头的布置及回收问题，在这方面，代表团收获极少。在遥测、总体校验、振动试验、环境试验、观测场的布置及高空材料应用方面，科研人员们连连称是，手里却不约而同地握紧了资料笔记。

聂荣臻一看就明白了：“行吧！这资料珍贵，你们赶紧拿回去研究吧！”

“是！谢谢聂帅！”

科研人员一个个喜笑颜开，跑出门去。

钱文鼎和赵立千几人也是感激地看了看聂帅，相视一笑。

李哲汉回来一趟，都没有多做停留，便即刻出发返回酒泉发射基地。

出发前，他不放心地来到了研究所，询问钱文鼎等人的进度。

任兴国说：“这次拆装、测绘工作结束后，大家对导弹的认识会有一个新的提高。”

梁卫纲点头：“了解了导弹的结构和设计原理，我们才可以对导弹进行反设计，用逆向思维锻炼设计能力。”

“那真是个好办法呀！”任兴国非常赞同梁卫纲的提法。

钱文鼎、施涅金走进车间。

钱文鼎问：“怎么样了？”他意味深长地看了一眼苏联专家施涅金，施涅金假装不知情，眼睛看向窗外。

任兴国说：“拆装、测绘接近尾声，接下来的重头戏还是在仿设计，继续锻炼队伍，提高设计能力。”

梁卫纲说：“我想，我们的仿设计练兵还是可以采用 P-1 时候的‘反设计’的办法。”

钱文鼎高兴地说：“嗯嗯。上次那个‘反设计’很有成果。你给大家再说说看。”

大家围拢过来。

梁卫纲讲道：“就是假定苏联没给图纸，我们测绘出了导弹的各项指标。如果要设计一个飞起来打 600 千米的导弹，就以 600 千米为指标要求，按照设计公式计算设计，设计完成后跟苏联的图纸进行对姚东武面带忧色，回答：“导弹的关键部位，比如发动机隔热材料，都是特殊材料制作的，需要化验分析材料的构成成分。再比如环形气瓶用的是冷轧钢，这是苏联特有的钢材，能否用我们国家的热轧钢代替，还有待对比有关数据，才能做出判断。”

梁卫纲走了过来：“特殊钢材在制造过程中，需要进行回火工序，冷轧钢其实是热轧钢的一种。计算后，就能得出结果。”

任兴国说：“有些部件材料的成分构成，还需要姚主任化验分析。材料是否过关，是导弹能否成功的一大挑战。”

科学家们按照毛主席“先学楷书，后写草书”的教导和聂荣臻元帅“要学会走路，然后再学习跑步”的指示，坚持从仿制入手，一步一步往上“爬楼梯”。最终，不仅成功设计制造了火箭发动机的所有零部件，而且还亲手设计建造了火箭发动机试车台。

在“大跃进”左倾冒进思想的统领下，社会发展经济的大环境遇阻，人文环境逐步弱化，饥饿事件时有发生。

第五研究所里，赵立千捂着饿得“咕嘟嘟”不停响起来的肚子，给大家做着科技分析：“斯普特尼克 2 号和 1 号相比，轨道有修正，可是它并没有返回地球的设计，只能被大气层吞没。”

“嘿嘿！可见‘莱卡’在太空过得并不是很舒服，有去无回！”小章调皮的样子有些可爱。

小章说着做了个鬼脸，逗得邓琳扑哧一笑。但这笑比哭还难看，年轻人饥饿感更强。

钱文鼎笑了，笑得有些无力。脑力劳动加上营养跟不上，他的脸色很不好。

赵立千讲得口干舌燥，饥肠辘辘。

几个年轻人听得头晕目眩，迷迷糊糊。

正在这时，小胡端了一锅热腾腾香喷喷的红薯进来：“大餐来喽！几位瞧好了！”

秀，秀儿，山明水秀，优秀那个秀吗？这名字跟我是一对哎！”

“谁给你的胆？还一对！赶紧跟上！”前面的王希望好气又好笑，“走了！走了！”

汤圆却挡在秀儿面前挑挑眉：“我叫冯绍渊。渊，渊博那个渊。绍渊，回水也。深沉渊博，胸如大海。你也可以和大家一样，叫我冯汤圆或汤圆。”

秀儿第一次遇到这么大胆的男生，净白的小脸瞬间通红。

说着，她一个弯腰，从汤圆的手臂下钻了出去，只剩下汤圆一脸傻笑。

李新康似乎能够听到他心底花开的声音，一如自己。

看着眼前红了脸飘然而去的秀儿，李新康第一次感觉到了自己的笨拙。

李新康知道，像秀儿这样的姑娘闪亮如骄阳、如梦想，她骄傲又温柔，清冷又热情，身上满是科学家的严谨，浑身上下却散发着艺术家的文艺气息。

她是独一无二的。

跟她的相遇不需要有多么浪漫或者惊天动地，哪怕只是这般平常的相遇，就能一步走到你的心底。

钱文鼎和赵立千见到王希望二人很是高兴，因为院里已经开始着手建设空间环境模拟试验室，研究人造卫星跟踪测量技术。

李新康和汤圆还没来得及安顿，便跟着来到厂房学习。

偌大的厂房里，巨大的火箭分为若干部分分置在不同的工作台上。许许多多穿白大褂的科研人员正在紧张地工作着。

李新康抬起头打量，还能看到厂房内悬挂着的标语和外面是一个画风：多快好省建设社会主义；胆大火箭冲云霄，三月完成不算早。

厂房内，任兴国、孙国梁、戚元初等人匆匆走过，李新康眼睛一亮，看到了之前惊鸿一瞥的秀儿，脚步更是不由自主地追随着她，一汤圆回到上海后，没见到袁树芝。只听说她被派到一个秘密地方执行任务去了。

第五研究院一分院内，安静的办公室里灯光闪亮，墙上时钟的指针，指向 11 点整。

严冬的深夜里，任兴国、孙国梁、戚元初还在加班画图纸，秀儿、邓琳、小胡、小章、星琪他们计算测量着相关数据。

房子里没有暖气，炭火也不够，零下十几度的气温，冻得娇滴滴的南方姑娘秀儿那原本葱白修长的一双玉手，肿成了两个青紫交加的大馒头。

李新康看着全神贯注工作的秀儿，她的侧脸线条圆润柔和，已经冻到开裂流脓的双手，让人心疼，她自己却浑然不觉。李新康不由得再次摸了摸怀中的暖手炉——这是他自己做的，只要放上两块木炭就能保持大半天的暖和。

看着秀儿，汤圆也摸了摸自己的胸膛，李新康不知道，汤圆的怀中藏着一盒他想尽办法换来的蛤蜊油，对治疗冻疮有特别好的效果。

他只知道在离开之前，他们参与的这个会议，主要配合的工作是仿制导弹的“心脏”——液体火箭发动机。

苏联专家撤走后，液体发动机的仿制工作业更是迫在眉睫，过程中不仅需要弄懂设计中的一些难题，还需要攻克诸多材料与工艺方面的技术关键。

尤其在当时，我国的工业技术基础薄弱，材料技术水平更是一般。要突破这一系列困难来仿制导弹都绝非易事。

其中最突出的问题是材料问题——苏联专家撤走后，如果继续依赖外国进口材料，不管是时间进度还是价格上，我们都要受制于人，更关键的是，这样的循环之下，我们可能永远也造不出中国人自己的导弹。

科研人员们把问题反映上去，聂荣臻元帅为此做出了专门的批示：我同意，外料未到，应用国料试制，不要依赖外援，在实验过程

第十章
运筹帷幄　有惊无险铸传奇

为了鼓励中国的科技人员爬高攻关，陈毅、聂荣臻受周恩来总理的委托，在1059导弹（1964年改名为“东风一号”）成功发射前的1960年10月中旬的一天，宴请了以钱文鼎为首的一批科学家。

聂荣臻在宴会上动情地说：“逼上梁山，自己干吧！靠别人是靠不住的。以后就靠在座的大家了！”

就在两个多月前，赫鲁晓夫还小人得志地嘲讽中国：“有些人不愿意参加我们的核保护伞，要自己搞。我看他们不仅得不到原子弹，到头来恐怕连裤子都穿不上。”

如果老天有眼，该对说这“欺负人话的”人施以惩罚，但是这种惩罚万万不该落在苏联科学家的身上！

1960年10月，悲痛的消息传来：在苏联拜科努尔火箭发射场，邀功心切的新任国防部长、火箭部队总司令涅杰林强令发射仍在屡出故障的火箭，导致惨剧发生，发射场变成一片火海！

涅杰林和二十多名苏军将领，还有数十名宝贵的工程师与专家一同葬身于火海……与之形成鲜明对比的是，我们的仿制导弹“1059”发射成功了！

我们还要继续独立自主地研制自己的导弹。“东风二号”立项后，于1962年的春节前夕试车成功，仅用了一年零四个月就顺利出厂。

1962年春节招待会上，时任五院院长的刘亚楼上将把盏畅言，戚元初笑了：“没事！至少长得像！说明我们离目标也更近一步了！”一行人都跟着笑了，昨天开始的悲伤气氛也冲淡了许多。

不远处，有棵胡杨树，兀立荒原，任沙漠的风吹打自己的身躯，在寂寥天地中格外孤寂悲壮。它守着一方净土，经历岁月的千击万磨，习惯了与戈壁沙漠为伴，与寂寞为伍，以沉默为声。要站，就站得挺拔稳重、桀骜不驯。要躺，就躺它三千年后风骨犹存。坚忍不拔，不屈不挠，看那风沙能耐之何？

年娃带着他们跑过去。

站在树下，仿佛能听见树叶借着风，在天地之间私语碰撞，发出哗啦啦的声响。

突然，随着哗啦啦的声响，不远处风沙滚滚，遮天蔽日，蓝天突然出现了一片灰，飞速地变大变宽变广阔，如同不断扩大的神毯一般遮住那蓝天白云，遮住了日光火热。

正在众人重整心情出发时，沙尘暴朝着戈壁的方向袭来！

“沙尘暴要来了！”年娃大喊一声，焦急地寻找着躲避点，“我们得躲起来！”

李双等人却都不动——沙尘暴一来，恐怕这次爆破的碎片弹头更不好找了！

尤其是秀儿还在一旁仔细收集着碎片，那认真的神情，不禁半点打扰。

年娃见状急了，一把拉起身边的戚元初：“你们跟我来，前面可以躲！别愣着……大铁头！铁头就在这里！真的！就是你们说的火箭头！”

铁头？哪有这么巧的事情！

戚元初朝年娃指的方向一看，不由得乐了：“还真是！快过来！”

真是踏破铁鞋无觅处，得来全不费功夫！

戚元初跟着年娃朝着前面跑过去，后面的战士和孙国梁几人，朝着年娃这边靠拢。

春天，上全弹试车台进行试车。

科研工作容不得半点马虎。

钱文鼎宣布这个消息之后，任兴国、潘渤伍、戚元初、汤圆在做试车前的检查工作。

“任老师，这里……有个细微的沙眼。”汤圆突然喊道。

“沙眼？”任兴国顺着汤圆找出的方向看去——推进系统中一个铜铸件上有一个细微的沙眼，他不由得严肃起来，“这个地方，很巧。”

负责这个部位的潘渤伍立即紧张起来，满眼愧疚地看向任兴国：“沙……沙眼吗？”

“很正常，别紧张。”任兴国道，“这个地方太细微了，估计是铸造的时候不小心弄出来的。检查就是要查出这种问题的。”

“嗯。”潘渤伍低下头。

“你尽快重新铸造。”任兴国拍拍潘渤伍的肩膀，“我们明天还要再检查一次。”

“行！”潘渤伍满含感激地点点头，快步离去。等待他的，又是一个加班加点的赶工。

就这样，工作紧张加速却又有条不紊地进行着，不知不觉迎来了1964 年的春节。

这个春节，大家在紧张的工作气氛中度过，钱文鼎和大家在研制现场一块儿吃了简单的年夜饭。

香喷喷、热乎乎的饺子，是那个年代里难得的大餐。

汤圆好久没有看到秀儿了，此时见到她，只觉眼前一亮，便凑过去跟她坐一桌。

岂料眼前一花，还不等汤圆做动作，新来不久的小师弟不识眼色，竟然一下坐在了她的身边！

秀儿左边是星琪她们，汤圆总不至于动她们，只朝着小师弟的前面将饭碗一放：

“我的位置，劳烦让让！”

场研究太阳、卫星、地球的运动关系，进行各种试验和分析。

他发现，一定要在隔热涂层方面使用最新材料，研究方向是隔离降温，于是他便带领科研人员通过大量分析试验，确定采用多种温控涂层。

很多个寂静的夜晚，蒙贵荣在研究室里拉起了胡琴，汤圆经过的时候，看见秀儿也在他可以望见的窗口驻足倾听。

“这个是不是叫大提琴？”蒙贵荣停下音乐时，汤圆倚在门口问道。

“识货啊！”蒙贵荣道，“报纸上见过？”

“我妈有！”汤圆道，“以后跟你学，行不？”

“你学？”蒙贵荣看着汤圆吓了一跳，不自然地咳嗽一声，“当然可以！我也是在苏联留学的时候，听他们拉着好玩，就会了！”

汤圆点了点头。

就这样，在无数个攻坚的夜晚和汤圆不时跑过来用刺耳的大提琴声音摧残他们的耳膜之后，蒙贵荣终于使仪器舱内温度达到了总体设计要求。

除了上得去，还要抓得住。

赵立千办公室中站着刚考察完回来的汤圆，赵立千从藤椅上站起来，走到一幅世界地图前面，摘下老花镜，拿着眼镜腿儿，在空中比划着：

“蒙贵荣带领的小组在研究温控，这是难题。不过，卫星上天后要跟踪观测也是难题。需要再建立多个地面台、站跟踪，这些台、站如何建立，放在哪里合适，必须根据卫星的运行轨道来确定。这就是为什么让你跟着郭老师秘密去考察，而没有把你放在科学院里的原因。”

“我懂！我知道老师们的苦心。”汤圆点点头，“这一年来跟着郭老师，我也学习了很多！”

“那就好！”赵立千道，“我就怕耽误你找对象哦！”

赵立千和钱洪基将汤圆叫到身边，告诉他，他们已经做好了准备，要将汤圆派往卫星基地，托付给火箭部的人照顾。

“不行，我不过去，我要陪着老师您！”汤圆看都不看那行李包袱，“去什么去！这个时候我哪儿都不能去！”

“你过去！”赵立千素来儒雅平和，这次难得动了怒气，“钱洪基他们都陪在这里，我不会有事情！”

“我知道！”汤圆一副死猪不怕开水烫的样子，“可我就不去！”

这个孩子啊！他不管对科研还是对人，都是一片赤诚，哪怕知道世事艰难、世道艰险。

赵立千红了眼，“你过去！你在这里……只会给我添乱！你还跟红卫兵叫板，在这里谁护得住你？”

汤圆不说话，赵立千不由得双眼酸涩，旁边的钱洪基也心情沉重。

他们都明白，汤圆不肯走，到底还是担心，想要陪在这边。

“去吧孩子！”赵立千摆摆手，“我也教不了你了！”

“你偏心！”汤圆红了眼睛，指着钱洪基，“为什么就让我走！”

“我们不一样，汤圆，我身后有无锡钱家，赵老师也能自保，倒是你……”钱洪基说道，“过去吧，火箭部本来就是你出来的地方，你可以去那边协助工作，也可以避免在这边受到伤害。”

“我要主持卫星工作，不会有事情！”赵立千点点头，“你过去吧！照顾好自己！”

这天夜里，汤圆连夜离开了北京，他不知道自己和赵立千这一别，竟然是永别！

罗舜初来电话，赵立千自杀了。”

“咣当……”周恩来手中的茶杯掉到地上，摔得粉碎。

聂荣臻躺在病床上，听到这个消息呆住了——最终，自己也还是没有来得及！

就这样损失了一员不亚于钱文鼎的大将！

赵立千的死震动了中央，大家都知道卫星的事情不能再等了，转移和保护这些科学家的工作迫在眉睫！

卫星观测站的人很快过来了，领头的是人造卫星设计院的郭远念老师，只是大家看汤圆的目光，都明显带着躲闪，不管是小胡还是小章，都只是跟他简短的眼神对视之后便赶紧划过。

“郭老师！”汤圆激动地站在郭远念面前，“郭老师，我想问问赵……”

“绍渊同志！”郭远念看了一眼周围的人，定定地看向他，“麻烦你带我们熟悉一下工作场地行吗？”

汤圆跟着他的视线，回头看了一眼跟过来的卫星部的人。

这其中大部分都是遭到了严重迫害的，比如小胡，他早已经不复当年的意气风发，面对曾经狠狠地伤害过他的星琪，他的表情呆滞而麻木。

郭远念从来没有用这样复杂的目光看过他，汤圆只觉得心中顿时一落，脑子里已经成了一团乱麻。

拉着郭老师走到一边，汤圆的眼中已经血红一片：“郭老师，您说吧……”

“没了。”

“没了？”

郭远念看着汤圆，缓缓地诉说了其他人的状况，声音低沉而邈远，仿佛沙漠深处的风：“就这样，钱洪基他们几个被及时保下来了，赵老师却……”

任，你叫我讲什么？讲浅了，说明不了问题，也没意思。讲深了，他们听不懂！”

孙国梁看着胡明山，仿佛看见了刚进研究所时那个桀骜不驯的汤圆。

“你看我干吗？看我也不讲！”胡明山看着孙国梁。

“不是，胡老师让我想起一位同事。”孙国梁说道，“姓冯，您应该也听说过。”

“嗯，见过，还不错。”胡明山回应道，“老赵没了，他好像去了基地那边。”说到这里，两人不约而同地沉默下来。

老赵，这是他们埋在心底里的痛。

只是日子还要继续，科研更要发展——因为科技落后，便意味着挨打。

“说到姓冯的那小子，他还等着卫星上天娶媳妇呢！”孙国梁缓缓地说道，“可是，我们在模拟天线展开释放的试验中，发生天线被折断甩出去的问题，一直没有解决。您说，会是什么原因？”

胡明山想了想：“嗯，这个啊，天线转起来后的‘甩’劲不是直线运动，实际上把‘甩’的力量变成了‘掰’的力量，就像格斗擒拿中的‘反关节’拿肘术一样，可能使天线屡屡断杆。”

胡明山这个人有文人的傲骨，但是也有科学家的认真劲儿，说着说着就来了劲，一边解释，一边站起来，拉着孙国梁比划起来。

孙国梁顿时眼前一亮：“你用这么通俗易懂的语言，解释如此深奥的理论。初中生都听得明白。你是为卫星接骨生肉的‘神医’啊！”

胡明山一脸骄傲，端起茶杯喝了一口，眯起眼睛说道：“好茶啊！”

“那你能不能帮我们计算一下，天线甩开的运动轨迹和受力分析？”孙国梁期待地看着他问道。

胡明山显然很受用，答应得很干脆：“行啊！大不了我用笔算，干一个通宵，明天早上就把结果给你！”

“太好了！就等你这句话！”孙国梁大悦，直把茶杯递过去，“喝

"就你！"秀儿现在也了解任兴国这个老好人的脾气，在后面气得直跺脚，"哼！小心我告诉师母去！"

卫星音乐小组办公室，经过三个月的忙活，音乐装置已经试装成功。

刘吉成小心翼翼地抱着音乐装置走进办公室。杨其堂、小李兴奋地围上来，他急得直嚷嚷："小心点！千万别碰！"

说话间，他灵巧地躲闪着，盒子丝毫未受波动，被他谨慎地端放在桌子上。

音乐盒打磨光滑，十分精致，正面镶嵌着毛主席铜质像章。在几人眼里，像是闪着光。

刘吉成打开音乐装置开始试听，几个人更是用期待的目光盯在这个小盒子上。

装置里传出悦耳的《东方红》乐曲，几个人陶醉而窃喜，心中的包袱也开始慢慢减轻。

突然，其中一个节拍变调了！几个人心中顿时一惊，感觉到了前所未有的惊恐！

"怎么回事？"小杨急忙问。

刘吉成急忙关掉音乐装置："为确保元器件和焊点的质量和高可靠性，我亲自拿着放大镜，对音乐装置采用的电子元器件，一件件进行了筛选，对每一个焊点逐个检测，怎么还会出现问题呢？"

小杨和小李王更是面面相觑："拆开？"

"拆开！"刘吉成冷静下来，"必须尽快查找到变调原因，每个线路都要查。"

"是！"

在小杨、小李的协助下，设备拆开了，几个人忙碌起来，音乐装置在无数次的试验中，慢慢地走向正轨。

刘吉成无数次跑到上海科学仪器厂向上海的工人师傅请教，逐点本来发射程序在一分一秒地往下走着，一切都很正常，负责卫星应答机的工作人员却突然报告："应答机信号丢失！"

这时离发射时间只有 35 分钟了！

消息一传出，地下控制室一阵慌乱！纵然大家都经历过无数大场面，在这一刻也忍不住哗然。

随着警卫员洪亮的一声："报告！"李哲汉、钱文鼎、任兴国相继冲了进来。

李哲汉大声问道："怎么回事？！"

坐在戚元初旁边的沈震钧慌忙回话："是应答机丢失了信号！"

戚元初点了点头。

李哲汉接着问："故障排除需要多少时间？"

"顺利的话，也得三四十分钟！"戚元初以自己具备的专业知识迅速做出判断。

李哲汉抬手看了一眼手表，说道："离预定发射的时间只有 35 分钟。钱副部长，我建议推迟发射。"

钱文鼎说道："我同意！必须立刻解决这个问题。"

李哲汉拿起红色座机，开始打电话。

北京西花厅，周总理正在看手表，随后他站起来，拿起桌上一部黑色座机电话，犹豫了一会儿又放下。坐下来，把电话机放到手边，刚坐下靠在椅背上，揉了揉太阳穴，突然电话响起来。

周总理赶紧接起电话，听了李哲汉的汇报后，总理在电话里快速做出决定："同意推迟发射。必须把问题解决好。不要太紧张，要沉着、冷静、谨慎。"

李哲汉答道："是！我们立即组织排查故障。"

汤圆脱掉棉大衣，扔给李哲汉，大步跑过去，在众人的目送下，爬上了高高的发射塔架。

李哲汉在发射塔下，抬头看着汤圆踏着钢铁架一步步往上奋力攀爬的背影。大声喊着：“冯绍渊同志，你要胆大心细，千万小心啊！”

李哲汉、钱文鼎、戚元初站在塔下，目送汤圆一步一步爬上发射塔。

汤圆爬到发射塔中间部位，开始仔细检查。

这时的钱文鼎，在离发射塔 100 余米远的哨位旁背着双手，一边踱着步子，一边不时停下来凝视着火箭与卫星，脸上写满了焦虑与沉重。作为技术总负责人的他心里清楚，如果问题不是出在卫星上，结局也许还较乐观；假若故障是卫星本身所致，那麻烦就大了！因为根据气象预测，今晚可用的“发射窗口”仅有一个小时，卫星上的问题即使能解决，也肯定会错过。

时间一分一秒地过去。钱文鼎掏出手帕，擦着额头上的汗珠，眼睛一眨不眨地望着塔架上汤圆的一举一动。

终于，李哲汉看见汤圆一步一步从发射塔上下来，风把他的脸吹得通红。看见李哲汉的时候，汤圆咧着嘴，露出一口大白牙，笑了。

李哲汉上前抓住他的手，急切地问：“怎么样？冯绍渊同志！”

汤圆答道：“查找原因是关键，原因找到了！在运载火箭和卫星交界处，包着仪器的一块镀铝箔膜没有固定好，风一吹，忽闪忽闪的。不过，放心，已经固定好了。”

李哲汉放下心来，意味深长地看一眼钱文鼎。

钱文鼎轻舒一口气，点了点头。

李哲汉问：“钱副部长，现在是 21 时，我们决定的发射时间是 21 时 35 分，能不能准时发射？”

钱文鼎说：“我看可以。向总理汇报！”

李哲汉拿起了红色座机。

21 时 5 分，指挥员下达了“30 分钟准备！”的口令。

广播里传出发射指挥员的指令：

请同志们注意了！请同志们注意了！现在进入发射前 30 分钟准备！请发射架下和场坪上的工作人员全部撤离到指定疏散地点！请发

射架下和场坪上的工作人员全部撤离到指定疏散地点！

就在这时，奇迹也发生了！

发射场上空红彤彤的，厚厚的云层突然神话般裂开了一道“长廊”，并向着火箭即将飞行的东南方向渐渐延伸出去，这道“长廊”的四周，星儿闪烁。一切都那么奇妙、壮观！刚刚好！

随着“滴答滴答”的秒表声，发射塔的“脐带塔”上渐渐灯火通明，周围的聚光灯把场坪照得如同白昼。

21 时 34 分，站在潜望镜前的杨城庄严地下达命令：

“一分钟准备！”

各种地面记录设备开始启动。

发射场区万籁俱静，风吹过，小草被风吹弯了腰，又倔强地直起叶干。

钱文鼎在和李哲汉对看手表，他低头的时候，风吹起他过早白了的头发。李哲汉心底掠过一丝心疼。他和钱文鼎一文一武，为了东方红一号卫星的这一刻，已经共同等待了 12 年！怎能不百感交集！但他在极力克制自己，百感在心底激荡，等待喷发的那一刻！

倒计时计数器上闪现出“0”字时，杨城立即下达了“点火”的命令。

发射场操作员胡界安的手指对准“点火”电钮用力一按，一级火箭的 4 个发动机顿时喷出橘红色的火焰，巨大的气流将发射架底部导流槽中的冰块冲出四五百米远！

21 时 35 分，伴随着隆隆轰鸣声，“东方红一号”在“长征一号”的托举下，慢慢离开发射架，仿佛被一位巨人轻轻提着，徐徐远离地面。其尾部发动机喷出的几十米长的火焰，光亮夺目，气势强大，戈壁滩上隆隆作响，地动山摇。

在人们的注目下，火箭的飞行速度越来越快，直直插入九天！

汤圆和钱文鼎、戚元初、任兴国这些科学巨星们站在一起，目睹了中国人第一个飞天梦的实现！

发射场区的各种地面测控设备，自卫星离开地面起，观测员就开始了一刻不停地跟踪。

分布在全国各地的观测站点，不断发出的“跟踪正常”的报告，就像接力赛，一棒挨着一棒。

负责地面观测站遥测系统的程万勇一遍遍地确认发出：“飞行正常！”的跟踪报告。程万勇由于长期奔波在山区戈壁，脸膛黑黝黝的，只有那双眼睛，炯炯有神，明亮如夜空中的星星。

基地每一个目击者，每听到一个“正常”的报告，都报以热烈的掌声和欢呼声。

15 分钟后，指挥所的高音喇叭传出“特大喜讯”：“星箭分离！卫星入轨！”

发射场上顿时沸腾起来。

钱文鼎松了一口气，还没反应过来，早被兴奋的战士和科研人员们抬起来抛到了半空中。

李哲汉刚下来要说话，也被李贵一把抬起来抛了上去，气得他一边骂“小兔崽子！”却又一边抹眼泪，随即又大笑起来。

年娃赶着他的羊群，驻足戈壁，他看到了一个巨大的“冲天炮”冲向天空，飞到云里去了！

到处是泪水与欢笑交织，欢呼与笑语同在。

人群中，汤圆看向秀儿，人潮拥挤，他向她走去。

他终于跑到秀儿面前，不管不顾，紧紧搂抱住了秀儿的肩膀！他是如此想念他的秀儿！这个看似柔弱却坚强无比的姑娘，和自己一起经历了这么多，她已经让他爱到了骨髓里！他也想念战友李新康、小章、小胡、星琪、邓琳……他希望他们此刻跟自己一样，得到卫星已经顺利升空的喜讯！

汤圆的眼睛里满是喜悦的泪水，可他心口里也一阵阵发酸，夹杂着一丝丝苦涩。

他感叹他的恩师、提出中国要发射卫星的赵立千先生的生命提早

枯萎凋谢了！要是他能看见这颗卫星上天该多好！如果他能站在发射架下亲眼看见卫星上天，那该多么幸福！

北京，中南海。毛泽东和周恩来分别守在各自的电话机旁，等候着发射场的消息。

22时整，周恩来的电话响了，话筒里传来罗舜初的声音：“总理，运载火箭一、二、三级工作正常，卫星与火箭分离正常，卫星入轨了！而且已经收到了卫星播放的《东方红》乐曲声！”

周恩来高兴得一下子站了起来，连连说：“好！很好！我马上向毛主席报告！”说完，拿起直通毛泽东的电话，“主席！卫星发射成功啦！”

有工作人员后来回忆说，毛泽东听到这个消息后，一下扔掉手中的烟头，高兴地说：“好，太好了！总理，准备庆祝！准备庆祝！”

1970年4月24日，中国第一颗人造卫星“东方红一号”发射成功！近地点439千米，远地点2384千米，轨道倾角68.5度，我国成为继苏联、美国、法国、日本之后，第五个成功发射卫星的国家。

东方红一号卫星向全世界宣告：中国迎来了航天时代的黎明！

全世界都听到了《东方红》的声音！

天安门广场上锣鼓喧天，欢声雷动！大红喜报，各色传单满天飞，大家欢欣鼓舞，拥抱跳跃，相互祝福道贺，泪水和汗水交织在一起。

街道上，群众自发扭起了秧歌。全国各地的工农商学兵队伍欢天喜地庆祝。魏喜芬抱着小女儿红红，虞若霏带着小女儿戈戈，站在欢庆的人海中。

有人在高楼顶上散发《人民日报》的号外，报纸如雪花般从楼顶上纷纷扬扬飘落下来，黑压压的人群中竖起无数只胳膊，挥动着争抢“号外”。

此时此刻，北京城里，守在聂帅身边的孙国梁早已是热泪盈眶，

中华人民共和国万岁
世界人民大团结

没有呼喊，也没有汇集到人流中。

他听到了来自天外的《东方红》乐曲和令人激动的遥测信号。

天安门广场上空的礼花爆放的彩珠像泉水一样迸溅、流泻，一直流泻到每家小小的屋顶上，流入孙国梁盈泪的双眼中。

从他和东方红一号卫星结缘以后，他第一次这么想念家人，想念妻子和一双儿女！

他和他那个时代的中国第一代航天人，把自己的整个青春都奉献给了中国的“第一星”，使全世界都唱响了《东方红》，而他们的家人一直在无声无息、默默地付出。没有人给他们掌声和鲜花。

他悄悄走出办公室，想起了十二年前自己对妻子的承诺：待卫星飞入太空的时候，亲手为她挑选一条红裙子。当孙国梁高兴地从商店里出来，手里拿着一条给夫人买的红裙子的时候，天色已晚。

远在大山观测点的程万勇，此刻站在山顶，倾听着《东方红》乐曲，关注着中国卫星将经过世界各大城市的时间，他如痴如醉，听了一遍又一遍。

此刻的王根，在基地医院照顾着弥留之际的王春花。他给妻子一勺一勺喂着汤药，他告诉妻子：“我们的’东方红一号’发射成功了！你也会好起来的！等到明年这个时候，我一定带你回趟老家，去看望你的父母…都怨我，没有照顾好他们的女儿…”

王根看着日渐消瘦、眼睛黯淡无光的妻子，眼里盈满泪水！

作为“两弹一星”工程的重要组成部分，东方红一号卫星的成功发射，拉开了中华民族探索宇宙奥秘、和平利用太空、造福人类的序幕。它像一声巨雷、一道闪电，震惊世界，扬我国威。年轻的共和国，从此更加强大地屹立于世界东方。

没有老一辈东方红人的奉献就没有今天航天的伟大成就！

成功之花，人们往往惊羡它现时的明艳，然而当初，它的芽儿却浸透了奋斗的泪泉，洒满了牺牲的血雨。

向东方红人致敬！

通往云端的道路，只亲吻攀登者的足迹。

《东方红》依然响彻天际，烂漫，悠扬，雄壮。

星空浩瀚无比，探索永无止境。

中国，向着星辰大海，永不止步！

后　记

有人说，秋天是一本书。这本书历时三年，终于在 2023 年秋天得以出版。

忆起 2020 年 3 月 28 日，那个星光灿烂的夜晚。“东方红一号”过境北京上空，很多人争相仰望，重温半个世纪前那激动人心的一刻。三年前，在完成“东方红一号”电影和电视剧创作重任后，我萌生了创作同名长篇小说的想法。之后，我把自己封闭在工作室，反复观看历史影像资料数百时长，阅读航天题材书籍数十部，收集整理公开解密史料上百万字，多次参加相关主题研讨会，走访当年“两弹一星”研制国家功臣，参观卫星发射场等，写下人物专访和读书笔记二十余万字。经历了四个夏天，我痴迷于与“东方红一号”有关的一切，逐渐被那个时代中国人不服输的精神深深震撼。

我想尝试以一种全新的写作方式，来讲述“东方红一号”故事，从丰富故事内容、刻画人物细节上，弥补作为一个非专业航天题材作家的先天不足。创作历时三年，可以说是呕心沥血，与书中人物同悲喜、共命运。我知道，要把一个个逻辑思维极其严谨的科学家塑造成个性鲜明的小说人物，需要付出巨大的努力。故事虽然写完了，但我还是觉得留有不少遗憾，没能把“东方红一号”研制过程中的精彩故事完全写出来。“东方红一号”的故事，实在是太多、太精彩了！

星空给人类灵感，是一切文化与文明发展中不可或缺的组成部分。探索太空、认识整个宇宙，是全人类的共同追求。我幼年随军，跟随父母在祖国的大西北喝雪水、啃窝头、住窝棚，见证了父辈开启的那段艰苦卓绝的新中国沙漠绿色建设征程。因为父母忙于工作，无暇顾及孩子，我和姐姐常常跑到距离部队营房不远的沙山上玩耍。白天看白云，夜晚看星星。真的是天空黑暗到一定程度，星辰就会熠熠生辉。记得有一天，吃过晚饭，我们照常跑到沙山上去玩，躺在胡杨树下，等着看星星。忽然，耳边仿佛听到一阵清亮悦耳的《东方红》乐曲声，看见一颗星在天边缓缓移动，一闪一闪地，飘向夜空的另一边。我俩赶紧跑回家告诉父母，他们说有一颗叫“东方红一号”的卫星会经过这里。我从见到这颗星的那刻起，就认定这颗星是我见过的最炫亮的星。时至今日，我仍然坚信，自己儿时看见的那颗星，就是“东方红一号”。从此，心中编织着所有与“东方红一号”有关的梦想。夜空中闪烁的星光，照亮人一路前行。沧桑巨变，但关于星的梦，一直在我的心中。

创作纪实性题材小说，涉及领域之专业、涉及专业之广泛、创作时间之久、投入精力之多，远超出我的预估。创作中，力求做到集史实、科技、思想、故事于一体，我要求自己一定要注重挖掘细节，深入探究史料。在查阅史料的过程中，我时时刻刻都被科学家们背后的故事感动着。不仅感动于他们默默奉献的精神和艰苦卓绝的科研历程，还有他们一路走过来的心路历程，对事业的忠诚、对同志的真诚以及他们宽阔的胸怀、高尚的心灵、相互成就的人格魅力。

希望通过创作这部长篇小说，对“东方红一号”研制过程中的重要历史事件和人物进行全面梳理，细致地描述和回望，力求把新中国第一代航天科学家们的故事写成一部可信、可读、可亲的纪实性小说。在穿透重现历史厚重感后，着力使用生动、晓畅、通俗易懂的叙述风格，让作品更加贴近当代人的阅读习惯。这部小说生动塑造了以冯绍渊、李绍秀为代表的青年人追求事业、守护爱情的青春形象。这次为中国最亮一颗星的写作，解锁了我儿时关于星的梦想。帮助我实现这个梦想的，首先要感谢中央警卫局办公室原主任陶章敏，奔波各地，多方沟通，使我能够接触到“两弹一星”丰富的解密公开史料。李渤、原民辉、朱丹音、杨德才、林喜乐、阿来、高伟、弯海川、许咸宜、王彦楼等各位领导和同仁，均给予了我创作上很多帮助与支持。

2020 年 4 月，在“东方红一号”影视剧创作完成和长篇小说开笔之际，中国科学院院士、“两弹一星”功勋奖章获得者孙家栋先生高兴题词：“续写东方红一号传奇 再普航天强国新篇”。2023 年 7 月 1 日，在庆祝中国共产党成立 102 周年之际，中国工程院院士、中国航天科技集团公司科技委顾问张履谦先生欣然为本书作序。在此，一并表示衷心的感谢！

2023 年 4 月 24 日，祖国迎来“东方红一号”发射成功 53 周年纪念日。如今，天上的星星依然闪烁着光芒，“东方红一号”仍遨游在浩瀚的太空中。而当年那些为之奋斗的东方红人，有许多已经化作天上的星星，在天际成为永恒。想到这些，无不让人热泪盈眶、感慨万千！他们犹如空中的繁星，将永载史册，光耀中华。我的父母亲自参加过“两弹一星”建设伟大工程。这次创作期间，我一边照顾年老体弱的父母，一边倾听他们讲述参加“两弹一星”建设的故事。几年过去了，这本书写完了，他们也先后离开了这个世界，长眠于这块热爱、奋斗了一辈子的土地。

天上的每一颗星星都在闪耀着独属于自己的光芒，期待读者能够从本书中找到自己喜欢的故事人物。希望这本书能够带读者随文字，溯回到新中国初期那段难忘的岁月，探寻物质极度匮乏的那个年代人们强大的内心世界和中华民族自信的精神内核，助力时代新征程。

谨以此书献给为共和国航天事业作出了突出贡献的航天英雄们；献给像我父母一样期望中国日益强大的普通中国人；献给所有期待“续航天梦、筑强军梦、圆中国梦”的读者。

本人有幸得到中国剧协秘书长张斌、出版界资深编辑谭波两位先生的指点。中国航天科技国际交流中心原党委书记马志伟、副主任曹晓勇，北京飞天梦航天文化中心主任周建国，《人民日报》记者冉永平，《中国税务报》记者寇红、田福雁，传媒界达人温格夫妇等人，为本书创作与出版给予了有力支持与帮助。最后，特别感谢中国宇航出版社航天编辑室彭晨光主任、中国宇航出版社刘凯编辑，他们对本书进行了全面的核对和修正，付出了辛勤劳动。

历史很长，文字有限。一本书写不下献身祖国航天事业的一代科

学家的伟大与可爱。我们随手翻的一页，可能就是他们的一生。本书是纪实性故事，就书稿而言，难免有谬误和挂一漏万之处，敬请熟知者指正。

倪卫静

2023 年 7 月 3 日于北京